本书系国家社会科学基金一般项目"马克思主义国家学说的创新逻辑研究"(19BZZ002)的阶段性成果

创新·繁荣·发展
中国政治学四十年巡礼与掠英

杨海蛟 亓光 ○ 主编

40

INNOVATION, PROSPERITY, DEVELOPMENT:
THE FORTIETH ANNIVERSARY OF
CHINESE POLITICAL SCIENCE

中国社会科学出版社

图书在版编目（CIP）数据

创新·繁荣·发展：中国政治学四十年巡礼与撷英／杨海蛟，亓光主编．—北京：中国社会科学出版社，2020.12
ISBN 978-7-5203-7379-1

Ⅰ.①创… Ⅱ.①杨…②亓… Ⅲ.①政治学—研究—中国 Ⅳ.①D0

中国版本图书馆 CIP 数据核字（2020）第 188409 号

出 版 人	赵剑英
责任编辑	杨晓芳
责任校对	刘 芳
责任印制	王 超

出　　版	中国社会科学出版社
社　　址	北京鼓楼西大街甲 158 号
邮　　编	100720
网　　址	http://www.csspw.cn
发 行 部	010-84083685
门 市 部	010-84029450
经　　销	新华书店及其他书店

印刷装订	三河弘翰印务有限公司
版　　次	2020 年 12 月第 1 版
印　　次	2020 年 12 月第 1 次印刷

开　　本	710×1000　1/16
印　　张	33.25
字　　数	625 千字
定　　价	189.00 元

凡购买中国社会科学出版社图书，如有质量问题请与本社营销中心联系调换
电话：010-84083683
版权所有　侵权必究

中国政治学的探索之路
（代前言）

杨海蛟

政治学之为经世致用之学的属性，决定了其在哲学社会科学体系中不可替代的作用。而沿着人类政治史发展的思想与实践轨迹，我们也不难发现，任何一个伟大的政治时代，总是呼唤和孕育着与之相呼应的政治学理论的大发展。众所周知，改革开放以来，中国政治发展在此前奠基建制的基础上持续进步，开创出中国特色社会主义政治发展的全新局面，使得蕴藏在中国之制内部的潜力不断地转化为中国之治的瞩目实绩。而中国政治学的学科复建与发展也恰恰与这一伟大实践彼此呼应，在推进学科建设、服务党和国家工作大局、促进学术交流、创新基本理论、培养专业人才等方面取得了辉煌成就，尤其是在建设有中国特色、中国风格、中国气派政治学的学科体系、学术体系、话语体系方面成果卓著，呈现出理论与实践交相辉映、共同繁荣的崭新面貌。正是在这一时代背景下，作为肩负着进一步唤起中国政治学学术自觉、文化自觉和致用自觉的政治学人，我们有必要通过系统地回溯中国政治学四十年来扎根中国大地、研究中国问题、服务中国实践的成长历史，厘清蕴含其中的本土化政治学理论体系的建构发展规律，在尊重历史、立足当下、放眼未来的维度上推动政治学的整体发展，更好地研究和解决那些具有全局性、战略性、前瞻性的重大理论与现实问题，从而真正体现出中国政治学发展的时代价值。

秉持着上述理论自觉，我们在庆祝中国政治学会成立及政治学学科复建四十周年之际，推出这样一本回顾中国政治学四十年发展历程的专著，其要旨就在于鉴往知今，把对政治学学科建设中国经验、中国问题和中国道路问题的研究探索纳入对学科发展史的系统研究中，以周全的历史资料梳理为依托，致力于有力地论证中国政治学四十年来走过的守正创新之路的正确性，再次重申中国政治学只有沿着服务于中国政治改革发展实践的方向继续创新发展，并努力探索超越西方既有理论束缚的可能，才能真正走出一条根基扎实、前途光明的本土理论建构新路，进而为人类政治学发展贡献更多中国经验与中国智慧。

在本书写作中，我们力图全面地涵盖中国政治学恢复发展四十年来各个主要分支学科和研究领域的内容，以学科体系、学术体系、话语体系的建设为经，以分支学科、前沿问题、学科建设资源的发展为纬，全方位审视中国政治学发展的历史、当下与未来，寓求同于存异当中，在充分展现出政治学一花五叶、异彩纷呈发展成绩的同时，提炼出引领中国政治学坚持人民中心立场、紧扣时代主旋律、呼应国家改革发展需要的规律红线。进而在经验总结与问题分析中理性探讨中国政治学走向本土化繁荣新时代的学科发展要求与规划。具体而言，本书中既有对学科整体发展历程与经验的总结回顾，也有对公共政治学、西方政治思想史、中国政治思想史、中外制度研究、国家理论研究、政党理论研究、政治文化研究、政治发展理论研究等各主要分支学科和问题领域发展经验的梳理，还凸显出近年来获得迅速发展、本土化色彩日益鲜明的比较政治研究、民族政治学等新兴学科的发展意义，体现出编者和作者群体对学科建设事业的深沉关注及助推政治学本土化进程的强烈意愿。特别值得一提的是，本书编著中还引入了学科知识谱系的科学化研究方法，高度重视四十年来中国政治学学科发展中方法论领域的明显进步，并通过有意识地编入运用新兴文献分析方法开展可视化研究的内容，强调中国政治学发展守正创新的必要性与可能性。总体而言，通过客观总结基本历程，能够为进一步完善中国特色、中国风格、中国气派政治学学科体系、学术体系、话语体系、知识体系创造条件；通过回顾总结恢复以来取得的成就，我们更加增强了"四个自信"；通过全面考量时代条件与现实挑战，能够为进一步助力哲学社会科学繁荣发展、增强中国软实力提供依据；通过总结政治学创新发展的经验，试图更加明确学科建设的规律、努力方向和着力之处。

总而言之，处于中国政治发展实践蒸蒸日上的当下，中国之制应对百年未有之变局的现实挑战，提出了对本土学人奋发开拓进取、深耕本土学术土壤的时代召唤。为了应对这一挑战，广大中国政治学人有必要凝心聚力，进一步汇聚起本土理论反馈服务于伟大时代的合力。而这一目标的实现，又有赖于我们形成对于中国政治学发展历史经验的基本共识。在过去的四十年间，几代中国政治学人的拓荒耕耘，奠定了中国政治学繁荣发展的坚实基础，也明确了中国政治学实现学术繁荣与致用繁荣良性循环的总体基调。站在新时代的起点上，我们编著此书，是为了记述中国政治学的来时之路，更是为了使四十年来的学术积淀和学风传统能够传承不息。借助于广泛审视四十年来中国政治学整体发展成果的学科概览视角，本书力图建构起对本土学脉传承的系统分析框架，寓知识体系、学术体系、话语体系的形成问题探讨于学科发展历史的知识性梳理当中，从而彰显出知识性与理论性的双重价值。为广大正致力于总结学科发展本土经验，着眼理论致用目标的中国政治学人提供检阅学科发展线索的学案工具书。

当然，受限于编著者的能力与视野，本书在实现上述目标的过程中或许还存在着许多有待商榷完善之处，与此同时，对于学科发展经验和规律的梳理总结，也可能有着基于不同视角的解读。对此，编著者群体既有着高度的自觉，也始终保持着开放的治学心态，谨期待本书的出版能够抛砖引玉，吸引更多的学界同仁共话中国政治学的本土化繁荣之路。

目　录

恢复发展以来的中国政治学……………………………… 师　喆（1）
中国政治学恢复以来的基本态势………………………… 郑　言　亓　光（42）
改革开放以来的中国公共行政学………………………… 许开轶　郑　慧（63）
我国西方政治思想研究：回顾与总结…………………… 佟德志　漆程成（79）
范式争鸣与方法反思：改革开放四十年来的中国政治
　　思想史研究……………………………………………… 张师伟（99）
中国政治学恢复以来的中外政治制度研究：态势、
　　问题与展望………………………… 吴健青　冯修青　马雪松（116）
中国国际关系与国际政治研究40年……………………… 吕耀东　赵迎结（154）
改革开放以来的中国比较政治研究……………………… 吕同舟（207）
中国公共政策研究的知识图谱：1978—2018 ………… 黄新华　林迪芬（246）
当代中国民族政治学的形成与发展……………………… 白利友　孙保全（264）
当代中国政治哲学的发展：回顾与前瞻………………… 王炳权（309）
政治学新兴学科知识图谱的可视化分析………………… 王义保　黄杨森（332）
中国政治学恢复以来方法运用与研究的基本态势……… 杨海蛟　李　猛（348）
政治学恢复以来的政党理论研究………………………… 张立进（363）
改革开放以来国家理论研究：态势、审视与展望……… 刘方亮　杨　博（394）
当代中国政治发展理论40年……………………………… 林　毅　亓　光（430）

后　记……………………………………………………………………（522）

恢复发展以来的中国政治学

师 喆[*]

中国政治学伴随着改革开放的进程恢复与发展。在不断推进学科建设、繁荣学术发展、提升研究品质、创新理论范式、服务政治发展、培养专业人才以及增进国际交往等方面取得明显成效，显示出勃勃生机和良好态势，中国特色社会主义政治学的学科体系、学术体系、话语体系、知识体系初步建立，并彰显着其意义与价值。

正确把握中国政治学的发展历程，既需要从整体性上理解其恢复、发展、繁荣的历史进程，更应当通过透析体现不同发展阶段特点的"问答逻辑"，从指导思想与发展方向、目标设计与体系构建、领域拓展与价值创新、议程革新与方法迭代等多个解释维度，总结其历史轨迹、伟大成就、显著特征，进而牢牢把握新时代中国政治学建设的着力点，不断加强中国特色社会主义政治学的顶层设计和议程安排，充分发挥其理论引领、资政育人以及服务现实的功能，以此推进中国政治学迈向新的台阶。

一 恢复以来中国政治学发展的历史进程

中国政治学会与中国政治学恢复重建以来，中国特色政治学恪守探寻真理、提供治理智慧、坚持自主创新、服务党和国家工作大局的初心与使命。回顾其几十年的辉煌历程，主要经历了以下几个主要阶段。

（一）恢复重建阶段

中国是充满政治智慧的古老大国，先贤们为今人留下了浩如烟海的治

---

[*] 师喆：中国社会科学院政治学研究所。

国理政智慧与汗牛充栋的相关典籍。新中国成立后，虽然一直未曾完全停止对政治理论与实践的研究，但在一个时期内，由于失去学科依托和重要平台，政治学发展曾一度陷入举步维艰的困境。针对这一情况，邓小平同志在1979年3月30日党的理论工作务虚会上明确提出："政治学、法学、社会学以及世界政治的研究，我们过去多年忽视了，现在也需要赶快补课。"① 从此中国政治学迈入恢复重建阶段。经过充分酝酿和筹备，1980年岁末，一百多位政治学者齐聚首都北京，召开了新时期中国政治学会成立大会。在此前后，各省市也组建了政治学会、政治学研究所等学术机构，搭建起属于中国政治学人的学术共同体。为了落实邓小平同志政治学"赶快补课"的指示，弥补专业人才短缺问题，受中国政治学会的委托，复旦大学于1982年2月至6月承办了第一届政治学讲习班，60多名学者接受了政治学专业知识的培训。② 同一时期，30多所高校的教师在天津师范大学系统研习了西方政治思想史方面的专业知识。③

中国政治学会成立五年之后，在中国社会科学院这一最高学术殿堂，政治学研究所成立。④ 在这一阶段，《国外政治学》《政治学研究》等学术杂志创刊，为中国政治学者的学术交流创建了高水平、专业化的学术平台和重要阵地。与此同时，高校的政治学教学研究快速重建，各层次的学历教育也吸引着广大青年学子的目光，一大批政治学新锐脱颖而出。与此同时，学科建设这一重大任务也摆在了中国政治学人的面前，学科定位、学科属性、学科特点、学科布局、学科体系以及人才培养模式等方面的问题，成为学者们普遍关注和着力研究的核心议题，大量奠基性的政治学术著作与政治学专业教材应运而生，极大地推动了中国政治学学科体系的探索进程。⑤ 经过这一阶

---

① 《邓小平文选》第2卷，人民出版社1994年版，第180—181页。
② 林尚立：《政治学与政治发展：中国政治学发展20年》，《政治学研究》1998年第2期。
③ 高建、高春芽：《西方政治思想史研究30年》，《政治学研究》2009年第3期。
④ 杨海蛟、亓光：《中国政治学30年》，《山东社会科学》2008年第7期。
⑤ 此一时期相关内容的主要成果颇丰。按照时间顺序，主要成果如：徐大同、朱一涛编写的《西方政治思想史教学大纲》《中国古代政治思想史》出版，夏书章的《把行政学的研究提上日程是时候了》在《人民日报》发表，赵宝煦主编的教材《政治学概论》出版，张友渔、钱端升、杜任之主编的"政治学知识丛书"由人民出版社出版，皮纯协、王邦佐、孙关宏主编的《政治学教程》出版，江流、范若愚主编的《科学社会主义概论》出版，夏书章的《国外"行政学"简介》出版，王惠岩主编的《政治学原理》出版，云光的《社会主义政治学》出版，丘晓主编的《政治学原理》出版，许崇德等编写的《什么是政治学》出版，周士述主编的《行政管理》出版，夏书章主编的《行政管理学》出版，王松主编的《政治学基础理论》（上册）出版，教育部统编教材《西方政治思想史》出版，等等。

段的不懈努力，政治学的研究对象、核心范畴、研究方法等基础问题，以及与之相关的重大现实问题方面的研究成果引人瞩目。① 此外，为了尽快开拓学术视野、掌握世界政治学的发展动态，及时了解并开展国际学术交流，中国政治学会还以多种方式和途径参与国际政治科学的交流沟通。② 经过一系列努力，中国政治学逐步成为具有独立学科、专有学术领域、特有研究对象与基本研究方法的"显学"。

（二）快速发展阶段

理论来源于实践，日新月异的现实生活，激发了学术研究的蓬勃发展。"十一届三中全会以来，我们党在对社会主义再认识的过程中，在哲学、政治经济学和科学社会主义等方面，发挥和发展了一系列科学理论观点。"③ 与此相适应，中国政治学的学科领域不断增多，研究内容日趋丰富，研究方法逐渐科学。具有良好学术品质和持续性影响的成果如雨后春笋般出现。在此时期，中国学界陆续译介了一系列境外的学术成果，④ 例如上海译文出版社的"当代学术思潮译丛"、华夏出版社的"二十世纪文库"、浙江人民出版社的"政治学丛书"等，为追踪西方学术动态发挥了一定的作用。⑤ 值得注意的是行为主义与后行为主义研究范式进入中国之后，拓展了中国学人的方法论视野，推动着中国政治学研究在注重理论建构的同时也开始重视对研究方法的运用。与此同时，中国政治学的基础理论不断夯实，在界定概念、挖掘历史、整理资料的过程中大量应用新思维、新观点与新方法，由此催生了一系列研究基础理论的学术专著和专题

---

① 值得注意的是，此一时期基本理论（和命题）的争论一直延续至今，虽然不再呈现出主题性争论，但是已经成为不同研究的出发点。而在中国现实政治研究方面，学者们的探讨主要集中在国家职能、改革人事制度、"一国两制"等重大问题。

② 从1978年到1985年间，中国政治学会开始接触和加深对国际政治科学协会（ISPA）的了解、介入，并于1984年4月加入该组织；同时如阿尔蒙德、伊斯顿、罗伯特·达尔、李普塞特等西方政治学者先后赴华访问、讲学；国内学者赵宝煦、胡奇安则当选ISPA的执行局委员和副主席；许多年轻的政治学者开始走出国门留学、访学和讲学。

③ 《十三大以来重要文献选编》（上），中央文献出版社2011年版，第56页。

④ 陈岳、孙龙、田野：《西方政治学在中国：近30年来学术翻译的发展与评析》，《政治学研究》2013年第2期。

⑤ 一些著名著作均在此一阶段被引介。例如，阿尔蒙德的《比较政治学》（1987），罗伯特·达尔的《现代政治分析》（1987年）等等。

教材。① 同时聚焦于中国重大现实问题，政治体制改革（包括行政体制改革）研究成为亮点和热点。② 1985年4月16日，国务院办公厅发布《关于成立中国行政管理学会筹备组的通知》，之后中国行政管理学会建立，直接推动了行政学（行政管理学）的加速发展。然而不可否认的是，由于改革开放的发展态势迅猛，新旧问题叠加，不同领域的改革发展有待进一步协调推进，加之对西方政治学背后意识形态因素缺乏全面客观的认识和分析，这一时期境外的政治话语通过学术话语直接影响到中国政治学研究，导致有些研究由于缺少甄别与批判，出现了教条化的学术倾向，给学术界和公众的政治认知带来不少消极后果。

（三）全面深刻反思阶段

这个阶段尽管时间较短，却具有非凡的意义。动乱平息之后，中国政治学界以高度负责的精神，对恢复以来的中国政治学进行了全面深刻的反思，就如何以马克思主义为指导确保学科建设的正确方向和健康发展进行了深入的探讨，特别是对邓小平的政治思想进行了较为深入系统的整体性与专题性研究③，并围绕政治稳定、政治体制改革、自由主义政治价值、人权、反腐败等重大议题展开了集中研讨。在此基础上，中国政治学发展方向更加明确④，共识更加坚实：马克思主义是中国政治学的指导思想；服务于中国的社会主义现代化建设，植根于中国政治建设的实际，努力实现自主创新是中国政治学的使命；立足国情、放眼中西、博采众长、兼容并蓄是中国政治学的特质。⑤ 可以肯定地说，正是这些共识为此后政治学

---

① 这一时期许多学者坚持对政治学的基本理论和体系构建进行相关研究。主要成果为：《康德黑格尔研究》（辑刊），王邦佐、孙关宏、王沪宁的《政治学概要》，丘晓的《政治学辞典》，左言东的《中国政治制度史》，马啸原的《近代西方政治思想》，朱光磊的《以权力制约权力》，周抗的《社会主义民主论》等。

② 其中有关国家职能、转变政府职能、"一国两制"、新权威主义等研究成果相继出版。

③ 代表性成果有：张友渔：《认真学习四中全会文件推动政治学的发展》，《政治学研究》1989年第4期；吴大英、李延明：《社会主义的共和国是颠覆不了的——评严家其的政治理论和政治实践》，《政治学研究》1989年第5期；冷溶：《邓小平与新解放区农村工作政策的转变》，《中共党史研究》1989年第6期；王浦劬：《运用政治优势推进中国社会主义现代化建设》，《北京大学学报》（哲学社会科学版）1992年第4期。

④ 张永桃：《中国政治学二十年（1978—1998）——纪念党的十一届三中全会召开20周年》，《江苏社会科学》1998年第6期，第3页。

⑤ 学者们对中国政治发展模式和路径形成基本共识："中国政治体制改革和政治发展要达到长远的目标需要有一个比较长的历史发展过程，中国政治民主化只有在实实在在的改革和发展中才能实现。"林尚立：《政治学与政治发展：中国政治学发展20年》1998年第2期，第3页。

研究的健康发展奠定了坚实的基础，提供了重要保障。

（四）持续发展阶段

1992 年，邓小平同志的南方谈话和中共十四次代表大会，为中国政治学的健康发展创造了条件，同时也提出了新的要求。这一时期，伴随着"第二次思想解放"和社会主义市场经济体制改革的展开，中国政治发展也进入了快车道，呼唤着政治学研究能够更有作为，政治学的建设与发展再次迎来了新的繁荣。[①] 集合中国政治学者集体智慧的《中国大百科全书·政治学卷》的出版代表中国政治学的发展迈入新的阶段。与此相联系，中国政治学的专业人才队伍不断壮大，学科建设日趋完善，学术水平大幅提升。中国政治学界更好地处理指导思想一元化和学术观点多元化的关系，科学地把握基础理论本土化和研究方法国际化之间的关系。在此基础上，中国政治学的理论体系日趋合理，学科特点更加明显，学术范畴日益坚实，话语能力不断提高。与此同时，长期困扰政治学的方法论与方法创新问题受到高度重视，定量研究与质性研究、规范研究与实证研究、个案研究与比较研究、传统研究与前沿研究不断借鉴融合，形成了合理的研究方法体系。随着政治生活与内容的拓展，政治学研究的领域持续丰富，新兴、交叉学科不断涌现，学术体系的层次和结构实现了关键性突破。尤为值得关注的是，政治学研究的智库属性逐渐彰显。长久性的重大问题、阶段性的现实问题和急迫性的新型问题成为推动政治学不断拓展的动力，并取得了许多新的成果，主要包括：政治哲学与政治学基础理论[②]；社会

---

① 杨海蛟：《20 世纪 90 年代以来中国政治学研究的特点及发展趋势》，《浙江社会科学》2001 年第 4 期，第 19 页。

② 政治学基本理论的研究方面，主要成果有：邹永贤的《国家学说史》，俞可平的《全球化与国家主权》，刘星汉、王邦佐、孙关宏、王沪宁的《马克思主义政治学》，王沪宁主编的《政治的逻辑——马克思主义政治学原理》，杨海蛟主编的《现代政治学原理》，王浦劬主编的《政治学基础》，万斌的《政治哲学》，王惠岩的《当代政治学原理》，吴志华的《政治学原理新编》，严强的《宏观政治学》，王引淑的《中国传统政治哲学》，张桂琳的《西方政治哲学》，陈振明的《政治学前沿》，刘杰的《人权与国家主权》等，以及一系列相关论题的研究论文。与此同时，在政治哲学复兴的潮流中，我国翻译了大量的西方政治哲学名著，如《正义论》《无政府、国家与乌托邦》《自由论》《事实与规范》《政治的理性主义》等等，也产生了一大批有影响的关于西方政治哲学解析和人物研究的著作、论文，由于篇幅关系，在此不再赘述。

主义民主理论与西方民主理论批判①；政党和民族自治理论与制度研究②；中外政治制度和行政体制研究③；行政体制改革研究④；公共政策与科学决策研究⑤；国际与基层的治理模式研究⑥；全球视域下的中国模式探讨⑦；比较视野下的中西方政治思想⑧；中国立场上的国际问题研

---

① 关于社会主义民主制度和机制的研究在此一时期被有机地结合起来，产生了许多有力度的成果，例如：王沪宁主编的《现代政治透视》，马啸原的《民主政治建设研究》，李景鹏的《权力政治学》，王玉海主编的《新时期民主论纲》，徐鸿武主编的《民主政治大视野》，张浩主编的《社会主义民主研究》，黄百炼的《民主建设论》，刘军宁的《民主与民主化》，刘敏言的《论民主》，俞可平主编的《当代各国政治体制》，吴大英、杨海蛟主编的《有中国特色的社会主义民主政治》，李铁映的《论民主》等等，与此相应，《民主新论》《多元民主的困境》等大量的西方民主研究著作被译介。

② 这一方面的研究主要包括：段尔煜的《中国民族自治地方行政管理学》，彭向刚的《中国农村基层政权研究》，周平的《云南少数民族政治文化论》，张瑞才的《中国民族自治地方行政学》，王邦佐、王关兴的《发展最广泛的爱国统一战线》，王邦佐主编的《西方政党制度社会生态分析》，李成言的《中国政党论纲》，萧超然的《当代中国政党制度论纲》等等。

③ 这一方面的研究主要包括：曹沛霖、徐宗士的《比较政府体制》，朱光磊的《政府过程的学说与方法及其在中国的适用问题》，谢庆奎、燕继荣、赵成根的《中国政治体制分析》，王浦劬的《现代化进程中的政治与行政》，胡伟的《政府过程》，谢庆奎的《中国地方行政体制概论》，周志忍的《当代国外行政改革比较研究》等等。

④ 这一方面的研究主要包括：石志夫、李如海的《中国公务员管理学》，高民政主编的《中国政府与政治》，干惠岩主编的《行政管理学》，陈庆云的《中国行政学的发展》，蔡拓等的《市场经济与政治发展》，曹沛霖的《政府与市场》，黄恒学的《中国事业管理体制改革研究》，王浦劬、徐湘林的《经济体制中的政府作用》等等。

⑤ 这一方面的研究主要有：陈庆云的《公共政策分析》，张国庆的《现代公共政策导论》，金马的《公共政策分析》，马德普的《变革中的公共政策》，陈振明主编的《公共政策分析》等，随着MPA教育的全面推广，这一方面的成果呈直线上升趋势。

⑥ 这一方面的研究内容较为广泛，主要表现为对热点和焦点问题的探讨。如，席来旺的《国际安全战略》，何贻纶的《国家安全研究》。又如：张厚安的《中国农村基层政权建设研究系列论文》，徐勇的《中国农村村民自治》，王仲田的《乡村政治——中国村民自治的调查与思考》等，而且近年来基层民主和村民自治的研究日渐兴盛。

⑦ 这一方面的研究主要有：阎学通的《中国国家利益分析》，方长平的《国家利益的建构主义分析》，王绍光、胡鞍钢的《中国国家能力报告》，时和兴的《关系、限度、制度：政治发展进程中的国家与社会》，刘雪莲的《全球化与中国政治发展》等。

⑧ 这一方面的研究主要包括：蓝瑛的《社会主义政治学说史》，刘泽华主编的《中国政治思想史》（3卷本），白钢主编的《中国政治制度通史》（10卷本），谢庆奎的《近代中国政治思潮》，吴春华的《西方行政思想史》，任剑涛的《伦理政治》，孙正甲的《政治文化学》，徐大同主编的《西方政治思想史》（5卷本），丛日云的《上帝与凯撒之间》等等。

究。① 尤其是随着行政管理、公共管理与政治学的融合，中国政治学渐渐改变了画地为牢、自说自话的格局，实现了学科内协调配合、学科间交叉融合、时间上与时俱进、空间上相互借鉴的新型格局，不断增强了政治学的时代感。

（五）自主创新阶段

党的十八大以来，中国特色哲学社会科学的发展进入新阶段。以习近平同志为核心的党中央锐意进取，带领全党和全国人民在巩固中国特色社会主义基本政治制度、改革行政管理体制、创新激励机制等方面做出了许多伟大创新，这些新经验亟待上升为理论形态，需要政治学研究的持续关注与概念供给。面对百年未遇之大变局，中西方的软硬实力的持续较量，更要求政治学研究在基础理论、核心概念、基本议程等方面实现自主创新，实现学科体系、学术体系、话语体系、知识体系的推陈出新，为理论自信、话语自信提供强大的中国特色政治学的知识创造。在实现"中国梦"的征程上，中国政治发展道路的正确性如何论证、中国政治制度优越性的内在逻辑如何阐释、制度优势充分转化为治理效能的方法如何优化，都需要中国政治学人进行认真提炼和阐释。围绕这些重大议题，政治学界积极开展探索性研究，在前人经验和成果的基础上，进行了诸多创新性、系统性研究，取得了一些突破性进展；与此前相比，这一时期的中国特色政治学研究综合运用多种研究方法，进一步摆脱了西方政治学在方法论上的思维控制，产生了一批直面中国实际的研究成果；在国家治理、政府治理、社会治理、协商民主、制度优势、政治话语等基础性、战略性的重要领域和重要问题上做出了系统研究，总结出规律性的认识；作为政治学学科建设重要组成部分的马克思主义国家学说、民主理论得到了进一步的丰富和发展。在中外政治思想史研究、中外政治文化研究、比较政治制度研究、政治学方法运用与研究、公共行政学、公共政策研究、政治学新兴学科研究、比较政治研究、政党理论研究以及民族政治学研究等领域均出现

---

① 这一方面的研究主要包括：冯绍雷的《一个欧亚大国的沉浮》，金应忠、倪世雄的《国际关系理论比较研究》，冯特君、宋新宁主编的《国际政治概论》，梁守德、洪银娴的《国际政治学概论》，冯绍雷等的《国际关系新论》，王逸舟的《当代国际政治析论》，李少军的《国际政治学概论》，楚树龙的《国际关系基本理论》，梁守德的《国际政治学理论》等，以及近年来国际政治领域所关注的国家利益、国家安全和国家能力等相关内容的著述、文献。

了一些创新性的新观点、新概念和新思想。① 在此基础上，中国特色政治学的体系建设取得了长足的进步，理论自信与话语自信明显增强，在政治学的

---

① 以相关代表性文献为例。国家理论研究方面，如：邹诗鹏：《民族国家构架下的国家精神》，《哲学研究》2014 年第 7 期。金太军，姚虎：《国家认同：全球化视野下的结构性分析》，《中国社会科学》2014 年第 6 期。蓝志勇，魏明：《现代国家治理体系：顶层设计、实践经验与复杂性》，《公共管理学报》2014 年第 11 期。周晓丽，党秀云：《西方国家的社会治理：机制、理念及其启示》，《南京社会科学》2013 年第 10 期。俞可平：《让国家回归社会——马克思主义关于国家与社会的观点》，《理论视野》2013 年第 9 期。李崇富：《马克思主义国家观和国家认同问题》，《中国社会科学》2013 年第 9 期。王卓君，何华玲：《全球化时代的国家认同：危机与重构》，《中国社会科学》2013 年第 9 期。王海洲：《"国家形象"研究的知识图谱及其政治学转向》，《政治学研究》2013 年第 3 期。渠敬东：《项目制：一种新的国家治理体制》，《中国社会科学》2012 年第 5 期。马戎：《现代国家观念的出现和国家形态的演进》，《西南民族大学学报》（人文社会科学版）2012 年第 33 期。陈周旺：《马克思国家学说的演进逻辑》，《中国人民大学学报》2012 年第 26 期。在西方政治思想史与政治思潮方面，如：张凤阳，罗宇维，于京东：《民族主义之前的"民族"：一项基于西方情境的概念史考察》，《中国社会科学》2017 年第 7 期。秦刚：《社会主义、共产主义概念的源流梳理》，《科学社会主义》2015 年第 5 期。乔瑞金：《英国新左派的社会主义政治至善思想》，《中国社会科学》2014 年第 9 期。梁柱：《历史虚无主义思潮的泛起、特点及其主要表现》，《马克思主义研究》2013 年第 10 期。刘彤，张等文：《论中国共产党民本思想对传统民本思想的传承与超越》，《马克思主义研究》2012 年第 12 期。徐大同：《中国人民拒绝自由主义，接受共产主义的文化基因》，《政治学研究》2012 年第 3 期。胡乐明：《社会主义：一个总体性认识》，《马克思主义研究》2012 年第 6 期。在政党理论研究方面，如：杨彬彬：《"新型政党制度"：概念、内涵与特点》，《新视野》2019 年第 3 期。王韶兴：《第一国际的共产主义活动与社会主义政党政治逻辑》，《中国社会科学》2015 年第 11 期。孙景峰，陈倩琳：《政党形象：概念、意义与建设路径》，《探索》2013 年第 3 期。王韶兴：《社会主义政党政治视阈下的政党能力论》，《学习与探索》2012 年第 11 期。石冀平：《执政党与革命党之辨》，《马克思主义研究》2012 年第 4 期。在中国政治问题特别是政治制度、地方政治、政策理论等研究方面，如：俞可平：《中国的治理改革（1978—2018）》，《武汉大学学报》（哲学社会科学版）2018 年第 71 期。何艳玲，汪广龙：《中国转型秩序及其制度逻辑》，《中国社会科学》2016 年第 6 期。吴晓明：《马克思的现实观与中国道路》，《中国社会科学》2014 年第 10 期。王浦劬：《中国协商治理的基本特点》，《求是》2013 年第 10 期。郁建兴，任泽涛：《当代中国社会建设中的协同治理——一个分析框架》，《学术月刊》2012 年第 44 期。俞可平：《重构社会秩序走向官民共治》，《国家行政学院学报》2012 年第 4 期。张康之：《合作治理是社会治理变革的归宿》，《社会科学研究》2012 年第 3 期。张贤明：《当代中国问责制度建设及实践的问题与对策》，《政治学研究》2012 年第 1 期。徐勇：《阶级、集体、社区：国家对乡村的社会整合》，《社会科学战线》2012 年第 2 期。在国际关系、外交理论特别是在地缘政治、全球治理等方面，如：徐艳玲，李聪：《"人类命运共同体"价值意蕴的三重维度》，《科学社会主义》2016 年第 3 期。蔡拓：《全球治理与国家治理：当代中国两大战略考量》，《中国社会科学》2016 年第 6 期。卢静：《当前全球治理的制度困境及其改革》，《外交评论（外交学院学报）》2014 年第 31 期。苏长和：《共生型国际体系的可能——在一个多极世界中如何构建新型大国关系》，《世界经济与政治》2013 年第 9 期。秦亚青：《全球治理失灵与秩序理念的重建》，《世界经济与政治》2013 年第 4 期。阎学通：《权力中心转移与国际体系转变》，《当代亚太》2012 年第 6 期。徐秀军：《新兴经济体与全球经济治理结构转型》，《世界经济与政治》2012 年第 10 期。

国际交流中也呈现出了"倾听者—沟通者—主张者"的可喜转变。学科的人才队伍和人才培养更加精细，学科布局、学术定位与研究范式基本成熟。总体而言，经过了多年的积累，中国特色"大政治学"的发展格局基本形成。

二　主要成就与总体格局

经过几十年的砥砺前行，中国政治学的学科高度、学术品质与话语影响与日俱增，已经成为中国特色哲学社会科学的有机组成部分与基础支撑性学科。其主要成就和显著进展集中体现在以下几个方面。

（一）马克思主义的指导地位日益稳固，中国化马克思主义政治学初见规模

发展社会主义政治是中国政治学的初衷与使命，这决定了马克思主义在中国政治学研究中的指导地位。[①] 历史的经验表明，只有坚持以马克思主义为指导，中国政治学的探析才会越充分，发展才会越顺畅；反之，则会出现学科发展的顿挫、学术研究的偏向。从学科恢复重建之初学界前辈对马克思主义政治理论的挖掘、整理与分析，到学术界普遍采用马克思主义的基本立场、观点与方法，再到中共中央实施的"马工程"，直至习近平总书记关于政治和政治学发展的系列重要讲话，中国政治学界对国家、政党、阶级、民主、民族、革命等经典马克思主义政治理论概念进行了多领域、多视角、多途径的研究和阐释，进一步巩固了马克思主义在中国政治学研究中的核心与指导地位。几十年来，马克思主义政治学形成了独具特色的基本内容体系与研究目标、方法和结论体系，为中国特色政治建设提供了坚实的理论支撑与及时的理论供给。随着资本主义周期性和根本性矛盾的不断显现，中国特色政治发展道路不断展示出无与伦比的优越性，马克思主义也展现出与时俱进的生命力。在此背景下，前述马克思主义政治学的核心命题得到了更加充分的学术验证，马克思主义政治学的立场、观点、方法被普遍接受并应用于政治哲学、政治制度、区域学、政治思

[①] 中国政治学会首任会长张友渔先生指出："我们研究政治学是为了建设一个社会主义强国，我们要建立并加以发展的是社会主义政治。要求我们以马克思主义的立场、观点、方法来研究社会主义的政治关系和政治规律。"张友渔：《张友渔文选》（下），法律出版社1997年版，第149页。

想、国际政治等几乎全部的政治学研究的核心领域。①

作为与时俱进的理论体系，马克思主义政治学研究坚决摒弃把马克思主义作为教条的做法②，不断将马克思主义中国化的伟大成果——毛泽东思想、邓小平理论和"三个代表"重要思想、科学发展观、习近平新时代中国特色社会主义思想中包含的政治学理论纳入学术研究，不仅推动中国特色社会主义阶级阶层、人民民主、政党政治、协商民主、政治稳定、政治安全、政治参与、政治生态、国家治理、行政改革、国际关系等基本理论的研究，而且也在服务新情况、缓解新矛盾、解决新问题的过程中，实现了学术的升华、学科的成熟和话语的增强。总体而言，在四十年来的发展中，马克思主义政治学建设取得了以下主要成绩：

第一，马克思主义政治学的理论体系日益完善。毫无疑问，坚持马克思主义的指导地位，需要立足经典、深入研读、审慎阐释、全面理解，根据时代变化不断加强马克思主义政治学说的研习。正如习近平总书记强调的，马克思主义的世界物质性规律、人类社会发展规律、认识的本质发展，为揭示共产党执政规律、社会主义建设规律等基本政治问题提供了世界观、认识论和方法论，为抵御唯心主义和虚无主义的错误观点提供了理论武器。③

几十年来，马克思主义政治学研究内容不断丰富、体系不断完善、视野不断拓展。首先，对马克思主义政治学经典著作的阐释性研究日益深入。众所周知，马克思主义经典著作卷帙浩繁，为了系统、全面、准确地真正理解其中蕴含的政治原理，政治学界对其日雕月琢，经典政治名篇被

---

① 袁祖社：《公共世界的逻辑与马克思新政治哲学的实践旨趣》，《政治学研究》2019 年第 6 期。李慎明：《政治学研究工作者要为把人民共和国巩固好、发展好作出新贡献——兼论共产党人为什么要旗帜鲜明地讲政治》，《政治学研究》2019 年第 6 期。吴晓林：《走向共同体：马克思主义政治发展观的"条件论"》，《政治学研究》2019 年第 4 期。田心铭：《论〈共产党宣言〉的核心思想——纪念马克思诞辰 200 周年、〈共产党宣言〉发表 170 周年》，《政治学研究》2018 年第 2 期。徐勇：《从中国事实看"东方专制论"的限度——兼对马克思恩格斯有关东方政治论断的辨析与补充》，《政治学研究》2017 年第 4 期。李海洋：《关于建构当代中国马克思主义政治哲学的几个问题》，《政治学研究》2015 年第 3 期。张盾：《马克思与生态文明的政治哲学基础》，《中国社会科学》2018 年第 12 期。姜安：《马克思的国际观及其当代价值》，《中国社会科学》2017 年第 11 期。

② 汝信先生曾说："并不是把马克思主义当作宗教戒律，不许讨论，而是要以马克思主义为武器，来战胜非马克思主义的理论、学术。"汝信：《新时期中国政治学发展 20 年：1980—2000》，中国社会科学出版社 2001 年版，第 50 页。

③ 参见习近平《在哲学社会科学工作座谈会上的讲话》，《人民日报》2016 年 5 月 17 日。

科学阐释，标志性政治学说被深入挖掘①，基本政治论断被准确理解。马克思主义政治学已经成为中国特色政治学体系的根本前提与核心内容。其次，马克思主义政治学原理的阐发越发清晰。中国政治学恢复重建的起点是马克思主义政治学原理，学者们围绕政治、阶级、国家、利益、权力、权利、义务、政府、政党、民主、法治、平等、自由、文明等核心范畴，坚持马克思主义的立场、观点和方法，较为系统地研究了这些政治现象及其规律。再次，马克思主义政治学的中国化成果不断完善。改革开放以来的伟大实践与理论创新之间保持着彼此促进的互动关系。在这一过程中，马克思主义政治学不断焕发着生机活力。实事求是思想路线的贯彻落实和理论实际相结合原则的不断坚持，使得中国特色社会主义政治发展内化为中国政治学的中心领域，中国政治学的时代价值与中国特色不断凸显。最后，马克思主义政治学的系统性、专业性日益显现。自恢复以来，在马克思主义政治学引领下，中国政治学逐步摆脱了西方政治学的话语桎梏、理论束缚和方法壁垒，快速迈向全要素、多领域、立体化的中国马克思主义政治学体系。各类研究成果充分运用新方法、阐释新观点，从而充分体现出中国特色、中国风格、中国气派的理论研究成果不断丰富，撑起了中国马克思主义政治学的大厦。其中，有关社会主义政治的分析研究更加系统全面，对党治国理政的阐释更具说服力；诸多新材料、新问题成为马克思主义政治学时代发展的新动力；许多新观点、新理论为马克思主义政治学注入新养分，代表了近年来中国特色马克思主义政治学与中国本土实践融合度的进一步提升。②

---

① 一些标志性著作有：臧峰宇：《马克思政治哲学引论：以人学为视角的当代解读》，中央编译出版社 2009 年版；韩冬雪：《马克思主义政治哲学诸范畴初探》，吉林出版集团有限责任公司 2007 年版；李慎明、吴恩远、王立强、曹苏红：《十月革命与当代社会主义》，社会科学文献出版社 2008 年版等。中国社会科学院政治学研究所从 2011 年开始在全国范围内公开发表马克思主义政治学方面最具代表性、水平最高的文章，并编辑出版《马克思主义政治学研究》，是当前我国马克思主义理论研究最具代表性、前沿性、权威性的成果集合。

② 马克思主义政治学一些新的研究主题包括政治文明、政治生态、政治协商、政治认同、政治稳定、政治发展、政治安全、政治整合、空间政治、生态政治等。例如，高小平的《国家治理体系与治理能力现代化的实现路径》，叶娟丽的《协商民主在中国：从理论走向实践》，刘京希的《政治生态学理论体系建构刍议》，李剑鸣的《美国政治史的衰落与复兴》，徐湘林的《把政治文化找回来——"公民文化"的理论与经验反思》，郑慧的《论构建中国特色社会主义政治学话语体系》，张师伟的《西方话语输入与"中国模式"建构——"中国模式"建构的话语背景》，俞可平的《中国政治学的主要趋势（1978—2018）》，房宁的《谈谈当代中国政治学方法论问题》，张桂林的《逻辑要义、历史努力与认知前提：建构中国特色政治学话语体系》，陈周旺的《中国政治学的知识交锋及其出路》，杨光斌的《论政治学理论的学科资源——中国政治学汲取了什么、贡献了什么?》，林尚立的《复合民主》，姜志强的《马克思主义政治发展学说中国化进程研究》，严强的《微观政治学》，金安平的《中国现代政治学的发端与拓展》，等等。

第二，真正秉持以人民为中心的研究导向，政治学的学术追求与国家的发展、民族的复兴、人民的实践实现有机统一。科学的理论是时代的旗帜，最能代表一个社会的进步程度和文明水平。理论是学术研究的最终成果，而学术研究的导向决定了理论成果的基本立场和属性。作为人类社会最古老的学问，政治学研究源远流长，但在很长一个时期内，仅服务于极少数统治阶级的政治学理论占据多数。马克思主义政治学是无产阶级政治观的集中体现，反映了无产阶级的利益诉求、阶级立场以及政治主张。"以人民为中心"始终是中国政治学的基因，"为生民立命"一直是中国政治研究的学术使命；"为学术而学术""为理论而理论"的怪论以及不加辨别地将西方政治学[①]的概念、范畴和理论用于解释和评价中国的政治建设和发展的现象则日益成为中国政治学界主流反思的对象。

为了学科的健康发展，马克思主义政治学正确地回答了"为什么人而研究"这一根本性问题。政治学自恢复以来，始终坚持为人民服务、为社会主义护航、为国家民族献智，从伟大的政治实践中提取研究问题：一是国家政治领域的改革、发展与创新，需要政治学的学术化。历史地看，中国用几十年的时间走过了西方国家几百年的发展历程，这一巨大成就需要学术性阐释；集中涌现的现实问题也需要革命性理论的创新和及时有效的对策响应。成就的历时性快速显现和问题的共时性集中迸发，使得中国政治发展绝无先例可鉴，更无旧学可循，必须依靠基础性的学术研究，才能实现理论的自我创制与创新。因此，习近平同志指出，"这是一个需要理论而且一定能够产生理论的时代，这是一个需要思想而且一定能够产生思想的时代。我们不能辜负了这个时代。"[②] 二是人民伟大的政治创造需要政治学的学术总结。在改革开放的历史浪潮中，人民的需要指明改革的方向，人民的智慧支撑改革的前行，人民的力量汇聚改革的动力。中国政治学就主流而言，一直植根中国社会，围绕人民的根本诉求、追踪人民的实践创造、总结人民的政治智慧，以系统性的学术逻辑归纳眼花缭乱的政治创新，并形成了一系列引人注目的创新性成果。三是学术研究需要回应人民的历史诉求和时代要求。助力中华民族的伟大复兴、保障人民对美好生

[①] 需要指出的是，所谓"西方政治学"，主要是指反映作为统治阶级的资产阶级利益、体现西方资产阶级政治观、代表资产阶级政治诉求的政治学理论或观点，具有鲜明的阶级性和意识形态性。本文中，"西方政治学"均表达此种意义，以区别于西方政治传统、西方国家的政治思想、政治学思想渊源中的西方传统等较为中性的表述。

[②] 习近平：《在哲学社会科学工作座谈会上的讲话》，《人民日报》2016年5月17日。

活的向往不仅是中国政治发展的目标，也是政治学学术研究的取向。一旦背弃人民的需求，学术研究就会陷入历史虚无主义和"去价值化"政治科学的学术话语陷阱中，在学术教条中无法自拔；一旦离开了人民实践的丰富内容，学术研究也必将成为无根浮萍和概念游戏。中国政治学对此始终充满警惕。①

衡量我国政治学研究是否坚持人民立场，最终要以研究成果作为考量尺度。恢复重建以来，政治学研究始终反映民意、追踪民生、增进民主、凝聚民心；始终为服务国家发展，助力民族复兴，增进社会福祉出谋划策；始终坚持道路自信、理论自信、制度自信和文化自信，不断发掘中国传统政治智慧、总结中国共产党治国理政经验、梳理社会主义政治优势。层出不穷的优秀成果，奠定了马克思主义政治学的学术地位，巩固了"笔力独扛"的良好局面。②

第三，始终坚持与时俱进的理论特质，中国政治学的建设发展充分展示了马克思主义的鲜活性与时代性。众所周知，政治实践十分复杂，一方面，生产方式尤其是生产关系的不断变动必然在总体上影响政治设施的调整，政治设施的内在要素也在这种调整中不断相互作用而始终处于变动不居的发展状态；另一方面，在不同国家，作为上层建筑的政治在具体运行中必然会产生一系列具有特殊性的思想、理论、制度、计划、方案、体制、机制的"实践供给"，这些"实践供给"又不断影响着各个国家政治设施的建构与变化。这些个别性、不可复制性的政治实践又进一步加剧了它的复杂性。改革开放以来，中国马克思主义政治学既从历史的实践中总结政治演化的基本规律，又将对这一规律的揭示植根于当代中国的伟大政

---

① 比如对于以西方自由民主为核心的"普世价值"，学者们集中通过一系列文章，从"普世价值"的思想来源、背后动机、错误取向以及现实危害等方面进行了全面的剖析与批判，提出"在阶级社会里，自由、民主、平等、人权作为反映人们的社会关系的观念，无不打上鲜明的阶级烙印，它们在马克思主义的理论中从来不具有普世性的内涵"。在关于自由、平等、公正、正义、宪政、公民社会以及军队国家化等重大争议问题上，马克思主义历史分析方法无不成为中国学者"去伪存真"的重要工具。参见，冯虞章：《怎样认识所谓"普世价值"》，《政治学研究》2009年第2期；马德普：《价值问题的复杂性与"普世价值"概念的误导性》，《政治学研究》2009年第1期；周新城：《论"普世价值"是否存在及"普世价值"鼓吹者们的政治目的》，《政治学研究》2008年第5期。

② 值得注意的是，中国学者运用马克思主义政治原理系统研究了国家治理体系与治理能力现代化这一时代命题，产生了大量优秀成果，不仅推动了中国的政治发展和制度创新，而且产生了广泛的国际影响力，并极大地动摇了西方以自由主义为核心的政治话语。国家治理、国家能力、政府能力等概念成为国际学术界重要的政治分析范式。

治实践，达成了理论发展的历时性和共时性相统一。①围绕"坚持理论创新，正确回答了什么是社会主义、怎样建设社会主义，建设什么样的党、怎样建设党，实现什么样的发展、怎样发展"等重大课题②，政治学者持续创新，深刻阐释了阶级（阶层）政治论、国家主权（治权）论、政治文明论、民主政治论、新型政党论、依法治国论、国家治理论、国际交往论以及核心价值论等重大理论创新成果，证明了马克思主义政治学的正确性与持续性。③"生活、实践的观点，应该是认识论的首要的和基本的观点。"④显而易见的是，站在历史的高度，中国特色社会主义进入了新时代，当代中国马克思主义政治学所展现的与时俱进的鲜明品格，也将引领其发展迈入新的阶段。⑤

（二）政治学体系的建设方向日益清晰，学科体系、学术体系、话语体系基本搭建完成

第一，学科建设是政治学发展的前提条件。恢复重建以来，中国政治学学科发展取得了辉煌的成就。首先，学科体系基本搭建完成，基础学科积淀深厚、分支学科茁壮成长、交叉学科日新月异、新型学科与日俱增、边缘学科不再边缘，不同类型的学科之间相互渗透、交叉助力，共同支撑起政治学坚实的学科体系。其次，政治学科研教学组织结构合理、功能完

---

① 参见颜德如的《"中国梦"对共同体价值的重塑及其政治意义》，汪青松的《"两个不走"：中国道路的方向性规定》，田心铭的《论坚持和发展中国特色社会主义——学习习近平同志系列重要讲话精神》，周平的《中华民族：一体化还是多元化？》，等等。

② 习近平：《在哲学社会科学工作座谈会上的讲话》，《人民日报》2016 年 5 月 17 日。

③ 例如，徐大同的《深入、比较、借鉴——21 世纪西方政治思想史研究发展之我见》，王邦佐的《中国政治体制改革的成就和发展路径》，王一程的《当代中国的政治学与政治发展》，郑言的《中国共产党与中国政治发展》，王浦劬的《习近平新时代中国特色社会主义政治发展思想论析》，王冠中的《中国马克思主义政治学学科初建探析》，高奇琦的《构建中国马克思主义比较政治学的几点思考》，张世飞的《中国马克思主义政治学史的指导思想、基础理论与方法》，等等。

④ 《列宁专题文集：论辩证唯物主义和历史唯物主义》，人民出版社 2009 年版，第 50 页。

⑤ 十九大以来，中国政治学者围绕"新时代"中国政治学的发展方向，召开了一系列研讨会："新中国 70 年政治发展理论与实践""新时代中国政治学的学科融合与方法创新""新时代中国特色社会主义政治学的背景、议题与路径""面向真问题 开展真研究 形成真成果——新时代中国政治学的发展""国家治理现代化与新时代中国特色社会主义政治学创新发展"等。此外，专家学者撰写了一系列文章：王浦劬：《新时代中国特色社会主义政治学前行的航标南针》，《政治学研究》2018 年第 2 期。周光辉：《新时代应以原创性研究推动中国政治学发展》，《政治学研究》2018 年第 2 期。陈明明：《新时代政治学的学科自觉与自主》，《中国政治学》2018 年第 1 期。李猛、郑慧：《推动新时代中国特色社会主义政治学创新发展的思考》，《社会科学研究》2018 年第 2 期。

善，学术共同体作用日益凸显。中国政治学会作为全国性的政治学科研与学术交流平台，逐步成为凝聚中国政治学者智慧、整合政治学研究力量、引领政治学发展方向的核心组织；全国性政治学年会、专题性研讨会、热点工作坊等已经成为中国政治学展现影响力的重要形式；大量的专题性、热点性、群体性学术活动则形成了小切口、多层面、热追踪与跨地区的特色。此外，高等院校、社会科学院、党校、行政学院等系统的政治学相关机构选择了各具特色的学科生长点，相互配合、各展所长[1]，这是支持中国政治学学科高速发展的重要条件。再次，人才培养体系完备。政治学专业从北大、吉大、复旦等有限几所学校逐步扩展为高校和科研机构普遍设立的专业；政治学从一级学科逐步扩展至包含政治学理论、中外政治制度、科学社会主义与国际共产主义运动、中共党史、国际政治、国际关系、外交学七个二级学科专业，二级学科的界限明确，基础地位凸显，并在二级学科之下发展出丰富的学科方向；人才培养从单一的本科生教育，逐步发展成为从博士后到专科的全层次人才培养体系，学术教育与专业教育（MPA）、国内学生与国际学生、专业人才与应用人才培养齐头并进。

除此之外，高水平期刊、高水平课题、高水平智库的"三高"平台建设成效显著。一是高水平期刊建设成效显著，《政治学研究》杂志作为国内最权威的政治学刊物，其创刊既是"中国政治学发展史上的一件大事"[2]，又始终发挥政治学发展的引领作用，而政治学类的CSSCI来源期刊与全国中文核心期刊等则为政治学者们搭建了一个完备、活跃的成果交流平台。二是高水平课题不断增加。政治学研究的课题始终服务于中国政治发展的新问题，回应政治建设的新需要，追踪学术发展的新热点。多年来，国家社科基金规划项目、重大项目、特别委托项目中政治学的研究日益增多，课题指南不断学术化，极大地促进了"项目制"的转型升级。相应的，大量研究成果不仅在学术层面产生了深远的理论价值，而且在重大问题和实践难点的解决中发挥出了决策依据或决策辅助的巨大价值。三是高水平智库的建设方兴未艾。在经历自我锤炼、自我发展后，政治学的智库建设特别是高水平智库建设蔚然成风，成为政治学展现"经世致用"的

---

[1] 王浦劬：《我国政治学发展20年的回顾与展望》，《思想理论教育导刊》1998年第Z2期，第40页。

[2] 张友渔：《中国政治学的兴起——代发刊词》，《政治学研究》1985年第1期，第3页。

重要方式。① 其针对国家治理中的重大问题和焦点问题进行的重点研究，为党和国家重大战略的实施提供理论服务与对策研究，既丰富了政治学研究的内容、拓展了学科领域，又大大提升了政治学研究的实效性。②

中国政治学学科在发展中体现的主要特点包括：学科的根基不断牢固，在理论实践的有机结合与互动过程中构建中国特色政治学学科体系。经过不懈努力，在坚守马克思主义政治学基本原理的同时，发展出一系列能够解释中国政治发展道路的概念和范畴；在坚定社会主义民主道路的同时，精炼出能够反映"中国特色"和民主发展本质规律的理论系统；在坚持中国根本政治制度的同时，正在贡献出提升国家治理体系与治理能力现代化的可行方案；在追求发展社会主义政治文明的过程中，提炼出不同于西方政治文明的政治发展逻辑和经验体系。

学科的特征越发清晰，在服务党和国家工作大局，遵循学科发展规律进程中构建中国特色政治学学科体系。不断突出特色是当代中国政治学发展的真实写照。从理论上看，当代中国政治学的"特色"在于：发展了马克思主义政治学说、创建了中国化马克思主义政治学，彰显了科学社会主义的真理性、阐明了社会主义政治的基本原理，证明了工人阶级政党治国理政的历史必然性、支撑了发展社会主义民主政治的根本宗旨。"显特色"成为当代中国政治学学科体系建设的独创性优势，而"特色"的内涵也变得更加丰富，中国特色、中国风格、中国气派已然成为新时代中国政治学学科体系建设和创新的着力点。此外，政治学既然是一门科学，包括学科体系建设等所有政治学的繁荣和发展，就必须以科学的态度和方法予以对待，政治学恢复以来，在这个问题上，政治学理论与实际工作者保持了清

---

① 例如，徐湘林的《转型危机与国家治理：中国的经验》，王浦劬的《全面准确深入把握全面深化改革的总目标》，俞可平的《中国的治理改革（1978—2018）》，臧雷振的《治理类型的多样性演化与比较——求索国家治理逻辑》，何艳玲的《"回归社会"：中国社会建设与国家治理结构调适》，包心鉴的《协商民主制度化与国家治理现代化》，陈家刚的《当代中国的协商民主：实践探索与理论思考》，胡联合、胡鞍钢等的《国家治理：社会矛盾的实证研究》，程竹汝的《论政治体制改革的重点与国家治理体系现代化》，等等。

② 高水平智库包括：中国社会科学院政治学研究所、北京大学政治发展与政府管理研究所、华中师范大学政治学研究院、中山大学行政管理研究中心、吉林大学的政治学与国家建设研究中心、复旦大学的中国政治研究中心、中国人民大学的比较政治经济研究所、武汉大学的比较政治制度研究中心、厦门大学的公共管理与政策分析研究中心、南开大学的电子政务实验室等等。此外，很多大学和科研机构依据自己的研究特长，围绕国家政治发展需要开展研究，比如中共中央编译局的马克思主义政治学研究，中国社会科学院政治学研究所的中国政治制度研究，北京大学的政治学理论、政府理论和政府创新发展研究、政府管理绩效管理研究、中国政治发展和公民意识实证研究，中山大学的行政管理学理论、公共预算研究和区域公共管理研究等。

醒的头脑,逐步增强学术能力,学科体系同样显示了这样的特点。①

学科的发展顺应时代,在尊重和回应政治学发展规律和时代特点中构建出中国特色政治学学科体系。改革开放以来,中国政治学完成了学科体系初创、发展、调整进而健全的历史变革。这主要表现在:其一,运用马克思主义的立场、观点和方法,在批判地吸收借鉴西方政治学学科发展的历史经验中,立足本国实际,树立了正确的政治观,系统阐明了政治学的本质、主题、框架与核心范畴等问题,更好地揭示了政治学发展的科学规律。习近平正确地指出:"不能把一种理论观点和学术成果当成'唯一准则',不能企图用一种模式来改造整个世界。"② 以发展的眼光看,政治学学科体系的建设标准、核心论题、基本方法不应唯西方政治学的学科标准马首是瞻。而通过长时期的探索和努力,时至今日,中国特色政治学已经开始成为政治学学科发展的规则贡献者和理论提供者。③ 其二,紧跟时代的步伐,不断思考和研究新的诉求,将中国改革开放和社会主义现代化进程中出现的新问题、新现象置于政治学发展的论题中加以系统研究和阐释,在不断解决中国问题的同时提供中国方案。中国政治是世界政治不可或缺的组成部分,中国的政治发展是理解当今世界政治发展最重要的视角和对象之一。当代中国政治学者普遍认为,"独创性"就是"普遍性",已然逐步"将研究范式的自觉创新提上议事日程,去探索建立具有稳定内核和自新活力的本土化研究范式"④。改革开放以来,政治学学科建设的历史证明,学科体系的建设必须尊重规律和传统,而根本在于"坚持实践的观点、历史的观点、辩证的观点、发展的观点,在实践中认识真理、检验

---

① 例如,赵宝煦的《中国政治学百年历程》,汝信的《新时期中国政治学发展20年》,王惠岩的《回顾与展望:发展中的中国政治学》,王沪宁的《发展中的中国政治学》,张永桃的《中国政治学二十年(1978—1998)——纪念党的十一届三中全会召开20周年》,王邦佐、邵春霞的《中国政治学学术发展30年》,杨海蛟、元光的《中国政治学30年》,林尚立的《政治学与政治发展:中国政治学发展20年》,王绍光的《中国政治学三十年:从取经到本土化》,洋龙、韩旭的《迈向21世纪的中国政治学:发展中的几个问题》,杨弘、杨彤的《中国政治学在新世纪前10年的发展趋向和主要课题》,林毅的《西方化反思与本土化创新:中国政治学发展的当代内涵》等。

② 习近平:《在哲学社会科学工作座谈会上的讲话》,《人民日报》2016年5月17日。

③ 参见:陈尧的《西方参与式民主:理论逻辑与限度》,李良栋的《自由主义旗帜下两种不同民主理论的分野——当代西方主要民主理论评述》,马德普的《人民同意与人民主权——西方近代以来两种民主理论传统的区别、困境与误读》等。

④ 林毅:《西方化反思与本土化创新:中国政治学发展的当代内涵》,《政治学研究》2018年第2期。

真理、发展真理"①，这才是学科建设的"真正主流"，只有把握此种"主流"，政治学的学科体系建设才找到了存在发展创新的生命力。

第二，以问题为导向的学术体系正在形成。"问题就是时代的口号，是它表现自己精神状态的最实际的呼声。"② 政治学恢复重建以来，中国政治学推出一系列精品佳作，如王邦佐等的《从"一国两制"看主权与治权的关系》，吴大英的《政治体制改革与法制建设》，王惠岩的《当代政治学基本理论》《论民主与法制》，白钢的《中国政治制度通史》，王绍光、胡鞍钢的《中国国家能力报告》，康大民的《论邓小平人民民主专政思想》，林尚立的《当代中国政治形态研究》，徐勇的《现代国家的建构与村民自治的成长》，杨海蛟的《政治文明：理论与实践的思考》，周平的《多民族国家的族际政治整合》，等等。③ 这些成果之所以能够成为具有标识性的学术成果，关键就在于它们都是其所处时期的产物，都是思考和研究当时当地重大议题的结果。

以中国政治问题为导向，政治学的学术研究就有了牢靠的根基；而将问题在社会发展中的地位与内容按照不同方位、对象领域和具体要素加以较为科学的整合，就决定了政治学学术体系的基本样貌。西方政治生活的核心问题是"如何使少数人统治具有合理性"，所谓的"三权分立""自由民主""司法独立"等论题正是这一核心问题的具体阐释，而西方政治学的学术体系显然就是为此而建立、完善进而获得持续的学术影响力的。与此不同，当代中国政治学服务中国政治发展，为推进国家治理现代化而奋斗。④

以当代重大政治问题为要点，中国政治学的学术研究就有了不竭的动力。政治学不是一门纯属"阳春白雪"的学问，也从来没有绝对意义上客观中立的政治学研究。古往今来，任何有关政治的研究都是在自觉或不自觉的政治立场前提下进行的。政治学的学术研究的"科学性"从来没有脱

---

① 习近平：《在哲学社会科学工作座谈会上的讲话》，《人民日报》2016年5月17日。
② 《马克思恩格斯全集》（第40卷），人民出版社1982年版，第290页。
③ 需要指出的是，改革开放以来我国政治学研究的优秀学术成果众多，本文所列举的只是其中部分代表性成果，上述成果先后获得过"国家精神文明建设'五个一工程'奖""国家图书奖"以及"教育部高等学校科学研究优秀成果奖（人文社会科学）一等奖"等成果奖。
④ 张贤明：《在改革开放中发展壮大的中国政治学》，《人民日报》2018年5月21日。同时参见：王浦劬的《我国政治学学术发展中的基本关系论析——纪念十一届三中全会30周年》，杨海蛟、林毅、刘方亮、李猛等的《构建中国特色社会主义政治学学科体系、学术体系和话语体系何以必要、何以可能、何以构建》系列论文等。

离过它的利益性、阶级性和意识形态性。诺贝尔经济学奖获得者阿马蒂亚·森曾指出，西方一切平等理论（正义理论）的实质就是掩饰西方社会的不平等，这些理论水平的高低则取决于用于"掩饰"的学术假设、论证框架和分析方法的水平高低。改革开放的历史证明，维护人民民主专政、巩固党的领导、实现人民当家作主是中国政治学必须坚守的底线和立场，须臾不可动摇。近年来，关于中国国家治理体系的相关政治学重大问题研究中，对于中国共产党在其中发挥作用的必要性、功能和经验等的研究成果不断涌现，这些研究完全突破了既有的西方政治学研究预设中的国家—社会二元结构体系，提出了在中国实践的基础上构建国家—社会—政党三元结构体系的理论需求。同时，中国政治学界也在探索民主政治发展的中国道路与中国经验方面取得了显著成绩[1]，反过来启发了国外学界对于西方自由民主制度及建筑于其上的治理体系的反思。[2]

以"总问题"为统摄，中国政治学的学术研究就有了合理的布局。"坚持走中国特色社会主义政治发展道路"，这是中国政治学研究的起点，也是学术成果的归宿。众所周知，"以什么样的思路来谋划和推进中国社会主义民主政治建设，在国家政治生活中具有管根本、管全局、管长远的作用。……中国是一个发展中大国，坚持正确的政治发展道路更是关系根本、关系全局的重大问题"[3]。由此可见，这一关键问题是正确处理重大政治问题的集中体现，也是衡量具体的政治学研究能否成立、有无价值的基本学术标准。围绕"总问题"，中国特色政治学的学术体系建设无论是阐释性研究还是批判性研究，是规范性研究还是实证性研究，都需要着力于"长期形成的历史传承""走过的发展道路、积累的政治经验、形成的政治

---

[1] 参见：刘德厚的《简论政治学在当代中国的历史任务》，朱光磊的《政治学要为推动中国特色社会主义政治建设服务》，谭君久、童之伟的《中国政治学应进一步加强自身建设》，周光辉的《新时代应以原创性研究推动中国政治学发展》等。

[2] 随着中国特色社会主义民主制度的发展，以提出"历史终结论"的弗朗西斯·福山为代表的一些学者都公开表示中国模式引起了他们的"深刻反思"。代表性作品包括：Francis Fukuyama. Against Identity Politics. The New Tribalism and the Crisis of Democracy. Foreign Affairs, October 2018. Raschke, Carl. Force of God: Political Theology and the Crisis of Liberal Democracy. Columbia University Press, 2015. Gaon, Stella. Democracy in Crisis: Violence, Alterity, Community. Manchester University Press, 2010. Olimano, Andres. Economic Elites, Crises, and Democracy: Alternatives Beyond Neoliberal Capitalism. New York: Oxford University Press, 2014.

[3] 《习近平总书记系列重要讲话读本》（2016年），学习出版社、人民出版社2016年版，第163—164页。

原则"以及"现实要求、现实问题"①。例如，如何发展适合我国国情的社会主义政治制度，如何避免人民当家作主成为一句"空话"，如何巩固和发展最广泛的爱国统一战线，如何不断推进行政体制改革，如何全面贯彻党的民族政策和宗教政策，如何不断丰富"一国两制"实践，如何加强执政党建设，真正发挥党总揽全局协调各方的作用，永葆其纯洁性、先进性，做到立党为公，执政为民，长期执政，如何深刻回答新时代我国制度建设坚持和巩固什么、完善和发展什么，如何充分发挥中国特色社会主义制度的显著优势，实现国家治理体系与治理能力现代化，进一步增强"四个自信"等均值得长期关注，需要通过学术研究来提供解答具体问题的新思路、新路径和新方法。

改革开放的历史证明，上述明确的问题导向为中国特色政治学的学术体系建设提供了学术定位的科学指引、学术思考的内容供给、学术争鸣的对象素材与学术创新的本土资源，具有不可替代的决定性作用。正如有学者所言："政治学以及政治学者的任务，正是致力于做生产知识、生产思想、生产理论的工作。而这样的知识、思想和理论，当有助于国家政治发展之目标的实现，有助于社会良善政治生活的建构。这样的责任和使命与经济学相辅相成、相互支撑、相映成趣。"②

第三，以传播为导向的话语体系建设是中国特色政治学得以扩大影响的新型特色与优势。习近平指出："发挥我国哲学社会科学作用，要注意加强话语体系建设。"③话语体系的建设，必须建立在健全的学科体系的基础之上，必须依靠扎实的学术体系的支撑，是学科体系、学术体系发展的自然结果，又在构建目标、思维、方式等方面呈现出一定的特点。就政治学的学科体系和话语体系而言，学科体系需要"内在性建设"，而话语体系重在"外向性建设"；就政治学的学术体系和话语体系而言，学术体系的关键是"学术研究"，而话语体系的关键是"话语表达"。

众所周知，话语体系的建设在中国特色哲学社会科学建设与创新中是一个新命题，但是话语体系的探索和实践却并非一个新事物。恢复重建以来，中国政治学话语能力显著增强，"中国的政治学人越来越认识到西方

---

① 《习近平总书记系列重要讲话读本》（2016年），学习出版社、人民出版社2016年版，第166页。
② 桑玉成：《关于政治学的主题与政治学基本问题的思考》，《政治学研究》2017年第5期。
③ 习近平：《在哲学社会科学工作座谈会上的讲话》，《人民日报》2016年5月17日。

的政治概念和政治分析范式对中国特定的政治现象不具备完全的解释力,一直在尝试着创新适合中国政治发展的学科话语"[1]。具体而言,这些学术话语创新成果集中体现在以下四个主要方面:其一,以增强内在解释力带动话语体系发展。中国独立自主的政治发展道路取得了巨大成就,这种伟大的实践本身就证明了中国政治理论的强大解释力。构建于中国实践的政治学学科体系和学术体系的高速发展为话语体系的建设提供了充足的素材和有力的逻辑支撑。其二,以提升本土化水平带动话语体系发展。在西方主导的国际政治学话语体系当中,中国的政治学话语没有充足的发展空间,即使实践已经证明了中国政治学话语的对内解释力。面对西方话语霸权,中国政治学在始终坚持增强对内话语能力,防御西方有意识的话语入侵的基础上,努力探索解释中国政治发展成就的"本土化"话语模式。中国政治学者一方面揭露西方政治话语的虚伪性,另一方面以马克思主义为指导,逐步构建了不同于西方语境的国家、阶级、民主、社会、政党、治理、文明、现代化、共同体等话语,提出了政治文明、协商民主、国家治理、社会治理、人类命运共同体等通俗易懂、鞭辟入里的新概念和新范畴,为中国本土政治话语传播提供了强有力的工具。

第三,以主动的传播意识带动话语体系建设。长期以来,中国政治话语主要是对内传播,目的是巩固中国特色政治发展道路。有了坚实的理论基础和实践证明,政治学者开始不断加强政治话语的主动传播意识,将当代中国政治建设的积极价值贯穿于国际学术交流和传播的方方面面。在牢固树立话语意识方面,政治学界从政治价值、政治制度、政治体制、政治文化等多个方面对中国实践和经验进行了创造性阐释,"政治学"的中国话语已初具规模。

第四,以提升话语自信带动政治话语的展示。近年来,随着中国经济社会的发展和国际地位提高,国际社会对中国的关注度不断提高,其中政治领域的发展变化是重中之重。长期以来,西方社会认为"中国政治改革滞后",而这一认识既取决于意识形态方面的敌对性,同时也需要从中国政治学话语缺乏传播力,长期被人们忽视中去寻找原因。当然,话语意识提高和话语供给能力增强并不直接意味着话语能力的提升、话语认同的扩大以及话语自信的实现。为此,中国政治学还需要通过"转变话语思维"

---

[1] 张桂林:《逻辑要义、历史努力与认知前提:建构中国特色政治学话语体系》,《政治学研究》2017年第5期。

"进入无语领域""改变失语状态""发掘话语优势""活跃话语表达""改善传播策略""阐发共同精神""展示亲和面貌",既让西方政治学界意识到中国政治话语具有的强大解释力和生命力,又让西方民众通过此种政治学话语的中国表达来理解中国道路。

党的十八大以来,话语体系建设的重要性越发凸显。政治话语体系既要直面哲学社会科学话语体系普遍面临的难题,又要回应当代中国政治建设的特殊问题。一方面,中国政治话语需要全力思考和阐释"马克思主义为什么行""中国共产党为什么能""中国道路为什么好""中国梦为什么能实现"等重大问题,驳斥"中国崩溃论""中国威胁论"背后的政治阴谋,在一定程度上为塑造中国的国际形象做出贡献。简言之,在科学划分话语对象[①]的基础上,除去顽固的反华分子外,如何借助西方的"中国声音"让西方社会了解中国政治发展的真实情况,立体地理解中国政治现状以及全面认识中国政治发展的世界意义是十分重要的,也是话语体系建设的题中应有之义。另一方面,围绕更好地解释中国政治道路的独特性,政治学话语体系的建设已经进一步指向如何解读中国实践、构建本土理论的任务,强调有意识有策略有能力有艺术地夺取话语权,通过精练传播中国政治发展道路的标识性概念,将中国政治学的理论成果用于国际交流与学术争论,切实做到在场、论理和传播的结合,并通过体制机制改革创新,为话语传播提供行之有效的顶层设计。[②] 时至今日,中国政治学界已经充分认识到,"构建中国特色社会主义政治学的话语体系是一项复杂的系统工程……以团结、扎实、自信的态度面对话语体系构建过程中的种种挑战,尤其要避免出现'夸夸其谈''自说自话'的现象,不受'短期应对''轰动效应''哗众取宠'等不良学术风气的影响"[③]。

[①] 近年来,国际社会对我们的误解不少,从话语对象角度看,大概分成三类:对中国不了解的人、受错误思想误导的人以及顽固反华分子。研究表明,话语体系建设能够发挥传播力的话语对象只是前两类人群。

[②] 除了国家治理、"一带一路"、人类命运共同体、中国梦等一系列中国政治概念和理论通过中国学者的自发研究在国外产生重大影响,国家社科基金通过"中华学术外译"项目主动向国外推介了一批中国政治学著作,助力提升中国政治学话语。代表性著作有:林尚立的《建构民主:中国理论、战略和议程》、彭宗超等的《合作博弈与和谐治理:中国和合式民主研究》、阎学通的《世界权力转移》、杨洪山的《转型中的城市治理》、靳诺的《全球治理的中国担当》、潘维的《信仰人民:中国共产党与中国政治传统》等。

[③] 郑慧:《论构建中国特色社会主义政治学话语体系》,《政治学研究》2014年第6期。

（三）政治学基础理论不断夯实、研究场域日益丰富、研究内容逐步丰厚

基础理论是一门学问的基石。不断深化基础理论研究是政治学的生命之源，扎实的基本范畴研究是基本理论研究的中流砥柱。四十年来，中国政治学"基本范畴和基本理论的阐释和论述开始从非此即彼的价值判断的樊篱中解脱出来，把政治学理论的创新当作学科发展的推动力"[1]。在恢复发展之初，中国政治学界便掀起基本理论建构和研究的热潮，虽然关于何谓政治、政治的特点、政治学研究对象、政治学的范畴等问题并未达成完全共识[2]，但是这些讨论已经成为政治学发展的起点[3]，学者们"基本明确了政治学的研究对象、研究内容、分析范畴和基本概念，初步形成了独特的学科基础理论"[4]。基于此，中国政治学者进一步梳理、讨论和阐释了阶级、国家、权力、权利、利益、政体、国体、民主、政党等基本理论范畴的深刻内涵，并将这些成果深入对政治制度、政治机制、政治行为、政治心理、政治发展、政治文明、政治文化、国际政治等基本理论的研究之中，生产出丰硕而扎实的研究成果。进入新时代，政治学基础理论的探讨出现了新的趋向。尤其是随着国际意识形态竞争的日趋激烈，关于自由、民主、正义、平等、公正、公平等政治价值的解读和澄清成为政治学迫切需要回答的问题，对于新自由主义、新保守主义、民粹主义、社群主义、新马克思主义、新全球主义等思潮的批判性理解和剖析成为政治学必须面对的挑战。此间，中国政治对于基本理论的研究迈上新的台阶，"基本开始用规范的概念和学科语言代替一般的政策性语言，开始用有处可查的资料论证代替想当然的主观分析，开始用理性的理论分析代替简单的理论套用"[5]。尤其值得注意的是，政治哲学理论基础、基本属性、学术范畴、重大命题的研究日益深入，在前期一般性介绍的基础上开始构建逻辑严整、

---

[1] 杨海蛟：《20世纪90年代以来中国政治学研究的特点及发展趋势》，《浙江社会科学》2001年第4期，第20页。

[2] 事实上，学术研究需要的往往不是结论和定式，而是探索与争论，对于概念的研究更是见仁见智。

[3] 王沪宁：《中国政治学研究的新趋向：1980—1986》，《政治学研究》1987年第2期，第47页。

[4] 王浦劬：《我国政治学发展20年的回顾与展望》，《思想政治教育导刊》1998年第2期，第39页。

[5] 林尚立：《政治学与政治发展：中国政治学发展20年》，《政治学研究》1998年第2期，第4页。

独立自主的学科与学术体系,政治哲学的复兴代表着中国政治学基本理论的建构具备了扎实的基础,开始进入良性、高度、深度发展阶段。① 中国特色社会主义政治学基础理论体系基本搭建完成。

党的十八大以来,基础理论研究迎来了新机会、得到了新发展、取得了新成就。"从我国改革发展的实践中挖掘新材料、发现新问题、提出新观点、构建新理论,加强对改革开放和社会主义现代化建设实践经验的系统总结"②,加快对社会主义民主、自由、平等、法制等领域的深入研究,基础研究迎来了新飞跃的历史契机,"一是从理论与实践的结合上,回答新时代坚持和发展什么样的中国特色社会主义政治,如何建设这样的政治""二是基于我国国情政情,回答新时代治理什么样的国家和怎样治理这样的国家"③。尤为值得关注的是,近年来基础研究出现的新进展集中体现在中国特色政治学研究能够提出本土化的学术概念,即"在中国经验的基础上形成反映中国现实的学术概念",正是通过中国特色政治学的学术概念的构建,基础研究才得以越发具有辨识性,"在中国政治学知识体系构建过程中发挥着推动、拉动、牵引的作用,对中国政治学知识体系的构建产生根本性的影响"④。

与基础研究不断加强相伴的是,政治学的研究领域不断拓展。政治学是研究领域最为广泛的学科之一,由于政治所具有的统领性地位,所有跟"政治"有关的社会现象和社会关系都是政治学研究对象。⑤ 此外,由于各类学科发展的不断细化、深化,不同学科之间相互借鉴、不断融合,并突破自身原有的边界,研究问题的一致性使得学科领域拓展成为必然的趋势。因此,政治学研究场域的拓展是学科特征与学术发展共同作用的结果。在政治学发展之处,政治学人就意识到中国政治学的发展必须在坚持既有研究领域的同时,不断利用新的研究方法、拓展新的研究问题、介入

---

① 20世纪西方政治哲学的复苏以《正义论》的出版为代表,完成了分析哲学到道德哲学的结构性转变,但由于那时西方政治学研究中的行为主义(后行为主义)的影响巨大,故而,这一重大转型很长时间都被国内政治学界所忽视,或者被误认为政治哲学是哲学(伦理学)的研究内容。正因为如此,经过20年的学科发展后,基础理论研究出现了瓶颈期,此时我们才愈发认识到政治哲学的本体论、认识论和方法论是政治学基础理论的基础,其有别于政治学理论,是整个政治学研究的最终还原和假设前提,由此,有关政治哲学的研究逐渐开始复苏(萌芽)。

② 习近平:《在哲学社会科学工作座谈会上的讲话》,《人民日报》2016年5月17日。

③ 王浦劬:《新时代中国特色社会主义政治学前行的航标南针》,《政治学研究》2018年第2期。

④ 周平:《政治学构建须以知识供给为取向》,《政治学研究》2017年第5期。

⑤ 王沪宁:《世界政治学面临二十一世纪》,《政治学研究》1988年第2期,第30页。

新的研究领域，促进交叉学科、探索新兴学科、强化分支学科、拓展边缘学科。四十年来，中国政治学围绕现实政治发展的需要，将研究的视野拓展至几乎所有的社会政治领域，形成的主要分支和新兴学科包括但不限于：政治社会学、政治心理学、政治人类学、政治文化学、政治语言学、政治地理学（地缘政治学）、和平政治学、空间政治学、民族政治学、生态政治学、生物政治学、政治动力学、区域政治学、集团政治学、计量政治学、政治传播学（含政府新闻学）、法政治学、政策科学、政治伦理学、权力政治学、管理政治学、地方政治学、军事政治学、国防政治学、警察政治学、教育政治学、计算政治学以及公共行政学等。① 其中，诸如区域政治学、政策科学、公共行政学、政治社会学、政治心理学、政治人类学、政治文化学等研究领域开始开枝散叶，逐渐生长出更加细化的分支学科；政治伦理学、政治哲学等逐渐成为连接政治哲学与现实政治分析的新生长点；边疆政治学、地缘政治学、权威政治学、警察政治学和国防政治学在服务现实政治过程中不断生长和成熟。"随着改革开放和现代化建设事业的不断推进，我们党对哲学社会科学地位和作用的认识越来越深刻，把哲学社会科学创新体系纳入国家创新体系范畴。"② 改革开放以来，以"创新"为目标、以"体系"为根本、以"健全"为途径，成为中国特色政治学研究科学有序拓展研究领域的基本写照。作为哲学社会科学的基础学科之一，政治学的研究领域素来以"广""活""变"为其鲜明特色。从整体上看，中国政治学领域实现了科学有序的拓展，在统筹规划、系统推进中逐渐成为一个有机整体。中国政治学从恢复重建时研究领域较为单一逐渐向多元化、复合型、现代性、时代性的方向发展，业已"建立起新的概念系统和制度分析模式，利用新的研究思维和手段，逐步在继续深化既有研究领域的同时，介入新的领域，发现边缘研究领域，促进交叉研究，探索新兴学科建立的可能，并促进新兴学科、分支学科、边缘学科或交叉学科的诞生。政治学的研究触角延伸到所有社会生活领域，愈加贴近现实"③。中共十八大以来，"政治学研究需要在引进学习、跟踪研究的基础上，注重加强原创性研究，从而推动政治学研究整体上迈上一个更高的

---

① 杨海蛟、李猛：《改革开放以来中国政治学理论的建设与发展》，《理论探讨》2011年第5期。
② 《社会主义文化强国建设》，人民出版社、党建读物出版社2015年版，第53页。
③ 杨海蛟、亓光：《中国政治学30年》，《山东社会科学》2008年第7期。

水平"①。在较短的时间内，中国政治学研究领域实现提升原创能力、推进本土化水平、增强创新意识、增进全领域拓展的巨大成就。

在夯实基础和拓展领域的基础上，中国政治学研究的内容也日渐丰富，前沿性研究不断推进。总体而言，改革开放以来，中国特色政治学研究在时间线索上经历了"恢复重建""快速发展""世纪跨越"与"创新成熟"几个主要发展阶段，从研究整体特征上呈现出"取经""效仿""自觉""本土化"②四个主题发展阶段。恢复伊始，按照政治学发展规律，政治学者将研究的重点放在宏观的国家政治制度、国家政治理论、国家政治权力及其衍生出来的政治力量和政治斗争上。在此基础上，经过十几年的发展，中国政治学形成了较为明确的研究内容体系，主要由以下几大部分构成：政治理论，其中包括马克思主义政治理论、中国政治思想史、西方政治思想史、西方政治思潮、当代中国政治思想、政治哲学原理、社会主义意识形态等；中国政治，其中包含中国政治制度史、社会主义发展史、中国政治体制、政治文化、政府结构、政府过程、党的领导体制、干部人事制度、中央与地方关系、民族区域自治、多党合作与政治协商、基层自治、政治家、政治文化、政治心理、政治稳定、民众参与、政治现代化等；比较政治，其中包括政治制度比较、政治机制比较、国别制度历史与现状等。③其后的发展阶段，中国政治学研究内容在保持存量不断深化的基础上，实现了增量的不断扩充，尤其是中国本土化的研究内容成为学者们关注的核心：充分体现马克思主义原理的政治价值研究、基于社会主义实践的国家社会关系研究、扎根中国问题的政府市场关系研究、体现中国特色的执政党与政府关系研究、着眼全球的政治多极化研究、事关长远的执政能力研究、亟待解决的反腐败与权力监督研究、彰显中国经验的社会主义政治文明研究、比较视野中的新公共管理研究、突破西方藩篱的国家治理研究、弘扬中华气派的人类命运共同体研究等内容，支撑中国政治学宏伟的大厦。概括而言，中国政治学研究稳步快速推进的经验主要是既尊重"由中心到边缘"的研究规律，又重视"由边缘到中心"的实践规律。前者要求在不断深化研究存量的基础上去探索前沿的研究议题和研究对象，而后者则强调要通过对前沿性问题的主动发展和积极探索为深化存量问题研究提供新的视角和新的素材。因此中国政治学内容的拓展离

---

① 周光辉：《新时代应以原创性研究推动中国政治学发展》，《政治学研究》2018年第2期。
② 王绍光：《中国政治学三十年：从取经到本土化》，《中国社会科学》2010年第6期。
③ 《中国大百科全书·政治学卷》，中国大百科全书出版社1992年，第1页。

不开对前沿性政治内容的不懈探索,这种探索主要包括:首先在百年未有之大变局的历史背景下,探索实现中国国家治理能力与治理体系现代化和中华民族伟大复兴中国梦的理论逻辑与现实路径,"回答和解决中国现代化和改革开放中出现的现实问题和具有全球性的重大问题,把我们的研究上升到一般性理论高度,并介绍给世界"①;其次,在以辩证唯物主义视角弥合政治哲学与政治科学二元分立的前提下,持续扎根中国的政治发展实际,统合从宏观问题到微观问题、从重大问题到具体问题、从长远问题到眼前问题、从类型问题到典型问题的"问题框架",不断创新阐释和总结中国政治发展经验的前沿性理论;再次是在传承中国传统政治理论和社会主义政治学说的基础上,不断运用新的概念、新的工具、新的视角、新的理念对经典学说进行创新阐释,实现经典学术的"旧邦新命";最后是在透过变革时代层出不穷的"前沿"现象的条件下,科学分析国际格局和政治脉络,看清政治发展的基本规律和主要矛盾,真正掌握本质性的前沿问题,使政治研究不被时代的洪流所裹挟,始终发挥政治学的引领性作用。

(四) 政治学研究的方法不断创新

科学的方法是政治科学的重要前提。历史地看,学科的每一次变革都依赖于新型研究方法的推动。中国政治学自恢复之初,就注重通过研究方法的创新推动研究领域的拓展和研究议题的深化。中国政治学研究方法的成就首先表现在方法论研究取得的丰硕成就。中国政治学在坚持阶级分析法、历史分析法、比较分析法等马克思主义政治学传统方法论的基础上,系统借鉴了当代政治科学的方法论,将"系统论、信息论和控制论最先进的方法引入政治学研究领域"②。尤其是对逻辑实证主义研究方法的学习和借鉴,使得中国政治学具备了与西方学术对话的平台。同时,政治学作为兼容并蓄之学,从统计学、社会学、经济学和计算机科学等学科不断借鉴和学习新型研究方法,各类线性与非线性统计模型、多层模型、社会调查、博弈论、结构方程、仿真模拟、数学模型、模糊数学、均衡分析、社会网络分析、大数据以及人工智能等方法不断融入中国政治学研究之中。如今高校和研究机构的政治学相关专业普遍将政治学研究方法作为本科和

---

① 郭苏建:《中国政治学科向何处去——政治学与中国政治研究现状评析》,《探索与争鸣》2018年第5期。

② 王沪宁:《中国政治学的研究新趋势:1980—1986》,《政治学研究》1987年第2期,第49页。

研究生的必修课程,方法训练成为学术训练的必要组成部分,中国政治学的方法论自觉与创新成为重要的学科特征和学术现象。其次,中国政治学的研究方法日趋综合化。作为问题驱动的学科,一切有助于解释和解决政治问题的方法都可以为政治学所用。因此,中国政治学研究并没有依赖某种单一的方法,而是普遍将定性研究与定量研究、规范研究与实证研究、显性研究与隐性研究、单层研究与多层研究、宏观研究与微观研究相结合,提升政治学经世致用的能力。当前,中国政治学已经基本扬弃了笼统、静态的"定性"①研究,形成了具体、动态的研究方法模式,进而夯实了以马克思主义方法为主导,多元方法融合发展的局面,使中国政治学方法的应用进入不断创新、综合演进的良性发展之路。

四十年来,中国政治学研究方法在创新过程中积淀了丰硕的代表性成果。其中既有专门关于研究方法的系列丛书,又有围绕传统、新兴、前沿方法进行比较与探究的专题论文;既有对政治学方法论的哲学思考,又有直面政治现象的定量分析;既有对传统研究方法的再创新,又有对新兴研究方法的再审省;既有科学化的实证分析,又有思辨性的论辩分析;既有关于整体研究方法的总体性观照,又有关于具体研究方法的部门性研究。从总体而言,政治学研究方法的形成与成熟始终围绕"规范性研究与实证性研究"的科学关系与有效运用的有机统一而展开。这代表着中国的实证研究中始终对实证主义研究方法的局限性保持清醒的认识,很多政治学核心与重大问题并不是单纯依靠科学方法可以解决的,因此必须将规范性研究方法作为实证研究的前提和支撑。另一方面,规范研究者也始终认可实证研究方法在研究过程的精确性和研究结论的可证伪性方面的优势,规范性理论需要通过实证研究予以确认或改进。这两种研究模式间的关系并不是相互替代或者平行关系,而是有机地统一于政治哲学的本体论、认识论、方法论层面,共同进步于各种政治命题的研究过程中。对不同时期中国政治学研究方法进行总结,结合相关学者研究的结论性论断,改革开放以来中国政治学研究方法的整体进步与综合创新主要表现为以下四个方面:

其一,单一性方法逐步发展为多元方法并存。在宏观的基本政治制度确立以后,微观的政治机制和政治现象就成为政治学主要的研究对象,在

---

① 对于定性分析的认识实则存在两个方面。一个方面主要是指以形而上学为基本取向,利用三段论、归纳理论、演绎理论等手段,最终所实现的假设性、条件性的定性分析;另一方面则是指经过定量研究后,根据定量研究的目的、方法、结果推理而形成的定性结果。二者的差距十分巨大,本文此处指前者。

一定意义上而言，简单依靠传统马克思主义政治学阶级分析、利益分析、权力分析等适用于分析宏大议题的研究方法，难以研究现实政治细节。在这种背景下，适用于微观议题的实证主义研究方法开始被中国政治学者广泛采用，进而形成了"规范研究与实证研究"相互补充配合的局面。在此基础上，规范研究与实证研究在各自的边界内逐步衍生出更加细分的方法类型：量化研究、案例研究、田野研究、实验研究、大数据分析等。至今，中国政治学形成以马克思主义的基本研究方法为核心，以规范研究与实证研究为基本类型，各种具体研究方法多元发展的态势。中国政治学者可以更加熟练和自信地选择适合的研究工具对政治问题进行研究。

其二，方法意识从有效补充逐渐转变为重要条件。中国政治学在发展过程中一直将方法作为重要的突破口，经过长期的坚持和普及，方法的自觉意识已经成为学者的基本素养。因为起步较晚，"国内政治学界对研究方法的认知和运用都还处于起始阶段，无论是和欧美政治学界研究方法的丰富和发达相比，还是和中国政治学发展的要求相比，都还存在很大距离、很多问题"[①]。随着学术规范意识的增强，"方法意识"的重要性得以凸显，越来越多的研究成果围绕明确的研究问题，通过较为客观科学的文献分析，以因果机制的建构为中心选择相应的具体方法，构建出与问题解决相关的理论框架，并通过理论检验和经验事实分析进行较为系统的证明。相应的，即便是传统意义上的政治学基本理论研究也逐渐确立了解释性研究思维与批判性研究思维为前提的研究方法基础。

其三，方法的运用从简单模仿开始转向综合利用。客观而言，对研究方法选择的重视是在与国外政治学研究的交流中逐渐产生的，因此在具体运用中首先是学习借鉴，继而才能去粗取精，最终实现自主创新。随着学界对西方政治学研究方法问题的理论观照，在仔细辨别特定研究方法的哲学基础和适用范围的前提下，中国学者以中国场景和中国问题作为方法适用的场域，强调方法选择的科学性与合理性，尤其注重研究方法使用的规范性、准确性和多元性，一些严谨度较高的定量研究与质量较高的定性研究开始涌现。

其四，从相对淡漠到逐渐重视起来。在发展初期，中国政治学研究方法的应用与探索相对落后，这与方法论问题的学理性难度较高直接相关，

[①] 王浦劬：《中国政治学学术发展回顾与规划（2006—2015）》，天津人民出版社 2011 年版，第 410—411 页。

但也反映出我国政治学方法研究的专门人才相对匮乏、系统的学术训练不足的问题。针对上述问题，政治学界开始借助参与国家政治学研究方法研讨、开设方法师资班、引进方法研究专门人才、译介研究方法丛书、借鉴相关学科研究方法等多样的方式，在短时间内提升了研究方法的水平和质量。政治学研究方法也日益成为政治学学科的核心组成部分和学术研究的热点。在大量"自觉地选择与运用方法"的研究成果的直接推动下，政治学研究方法问题业已成为政治学研究的专门领域，与此相关的专题性研讨、理论反思与对话等研究的影响力不断扩大。①

（五）学术交流成为政治学发展的重要途径，学科人才队伍建设日益成熟

四十年来，中国政治学对外学术交流成绩斐然。成就首先表现在对西方政治学著作的全面译介。中国政治学的重要特征就是兼容并蓄，当然也包括对西方政治学优秀成果的关注和吸收，包括对西方传统政治学名作的翻译、对西方当代优秀作品的介绍、对西方政治学前沿的追踪，以及对西方马克思主义研究的全面总结。随着译作和原著引进数量的不断积累，中国政治学博贯中西，能够通过不断地对比实现对中西方政治传统更加客观的理解，为在坚持中国立场基础上批判性借鉴西方政治学优秀成果提供了丰富的素材。② 成就其次表现在积极主动地进行世界和区域性国际学术交流。

恢复重建伊始，国际化就成为中国政治学重要的目标。戴维·伊斯顿、罗伯特·达尔、塞缪尔·亨廷顿、加布里埃尔·阿尔蒙德、尤尔根·哈贝马斯、安东尼·吉登斯等西方重要学者都来华进行学术交流。在坚持国家主权和学术独立自主的原则下，中国方面积极推动双向交流。除了派

---

① 除了模仿和追踪西方的政治学研究方法，中国学者也开始通过研讨会等方式探求适合中国政治学的研究方法，比如2014年3月北京大学举办的"比较政治学理论与方法"研讨会、2017年10月西北政法大学举行的"面向未来的中国政治学：学科融合与方法创新"中国青年政治学论坛等。学者们探讨了由于政治问题以及中国问题本身的特殊性，研究方法的政治学改造和本土化改造也应该成为学者们不容懈怠的问题。比如西方的测量民主指标是否适用于中国？西方的对于腐败问题的界定是否与中国国情相适应？博弈论中的完全"理性人"假设是否与中国行为者的行为模式相匹配？西方学者发明的模型是否包含中国没有或者中国特有的变量？

② 其中商务印书馆的"汉译世界学术名著丛书"、上海译文出版社的"当代学术思潮译丛"、江苏人民出版社的"海外中国系列"、经济日报出版社的"现代政治学译丛"、社会科学文献出版社的"政治理论译丛"等译介成绩斐然，许多成果已成为当今政治学研究的重要文献。

出学者参与国际政治科学研究会主办的活动，中国政治学会、中国社会科学院、地方社会科学院、拥有政治学专业的高等院校等国内学术组织积极组织、主办或者协办各个层次的国际与区域性学术会议。中国拥有政治学相关院系的许多重点高校与西方相关知名大学建立密切的合作关系，通过互派留学生、学者互访、教师讲学、合作研究、共同设立科研项目以及建立共同科研机构等方式将国际合作落到实处。通过国际交流，中国特色社会主义政治建设的诸多成果和经验得到国际社会的广泛关注，中国政治学很多作品和研究主题也产生国际范围的影响。总而言之，中国政治学在国际学术合作与交往中逐步探索出一条学术研究自主性与学术交流开放性相统一的道路，并取得了诸多成果，即"一是我国政治学者成为世界政治学不可或缺的一支，具有与国际政治学界对话的地位和能力；二是我国政治学者能从全球的高度，从整个人类社会发展的高度来解释我国社会的政治实践和建构我国的政治学理论；三是从全球的战略高度，扩大视野，积极研究全球性的政治现象"[①]。

与此同时，中国政治学人才队伍也在不断发展壮大。一个学科的专业人才的水平决定了这个学科的成熟度、持续性、学术水平、话语能力及其社会影响力。几十年来，我国政治学专业人才队伍建设实现了历史性飞跃。从恢复重建时第一届全国政治学专业师资培训班、西方政治思想史进修班的不足百人，到今天基本形成了老中青三代凝心聚力共谋学科发展的大好局面；从学科建设初期其他学科专业人员临时搭建的"初创团队"，到今天由领军人才、中青年拔尖人才、青年学术骨干与博士硕士研究生构成的专业化学术团队；从四十年前亟须"补课"的"学生们"，到今天当代中国政治学知识的生产者、研究者、供给者与党和国家大政方针的咨政者、参谋者。历史证明，改革开放以来的中国政治学在专业人才队伍的建设上成就斐然，为政治学健康持续发展提供了源源不竭的组织保障。回望几十年来，可以发现，中国政治学工作者立场坚定、团结协作、勇于开拓。在各级党委的领导下，在中国政治学会的具体领导和组织以及老一辈政治学者的引领和推动下，改革开放以来中国政治学的人才培养始终围绕党和国家的需要，以旗帜鲜明地讲政治、高屋建瓴地讲战略、脚踏实地地讲学术与实事求是地讲实际为基本遵循，按照人才培养、人才发展的基本

---

① 洋龙、韩旭：《迈向21世纪的中国政治学：发展中的几个问题》，《政治学研究》1998年第1期，第9—10页。

规律，实现了中国政治学专业人才队伍"量"的积累与"质"的飞跃，人才队伍建设事业正按照"先进思想的倡导者、学术研究的开拓者、社会风尚的引领者、党执政的坚定支持者"①的要求加速前进。中国政治学的人才高地建设成效显著，政治学者在砥志研思、经世致用、资政育人中真正实现了学者的历史使命和时代价值。在党和国家的关怀与支持下，中国政治学勇于探索、不断创新，不但提出了一系列具有标志性的学术成果和资政建议，而且实现了自身人才队伍建设的整体发展，涌现出一大批师德高尚、学养深厚、著作等身、学思敏锐的专家学者。其中既不乏具有坚实马克思主义理论基础、融汇中西方政治学思想学说的政治学家，又有许多深谙学科建设脉络、理论功底深厚、学术成果斐然的领军人才，还有一大批年富力强、思想活跃、开拓创新的学术带头人。时至今日，中国政治学学科已经基本构建了"种类齐全、梯队衔接的哲学社会科学人才体系"。中国政治学专业人才的社会美誉度和影响力在不断提升。政治学专业人才施展抱负、贡献才华的舞台宽广。中国政治学始终坚持理论与实际相结合，以学术研究滋养与服务现实政治，许多成果被党中央、国务院采纳，一批学者走进"中南海""大会堂"，许多高端智库中活跃着政治学者的身影。社会通过政治学者了解中国政治学，通过政治学者的身正垂范认识到了政治之美，通过政治学者的艰苦钻研更加坚定了对中国特色社会主义政治发展的"四个自信"。总之，通过几十年的艰苦探索与不懈努力，一支具有荣誉感、责任感的政治学专业人才队伍已经而且必将长期活跃在我国哲学社会科学领域，成为构建中国特色社会主义政治学体系的建设者。②

三　中国政治学创新、繁荣、发展的自主创新品格

"长风破浪会有时，直挂云帆济沧海。"几十年来，中国政治学的恢复重建、探索前进与发展成熟的光辉历程可以用"开拓创新"这个词来概括。在学科建设百废待兴之初，开拓创新实现了中国政治学的崛地而起；在学科探索逆水行舟之时，开拓创新带来了中国政治学的凤凰涅槃；在学

---

① 习近平：《在哲学社会科学工作座谈会上的讲话》，《人民日报》2016年5月17日。
② 据不完全统计，从事政治学研究的学者和专业人员近1万人，在国家哲学社会科学各个系统中设立政治学科专门研究机构近150个。王浦劬：《中国政治学学术发展回顾与规划（2006—2015）》，天津人民出版社2011年版，第410—411页。

科发展焕然一新之际，开拓创新推动着中国政治学的"换挡提速"。在开拓创新中，改革开放以来的中国政治学实现了从无到有、从弱小到壮大、从单一到全面、从模仿者到创造者的历史变身。中国政治学之所以能够始终坚持开拓创新的精神气质、学术品格、正确路径与科学方法，有四个方面值得高度重视，应当长期坚持。

其一，方向正确是中国政治学自主创新的前提。可以肯定地讲，中国政治学的建设发展不是永远一帆风顺，其间也有崎岖波折甚至激流险滩。政治学是追问政治是什么与应该怎样的学问，正是在研究政治在变动中的规律性问题、复杂现象中的本质性议题与不确定过程中的确定性论题中，政治学才成为一门科学。如果说政治存在一种"真理"，那么这种真理就是由政治现实、政治现象的一切方面的总和及其相互关系构成的。相应的，政治学就是要通过一定的概念框架、理论框架与方法框架的关系性、逻辑性的内容分析，使得这些政治现实与政治现象以政治学概念（及其关系、变化、矛盾）的方式表现出来。因此，现实政治的辩证法特质决定了政治学的辩证法本质，而这一本质又进而决定了政治学的创造性。

改革开放以来，中国政治学是在"探索—反思—总结—自省—发展"的实践逻辑中不断发展成熟的。"文化大革命"结束后，中国政治学界以马克思主义为指导，较好地阐释了政治、国家、革命、民主等一系列政治学核心概念与研究主题，迅速奠定了中国政治学的基础。随着社会主义市场经济的不断活跃，国家建设、政治发展与市场经济之间的关系及其相应的制度问题、体制问题与机制问题摆在了政治学界面前，而随着西方政治学在国内的加速传播，政治学研究中出现了拿来主义的危险。对此，政治学界及时反思，在积极吸取国内外最新学术成果和思想的同时，逐渐意识到民主政治、政治参与、政治文化、政治行为、政治发展等"西方政治学核心概念与理论"的理论局限性与意识形态问题，继而针对我国经济建设与政治建设中的关键性问题，在批判全面西化的弊端的同时，实现了中国政治学的跨越发展。进入新世纪，关键性的历史节点接踵而至，国内外政治风云跌宕，道路、理论、制度、文化与战略等方面的问题向中国政治学提出了新挑战，不做传声筒、不当清谈馆、不成空想家成为政治学研究提升品位、强化创新、服务现实的基本标准。特别是中共十八大以来，政治学工作者不断解放思想，"自曝其短"，全面反思自身在概念供给、议程设计、内容阐释等方面的具体问题，继而树立了为全面建成小康社会、实现中华民族伟大复兴中国梦提供理论支撑的使命感，从而在创新论证中国政治制度的优越性、确立政治文明的中国之维以及弘扬中国政治学话语的事业中找到新时代中国政治学创新性发展的新起点。

众所周知，政治是具体的，中国特色社会主义政治学的研究归根结底是为了发展和完善我国人民民主专政的国家制度、巩固中国共产党的执政地位、优化中国政治制度的顶层设计、推进社会主义民主政治的发展。坚持正确的政治方向是我国政治学能反思而不改弦更张、善自省而不妄自菲薄的鲜明特点。问题是时代发展的必然表现。中国政治学是在不断揭示、分析和解决现实政治的重大问题中深化理论研究、构建体系和实现创新的。坚持问题导向业已成为中国政治学界的基本共识，以问题为核心的科研导向是我国政治学最突出的理论品格。学术与政治的有机统一是政治学研究的安身立命之本，政治为根、学术为本，脱离政治实际的学术研究必然无的放矢，脱离学术思辨的政治诠释只能空洞无物。历史证明，始终追求"学术—政治"的共同发展已经是指引我国政治学学术研究方向的定航标。具体而言，要把握中国政治学发展的正确方向，应该做到：

一方面，真正说明中国政治发展道路的核心内涵、根本特征与真正优势，为不断巩固中国政治发展道路提供智力支撑。当前，政治学界已经认识到中国特色社会主义政治需要中国特色政治学"基本理论"的系统性证成。长期以来，"中西之辩"似乎是横亘于我国政治学研究中的一道分水岭，造成这一隔阂的关键就在于人们对于"什么是社会主义政治的'中国特色'，……'特'在何处，……什么是中国特色社会主义政治的'新时代'，……'特'在何处"[1]等主要命题在基本理论上还没有作出彻底回应。毛泽东早就指出，"应该越搞越中国化，而不是越搞越洋化……中国的和外国的，两边都要学好。"[2] 因此，中国政治学研究应当在"新"的总结中注重它的一贯性的逻辑阐释，在"特色"的概括中注重它的一般性的原理论证，在对"中国"的考量中注重它的一致性的价值分析，在"社会主义政治"的创新中注重它的一体性的规律总结。

另一方面，必须从战略高度认识国家治理体系与治理能力现代化的科学内涵，为不断实现显著性制度优势向治理效能的转化提供理论服务。站在新的历史起点，如何认识和运用中国特色社会主义的历史、理论和实践三重逻辑，完成实现国家治理现代化这个崭新的历史课题，在"制度优势

---

[1] 王浦劬：《新时代中国特色社会主义政治学前行的航标南针》，《政治学研究》2018年第2期。

[2] 《毛泽东文集》（第7卷），人民出版社1999年版，第82页。

—治理效能"的共轭之中展现中国政治发展道路的合理性与社会主义政治文明的独创性,这是新时代中国政治学的另一个重大命题,是一个关于社会主义国家及其工人阶级政党正确推进制度建构、制定纲领政策和指导政治实践活动的基础问题。为此,新时代中国政治学研究应该高度重视政治社会发展的历史动向尤其是国家治理规律与特征的系统性阐释,积极探寻中国政治道路的内在规律,通过解释中国国家治理的核心概念、基础议程与关键议题的自主创新而系统论证国家治理的中国逻辑及其世界意义,进一步从"制度优势"的善治要素的思辨中加强具有中国气派政治学的建构。

其二,服务大局是中国政治学自主创新的内在动力。政治建设无疑是中国特色社会主义事业的核心构成,是随着事业进步而不断迭代和完善的历史进程。其中,政治建设具有历史定位高、战略价值大、涉及程度深、影响范围广、改革困难多等特点,且往往是社会矛盾的聚焦点。始终把握时代核心问题,顺应历史发展趋势,就需要正确理解党和国家发展的大局问题。一直以来,中国政治学围绕"社会主义现代化"和"中华民族伟大复兴"两大总任务,以社会主义民主政治作为着力点,坚持社会主义,坚持党的领导、人民当家作主、依法治国"三位一体"。这是中国政治学全部研究与实践的中心工作。几十年来,围绕这一中心工作,中国政治学与时俱进,逐渐建构起了具有中国特色的政治学体系;中国政治学着力研究中国政治道路的历史性、科学性、独特性,全面揭示了其与西方资本主义政治模式的根本差别与巨大优势,科学证明了"三位一体"的逻辑关系与实现机制,充分彰显了政治制度的自信之源、定力之本、进步之基;紧紧围绕人民当家作主制度体系的建立与健全,深入研究民主政治的社会主义之维、中国特色社会主义之境,深刻阐明了根本政治制度管"根本"、基本政治制度显"基本"的根本要义与丰富内涵;紧紧围绕中国国家制度建设坚持和巩固什么、完善和发展什么的重大问题,更加明确了中国特色社会主义制度的显著优势,增强了坚定"四个自信"的底气;紧紧围绕爱国统一战线的不断巩固与发展,有力推动了政治共同体意识的培育,在防范与抵御西方政治社会思潮的持续干扰与侵入的斗争中展现了理论的彻底性与说服力;紧紧围绕坚持"一国两制"和推进祖国统一的伟大历史实践,创造性地揭示了主权与治权的理论边界,准确阐释了"一国"与"两制"的政治属性与关系;紧紧围绕国家治理的现代化问题,历史地论证了中国共产党治国理政的根本性原则与创新性经验,正确分析了政治体制改革的实践本质与评价标准，积极探索政府治理创新的时代逻辑与现实突进，不断总结基层社会治理的经验教训和创新模式；紧紧围绕社会主义政治文明建设的历史进程，审慎思考不同时期的国际形势尤其是世界政治格局问题，有力批判西方民主的虚伪性、欺骗性，系统阐发中国政治发展的真实性、共享性与建设性，较为准确地提出和证明了中国政治发展道路对人类政治文明发展的积极贡献和真实价值；紧紧围绕执政的中国共产党建设，面对新的危机和挑战，从理论与实践的结合上，十分明确地论证了如何通过先进性、纯洁性建设，实现长期执政，执政为民；面临百年未有之大变局，坚持人类命运共同体理念，就加强国际合作，提出了一系列对外交往的新理论、新战略与新理念。如此等等。

"中国共产党人和中国人民完全有信心为人类对更好社会制度的探索提供中国方案。"①"中国方案"的全部理论与实践就是党和国家在改革开放历史过程中所要面对和解决的"大局问题"。改革开放以来的历史证明，只要牢牢把握党和国家事业的大局问题，中国政治学就能迎来较快发展，取得较为明显的进步。因此，中国政治学只有紧扣当代中国的基本事实、服务政治现实、解决实际问题，才能获得真正的发展。尽管不同时期上述"大局""主题"随时空变化而不断变动，但实现更好的社会制度以及与之相应的政治建设方案的任务从未改变，这构成了改革开放以来中国政治学不断进步的鲜明特征。

其三，增强解释力、提高引领力是中国政治学自主创新的意义与价值。政治学作为一门经世济人的大学问，必须贴近现实政治，能够有效阐释现实政治实践中的经验性成果，并上升为概念、原理与规律等理论命题。学术研究终归是要服务于解决现实问题的，研究的目的在实践。尤其是对于政治学而言，皓首穷经式的"纯学术"无异于孤芳自赏，既不能做到学以致用，更谈不上用以促学。习近平总书记指出："一切学习都不是为学而学，学习的目的全在于应用。"②中国政治学者坚持植根于社会主义政治现代化的历史诉求和伟大实践，坚持理论联系实际，坚持实践推动创新，不断提出新概念新命题新思想，以科学的理念和先进的理论指引政治发展迈向新的高度。

在一定意义上，恢复以来的中国政治学"在一定程度上反映了中国政

---

① 《习近平谈治国理政》（第2卷），外文出版社2017年版，第37页。
② 习近平：《在中央党校2012年秋季学期开学典礼上的讲话》，《学习时报》2012年9月10日。

治从阶级斗争为中心的阶级政治向现代意义上以经济建设为中心的政治演变"[1]。正是在这一历史进程中，中国政治学持续成长，逐步开辟了认识规律、守正出新、自我超越的新境界。一方面，中国政治学将马克思主义的基本原理特别是马克思主义关于国家、政治、社会、阶级、民主、政党、民族等方面的基本学说同党的基本理论、基本路线、基本纲领、基本经验相结合，以此剖析和透视中国政治发展中的重大问题；积极运用马克思主义政治学基本理论解决现实政治问题，特别是在处理重大的复杂性问题时充分发挥科学理论的指导作用；始终坚持马克思主义政治学在研究和解决改革发展稳定重大问题中的主导性地位，有力推动中国政治稳步向前发展。另一方面，在观察现实、发现问题、反思不足、寻找出路的过程中不断提升政治学研究的学术品位和应用价值，不断拓展研究领域、丰富研究内容、创新研究方法，在现实语境的选择中验证理论的正确性，在实际事物的分析中摒弃抽象思维，在具体问题的内在本质和外部特征的思考中找到解决问题的可行之法，进而提出解释实际事物的新概念、理解客观现实的新观念以及实现治理现代化的新方法。二者相辅相成、有机统一可谓成功之道。回顾几十年的历史，可以清楚地认识到，什么时候坚持理论联系实际，实现理论发展与实践探索的良性互动，中国政治学就能够焕发勃勃生机，学科建设、学术研究与话语能力就会得到大幅度提升；反之，离开了实事求是，政治学研究与实际相脱离，中国政治学就陷入停滞不前甚至遭受重大挫折。

"学而不思则罔，思而不学则殆。"历史证明，中国政治学能够对当代中国的政治战略、政治制度、政治实践等方面的重大问题提出具有说服力的理论说明，提供推进社会主义民主政治发展的合理方案，在不断解决现实政治问题中实现当代中国政治学的发展和创新。创新是理论的生命力，中国政治学正是在观察时代、解读时代、引领时代的过程中才为理论创新积聚了不竭动力，正是不断从鲜活丰富的当代中国实践中汲取经验才准确把握了当代中国政治学的核心议题，正是在"发现—反馈—解决—迭代"的持续反思中才真正深化了对中国政治发展道路、社会主义民主政治、中国共产党执政规律的科学认识，正是在中西方政治制度、政治体制及其相关要素的现实比较中才更加认清了当代中国政治分析框架的独特性。

其四，科学把握自主创新主要着力点。自主创新新时代的中国政治学

---

[1] 孙关宏：《中国政治学：科学与人文的探索》，上海人民出版社2013年版，第35页。

是一个系统工程，把握以下几个方面尤为重要。

　　创新、繁荣与发展新时代中国政治学，必须坚持以习近平新时代中国特色社会主义思想为指导，科学处理在指导思想方面的接续与发展、继承与创新的辩证关系。中国政治学的恢复、发展离不开理论创新，实现理论创新则必须有机结合中国实践与马克思主义基本原理。以科学的态度对待马克思主义凸显了追求真理的科学精神和雄心，而在理论联系实际的探索中不断提出的新思想彰显了大胆探索的理论智慧和勇气。进入新时代，这个结合的典范就是习近平新时代中国特色社会主义思想，它是"马克思主义中国化最新成果，是党和人民实践经验和集体智慧的结晶，是中国精神的时代精华，是国家政治生活和社会生活的根本指针"[1]。坚持习近平新时代中国特色社会主义思想，决定了新时代中国政治学的政治本色、理论底色，是中国政治学"不变色"的根本保证。能不能坚持习近平新时代中国特色社会主义思想，坚持得好不好，关键在于能否真正理解和掌握新思想的丰富内涵，充分理解和积极彰显新时代中国特色社会主义思想对国家政治生活的指导性，深刻认识新时代中国的历史方位、时代使命和基本国情，并将这些要点合理地融入新时代中国政治发展的伟大实践中。认识新时代中国的历史方位，最重要的就是要深刻理解习近平新时代中国特色社会主义思想中"强起来"的理论逻辑，特别是要认识当前中国社会的性质、发展阶段、主要矛盾变化对政治发展的新要求。弄清新时代中国的时代使命，就必须在这一历史性转折中凸显中国政治发展的历史意义、借鉴价值和比较优势。把握新时代中国的基本国情，最突出的问题是理清当代中国建设、改革和发展中具有重大影响的所有因素，高度重视社会矛盾转化的政治学意义，积极应对国家治理现代化的实践挑战。中国政治学研究坚持以习近平新时代中国特色社会主义思想为指导，最重要的是以其立场、观点和方法分析解决国家政治生活中的现实问题，坚持做到思想出场、理论在场、话语"气场"。推进中国政治学新的历史飞跃，就必须坚持将习近平新时代中国特色社会主义思想中的战略意图、理论逻辑、思想观念"注入"具体的政治学研究中，使之成为中国政治学在新时代创新发展的基础和出发点。与此同时，还应该积极通过实践经验的总结和提炼，不断完善中国政治学体系，不断赋予新思想以新的生命力，不断提升其在中国政治学研究过程中的指导性和引领力。

---

[1] 《习近平新时代中国特色社会主义三十讲》，学习出版社2018年版，第1页。

创新、繁荣与发展新时代中国政治学，必须坚持"四个自信"，穿透历史、放眼世界，坚持以我们正在做的事情为中心，在回答时代之问和回应人民之需的伟大实践和创造中实现自我超越。几十年来，中国政治学理论与实践的任何一次进步，都不是从概念到概念、从理论到理论、从原则到原则中发现的，而是在真正的从实际出发、充分揭示国家政治生活内在逻辑、不断凝练实践发展诉求中创造性运用马克思主义理论、借鉴先进的国外政治学理论与挖掘中国传统政治思想与智慧的结果，是积极应对和解决改革发展中重大现实问题的结果。从老一代政治学家探索当代中国的政治学原理的基础框架与内容，到90年代围绕"市场经济与社会主义民主政治"的创造性理论成果，再到新世纪面对经济全球化、政治多极化背景下复杂社会现象中国家政治生活的整体性观照，及至国家治理现代化的中国方案和中国话语的构想与谋思，都是顺应实践需要、回应实践召唤、解决实践问题的产物。只有始终直面中国问题的理论才是中国政治学始终追求的"理想类型"，只有认真思考中国问题的概念框架才是中国政治学力求达成的"理论范式"，只有真正解决中国问题的策论阐释才是中国政治学矢志不渝的"理性跃升"。"新时代是奋斗者的时代"，与此相伴的是社会主要矛盾发生了深刻变化，国家治理仍有新问题需要解决，中国政治发展仍要突破"西方政治发展思维"的藩篱，当代中国政治话语迫切需要被倾听、尊重与接受，这一切都迫切需要中国政治学产生新成果。为此，应当立足于"中国实际"，反思做得不足的地方，关注国际国内新形势对政治发展的客观要求，对党领导人民群众实现的政治道路设计、政治制度优势、政治体制安排与政治文化特性加以逐一阐明、系统概括，为中国政治学的不断发展创新提供与时俱进的持久动力。

创新、繁荣与发展新时代中国政治学，必须以博大的胸怀、高超的智慧与宽广的视野密切关注世界政治格局的时代变化，积极借鉴吸收一切有益的理论成果。习近平总书记指出，"对一切有益的知识体系和研究方法，我们都要研究借鉴，不能采取不加分析、一概排斥的态度。"[1] 一切学术研究成果，都是它们那个时代的产物。这些时代的"衍生品"，都是对其所处时代所面对的历史挑战、时代主题与实践问题进行理论思考的结果。因此，不能从概念、原则、理论中寻找它们的合理性，而必须在历史的语境中加以挖掘、比较、对照、批判、吸收和升华。历史性观照、比较性分析

---

[1] 习近平：《在哲学社会科学工作座谈会上的讲话》，《人民日报》2016年5月17日。

和批判性思考不能脱离"历史语境—学术研究"的理解模式，因而推动新时代中国政治学的发展创新，必须充分认清新时代的历史语境，即在国际层面应关注世界政治格局的时代变化，在国内层面应关注新时代中国特色社会主义事业历史任务的时代挑战。毋庸置疑，中国政治学的每一次整体性进步以及具体的理论创新，都是对国际国内形势发展变化准确把握和精准判断基础上掌握时代特征，继而在理论研究中加以科学分析的成果。进入新时代，中国的发展命运更加紧密地与国际环境与国内形势相联系。为此，就必须超越"历史素材""理论素材""实践素材"的狭隘性、片面性、时间性与个别性，从跨学科甚至全部哲学社会科学中寻找一切进步性理论成果，整合一切可资利用的理论资源，真正为我所用、为新时代所用、为中国特色社会主义所用。总之，面对大发展大变革大调整的世界局势，我们要善于分析和把握国内外形势的发展变化，深刻认识世界多极化、经济全球化、科学技术加速推进等发展趋势及其对我国发展的重大影响，从战略高度深入研究我国发展面临的机遇和挑战，科学回答国家政治生活领域的重大问题，推动新时代中国政治学的历史性变革。

创新、繁荣与发展新时代中国政治学，必须在相互借鉴、共同发展与系统共建中充分彰显中国政治学的意义与价值。政治学是大局学、战略学。政治学的研究对象不应局限于"政治的事物"，而应观照社会矛盾发展变化中的"政治性事物"。所有社会领域的问题都可能变成政治性问题，也会随着时代背景和实践条件的变化而从政治性问题变成一般性问题或其他问题。这表明，政治学应该是一个包容性很大、沟通性很强的学科，政治学的学术研究必定涉及大量边缘性、交叉性甚至跨入性的问题。因此，政治学既不能走"关门主义"的错路，更不能走"拿来主义"的邪路，要在守正出新过程中，处理好传统政治学理论与现实的经济、政治、社会、文化、生态文明等主要领域中重大问题的共存关系。这就要求政治学者们"必须坚持以中国特色社会主义政治建设的重大政治现实问题为研究的主攻方向，以满足实践需要、解决实际问题为动力，不断拓展研究领域，聚焦前沿问题，提高政治学研究的针对性、科学性和应用价值"[①]。为此，应当从马克思主义理论体系中进一步加强马克思主义政治

[①] 郑慧：《继往开来、再创辉煌：纪念中国政治学会成立30周年》，世界知识出版社2014年版，第14页。

学说的研究；在巩固政治学作为学科体系独特性的同时，加强政治学理论、政治思想史等方面的系统性阐释；拓展研究领域、扩大问题视域、围绕实践经验、吸纳新生因素，充分利用政治学与哲学、法学、经济学、历史学、社会学、管理学等相关学科的交融式发展优势，不断巩固政治学在哲学社会科学体系中作为核心学术研究领域的重要地位；在不断提升政治学话语能力、构建政治学话语体系进程中，重视与其他学科话语体系的交互影响，使得政治学的新理念新概念新思想能够得到广泛的理解和认同。总之，坚守政治学、环顾多领域、合作诸学科，是新时代中国政治学焕发新活力的必由之路。

中国政治学恢复以来的基本态势

郑 言 亓 光[*]

沐浴着改革开放的春风,伴随着改革开放的步伐恢复发展起来的中国政治学,尽管还存在诸多不足,但是从整体而言,始终坚持以马克思主义为指导,植根中国社会,在服务、服从于党和国家工作大局,大胆地、批判性地吸收人类的优秀成果,注重学科建设和专业人才培养,不断扩大对外交流等方面取得了辉煌成就。特别是十八大以来,以人民为中心,着力推动中国特色、中国风格、中国气派社会主义政治学的学科体系、学术体系、话语体系、教材体系建设,促进政治学的不断创新和发展,实现了中国政治学的新飞跃,呈现出良好的发展势头。

一 马克思主义在政治学领域的指导地位进一步加强

习近平总书记指出:"马克思主义是科学的理论,创造性地揭示了人类社会发展规律。马克思主义是人民的理论,第一次创立了人民实现自身解放的思想体系。马克思主义是实践的理论,指引着人民改造世界的行动。马克思主义是不断发展的开放的理论,始终站在时代前沿。"[①]

马克思主义政治学说作为马克思主义的重要组成部分,它的诞生实现了人类政治学思想史上的伟大革命性变革,以其特有的科学性、革命性和阶级性,揭示了人类社会政治现象产生、发展、变化的规律,为科学观察、认识、分析、解决政治问题提供了立场、观点和方法。众所周知,政治学研究是一种有目的的行为,况且历史提供给研究者的现实可能性并不

---

[*] 郑言:中国社会科学院政治学研究所;亓光:中国矿业大学。
[①] 习近平:《在纪念马克思诞辰200周年大会上的讲话》,《人民日报》2018年5月7日。

是唯一的,因此,政治学要想健康发展,就必须坚持正确的指导思想。同时,马克思主义并没有穷尽真理,而是在不断指导发展的实践过程中与时俱进,不断丰富自己,通过同形形色色错误思潮的斗争发展壮大自己。

第一,强化对马克思主义政治学说的研究,牢牢占领中国政治学的主阵地。"坚持以马克思主义为指导,是当代中国哲学社会科学区别于其他哲学社会科学的根本标志,必须旗帜鲜明加以坚持……在我国,不坚持以马克思主义为指导,哲学社会科学就会失去灵魂、迷失方向,最终也不能发挥应有作用。"[1] 坚持的前提条件是不断加强对马克思主义特别是政治学说的学习和研究。注重对马克思主义政治思想的研究,系统学习和掌握马克思主义政治思想是政治学研究的压舱石。近年来,在中央马克思主义理论研究和建设工程的推动下,广大政治学人对马克思主义政治思想进行了全面系统的研究。众所周知,马克思主义经典著作卷帙浩繁、包罗万象。为了系统、全面、准确地理解和掌握马克思主义经典著作中的政治学说,政治学者应立足经典、深入研读、系统阐释、全面理解,力戒浅尝辄止、不求甚解,防止碎片化、表象化、教条化、实用主义地对待马克思主义政治学说现象的发生,从专业特点出发,集中精力对其进行持之以恒的研究。既要全面梳理和挖掘了马克思主义经典作家的政治学篇章,又重点研究了马克思主义政治学标志性著作,为正确认识、准确把握和科学阐述、系统运用马克思主义政治学说提供了坚实的基础,并业已成为中国特色社会主义政治学建设发展的根本前提与核心内容。在不断深入学习、系统掌握的基础上,对马克思主义政治学说史、中国共产党政治思想、马克思主义政治哲学、阶级理论、国家理论、政党理论、民主理论、革命理论、民族理论、宗教理论、国际关系理论等进行了系统的阐发,出现了一大批阐释马克思主义政治学说的综合性和专题性著作,其中包括马克思主义创始人的政治学说、中国化马克思主义政治学说及其相互关系的科研成果,并充分论述了其现代价值,其成果可谓汗牛充栋,不胜枚举。[2] 并以此引领中国政治学的发展,在不断运用这些理论与方法加强对当代中

---

[1] 习近平:《在哲学社会科学工作座谈会上的讲话》,《人民日报》2016 年 5 月 17 日。
[2] 以下所列举的代表性成果以著作和课题研究为主要内容,下文不再赘述。邹永贤的《国家学说史》,俞可平的《全球化与国家主权》,刘星汉、王邦佐、孙关宏、王沪宁的《马克思主义政治学》,王沪宁主编的《政治的逻辑——马克思主义政治学原理》,杨海蛟主编的《现代政治学原理》,王浦劬主编的《政治学基础》,万斌的《政治哲学》,王惠岩的《当代政治学原理》,吴志华的《政治学原理新编》,严强的《宏观政治学》,欧阳英的《马克思政治哲学思想探析》,王新生的《马克思政治哲学研究》,等等。

国政治建设规律的认识过程中，推动了马克思主义政治学的中国化和时代化。

第二，在不断反思自省中坚持正确的政治方向、学术方向和科研方向。习近平总书记强调指出："马克思关于世界物质性及其发展规律、人类社会及其发展规律、认识的本质及其发展规律等原理，为我们研究把握哲学社会科学各个学科各个领域提供了基本的世界观、方法论。只有真正弄懂了马克思主义，才能在揭示共产党执政规律、社会主义建设规律、人类社会发展规律上不断有所发现、有所创造，才能更好识别各种唯心主义观点、更好抵御各种历史虚无主义谬论。"[①] 政治方向、理论方向和学术导向对于一门学科而言极为重要，直接关系、决定着其本质和属性。客观地讲，改革开放以来中国政治学的建设和发展并不是一条坦途，其间遇到过不少干扰、曲折甚至激流险滩，曾经出现对马克思主义政治学说虚化、淡化、弱化的倾向。伴随着马工程的启动，通过持续学习研究马克思主义政治学说，马克思主义政治学以其科学性、深刻性和特有的理论魅力征服了广大政治学工作者，绝大部分学者认识到只有坚持以马克思主义为指导，才能真正解释政治现象，找到科学的答案和说明。正因为如此，在较短的时间内，中国政治学迅速突破了西方政治学的理论局限和话语限制，不断全方位地加强对马克思主义政治学说研究的同时，坚持运用其立场、观点和方法着力研究国家、政权、政党、政府、阶级、民主、法治、权利、义务、平等、自由等一系列基本理论。[②] 由此所带来的便是旗帜鲜明地坚持马克思主义为指导的研究成果不断增多，并成为主流；具有中国特色、中国风格、中国气派的观点、理论和方法不断丰富；守土有责、守土负责、守土尽责，充满正能量、体现科学性的研究及其成果成为中国政治学的主旋律，有力地促进了中国马克思主义政治学的丰富和发展，从而使其理论本色、思想品格、时代价值不断凸显。与此同时，加大对改革开放和社会主义现代化进程中重大理论与现实问题的研究，推进了马克思主义政治学说的中国化、时代化进程，增强了回应现实需求的解释力、说服力

[①] 习近平：《在哲学社会科学工作座谈会上的讲话》，《人民日报》2016年5月17日。

[②] 诸如，李铁映的《论民主》，王沪宁主编的《现代政治透视》，马啸原的《民主政治建设研究》，李景鹏的《权力政治学》，王玉海主编的《新时期民主论纲》，徐鸿武主编的《民主政治大视野》，张浩主编的《社会主义民主研究》，黄百炼的《民主建设论》，刘敏言的《论民主》，俞可平主编的《当代各国政治体制》，吴大英、杨海蛟主编的《有中国特色的社会主义民主政治》，王绍光的《民主四讲》，等等。

和引领力。对中国政治制度必然性、必要性、优越性的论述更加全面、深入、系统,对每一个发展阶段党和国家重大决策的阐释更加清晰、深刻,对党治国理政新思想、新理念、新战略的研究和阐释逐步到位,推陈出新的能力和水平不断提高。① 在面对新情况、应对新挑战、解决新问题的进程中推出了许多新观点、新理论,成为马克思主义政治学的根基和崭新内容,一大批论文、论著体现了这一本色。② 此外,为了维护与巩固马克思主义在政治学领域的指导地位,及时对各种错误思潮与噪音、杂音予以批判和澄清,以正视听。当代中国正处于社会思潮日益多元化的客观背景下。一方面,学术研究中的一些错误倾向和偏差可能以学术形态或通过其他载体在社会思潮中有所反映;另一方面,社会思潮中存在的一些错误倾向也可能反过来影响到学术界的研究取向,加剧与中国实际脱离、与中国立场相背离的矛盾。因此,及时批判错误思潮,也成为政治学研究的一个重要内容。③ 四十年来,中国政治学界通过拓展研究视野,创新研究范式,在多学科参与反击错误思潮,牢牢把握主流政治理论对于改革经验的话语权、改革导向的影响力方面取得了诸多成就。

　　第三,与时俱进,不断丰富和发展马克思主义政治学。众所周知,马克思主义具有鲜明的实践性,实践是十分复杂并不断发展的,由此决定了理论应当不断地丰富和发展。就其本质而言,马克思主义政治思想之所以能够突破具体时空的界限,在不同的时代、不同的经济社会条件下发挥指导学科发展的作用,既取决于马克思主义政治学说的革命性、科学性,也在于其始终保持开放性与时代性。改革开放以来,中国的马克思主义政治

---

　　① 例如,李忠杰的《社会主义改革史》,李英华的《中国政治体制改革理论探讨与争鸣——十一届三中全会以来政治体制改革研究述要》,吴大英、刘瀚的《政治体制改革与法制建设》,李忠杰的《政治体制改革论纲》,田森主编的《政治体制改革探索》,李会滨、郑邦兴的《中国政治体制改革的理论与实践》,杨光斌的《国家与制度变迁》等。

　　② 例如,当代中国政治学推出一系列精品佳作,如王邦佐、王沪宁的《从"一国两制"看主权与治权的关系》,田余庆的《东晋门阀政治》,吴大英、刘瀚的《政治体制改革与法制建设》,王惠岩的《当代政治学基本理论》《论民主与法制》,王绍光、胡鞍钢的《中国国家能力报告》,康大民的《论邓小平人民民主专政思想》,林尚立的《当代中国政治形态研究》,徐勇的《现代国家的建构与村民自治的成长》,杨海蛟的《政治文明:理论与实践的思考》,周平的《多民族国家的族际政治整合》,王浦劬的《国家治理现代化:理论与策论》等。

　　③ 例如,朱日耀的《当代中国社会主义政治文化建设研究》,徐大同的《70年代以来西方政治思潮发展与趋向》,吴春华的《当代西方政治思潮中的自由主义政府理论:历史与现实》,谢庆奎的《近代中国政治思潮》,马德普的《普遍主义与多元文化——霸权主义与恐怖主义的文化》,邹诗鹏的《虚无主义研究》,张凤阳的《和谐政治文化研究:基于共和主义的理论视角》等。

学从历时性和共时性相结合的高度,在科学解答中国政治发展的历史课题和现实主题的过程中凸显了与时俱进的理论品格。可以肯定地讲,改革开放孕育了当代中国政治学,改革开放的伟大实践推动了马克思主义政治学在当代中国的蓬勃发展,正是对马克思主义政治学说的坚持、丰富和发展,使得马克思主义政治学说在不断解答时代课题中永葆旺盛的生命力。回顾改革开放的伟大历史进程,我们就不难发现这种与时俱进的理论品格有着生动而丰富的内涵。改革开放使得社会发展日新月异,政治生活不断进步、文明,诸多新情况和新问题内容的丰富性、形式的复杂性、变化的时代性空前繁复,深层次、根本性的历史变革呼唤着政治学理论的创新和发展。与此同时,中国化马克思主义政治思想研究的重要价值又突出体现在其能够合理地解释和应对新的历史条件下的需要。尤其是党的十八大以来,中国政治学界紧密围绕新时代的各项议题,在继续深化改革、不断扩大开放的语境中,以习近平新时代中国特色社会主义思想为指导和遵循,全面贯彻落实党和国家对哲学社会科学的具体要求,推动着政治学研究的本土化不断迈上新的台阶。[1] 从指导整个中国改革发展事业的意义上看,"当代中国的伟大社会变革,不是简单延续我国历史文化的母版,不是简单套用马克思主义经典作家设想的模板,不是其他国家社会主义实践的再版,也不是国外现代化发展的翻版,不可能找到现成的教科书"[2]。在这方面达成的共识,为中国特色社会主义的道路自信、理论自信、制度自信与文化自信的牢固确立和自觉践行提供了思想理论基础。立足中国本土的研究直接推动着人民民主专政国家制度、具有中国特色的政党制度、协商民主制度、民族区域自治制度和基层民主制度、国家治理现代化等各种制度机制不断健全与完善,不断地呼唤着与时俱进的马克思主义的丰富与发展。也正是适应时代的需求,在不断解答改革开放和社会主义现代化进程中出现的全局性、战略性、前瞻性重大理论与现实问题的过程中,在理论与实践的探索中为马克思主义政治学宝库增添了新的财富。

第四,弘扬马克思主义的学风,秉持以人民为中心,实现学术追求与国家民族命运、群众实践创造的有机统一。学术研究需要面向国家民族的历史诉求,回应人民实践的时代主题。中华民族伟大复兴的中国梦、人民

---

[1] 例如,中国社会科学出版社出版的《理解中国政治》《民主的中国经验》,中国人民大学出版社出版的《中国集体领导体制》,陈杰的《中国共产党和中国特色外交理论与实践》,杨光斌的《民主的社会主义之维》,林冈的《中国对民主的长期求索》,

[2] 习近平:《在哲学社会科学工作座谈会上的讲话》,《人民日报》2016年5月17日。

对美好生活的向往是党治国理政的目标所在,也是政治学学术研究的源头活水。毫无疑问,政治学倘若背弃中华民族伟大复兴的中国梦,就会陷入历史虚无主义和"去价值的"的学术话语陷阱,在学术教条中无法自拔;一旦离开了人民群众的伟大实践,学术研究将成为无根浮萍、概念游戏。

马克思主义政治学研究的出发点、落脚点和价值取向就是学以致用,正因为如此,只有深入实际、深入群众,才会有所作为。尤其是"坚持以马克思主义为指导,核心要解决好为什么人的问题。为什么人的问题是哲学社会科学研究的根本性、原则性问题。我国哲学社会科学为谁著书、为谁立说,是为少数人服务还是为绝大多数人服务,是必须搞清楚的问题。……我国哲学社会科学要有所作为,就必须坚持以人民为中心的研究导向。脱离了人民,哲学社会科学就不会有吸引力、感染力、影响力、生命力"[1]。在此方面,中国化的马克思主义政治学说,总是坚持以最广大人民的利益为根本宗旨。民心是最大的政治,民心向背是最大的政治的政治观决定了政治学研究的内容和价值取向以及研究的途径和方法,这样的导向也决定了理论研究的根本立场和本质属性。改革开放以来,中国政治学者始终以人民为中心,努力践行"为生民立命"的学术使命,始终秉持为人民服务、为社会主义服务的品格,力戒完全脱离实际的闭门造车,正确认识和处理学术研究、国家民族需要、群众伟大实践、利益诉求之间的关系。所展现出的图景是,人民群众的需要提出改革的诉求,人民群众的实践创造呼唤着政治学的发展,人民群众的自觉参与汇聚了改革发展的动力。政治学作为经世致用之学,始终回应人民群众在不同时期的期盼,关切人民群众对改革发展的祈盼,关注人民群众在不同领域的伟大实践,将看似碎片、具象、偶然的问题通过逻辑性、系统性和全面性的学术研究上升为一个个创新性成果。理论成果一旦转化为方针政策,就能保障大众有更多的获得感、幸福感和安全感以及获得实实在在的利益。这也正是衡量我国政治学研究是否坚持马克思主义的根本标志。改革开放以来,政治学研究的主要特点集中体现在不同时期从国情出发,为国家发展战略、民族复兴大业出谋划策的成果不断增多,反映人民群众的价值诉求、民生疾苦和美好愿景的成果大量涌现,积极讲好、传播好中国故事的成果日益丰富,彰显中国传统政治智慧、社会主义核心价值观念、中国共产党治国理

---

[1] 习近平:《在哲学社会科学工作座谈会上的讲话》,《人民日报》2016年5月17日。

政思想的成果占据了主导地位①,形成了"龙文百斛鼎,笔力可独扛"的局面。

二 注重政治学的学科建设,其特色和优势基本形成

改革开放四十年来,中国特色哲学社会科学着力于突出系统性和专业性,"不断推进学科体系、学术体系、话语体系建设和创新",并取得了历史性成就。与此相适应,作为哲学社会科学有机组成部分的政治学在加强学科建设、提升专业化水平的过程中,学科体系、学术体系、话语体系的建设实现了跨越性发展,形成了齐头并进的格局。

众所周知,无论是对哲学社会科学整体还是具体门类而言,学科体系是衡量其存在的必要性、成熟程度以及功能作用的根本和基础。在这个意义上讲,学科体系是中国特色政治学建设和发展的关键,其水平直接体现着我国政治学的整体状态、学科地位、学术影响力和核心竞争力。故而,政治学学科体系的建设是中国特色政治学体系的首要任务。改革开放以来,我国政治学恢复重建和创新发展的基础要素、核心内容和推动力量都集中体现在对政治学学科体系的探索、建设与完善过程中。时至今日,政治学的学科体系业已呈现出基础学科逐步完善并稳定发展、新兴学科快速成长、前沿学科持续涌现、交叉学科充分融合的繁荣局面,做到了学科体系的结构完整、领域全面、边界合理、重点突出,为中国特色政治学体系创新和发展奠定了坚实的基础。

改革开放四十年来,政治学从无到有、从弱到强、从补短板到整体推进,在学科体系建设的过程中形成了如下基本特点。

(一) 在理论与实践的互动过程中,构建学科体系

作为一门经世致用的学问,政治学必须处理好理论与实践的关系。从

---

① 例如,萧超然的《完善中国共产党领导的多党合作和政治协商制度研究》,王邦佐的《执政党与政治整合》,许嘉璐的《中国特色的政党制度》,李锡炎的《依法治国与党的领导方式创新研究》,桑玉成的《中国共产党执政经验与执政规律研究》,林尚立的《中国共产党与国家建设——以统一战线为视角》,吴家庆的《提升执政党公信力与夯实执政社会基础研究》,周淑真的《比较视野中的政党政治与当代中国政治发展》,俞良早的《执政的共产党建设与社会主义的历史使命》等。

理论维度看，政治学学科体系建设的核心在于对象的独特性、结构的包容性以及方法的有效性。独特的对象是明确学科边界的前提，包容的结构是发展学科内容的保障，有效的方法是学科效用的标尺。从实践维度看，政治学的学科体系建设关键在于坚守立场、服务大局、关注现实。正确的政治立场是学科存在的关键，充分服务大局是学科发展的本质，真正关注现实是学科价值的体现。理论和实践相辅相成，基本要素相互作用、彼此呼应。"中国特色社会主义政治学理论体系"与"当代中国政治建设政治发展的伟大实践"有机统一，基本形成了以马克思主义政治学说为根本，提炼出了以有效解释中国政治实践的核心概念、范畴与命题为核心内容的思想体系；以发展社会主义民主为目标，构建了以反映政治发展的"中国特色"为关键的理论体系；以坚持和完善中国特色社会主义制度为目的，建立了以服务国家治理现代化为旨趣的知识体系；以建设社会主义政治文明为使命，催生了以深刻阐释坚持中国特色社会主义政治发展道路为主要标志的成果体系。[①] 事实证明，只要始终坚持将中国化马克思主义政治学说的最新成果与改革开放的中国特色社会主义政治建设创新实践有机统一，政治学理论等基础学科的地位就会得以巩固，政治学的发展优势就会不断凸显、研究内容就会不断丰富、建设短板就会有效补齐，政治学的学科体系建设就会找到存在和发展的创新之路。

（二）在遵循学科发展规律、适应时代需求的进程中，构建学科体系

政治学是一门历史悠久的学问，自从人类进入文明社会以来，就有了政治活动，也就有了研究此种活动的政治思考；政治学也是一门与时俱进的学问，不同社会制度的政治实践各不相同，也就产生了各具特点的政治思想。19世纪末，政治学逐渐整合为便于学术研究和知识传授、相对规范的"体系"，从而实现了学科化的发展，逐渐向体系化的方向迈进。改革开放以来，中国政治学以不到40年的时间就完成了学科体系初创、发展、调整进而健全的历史变革。其一，破除迷信，在批判性吸收借鉴西方政治

[①] 例如，李元书的《政治发展研究》，林尚立的《建构民主：中国的理论、战略与议程》，李良栋的《中国特色社会主义民主政治发展道路研究》，王绍光等的《中国民主决策模式：以五年规划制定为例》，徐勇的《基层民主发展的途径与机制：权利保障与社区建设》，佟德志的《法治民主：民主与法治的复合结构及其内在逻辑》，杨光斌的《中国民主：轨迹与走向：1978—2020》，韩冬雪的《改革开放三十年来中国政治发展的模式研究》，燕继荣的《中国政治发展及转型战略研究》等。

学学科发展的历史经验的同时,立足本国实际,系统阐明政治学的本质、主题、框架与核心范畴等问题,更好地揭示了政治学发展的内在规律。习近平指出:"不能把一种理论观点和学术成果当成'唯一准则',不能企图用一种模式来改造整个世界。"① 政治学学科体系的建设标准、核心论题、基本方法从没有定于一尊,更不应唯西方政治学的学科标准马首是瞻。时至今日,中国特色政治学已经成为政治学学科发展的贡献者。其二,紧随时代的步伐,不断回应时代的呼唤,将中国社会产生的新问题、新现象置于政治学发展的时代论题中并加以研究和阐释,在解决中国问题的基础上提供中国方案,对政治学的整体性进步作出了"独创性贡献",已然逐步"将研究范式的自觉创新提上议事日程,去探索建立具有稳定内核和自新活力的本土化研究范式"②。其成功之处在于"坚持实践的观点、历史的观点、辩证的观点、发展的观点,在实践中认识真理、检验真理、发展真理"③,找到自己存在、发展、创新的动力。

(三)在以问题为导向,研究解决现实问题的过程中,构建学科体系和学术体系

早在我国政治学恢复重建之时,"我们研究政治学是为了建设一个社会主义强国,我们要建立并加以发展的是社会主义政治。要求我们以马克思主义的立场、观点、方法来研究社会主义的政治关系和政治规律。它是社会主义的,同时又是中国的,即从中国的具体情况出发,具有中国特点的社会主义政治学"④。不断突出特色是当代中国政治学发展的真实写照。从理论上看,当代中国政治学的"特色"在于:发展了马克思主义政治学说、创建了中国化马克思主义政治学,彰显了科学社会主义的真理性、阐明了社会主义政治的基本特征,论证了工人阶级政党治国理政的历史必然性、合理性,论述了社会主义政治制度体系的优越性。"显特色"成为当代中国政治学学科体系建设的独创性优势,且"特色"的内涵更加丰富,中国特色、中国风格、中国气派已然成为新时代中国政治学学科体系建设和创新的着力点。

---

① 习近平:《在哲学社会科学工作座谈会上的讲话》,《人民日报》2016年5月17日。
② 林毅:《西方化反思与本土化创新:中国政治学发展的当代内涵》,《政治学研究》2018年第2期。
③ 习近平:《在哲学社会科学工作座谈会上的讲话》,《人民日报》2016年5月17日。
④ 张友渔:《张友渔文选》(下),法律出版社1997年版,第149页。

值得提出来的是重视强化问题意识和问题导向的作用，发挥中国特色政治学体系的优势。马克思指出，"问题就是时代的口号，是它表现自己精神状态的最实际的呼声。"① 改革开放以来，政治学努力做到不回避问题，勇于探讨、解决热点、难点和焦点问题，释疑解惑，因为只有以问题为导向，政治学的研究才会具有明确的针对性和切入点。只有将不同方位、对象领域和具体要素加以科学的整合，才能展现政治学学术体系的样态。"当代中国政治学在改革开放大幕开启之时恢复重建，随着改革开放实践的深入而不断发展壮大。改革开放40年来，我们党治国理政的理论与实践不断创新，为中国政治学的繁荣发展提供了坚实实践基础和丰富研究题材，中国政治学也为推进中国特色社会主义民主政治发展和国家治理现代化提供了有力的理论支撑和智力支持。"② 具体而言，中国特色政治学的学术体系正是围绕中国问题的逻辑而逐步建设、丰富和发展起来的。我们都很清楚，古往今来，任何有关政治的研究都是建立在自知或不自知、自觉或不自觉的政治立场上的。政治学的学术研究的"科学性"从来没有脱离过它的利益性、阶级性和意识形态性。诺贝尔经济学奖获得者阿马蒂亚·森曾指出，西方一切平等理论的实质就是掩饰西方社会的不平等，这些理论水平的高低则取决于用于"掩饰"的学术假设、论证框架和分析方法的水平高低。改革开放的历史证明，维护人民民主专政、巩固党的集中统一领导、实现人民当家作主是中国特色政治学在学术体系建设中必须认清的重大政治问题，须臾不可动摇；构建中国特色政治学的学术体系的关键问题是如何坚持发展中国特色社会主义政治发展道路。不同时代有不同的现实问题，解决这些现实问题的具体思考可以是多元化的，但是统摄这些具体问题的"总问题"——坚持走中国特色社会主义政治发展道路——决定了中国特色政治学的学术体系如何架构，必须从结构性层面加以认识和把握。"中国是一个发展中大国，坚持正确的政治发展道路更是关系根本、关系全局的重大问题。"③ 这一关键问题是正确处理重大政治问题的集中体现，也是衡量具体的政治学研究能否成立、有无价值的基本学术标准；构建中国特色政治学的学术体系的主要问题是如何充分发挥我国社会主义政治制度优越性。中国特色政治学的学术体系建设具有积极性、主动

---

① 《马克思恩格斯全集》第40卷，人民出版社1982年版，第290页。
② 张贤明：《在改革开放中发展壮大的中国政治学》，《人民日报》2018年5月21日。
③ 《习近平总书记系列重要讲话读本》（2016年），学习出版社、人民出版社2016年版，第163—164页。

性等基本特征，无论是阐释性研究还是批判性研究，是规范性研究还是实证性研究，都着力于阐释"长期形成的历史传承""走过的发展道路、积累的政治经验、形成的政治原则"以及"现实要求、现实问题"。如何发展适合我国国情的社会主义政治制度、如何避免人民当家作主成为一句"空话"、如何巩固和发展最广泛的爱国统一战线、如何不断推进行政体制改革、如何全面贯彻党的民族政策和宗教政策、如何不断丰富"一国两制"实践等均值得长期关注，从中发现具体制约性问题并通过研究为解决这些问题提供新思路新理论新路径新方法。明确的问题导向为中国特色政治学的学术体系建设提供了学术思考、学术争鸣的对象与学术创新的资源，具有不可替代的决定性作用。正如有的学者所言："政治学以及政治学者的任务，正是致力于做生产知识、生产思想、生产理论的工作。而这样的知识、思想和理论，当有助于国家政治发展之目标的实现，有助于社会良善政治生活的建构。这样的责任和使命与经济学相辅相成、相互支撑、相映成趣。"①

（四）以扩大影响为意旨，构建政治学的话语体系

习近平指出："发挥我国哲学社会科学作用，要注意加强话语体系建设。"② 而话语体系的建设，需要建立在健全的学科体系的基础之上，依靠学术体系的支撑。当然，政治学的话语体系作为学科体系、学术体系建设与创新的必然结果，又有别于学科体系、学术体系的建设，在构建目标、方式等方面具有全新的特点。就政治学的学科体系和话语体系而言，学科体系需要"内在性建设"，而话语体系是"外向性建设"；就政治学的学术体系和话语体系而言，学术体系的关键是保障"学术研究"，而话语体系的关键是实现"话语表达"。不可否认，话语体系的建设在中国特色哲学社会科学建设与创新中是一个新命题，但是话语体系的探索和实践并非一个新鲜事物。改革开放以来，当代中国政治学话语的解释力、传播力和创造力不断增强，"中国的政治学人越来越认识到西方的政治概念和政治分析范式对中国特定的政治现象不具备完全的解释力，一直在尝试着创新适合中国政治发展的学科话语。可以说，中国政治学的学科建设、学术发展的过程也就是中国特色的政治学学术话语创新的过程"③。集中体现在以

---

① 桑玉成：《关于政治学的主题与政治学基本问题的思考》，《政治学研究》2017年第5期。
② 习近平：《在哲学社会科学工作座谈会上的讲话》，《人民日报》2016年5月17日。
③ 张桂林：《逻辑要义、历史努力与认知前提：建构中国特色政治学话语体系》，《政治学研究》2017年第5期。

下四个主要方面。第一，我国政治学话语的内在实力不断增强。一方面，我国政治建设的光辉历程、伟大成就和成功经验既为中国特色政治学话语的形成提供了基本语境，又为政治学话语体系的建设与完善贡献了丰富的素材；另一方面，随着学科建设的健全和学术体系的完善，话语体系的建构和发展得到了充分的结构性支持和逻辑性支撑。第二，我国政治学话语的本土化水平不断提升。毫无疑问，改革开放以来，中国的政治建设取得了举世瞩目的成就，但是这些"成就"在西方政治学话语体系中成为"另类"。为了更好地解释中国政治建设的实际情况和伟大成就，政治学界努力探索政治学话语的"本土化"，在政治、国家、民主、政治体制改革、政府、政党、政治文明、政治稳定、治理等多个方面提出并构建了中国特色政治学的丰富话语，提出了一些既具有中国特色又具有世界意义，老百姓听得懂、记得住、行得通的新概念、新范畴、新观点、新理论。第三，政治学话语的传播意识明显增强。成功走出了中国特色社会主义政治发展道路，以此为根本依据，强化话语意识，不断提炼升华中国政治建设的价值理念，并将其贯穿于学术交流和传播的方方面面。从政治价值、政治制度、政治体制、政治文化、政治参与、政治文明、政治稳定等多个层次和维度进行创造性话语建构，有关体系初见端倪。第四，强化政治学话语体系的理论研究[①]，话语表达越来越自信。随着我国经济社会发展和国际地位提高，国际社会对中国的关注度不断提高，然而，西方国家意识形态的敌对性特点导致其长期以来总是认为"中国政治改革滞后"，其文化霸权遏制了中国政治学话语的传播力。党的十八大以来，政治学的话语体系建设不但积极思考"中国为什么能""中国共产党为什么行"的"政治发展道路和发展模式的密码"，而且高度重视"中国崩溃论""中国威胁论"背后的政治阴谋。在如何解读中国奇迹、构建中国理论上，有意识夺取话语权，在国际交流和学术争论过程中，精心提炼、大力宣传中国政治学的标识性理论，切实做到发声、说理和传播。通过体制机制改革创新，为话语传播提供更好的机遇与保障。为了摆脱传播上的困局，着力"转变话语思维""进入无语领域""改变失语状态""发掘话语优势""活跃话语表达""改善传播策略""阐发共同精神""展示亲和面貌"，既让西方政治学界认识到中国特色政治学话语的科学性、合理性，又让西方民众能够通

[①] 郑慧：《试论构建中国特色社会主义政治学的话语体系》，《政治学研究》2014年第6期；张桂林：《逻辑要义、历史努力与认知前提：建构中国特色政治学话语体系》，《政治学研究》2017年第5期。

过此种政治学话语的中国表达，了解中国实际、理解中国道路和中国选择，真正增强中国政治学的影响力。同时，面对话语体系构建过程中的种种挑战，要避免出现"夸夸其谈""自说自话"的现象，不受"短期应对""轰动效应""哗众取宠"等不良学术风气的影响。

三 基础理论研究日趋深入，研究领域不断拓展，研究方法持续创新

政治学之所以成其为政治学，就在于它是一门科学，既然如此，就应当以科学的态度、科学的精神和科学的方法对待它。改革开放以来，中国政治学遵循学科发展规律、发挥主观能动性，认真解决继承与创新的关系，立足中国大地、思考中国实际问题，实现了从恢复重建到发展壮大的历史性变革。在此期间，不断涌现的新问题、形成的新领域、积累的新经验持续考验着中国政治学的学科建设水平、学术研究能力和话语解释功能。为此，政治学在各方面实现了跨越式发展。

（一）不断提升基础理论研究水平

基础理论是一个学科的根基与生命，基础不牢，地动山摇，其力度、深度决定着一个学科的生存和活力。改革开放以来中国特色政治学发展的一个重要标志就是政治学的基础研究不断深入，在学科体系中的地位不断巩固。就整体而言，对基本范畴、基本理论的研究，已经成功地从非此即彼的价值判断中彻底解放出来，成为支撑学科持续创新的重要基石。学科发展的轨迹充分说明了这一点。在学科恢复重建之时，便将基础理论研究作为主攻方向之一，围绕政治、国家、民主等核心范畴进行探讨，形成了许多共识性看法和基本观点，"基本明确了政治学的研究对象、研究内容、分析范畴和基本概念，初步形成了独特的学科基础理论"，不但成为政治学研究的新起点，而且奠定了研究的基础。之后随着研究领域的拓展和内容的丰富，也未曾离开对基础理论研究的努力，政治哲学的核心范畴、基本概念和内在结构日益成为政治制度、政治发展、政治利益、政治文化、政治文明、政治价值、政治行为等研究的前提。与此同时，相关研究的发展创新也"进一步深化了政治学专门理论的研究，对特定政治现象、特定政治领域的理论研究，有关方面的研究成果不断涌现，进一步丰富了政治

学基本理论"①。中国政治学彻底摆脱了依附于其他学科，借用其他学科范畴、理论的尴尬局面。党的十八大以来，政治学的基础研究迎来了新机遇，"从理论与实践的结合上，回答新时代坚持和发展什么样的中国特色社会主义政治，如何建设这样的政治""基于我国国情政情，回答新时代治理什么样的国家和怎样治理这样的国家"② 等一系列问题，丰富和发展了新时代的政治观、权力观、国家观、政党观、政治发展观、国际关系观，为基础理论的研究注入了新的内容，呈现出崭新局面。

（二）不断开阔视野，拓展研究领域

随着政治社会化进程的加快，政治渗透于社会生活的方方面面，况且政治与其他社会现象在现实社会中并不是泾渭分明的，往往交织在一起，任何问题一旦成为全局性问题，就会成为政治问题，任何重大问题的解决都需要借助于政治的手段，尤其是随着科学技术的进步，学科界限被打破，越来越模糊，这就使得政治学应当具有广阔的视野。政治学之所以能够将所有社会政治现象和政治关系都纳入自己的研究范围，是因为政治和各类社会活动、社会关系日益密切地结合在一起。改革开放以来，中国特色政治学探索出了一条以中国政治实际为根本、以健全体系为目标、以发展创新为动力的研究之路。"随着改革开放和现代化建设事业的不断推进，我们党对哲学社会科学地位和作用的认识越来越深刻，把哲学社会科学创新体系纳入国家创新体系范畴。"③ 从整体上看，我国政治学研究领域在理论与实践的不断互动过程中有序拓展，并且在统筹规划、系统推进中逐步向多元化、复合型的方向发展。"建立起新的概念系统和制度分析模式，利用新的研究思维和手段，逐步在继续深化既有研究领域的同时，介入新的领域，发现边缘研究领域，促进交叉研究领域，探索新兴学科建立的可能，并合理、适时地促进新兴学科、分支学科、边缘学科或交叉学科的诞生。政治学的研究触角延伸到所有社会生活领域，愈加贴近现实。"④ 特别是十八大以来，政治学研究"在引进学习、跟踪研究的基础上，注重加强

---

① 杨海蛟：《20世纪90年代以来中国政治学研究的特点及发展趋势》，《浙江社会科学》2001年第4期。
② 王浦劬：《新时代中国特色社会主义政治学前行的航标南针》，《政治学研究》2018年第2期。
③ 《社会主义文化强国建设》，人民出版社、党建读物出版社2015年版，第53页。
④ 杨海蛟、亓光：《中国政治学30年》，《山东社会科学》2008年第7期。

原创性研究，从而推动政治学研究整体上迈上一个更高的水平"①。在较短的时间内，中国政治学出现了新气象和新面貌，以"原创性""本土化""创新性"为主要特点，"全领域"实现了质的提升。具体来说，一方面，政治学的主要分支学科，如行政学、政策科学、比较政治学、国际政治学等学科得到了长足发展，这些主干学科不仅系统地构建了相对完善的概念、理论和方法，同时逐步显露出层级化、分科化、交叉化的研究特点。以行政学为例，在中国行政体制改革逐步深化的现实背景下，更加关注政府职能转变、政府与市场关系、政府与社会关系等理论和现实问题的同时，聚焦行政组织、行政文化、行政决策、行政伦理、行政生态、政府绩效等具体问题，不断引入哲学、经济学、管理学、社会学、心理学等学科的相关概念、理论或方法，以交叉学科的研究视角解读和分析具体行政过程。另一方面，在当今科学知识综合化、交叉化和系统化的潮流中，政治学的研究广度不断拓展，研究深度不断增强，尤其是与其他多种学科相互作用、彼此融合，形成了越来越多的新兴学科、交叉学科，出现了政治社会学、政治心理学、政治经济学、政治人类学、政治传播学、政治伦理学、政治地理学、政治文化学，并由此延伸出美德政治学、文学政治学、文艺政治学、和平政治学、网络政治学、风险政治学、生态政治学、城市政治学、生态政治学、发展政治学、边疆政治学、警察政治学、军事政治学、民族政治学、基因政治学、图像政治学、抗争政治学等分支学科，还有因研究方法不同形成的田野政治学、计算政治学、实验政治学。除此之外，还有以地方政府学、象征政治学、幸福政治学为代表的以特定研究目的为导向而具有特定研究内容的新兴学科。②

（三）追踪前沿，举要删芜

改革开放以来，中国特色政治学研究在时间线索上呈现出几个不同的发展阶段。如果说基础研究是中国特色政治学研究体系的根本，领域拓展是其主要的路径，那么对前沿问题的追踪则是有效手段。众所周知，并不是所有现实政治问题都能够成为前沿问题，前沿问题必须符合新兴性、趋势性、集中性以及可发展性等基本特征。改革开放以来，中国特色政治学研究既尊重"由中心到边缘"，又重视"由边缘到中心"的过程。前者主

---

① 周光辉：《新时代应以原创性研究推动中国政治学发展》，《政治学研究》2018 年第 2 期。
② 参见郑慧《继往开来，再创辉煌》，世界知识出版社 2014 年版；王浦劬：《中国政治学：学术发展回顾与规划（2006—2015）》，天津人民出版社 2011 年版；等。

要是指在不断巩固基础研究的前提下探索基本理论的新发展新趋势新内容,而后者则是指在前沿问题的发现和研究中将前沿问题转变为前沿论题继而上升为基本理论的有机组成部分,这也正是对整个研究体系的贡献所在。表现为:一是在世界政治格局深刻变动的大背景下,发现并探索符合中国实际的根本问题,以中华民族伟大复兴中国梦、坚持和发展中国特色社会主义为主线和核心内容,"回答和解决中国现代化和改革开放中出现的现实问题和具有全球性的重大问题,并把我们的研究上升到一般性理论高度,并介绍给世界"[①];二是在超越政治哲学与政治科学的"主导地位"之争的基础上,从具体的中国现实出发,在宏观、中观、微观等维度,将具体问题—问题集合—问题类型—标识性问题—基础性问题—重大政治问题置于"问题框架"内,不断寻找和提炼前沿性问题;三是在思想"传承和发展"过程中,不断追踪"理论前沿",通过对新理念新概念新范畴的充分论证进而推进中国政治学经典理论和基础学说的创新性阐释,实现政治学研究应有的学术传承与学术创新的有机统一;四是透过复杂多变的国际政治局势,冷静分析政治形势、政治问题对学术研究造成的"前沿性"幻象,捕捉前沿问题中所存在的基本规律和主要矛盾,通过战略性研究找到战略定力,及时把握不断涌现的全新问题。

(四)综合运用并不断创新方法

研究方法的丰富性和应用程度是衡量一个学科成熟与否的重要依据。近年来,随着我国政治学的研究方法问题日渐引起学界的广泛关注,学者们努力扭转我国政治学恢复重建之初对研究方法关注不够、研究不深、创新乏力的局面,形成了"研究方法的创新是创新政治学理论、发展完善学科体系、拓展研究领域、创立新兴学科的重要途径和有效手段"[②]的共识。时至今日,政治学研究方法业已成为政治学研究的焦点之一,不但大量研究成果所使用方法具有高度的识别度,而且越来越多的科学研究方法引起了学界的普遍重视并得到广泛运用。[③] 改革开放四十年来,围绕传统研究方法、新兴研究方法、研究方法的前沿问题涌现了一大批具有代表性的成

[①] 郭苏建:《中国政治学科向何处去——政治学与中国政治研究现状评析》,《探索与争鸣》2018年第5期。

[②] 杨海蛟:《深入推进政治学研究》,《人民日报》2013年8月22日。

[③] 参见张师伟、陈忍《新时代中国政治学的学科融合与方法创新——第十二届中国青年政治学论坛会议综述》,《政治学研究》2017年第6期。

果,包括田野调查、案例分析、模型建构、数据处理等一系列遵循学科发展规律、创新思维方式、解决现有问题的研究方法得以应用,不仅提供了一个又一个科学的工具,强化了政治学科的科学属性,而且也有力推动了政治学研究方法体系的长足进步、全面发展与综合性创新。[①] 通过对我国政治学研究方法进行阶段性分析与总体性观照,结合相关研究的结论判断,改革开放以来中国政治学研究的方法创新可以总体概括为以下三个方面。其一,逐步重视并创新研究方法。在较长的一段时间内,"国内政治学界对研究方法的认知和运用都还处于起始阶段,无论是和欧美政治学界研究方法的丰富和发达相比,还是和中国政治学发展的要求相比,都还存在很大距离、很多问题"[②]。特别是在我国政治学恢复重建初期的一段时间内,由于亟须在一些重大的基础理论、核心概念、代表性学说与研究范式等方面加快"补课",而对政治学研究方法的关注不够,有关方法论的研究相对薄弱。近年来,政治学研究者们重视方法创新对于政治学研究的创新与深化作用,逐步形成了以方法意识为前提条件的研究规范。简言之,就是提高了研究方法的选择与运用意识,形成本学科的基本学术规范自觉,极大地推动了研究方法的创新与应用。在学习和借鉴其他学科方法的过程中,借助"政治学研究方法"师资班、专题研修班等形式,在大量"自觉的方法选择与运用"研究成果的直接推动下,政治学研究方法日益成为政治学研究领域中十分活跃的专门研究方向和领域。其二,方法体系从一维主导、二元并存向多元并举转变。政治学恢复重建初期,基本方法可谓"不证自明"的不二选择,主张运用宏观的、静态的、制度、历史分析方法,偏重从概念到概念、从原理到原理、从结论到结论的演绎推论和价值判断。随着大量现实政治问题不断凸显,诸多微观、动态的政治现象特别是政治行为开始成为政治学研究的重要对象,仅仅依靠经典方法已经无法满足现实政治研究的需要,对问题本质的科学解释仍不能完全取代对问题现象的准确分析。于是,实证研究以"方法创新"为研究范式逐渐开始发挥作用,进而形成了"规范研究与实证研究"的类分,二者的有机统一"体现为政治学的实证研究者始终承认有些研究领域和重大问题,不是他们所能包办的,因此留下了规范研究进入的空间。同时也体现为规范研究者对于实证研究精确性和可靠性的承诺。这种承诺与他们各自在哲学层

---

① 参见王绍光《中国政治学三十年:从取经到本土化》,《中国社会科学》2010 年第 6 期。
② 王浦劬:《中国政治学学术发展回顾与规划(2006—2015)》,天津人民出版社 2011 年版,第 410—411 页。

面上的沟通、在社会科学层面上的连接、在一般人文社会科学方法论上的对接是紧密联系在一起的。在人们的具体研究实践中，从来就不存在纯而又纯的实证方法或绝对单一的规范方法"①。随着中国政治学的视野不断拓展，规范研究与实证研究需要更加准确的界定与更为具体的内容。这一要求的实际变化表现在：一方面，定性研究与定量研究成为解释边界更为清晰的不同研究方法的集合性范畴；另一方面，量化研究、案例研究、田野研究、实验研究等更为具体的研究方法类型逐渐出现。时至今日，在我国政治学研究中，已经基本形成了以马克思主义的基本方法为核心，以规范研究与实证研究相结合，综合考量与运用各种研究方法的创新路径。并且始终"都贯穿一条主线，那就是努力做到理论和实际相结合"②，力争通过规范研究和实证研究的有机结合，借助社会调查、统计分析、案例分析、模型分析等具体手段透析中国政治现象，既防止脱离实际的纸上谈兵，空洞无物，缺少解释力和说服力，又避免缺失价值，完全陷入工具性、技艺性和操作性的窠臼。其三，从简单模仿向结合实际运用与创新转变。不可否认，学习国外政治学的研究方法、借鉴其他学科的具体方法是我国政治学研究方法运用和创新的重要途径。在具体运用中先要学习借鉴，继而才能甄别批判，最终实现自主运用。在具体学习借鉴的过程中，"方法意识"的先行常常造成研究方法的简单模仿，存在生搬硬套的弊端，对方法运用的概念框架、适用问题领域以及基本理论假设等缺乏较为科学的把握。随着政治学研究方法体系的形成，政治学理论工作者们更加坚信马克思主义方法的主导地位，坚持以问题为导向，着眼于现实政治的分析，而非单纯地、片面地追求某种方法。在审慎甄别具体方法的前提下，对各种方法经过分析、扬弃后予以使用③，同时更加强调方法选择的规范性和可行性，对理论与现实问题研究的科学性与合理性。

四 服务于党和国家工作大局，彰显政治学的意义与价值

古今中外的历史与现实反复证明，伟大变革的时代便是思想活跃、理

---

① 任剑涛：《试论政治学的规范研究与实证研究的关系》，《政治学研究》2008年第3期。
② 杨海蛟：《深入推进政治学研究》，《人民日报》2013年8月22日。
③ 参见景跃进《中国政治学的方法论反思——问题意识与本土关怀》，《浙江社会科学》2017年第7期。

论诞生的时代，而思想、理论的生命力还在于适应时代的潮流、满足时代的需求、服务时代的发展、引领时代的方向。①改革开放以来的中国政治学，无论是学科建设还是对策研究，正是在紧随时代的步伐，唱响主旋律，直接或间接地服务、服从党和国家大局中不断前行的。党和国家不同时期针对不同问题的部署、举措毫无例外地成为政治学研究的主题和主攻方向，所取得的研究成果为党和国家的工作提供一定的理论支撑与理论服务。在此过程中，中国政治学显示出如下特点。

（一）紧紧围绕时代主题展开研究

改革开放以来，中国社会的其中一个目标就是加强中国特色社会主义建设，最强音便是推进社会主义现代化进程。中国特色社会主义政治建设作为中国特色社会主义建设的有机组成部分之一，是一个不断发展的历史过程。政治建设具有战略目标明确、涉及领域宽广、影响程度深远、处理难度较大等特点，它往往是主要矛盾的集中体现或是不同领域建设所共同面对的重大问题。如何把握时代发展的脉搏，紧扣不同时期或阶段的问题，就需要在马克思主义、毛泽东思想、邓小平理论、"三个代表"重要思想、科学发展观、习近平新时代中国特色社会主义思想指导下，科学地认识和把握党和国家工作大局。当然，"大局""主题"的表现内容和形式有不同，不同发展阶段研究主题也不同，但建设中国特色社会主义、实现社会主义现代化以及与之相应的任务从未改变，政治学也正是从理论与实践的结合上思考、研究和解决中国特色社会主义政治建设中的重大问题，将马克思主义基本原理特别是马克思主义关于国家、政治、阶级、民主、政党、民族等方面的学说同党的基本理论、基本路线、基本纲领、基本经验相联系，充分发挥自己的功能和作用，形成了改革开放以来中国政治学发展波澜壮阔的图景和鲜明特征。改革开放初期，面临着拨乱反正，实现党和国家工作重心转移并逐步开启改革开放的任务，政治学适时对政治学基本理论展开研究的同时，对何谓社会主义、怎样建设社会主义、社会主义发展阶段以及社会结构、社会主要矛盾、国家职能、干部人事制度改革、政府机构改革、社会主义民主、"一国两制"、政治体制改革等相关问题进行研究；随着改革开放的不断深入，政治学围绕坚持中国特色社会主

---

① 参见娄成武、蒋龙翔《中国政治学研究的历史、现实与未来》，《政治学研究》2010年第6期。

义政治制度不动摇，维护政治稳定、人权、执政党建设进行研究；随着经济全球化进程的加快，社会主义市场经济体制的建立和发展，加强党的建设、建设社会主义政治文明、转变政府职能、公平正义，党的领导、人民当家作主、依法治国有机统一，反对腐败与廉政建设等成为政治学研究的主题，对如何发展、怎样发展，发展的成果由谁来享受，建设一个什么样的社会，如何保证改革的成果由更多人分享，科学发展，实现人的全面发展，构建和谐社会，社会主义核心价值观等问题的研究也随之展开。进入新时代，决胜全面建成小康社会，开启社会主义现代化建设新征程，实现"两个一百年"奋斗目标以及中华民族伟大复兴中国梦成为战略目标，政治学不忘初心，牢记使命，围绕中国特色社会主义道路、"四个全面""四个意识""四个自信"、党治国理政的新理念新思想新战略、依法治国、国家治理体系与治理能力现代化、政府治理、基层治理、营造良好政治生态、人民当家作主的制度体系、协商民主、社会主要矛盾、党和国家机构改革、"一带一路"等的研究持续高涨，方兴未艾。[①] 在一定意义上，中国政治学的不断繁荣发展与中国改革开放以来政治生活主题演进的过程遥相呼应。

（二）放眼世界、立足本土展开研究

人类社会发展到今天，任何一个国家倘若离开国际社会，要想健康发展似乎已经不太可能。在经济全球化时代，不同国家和地区联系日益密切的情况下更是如此。但是，只有从本国国情出发，力戒食洋不化、照抄照搬，才能有所创造，有所发展，否则会水土不服，带来灾难性后果。中国政治学恢复后一个时期内，拿来主义曾在一定范围、一定程度上甚嚣尘上，尤其是一些范畴、概念、理论与方法较为明显。[②] 然而，大家以高度负责的精神，在极短的时间内通过深刻反思形成共识：中国的政治学研究是为了解决中国的问题，为中国的政治建设服务，在大胆地、批判性地吸收人类优秀文化成果的同时，必须充分考虑到中国的历史和现实条件，尤其是必须明白中国是社会主义，绝对不可以套用他国的诸如"多党制""两党制""三权分立"等制度，跟在别人后面亦步亦趋，邯郸学步；必须运用我们自己的理论解释中国的政治现象，引领中国的政治进程，避免

---

① 参见杨光斌《作为建制性学科的中国政治学——兼论如何让治理理论起到治理的作用》，《政治学研究》2018 年第 1 期。

② 参见张桂林《中国政治学走向世界一流的若干思考》，《政治学研究》2018 年第 4 期。

不顾学术背景，不加分析地对他人顶礼膜拜，用其观点解释中国问题，裁定、匡正中国的现实。① 与此同时，还应清楚地认识到中国是世界上最大的发展中国家，正处于并将长期处于社会主义初级阶段，因此必须解决好理想主义与现实主义的关系，杜绝脱离实际的浪漫主义和异想天开，政治体制改革、民主建设、政治进程推进必须坚持实事求是的原则，发扬务实精神，遵循客观规律，有领导、有步骤、有秩序地循序渐进，杜绝任何不负责任的冒进和乱开药方的行为。

（三）以积极的建设性心态，负责任地展开研究

40年来，我国不断致力于中国特色、中国风格、中国气派社会主义政治学的学科体系、学术体系、话语体系、教材体系的建构，最为主要的是自觉融入决胜全面建成小康社会、实现中华民族伟大复兴中国梦的伟大事业，避免不负责任地乱发议论、置身事外甚至站在社会对立面的"愤青"现象。面对发展中的问题，要有担当地运用建设性思维深入调查研究，积极寻求行之有效的解决问题的途径和方法。对社会主义民主建设、政治体制改革、依法治国、反对腐败、转变政府职能、中央与地方关系、政治稳定和政治发展、国家治理体系与治理能力现代化等重大问题的研究②，为相关问题的解决提供了理论支撑、具体思路、实施方案、对策建议，明显地带有建言献策的建设性色彩，彰显了其意义与价值。

---

① 参见陈周旺《中国政治学的知识交锋及其出路》，《政治学研究》2017年第5期。
② 参见钟杨、韩舒立《当代中国政治学学科发展状况评估——基于〈政治学研究〉的文本分析》，《政治学研究》2017年第2期。

改革开放以来的中国公共行政学

许开轶 郑 慧[*]

中国公共行政学自20世纪80年代初恢复以来，不论学科建设还是学术研究，紧跟时代变革的步伐，经过四十年的探索和发展，形成了"百花齐放、百家争鸣"的局面，取得了辉煌的成就。回顾改革开放以来中国公共行政学的发展历程，总结历史的经验，检视当下的问题，不仅有利于我们坚定理论自信和文化自信，也有利于我们抓住机遇、迎接挑战，推动中国公共行政学不断开拓创新，继续砥砺前行，为繁荣发展中国哲学社会科学，从而为中国的改革开放和现代化伟业做出更大贡献。

一 改革开放以来中国公共行政学的发展历程

公共行政学在我国一般又称作行政管理学或行政学，在国外亦称作公共管理学，是一门研究社会公共权力执行的组织形式及其对社会公共事务进行有效管理的具有理论性、综合性和应用性的学科。任何科学和理论的产生都是时代需要和时代呼唤的产物，在中国，公共行政学是在改革开放这一时代背景下得以重建的，经历了从恢复重建到初步发展，再到走向成熟的过程，是沿着中国特色社会主义道路一路前行的。

（一）中国公共行政学恢复与发展的过程

1. 公共行政学科恢复重建阶段（20世纪80年代初期到90年代初期）

由于历史的原因，20世纪50年代以后，高等学校院系中撤销了行政管理学专业，相关课程的教学和研究工作陷于停滞，导致该学科的发展严

---

[*] 郑慧：中国社会科学院政治学研究所；许开轶：南京师范大学。

重受挫。1978年党的十一届三中全会实现了中国社会主义事业发展的伟大转折，确立了改革开放的基本国策。为了适应形势发展的需要，行政体制改革被历史性地提上了议事日程，从而也凸显出了行政管理学研究和学科建设的重要性。1979年3月，邓小平在理论工作务虚会上指出，"政治学、法学、社会学以及世界政治的研究，我们过去多年忽视了，现在也需要赶快补课。"① 这个指示对建立和发展行政学起到了极大的推动作用。1982年1月29日，夏书章教授在《人民日报》发表了《把行政学的研究提上日程是时候了》一文，提出："要搞现代化建设事业，就必须建立和健全现代化管理（包括行政管理）和实行社会主义法治（包括行政立法），这样，我们就需要建立社会主义的行政学和行政法学。"② 这犹如一声春雷唤醒了沉寂多时的中国公共行政学，对其恢复与重建具有里程碑式的意义。

1984年，国务院办公厅、原劳动人事部主持召开全国首次"行政管理学科研讨会"，会议对开展行政学研究和建设行政管理学科体系的必要性、原则、任务等问题进行了充分研讨，达成了一系列共识，成为公共行政学进一步发展的新起点。1988年夏，中国行政管理学会建立，中国社会科学院、中国共产党各级党校、一些高等院校也纷纷成立了行政管理学的教研机构。一批行政管理学著作和教材先后出版，其中夏书章先生主编的《行政管理学》一书在行政学中断近30年之后，首次对行政学的主要内容和体系进行了比较系统的归纳和阐述。

之后，政治学专业和政治学系开始复建。1986年，我国高等教育的政治学一级学科中设置了行政学（行政管理）二级学科，行政管理四年制本科专业获准开设，其中，开设最早的学校是武汉大学和郑州大学。1988年，中国人民大学率先招收行政学硕士研究生。1994年，作为培训高、中级国家公务员的新型学府和培养高层次行政管理及政策研究人才的重要基地的国家行政学院正式成立，这标志着行政管理学不仅在学科建设层面得以恢复，而且开始纳入国家行政建设的序列。

2. 公共行政学科重建后的初步发展阶段（20世纪90年代中后期）

20世纪90年代中后期，中国公共行政学整体上处于学科重建后的初步发展阶段。在这一阶段，从本科到硕士的教育体系得以逐步建立，同时西方公共行政学的经典研究开始被引介到中国，学者们积极吸收境外学者

---

① 《邓小平文选》第2卷，人民出版社1994年版，第180页。
② 夏书章：《行政学的研究提上日程是时候了》，《人民日报》1982年1月29日第5版。

的优秀研究成果。1997年，首次在研究生教育中增设公共管理一级学科，原属于政治学的行政管理学划为公共管理二级学科。1998年，中国人民大学、中山大学、复旦大学成为具有中国行政管理专业博士学位授予权的首批3所大学。1999年，国务院学位委员会决定开展公共管理硕士（MPA）专业学位教育，成为我国行政管理教学研究与国际接轨以及学科建设规范化的新起点。与此同时，学术界初步形成公共行政学研究的各种学派。经过这一阶段的初步发展，公共行政学已经成为一门独立的学科，取得了自己应有的学术地位和社会地位，并且初步确立了公共行政学研究的基本范畴和框架体系，初步形成了相对独立的教学科研体系。

3. 公共行政学科的发展成熟阶段（进入21世纪以后）

世纪之交，中国公共行政学的博士研究生教育和MPA教育起步，这对中国公共行政学的发展而言，既是新挑战，也是新机遇。除了中国人民大学、中山大学等"985"高校之外，一批"211"高校也先后获得了行政管理专业博士学位授予权，北京大学、复旦大学、中山大学、中国人民大学、武汉大学等高校陆续设置了公共管理博士后流动站，从而使公共行政学人才培养体系逐渐完整。公共管理硕士（MPA）专业学位教育也获得了长足的发展，从2000年首批24所高等院校试点至今，已经有7个批次以及4家高校通过学位点置换设立的236个公共管理专业硕士（MPA）学位点获准建设，培养了数万名MPA学生。经过最近十几年的迅速发展，公共行政学的研究队伍不断壮大，研究范围进一步拓展，研究层次不断深化，研究成果更加丰富，公共行政学的发展步入了快车道。

（二）公共行政学科恢复和发展的理论基础和实践依据

1. 理论基础

（1）公共行政学科恢复和发展的理论基础在于政治与行政二分视野下的学科分化与整合。"我国公共行政学研究不断深入，得益于学科的分化整合过程与国际化'生态'的有机结合。公共行政学是综合性学科，科际整合特征比较明显，研究公共行政必须研究行政生态，即行政的经济生态、政治生态、社会生态以及学科生态，才能获得'生态动力'。"1887年，美国学者威尔逊在《政治学季刊》上发表《行政学研究》一文，第一次提出了把行政管理作为一个独立的领域加以研究的意见，并受德国政治学家布隆赤里的影响，明确了政治—行政二分的原则，认为："政治是在重大而且带普遍性的事项方面的国家活动，而行政管理则是国家在个别和细微事项方面的活动，因此，政治是政治家的特殊活动范围，而行政管理则是技术性职员的事情，政策如果没有行政管理帮助就一事无成，但行政管理并不因此就是政治。"① 他还提出应当建立一门独立的行政科学，并为之确立一个总体性的研究框架，即重点研究组织、人事和一般性的管理问题，强调尤其需要关注组织的效率与有效性问题。政治和行政二分原则的确立具有重要意义，其为行政学这门学科的形成提供了基本前提。威尔逊之后，古德诺在《政治与行政》一书中进一步阐发了政治—行政二分原则，他提出，"在所有的政府体制中都存在着两种主要的或基本的政府功能，即国家意志的表达功能和国家意志的执行功能。……政府的这两种功能可以分别称作政治和行政。"②

（2）中国公共行政学的发展还得益于其他学科的发展。公共行政学是一门经过科际整合而形成的综合性学科，涉及政治学、社会学、心理学、经济学、法学、管理学、历史学等学科的相关知识，而这些学科从20世纪80年代初开始也都得到了迅速恢复与发展，成为公共行政学汲取知识营养的重要源头，为其发展奠定了坚实的理论基础。

2. 实践依据

实践是真理的来源。中国改革开放后，经济、政治、社会、文化、生态文明体制改革不断深化，给行政学的研究提供了大量的实践素材。特别是政府体制改革与创新、公共行政人员的职业化、公共领域的问题与危机可谓是中国公共行政学科恢复和发展的主要实践依据。

（1）政府体制改革与创新。随着改革开放的不断推进与深化，中国社会面貌日新月异，发生了巨大变化，出现了许多新情况与新问题。这对政府行政体制改革提出了非常紧迫的要求，不仅政府管理自身存在的问题不断暴露、亟待解决，而且也需要通过改革来适应不断变化的新形势。"政府体制改革与创新成为全面深化改革、完善市场经济、解决经济社会发展中的诸多深层次矛盾和问题的关键所在。改革政府需要科学的理论作为指导，思考如何建立与社会主义市场经济体制相适应的、体现科学发展观、促进和谐社会发展的政府体制是时代对中国行政学发展的要求。政府体制改革与创新直接成为中国行政学发展的推动力，亦成为中国行政学研究的

---

① ［美］伍德罗·威尔逊：《行政学研究》，载彭和平、竹立家：《国外公共行政理论精选》，中共中央党校出版社1997年版，第15页。

② ［美］弗兰克·J. 古德诺：《政治与行政》，王元译，华夏出版社1987年版，第10、12页。

核心主题。"①

（2）公共行政人员的职业化。改革开放特别是20世纪80年代末国家公务员制度实施以来，中国公共行政部门人员逐步向职业化方向发展。如何使如此庞大规模的干部队伍尽快实现角色的转化，并适应形势变化的需要不断提升公共管理的技能，不仅是一项艰巨的实践任务，而且也需要从理论上予以阐释，并有针对性地提出对策与建议。这些都为公共行政学科的发展提供了很好的机会。

（3）公共领域的问题与危机。不可否认的是，改革开放在取得巨大成就的同时，也出现了不少问题，在公共领域突出表现为环境污染和生态危机问题、阶层分化与社会稳定问题、食品安全与公共卫生问题、分配不公与脱贫问题等。仅靠政府的力量很难回应和解决这些问题，需要公共行政学者们展开相关问题的研究来提供智力支持。当代社会出现的这些问题也直接影响了公共行政学的研究取向，为其提供了丰富的研究素材，一定程度左右了其发展的轨迹。

二 改革开放以来中国公共行政学发展的成就

中国公共行政学伴随着改革开放的步伐不断发展，逐步从政治学等其他学科中分离出来，成为一门独立的学科，进而在人才培养与专业建设、学术交流、科学研究、政策实践等方面都取得了巨大的成就，极大地推动了中国公共行政实践的发展。

（一）在人才培养与专业建设方面

1. 高等院校公共行政学科"学院化"

高等院校公共行政学科的"学院化"，亦即在高等院校中普遍成立了独立的公共行政教学与研究机构，这不仅表明公共行政学独立的学科地位得到了社会广泛认可，而且使本学科的发展和人才培养有了最基本的平台依托与组织保障，这也是学科和专业繁荣的突出表现。

2. 建立了完整的专业教育体系

经过40多年的努力，中国公共行政学已建立起从本科到博士、包含

---

① 张成福：《变革时代的中国公共行政学：发展与前景》，《中国行政管理》2008年第9期。

学术型和专业型两类学位的完整教育体系，培养出一批批公共行政学的专门人才。在20世纪80年代末，仅有少数的大学设立公共行政专业。而截至目前，全国设立行政管理本科专业的高等院校已有273所，设置行政管理硕士学位点167个，具有公共管理专业一级学科博士学位授予权的单位48家。有236个公共管理专业硕士（MPA）学位点获准建设，已培养数万名MPA学员，为政府部门及公共机构培养了大量德才兼备、适应社会主义现代化建设需要的高层次、应用型、复合型的管理人才。人才培养和专业建设的成就很大程度上得益于高水平师资队伍的建设。几十年来，公共行政学的师资队伍不断扩大，整体教学与科研能力和水平不断提高，师资队伍中大部分人拥有博士学位，形成了一批以教授、博导为核心的研究团队，在学科发展中起到了引领作用。

（二）在学术交流方面

1. 专业性学术组织蓬勃发展

专业性学术组织的建立和发展，是学科发展走向成熟的重要标志。自1988年成立中国行政管理学会以后，各个省市自治区也相继成立了本地区的行政管理学会，行政管理学会内部又先后建立了6个专业领域的研究组织，即全国行政管理教学研究会（1987年）、县级行政管理研究会（1990年）、政策科学研究会（1992年）、后勤管理研究会（1994年）、公安管理研究会（1996年）、绩效管理研究会（2006年）。随着公共行政实践的发展，近些年来，公共行政学术论坛不断增多，公共行政智库建设也取得了很大成绩。这些学术组织在学术交流、科学研究、政策咨询、人才培养等方面做了大量卓有成效的工作，为中国公共行政学科的发展作出了重要贡献。

2. 创办了一批专业学术期刊

除了中国行政管理学会的会刊《中国行政管理》之外，《公共管理学报》《公共行政评论》《行政论坛》等正式的学术期刊相继创办，另外还有各种以书代刊的集刊，如《中国公共政策评论》《公共管理评论》等，北京大学、复旦大学、中国人民大学、武汉大学、中山大学等高校的学报也大量刊发公共行政学研究成果。专业学术期刊的创办具有深远意义，为公共行政学术研究成果转化提供了重要平台。

3. 积极开展国际学术交流

中国公共行政学自复建以来一直都是以开放的姿态积极引进、学习、借鉴和吸收国外公共行政理论研究成果和实践经验，坚定地走国际化的道路。(1) 一大批国外公共行政领域的经典著作、教材等被翻译引介到中国，为国内的学术研究、专业教学和实务工作提供了很好的学习素材。(2) 政府和学界承办或举办了多次国际性的学术研讨会，大量学者和留学生走出国门，参与国际会议或访问交流与学习，众多国外学者获邀来中国访问，不同层次的机构之间和学者之间的国内外学术交流日益频繁。(3) 一些高校或研究机构就共同关心的议题积极与国外相关单位或国际机构开展国际合作研究，促进了公共行政研究的国际化。(4) 大量知名中国学者开始活跃于国际舞台，中国学者越来越多的研究成果在国际学术刊物上发表，使中国公共行政学的国际影响力不断提高。

(三) 在学术研究方面

1. 研究领域的拓宽

在早期恢复和重建时期，公共行政的研究领域相对比较狭窄，主要偏重于公共行政一般理论的介绍和研究。经过40多年的发展，公共行政学研究领域由浅入深、由表及里、由内向外不断拓展，呈现出百花齐放、百家争鸣的态势。当前的公共行政学研究主要包括公共政策、公共关系、公共服务、公共危机管理、行政体制改革与政府职能转变、服务型政府建设、政府绩效管理、非政府组织研究、地方政府改革与创新、新型城镇化建设、全球公共治理、大数据和人工智能在政府治理中的运用等等，涵盖了公共行政实践的主要问题与领域。

2. 研究范式的转换

西方公共行政学，主要经历从传统的公共行政学 (Public Administration) 到新公共行政学 (New Public Administration)，再到 (新) 公共管理学 (New Public Management) 两次研究"范式"的转换，中国公共行政学的研究范式受到西方行政学研究范式的深刻影响，也大致经过了"行政管理""公共行政""公共管理"三种范式。[①] 公共行政学研究范式的转化可以看作是该学科自由开放研究精神的一种表现，也可看作是该学科勇于探寻真理的一种试错与创造。

"行政管理"范式是中国公共行政学恢复之后一段时间内特有的范式。该范式的研究以行政效率为核心，形成了以行政环境、行政职能、行政组

---

① 陈辉：《中国行政学的范式研究：回顾与思考》，《中国行政管理》2008年第4期。

织、人事行政、行政领导、行政立法、行政文化、行政执行、行政监督为中心内容的结构框架,将行政界定为"国家权力机关的执行机关依法管理国家事务、社会公共事务和机关内部事务的活动"①。

"公共行政"范式产生于20世纪90年代初。这一范式对"公共"做了全面的阐释,认为公共是相对于营利性的私人企业而言的,因而政府的行政活动注重向社会提供公共产品;明确了行政活动的目的和性质主要是为公众提供公共服务;公共的性质决定了它应负的社会责任和义务;其工作绩效不能简单地以利润、效率为尺度;强调公共的参与性与行政的公开性。②由此可见,公共行政的内涵比行政管理更为丰富。

"公共管理"范式是进入新世纪后开始流行起来的。公共管理是一种包括国家事务、政府事务、社会事务在内的具有公益性、泛适性的管理方式,它强调政府、企业、社会的互动以及在处理社会及经济问题中的责任共负。③其是由传统政府管理模式向现代政府治理模式转换的一种行政理念。陈振明提出"公共管理"范式的特征主要有四个:一是将研究的对象由政府行政机关扩大到其他非政府组织的公共机构(非营利组织、第三部门)甚至私人部门的公共方面,二是公共管理学实现了由公共行政学的内部取向向外部取向的转变,三是公共管理学更具跨学科、综合性的特点,四是公共管理学既是实证的又是规范的。④

3. 研究方法的改进

社会科学研究方法的价值在于提供分析问题、建构理论的支点和工具,它重在解决科学研究中的合理性问题。20世纪90年代末以来,中国公共行政学经历了一场"实证主义运动",显著提高了研究的"科学性"和研究品质。经过40多年的发展,中国基本的公共行政研究学术规范已建立起来,研究方法也大幅改进,除了规范理论研究以外,更加重视实证研究、案例研究、比较研究等方法,不少研究论文通过参与式或非参与式观察、问卷调查、深度访谈等途径来获取研究数据。资料分析的方法也不再单调,文献定性分析方法和实地调查定性分析方法、统计文献分析方法等都被大量使用。

---

① 夏书章:《公共行政学》,中山大学出版社1998年版,第2页。
② 郭济:《中国公共行政学》,中国人民大学出版社2003年版,第2页。
③ 陈辉:《中国行政学的范式研究:回顾与思考》,《中国行政管理》2008年第4期。
④ 陈振明:《公共管理范式的兴起与特征》,《中国人民大学学报》2001年第1期。

4. 话语体系的构建

毋庸讳言，改革开放以来中国公共行政学的重建一定程度上是以对西方行政学的引介为基础的，这主要是由于"中国当代改革的学术理论处于初创期，学术上对发展中问题的解释能力相当贫乏，公共行政学不得不借助于引进吸收西方理论框架来谋求发展"①。不过，近些年来，已有不少学者开始意识到中国公共行政学本土化建设的重要性，强调要"从简单学习西方、传递西方理论和思想，转移到关注本土、研究本土、解决本土问题，并创立自主、内生和独特的思想、理论和话语体系"②，并提出了对传统资源进行理论开发、对西方学说进行理论借鉴、对中国经验进行理论提升等本土化的路径选择。尽管本土化建设目前还存在很多问题，依然任重而道远，但加强本土化建设已经成为公共行政学界的主流认知，涌现出了不少本土化的话语概念塑造和基本理论建构。

5. 重大问题的探讨

20世纪80年代初至90年代末，中国公共行政学发展的主要任务是学科重建，即建立学位点和教育体系。进入21世纪后，科研越来越受到公共行政学者们的重视，研究队伍也迅速壮大并走向成熟，中国公共行政学研究开始呈现全新的格局。③ 除了研究方法、研究范式等的推陈出新之外，对重大理论与现实问题的探讨成为学者们关注的重心。其中有三条研究主线：一是行政体制改革研究。这是中国公共行政学重建以来经久不衰的持续性研究主题，与我国的行政体制改革实践相辅相成。改革开放以来，我国行政体制有8次大的改革，改革的重点大体上经历了四次调整，即机构精简和人员分流（1978—1992）；减少对微观经济干预（1993—2002）；公共服务体系（服务型政府）建设（2003—2012）；深化"放管服"改革加快转变政府职能（2013年至今）。与之相应，公共行政学界对上述重点问题进行了深入研究，产出了一大批高质量研究成果。二是国家治理研究。中国这样拥有超大型社会的国家如何实现长治久安，一直是学者们潜心思考的问题，在党的十八届三中全会召开之前，公共行政学界就已经有不少学者讨论了"乡村治理""城市治理""社区治理""公共危机治理"等各类治理问题，开始阐释"网络化治理""多中心协同治理"等理念，而在党的十八届三中全会明确将推进国家治理体系和治理能力现代化作为

---

① 娄成武：《中国公共行政学本土化研究：现状与路径》，《公共管理学报》2017年第7期。
② 同上。
③ 马骏：《中国公共行政学研究：反思与展望》，《公共行政评论》2012年第1期。

全面深化改革的总目标之后，国家治理问题的研究更是掀起了高潮，学者们进行了多角度立体式的探讨，取得了丰硕的研究成果。三是信息化与大数据在政府决策过程中的应用研究。信息化时代公共行政从理论到实践都面临着巨大的变革，学界在这个问题上也倾注了极大的研究热情。早期的研究主要是围绕政府的信息化管理与建设展开的，而近年来，随着"大数据"概念的引入，大数据与政府管理创新的研究迅速成为公共行政学界最热门的研究课题之一。学者们主要围绕大数据时代政府管理面临的挑战与机遇、大数据与"互联网+"时代政府管理创新、大数据与电子政务创新、大数据与政府专项管理创新、大数据与政府管理的技术伦理等主题进行了积极研究。目前这方面的研究还处在起步阶段，无论在研究广度还是研究深度上，都有着巨大的发展空间，特别是随着人工智能与区块链技术的成熟，如何将其运用到政府过程中，亟待公共行政学界在理论和逻辑上予以阐释。

（四）在政策实践方面

公共行政学的发展来源于公共行政的进步，公共行政的发展变革为公共行政学研究提供了丰沃的实践土壤，同时，公共行政学对公共行政实践也具有指导作用。

1. 为政府决策提供咨询服务，推动政府改革与创新

政府在制定改革方案、实施改革进程中主动听取公共行政方面专家和学者的意见和建议，专家学者积极建言献策，这已经成为决策科学化、民主化的重要保证。例如在绩效评估、公共危机治理、公共政策、公共服务、公共预算等领域，都有许多公共行政学专家向各级政府提供有价值的政策建议，一些知名学者还亲身参与了公共行政改革方案的制定。另外，公共行政智库也在政府决策制定和推行的过程中发挥了重要作用。40多年来，围绕着政府管理和改革中的许多重大理论和现实问题，公共行政学者展开了深入研究，积极建言献策，推动和促进了中国的行政体制改革。

2. 助推公共服务型政府建设，促进政府职能转变

服务型政府适应了现代社会的需要，是中国政府建设的发展趋向，而这一概念就是由公共行政学者张康之教授首次提出的，此后，又有许多学者全面阐释了建设服务型政府的内涵、政治理念、价值取向以及实现路径等问题。公共行政学界这一重要的研究成果直接助推了我国公共服务型政府建设。在2005年，"建设服务型政府"写进了政府工作报告中，确立了

建设服务型政府为中国行政体制改革目标之一。此后，在如何建设服务型政府，尤其是如何实现政府职能的转变问题上，公共行政学界又展开了全面而深入的探讨，提出了一系列科学的思想和建议，很多被政府部门所采纳，从而有力地推动了政府改革的进程。

3. 培育公民公共精神，维护社会公共利益

一个社会需要有公共精神，发达的公共精神是良好社会治理的决定性因素，公共精神作为现代公民应当秉承的精神价值，关系到社会的稳定与发展，同时也是建设和谐社会的基石。随着经济的发展，社会上也出现了一些公共精神缺失与公共利益私化的现象，究竟如何看待和应对这种困境，学者们通过深入研究，提出了很好的建议。例如，谭莉莉提出以公共精神为导向的公共行政应该实现三大转变：从"无限行政"向"责任行政"转变、从"行政管制"向"行政民主"转变、从"消极行政"向"积极行政"转变。① 张文提出公共精神的塑造与培育需要充分施展非营利组织的力量，全面发挥学校作为公共精神培育主阵地的作用，激励社会公众主动传承公共精神。② 陈富国提出公共精神是立足于公共交往与公共生活，以公共领域为载体，以公共事务为指向，以公共利益为价值旨归的伦理精神，而重塑治理结构，正确架构国家与社会间的关系，拓展公共领域和公共精神的生长场域，发展社会组织，夯实公共精神等，是现阶段提升公共精神的重要进路。③ 公共行政学者们的研究成果对培育公民公共精神、维护社会公共利益起到了很好的引导作用。

三 中国公共行政学发展面临的挑战和机遇

经过40多年的努力，中国公共行政学已经发展成为一门独立的学科，无论在人才培养还是科学研究方面，都取得了很大进步。不过，中国公共行政学的未来发展仍然存在着不少问题，面临很大挑战。而全面深化改革的逐步推进，互联网与大数据技术的应用，国家治理现代化水平的提高，则不仅为公共行政实践也为公共行政理论研究创造了巨大的发展机遇。

---

① 谭莉莉：《公共精神：塑造公共行政的基本理念》，《探索》2002年第4期。
② 张文：《转型背景下公共精神的内涵与重塑》，《山东社会科学》2017年第1期。
③ 陈富国：《公共精神的中国生成：现代国家治理视界的论证》，《理论与改革》2016年第4期。

(一) 未来挑战

1. 本土化的理论体系尚不完备

现代公共行政学产生于西方,中国公共行政学研究的范式也深受西方影响。中国行政学的发展应当遵循从引进、消化、吸收到借鉴、提高进而创立具有中国特色的行政学这样一个自然的过程。但经过多年的发展,中国公共行政学在思维逻辑和理论体系上还没有完全跳出西方行政学的窠臼,在理论建构上突破和创新不足,虽然有一些本土化的研究成果,但还没有形成完备的本土化理论体系,也难以全面科学地解释中国特色公共行政的实践,无法高效回应实践的需要。

2. 研究方法的结构性失衡

虽然近年来研究方法越来越受到公共行政学界的重视,特别是实证研究,但还是相对不足,最新的定量研究方法,如实验研究、模拟研究等,应用得还不够充分。"绝大部分的经验研究都是以定性研究尤其是以案例研究为主。此外,调研范围绝大部分都只局限在某个区域,全国范围的调研比较少,小范围的区域性的调研是无法有效地回应中国问题的。"[①] 研究方法的结构性失衡严重制约了中国公共行政学系统化理论的建构,也会导致对公共行政实践缺乏深入了解,进而无法做出科学的分析与判断。

3. 独立的学科地位遭受质疑

一方面,公共行政学研究领域、边界及学科理性上的不确定性,引发其在公共行政理论和思想范式方面的危机,并对其独立学科地位提出了挑战。同时"中国公共行政也面临着现代性与后现代性的双重挑战,公共行政既要解决现代性缺失问题,又要吸纳后现代性的有益因素"[②]。另一方面,在中国具体的公共行政实践中,政府有效性缺失、腐败行为的滋长、生态环境的恶化等引发公共行政的危机,实践的危机导致学科研究的不确定性及争议性。不过,也有学者指出,"对危机的关注表明了公共行政学科的一种反思性的理论自觉,而一个学科的生命力,正是来源于其不竭的自我反思。"[③] 因此,我国公共行政学的发展要在不断反思中构建公共行政学的学科理性,摆脱身份危机,促进公共行政学的进一步繁荣,从而更好

[①] 马骏:《中国公共行政学:回顾与展望》,《中国行政管理》2012年第4期。
[②] 刘耀东:《现代性与后现代性:中国公共行政面临的双重挑战》,《公共管理与政策评论》2015年第5期。
[③] 刘亚平:《公共行政学的合法性危机与方法论径路》,《武汉大学学报》2006年第1期。

地指导公共行政实践。

（二）发展机遇

1. 全面深化改革为公共行政学研究提供了丰沃的土壤

当代中国正发生深刻的社会转型，经济、政治、社会都处于历史性的变迁之中，在这一大变局中，公共行政将扮演更加重要的角色。党的十八大以来，经济发展进入新常态，改革开放进入新阶段，中国特色社会主义发展进入新时代，党中央审时度势，开启了全面深化改革的新征程，改革涉及经济、政治、文化、社会、生态文明等各个领域。围绕适应和引领经济新常态、供给侧结构性改革、践行五大发展理念等改革主题，国家出台了一系列战略举措，这些不仅需要公共行政部门来落实和执行，也需要公共行政学在理论上进行回应并提出一些前瞻性的构想，从而进一步凸显了公共行政学研究的重要价值。这些变化既是挑战更是机遇，为中国公共行政学研究提供了丰沃的土壤。

2. 互联网与大数据技术为公共行政理论创新带来了新的机遇

随着网络传播与数据分析技术的迅猛发展，以互联网、物联网、云计算、人工智能、区块链等为代表的新兴技术对公共行政学研究产生了重大影响。全球化和网络化时代，越来越多的信息化手段被应用于公共行政领域，网络科技不仅为政府职能转变、管理服务模式创新提供关键的技术支持，促进公共行政的重大变革，还为公共行政学研究提供新的发展机遇。特别是网络化产生的大数据，对于公共管理变革具有重要意义。大数据不仅是数据，也是技术、能力，更是价值、思维。一些学者把大数据与公共行政学研究的领域相对接，产生了许多崭新的思想和观点。当前，互联网与大数据技术对公共行政的影响仍在进一步深度扩散，学界对这一现象的研究虽已取得了一些成果，但还远远不够，还不能满足日新月异的实践发展的需要，这实际上也为公共行政学提供了巨大的研究空间。

3. 国家治理现代化使公共行政学发展面临更加广阔的前景

党的十八届三中全会提出了推进国家治理体系和治理能力现代化，第一次把国家治理体系和治理能力与现代化联系起来，着眼于现代化，并以现代化为落脚点，揭示了现代化与国家治理之间的内在关系，国家治理离不开现代化，现代化构成国家治理的题中应有之义。而政府治理是国家治理的重要组成部分，在推动国家治理现代化过程中扮演着重要角色，创新社会治理体制也是推进国家治理体系和治理能力现代化的重要内容，国家治理现代化还推动了公共政策、公共服务、公共危机治理的现代化等,这些都为公共行政学研究提出了一系列重大理论和实践问题。国家治理现代化不仅为中国公共行政事业的发展提供了空前的机会,也使公共行政学研究面临更加广阔的前景。

四 进一步推动中国公共行政学发展的建议

面对新形势和新任务,我们需要认真思考究竟如何应对目前面临的挑战,抓住历史赋予的机遇,进一步推动中国公共行政学持续健康发展。中国公共行政学应该树立大国公共行政学应有的学术抱负,在全面深化改革的宏观背景下,基于中国社会转型和政治发展实践,回应社会变革,积极探索公共行政学理论的本土化,创新公共行政研究模式和方法,努力构建中国特色的公共行政学话语体系,为中国行政体制改革提供理论支撑和智力支持,也为进一步全面深化改革,实现国家治理现代化作出应有的贡献。

(一)回应社会变革,积极开展公共行政学的本土化研究

作为一门实践性很强的学科,公共行政学的生命力在于紧密围绕公共行政实践积累学科知识,探索实践问题,积极回应和满足社会变革的需要。这对中国公共行政学的研究也提出了很高的要求。中国公共行政学早期的发展具有较为明显的移植色彩,通过对西方公共行政学的核心概念、研究范式、理论体系等的引进、吸收、借鉴,促进了我国公共行政学的复建。但是,任何学科发展的根本目标都是服务于本国实践,公共行政学科也不例外。不少学者在反思中国公共行政学发展历程与现状时都突出强调,中国公共行政学的研究应以中国经验、中国情境为出发点提出理论,不能简单套用西方的理论来解释中国的问题,公共行政学的研究要植根于中国的具体实践,努力实现本土化。当然,本土化是一个长期的过程,首先,中国的公共行政学者要植根于中国特色的公共行政实践,树立明确的本土化问题意识和危机意识,界定与厘清中国公共行政中的核心问题和前沿问题,在深化改革的实践基础上提出本土化的理论,并指导实践的发展。其次,"要关注中国政府的执政理念、角色定位、组织结构和行为逻辑等方面的改革和变迁,因为这些问题最能体现中国政府在塑造本国所特

有的社会状况、民族特征、文化传统和生活习俗中所扮演的角色"①。这些问题处在行政场域的聚焦位置，对这些问题的回答，也是实现公共行政学本土化的关键所在。再次，公共行政学要在本土化的基础上实现国际化。中国公共行政学的发展也需要得到国际公共行政学同行的认可，实现和国际公共行政学的对话和接轨，在对话和接轨中实现"寓国际化于本土化，寓本土化于国际化"②，最终实现本土化和国际化的有机统一。

（二）立足实践，创新公共行政学研究范式和方法

创新是学术研究的生命，需要科学研究者和实际工作者具有批判意识和创造精神。中国公共行政学要超越其发展困境，就需要立足公共行政的发展实践，提倡研究途径的多元化、研究方法的多样化、研究领域的交叉融合与相互渗透，在反思中创新其研究模式和方法。首先，要通过多种方式来推进研究工作的开展，充分利用假设检验、案例研究、政策过程分析等方法分析和论证中国公共行政的实践，对核心问题大胆假设，科学论证，在总结实践经验的同时不断反思。其次，充分利用定性和定量相结合的研究方法，深入"公共行政田野"③，对实践者进行深度访谈，争取在全国范围内对所研究的问题进行大范围调查，只有这样才能更加深刻地理解实践者的行动，进而构建出能够解释真实世界和指导具体实践的公共行政理论。再次，"中国公共行政学研究方法要结合行政学的学科特质和中国行政学研究的核心问题"④，充分利用大数据提供的信息和数据来设计理论模型，创新研究方法。

（三）坚定学术自信，构建中国特色公共行政学话语体系

中国公共行政学发展的根本任务是科学揭示中国公共行政改革与发展的特殊规律，有效指导公共行政的发展，为其提供理论支撑和智力支持。为此，必须在本土化研究的基础上提炼和总结具有中国特色的公共行政学思想理论与知识谱系，构建中国特色公共行政学话语体系，只有这样才能

---

① 丁煌、李晓飞：《摆脱"身份危机"：中国行政学若干基本问题的再反思》，《江苏行政学院学报》2011 年第 5 期。
② 周志忍：《迈向国际化和本土化的有机统一：中国行政学发展 30 年的回顾与前瞻》，《公共行政评论》2012 年第 1 期。
③ 马骏：《中国公共行政学：回顾与展望》，《中国行政管理》2012 年第 4 期。
④ 丁煌、李晓飞：《摆脱"身份危机"：中国行政学若干基本问题的再反思》，《江苏行政学院学报》2011 年第 5 期。

适应全面深化改革和实现国家治理体系和治理能力现代化的需要，也只有这样，中国公共行政学才能彻底清除对西方公共行政学的移植色彩，才能在国际上拥有更多的话语权，才能真正赢得普遍的尊重。建设有中国特色的公共行政学话语体系，首先要坚持学术自信、理论自信、文化自信，坚信能够在中国丰富的公共行政实践的基础上形成"具有中国特色、中国风格、中国气派的行政学"。其次要通过扎实的实证研究，从我国政治建设、经济建设、文化建设、社会建设和生态文明建设五大体系语境中建立起公共行政学的新坐标，形成自身独特的概念系统、研究方法和学术标准规范。再次，中国特色公共行政学话语体系要基于对中国核心问题的深切关怀，基于对中国经验的深度理解，基于对中国文化传统的深厚积淀，从中国独特的发展经验中探求理论意义。在此基础上，与西方国家公共行政学研究进行理性对话，使中国公共行政学研究从国际学术的边缘进入核心圈层，彼此互相交流借鉴，共同发展。

  回顾历史，展望未来，中国公共行政学伴随着改革开放的大潮筚路蓝缕、砥砺前行，在几代学人的辛勤耕耘下，取得了辉煌的成就，令人欢欣鼓舞。尽管目前还存在一些问题，面临着一系列挑战，但我们已经打下了良好的基础，并沿着正确的方向前行，而当代中国所处的历史方位也为其提供了巨大的发展机遇，因此我们有足够的信心乐见中国公共行政学发展的美好未来。

我国西方政治思想研究：回顾与总结

佟德志　漆程成[*]

时至今日，西方政治思想研究在巩固已有研究成果的基础上又涌现出大量高水平的研究成果。西方政治思想研究的不断深入，一方面提升了西方政治思想学科本身的学科基础，服务经济社会发展的能力不断提升；另一方面也为政治学研究本身提供了更加广阔的视野，有利于政治学学科的发展壮大。回顾2019年我国西方政治思想研究的整体情况，我们既要看到在马克思主义指导下我国西方政治思想研究所取得的一系列新成就，同时也要看到西方政治思想学科在发展进程中面临的新情况、新问题。

一　主要成就

新中国成立以来尤其是改革开放以来，西方政治思想学科作为政治学的分支学科，为政治学学科的发展完善作出了重要贡献，不仅为政治学研究提供了基本概念、核心命题、理论体系及话语体系，同时也为政治学学科培养了大量专业人才。新时代以来，我国西方政治思想研究继续致力于为党和国家建言献策，积极回应时代发展提出的重大理论和现实问题。就2019年我国西方政治思想研究来说，在继承已有研究的基础上又取得了一系列新成果，提升了我们对西方国家治理经验的认识水平，也为当代中国全面深化改革的稳步推进提供了可资借鉴的思想资源。

---

[*] 佟德志：天津师范大学政治与行政学院；漆程成：天津师范大学政治与行政学院。

(一) 通史研究有了新进展

西方政治思想的通史研究既是开展专题研究的基础，也是对专题研究成果的吸收和总结，因此通史研究在西方政治思想研究中发挥着基础性的作用。同时，通史研究并不是简单对政治思想的历史梳理，而是对西方政治思想发展规律的系统总结。比如徐大同先生主编的《西方政治思想史》提出了西方政治思想发展的基本线索，西方政治思想的发展大致经历了自然政治观、神学政治观和权利政治观三个阶段。① 这样的研究对于准确把握西方政治思想发展演变的规律具有重要的价值。通史研究既需要对专题研究有所涉及，而且还要对整个政治思想发展演变的规律进行总结，这就使得开展深入的西方政治思想通史研究耗时甚巨且难度较大。但西方政治思想通史研究的重要性也是不言而喻的，其对于开阔研究视野、把握政治思想的内在发展规律很有助益，一直以来都是西方政治思想研究的重点。2019年西方政治思想研究中也出现了一些有重要价值的通史研究成果。

一是，通史研究坚持运用马克思主义的立场、观点和方法，为更好地把握西方政治思想发展演变的规律提供参考。2019年，由天津师范大学徐大同教授、高建教授、佟德志教授及中国政法大学张桂林教授担任首席专家的"马克思主义理论和研究建设工程重点教材"《西方政治思想史》出版。该著作更加强调运用马克思主义的方法分析西方政治思想发展演变的规律，坚持寓评于介、史论结合，使得西方政治思想的线索、本质、规律跃然纸上。需要强调的是，该著作还运用马克思主义中国化的最新理论成果来分析西方政治思想，使得研究成果更具时代性。该著作的出版也标志着我国西方政治思想研究的进一步发展成熟。

二是，通史研究与专题研究相结合，使得二者的优势能够更好地发挥出来。目前通史研究与专题研究相结合是西方政治思想研究中的一种比较明显的趋势，这在2019年西方政治思想研究中体现较为明显。比如龚群在《正义：在历史中演进的概念》一文中指出，西方正义概念在其长期的发展过程中，经历了这样几个大的发展阶段：荷马与柏拉图的正义观、亚里士多德与斯多亚派的正义观、近代契约论的正义观以及当代以罗尔斯和

---

① 参见徐大同主编《西方政治思想史》，天津教育出版社2002年版，第6—9页。由徐大同、张桂林、高建、佟德志担任首席专家的"马克思主义理论研究和建设工程重点教材"《西方政治思想史》仍然坚持了这一观点。参见《西方政治思想史》编写组《西方政治思想史》（第二版），高等教育出版社2019年版，第3—8页。

诺齐克为代表的正义观。在这些不同的正义观中，荷马的正义以秩序正义为中心内涵，而亚里士多德则处于从秩序正义向平等权利正义转换的过程中，近代以来契约论的正义以明确的语言确立了平等权利的正义，当代政治哲学的讨论以正义为重心，因对平等权利的理解不同，从而引发了相当广泛的论争，但这些讨论主要集中在分配正义上，近来正义的视域有从分配正义向关系平等正义的方向发展的趋势。①张尧均在《从身份到尊严：西方尊严观的演变》一文中，结合西塞罗、霍布斯、康德和黑格尔等人的思想考察了尊严这个概念从西方古代到现代的含义变迁，勾勒出了西方的尊严观从一种贵族式的外显性尊严到道德性的内在性尊严，再到社会性的具体性尊严的发展线索，并在此过程中探讨了尊严与地位、权利、人格、制度等之间的关系。②

三是，通史研究中的国别政治思想研究有了新的成果。中国政法大学李筠老师撰写的《英国政治思想新论》深化了国内对英国政治思想的研究。李筠在这部著作中试图尝试思想史的新写法，即通过关键概念来解析关键思想家，用最重要的支点来搭建起理解英国政治思想全貌的基本框架。西方现代政治制度和原则（两党制、法治等）多源于英国，英国的国家建构和发展模式（不同于欧陆的封建关系、司法集权模式，以及英国内战等重大政治事件）为英国政治思想家提供了素材和灵感，塑造了独具特色的英国政治思想传统和思维方式，它们又反过来指引和推动着英国政治的发展。追踪英国政治思想发展的脉络，不仅能够深入认识英国政治现代化的思想资源，同时，还能通过挖掘英国政治传统中国家治理的基本经验和思想智慧，为我们深化对国家治理现代化的思考提供思想上的启迪和灵感。③

此外，还有一批高质量的西方政治思想的通史著作译介到中国，进一步丰富了西方政治思想通史研究的学术视野。如沃格林八卷本的《政治观念史稿》，爱伦·伍德的《西方政治思想的社会史：公民到领主》和《西方政治思想的社会史：自由和财产》，斯佩尔曼的《政治思想简史》，赖安·巴洛特的《希腊政治思想》，等等。

---

① 龚群：《正义：在历史中演进的概念》，《华中科技大学学报》（社会科学版）2019 年第 1 期。
② 张尧均：《从身份到尊严：西方尊严观的演变》，《浙江学刊》2019 年第 6 期。
③ 李筠：《英国政治思想新论》，商务印书馆 2019 年版。

(二) 专题研究不断深化

如果说西方政治思想的通史研究重点，在于从政治观念的发展脉络中勾勒政治思想的内在规律，那么，西方政治思想的专题研究则是对特定的政治观念和政治思想主题进行深入挖掘。相比于通史研究，西方政治思想的专题研究更有助于深入剖析特定主题的发展演变规律、特定政治思想家丰富的思想理论以及某些超越时空的价值追求对整个人类社会发展的重要意义。为此，开展西方政治思想的专题研究是西方政治思想不断走向深入的关键，也是把握西方政治思想发展演变规律的重要途径。2019年我国西方政治思想专题研究方面也取得较大进展。

首先，围绕特定思想主题进行的专题研究。马德普对"民族国家"进行的话语分析指出，民族国家观念及其背后的民族主义意识形态，是导致多民族国家民族分裂和民族仇杀的重要思想根源，也是西方一些国家民族分离运动的重要诱因。正确的出路是跳出西方"民族国家"的话语窠臼，把"民族国家"概念放到它应该放的适当位置，然后用新的概念去认识和表述不同的国家形式，并用新的国家理念去指导不同国家的现代国家建设。[①] 庞金友对国家极化问题的研究认为，国家极化现象是当代欧美民主发展的最新趋势，是理解当前欧美政治危机的症结所在。国家极化是经济极化和政治极化的深度扩张，是社会极化和文化极化的双重累加，呈现简单而线性的演进逻辑与复合而显著的现实特征。国家极化内含强大的破坏力、解构力和重塑力，对欧美国内政治形势、国际关系格局和未来政治走向影响深远，尤以否决政体、极端政治、信任危机、"后真相政治"的出现以及全球秩序的重构最值得关注。[②]

其次，对西方政治思想中代表思想家的专题研究。一是对亚里士多德的政治思想有了更加深入的研究。如《境况与美德——亚里士多德道德心理学对境况主义挑战的回应》《亚里士多德的"宴会之喻"是民主的认识论证明？——〈政治学〉第三卷第11章解读》《亚里士多德论技艺与德性》《亚里士多德的公民权利观念——对弗雷德·米勒的批评性

[①] 马德普：《跳出西方"民族国家"的话语窠臼》，《政治学研究》2019年第2期。

[②] 庞金友：《国家极化与当代欧美民主政治危机》，《政治学研究》2019年第3期。

回应》，等等。① 二是关于马基雅维利的研究成果进一步丰富。如《论政治中的信义与欺诈：马基雅维利对话西塞罗》《从"德性"到"德能"——马基雅维利对"四主德"的解构与重构》《民主领导——马基雅维利对民众主义的共和主义的补充》《试论马基雅维利对西塞罗的"反叛"与继承——以〈君主论〉与〈论义务（卷一）〉对照为例》，等等。② 三是对当代政治思想家政治思想的研究更加深入。比如李翔在《阿马蒂亚·森正义思想》一书中指出，阿玛蒂亚·森的正义思想致力于现实不义的铲除而非完美正义的构建，跳出了西方固有的正义思维，超越了先验制度正义的一域之囿，改变了我们思考正义的方向，呈现出清晰的逻辑理路和独特的思维向度。③

最后，对当代主要政治思潮进行的专题研究。一是对新自由主义本质有了更深入的认识。朱富强认为，新自由主义经济学极力推崇自由市场机制，奥地利学派将自由市场与企业家才能发挥结合在一起，这也成为当前市场原教旨主义的主要理论基础。④ 黎贵才等人的研究认为，新自由主义之所以能够在西方世界大行其道，主要是因为新自由主义迎合了西方主流学界的价值观取向，契合了垄断资本全球扩张的需要。⑤ 二是对保守主义有了更多关注。谭安奎指出，在是否需要某种超验预设的问题上，保守主义一直面临两难。保守主义的一个重大挑战在于，能否在世俗时代坚守一套明确的价值标准。⑥ 李强则指出，美国保守主义从战后发展至今，从最初具有强烈普世主义特征的意识形态发展为具有鲜明民族主义甚至种族主

---

① 徐向东、陈玮：《境况与美德——亚里士多德道德心理学对境况主义挑战的回应》，《中国社会科学》2019年第3期；谈火生：《亚里士多德的"宴会之喻"是民主的认识论证明？——〈政治学〉第三卷第11章解读》，《政治学研究》2019年第3期；刘玮：《亚里士多德论技艺与德性》，《哲学动态》2019年第10期；黄梦晓、郭峻赫：《亚里士多德的公民权利观念——对弗雷德·米勒的批评性回应》，《道德与文明》2019年第3期等。

② 刘训练：《论政治中的信义与欺诈：马基雅维利对话西塞罗》，《政治学研究》2019年第5期；刘训练：《从"德性"到"德能"——马基雅维利对"四主德"的解构与重构》，《学海》2019年第3期；郭峻赫、欧润杰：《民主领导——马基雅维利对民众主义的共和主义的补充》，《政治思想史》2019年第1期；郁迪：《试论马基雅维利对西塞罗的"反叛"与继承——以〈君主论〉与〈论义务（卷一）〉对照为例》，《世界哲学》2019年第2期等。

③ 李翔：《阿马蒂亚·森正义思想》，中国社会科学出版社2019年版。

④ 朱富强：《新自由主义经济学为何如此迷恋市场：奥地利学派的分析思维批判》，《经济社会体制比较》2019年第1期。

⑤ 黎贵才、卢荻、赵峰：《理性的限度：新自由主义的嬗变与反思——兼论中国模式对新自由主义的超越》，《马克思主义研究》2019年第12期。

⑥ 谭安奎：《世俗时代中的保守主义》，《当代美国评论》2019年第4期。

义特征的思潮,从而使保守主义与美国的自由主义传统形成巨大的张力,此种张力的演进将在很大程度上影响美国政治的未来走向。① 庞金友认为,当前为了追求美国利益至上,特朗普主义的行动逻辑简单而纯粹:将确保经济复苏、重塑保守政治、回归美国精神、坚持对等贸易、诉诸强势外交、重建美国军队作为政策重心,兑现承诺,拒绝空谈,将更多的保守主义理念付诸实践。② 三是对美国民主社会主义的专题研究。佟德志认为,当代美国民主社会主义的兴起既是美国政治实践中"民主赤字"的结果,同时也是自由主义衰落形成的意识形态危机的结果。③ 李庆四认为,尽管美国政治总体出现了右翼化倾向,需要由左翼势力予以平衡,但民主社会主义的力量和作用有限,对美国内政和外交不会产生实质性影响。④ 李期铿比较认同这一看法,民主社会主义的兴起将重塑民主党,使美国的政治进一步极化。⑤ 此外学者还对共和主义、民族主义、民粹主义、女性主义等思潮做了专题研究,从而进一步扩展了西方政治思想研究的范围。

(三) 更加注重方法创新

研究方法的创新对一个学科的发展完善至关重要,一个学科能不能走向繁荣的关键就在于研究方法能否取得突破。改革开放以来,西方政治思想研究取得了跨越式发展,研究成果越来越被同行认可和接受,其中一个很重要的原因就是更加注重研究方法的多样化。正是学界对西方政治思想研究的方法论自觉和对多种研究方法的灵活运用,进一步深化了西方政治思想研究。在2019年西方政治思想研究中,对新的研究方法有了更多关注。

一是,涌现出大量运用施特劳斯学派方法的新作。比如有刘小枫的《从"轴心时代"到"天下时代"——论沃格林〈天下时代〉中的核心问

---

① 李强:《当代美国保守主义思潮研究》,《当代美国评论》2019年第4期。
② 庞金友:《大变局时代保守主义向何处去:特朗普主义与美国保守政治的未来》,《当代美国评论》2019年第4期。
③ 佟德志:《当代美国民主社会主义的理论体系与政策主张》,《人民论坛·学术前沿》2019年第15期。
④ 李庆四:《美国民主社会主义兴起的现实原因与深刻影响》,《人民论坛·学术前沿》2019年第15期。
⑤ 李期铿:《美国民主社会主义思潮的兴起及其影响》,《人民论坛·学术前沿》2019年第15期。

题》、冯金朋的《"老寡头"的民主观——论伪色诺芬〈雅典政制〉的写作意图》、娄林的《尼采论霍布斯的国家学说》、王江涛的《现代性的困境与卢梭的意图》、朱海坤的《隐微写作的文本艺术结构与功能论析——以列奥·施特劳斯的经典阐释为中心》，等等。① 此外值得一提的是，刘小枫教授主持的"西方传统：经典与解释"系列丛书出版了大量关于运用施特劳斯学派方法的译著。

二是，对剑桥学派的方法有了更多运用。李宏图关于密尔政治思想的研究指出，借助于对约翰·密尔写作意图和过程这一历史性考察，从而可以将学界通常仅对《论自由》文本展开解析转变为研究这一文本的形成，由此可以找寻到理解约翰·密尔思想的另一种路径。② 胡传胜在《剑桥学派政治思想史：西方传统的阐释与颠覆》一文中指出，剑桥政治思想史学派从历史的角度阐释西方共和主义思想，成为与自由主义、社群主义并列的第三种思潮。在剑桥学派政治思想史著述中，波考克对共和主义思想传统的再发现，斯金纳对无支配自由概念的阐释，都关注于西方传统的中心论题并把西方传统与现代传统相等同；邓恩把思想史的研究方向引向西方传统的边缘；而塔利则将现代西方传统视为诸种地方知识之一，认为西方传统普遍化是近五百年帝国主义寻求支配世界的结果，只有通过"再地方化"策略，才能达到对西方式现代性的解构与颠覆。③

三是，尝试将政治现象学的方法引入西方政治思想研究。比如王海洲认为，在今天的政治学研究中逐渐出现了两个泾渭分明的阵营：政治科学和政治哲学（含政治思想史）。政治现象学作为一种补充性的、具有黏合力的研究方法，试图弥补政治科学的"极简主义"和政治哲学的"本质主义"的欠缺。④ 正因如此，政治现象学的方法在某种程度上具备运用到西

---

① 参见刘小枫《从"轴心时代"到"天下时代"——论沃格林〈天下时代〉中的核心问题》，《深圳大学学报》（人文社会科学版）2019 年第 5 期；冯金朋：《"老寡头"的民主观——论伪色诺芬〈雅典政制〉的写作意图》，《政治思想史》2019 年第 3 期；娄林：《尼采论霍布斯的国家学说》，《浙江学刊》2019 年第 2 期；王江涛：《现代性的困境与卢梭的意图》，《中南大学学报》（社会科学版）2019 年第 1 期；朱海坤：《隐微写作的文本艺术结构与功能论析——以列奥·施特劳斯的经典阐释为中心》，《南昌大学学报》（人文社会科学版）2019 年第 5 期等。

② 李宏图：《清除"污名"：约翰·密尔〈论自由〉文本的形成》，《世界历史》2019 年第 3 期。

③ 胡传胜：《剑桥学派政治思想史：西方传统的阐释与颠覆》，《江苏行政学院学报》2019 年第 6 期。

④ 王海洲：《政治学视域中的政治现象学进路》，《南京大学学报》（哲学·人文科学·社会科学）2019 年第 1 期。

方政治思想研究中的可能。刘训练则认为，通过政治现象学的视角对传统西方政治思想研究的进路进行反思，并对政治现象学运用于西方政治思想研究的可能性进行分析，政治现象学无疑为西方政治思想研究方法创新提供了新的思路。① 于京东将政治现象学的方法用于分析法国大革命中的祖国崇拜现象，研究认为，法国大革命诞生了现代性的爱国主义，也创造了新的政治象征。从祖国祭坛出发，大革命既更迭了一种语言符号系统，又创建了一个新的政治社会、一个民族国家。② 因此，政治现象方法运用于西方政治思想研究也有了一定可行性。

（四）比较研究又有新成果

比较研究方法是西方政治思想研究中非常重要的一种方法。徐大同曾指出，对于政治思想的比较研究，可以分为纵向和横向两种比较。所谓纵向的比较，是指一个民族的政治思想本身的比较。所谓横向的比较是指各民族的政治思想之间的比较，比如中西政治思想的比较。③ 通过比较研究才能揭示政治思想发展的内在共性与差异，深化我们对西方政治思想内在规律的认识。

一方面，中西政治思想的比较研究有了新成果。姚修杰对康德与孟子人性观的比较研究指出，康德以人为出发点，以人的主观选择与道德法则之关联来展开对人性的探讨，这是外在超出的思路。孟子也以人为出发点，但人内在地包含天道，人只需"反身而诚"，求其本心即可，孟子实际上遵循内在超越的思路。④ 徐志国对休谟与荀子正义思想的比较研究指出，休谟和荀子两人在"性恶"理论、正义产生的初始情境、正义产生的逻辑结构及以"分"为核心的正义规则特质方面有着相似的认识。不过，由于对"人为"的含义以及"分"的内容方面理解的差异，两者的正义思想最终呈现出对立的特质。⑤ 王瑶对梁启超和卢梭的比较则是基于卢梭在

---

① 刘训练：《政治思想史研究的方法论反思与政治现象学的尝试》，《南京大学学报》（哲学·人文科学·社会科学）2019 年第 1 期。
② 于京东：《法国大革命中的祖国崇拜：一项关于现代爱国主义的政治现象学考察》，《探索与争鸣》2019 年第 10 期。
③ 徐大同：《"西方政治思想史"第一课——对象与方法》，《天津师范大学学报》（社会科学版）2008 年第 5 期。
④ 姚修杰：《自由与善——康德与孟子人性思想及其实现路径的比较》，《理论探讨》2019 年第 3 期。
⑤ 徐志国：《休谟与荀子正义思想比较研究》，《孔子研究》2019 年第 1 期。

何种程度上影响了梁启超①，这样的研究在当代中国政治思想研究中比较多见，也是中西政治思想比较研究中一个重要方面。

另一方面，围绕西方政治家思想观念的比较研究。包大为对卢梭与柏拉图政治思想的比较研究认为，卢梭的理想共和国与柏拉图的理想国相呼应，在这个国度中自然是最高的立法者，人民遵从自然的限度，节制、理性和勇敢在城邦中共存。卢梭的理想立法者拥有柏拉图所说的王者的技艺和最高的智慧，既通晓人类的情感又能够排除情感的干扰，同时能以正义为准则改良风俗又能照顾个体的功利。卢梭对纯善和政治理念的追求使得他对民主政体的讨论与柏拉图达成了一致。② 王佳鹏对霍布斯和埃利亚斯思想的比较研究指出，受到霍布斯影响的埃利亚斯，虽然同样强调恐惧和国家的作用，却以不同于自然法的过程社会学，论述了欧洲文明的进程。他们之间的思想关联表明，现代人的核心感受从此前的外在恐惧转变为内在恐惧或自我羞耻，从"所有人对所有人的战争"转变为"自我内心的冲突"或"自我对自我的斗争"，这将促使我们重新反思现代国家的形成和现代社会的建构。③ 王晴锋对福柯与戈夫曼思想的比较研究指出，福柯主要通过知识考古学、谱系学研究知识与权力之间的复杂关系，戈夫曼则通过情境互动论探讨互动秩序。福柯的知识考古学与戈夫曼的情境互动论之间可以形成一种互补关系。④

二 热点议题

对于西方政治思想研究的宗旨，徐大同曾做过言简意赅的阐述："我们不是'为了研究而研究'，而是'为了中国而研究西方'，也就是说通过研究西方政治思想的发展规律，总结其经验教训，以提高我们认识国

---

① 王瑶：《梁启超对卢梭思想的容受与推演》，《天津社会科学》2019 年第 5 期。
② 包大为：《重塑公共的立法实践：卢梭对柏拉图政治哲学的转述》，《杭州师范大学学报》（社会科学版）2019 年第 6 期。
③ 王佳鹏：《从恐惧到羞耻：霍布斯和埃利亚斯的情感思想及其内在关联》，《学海》2019 年第 4 期。
④ 王晴锋：《福柯与戈夫曼：社会思想之比较研究》，《社会科学研究》2019 年第 4 期。

家、组织国家、治理国家的水平,为我国社会主义现代化建设服务。"① 因此,西方政治思想研究议题的选择应当尽可能联系实际,围绕我国社会发展中的重大理论和现实问题,开展深入的理论研究。2019 年我国西方政治思想研究着眼于回应时代命题,形成了一批有价值的研究成果。

(一) 国家理论

国家问题的研究始终是西方政治思想研究的重要议题。徐大同先生曾指出,西方政治思想研究的核心问题和政治学理论一样是国家问题,如何认识国家、组织国家、管理国家是政治思想研究的主要内容。② 通过深入剖析西方政治思想家在历史发展特定阶段上对国家问题的思考,能够为我们理解国家的本质、发展与前景提供重要的思想资源。

首先,关于国家政体问题的研究。政体问题一直以来都是西方政治思想研究的重要议题,产生了诸多有价值的研究成果。林志猛在《柏拉图论混合政制》一文中指出,柏拉图不仅展现过言辞中的最佳政制,而且在《法义》中构建了现实可行的最佳政制:包含君主制、民主制和贵族制的混合政制。古典混合政制将高贵的出身、老人的稳健和节制以及民主原则融为一体,可视为哲人王的淡化形式。③ 娄林的研究指出,政制维持是亚里士多德的《政治学》中的一个重要主题,这个主题的选择深受柏拉图的影响。但亚里士多德的分析更为细致,他详细描述了政制维持的困境。④ 韩伟华则讨论了近代法国对最佳政体的探索过程,激进的共和主义和理想化的自由主义,均不能解决法国大革命后复杂多变的政治和社会问题。而以代议制为基础的立宪体制,是结束大革命和保障公民自由的最有效的解决方案。⑤ 包刚升对自由政体学说的研究指出,自由政体学说拥有防范和克服政治危机的丰富理论资源,包括国家理论、制度理论、法治理论、政

---

① 徐大同:《深入·比较·借鉴》,《人民日报》2015 年 6 月 15 日第 016 版。另参见徐大同《深入、比较、借鉴——21 世纪西方政治思想史研究发展之我见》,《政治学研究》2001 年第 1 期,第 9 页;徐大同、高景柱、刘训练:《西方政治思想史研究:回顾与前瞻》,《马克思主义与现实》2012 年第 5 期,第 173 页。
② 徐大同:《深入、比较、借鉴——21 世纪西方政治思想史研究发展之我见》,《政治学研究》2001 年第 1 期,第 7 页。
③ 林志猛:《柏拉图论混合政制》,《哲学动态》2019 年第 8 期。
④ 娄林:《亚里士多德论政制维持》,《世界哲学》2019 年第 2 期。
⑤ 韩伟华:《从混合政制到代议制政府:近代法国对最佳政制之探索》,《学海》2019 年第 3 期。

体防卫理论与紧急状态理论等。借助这些理论资源，自由政体应该有能力预防、克服可能的政治僵局与政治危机。①

其次，关于国家能力问题的研究。国家治理的现代化既包含国家治理体系的现代化，也包含国家治理能力的现代化。因此，国家能力问题也成为近年来西方政治思想研究的重点议题。殷冬水、赵德昊的研究指出，国家基础性权力是国家能够实际穿透市民社会，并依靠后勤支持在其统治的疆域内实施政治决策的能力。它的基础条件是理性官僚体系和工业文明下的技术条件；其运转方式是国家与社会多元行动者的协作；其存在形态是以国家与社会多元行动者协作为核心的制度化；公共性是其价值取向。②张敏的研究认为，斯考切波与诺德林格分别运用结构范式与能动范式，在国家概念、国家目标和国家能力等方面形成了不同的国家自主性观点。当然，两位学者并没有陷入决定论的泥沼，而是在批评与反思中认识到结构性因素与能动性因素的互动互构与相互补充。③

再次，关于现代国家政治认同问题的研究。林红指出，在美国，随着经济全球化负面效应的不断显露，多元身份政治逆向诱发了一种白人身份政治，进而演化为一股右翼民粹主义浪潮。美国知识精英为解救自由民主的危机，提出了一系列方案与设想，但是，无论是亨廷顿的"美国信念"，还是福山的"信念式国家认同"，在身份政治与国家认同的对抗之中，都未能真正解决问题。④殷冬水、曾水英的研究指出，国家认同是塑造现代国家的重要精神力量，无论何种类型的国家，都有义务和动力来构建国家认同。这是因为国家认同维系了国家的统一，提升了国家的内聚力，提高了国家适应社会环境变化和管控风险的能力，增强了国家能力。⑤

最后，关于国家与社会关系的研究。一是从政党制度角度认识国家与社会关系。景跃进的研究指出，西方政党是市民社会的组成部分，而中国

---

① 包刚升：《政治危机何以形成：一项基于自由政体学说的理论分析》，《学术月刊》2019年第11期。

② 殷冬水、赵德昊：《基础性权力：现代国家的标识——国家基础性权力的政治理论透视与解释》，《学习与探索》2019年第9期。

③ 张敏：《国家自主性理论范式比较研究——以斯考切波与诺德林格为例》，《江汉论坛》2019年第9期。

④ 林红：《身份政治与国家认同——经济全球化时代美国的困境及其应对》，《政治学研究》2019年第4期。

⑤ 殷冬水、曾水英：《塑造现代国家：国家认同的视角——关于国家认同构建价值的政治学阐释与反思》，《南京社会科学》2019年第8期。

共产党则是国家公权力的组成部分。政党的位置差异深刻影响了国家与社会关系的性质。① 二是从政治秩序角度对国家与社会关系的研究。唐士其认为，西方国家的社会政治秩序建立之初，一个基本的原则是政治平等与社会差异的相互隔离。政治与社会之间边界的失守，而非暂时的政策失误，是导致当前西方国家诸多社会政治问题的根本原因之一。②

（二）民主理论

民主理论一直是西方政治思想研究的主要内容之一，在 2019 年的研究中也产生了一些高质量的研究成果。之所以对民主理论的研究比较多，很大程度是回应现实理论问题的需要。我们国家在建设中国特色社会主义民主政治的过程中始终持开放的态度，西方国家民主政治建设的有益经验和思想理论成果也需要在客观剖析的基础上为我所用。因此，对西方民主理论的研究始终是西方政治思想研究的热点议题。

首先，对协商民主理论的前沿研究有了新成果。佟德志、程香丽的研究指出，协商民主的系统转向使得协商系统理论得以兴起，并成为第四代协商民主的标识。当前，协商系统理论家从功能认知、构成要素、边界区隔、分析框架、研究方法、规范原则等方面对协商系统的基本主题进行了积极且富有成效的探讨；围绕着大规模协商与协商概念扩展、系统内部的分工与反直觉的结果、协商标准的连续统一体与协商理想、协商系统理论上的吸引力与实际运作中的问题等方面展开了广泛的学术争论。③ 他们还认为，协商系统着眼于构思和推动大规模民主协商，它将协商理解为发生在多重、多样但部分重叠的空间中的交往活动，并强调这些空间之间的相互联系。④ 周洁玲、谈火生则认为，代表机制是协商民主制度建设的重要环节，它要解决的是"谁来协商"的问题。协商民主论者也逐渐认识到代表在协商民主理论中的必要性，并在实践过程中探索出不同于选举模式的

---

① 景跃进：《将政党带进来——国家与社会关系范畴的反思与重构》，《探索与争鸣》2019 年第 8 期。
② 唐士其：《西方国家基本的社会政治秩序及其内在矛盾》，《亚太安全与海洋研究》2019 年第 3 期。
③ 佟德志、程香丽：《当代西方协商系统理论的兴起与主题》，《国外社会科学》2019 年第 1 期。
④ 佟德志、程香丽：《基于协商场所的西方协商系统要素研究》，《浙江学刊》2019 年第 3 期。

协商代表机制。①

其次,民主理论中代表问题的研究。一是从代表理论的研究转型角度进行的分析。孔令伟认为,以选举为核心的西方传统代表理论,实际是将被代表群体拟制为单一人格进行论述。近年来西方代表理论出现了从"拟制"到"系统"的视角转换,更加关注各类代表方式交织而成的"代表系统"对政治真实的多样呈现。② 二是对群体代表理论问题的分析。黄小钫的研究指出,群体代表制理论是当代西方政治代表理论的一个分支,主张赋予那些代表性不足的弱势群体以特殊代表权,旨在维护和实现弱势群体的集体权利。虽然群体代表制也存在一些缺陷,但在一定程度上弥补了个人代表制的不足。③

最后,对当代世界民主理论的深入研究。一方面是对民主治理理论的深度解析。佟德志在《治理吸纳民主》一文中指出,治理在内涵、目标、主体、程序、机制、价值等各个方面内置或是替换了民主,出现了民主与治理融合的民主治理理论与实践。尽管治理与民主仍然存在着矛盾与冲突,但是当代世界政治越来越表现为民主治理的复合体系和复合机制。④ 另一方面则是对自由民主理论的剖析。张飞岸的研究认为,自由民主的话语是冷战时期争夺话语权的产物,因而东欧剧变之后自由民主逐渐在世界各地包括美国遭遇了实践危机。面对危机,人们很少探讨概念本身的问题,因此这意味着民主研究领域将面临一场范式革命。⑤ 倪春纳的研究指出,当前全球的自由民主陷入了显著的衰退之中,西方世界自诩的"民主世纪"开始终结。⑥

(三)正义理论

罗尔斯《正义论》在20世纪70年代的发表标志着当代政治哲学的复

---

① 周洁玲、谈火生:《协商民主中代表机制的理论争论与思考》,《教学与研究》2019年第8期。

② 孔令伟:《从"人格拟制"到"代表系统":西方代表理论的视角转换及其发展》,《天津社会科学》2019年第6期。

③ 黄小钫:《弱势群体的集体权利及其代表:当代西方群体代表制理论评析》,《国外理论动态》2019年第3期。

④ 佟德志:《治理吸纳民主——当代世界民主治理的困境、逻辑与趋势》,《政治学研究》2019年第2期。

⑤ 张飞岸:《自由民主的范式确立与范式危机》,《当代世界与社会主义》2019年第2期。

⑥ 倪春纳:《自由民主的全球衰退及其根源》,《江海学刊》2019年第1期。

兴，并围绕罗尔斯正义论的争论逐渐形成了蔚为壮观的"罗尔斯产业"。与此同时，伴随着新的社会政治问题的出现，还兴起了全球正义、分配正义、代际正义、环境正义等正义理论的分支。正义理论正在成为西方政治思想研究的热点议题。

首先是对分配正义理论的研究。一方面是对马克思分配正义理论的研究。史瑞杰认为，马克思分配正义理论回答和解决了"为谁分配""谁来分配"和"分配的依据"三个核心问题："每个人"和"一切人"是其主体基础；自由人"联合体"是其制度保障；"自由发展"是其价值目标。[①]贾中海、李慧的研究指出，马克思关于个人与社会关系的理论超越了将个人与社会对立起来的观点，可以摧毁自由主义的自我观念、自我所有原则的思想堡垒；马克思的分配理论为资质才能的自我所有权对分配的影响问题提供了合理解释，超越了仅仅从资质才能的自我所有权出发抽象讨论分配正义的权利论。[②]另一方面是对西方分配正义理论的研究。熊义刚、周林刚的研究指出，当代分配正义理论有两种辩护路径：第一种是从基础性的特定价值观念推导出具体的分配理论；第二种是从契约与程序引出分配原则，力图尽可能排除特定宗教、形而上学、道德价值观念对正义理论辩护的作用。在正义理论的辩护上，诉诸程序的论证在道义上并不太可取，最终的辩护离不开特定价值观念。因而，对正义的辩护仍然依赖第一种路径。[③]张继亮的研究指出，作为密尔功利主义首要原则的功利原则蕴含着分配正义的要素，作为其功利主义次级原则的两个正义原则与罗尔斯的自由原则和差别原则也非常相近。密尔的功利主义正义理论具有罗尔斯的正义理论所不具备的优势。[④]

其次是对全球正义（国际正义）理论的研究。高景柱在《现实的乌托邦：罗尔斯的国际正义理论研究》一书中，在分析罗尔斯国际正义理论的基本理念的基础上，探讨了自由人民对待"正派的人民""法外国家"和"因不利状况而负担沉重的社会"三种非自由人民的方式是否妥切，揭示了罗尔斯的国际正义理论中的合理成分和不足之处，并对罗尔斯国际正义

---

① 史瑞杰：《马克思分配正义理论的若干思考》，《天津社会科学》2019年第4期。
② 贾中海、李慧：《自我所有与分配正义》，《吉林大学社会科学学报》2019年第6期。
③ 熊义刚、周林刚：《分配正义理论的两种辩护路径比较研究》，《西南大学学报》（社会科学版）2019年第6期。
④ 张继亮：《分配正义：重新反思罗尔斯对密尔的批评》，《道德与文明》2019年第5期。

理论促进全球正义理论兴起的原因进行了分析。① 姜丽、夏昌武的研究指出，米勒的社会正义与全球正义观点的矛盾反映了道德情境主义与普遍主义正义之间存在内在张力，立足于现实乌托邦的共同体主义全球正义与立足于道德乌托邦的世界主义全球正义思想存在冲突与对抗，充满了内在思辨张力，而"人类命运共同体"新理念是走出这个困局的现实途径。② 顾肃的研究则分析了平等主义与全球分配正义的关系问题，尤其是如何将适用于国内正义的平等原则运用到全球语境的问题。③

最后是关于代际正义理论的研究。一是功利主义的代际正义观。高景柱的研究指出，功利主义为人们分析代际正义理论提供了一个良好的起点，但是无论侧重于"总体效用"的总体功利主义，抑或聚焦"平均效用"的平均功利主义，对代际正义理论的解释都是难以令人信服的，功利主义的代际正义理论面临着两难困境。④ 二是后果主义的代际正义观。高景柱的研究指出，后果主义是代际正义理论的一种重要的阐释理路。蒂姆·莫尔根通过规则后果主义对代际正义理论进行的阐释具有一定程度的灵活性，然而莫尔根的代际正义理论仍然存在不少值得商榷的地方。⑤ 三是契约论与代际正义关系的研究。王东胜、龚群认为，罗尔斯的正义论都是通过契约论的方法论推导的，正义概念的基本内涵是相互性。这一相互性特性得到契约论的强化。罗尔斯虽然是通过契约论得到证成的，但是代际关系的不对称性，使得罗尔斯的代际正义论陷入困境。⑥

（四）民粹主义

自2016年以来，民粹主义因为英国脱欧公投、美国特朗普上台以及其他一些零星的国际热门事件，逐渐成为西方政治思潮研究的热点议题，并一直维持这种热度。中国政治学界不仅发表了大量的学术论文、申报了相关的各类社科项目，而且也举办了相关议题的学术研讨会。2019年民粹

---

① 高景柱：《现实的乌托邦：罗尔斯的国际正义理论研究》，中国社会科学出版社2019年版。
② 姜丽、夏昌武：《正义的张力：戴维·米勒论社会正义与全球正义》，《华中科技大学学报》（社会科学版）2019年第4期。
③ 顾肃：《平等主义与全球分配正义》，《吉林大学社会科学学报》2019年第6期。
④ 高景柱：《评功利主义的代际正义理论》，《教学与研究》2019年第5期。
⑤ 高景柱：《代际正义的后果主义阐释理路——以莫尔根的理论为例的分析》，《社会科学研究》2019年第3期。
⑥ 王东胜、龚群：《契约论与代际正义问题》，《天津社会科学》2019年第5期。

主义仍然是学界研究的热门话题，产生了大量的研究成果。

一是对民主与民粹关系的分析。侯恩宾、李济时的研究指出，民主制度内在的精英—大众与国家—社会的关系出现断裂，导致政党制度的衰落和公共领域的陷落，西方民主制度出现了严重的结构性危机。民粹主义植根于大众民意的基因，使得其从脆弱的既有民主建制中冲决而出，把自身凸显为大众与社会的真正代表者。欧美民粹主义的泛滥，其实也是欧美民主制度对照自身、重塑现代民主制度核心与精髓的契机。① 张国军的研究指出，选举民主基于群体心理学塑造选民维护精英统治，最终却导致民众远离选举，民主成为基于人民沉默的统治。民众投身于社会运动，尤其是右翼民粹主义，销蚀了选举民主的合法化功能并冲击着整个民主体制。西方民主的未来取决于其能否弥合右翼民粹主义与多元文化主义之间的巨大张力。②

二是对民粹主义内部分化的原因分析。林红的研究指出，已沉寂数十载的西方左翼政治未能借民粹主义浪潮而复兴，民粹主义日益与右翼的保守主义甚至极端主义合流，出现了左翼政治持续衰微与民粹主义全面右翼化的"失衡的极化"现象。经验分析表明，其原因一方面是社会支持结构变迁的结果。另一方面在于议题选择与政治动员的差异。民粹主义"失衡的极化"是新自由主义共识被打破之后政治重组的开端。③ 佟德志、朱炳坤的研究认为，保守文化和地方主义是法国右翼民粹主义政党社会动员的主要因素。民粹主义政党社会动员能否成功，显著地取决于人们保守文化的背景和对本国与欧洲的归属感：越是不满移民对本国文化冲击的人，越是对欧洲情感归属薄弱的人，越容易被右翼民粹主义政党动员起来。而人们在经济危机之后对于经济政治的不满，并没有对右翼民粹主义政党支持率产生显著影响。④

三是对民粹主义政治影响的分析。林德山的研究指出，民粹主义的崛起从思想观念、政治秩序挑战了西方既有秩序，也动摇了传统主流政党的

---

① 侯恩宾、李济时：《西方民主制度的结构性不均衡与民粹主义的兴起》，《社会主义研究》2019年第3期。
② 张国军：《西方选举民主的合法化功能及其限度》，《当代世界与社会主义》2019年第1期。
③ 林红：《"失衡的极化"：当代欧美民粹主义的左翼与右翼》，《当代世界与社会主义》2019年第5期。
④ 佟德志、朱炳坤：《保守文化与地方主义——法国右翼民粹主义政党社会动员的要素分析》，《上海行政学院学报》2019年第4期。

地位。在民粹主义的应对问题上，西方不同的政治力量显示了分裂的态势。理性对待民粹主义，需要着力于鉴别民粹主义发展中的不同问题，积极回应民粹主义所暴露出的社会政治问题，同时抵制偏狭的民粹主义思想和政治行为。① 郭佳良的研究指出，西方国家当下的民粹主义思潮正在并将长期挑战全球化时期的治理理论，这一挑战主要体现在四个方面：对治理网络合法性的质疑、对治理中技术专家的不信任、对于合同外包等市场化治理工具的不满、反对和挑战国际层面的全球治理规则。治理理论的危机揭示了其强调技术理性而忽略公共性的理论缺陷。②

三　问题与建议

新中国成立以来尤其是改革开放以来，西方政治思想研究为政治学研究注入了新的元素。一方面，西方政治思想教学与研究的师资水平和人才培养质量不断提高，科学研究成果蔚为大观；另一方面，从政治思想研究的结构与要素来看，政治思想在话语体系、学术体系、学科体系等各个方面都取得了长足进步。③ 当前，我们正处在新的历史起点上，对西方政治思想学科发展来说，既是机遇又是挑战。2019 年我国西方政治思想研究取得了一系列重要成果，服务社会经济发展的能力不断提升。同时，我们也要看到目前我国西方政治思想研究存在的问题。

（一）主要问题

2019 年我国西方政治思想研究整体上来说取得了较大成绩，产生了一批对社会发展很有价值的研究成果。在看到成绩的同时，我们更应该看到目前西方政治思想研究存在的主要问题。总的来看，西方政治思想研究中主要存在三个方面的问题。

首先，学术研究缺乏创造性。一是，对西方政治思想这样的基础学科

---

① 林德山：《欧美民粹主义盛行的根源、影响及应对》，《人民论坛·理论前沿》2019 年第 17 期。

② 郭佳良：《当代西方民粹主义思潮对治理理论的挑战及启示》，《甘肃行政学院学报》2019 年第 3 期。

③ 佟德志、漆程成：《新中国西方政治思想研究 70 年》，《政治学研究》2019 年第 6 期，第 54 页。

来讲，学术创新很大程度上应当从研究方法上着眼，但这方面做得明显还不够。只有方法创新才能推动学科整体的发展壮大。比如西方政治思想研究中影响很大的施特劳斯学派、剑桥学派、概念史学派等都是因为方法变革所产生的。二是，西方政治思想研究缺乏学术争鸣，闭门造车的现象比较明显。某个研究成果出来之后，大家讨论并不多，研究成果难以形成广泛的社会影响。三是，研究的视野比较局限，研究的范围亟待扩展。

其次，学科队伍建设有待加强。一是，西方政治思想学科越来越多地受到政治学科、比较政治、公共管理学科以及马克思主义基本原理相关学科等的冲击，近年来一些教师流入这些学科；二是，虽然2019年西方政治思想学科获批国家社科基金项目数有了增加[①]，但这种趋势能否持续存在很大不确定性；三是，一些高校对西方政治思想学科队伍建设不够重视，随着老一代学者的退休，出现后继无人的尴尬境地；四是，具有政治学博士学位授权点的高校中，以西方政治思想作为研究方向的博士生越来越少，严重制约了西方政治思想研究后备人才队伍建设；五是，一些高校政治学学科取消之后，西方政治思想学科的发展也受到直接影响。

最后，学科话语有待加强。尽管改革开放以来，西方政治思想学科迎来了春天，逐步摆脱了"一穷二白"的发展境地，出版了大量的专著、教材，发表了大量的论文，但是学科基础仍然不够稳固。具体反映在以下方面：一是，西方政治思想研究的专业刊物较少，受现行刊物评价机制影响，综合性刊物也不太愿意发表西方政治思想研究的相关论文，这从根本上影响了学科社会影响力；二是，20世纪90年代学科调整之后，西方政治思想学科由一个二级学科变为政治学理论二级学科下面的三级学科，进一步弱化了西方政治思想学科的学科归属感和凝聚力；三是，西方政治思想学科在人才培养方面进一步萎缩，一些高校不再招收西方政治思想方向的研究生；四是，西方政治思想学科固有的研究路径使得其在回应国家发展提出的重大理论和现实问题方面明显有些狭窄。

---

① 根据我们对近五年国家社科基金项目立项数据进行统计，除了2019年各类项目立项有较大突破外，其余年份都比较少。2019年有关西方政治思想研究方面的各类项目获批立项共8项，其中重点项目1项、一般项目4项、后期资助项目3项。2018年各类项目获批立项为3项，2017年各类项目获批立项为4项，2016年各类项目获批立项为5项，2015年各类项目获批立项为4项。另外值得注意的是，国家社科基金重大项目自2016年郭忠华、孔明安共同申报的"当前主要社会思潮的最新发展动态及其批判研究"立项以来没有新的项目获批立项，这使得西方政治思想领域中的重大理论问题研究难以得到有效资助。

（二）发展建议

回顾 2019 年我国西方政治思想学科的发展，我们既为学科取得的一系列重大进展感到欣慰，同时对学科发展面临的一系列问题倍感焦虑。西方政治思想学科发展到今天确实不容易，既有改革开放以来党和国家的政策支持，也有无数西方政治思想研究前辈们的接续传承，使得西方政治思想学科在新中国成立 70 年之际已初具规模。但实事求是来讲，无论是与政治学相关学科相比，还是与其他人文类学科相比，西方政治思想学科目前还比较弱，在各个方面都有待加强。虽然西方政治思想学科存在这样或者那样的不足，但我们仍然坚信，只要坚持马克思主义的立场、观点和方法，积极回应时代发展提出的重大理论和现实问题，西方政治思想学科的未来定会充满希望。

首先，要以方法创新带动学术创新，以学术创新促进学科发展壮大。要在坚持马克思主义基本原理和方法的基础上广泛借鉴西方学者政治思想研究中成熟的方法，"要敢于引进西方政治学的新理论、新方法，进行研究、验证"[1]，通过方法创新促进学术研究不断深化，逐渐形成具有影响力的学术流派。2019 年西方政治思想研究中运用了施特劳斯学派、剑桥学派的研究路径，取得了一些有价值的成果。同时，政治现象学的方法能否应用于西方政治思想研究中也有了初步的尝试。今后，还需要在研究方法创新方面多下功夫，只有形成更加成熟和科学的西方政治思想研究方法，才能促进政治学科发展壮大。目前，西方政治思想研究不能再简单低水平重复了，而应当把有限的资源用到学术创新中。

其次，要加强学科人才培养，夯实西方政治思想学科的研究队伍。西方政治思想史研究的老前辈徐大同先生曾指出，一方面要注重西方政治思想学科的"接气工程"，加强内部人才梯队建设，避免人才断档。另一方面，要加强学科队伍建设，培育学科团队，发挥好学科带头人的作用，多出成果多出好成果。[2] 现在看来，徐先生的这些主张对西方政治思想学科发展是很有价值的。具体来说，一是国家要在注重应用型学科的同时，更加重视基础学科的研究，因为只有高水平的基础学科研究成果做支撑，应用型学科才能发展得更好；二是要加强高校之间在人才培养、师资培训、

---

[1] 赵宝煦：《开拓政治学研究的新局面》，《政治学研究》1987 年第 1 期，第 2 页。
[2] 田改伟、刘训练：《研究政治思想史要洋为中用、古为今用——徐大同先生访谈》，《政治学研究》2014 年第 4 期，第 117—118 页。

学术交流、团队合作等多领域的交流合作；三是重视西方政治思想学科研究生的培养，尤其是着眼于人才质量，提高西方政治思想方向博士研究生的培养质量，为西方政治思想学科壮大储备后备人才。

最后，加强西方政治思想学科话语体系建设，提升学科社会影响力。一是，要加强学术期刊建设，为西方政治思想研究成果的发表提供更多的平台。目前西方政治思想研究的专业刊物只有《政治思想史》一种，尽管像《政治学研究》等期刊也发表一些西方政治思想研究方面的论文，但仍然难以满足论文发表的需求。因此，要加强西方政治思想学术刊物建设，可以参考中国人民大学国际关系学院《中国政治学》和《世界政治研究》的做法，办一些专业性的学术辑刊。从根本上来说，还是要提高西方政治思想的研究水平和回应时代命题的意识，在目前的学术期刊评价机制和论文录用机制下，这是最好的出路。二是，国家要进一步加大对西方政治思想学科这样的基础学科的经费支持力度。事实上，现行的社科基金资助政策更有利于应用研究而不利于基础研究，应当对社科基金资助政策进行改革，将应用学科与基础学科分开，给予西方政治思想这样的基础学科单独资助，提升西方政治思想学科为国家建言献策的能力。三是，为了更好地增强西方政治思想学科的话语体系建设，还需要加强学科体系建设和学术体系建设，重点是要增强学科平台建设、学科点建设、学术队伍建设，推出一批能够真正服务社会的高水平成果。

范式争鸣与方法反思：改革开放四十年来的中国政治思想史研究

张师伟[*]

中国是一个文明古国，她在政治思维、政治观念及政治理论上别具一格，明显地不同于西方。从这个意义上看，中国传统政治思想无疑具有相当悠久的历史和极为丰富的理论资源储存。但中国政治思想史作为一个学科化的知识体系却只有大约百年历史，其间还有近 30 年的时间处境危难，晚清民国时期的相关学术传统近乎中断。改革开放以来，中国政治思想史作为一个学科得以恢复，其知识体系的锻造却几乎要从头开始。中国政治思想史研究作为一个学科化的知识体系在改革初期的恢复和发展，都以马克思主义的知识传统为依托，进行中国政治思想史知识体系的锻造。有的研究者从马克思主义国家与法的理论传统出发，梳理中国历史上各个阶级及其思想代表关于国家与法的观点与理论等，形成了一种以阶级分析和文本分析见长的中国政治思想史研究范式，这就是中国政治思想史研究的政治学范式。[①] 有的研究者则以马克思主义历史哲学为基础，坚持社会意识与社会存在的辩证关系原理，立足于中国历史的深入研究，梳理基于中国独特国情的政治意识，将社会结构、社会运行机制与政治观念等贯通和结合起来，形成了学术界所谓的"王权主义学派"[②]，这就是中国政治思想史研究的历史学范式。有的研究者站在马克思主义意识形态的立场上反思和批判港台及海外新儒家等[③]，其中有些新儒家的批判者后来站到了新儒家

---

[*] 张师伟：西北政法大学政治与公共管理学院。
[①] 参见徐大同《从政治学角度研究中国古代政治思想史——中国古代政治思想史的线索与特色》，《政治思想史》2010 年第 1 期。
[②] 参见李振宏《中国政治思想史研究中的王权主义学派》，《文史哲》2013 年第 4 期。
[③] 参见方克立《现代新儒学与中国现代化》，天津人民出版社 1997 年版，第 222 页。

的行列中,如罗义俊就"公开站到港台新儒家的立场上""批评大陆马列派"①。改革开放以来大陆的文化保守主义渐趋合流,孕育和形成了大陆新儒家的中国政治思想史研究范式,大陆新儒家当中有学者自觉地将他们的中国政治思想史研究范式归纳为"古典史学范式",它"以承认中国古代之政治思想之永恒和普遍属性为前提","五经和经学将成为政治思想史研究之核心"。②"古典史学范式"实际上就是经学范式。

中国政治思想史研究的不同范式具有价值方面的巨大分歧。马克思主义意识形态的价值主要集中在政治学的研究范式中,反封建和启蒙的价值主要集中在王权主义学派等历史学的研究范式中,文化保守甚至是政治复古的价值主要集中在经学的研究范式中。不同研究范式各自所推崇和惯用的研究方法也差异很大。政治学研究范式比较推崇和惯用阶级分析方法与理论解释的方法,并辅之以现代政治学的一些方法,但又常常在历史方法的运用上有所欠缺。历史学研究范式比较推崇历史方法与命题分析的方法,并辅之以政治学的一些方法,其长处是批判分析到位,比较实事求是,其不足则集中在中国传统政治思想的现代转化研究方面。经学研究范式善于使用抽象哲学的分析方法,并辅之以一定的概念分析,其长处是饱含深情,聚焦于寻找当代中国何以为中国的政治文化依据,其不足则是缺乏历史方法的必要应用,存在着太多的主观投射和过度解释,在政治上拥有太强的政治复古诉求,许多观点及主张等被包裹在国学中,直接冲撞了现代价值的底线。

一 中国政治思想史研究多样价值与多元范式的形成与发展

中国政治思想史研究并不是一个封闭的领域,它自产生以来就不仅广受哲学、历史学及政治学等学科的关注,成为一个跨学科研究的聚焦领域,而且还受到不同价值倾向学者的共同关注。有的学者试图从中发现中国之所以为中国的根本所在,寻找所谓中国文化的"常道"。③ 有的学者试

---

① 参见方克立《现代新儒学与中国现代化》,天津人民出版社1997年版,第615页。
② 参见姚中秋《重建中国政治思想史范式》,《学术月刊》2013年第7期。
③ 参见李存山《儒家文化的"常道"与"新命"》,《光明日报》2015年08月24日。

图在历史上发现现代中国的"源头活水"。① 有的研究者试图对明中后期以来的历史进行一以贯之的解释,以便发现中国走向现代的内在逻辑,强调"理在经由清代的过程中,从封建的秩序原理自我转变为清末的共和的秩序原理",这体现了中国近代相对于欧洲的"相对独立性"。② 有的学者试图从中发现中国进行现代化发展的传统文化之累,以便从历史中走出来。③ 不同研究者在哲学立场、价值倾向、研究目的及研究方法上的明显差异,造成了中国政治思想史研究自产生以来就一直存在多种范式并存格局。虽然在20世纪50年代初到70年代末的中国大陆,中国政治思想史研究寄身于历史学及哲学,在价值倾向、哲学立场、研究目的及研究方法上都体现着马克思主义的指导,但也存在着不同范式的中国政治思想史研究。④ 这个时期的港台及海外学者间也存在范式上的明显差异。⑤ 学术界已经存在的中国政治思想史研究多元范式,作为一种既有的学术资源,势必要在范式选择上影响20世纪80年代初以来恢复的中国政治思想史研究,其中就包含着价值选择方面的主要影响,每一种学术资源都带有特定的价值倾向。不仅如此,实际上,当改革开放开启的思想解放洪流滚滚而来时,价值认识上的多元化也广泛影响到了学术研究和学科发展。政治学的学科地位得到恢复并获得初步发展,哲学、历史学研究逐步摆脱了教条主义羁绊,两者都提供了各自的价值倾向及学科方法,共同为中国政治思想史研究的恢复和发展,提供了一个多元学科的价值倾向与学术支撑。这个多元学科的价值倾向与学术支撑,对中国政治思想史研究范式产生了直接的决定性影响。⑥ 马克思主义哲学、政治经济学及科学社会主义等通过对政治学的概念选择及理论建构影响了中国政治思想史研究的政治学范式。中国哲学摆脱教条主义影响后的概念解释及价值取向直接影响了中国政治思想史研究中的文化保守主义倾向,并最终孕育了中国政治思想史研究的经学范式。中国历史研究摆脱教条主义影响后,注重历史事实梳理和社会生活

---

① 参见许苏民《"源头活水"与"中国特色"——论中国传统文化与有中国特色的社会主义现代文化建设》,《福建论坛(文史哲版)》1993年第3期。
② 参见沟口雄三《中国前近代思想之曲折与展开》,索介然、龚颖译,上海人民出版社1997年版,第30页。
③ 参见刘泽华《中国的王权主义:传统社会与思想特点考察》,上海人民出版社2000年版,《自序》,第2页。
④ 参见张师伟《中国传统政治哲学研究的方法论反思》,《东南学术》2009年第2期。
⑤ 参见葛荃《近百年来中国政治思想史研究综述》,《文史哲》2006年第5期。
⑥ 参见张师伟《中国传统政治哲学研究的方法论反思》,《东南学术》2009年第2期。

内容的呈现，从中产生了中国政治思想史研究的历史学范式。

改革开放后西学再次进入中国，这在一定程度上提供了中国近40年价值多样化的外部理论资源，而中国社会改革开放后的利益分化与阶层多样化则提供了价值多样化的社会基础。每一种具有社会凝聚力和思想吸引力的价值体系，都有其确定的核心价值，并且也都有各自对中国政治思想的根本看法，这种根本看法在研究实践中表现出来就是中国政治思想史研究的特定范式。中国政治思想史研究恢复之初在价值上以反思和批判为基调，虽然都在反思和批判"文革"的错误思潮，但反思和批判的具体对象又各不相同。有的研究者聚焦于批判和反思马克思主义的教条主义僵化，积极恢复和发展马克思主义的政治学知识体系，如徐大同先生等于1981年出版的《中国古代政治思想史》即呈现了马克思主义中国史知识中的政治知识内容。[1] 有的研究者批判和反思了中国传统封建文化的历史残留，注重运用历史方法来呈现中国传统政治思想史的基本事实，分析传统政治理论的内在逻辑等，客观准确地认识了中国传统，以便从中国传统的封建历史中走出来，如刘泽华先生于1984年出版的《先秦政治思想史》就是如此。他强调"不能把政治思想都装入阶级的口袋"，政治思想还具有"超阶级的内容"，还有"社会性"，"政治思想的本身并不都是阶级的"，"不能把每一种思想命题统统还原为阶级的命题"。[2] 有的研究者批判和反思20世纪的文化激进主义，在实质上延续了20世纪上半叶中国的文化保守主义，试图从中国传统中寻找到现代中国的文化源头及核心要素，并由此而形成了20世纪80年代"文化热"的一个支撑点，以此为基点，中国现代的文化保守主义经过儒学热及国学热逐步在价值上递进到了政治保守主义。有的研究者则在批判和反思中国传统中走向了西方自由主义，在价值上走向了全盘西化，追求以西方自由主义的价值标准来理解和评价中国政治思想，彻底否定中国政治思想具有现代价值，即使它在现代中国还有诸多影响，也被他们解读为一种妨碍中国现代化的政治存在。在20世纪80年代初，马克思主义理论对教条主义与僵化方法的批判和反思较大地影响了中国政治思想史恢复之初的研究范式，如徐大同等的《中国古代政治思想史》、朱日曜等的《中国政治思想史》、桑咸之的《中国近代政治思想史》等，即是如此。与此同时，历史学家运用历史研究的思维和方法，

---

[1] 参见徐大同、谢庆奎《中国古代政治思想史》，吉林人民出版社1981年版，第7—16页。
[2] 参见刘泽华《八十自述：走在思考的路上》，生活·读书·新知三联书店2017年版，第270—271页。

贯彻了思想史和社会史相结合的原则，也建立起了中国政治思想史的研究范式，最重要的代表是刘泽华先生，他总主编的《中国政治思想通史》堪称是中国政治思想史研究的"典范之作"①，在体现政治思想通史的贯通性和整体性上有相当代表性。②

中国政治思想史的不同价值倾向的研究者，自然都有其独特的立场、观点和方法，他们站在不同价值立场上，运用不同概念体系、理论框架和分析方法，自然也就形成了不同的研究范式。在中国政治思想史研究范式形成的各种影响要素中，价值倾向具有方向引领的根本作用。这是因为价值倾向不仅决定了研究者对中国政治思想史的根本态度是批判和扬弃，还是继承和弘扬，而且也决定了研究者在研究中国政治思想史的时选择什么样的概念体系、理论框架和分析方法等来进行理解、解释和建构等，并且还决定了研究者将获得什么样的根本看法，更决定了他们将如何看待中国政治思想史研究的目的与任务。马克思主义意识形态曾长期立足于对中国封建社会的激烈批评，并以阶级分析和社会形态分析的方法对中国传统封建主义进行了历史唯物主义的哲学批判。③ 20世纪80年代初，马克思主义政治学在恢复和发展的过程中所进行的中国政治思想史研究，立足于阶级分析和历史批判的价值立场，以批判封建旧政治文化和建设社会主义政治学为根本目的，以马克思主义政治学的概念体系和理论框架为分析视角，进行了中国政治思想史的概念梳理和理论解释，形成了马克思主义政治学的中国政治思想史研究范式。与此同时，中国历史学的研究也在坚持马克思主义历史唯物论和唯物辩证法的基础上，进行了中国历史学研究领域的拨乱反正，走出教条主义框架下历史研究的僵局，在完整陈述历史的追求之下，重启了历史学领域的中国政治思想史研究，它的理论目的是恢复历史内容的丰富性和完整性，而实践目的则是要在文化上继续肃清封建遗毒，巩固民主与科学的现代价值，历史学认识方法的使用及历史认识论的自觉反省，体现在中国政治思想史研究领域就形成了历史学的研究范式。有的研究者在中国政治思想史的研究中自觉拥抱传统政治，在价值立场上

---

① 参见杨阳《中国政治思想史学科的百年典范——评刘泽华总主编的〈中国政治思想通史〉》，《政治学研究》2018年第5期。

② 参见张师伟《中国政治思想通史的贯通性理解与整体性呈现》，《南京师大学报》（社会科学版）2016年第6期。

③ 参见侯外庐主编《中国思想通史》第1—5卷，人民出版社第1版，其中第1、2、3卷均初版于1957年，第4卷上初版于1959年，第4卷下初版于1960年，第5卷初版于1956年。

自觉地皈依传统儒家。这导致他们从一种教条主义僵化解释中走出来，却又进入了另一种教条主义解释中，其理论目的就是要论证中国传统中的信仰体系和教化之道比西方具有更高普遍性①，他们的实践目的就是要在政治上进行复古，以儒家经学来指导当代中国政治实践。

一般来说，近四十年来，中国政治思想史研究的学科范式有：1. 政治学基本理论的范式，这个视角以马克思主义政治学基本理论的逻辑为依托，以特定政治学基本理论所关注的政治问题为关注点，注重分析历史上不同时代思想家对特定政治问题的解答，并在分析其解答的基础上来总结中国传统政治思想的民族性特点，强调西方政治思想的特点是组织国家，中国传统政治思想的特点是"注重治国之道，而不注重制度的研究"，"中国古代就把政治理解为对国家事务的管理"②，其代表人物是徐大同教授。2. 中国历史学的学科范式，这个范式坚持了"五四"以来的启蒙主义思想传统，以历史地分析和呈现中国政治思想的概念含义与思想逻辑为立足点，比较关注对中国传统政治思想的批评、批判和超越，强调中国传统政治思想的特质是"王权主义"，其主要标志就是以南开大学刘泽华教授为代表的"王权主义学派"，"这个学派的学术旨趣集中在中国古代政治思想史研究领域，而王权主义历史观是其解读中国古代政治思想的分析工具"。③ 3. 历史哲学的学科范式，这个范式以线性历史哲学所揭示的人类政治生活的发展逻辑为立足点，比较关注中国传统政治思想的整体性文化解读，或试图从中国传统政治思想概念、范畴及理论中搜寻出现代法治等思想因素，有学者提出"先秦儒家提出的民本、公平、慎刑、预防犯罪等思想，与现代法治精神高度相契合"④，或试图从儒家思想中寻找其"常道"，并为儒家在现代立"新命"，其主要代表就是李存山。⑤ 4. 儒家价值哲学及宗教建构的范式，这个范式坚持了近代中国以来的文化保守主义传统，以儒家价值哲学及政治哲学为主要关注点，试图在儒家经学传统基础上，复活并重构晚清康有为以来的儒教政治理论，并力主以传统儒家经学

---

① 参见姚中秋《可普遍的中国信仰—教化之道——基于〈尚书〉之〈尧典〉〈舜典〉的解读》，《西南民族大学学报》（人文社科版）2018 年第 1 期。
② 参见徐大同、高建《试论中国传统政治文化的基础与特征》，《天津社会科学》1987 年第 5 期。
③ 参见李振宏《中国政治思想史研究中的王权主义学派》，《文史哲》2013 年第 4 期。
④ 参见范高社、高阳《先秦儒家文化与现代法治精神的契合与冲突》，《西安交通大学学报》（社会科学版）2013 年第 4 期。
⑤ 参见李存山《儒家文化的"常道"与"新命"》，《光明日报》2015 年 08 月 24 日。

为主要思想资源,来建构现代中国的政治儒学及儒家的宪政,"以王道仁政为基本特征的儒教宪政,建立在'天人合一'的人性假设上,以贯通天、地、人的圣王统治为前提,以民本思想为基础,以中和为天下之达道,以贵民、富民、教民为核心职责,以人性的自我完善和实现天下大同为目标"①,其代表就是现在颇有些如火如荼的大陆现代新儒家。5. 政治哲学的范式,这个视角以中国传统政治哲学的概念、命题及理论体系分析为媒介,既强调分析具有民族特色的政治哲学理论体系的整体性建构,呈现其理论建构的阶段性特点及最终成果等,也注重对传统政治哲学所体现的民族共性的发掘,分析中国政治哲学建构及转型的经验过程,其代表性观点集中于中国传统政治哲学研究中,代表人物有张师伟等。②

二 中国政治思想史研究的研究方法与撰述体例的选择与调整

中国政治思想史研究的多样价值倾向及跨学科特点,在根本上决定了它在研究方法和撰述体例上的多元特征。西学特别是西方政治学再次进入中国并深度丰富了中国政治学的概念体系、拓展了中国政治学的理论内容,也在研究方法和撰述体例上影响了中国政治思想史研究,比如西方学者关于政治文化方面的概念与理论就对刘泽华先生的中国政治思想史研究,产生了研究方法与撰述体例上的影响。③ 西方学者研究西方政治思想史的方法与撰述体例,如剑桥学派西方政治思想史著作就直接丰富和发展了中国政治思想史的研究方法与撰述体例。④ 值得注意的是中国政治思想史的研究方法与撰述体例,虽然在改革开放四十年来也有相当大的变化,其最基本的研究方法和主流的撰述体例却又具有一定的稳定性,即中国政治思想史的大量研究者仍在应用晚清民国以来中国政治思想史研究的主流方法和撰述体例,其中尤其以中西之间政治概念的格义解释方法和以西方为参照系来解释中国政治思想史的方法最为稳固,撰述体例上则大多采取

---

① 参见包万超《天人合一与儒教宪政的哲学基础》,《学术研究》2013年第3期。
② 参见张师伟《中国传统政治哲学的逻辑进程》,《政治学研究》2013年第4期。
③ 参见杨阳《中国政治思想史学科的百年典范——评刘泽华总主编的〈中国政治思想通史〉》,第32—38页。
④ 参见张师伟《中国传统政治哲学研究的方法论反思》,《东南学术》2009年第2期。

流行的列传体。中西政治概念的格义解释作为一种研究方法，在中国政治思想史学科孕育时期就开始流行，在中国政治思想史研究各个阶段都占有压倒性的优势，研究者的不同价值倾向并不妨碍他们使用这种研究方法。这种研究方法抓住一些西方政治学中有公共舆论价值的核心概念，以政治常识的理解水平为基础，以西释中地进行格义解释①，如把孟子"民贵君轻"比附民主思想②，陈天华等因黄宗羲"天下为主，君为客"的思想，将黄宗羲与卢梭比较，并将黄宗羲比附为卢梭那样的民约论者。③

中国政治思想史学科恢复以来，格义解释和比附理解仍然为多数研究者所使用。这主要是因为中国政治思想史研究是在现代政治知识不充分和不普及的情况下进行的。晚清民国时期，中国的先进分子为了在中国实现西式现代政治而开始以西方公共舆论中的核心政治概念为依托，一方面批判中国旧政治文化中的君主专制主义成分；另一方面又从中寻找新政治在传统中的同类项，开始了格义解释和比附理解的中国政治思想史研究。即便是马克思主义学者也运用政治概念的格义解释与比附理解，认为黄宗羲《明夷待访录》中的《原君》《原臣》《原法》"诸篇明显地表现出民主主义思想"④。虽然格义与比附的方法相同，但马克思主义学者的理论解释一般都立足于一套完整的历史哲学。这套历史哲学认为因为民主主义启蒙思想普遍地存在于人类历史的某个阶段，而中国在相应阶段上也必然有自己的民主主义启蒙思想，所以黄宗羲等的批判性思想就被理解和解释为民主主义启蒙思想了。中国政治思想史研究恢复之初，五种社会形态依次递进的历史哲学还完整地保留着，政治学范式的中国政治思想史研究在概念理解与理论解释上也都以五种社会形态为基本框架与线索，以对政治思想家及其思想进行阶级分析为主。⑤ 每个社会形态都对应着一定的主导性进步阶级与反动阶级，而每个进步阶级或反动阶级都有自己的思想家和思想，政治不过就是各个阶级围绕国家政权展开的斗争，每个阶级的思想家都试图实现和维护本阶级的根本利益，为本阶级夺取或巩固国家政权而进行思考。因为每个政治思想家都隶属于一定的历史阶级，为本阶级代言，在历

---

① 参见张师伟《中国政治思想史研究的百年回眸与学术省思——本土政治理论的概念检视与话语梳理》，《人文杂志》2019年第2期。
② 参见汪荣祖《中国政治思想史·增订版弁言》，载萧公权：《中国政治思想史》，新星出版社2005年版，增订版《弁言》，第3页。
③ 参见陈天华《狮子吼》，《陈天华集》，湖南人民出版社1982年版，第127—128页。
④ 参见侯外庐主编《中国思想通史》第五卷，人民出版社1956年版，第155页。
⑤ 参见徐大同、谢庆奎《中国古代政治思想史》，南开大学出版社2001年版，第2页。

史上扮演进步或落后的政治角色,所以中国政治思想史研究的阶级分析就主要是给思想家戴上合适的阶级帽子。同时代,非马克思主义学者的格义与比附则主要立足于寻找中国传统与西方现代的相同点,或者力求彼此间的直接贯通,有的学者强调黄宗羲的思想"是从民本走向民主的开端"[1];有的学者则认为黄宗羲的思想在传统民本到现代民主发挥了"衔接古今、汇通中西的枢纽作用"[2],或者将学习西方的某些部分变相地转变为继承传统的某些部分;有的学者认为中国虽然没有民主的制度却有民主的思想[3],或者试图以此证明中国具有自己独特的现代政治思想资源;有的学者试图用格义和比附的方法从中国传统中找出一个自己的现代政治思想谱系,并呼吁为此要展开中国政治思想史研究的"古典政治思想史范式"[4],这个范式实际上就是经学范式。

中国政治思想史研究很早就在研究方法上反思和批判了概念格义与比附解释,并形成了政治学视角和历史学方法相结合的研究范式,其在民国时期的最主要代表是萧公权。萧公权以研究西方现代政治多元论获得了博士学位,其博士学位论文公开出版后广受好评,这充分展现了他对西方现代政治概念与理论的准确把握和深刻了解,并为他运用政治学视角研究中国政治思想提供了完整准确的政治学知识体系。他更以历史学的方法来处理中国政治思想史资料,关注政治思想家思考和解决的实际问题,依托历史背景进行思想家概念、命题的理解与理论的内容解释,客观呈现政治思想的历史内容,避免并批判了中国政治思想史研究的比附性解释。刘泽华先生在改革开放以后坚持了历史学的研究传统,创新了历史学研究范式,开创了中国政治思想史研究的"王权主义学派"。虽然如此,但刘先生并没有从萧著中继承什么,两者应用的历史方法殊途同归。刘泽华先生在进入历史学研究领域之前,曾从事过马克思主义哲学、政治经济学等的学习和讲授[5],从而具备了比较扎实的马克思主义历史哲学基础,比较注重历

---

[1] 参见李存山《从民本走向民主的开端——兼评所谓"民本的极限"》,《华东师范大学学报》(哲学社会科学版)2006年第6期。
[2] 参见冯天瑜《文明近代进路的共通性与特异性——从《明夷待访录》"新民本"诉求说开去》,《武汉大学学报》(人文科学版)2015年第1期。
[3] 参见张岱年《黄梨洲与中国古代的民主思想——在国际黄宗羲学术讨论会开幕式上的报告》,《浙江学刊》1987年第1期。
[4] 参见姚中秋《重建中国政治思想史范式》,《学术月刊》2013年第7期。
[5] 参见刘泽华《八十自述:走在思考的路上》,生活·读书·新知三联书店2017年版,第66—67页。

史内容的完整性。这种对中国历史内容完整性的关注，既使刘先生注意到了中国政治思想史研究的学术价值，又使刘先生倾向于将中国政治思想史放到中国历史的整体中进行理解和解释，有学者将其归纳为"在矛盾中陈述历史"[1]，还使得刘先生能够在中国政治思想史研究中关注社会存在和社会意识的辩证关系，有学者认为刘先生继承了侯外庐先生社会史和思想史相结合的研究传统。[2] 刘泽华先生长期从事中国古代史特别是先秦史的研究，南开大学注重历史资料分析和历史事实呈现的传统治史方法，使得他在中国政治思想史研究中得以另辟蹊径。他研究中国政治思想史的历史学方法，不仅特别关注完整准确地解读史料和呈现政治思想的历史事实[3]，而且还注重从历史过程中发现和分析大批量的中国政治思想史的原始政治概念、命题与判断等[4]，细致剖析了概念、命题与判断间的思想联系，划分了概念的层级，从中识别出了纲领性概念与核心命题[5]，呈现了中国传统政治思想命题的理论结构，提出了阴阳组合结构的判断[6]，更在进行社会史和思想史相结合的研究之后，从中国历史内容整体性出发，完整呈现了中国政治思想史的社会结构、社会机制等背景，深入分析了中国政治思想史一以贯之的君主专制主题，得出了一个总体性解释中国政治思想史的王权主义结论。

中国政治思想史研究的撰述体例以列传式为主。不论是断代史内容的撰述体例，还是通史内容的撰述体例，均以思想家的列传体为主。该撰述体例聚焦于一个又一个思想家个体，既注重对每个思想家个性化思想内容的呈现和剖析，也注重对思想家之间相互关系或联系的梳理，将每个思想家的个性化思想按照他们在思想上的相互关系，同类或同一时代的思想家连成一章，异类或异代的各章连缀起来，形成中国政治思想史的通史或断代史著作。中国政治思想史研究的通史类或断代史类著作大多采取列传体

---

[1] 参见李振宏《在矛盾中陈述历史：王权主义学派方法论思想研究》，《河南师范大学学报》（哲学社会科学版）2017 年第 5 期。

[2] 参见陈寒鸣《刘泽华与"刘泽华学派"》，《衡水学院学报》2018 年第 4 期。

[3] 参见刘泽华《先秦政治思想史·再版弁言》，刘泽华：《中国政治思想史集》第一卷，人民出版社 2008 年版，《再版弁言》，第 2 页。

[4] 参见刘泽华《中国政治思想史研究对象和方法问题初探》，《天津社会科学》1985 年第 2 期。

[5] 参见刘泽华《中国的王权主义：传统社会与思想特点考察》，上海人民出版社 2000 年版，第 263—279 页。

[6] 参见刘泽华《传统政治思维的阴阳组合结构》，《南开大学学报》（哲学社会科学版）2006 年第 5 期。

的撰述体例，徐大同等的《中国古代政治思想史》、朱日耀的《中国政治思想史》等都采取了列传体的撰述体例。中国政治思想史研究"首先需要进行的是按思想家或代表作进行列传式的研究"，"列传式的研究是基础性的研究"，"对思想家和代表作研究不够，也就难于进行其他方面的研究"。[①] 中国政治思想史的一些专著在撰述体例上将列传体和政治思潮、政治文化、政治心理、政治哲学等融合起来，形成了列传体的改良版。这种列传体的改良版既以时代先后为线索，也以时代思潮来充实时代序列，将中国政治思想史在发展线索上表达为一个政治思潮接着一个政治思潮的前后连续，处理了不同时代思潮之间在内容上的批判与继承关系，不仅使人们看到中国政治思想史发展过程中在内容上的新陈代谢，而且也给人们展示了中国政治思想在理论上渐趋成熟的发展过程。这种改良版也在撰述每个历史阶段政治思想内容的章节中进行列传体的撰述，一方面展现某个特定历史阶段政治思想的内容深度和理论高度，另一方面也以比较纯粹的理论逻辑来展现特定历史阶段政治思想的框架结构和思维特征。[②] 刘泽华等的《中国政治思想通史》作为中国政治思想史研究的典范[③]，在撰述体例上就采取了这种列传体的改良版。中国政治思想史的专题性研究在撰述体例上有别于列传体，它们一般以特定的政治思想问题为研究对象，或者按照特定政治思想问题的发展顺序来撰述，熊月之《中国近代民主思想史》就是按照时序撰述了中国近代民主思想发展的各阶段及主要内容，其中包含很多列传体个别研究；或者深入分析特定政治问题的各个方面，刘泽华等的《中国传统政治哲学与社会整合》就是如此。

三 中国政治思想史研究批判启蒙与经世济用的并存与竞争

中国政治思想史研究在旨趣和目的上，存在着启蒙与经世的并存与竞

---

① 参见刘泽华《中国政治思想史研究对象和方法问题初探》，《天津社会科学》1985年第2期。

② 参见张师伟《中国政治思想通史的贯通性理解与整体性呈现》，《南京师大学报》2016年第6期。

③ 参见杨阳《中国政治思想史学科的百年典范——评刘泽华总主编的〈中国政治思想通史〉》，《政治学研究》2018年第5期。

争，两者根源于同样的历史传统及时代条件，均谋求以学术影响政治实践。现代社会科学理论首先在西方建构起来，并在西学东渐中传播到中国，其中大多数人文社会科学概念和知识的传播都曾以日本为中介。晚清末年，中国青年学生大量赴日本留学，既在接受日译现代社会科学的过程中实现了自我启蒙，又因自我启蒙而开启了为救亡而学习和移植日译现代社会科学的时代潮流，"日本所造译西语之汉文，以混混之势""侵入我国"。① 中国政治思想史作为一个学科化的政治知识体系，就孕育和开始于这个时代潮流中，并伴随着日译的政治学、社会学及经济学、法学等学科概念在中国社会的流行，而开始了它的百年学科历史。② 值得注意的是，中国政治思想史研究在主流学术思想界，从一开始就承担起了批评和批判旧政治、旧文化和旧伦理的时代使命，发挥了启蒙与救亡的思想作用；另外一些研究者站在维护中国政治传统立场上，维护传统的政治价值、政治权威与政治秩序，所谓"至于纲常礼制、国俗民风，西国远逊中华者，不得见异思迁，致滋流弊"③，"必欲破夷夏之防，合中外之教，此则鄙见断断不能苟同者"④。从20世纪20年代后期开始，中国政治思想史研究的主流突出了实践取向，在具体的价值倾向上又分为启蒙和经世两类。中国政治思想史研究有了一种知识论取向的零星研究，这种研究虽然在学术上有重要影响，但并没有改变20世纪80年代以来中国政治思想史研究的实践论主流取向。以马克思主义为指导的中国政治思想史研究在民国时期体现了明显的知识论取向，在著作的篇章结构上"体现出作者努力遵照马克思主义五种社会形态学说勾勒中国历代思想变迁的意图"⑤。20世纪80年代初以来，绝大多数知识论取向的中国政治思想史研究在价值倾向上更接近于启蒙，其中最典型的代表就是刘泽华先生开创的王权主义学派，就是"围绕着对王权主义的历史批判而展开的"⑥，而这方面的典范之作就是刘泽华先生总主编的《中国政治思想通史》⑦。

---

① 参见姚淦铭、王燕编《王国维文集》第三卷，中国文史出版社1997年版，第41页。
② 参见张师伟《中国政治思想史研究的百年回眸与学术省思——本土政治理论的概念检视与话语梳理》，《人文杂志》2019年第2期。
③ 参见苏舆《翼教丛编》，上海书店出版社2002年版，第152页。
④ 参见苏舆《翼教丛编》，上海书店出版社2002年版，第167页。
⑤ 参见朱政惠《吕振羽〈中国政治思想史〉贡献论》，《历史教学问题》1990年第1期。
⑥ 参见李振宏《中国政治思想史研究中的王权主义学派》，《文史哲》2013年第4期。
⑦ 参见杨阳《中国政治思想史学科的百年典范——评刘泽华总主编的〈中国政治思想通史〉》，《政治学研究》2018年第5期。

中国政治思想史研究在改革开放初期一恢复后，就受到马克思主义意识形态知识论取向及实践论取向的双重影响，两种影响都具有明显的启蒙价值导向。马克思主义意识形态的知识论取向对中国政治思想史研究的影响，首先体现在它的首要研究目的，就是呈现作为马克思主义意识形态化社会科学知识一部分的中国政治思想史知识；其次还体现在它的研究方法以历史唯物主义和辩证唯物主义为指导，并强调了阶级分析方法的决定性地位；再次还体现在其知识内容的马克思主义意识形态框架上，即中国政治思想史知识不仅以五种社会形态依次递进为线索，而且也以阶级、阶级斗争、阶级更替的历史进步为政治思想的核心内容。作为一种进化论的马克思主义历史哲学，它在知识论层面上体现对中国政治思想史研究的指导，在价值上体现批判中国封建专制主义政治思想的启蒙取向，虽然它的结论是在阶级局限性、历史局限性的名义下作出的。马克思主义意识形态的实践论取向，要求它所指导的中国政治思想史研究必须立足中国现实，并按照辩证唯物主义的认识论原则妥善处理实践和理论的关系。一些研究者依照马克思主义认识论强调，中国政治思想史研究都要服务于中国改革开放的实践，发挥有助于解决实践问题的资政经世作用，但也只限于古为今用的批判继承，与启蒙的价值诉求并不矛盾，从而与复古派强调的复古经世迥然不同。一些研究者根据马克思主义意识形态五种社会形态依次递进的理论，对中国政治思想史进行历史哲学的研究，试图在明清之际的政治理论中寻找现代政治的"源头活水"[1]，或者试图找到传统与现代在明清之际的政治思想结合点[2]，或者试图在中国传统中找到所谓的"常道"，并以此"常道"贯穿中国政治的传统与现代[3]。他们在研究的旨趣及结果上无疑体现了知识论取向，但也不排除他们因在意识形态层面上强调传统与现代的延续性联系，从而与启蒙的价值诉求有些偏离，并在价值诉求上更接近复古派的经世追求。

中国政治思想史研究的经世诉求，主要体现在研究旨趣、研究方法及研究结果上。中国政治思想史研究的经世诉求，在观点上集中地表现为主张复兴儒家政治哲学，不仅提倡以儒家政治哲学来指导当代中国的政治建

---

[1] 参见许苏民《"源头活水"与"中国特色"——论中国传统文化与有中国特色的社会主义现代文化建设》，《福建论坛》1993年第3期。

[2] 参见冯天瑜《文明近代进路的共通性与特异性——从〈明夷待访录〉"新民本"诉求说开去》，《武汉大学学报》（人文科学版）2015年第1期。

[3] 参见李存山《儒家文化的"常道"与"新命"》，《光明日报》2015年08月24日。

设，更主张以儒家政治哲学来"取代"马克思主义①；在研究方法上则主要使用了抽象分析概念的哲学方法和在中国与西方之间进行概念格义解释与比附的比较分析方法，试图在中国传统儒家政治哲学中，找到与西方现代政治哲学相同或相似的关键概念与核心理论②；在研究范式上则表现为中国政治思想史研究的经学范式，该范式强调中国传统儒学中存在一套完整并具有普遍性的政治哲学，它既适用于传统时代，也适用于现代，认为"五经乃是中国政治思想之开端，确定了中国政治思想之基本词汇、话语与范式"，"揭示、展示乃至于实现中国源远流长之固有政治思想永恒性和普遍性"③。有的学者试图全面复兴儒家政治哲学，不仅主张在西方现代社会流行并成为现代政治基础的纲领性概念，如民主、自由及法治、公民等在儒家传统政治哲学中都可以找到对应物，而且也注重从儒家经学著作中寻找现代政治仍然需要遵循的普遍政治原理，比如从《周易》中寻找"中国式启蒙观"。④ 有的学者站在现代公民宗教的立场上来研究传统儒学，并以公民宗教的视角来分析和认识儒学，将儒学当作一种普遍的公民宗教，既希望儒学在现代中国发挥公民宗教的作用，也坚持认为儒学在中国历史上就发挥着公民宗教作用，从而希望更进一步发掘作为公民宗教的儒学内容，并以此作为中国现代公民身份的普遍宗教基础。⑤ 中国政治思想史研究的经世诉求，当然不局限于大陆新儒学复兴儒家政治哲学的经学范式，还包含其他一些诸如新法家等的中国政治思想史研究经世诉求，新法家的研究方法与新儒家并无不同，主要是对概念进行抽象分析，它在研究结论上，混淆了先秦法家的法治概念和法治理论与现代意义上的法治概念和法治理论。⑥ 经世诉求的中国政治思想史研究脱离了马克思主义的指导，明显地走向了政治复古，但是他们对中国之古并不真正了解，他们的"古"只是"托古"之"古"，因此所谓"古"不过是一种用"古"包裹着的"现代"。他们作为认识主体，用自己的"现代性认知替代传统认知，把自己的观点，甚至是当下流行的现代理念或观念，投射到古人身上"，形成

---

① 参见方克立《现代新儒学与中国现代化》，天津人民出版社1997年版，第424—429页。
② 参见张师伟《中国政治思想史研究的百年回眸与学术省思——本土政治理论的概念检视与话语梳理》，《人文杂志》2019年第2期。
③ 参见姚中秋《重建中国政治思想史范式》，《学术月刊》2013第7期。
④ 参见姚中秋《中国式启蒙观：〈周易〉"蒙"卦义疏》，《政治思想史》2013年第3期。
⑤ 参见陈明《公民宗教：儒教之历史解读与现实展开的新视野》，《中国儒学》2014年第00期。
⑥ 参见喻中《法家第三期：全面推进依法治国的思想史解释》，《法学论坛》2015年第1期。

了研究者不应有的"主观投射过度",其结果就是在概念体系的理解和理论的解释上以己度人,将自己的概念与理论强塞给了古人。①

中国政治思想史研究的复古经世诉求,立足于20世纪初以来的中国社会大变革和大转型,他们之所以强调复古经世,就是因为西方来的概念和理论,特别是激进主义等造成了中国政治现代性发展的中断,而中国政治现代性的继续发展则需要以"古"来经世,因为中国之"古"具有远超西方的普遍性。② 中国政治思想史研究的启蒙诉求,同样也立足于近现代中国社会的大变革和大转型,但在中国现代性政治发展遭遇挫折及现实困顿的归因上,却迥然有异于复古经世派,从而强调中国政治现代性的发展在根本上就是从过去的"封建主义中走出来"③。既然中国政治现代性发展,就是从过去的历史定式中走出来,那么中国政治思想史研究的旨趣及目的就是科学地发现过去的历史定式。价值上的启蒙诉求在这里就顺势变成了一个知识论上的科学发现。因为中国政治思想史研究在科学上的认识目的是发现各个历史时代的政治概念、命题、判断及理论、思维等,所以它在研究方法上就必须要兼顾政治学的理论观点和历史学的分析方法。这种兼顾开创于萧公权的《中国政治思想史》④,具有相当的科学认识论指导价值。如果中国政治思想史研究罔顾政治学的理论观点,研究者就不能准确理解各个历史时代的政治概念,并客观呈现其完整的政治理论结构和特定的政治思维方式;如果中国政治思想史研究忽略了历史学的分析方法,研究者就不能正确处理社会史与思想史之间的辩证关系,从而将思想史变成了博物架或博物馆。⑤ 萧公权先生所开创的政治学视角与历史学方法相结合的研究范式,虽然追求的是科学认识,却不能不产生启蒙的结果。改革开放以来,刘泽华先生作为一个马克思主义历史学者,他对中国政治思想史的研究既重视政治学的理论视角,将政治学理论上的新概念引入研究工作,不断开拓和丰富了中国政治思想史研究的理论视角;也重视历史学分析方法的充分应用,以历史认识论的自觉来进行思想史史料的处理和历

---

① 参见葛荃《立场、方法与禁忌:中国政治思想与文化研究断想》,《政治思想史》2016年第3期。
② 参见姚中秋《可普遍的中国信仰—教化之道——基于〈尚书〉之〈尧典〉〈舜典〉的解读》,《西南民族大学学报》(人文社科版)2018年第1期。
③ 参见刘泽华《中国的王权主义:传统社会与思想特点考察》,上海人民出版社2000年版,《自序》,第2页。
④ 萧公权:《中国政治思想史》,新星出版社2005年版,凡例。
⑤ 参见李泽厚《中国古代思想史论》,安徽文艺出版社1999年版,第300—301页。

史社会学分析。他不仅否定了研究对象的超历史普遍性，而且还呈现了思想史与社会史有机联系的复杂整体性，并且还通过对话题、问题及命题等的研究，呈现了中国政治思想在理论结构上的阴阳组合的复杂性[①]及在宗旨上的君主专制主义特质。[②] 刘泽华先生认为，从过去的"封建主义"中走出来，就是从君主专制主义的"定式"中走出来，否则这个"相当稳定"的"定式"就会"死的拖住活的"，成为"前进的绊脚索"，必须要用"极大的力量进行清理"。[③] 这个结论在价值上显然具有十分明显的启蒙诉求，有的学者将刘泽华先生的史学研究归结为"启蒙史学"，强调刘泽华先生"作为启蒙史学的杰出代表"，"在他的专业研究中自始至终贯彻了启蒙思想和观念"[④]，他关于"王权主义论述的出发点和立足点，仍是启蒙"[⑤]。

改革开放四十年来，中国政治思想史研究作为一个学科化知识体系的地位，得到了恢复，但在怎样进行中国政治思想史研究、为什么进行中国政治思想史研究上，仍然缺乏知识论取向的科学研究。绝大多数中国政治思想史研究还带有"中国向何处去"的追问，不仅受到了学术思想界关于传统文化与现代化关系的诸多讨论的影响[⑥]，而且也普遍性地突出了中国政治思想史研究为政治现实服务的宗旨，启蒙和经世只不过是中国政治思想史研究为政治现实服务的两种不同方式。中国政治思想史研究的启蒙方式，较多地体现了历史主义的分析方法，以思想事实呈现的方式，突出了中国传统政治理论及思维的非现代性整体特征，在知识论的角度上具有较大的合理性。中国政治思想史研究的经世方式，继承和延续了近一个半世纪以来的文化保守主义传统，较多地采用了抽象分析的方法，突出强调了中国传统政治思想特别是儒家政治思想中的普遍超越性，在民族自信心的提升上颇有影响力。两者的并存和竞争由来已久，又将长期存在，但在近年来两者的对比中，情胜于理的经世方式在舆论上处于上风。知识论取向的中国政治思想史研究，一方面立足于呈现作为历史事实的政治知识，但又难免在研究中贯穿启蒙的情结，而只有避免了体现启蒙情结的诸多"假

---

① 参见刘泽华《传统政治思维的阴阳组合结构》，《南开学报》2006年第5期。
② 参见刘泽华《中国政治思想史集》第三卷，人民出版社2008年版，第110—121页。
③ 参见刘泽华《中国政治思想史集》第三卷，人民出版社2008年版，《弁言》，第1页。
④ 参见王学典、郭震旦《新启蒙仍是当下中国思想界的一支劲旅》，《天津社会科学》2015年第2期。
⑤ 同上。
⑥ 参见张师伟《中国传统政治哲学的逻辑演绎》，天津人民出版社2016年版，第3页。

言判断"①，才能呈现政治思想历史事实的客观样态；另一方面立足于将历史上的政治知识，融入中国现代政治知识体系的建构中，以推动中国特色社会主义政治学理论体系的发展和成熟。②

---

① 参见雷戈《从简单本质到复杂本质——〈中国政治思想通史（综论卷）〉开放出的思想境域》，《史学月刊》2016 年第 5 期。
② 参见张师伟《中国政治思想史的学科定位及学术使命———一种基于知识论视角的分析》，《天津社会科学》2013 年第 1 期。

中国政治学恢复以来的中外政治制度研究：态势、问题与展望

吴健青　冯修青　马雪松[*]

政治制度作为构成政治学核心概念、关键命题、基础理论的重要成分，自政治学诞生以来就颇受关注。我国政治学恢复以来，中外政治制度研究受到高度重视，在学科定位、议题深化、领域扩展、理论创新、方法应用等多个层面取得了突破性的进展。这一时期也是我国改革开放和现代化建设的关键时期，中外政治制度研究的稳步向前基本与改革开放相伴而行，制度理论的推陈出新与制度实践的探索创新交相辉映。依据中国政治学恢复以来中外政治制度研究的丰富成果，梳理中外政治制度研究取得的斐然成就与当前面临的主要问题，并在此基础上展望制度研究的未来前景，不仅对于明确学科定位、优化专业设置、促进人才培养、推动研究创新而言具有重大意义，更为展望中外政治制度研究的本国模式、路径调适、发展趋势提供必要思考契机。

一　中外政治制度研究的基本态势

自政治学学科恢复至今，我国政治学内部学科与研究方向不断丰富和发展，初步形成了以政治学理论、中外政治制度、国际政治等7个二级学科为主要分支，以中外政治思想史研究、中外政治制度研究等为重要研究方向的学科规模。中外政治制度研究作为政治学的分支学科和专门领域，涉及中外国家政权本质、国家结构形式、政府组织形态以及构成国家制度的相关体制和一般机制，同时在新制度主义政治学、比较政治学、制度经

---

[*] 吴健青、冯修青、马雪松：吉林大学行政学院。

济学、历史社会学等跨学科理论体系和分析方法的推动下，对当代不同国家的政治发展特别是国家治理问题进行深入探索，从而体现出高度的现实关怀和学理反思的属性。政治学恢复的40年间，国内制度研究学者不仅在理论层面加强国外理论译介，深化研究议题探讨，逐步构建中外政治制度研究学科的理论体系，更在现实层面上运用微观视角，关注政治制度实践的新发展，推进制度研究团队建设。从宏观角度梳理这一学科的现有成就，有助于掌握中外政治制度研究的发展脉络，探析国内制度研究仍待突破之处，展望中外政治制度研究的发展前景。本部分将以研究体系、研究议题、研究领域以及研究方法为逻辑主线，探讨政治学恢复以来国内政治学界就制度议题取得的相关成果与建树，并以此分析我国中外政治制度研究的基本特征。

（一）中外政治制度研究的体系逐渐完善

学术研究体系的形成既需要从纵向上对学科规模加以整体审视，如关注马列经典作家的基本原理论述对当下中国政治制度建设的启示，更需要对不同研究领域进行横向比较，从国内国外、多重学科等研究视域，并结合当代社会的政治、经济与观念变迁背景，丰富研究体系的具体内涵。在改革开放之初，邓小平同志指出"政治学、法学、社会学以及世界政治的研究，我们过去忽视了，现在也需要赶快补课"，强调要加快建设中国特色理论研究。[①] 随后，全国各高校纷纷设立政治学院系，推进政治理论研究。自政治学恢复以来，国内学者日益发觉诸多政治现象背后存在更为深层次的制度归因，研究视域也逐渐向制度领域扩展。国内制度研究者不断丰富中外政治制度研究成果，关注现有政治制度建设的成果与经验，反思制度建设预期、理论搭建目标与现有制度建设实践、制度理论与应用实践之间的张力，不断构建中国特色制度研究理论体系。习近平总书记在2016年哲学社会科学工作座谈会上的讲话中指出，要加快构建中国特色哲学社会科学学科体系、学术体系与话语体系，这一重要论断不仅为中外政治制度研究指明了学科建设的基本方向，也展现出我国政治制度研究体系的现状和改善空间。[②] 目前学界虽尚未就中外政治制度研究体系的具体构成达成共识，但这一体系重视把握中外政治制度发展脉络与逻辑线索，以营造

---

① 《邓小平文选》第2卷，人民出版社1994年版，第180—181页。
② 习近平：《在哲学社会科学工作座谈会上的讲话》，《人民日报》2016年5月17日。

学术团队与构建本土话语体系为重要目标，以设置专门学科为研究基础，并且在学科体系、学术体系以及话语体系的构建方面显现出多样化趋势。

首先，中外政治制度研究的学科体系不断完善。学科体系建设的目标指向中既包含特定学科地位与学科必要性的彰显，也涉及不同学科优势与独特性的凸显。在哲学社会科学学科体系建设过程中，各个学科既要认清自身专业地位，在整体学科门类中精准定位，又要结合自身特殊性，与其他学科共同助推哲学社会科学发展。政治学恢复以来，国内制度研究学者坚持以马克思主义基本理论、毛泽东思想和中国特色社会主义理论体系为指导，在推进基础学科建设的基础上，逐步突出制度研究的理论特色。在学科设置与地位彰显层面，制度研究的学科体系建设主要表现在学科设置与学位点设置等方面。中外政治制度研究隶属于政治学学科，涉及中国政治制度、外国政治制度、国别政治制度以及比较政治制度等多个领域。进入快速发展期之后，中外政治制度研究在政治学学科体系中的地位不断攀升，为相关学科持续提供丰富的可借鉴资源。就学位点设置而言，从政治学恢复至今，五十多所高校设立中外政治制度硕士点，中国社会科学院、北京大学、中国人民大学、复旦大学、武汉大学、南开大学、山东大学、华中师范大学、中国政法大学以及天津师范大学等高校与机构设置博士点。在突出学科特色层面，中外政治制度研究一方面集中关切制度议题的生成、变迁与再生，并着眼于规则性制度与组织性制度、单一型制度与复合型制度、正式制度与非正式制度等诸多制度形式，同时关注制度的历时性层面与共时性层面，为政治学整体学科建设熔铸制度研究根基。[①] 另一方面，中外政治制度研究成为独立学科以来，学者们的研究在保持专业特色的同时，也逐渐实现与其他学科的融洽对接，制度研究领域的关键概念、核心范畴与重要理论为其他学科所接纳吸收，国际政治、国际关系、中共党史等政治学专业与历史学、法学、社会学等其他学科逐渐采用制度分析路径，如新制度主义等，合力助推哲学社会科学学科体系建设。

其次，中外政治制度研究的学术体系逐渐形成。学术体系涉及对特定学术问题的研究以及相应学术指标体系的设立，哲学社会科学的学术体系建设囊括学术研究规范的设立、学术团队的打造、学术研究的多元格局、

---

① 马雪松：《政治世界的制度逻辑——新制度主义政治学理论研究》，光明日报出版社2013年版，第97—101页。

学术资源的充分利用、学术成果的转化机制等。① 就中外政治制度研究而言，自政治学学科恢复之日起，国内学者不断建立与完善其学术体系，创建学术研究团队，制定学术研究规范，创立学术成果评价体系，综合创设多种数据库以保存学术成果，并与党政机关密切协作，实现研究成果的现实转化。一方面，学术团队逐步建立，学术平台初步搭建。中外政治制度学科创设至今，学术队伍不断壮大，其中北京大学、中国人民大学、复旦大学、吉林大学、武汉大学、南开大学、华中师范大学等高校及其研究机构凭借其各具特色的制度研究成果，搭建起风格迥异但以制度理论创新为旨归的研究框架，并逐步形成团队化的中外政治制度研究模式。同时，中外政治制度研究的学术平台也得以逐步搭建。各高校与研究机构就制度议题承办跨学科、跨国学术会议，中国政治学会以及各省级地方政治学会等学术共同体也为国内外学者提供了探讨制度议题的学术平台，而《中国社会科学》《政治学研究》等学术期刊也推进了政治制度研究深入发展与学术体系完善。另一方面，中外政治制度研究的学术规范与评价体系逐渐建立，学术研究资源日渐多样化，学术成果经由党政机关座谈会、理论处等工作机制日益落实于我国政治制度建设实践中。我国哲学社会科学学术评价标准与体系的形成为中外政治制度研究提供借鉴，中国社会科学评价研究院等机构的设立推进了政治制度研究标准化与规范化。政治学学科规范与成果评价体系的构建也成为中外政治制度研究学术评价体系的依托，如刘伟编著的《政治学学术规范与方法论研究》等。同时，国内制度研究学者也充分运用现有学术资源与信息技术，利用中国知网、各高校图书馆、中国人民大学复印报刊资料、谷歌学术等数据库，保存现有学术研究成果。此外，党政机关作为我国政治制度建设的理论践行者，不仅从自身工作中总结实践经验，借此为制度研究学术体系提供现实支撑，更通过理论处等机构实现与高校学术成果的相互衔接，经由座谈会等形式听取专家意见，实现中外政治制度理论研究成果的现实转化。

最后，中外政治制度研究的话语体系逐步构建。在人类知识谱系中，词语与语言的发展成为人们理解现实世界、形成理论体系的基础，"思想离开了词的表达，便只是一团没有定形、模糊不清的浑然之物"②。这种话语媒介在感知客观存在与传播理论知识过程中，始终发挥重要工具性价

---

① 李猛、郑言：《构建中国特色社会主义政治学学科体系、学术体系和话语体系何以必要》，《探索》2017年第4期。
② 索绪尔：《普通语言学教程》，高名凯译，商务印书馆1980年版，第157页。

值，正如卡西尔（Ernst Cassirer）所言，"语言被看作人类思想的一种工具，我们借助它而建构起一个客观性的世界。"① 自政治学恢复重建以来，关键概念的创设与专业化语言的积累逐渐成为构建学术研究话语体系的根基，国内学者愈益结合本国国情实际，创造具有中国特色的学术概念，以此形成富有时代性、独特性的政治学话语。在编著和撰写政治制度专著的过程中，国内学者充分运用辩证思维，创设了诸如"增量民主""基层民主""压力型体制"等简单通俗的制度话语，并借此实现对客观政治世界与现今中国国家制度总格局的把握。在近几年中，有关国内话语体系构建的话题始终热度不减，政治制度研究的本土化也是国内学者关注的重点。在政治学恢复发展的40年历程中，学者们一方面承认国外制度理论对于国内制度研究具有重要的启发意义，认为实现中外政治制度研究的世界化是推进中国特色社会主义理论体系创新的重要路径。因此，国内制度研究者逐步形塑国际化思维，介绍并引进国外优秀概念工具与理论框架，力图为解释中国政治制度发展模式提供新的助益。另一方面，学者们也初步尝试运用中国视角、中国思维与中国话语探索政治制度的研究模式，进而形成具备本土化色彩的概念与话语。通过撰写相关教材与通论性著作，如王惠岩主编的《比较政治制度》、徐育苗主编的《当代中国政治制度研究》以及浦兴祖主编的《当代中国政治制度》等，国内学者初步构建起以中国特色社会主义理论体系为支撑的制度研究话语框架，加快构建我国政治制度研究的话语体系。

（二）中外政治制度研究的议题不断深化

学科研究议题的发展趋势体现出一个学科研究内容的发展与研究主题的变迁。改革开放以来，中国国内社会环境发生极大变迁，政治与经济体制改革逐步推进，社会活力得以释放，思想观念渐趋多元化，新的社会阶层也逐渐出现。这些社会现实使得学者们开始发挥理论创新和创造能力，根据和平与发展的时代主题，阐释现有政治现象的制度归因，并逐步搭建中外政治制度研究的议题框架。同时，国内外理论体系的发展也成为助推制度研究议题深化的关键因素。随着对外交流的增加，国内制度研究者深刻体会到国内理论发展的不足，指出国内制度理论建设需要关注国外政治制度的建设实践。因此，在中外政治制度研究尚未形成完整学科时，学者

---

① 卡西尔：《符号、神话与文化》，李小兵译，东方出版社1988年版，第92页。

们在政治学大学科背景之下，依托马克思主义政治学的基本理论，运用马克思主义政治学基本概念工具，着重关注西方政治制度发展现状，如选举制度、政党制度等宏观主题。中外政治制度发展为专门学科至今，国内整体政治制度格局已基本形成，既包含人民代表大会制度的根本政治制度，中国共产党领导的多党合作和政治协商制度、民族区域自治制度与基层群众自治制度等基本政治制度，也囊括基层社会衍生出的各种制度创新形式，如浙江温岭的基层民主恳谈会等。在这一过程中，国内学者逐渐意识到制度理论研究成果与制度实践之间的不协调，认为现有理论框架对制度应然层面的探讨并未充分落实到制度建设的实然层面，制度理论建设与实践之间仍存有不小张力。因此，国内学者的研究议题与研究内容渐趋深化，在把握政治制度建设宏观规律的基础上，通过为政治制度研究划定以条块化分析为特色的基本范畴，推进政治制度的共时性与历时性双重方向研究，为助推政治制度达至"良善"运行提供理论支持。政治制度研究的条块化涉及宏观政治制度、具体政治制度与制度相关专题研究的共同发展，共时性制度研究集中体现在对制度研究的微观化与精细化层面加以探讨，历时性制度研究则以纵向时间为跨度，结合相关史料进行制度史层面的挖掘。

其一，宏观政治制度研究、专题政治制度研究以及具体政治制度研究共同推进。研究范畴是对研究议题与内容的范围界定，不仅包括对位于界限内外的研究内容加以区分，也包含对界限之内的研究议题进行特征归纳与理论总结。这一过程是学术研究的必要，可为研究议题的深化提供条块化分析思路，为搭建哲学社会科学的议题网络提供助益。对于中外政治制度研究而言，其研究议题的深化首先表现在基本制度范畴的划定与研究上。政治学恢复重建以来，国内制度研究者遵循条块化逻辑思路，对现有政治制度格局加以分析，并从宏观、专题与具体三个层面，对具有不同特性的制度实体范畴进行厘清。这一时期政治制度研究议题深化集中体现在宏观政治制度研究、制度专题研究以及具体政治制度研究的共同发展上。宏观政治制度研究集中关切时间跨度较大的制度类型，多以探析国家政治制度的整体发展脉络以及结合时代背景分析现有政治制度发展逻辑为主。在内容上，宏观政治制度分析较多运用宏观和整体性视角，以国内与国外为基本研究范畴，总结中外国家政治制度建设的历史与经验。这一类型的著作较多呈现于学科创设初期以及研究议题的初步深化阶段，如祝总斌编著的《中国古代政治制度研究》，吴大英、张明澍主编的《西方国家政治制度剖析》以及林尚立撰写的《协商政治——对中国民主政治发展的一种思考》等。专题政治制度研究则是指国内学者依据当下整个国家的历史情境与逻辑，结合政治学学科发展的大背景，探讨政治制度与治理、问责、政治发展、民主政治、反腐等命题的契合性。此类研究更多以块状思维反思中国现今政治制度格局，并结合国家大政方针的变迁，逐步挖掘中国国家治理、党风廉政建设、民主政治发展等议题的制度逻辑，如张贤明撰写的《论政治责任——民主理论的一个视角》、金太军与许开轶合写的《香港廉政公署制度与廉政建设》。具体政治制度研究主要围绕某一类特定政治制度展开调研，其内容相较于宏观政治制度分析更具微观色彩，相较专题政治制度研究更为聚焦制度个体，其研究视域也集中于单个制度实体的发展上。具体政治制度研究在内容上较多以职责权限为划分依据，持续跟进特定国家政治制度的运转，主要涉及人民民主专政的国家制度、议行合一的人民代表大会制度、中国共产党领导的多党合作与政治协商制度、民族区域自治制度、特别行政区制度、基层群众自治制度、国家行政制度、司法制度等内容，如周平所著《民族区域自治制度在中国的形成和演进》。在时间跨度上，此类研究的历时性特征较为明显，且更为关注新中国成立后社会主义政治制度的变迁历程。

其二，在共时性研究层面上，微观化与精细化研究逐渐深化。共时性研究侧重研究同一时期存在且构成系统的要素之间的逻辑关系，研究视角较为深入客观事物的微观层面，更为强调各具体要素的运行机制及其相互作用。[①] 对于中外政治制度研究而言，学者们日益采取系统化分析思路，将现有国家政治制度格局视作各要素统一协调、动态互动的结构体系，对这些结构与部分的研究也渐趋聚焦于二者的耦合关系以及个体制度的运行机制与优化路径。政治学恢复重建以来，政治制度研究的微观化与精细化集中体现在学者们关切政治制度的微观研究视角，推进现有政治制度研究向纵深发展，其研究内容更为具体，研究主题也趋向于结合不同范式思考政治现象。在政治学40年的发展历程中，中外政治制度研究的微观化与精细化发展趋势一方面表现在缩小研究视角与聚焦微观制度创新层面，制度研究者力图为优化微观制度的运行机制提供理论指引，对现有制度创设与变迁实践加以理论总结。此类研究遵循从"局部完善"走向"整体发展"的阐释逻辑，关注特定时期国内外政治制度建设的显著特征，根据特殊社会的政治、经济、文化、社会等要素综合分析制度变迁的路径，如有

---

① 索绪尔：《普通语言学教程》，高名凯译，商务印书馆1980年版，第117—141页。

学者提出"增量民主"概念，探讨"三轮两票"制镇长选举的政治学意义。① 有学者选取民主崩溃这一视角，分析政治学中的选民分裂与政治制度以及民主崩溃的关系。② 另外，中外政治制度研究的微观化与精细化也体现在对单个制度实体与整体政治制度格局的契合性分析层面。在国家治理现代化背景下，国家整体政治制度格局是一个各要素发挥独特性，相互联系相互作用的有机整体，各子系统之间分工配合、彼此合作，共同助力国家政治制度建设蓝图的实现。在此过程中，学者们秉持整体化、系统化、分类化等重要理念，通过探讨各子系统制度的现实功效，阐释其对社会主义政治制度建设的助益，如有学者依据我国民主政治制度的发展，结合民主恳谈会、民主座谈会以及民情直通车等协商形式，论述社会主义协商民主这一新型制度形式是对于国家官方意识形态与民主形式的制度衔接。③

其三，在历时性研究层面，中外政治制度研究议题的深化体现在制度史研究逐渐系统化。政治制度的历时性研究关注政治制度在不同时间跨度范围内的运行，力图揭示不同阶段政治制度的多重面相，为解释制度生成、维系与变迁提供思考契机。这一研究的主要特征体现为学科之间的资源共享与学科史的梳理评析。哲学社会科学各学科虽源于各异的理论与实践基础，遵循不同的学术研究逻辑，但哲学、政治学、社会学、历史学、法学等学科门类共享同一套社会演进背景与相似的建设脉络，都是从社会实践中提取理论并将其上升为一般性规律，因此各学科之间的交叉借鉴是学科发展的必由之路。作为法学学科门类下的一级学科，政治学科与其他学科理论相互补充、相互支持，其中，历史学的作用尤为突出。就中外政治制度研究而言，历史学思维与逻辑同样影响其研究议题的深化。自学科成立以来，学者们基于中国传统的制度文明与制度建设历史资源，梳理中国及外国政治制度史，力图挖掘中外政治制度发展逻辑与趋势。在中国政治制度史研究方面，有学者认为，中国政治制度史研究包括中国古代政治制度史和中华人民共和国制度史，前者又可细分为断代政治制度史、中央

---

① 俞可平：《增量民主："三轮两票"制镇长选举的政治学意义》，《马克思主义与现实》2000年第3期。
② 包刚升：《民主崩溃的政治学——选民分裂、政治制度与民主崩溃》，《公共行政评论》2013年第5期。
③ 何包钢、陈承新：《中国协商民主制度》，《浙江大学学报》（人文社会科学版）2005年第3期。

政治制度史、地方政治制度史、政治制度通史。① 总的来看，此方面研究主要涉及史纲研究、通史研究以及中华人民共和国制度史研究三种进路，前两者属于中国古代政治制度史类别，包括对某一朝代主要政治制度、某一具体制度的运作机理及其变迁以及某一制度在特定朝代的变迁进行考察。就史纲研究而言，相关研究主要集中于政治制度学科的恢复阶段，学者们更为关注提供通论性理论指导，张鸣的《中国政治制度史导论》、杨阳的《中国政治制度史纲要》等著作均具有代表性。就通史研究而言，白钢于 2011 年编著完成的《中国政治制度通史》是这类研究的翘楚。共和国制度史研究主要结合新中国成立之后的历史情境，分析我国社会主义政治制度建设与完善，如陈明显《中华人民共和国政治制度史》等。国外政治制度史研究方面热度相对较低，学者们一则以"西方"等词语明确研究范围，简要分析此类国家的政治制度发展史及现状，如马啸原的《西方政治制度史》、俞可平的《世界主要政党规章制度文献：美国》等；二则关注特定国家或特定政治制度发展史，如程汉大《英国政治制度史》、张定河《美国政治制度的起源与演变》等。此外，历时性与共时性的统一也构成制度史研究的一大特色，制度研究者们按照划定时间跨度、探索制度价值意蕴等思路，关注某项政治制度的具体面相，如有学者基于梳理我国古代科举制度中有关经义、八股、考生、考官等运作机制，分析中国古代科举制度对于社会平等价值的体现及其走向终结的原因②；有学者则分析两汉魏晋南北朝时期的宰相制度③；有学者则以日本皇权为切入点，分析近代日本政治体制的变迁。④

（三）中外政治制度研究的领域逐渐拓展

学科研究领域意指某学科所涉范围的广度与界限，是厘清学科边界与分析对象的重要标准。在政治学学科恢复之初，国内中外政治制度研究多以专项政治制度研究为主，如政府体制、社会主义制度等，其研究内容的意识形态色彩相对浓厚，研究的体系化程度不高，研究的领域相对受限，

---

① 杨海蛟：《20 世纪 90 年代以来中国政治学研究的特点及发展趋势》，《浙江社会科学》2001 年第 4 期。

② 何怀宏：《选举社会及其终结——秦汉至晚清历史的一种社会学阐释》，生活·读书·新知三联书店 1998 年版。

③ 祝总斌：《两汉魏晋南北朝宰相制度研究》，中国社会科学出版社 1990 年版。

④ 龚娜：《近代日本政治体制中的皇权》，《东北亚学刊》2013 年第 2 期。

且这一阶段的中外政治制度研究更多以社会主义、资本主义等要素为划分标准，总体的研究风格侧重为马克思主义相关原理提供理论阐释。历经40年的学科发展与改革，国内中外政治制度研究的关注对象更为多样化，不仅关注个体层面的制度实体运作，更结合多学科视域聚焦不同领域、环节与层次的制度现象。在这一阶段，中外政治制度研究的意识形态色彩渐趋淡化，制度研究者力图结合多领域制度建设，对现有研究体系进行查缺补漏，其研究标准愈加多元。学者们在学术化、科学化与规范化的思维导向下，逐渐关注理论内部的发展脉络与现实制度运行的多重外部机制。中外政治制度研究不断延伸其研究领域，不仅关注以国别为基础的政治制度比较研究，如探析英美日等国家政治制度，更关注非西方国家政治制度发展模式与政治体制的诸多面相，如有学者关注到后发国家的制度演进等。[①]总体上看，中外政治制度研究在40年来呈现出以下几方面研究趋势。

第一，比较政治制度研究逐渐成为制度研究的重要方向。比较政治学是20世纪五六十年代以来美国政治学学科内部兴起的关键领域，在我国政治学恢复之后迅速传入国内，并逐渐深入各个政治学研究主题之内，其分析思路与核心概念愈益成为分析当代中国政治的重要理论工具。作为比较政治学研究的核心议题，政治制度是社会科学各学科及研究领域进行现实考察与理论探究的重要对象，制度领域的比较分析也引起了国内学者的关注。[②] 在此过程中，国外制度研究者的相关著作和思想日益引介进来，并为国内政治学学者开拓制度比较分析领域提供了理论经验，如佐藤功的《比较政治制度》等。在20世纪90年代，国内学者渐趋关注比较政治制度研究的原创性层面，主张结合国内改革开放以来的社会实践，创建我国比较政治制度研究的全新领域。有学者提出"政治制度需要研究和比较"，并为比较政治制度研究规划发展方向与前沿突破。[③] 也有学者对比较政治制度研究的结构层次进行简要划分，将比较政治制度的研究领域划分为政治机构、机构运转、政治文化与社会公众。[④] 随着比较政治学作为一门专门研究领域为国内学界所接受，这一比较视域下的制度研究在中外政治制度研究中的重要性日益彰显，并呈现出以下三种研究思路。一是编纂了某

---

① 高春芽：《后发国家政治制度模式发展探析》，《湖北社会科学》2007年第4期。
② 马雪松，刘乃源：《秩序状态、权力结构、行为背景：政治制度本质属性的规范分析》，《湖北社会科学》2012年第1期。
③ 俞可平：《政治制度需要研究和比较》，《经济社会体制比较》1998年第1期。
④ 王伯军、夏明：《比较政治制度的四个层面》，《探索》1993年第3期。

些通论性的比较政治制度研究教材。基础理论是社会科学学科建设和发展的前提与基础，更是中外政治制度学科得以获取概念工具，实现理论开拓创新的关键。政治学恢复以来，国内制度研究者笔耕不辍，致力于创建通俗化、简明化的政治制度研究文本，为后期学科建设与前沿延展奠定理论根基。这一阶段的国内制度研究者不仅钻研普遍性的制度建设规律，而且通过中西比较，探寻具有中国特色的社会主义制度运行模式。此方面研究除前文所提及的王惠岩、浦兴祖等学者著述的《比较政治制度》之外，还有徐育苗撰写的《中外政治制度比较》以及常士闿编著的《比较政治制度》等文献。二是根据不同主题编著一系列中外政治制度比较文献。如前文所述，专题性或专项性政治制度研究以结合国家制度建设实践经验为特色，具备与时俱进的理论创造力，而专题性的比较政治制度研究文献在保留开拓创新底色的同时，也侧重构建制度比较的宏观分析体系。此类研究一方面关注不同制度主题的概念阐释、历史演进、结构体系、职责权限与程序规则，也对中西不同国家具体政治制度的基本特征与发展趋势加以总结。此方面研究以徐育苗主编的中外政治制度比较丛书为代表，这套丛书囊括了高秉雄、苏祖勤所著的《中外代议制度比较》，胡盛仪等编写的《中外选举制度比较》，张立荣编写的《中外行政制度比较》等10种著作。三是依托比较政治学丛书与期刊。研究丛书与期刊的出版为中外政治制度研究提供诸多便利，宁骚主编的"比较政府与政治译丛"业已译介施密特（Steffen Schmidt）、扎哈里雅迪斯（Nikolaos Zahariadis）、威亚尔达（Howard Wiarda）等多名国外学者的专著，杨光斌主编的《比较政治评论》、李路曲主编的《比较政治学研究》以及高奇琦主编的《比较政治学前沿》等学术期刊都将比较政治制度专题囊括其中。

第二，相近学科的交叉借鉴。哲学社会科学总体布局包含哲学、政治学、法学、历史学、社会学等多个学科在内，随着各个学科之间交流日益密切以及各学科研究领域的不断拓展，诸多学科日渐共享某些研究主题，如政治学与法学的结合催生出政党建设、廉政建设等命题，历史学与社会学的融合衍生出历史社会学这一分析路径，各边缘学科如政治心理学、政治社会学等也渐趋发展为独立学科。作为政治学一级学科下设的二级学科，中外政治制度研究的理论资源涉及其他诸多研究方向与学科。中外政治制度研究从与其同为政治学重要研究议题的政治思想史中汲取历时性资源，从与其同为政治学二级学科的国际政治中发掘制度建设规律，从历史学、行政管理学等相近学科中借鉴经验材料。考察中外政治制度与中西政治思想史的关系，政治制度建设离不开古今中外政治思想家对社会现实的理论反思，不能脱离对现实制度建设的观念史分析。"政治思想的核心就是为各阶级取得、建立和维护政权的思想、观点、理论与学说"，这一理论体系与政治制度建设的实质不谋而合，政治制度建设在本质上讲也是为维护政权而展开的权力运行体系。[1] 有学者指出，政治制度研究在从其他研究方向汲取有益成果的同时，不能忽视对政治思想的观照，二者并非彼此对立的两极，而是可以实现有效互动的统一整体，并以此为基础构建了"政治制度思想"这一概念。[2] 中外政治制度与国际政治学科的交叉与借鉴主要体现在二者对比较政治学的推动上，从某种意义上讲，比较政治学的核心关切点之一就是以国别为基础的制度分析。国际政治是以国别关系、地缘政治为研究基础的一门学科，政治制度既是其分析国际政治局势的重要关切点，也是其探析国家间关系、国际政治体系动态的必要理论工具。在政治学恢复重建的40年间，中外政治制度研究与国际政治研究的契合性逐渐深化，制度研究的概念工具如新制度主义逐渐为国际政治研究者所接纳，国际政治的全球视野也为制度研究提供规律探讨的学科空间。此外，中外政治制度研究也并未局限于政治学的领域内部，而是与相邻学科进行有益借鉴与融合。在历史学、行政学方面，国内学者依据相关史料以及党和国家执政建设实践经验，为总结和反思中外政治制度学科理论发展增添现实根基，如虞崇胜在其主编的《中国行政史》中梳理的从上古时代到近代的中国行政制度变迁。[3]

第三，理论导向型研究与问题导向型研究共同推进。学术研究的理论导向与现实导向是思考学术问题、解决研究问题的双重思路，前者更为侧重以哲学式思辨探索概念、原则、理念、学说等议题，后者则遵循从现实到理论再到现实的思索进路，进而实现对经验的理论阐述。两种研究导向看似风格迥异却殊途同归，理论的思辨灵感最初源于学者们对现实世界的感知，现实的经验探索最终也将汇集为学科理论中的一般性规律。在政治学恢复重建以来的发展中，国内学者致力于探讨政治学的理论研究与应用对策研究，不断为提升对政治现象的认识提供更多的理论知识，为解决现

---

[1] 徐大同：《文踪史迹》，天津人民出版社2007年版，第127页。
[2] 季乃礼：《政治制度、政治思想与政治制度思想——一种理论构建的努力》，《武汉大学学报》（哲学社会科学版）2016年第4期。
[3] 虞崇胜：《中国行政史》，东南大学出版社2001年版。

实政治问题提供应对途径和可行办法。① 而国内制度研究者虽然尚未在学科内部就理论与问题的导向之争达成统一认识，但仍致力于推进两种导向型研究共同发展。就理论导向型研究而言，其势头依旧强劲。国内制度研究者一方面密切关注政治制度的核心内涵分析，探索制度的概念释义与价值体系，力图为探讨制度议题提供普遍性解释框架。另一方面，学者们着力分析政治制度的外延性层面，如政治制度的诸多表征及其功能定位等。曹沛霖撰写的《制度的逻辑》、赵汀阳编著的《天下体系：世界制度哲学导论》等书目是此类研究的翘楚。就问题导向型研究而言，这一研究导向在我国中外政治制度学科发展中占据愈发重要的地位，诸多研究具有问题意识，学者们愈益主张制度研究的实用性。此类研究主要遵循两种分析思路，一是关注与我国政治社会发展紧密相关的议题，结合国家大政方针，对现有制度议题展开全面剖析，比如有学者针对一项根本政治制度、三项基本政治制度展开深度探索，也有学者基于国别比较分析中国政治制度变迁的未来趋势等。二是聚焦现有政治制度建设实践与理论推进之间存在的不平衡、不协调之处，解析当前阻碍政治系统良性运行的制度壁垒与障碍，力图为制度维持与变迁提供可行思路。此外，推进两种导向的有机结合也是目前学界所做的努力之一，这尤其体现在对新制度主义的研究上。在政治学恢复重建的40年间，国内学者一方面不断推进新制度主义理论的译介工作，将国外研究的优秀成果引入国内学术界，为国内政治学的制度议题探讨提供可资借鉴的思路。如有学者译介了霍尔（Peter Hall）与泰勒（Rosemary Taylor）的新制度主义政治学理论。② 有学者基于新制度主义对行为主义的挑战，概述新制度主义的三种流派，并总结这一范式的基本观点。③ 另一方面，国内学者也从国外吸取经验，总结现有理论的空缺之处，并结合中国实际逐渐创造富于中国特色的制度解释路径。如有学者运用制度研究范式，分析中国政治与经济变迁。④ 有学者运用新制度主义视角，探索我国特定部委的改革与变迁逻辑。⑤

---

① 张贤明：《成就、经验与展望：新中国政治学70年》，《社会科学战线》2019年第7期。
② ［美］彼得·霍尔、罗斯玛丽·泰勒：《政治科学与三个新制度主义》，何俊志译，《经济社会体制比较》2003年第5期。
③ 朱德米：《新制度主义政治学的兴起》，《复旦学报》（社会科学版）2001年第3期。
④ 杨光斌：《制度范式：一种研究中国政治变迁的途径》，《中国人民大学学报》2003年第3期。
⑤ 马得勇、张志原：《观念、权力与制度变迁：铁道部体制的社会演化论分析》，《政治学研究》2015年第5期。

（四）中外政治制度研究的方法日趋多样化

社会科学研究是人们了解、分析、理解社会现象、社会行为和社会过程的一种活动，这一活动的开展需要运用哲学思辨、逻辑分析、科学抽象、直觉思维、文献研究、量化研究、质性研究、学科研究等方法。[①] 对于政治学研究而言，研究方法是钻研学术命题，实现理论创新的必要条件，在政治学恢复重建的40年间，国内学者综合运用哲学思辨以及文献研究等研究方法，结合经验与理论的现实诉求，探索并开拓新型分析方法与范式。作为政治学的一个重要分支，中外政治制度研究发展也需要科学化研究方法的必要支撑。在政治学学科成立之前及恢复初期，中外政治制度研究主要遵循规范理论的分析方法，运用阶级分析与哲学思辨研究等范式，以"中西"概念划分研究对象与研究范畴。进入快速发展时期后，国内学者的政治制度研究开始尝试多元化研究方法，逐渐提升自身研究的科学化与规范化。这一趋势主要体现为在保证思辨式基础理论发展的前提下，历史社会学方法得以不断译介，质性研究方法得以较为普遍地应用以及初步探索量化方法。

其一，历史社会学理论的译介。历史社会学是关于现代国家史的研究，是一种宏观历史结构的路径，这一范式主要探讨现代国家形成的道路、阶级关系、民主、民族等政治议题。[②] 制度研究虽侧重分析政治生活中的现实制度构建，但其仍将宏观性国家建设、民族政治发展、民主政治建设等主题纳入研究视域，并力图为解决此类问题提供翔实的制度建设材料。中外政治制度研究同时关注政治分析中的宏观、中观与微观机制，探索不同专题的国家政治关系与政治过程如何与政治制度相互作用，并善于归纳和总结诸多政治表象之下的制度运转逻辑。因此，宏观分析的研究视域与研究范式对这一学科发展与完善的作用不言而喻。自政治学恢复以来，作为社会科学的重要研究理论，历史社会学在我国得以不断译介。至学科快速发展时期，历史社会学得以更广泛地推进，并逐渐显现出两种趋势。一方面，国内学者开始翻译国外历史社会学名家的相关论著，将这一理论逐步纳入国内方法视域。比较历史分析是历史社会学研究运用的一种

[①] 陈向明：《质的研究方法与社会科学研究》，教育科学出版社2000年版，第3页。
[②] 杨光斌：《论政治学理论的学科资源——中国政治学汲取了什么、贡献了什么》，《政治学研究》2019年第1期。

具体方法，其运用系统比较与事件的时间过程分析去解释大规模的事件结果。[1] 此类文献主要涉及摩尔（Barrington Moore）的《专制与民主的社会起源——现代世界形成过程中的地主和农民》与斯考切波（Theda Skocpol）的《国家与社会革命——对法国、俄国和中国的比较分析》。此外，也有学者指出，长时段构建理论模型、事件社会学等方法也可被纳入历史社会学的研究阵营。[2] 运用该分析模型的文献主要包括蒂利（Charles Tilly）的《强制、资本与欧洲国家——公元990—1992年》、曼（Michael Mann）的《社会权力的来源》等。另一方面，部分国内学者也在审视国外既有理论的基础上，通过厘清这一理论的发展脉络与研究要点，探讨其在我国的具体应用问题。有学者反思了部分国内学者为历史社会学附加的"学科"属性，认为历史社会学现今仍缺乏一致的学科元问题，缺少相应的概念与理论体系，其研究队伍建设也有不足，因此这一理论尚未发展为一门学科。[3] 有学者基于政治学理论学科发展，探索历史社会学为政治学研究贡献的资源。[4] 也有学者采访了15位历史社会科学家，依据他们的学术历程，聚焦社会科学历史转向的发展问题。[5] 此外，历史政治学也在近些年成为政治学者们讨论的热点议题之一，这种研究方法也可能成为后期国内制度研究者钻研制度问题的方向与方法。

其二，质性与量化研究方法的初步探索。质性研究与量化研究是政治科学经验研究中的两种主要方法。就质性研究而言，其内部涵括扎根研究、深度访谈、民族志等具体研究方法，量化研究则主要包含问卷调查、文本分析等统计分析方法，两种研究方法各有优势。一直以来，学者们就政治科学的研究方法问题聚讼不已，对于相似主题的探索也往往立基于不同的研究方法与范式。总体上看，质性研究方法更强调捕捉政治现象背后的社会背景，更为强调研究主体的情感体验机制，并试图为解释特定事件展开归纳分析。而量化研究方法则依托数字与统计分析，力图推导不同影响因素之间的相关关系。在政治学恢复以来，国内学者始终推进两种研究方法的共同稳步发展，并试图结合二者的优势，推进二者的有机融合。就

---

[1] 李路曲、李晓辉：《民主化、政治发展、比较历史分析研究评述》，《比较政治学研究》第10辑。
[2] 应星：《略述历史社会学在中国的初兴》，《学海》2018年第3期。
[3] 郭忠华：《作为学科的历史社会学》，《天津社会科学》2019年第3期。
[4] 杨光斌：《论政治学理论的学科资源——中国政治学汲取了什么、贡献了什么》，《政治学研究》2019年第1期。
[5] 郭台辉：《历史社会学的技艺：名家访谈录》，天津人民出版社2018年版。

国内研究现状而言，中外政治制度研究在质性研究上已初具规模，现有文献多围绕个案及个案比较开展实地调查，针对微观层面的制度议题进行探讨，关注腐败与廉政制度、基层群众自治制度、基层民主等问题。华中师范大学中国农村研究院便是此方面研究的代表性机构。同时国内开始探索以量化方法研究制度，将研究置于更为广阔的视域，关注亚非拉地区国家的民主化问题，如有学者基于91个第三波民主国家的定性定量混合分析，探讨制度设计与民主发展的关系。① 有学者以政体指数、政变次数、法治指数、军费指数以及人均GDP指数作为指标，衡量并排序非洲54个国家的潜在风险指数，进而分析影响非洲国家潜在政变的因素。② 此外，也有学者开始思考质性与量化两种研究方法各自的不足之处，探索实现两种方法有机结合的路径，比如对质性比较分析方法的引介等。③

二　中外政治制度研究的现有问题

政治学恢复以来，我国的中外政治制度研究在学科建设、人才培养、学术探讨、研究成果等方面取得了卓越成就，但也必须意识到当前仍存在一些阻碍因素，还面临着在全面深化改革的背景下如何实现繁荣发展的问题。中外政治制度的学术推进基本与改革开放以来的制度构建一同前行，其学科建设和学术研究将对理论探索与对中国特色社会主义的现实关怀相结合，在制度建设中积极运用理论以指导实践。我国政治、经济、社会等各个层面正在经历的转型表明，当前正是社会变革和理论更新的关键时期，在如何直面现有问题与局限，是中外政治制度研究实现繁荣发展乃至迈向世界一流的必由之路。理论创新的诉求与制度实践的需要都表明，在新的历史条件下，中外政治制度研究既需要调整完善原有的学科定位与专业设置，也需要平衡本土化与世界化的研究取向，更要同等重视分支学科与核心议题，借鉴先进的理论方法与学术评价体系，积累并观照具有中国

---

① 祁玲玲：《制度设计与民主发展：基于91个第三波民主国家的定量定性混合分析》，中国社会科学出版社2017年版。
② 李畅、程同顺：《对非洲国家潜在政变风险的测量与比较》，《世界经济与政治论坛》2018年第1期。
③ 郝诗楠：《质性比较分析方法及其在政治学研究中的应用》，《国外理论动态》2016年第5期。

特色的制度研究。总体来看，中外政治制度研究的问题主要包括学科定位与专业设置系统性不足、研究取向的本土化与世界化之争、学科内部偏重某一研究领域，以及理论方法与评价体系较落后等。

（一）学科定位不明确与专业设置系统性不足

明确化的学科定位与科学化的专业设置是学科成熟的基本标志之一，对中外政治制度研究的理论建设将产生深远持久的影响。总体来看，中外政治制度研究伴随着中国特色社会主义建设的稳步推进逐渐取得了卓越成就，积累了丰富的学科建设经验。[①] 中外政治制度作为政治学二级学科的重要地位基本获得认可，但中外政治制度是否已经成为足够独立成熟的二级学科，对于这一点当前学术界尚存在争议。从学科设置来看，我国中外政治制度的学科模式仍存在较大的改进空间，需要在明确自身定位之上处理好与相关学科的关系，进而为学术研究的稳步推进奠定坚实基础。

第一，当前我国的中外政治制度存在学科定位不清、学科取向不明、研究特色不足等问题，仍需明确自身定位，整合多学科的研究取向，坚定学科意义上的独特性。首先，政治学在政治与行政的二分中寻找身份认同，在交叉学科的盘根错节中艰难维持，更着力保障价值守望与现实关怀的平衡。[②] 尽管现代意义上的政治学已经经历了一个多世纪的发展，但是与哲学社会科学领域的其他学科相比，我国的政治学还处在飞速发展的成长阶段。与之相似，中外政治制度学科建立时间并不长，这一学科的建设需要具备一定的理论基础并达成部分共识，同时也需要更多的时间来完善基础理论和优化学科体系。其次，中外政治制度的学科构成和学科边界缺少相对清晰的系统化论述。政治学恢复以来，我国的中外政治制度研究在各个时期往往围绕特定议题展开，因而在基础理论方面存在一些薄弱环节，这影响到了中外政治制度的基本范畴、学科体系、学术议题、价值取向等。当前我国对中外政治制度学科体系进行系统论述的教材相对较少且有所遗漏，针对学科的具体范畴与内部分工问题也没能形成相对一致的意见，这些都阻碍着学科定位的明晰化和专业图谱的完备化。最后，中外政治制度的多数分支学科在审视特定议题时普遍采用多学科的理论与方法，因而需要厘清此类研究在何种意义上属于中外政治制度研究的一部分。举

[①] 张贤明：《成就、经验与展望：新中国政治学 70 年》，《社会科学战线》2019 年第 7 期。

[②] 桑玉成、周光俊：《从政治学博士论文看我国政治学研究之取向》，《政治学研究》2016 年第 4 期。

例而言，作为中外政治制度的重要组成部分，中国政治制度史和外国政治制度史的一些成果在很大程度上偏向历史学，而政治学的研究色彩则相对较少，这一领域的研究甚至存在被历史学挤占的可能。① 这种倾向促使研究者保持清醒的忧患意识，将对其他学科的吸收整合置于恰当位置，坚守自身学科定位以避免游离于其他学科之间。

第二，当前中外政治制度的学科设置在明晰性上稍显欠缺，既存在内部分化不足，也存在与其他学科的交叉融合中自身特色缺失的问题。对此，大体可以从政治学的学科设置、中外政治制度的学科构成、中外政治制度与比较政治学的关系三个方面加以分析。其一，作为中外政治制度的上一级学科，我国政治学学科设置中存在的问题一定程度上影响着中外政治制度研究。恢复以来我国的政治学研究取得了喜人的成就，但也有理论研究不深厚与对策研究缺乏实效、学科融合不深入与学科独立性相对弱化、全球化视野不开阔与本土化程度不高等诸多问题。② 这些问题同样体现在政治学的学科设置之中，课程设置与国际政治、国际关系、行政管理等学科之间存在交叉重合与混乱不清。这种情况不仅在院系设置当中有所体现，更突出表现为专业培养方案的基础理论训练不足、研究特色不明朗，同时各个高校之间基础理论课程的设置差异较大。作为政治学之下的二级学科，中外政治制度的学科设置或多或少受到一些影响。其二，中外政治制度学科内部设置独立性与系统性不足，有待进一步科学化和明细化。从《中华人民共和国学科分类与代码国家标准》来看，"政治制度"之下的各类具体制度、外国政治制度、外国政治制度史，与"国际政治学"之下的国别政治、区域政治和国际比较政治，以及"政治学理论"之下的"比较政治学"之间都存在一定程度的交叉与重合。③ 当下我国以中外政治制度作为学科名称直接招生的单位较少，多为硕士、博士阶段且招生规模相对较小，无疑是专业化人才培养的一大缺憾。包含政治学在内的社会科学领域的学科设置常常依据社会职业的受欢迎程度进行调整，教学中也存在偏重实践技能、忽视理论涵养的一面，影响着中外政治制度研究

---

① 白钢：《二十世纪的中国政治制度史研究》，《历史研究》1996 年第 6 期。
② 张贤明：《成就、经验与展望：新中国政治学 70 年》，《社会科学战线》2019 年第 7 期。
③ 王中原、郭苏建：《中国政治学学科发展 40 年：历程、挑战与前景》，《学术月刊》2018 年第 12 期。

专业化人才的长期稳定培养。① 其三，近些年来国内兴起的比较政治学研究与中外政治制度研究是否完全等同，学界尚无定论。2011年国务院学位委员会政治学学科会议召开，评议组专家基本同意将"中外政治制度"更名为"比较政治学"，北京大学、复旦大学、华东政法大学等高校以新设专业、组建研究机构、创办学术刊物等方式积极响应这一变动。② 有观点指出，将"中外政治制度"更名为"比较政治学"，正是为了顺应世界学术潮流，突破我国长期以来形成的理论定式，在广泛应用比较历史分析的过程中实现范式的转换。比较政治学起步晚、速度快的发展模式在某种程度上可被视为中外政治制度研究另一种形式的复兴。但从另一角度来看，当前中外政治制度与比较政治学并存，某种程度上引发学科体系混乱、独立性衰退等一系列问题，进一步突显出当前学科设置有待优化的情况。

（二）研究取向的本土化与世界化之争

改革开放之后我国的政治学经历了向西方学习的系列"补课"，快速发展的同时带来了本土性不足、话语权缺失、创新性匮乏等问题，近年来学术界围绕"中国政治学该往何处去"的问题展开深入探讨，中外政治制度研究同样涉及其中。坚持世界化、科学化的一派认为中外政治制度研究与其他社会科学研究具有相通的逻辑，制度研究探索的是制度现象、制度生成、制度演化等方面的一般规律。这种规律是人类社会的共同主题和共同财富，不因特定的时间、国家特性、文化传统而发生改变，各个国家的制度特性更适合用"时空变数"而非本土化来进行概括。与之相对，坚持本土化、特色化的一派宣称"只有民族的才可能是世界的"，西方的理论立足于他们特定的文化情境和制度特色，因而并不能完全适用于中国的情况，中国的制度研究必须立足于中国的政治社会现实。同样的，中国的制度研究不仅需要以中国的制度建设情况为依托，更要服务于中国政治制度建设的未来走向和中国特色社会主义道路发展的现实需求。③ 两派的争论各有完备的理论依据且针锋相对，这场辩论的深远意义或许在于促进学界反思制度研究的本质与当代价值转换的路径。实际上，世界化与本土化的

---

① 张永桃、张凤阳：《21世纪政治学类专业课程体系改革的几点想法》，《政治学研究》2000年第1期。
② 高奇琦：《中国比较政治学发展5年回顾》，《中国社会科学报》2014年6月27日。
③ 郭苏建：《中国政治学科向何处去——政治学与中国政治研究现状评析》，《探索与争鸣》2018年第5期。

研究取向并非截然对立，而应当在兼容并蓄中互相滋养。以中国政治制度、外国政治制度与比较政治制度为基本构成部分的中外政治制度研究，尤其需要处理好本土化与国际化的关系，在根植于我国特殊国情的基础上走向世界，将制度理论的一般规律与政治实践的中国特色有机结合。

第一，从学术的本土化来看，当前我国中外政治制度研究的本土化层次不高，基本沿袭西方传统的研究模式，尚未在中国语境下建立本土化的中外政治制度研究。我国的中外政治制度研究经历从他国"取经"和"效仿"的阶段，尤其是恢复初期译介了一大批西方经典文献，因而学者在分析中国问题时难免采用西方的思路与模式。充分吸收外来优秀成果有利于提升本国研究的总体水平，但本国学术研究发展的出路依然是充分运用中国智慧解决中国难题，西方前沿成果是我国中外政治制度研究推陈出新的重要阶梯。2016年5月17日，习近平总书记在哲学社会科学工作座谈会上的讲话中明确指出，"只有以我国实际为研究起点，提出具有自主性、原创性的理论观点，构建具有自身特质的学科体系、学术体系、话语体系，我国哲学社会科学才能形成自己的特色和优势。"[1] 这为包括中外政治制度研究在内的广大哲学社会科学工作者指明了新方向和新任务，提醒广大学者不能亦步亦趋地跟随西方国家，而是立足于中国的国情运用独立思考能力，构建具备强烈自主意识的本土化学科体系。一方面，我国的中外政治制度研究需要避开盲目跟从西方研究范式，坚持并巩固马克思主义思想的指导地位，密切关注党和国家方针政策，从我国的现实需求出发探索中国特色的制度建设路径。这是推动我国中外政治制度研究的思想基础，也是坚守本土话语体系的宏观政治环境。中外政治制度研究应当坚持和发展中国特色社会主义，在实现中华民族伟大复兴中国梦中作出应有的贡献。另一方面，中外政治制度的研究需要立足于既有学术传统，借助于优质的学术群体，聚焦新的时代议题。尤为典型的是，当前对中国政治制度产生逻辑、发展历程、运行机理的探索中，对具有中国特色的文化内涵与价值取向有待进一步发掘，这也使得理论助力制度建设的能力稍显逊色。从现实和理论层面把握中国政治制度运行的真实格局，是拓展深化中外政治制度研究的基础性步骤和题中应有之义。我国的相关人才培养也需要紧紧围绕制度现状和未来前景展开，从我国的传统资源中汲取养料服务于现实议题。以自主性、原创性的研究成果构建中国话语体系，是推动我国中

---

[1] 习近平：《在哲学社会科学工作座谈会上的讲话》，《人民日报》2016年5月17日。

外政治制度研究的必经之路。概括来看，本土化意识不足主要表现在还没有形成中国特色的中外政治制度研究的学术体系、话语体系、理论体系等，当前国内学界也还缺乏充足的人才储备和学术积淀以在世界制度研究中贡献中国智慧。

第二，从学术研究的国际化来看，中外政治制度研究存在观点上的误区、体制上的弊端甚至是意识形态上的偏见，阻碍着中国特色制度研究的世界化。对中外政治制度研究的发展态势加以全面审视可以看到，当前这一学科在学术命题、学术思想、学术观点、学术标准、学术话语等方面的能力仍不匹配于与我国的国际地位和发展势头，当前学科建设和学术创新的关键内容是积极借鉴国际前沿成果并融入世界学术探讨当中。[1] 首先，国际性学术交流是顺应信息化、现代化、全球化浪潮的体现，也是为我国文化自信添砖加瓦的必然举措。实际上在中外政治制度的研究视域下，无论是中国政治制度、外国政治制度还是比较政治制度，引入世界视野并加入国际学术探讨是进一步增强学术生命力的必然要求，有利于保障制度研究的开放性与包容性，接受先进研究的反复检验与验证，从而提升中外政治制度研究的综合竞争力。国内对中国政治制度的研究同样有必要与世界接轨，以扭转世界制度研究长期忽视中国的状况。尤其重要的是，当代中国政治制度研究的国际化，将在国际制度研究的前沿阵地发出中国学者的声音、作出中国学者应有的贡献、提出来自中国的制度经验，在与世界的实质性对话中参与世界制度秩序的理论构建与实践探索。其次，我国的中外政治制度研究当前与国际先进水平存在一定差距，既要奋起直追也要警惕"拿来主义"的误区。政治学恢复以来国内学者对国外政治制度和比较政治制度的研究大多集中于理论的引介，而较少关注国外制度实践中的现实困境，这一点是问题导向和实践关怀的缺失所致。例如，那些需要跨国长期实地考察的项目需要学者乃至整个研究团队数十年的坚持与努力，考验着学者的学术热情和顽强毅力，语言文化差异、环境艰苦与成本高昂是这一领域难以突飞猛进的重要原因。在这种情况下，国外制度研究更多为译介性成果、国内制度研究从事者众多也就可以理解了。总体来看，与本领域的世界领先水平相比，我国的中外政治制度研究尚未跳出西方过往范式的窠臼，在研究领域、实践考察、原创理论等方面存在不足，因此

---

[1] 杨海蛟：《构建中国特色社会主义政治学学科体系、学术体系和话语体系》，《探索》2017年第4期。

借鉴包括西方在内的人类文明精华非常必要。最后，我国中外政治制度研究的国际化水平正在逐步提升，这一进程需要学术共同体乃至与国际学术界的通力协作。国内学者在有影响力的英文期刊发表论文的数量正在稳步增长，部分高校和研究机构如复旦大学开始创办英文期刊，在全球英文期刊中也开始具备一定影响力，这些努力正在逐步增加我国在世界性学术探讨中的话语权。从这一点引申来看，海外中国研究的热潮在一定程度上也为我国的制度建设贡献了独特性的分析框架与先进方法，同样值得在批评性借鉴中合理吸收并为我所用。有学者对百年来美国主流政治学期刊的中国政治研究进行梳理发现，相关研究在一百年间经历了前所未有的转变，在研究议题上表现为从相对单一的宏观主题转向中观和微观主题，研究方法则是从简单描述性分析转变为以定量为主的多元化取向。[①] 以美国为代表的西方国家对中国政治的关注提供了外在的观察视角，一定意义上有助于中国更好地认识自己，更有可能为中国的政治制度研究进入世界提供渠道。长远来看，我国中外政治制度研究将克服本土化特色不足、国际化层次不高的缺陷，成为世界中外政治制度研究大家庭中的重要一员。

（三）相关研究领域与议题的发展不平衡

从研究成果和发展态势来看，恢复以来的中外政治制度研究整体上取得了喜人的成果，但同样需要认识到分支领域和研究议题之间发展不充分、不平衡的情况。从中国政治制度研究来看，当前研究一方面过度偏重中华人民共和国政治制度，但大多尚未将其纳入中国政治制度历史的、整体的演进逻辑和文化脉络之中，另一方面则是没有给予其他子学科与新兴学科充分的重视。从国外政治制度的研究成果来看，国内学者普遍重视主要资本主义国家的政治制度架构，对大多数发展中国家的制度逻辑及其背后影响因素的分析则很少加以重视。

第一，中国政治制度研究是我国中外政治制度研究的重心所在，在此之下国内学者对中国政治制度各个子议题的关注程度则差异较大，且存在忽略制度整体运行逻辑的不足。国内政治制度研究聚焦于中华人民共和国政治制度，相关研究成果显著、逐步细化且稳步增长，但在相关成果层出不穷的同时也面临着割裂中国政治制度演进逻辑，以及忽视社会因素、文

[①] 张春满、郭苏建：《美国主流政治学期刊的中国政治研究：脉络、议题、方法、前景》，《政治学研究》2019年第3期。

化影响的问题。一方面，当代中国政治制度的相关研究取得了可喜的成就，但也存在简单分析现状、忽视制度历史逻辑的风险。当前中国正在经历大变革时代，社会经济体制、国家制度架构都处在不断的变革当中，需要根据现实情境推出新的制度理论加以回应。学术界对当代中国政治制度的持续关注是增强现实关怀并服务制度建设实践的结果，饱含学者们经世致用的情怀与回应现实的意识。相关研究数量众多并以多种路径加以深化，如整体性制度架构、专题性制度研究、具体单一制度演化等。但是，对制度现状与未来走向的过度聚焦忽视了制度在制度史意义上的继承性，存在掩盖或对中国政治制度历史演变逻辑的重视度较低等情况。一些成果仅仅梳理中华人民共和国成立之后的制度建设与发展历程，而没有考察特定制度的文化渊源和历史传承。部分成果仅仅停留在简单介绍层面，而未能考察制度背后的政治策略和经济动因。因此，当下的中国政治制度研究仍需进一步纳入中国政治制度发展的历史轨道当中，推动对制度延续与变迁逻辑的深入探索，从中国的制度传统中增强文化和历史厚重感。与此同时，中外政治制度研究的当代中国部分受国内政治经济形势影响较大，各个时期的热点议题与同时期党的指导思想和政府治国理念保持了较高的一致性。另一方面，与当代中国政治制度研究相比，对古代政治制度及其制度史的相关研究重视程度不高，理论创新、方法应用与价值转换都亟须学术界全面审视制度的历史演进。特定的制度安排是民族历史文化的烙印，凝聚着劳动人民在实践中创造的智慧，缺少古代政治制度的中国政治制度研究会成为无源之水、无本之木。国内研究对古代制度漠视的部分原因在于对其内在价值认识不足，未能发掘古代政治制度研究的个中意蕴、学术价值，更未能汲取历史智慧为当前制度议题提供可能启示。此外，古代政治制度史的研究因其学科交融属性而更多采用历史学的基本理论与研究方法，政治学的理论与方法则相对处于弱势地位。政治制度史研究具备多学科交叉属性，政治学和历史学是其中最重要的理论来源和方法借鉴，政治本身也是多元复杂的存在，因此并不反对政治制度史研究的历史学属性，而是要处理好政治学与历史学的学科特性和动态均衡。部分成果还存在简单堆积旧材料、反复论证旧观点的情况，在研究方法上也亟须更新换代。此外，学科交叉的边缘地带往往诞生新兴子学科，如历史社会学、历史政治学，如何紧跟学术前沿运用新生理论与方法助力中外政治制度研究，同样也是重要议题。

第二，我国对国外政治制度的研究尚未全面化和系统化，大体聚焦于主要发达国家的基础性政治制度，对大多数发展中国家的制度实践的重视程度不高。对国外政治制度的研究大多以国别或专题的方式展开，基本围绕发挥根本性作用的政治制度如选举制度、政党制度、议会制度、公务员制度等展开，在保障典型性、系统性的同时也可能遗漏某些发挥统揽全局作用的特定制度。首先，从国别来看，当研究范围主要集中于美国、英国、法国、德国等具有代表性的发达资本主义强国，对这些国家的制度分析足以囊括多种主要类型，但也忽视了其他国家独特的文化历史背景与制度变体形式。随着我国周边外交的稳步推进和国际关系的战略性调整，相关研究者日益重视周边国家的制度安排与基本走向，并积极借鉴这些国家卓有成效的廉政制度、司法制度等。长期以来，我国的中外政治制度疏于对拉丁美洲国家、非洲国家、东欧国家等的考察，这一趋势在近些年随着我国外交政策的调整而有所好转，短期内相关研究成果针对性强，但总体上比重较小且不够全面，这需要相关研究者在各自的研究视域内做出小幅调整。当前视角下的国外政治制度的部分研究成果存在简单罗列现行制度的情况，缺乏历史进程、文化脉络、运行机理以及发展前景的考察，这种模式之下的研究有将制度虚化为空中楼阁的风险，未能通过研究制度深入了解一个国家。此外，与立足于中国国情考察中华人民共和国政治制度相似，对外国政治制度的分析考察要注重将制度置于各自国家的历史和政治图景当中。其次，从专题来看，当前研究成果基本集中于政党制度、行政制度、议会制度、选举制度、元首制度等，疏于研究军事制度、司法制度以及相关配套制度。专题论述有利于专项分类和国别比较，有利于综合分析特定制度在各国的异同并加以分析。但实际上，一个国家的制度安排往往呈现出系统运作的宏大格局，政治制度不仅与历史文化息息相关，其良序运行更需要经济制度、文化制度、社会保障的协调配合，因此单纯考察政治制度可能遗漏其他制度的重要影响，从而漠视国家制度设计的整体性。

（四）在理论方法、学术评价体系等方面与先进水平仍存有差距

学科恢复以来，中外政治制度大体沿袭西方制度研究的传统模式，未能及时跟进最新范式。国内对此有所关注并译介了一大批学术成果，但在理论原创性和方法应用上仍有较大提升空间。创新是一个学科永葆青春的动力源泉，开发更具学理性的基础理论具有根本性作用，新兴理论方法的应用也是学科兴旺发达的重要保障。学术共同体的建设完善与

学术评价体系的优化运行同样是重要议题之一，对制度研究的人才培养、成果发表、学术评价而言意义深远。对于目前与世界先进水准的差异，本部分尝试从理论创新与方法应用、学术共同体与学术评价体系两个层面加以审视。

第一，理论与方法上的差距督促国内的中外政治制度研究汲取国外先进成果，开创具有中国特色的基本理论与适用方法。考察与国际学术前沿的差距大体可以从理论滞后性和方法陈旧性两个层面展开。其一，国外制度理论新突破以新制度主义政治学为典型，新制度主义政治学诞生于政治学、经济学、社会学等学科的融合并以此为丰沃土壤迅猛发展，内部各个流派在保持既有特色的同时博采众家之长而日臻完善。① 与之相似，新制度主义政治学能够成为西方主流研究范式之一，部分原因在于其根源并兴起于西方社会的特定情境，该理论传入我国之后可能出现与中国社会不协调之处。新制度主义政治学兴起于 20 世纪 70 年代前后，21 世纪初期国内掀起翻译和介绍的热潮，这一时期的众多学者对这一新兴范式寄予厚望。近二十年来，新制度主义政治学在国际学术界蓬勃发展，在中国也处于稳步发展当中，但从流派属性来看，新制度主义政治学依然展现出较为彻底的西方理论属性，尚未能够融入中国语境产生中国理论或是有的放矢地解读中国问题。国内引进西方理论时极易出现这种现象，背后折射出理论逻辑的推演偏离了政治生活的现实议题，更没有能够服务中国政治发展的新问题与新态势。王惠岩先生就曾指出，"一个学科的发展，不仅在于学者的努力，而更主要的是取决于社会的需求。无论学者研究的理论再高深玄妙，但社会不需要也是无用的，只有社会需要认为它有用，这个学科才能发展。"② 中外政治制度研究只有立足于当下中国的现实议题和发展需求，才能在实践的滋养中实现基础理论的应用与创新。其二，从方法论的角度来看，长期以来学界对中外政治制度研究方法的关注程度不高，方法论研究缺乏中国特色、学科特色、时代特色，仍未能实现从传统研究方法到现代研究方法的转变。③ 国外在多种理论指引下开展制度研究，灵活运用包含量化分析与质性研究的多种研究方法并不断开拓创新。从国内的情况来看，多数研究成果坚守几代学者奠定的规范性研究的学术传统，科学化研

---

① 马雪松：《社会科学中的新制度主义政治学——一项学科史考察》，《比较政治学研究》2018 年第 1 期。
② 王惠岩：《新世纪中国政治学的发展方向》，《政治学研究》2000 年第 4 期。
③ 王义保、师泽生：《中国政治学新兴学科 30 年：回顾与思考》，《探索》2011 年第 2 期。

究方法的应用在数量与质量上存在不足,一定程度上限制了制度研究的广度和深度。有学者对权威期刊《政治学研究》2000 年至 2015 年文献进行系统的文献计量分析指出,包括文献法、访谈法、观察法、案例分析法在内的定性研究占到近百分之九十,而以问卷调查法为主的定量研究所占比例不足百分之七。[①] 通过两大研究方法的悬殊差距可以简单窥见中外政治制度研究中方法应用上的简单陈旧。在学术创新的背景下,中外政治制度研究应当在继承中发展传统研究模式,积极吸收前沿理论成果促成自身的发展完善。此外,学术界对基础性理论的关注相对不足。理论创新不仅是学术创新的前提性基础,更为方法应用指引方向。国内制度研究的部分成果还存在偏重规范性正式制度的现象,相对忽视对政治生活而言同等重要的非正式制度,也需要进一步将制度纳入特定的历史情境当中。因此,中外政治制度研究有待突破西方传统模式,依据中国特色的制度实践从理论与方法两重维度构建独特的研究路径,注重不同语境之下略有差异的身份意识并明确研究的重点议题。[②]

第二,学术评价体系未能健全化和完备化,学术共同体意识不强,尚未进入系统运作、良性运行阶段。无论是个体层面杰出研究者的培育,还是群体层面学术流派的协调运作,不同层次的中外政治制度学术共同体的创建与维护都尚存较大的提升空间。哲学社会科学领域成果的取得,是学术研究者依据学术旨趣和学术禀赋理解世界并尝试改变世界的过程,在这一过程中个人的独立思考是最重要的形式。与之相匹配,如何对个人或团队的研究成果进行客观公正的评价,亦即在何种程度上建设学术评价体系,决定着学术研究的质量与进度。如何针对社会科学领域的成果评价建立一套规范化的学术评价体系,促进学术人才的成长和优质成果的涌现,是近年来的热点议题之一。公正高效运行的学术共同体既是学术评价的前提,也是破解学术评价难题的关键,对此大体可以从学术评价环境、学术评价规范、学术团队建设三个方面加以分析。[③] 首先,立足于学术研究的社会性,建立客观公正的学术评价环境。学术评价的优劣直接关系到相关

---

① 张平、丁超凡:《中国政治学研究的发展态势与评价——基于〈政治学研究〉(2000—2015 年)的文献计量分析》,《北京行政学院学报》2017 年第 6 期。
② 张鹏飞:《第四届比较政治学论坛暨第三届"比较政治工作坊"国际学术研讨会综述》,《当代社科视野》2013 年第 2 期。
③ 李剑鸣:《自律的学术共同体与合理的学术评价》,《清华大学学报》(哲学社会科学版) 2014 年第 4 期。

学术资源的分配,当前我国学术资源的分配主体主要是政府。从先进国家的学术研究经验来看,应采取合适的方式提升学术资源供给主体的品质,推动学术评价的客观化、公正化、社会化。制度研究不仅与中国特色社会主义建设实践紧密相关,还关系到经济往来、民间交流的方式与效果。换言之,制度研究的价值标准与激励机制可以实现某种社会性的转换,建构更为客观的学术评价环境。其次,强化学术评价的基本规范,提升学术成果的总体水平。国内不少高校对硕士或博士毕业有硬性发文量要求,这导致了相关成果一定程度的增长,甚至导致质量不高的成果层出不穷。所幸教育部和各大高校已经认识到相关问题的严重性,不少高校已然放宽硕士研究生和博士研究生毕业的发文量要求,清华大学等高校甚至不再要求博士发文量,而是专注于博士论文本身的质量。即便对于这一转变存在利弊争议,但总体来看发文量要求的降低乃至废除在一定程度上可以特定形式保证期刊论文的平均质量。另外,不同的学术期刊对论文的质量要求有所差异,质量不高甚至是有问题的成果仍存在较大的发表空间。长期来看,此类现象对学术成果的鉴定、学术质量的审核、学术方向的引导将产生不利影响。最后,从学术研究的模式来看,团队合作的形式或许能为制度研究提供一些富有启发性的思考。当前我国人文社会科学的成果大多为独立作者或是两人合作,特定学术议题的传承以学者本人为中心展开并以师承关系为重要纽带。因为学术成果的评价标准问题,即便是以团队展开的研究也较少以团队署名的形式出现,更多为重要成员陆续发表成果,此类署名和成果认定方式在某种程度上不利于团队化的长期性研究。实际上,无论是整体化还是精细化的制度研究都需要持之以恒的时间和精力投入,团队协作无疑是值得学习和借鉴的研究走向,这一点在西方国家的自然科学领域非常盛行。学术研究具有行业性和领域性等特点,学术研究的精细化催生了紧密配合的研究团队,协调运行的学术团队在研究成果、研究专长、学术影响力等方面颇具优势,他们往往依托于高等学府或知名研究机构开展工作。与此同时,学术研究还具备开放的属性,同一领域乃至相邻学科的研究者针对特定问题或某一观点进行深入细致的探索与争鸣,并在此基础上展开更深层次的合作,将为中外政治制度研究的深化提供助益。

三 中外政治制度研究的前景展望

学科的发展完善与国家政治和经济生活的运转息息相关。改革开放以来，我国国内外社会背景发生巨大变革，党和国家政策方针也发生转变，社会主义政治制度总体格局日渐形成。中外政治制度作为政治学研究的关键领域和核心概念，其学科产生与理论阐释也紧密依托我国改革与发展的时代主题，在保持自身特色的同时加强国际化交流，兼容并蓄。自政治学恢复以来，中外政治制度研究不断发展完善，初步形成了多样化研究分支与钻研方向，并在建设学术队伍、拓展研究视野与深化研究议题的进程中，不断推进学科基本理论与研究方法的更新。面对我国社会发展中出现的新状况、新要求以及学科建设诸多不足，国内中外政治制度研究需要把握学科发展阶段，梳理学术研究成就，正面回应现实与理论向政治制度研究发起的双重挑战。在此基础上，国内学者也需不断推进中外政治制度研究的规范化与实证化、专业化与系统化、研究方法与范式更新，逐步构建具有中国特色的政治制度研究话语体系，为世界政治制度研究提供具有中国经验的研究命题、研究逻辑与研究思路。

（一）构建中国政治制度研究话语体系，推进本土化与世界化有效衔接

人类知识谱系中之所以有多样化独立学科设置，不仅源自各学科内容与功能的差异，更是学科内部不同话语体系的建构。[①] 作为一门专业学科，中外政治制度研究的概念与话语不断形成演化，在从政治学一级学科中吸纳思想的同时，也逐渐形成构建自身话语体系的新思路，并由此彰显其相较于其他分支学科的独特性。自政治学恢复之日起，国内中外政治制度研究紧跟中国社会与实践的发展，吸收和借鉴国外有益经验，并在批判吸收的基础上开拓创新，反思和探索国内政治制度话语体系构建现状与问题。这些初步尝试既是对现实政治制度建设实践的反馈，更为我国未来政治制度建设实践提供理论遵循，将有效解决相关理论的依赖性高、应用性程度低等问题。同时，我国有着丰富的制度文明历史与现实制度资源，构建具有中国特色的话语体系也可推进国际政治制度研究，为后者提供中国智慧。因此，完善和发展中国政治制度研究的话语体系对于本学科的发展、中国政治制度理论研究以及国际政治制度研究而言十分必要。另外，我国在政治制度建设实践、政治制度理论以及国际交流经验上取得的长足进步，为构建中外政治制度研究的话语体系提供了可能性。从实践经验上

---

① 郑慧：《论构建中国特色社会主义政治学话语体系》，《政治学研究》2014 年第 6 期。

看，我国政治制度建设实践愈加丰富，基本政治制度渐趋完善，人大预算制、廉政制度以及基层民主制度等制度与机制不断创新。从理论建树上看，我国学者已具备构建政治制度话语体系的意识基础，并在此基础上逐步推进国内制度理论的发展，挖掘政治制度建设的相关议题，持续夯实我国制度理论的现实根基。自政治学恢复以来，我国学者不断加强与世界其他国家的沟通与交流，通过出席各种会议、推动高校交流以及发表国际论文和创办国际期刊等形式，不断弥合两种话语体系之间的差异，增进二者的有效互动。构建本土化政治制度研究话语体系，既要加强我国特色政治制度话语的相关研究，又要凸显其与各国政治制度研究的共性。这一话语体系构建需要遵循以下几种进路。

其一，推进本土化政治制度话语体系建设，必须平衡本土化与世界化的价值取向，既不固步自封，也不全盘照搬。政治学恢复以来，关于本土化与世界化的价值取向之争尚未完结，学者们纷纷探讨政治学的本土化与世界化建设的范围与优劣。一方面，政治学与中外政治制度话语体系的本土化建设致力于构建具有中国特色的概念体系与话语理论，聚焦改革开放后中国政治社会制度建设成果。实现政治学本土化与世界化的有效衔接必须明确本土化政治制度建设实践的价值，"将马克思主义与当代中国政治实践和时代特征相结合"。[①] 另一方面，中外政治制度学科的世界化则寻求一般性、普遍化政治制度建设规律。实现制度研究本土化与世界化的衔接也需正视其他国家制度发展的经验，从自身特性中把握总体发展规律。同时，政治制度研究的本土化与世界化并非不可弥合的两个独立面相，而是共同推进、相互补充的重要过程。中国本土化话语的发展既可从世界制度研究中汲取有益经验，也能为国外学者的研究提供可资比较与借鉴的中国案例，延伸比较政治学的研究视野。推进本土化话语体系建设，必须实现本土化与世界化的有效衔接，既彰显中国政治制度的独特性，又要基于政治制度建设总体规律。

其二，构建中国特色的政治制度研究话语体系需要不断挖掘我国政治制度建设的历史资源。我国千百年政治制度建设历史以及各类政治思想家的制度构想都是现今制度研究的重要资源，蕴含着政治制度话语体系建设的基本逻辑。古代政治思想家们对民本、仁政、礼法等价值观念十分重

[①] 杨海蛟：《20世纪90年代以来中国政治学研究的特点及发展趋势》，《浙江社会科学》2001年第4期。

视，并基于这些标准提出国家政治改革的相关思路，虽然古代政治体制并未实现对这些目标和原则的完全贯彻，但这些理念无疑塑造和丰富了我国传统政治文化与制度文明。第一，挖掘政治制度建设的历史资源需要尊重我国历史制度发展的特殊性，传承制度建设的历史文明与价值。长期的封建帝制统治与救亡图存的爱国运动分别是古代与近代中国的政治特征，治国理政与社会稳定是中国政治建设中亘古至今的重要命题，古今思想家与政治家围绕此类话题撰写了诸多文本，形成了各具特色的制度建设思想，构建中国特色话语体系必须从古代治国理政的概念与话语中，分析和把握政治制度研究的历史逻辑。第二，处理我国制度建设历史资源需要正视中西语境的差异性。中国社会曾长期受到儒家思想的熏陶，并于近代逐渐接触和学习马克思主义基本原理，其思维过程与西方社会显著不同。同时，我国国内政治环境与国外诸多国家也存有差异，资本主义制度所衍生的"中等收入陷阱"等问题也并未出现在我国经济与政治发展过程中。因此，挖掘并应用我国制度建设历史资源不能盲目套用西方理论范式。第三，充分运用我国制度建设历史资源需要实现制度史与观念史的融合，依据社会的变革与对思想家文本的分析，推进制度思想体系的构建；需要整合制度史与社会史资源，从社会变迁中探索政治过程的制度规律。

其三，建设政治制度研究本土化话语体系需要重视本土化制度议题的择取。话语体系的本土化建设离不开对本土议题的深入挖掘，自政治学恢复以来，我国社会主义政治制度不断完善和发展，制度实践逐渐丰富与创新，形成了有别于其他国家的政治制度建设模式。构建本土化政治制度研究话语体系必须重视改革开放以来的政治制度实践，总结概括政治制度建设的总体规律，聚焦本土议题的革新，进而挖掘富有中国独特性的制度话语。一方面，关注国家宏观制度改革，寻求国家治理现代化视域下国家改革与发展的时代命题。新中国成立70多年的建设与改革为我国政治学研究提供了丰富的实践土壤，也给予中外政治制度研究以理论发展空间。推进中国特色制度研究体系建设，必须扎根于社会变革的时代背景中，探讨国家政治体制改革的逻辑脉络与可行路径。另一方面，聚焦基层制度创新实践，发掘中国特色的制度话语。基层社会是国家政治制度建设的重要环节，近几年中国基层浮现的事权改革、基层民主、基层党建、情感治理等新型治理模式，都是中外政治制度研究可资运用的制度实践。同时，推进政治制度话语体系的建设也需合理认识相近学科话语、标准与概念。目前，国内政治制度研究的相关话语与相近学科密切相关，制度变迁、新制度主义等概念与范式并非政治学独有的研究话语。构建中国特色制度研究话语体系要充分重视学科之间的内在联系，综合运用政治学话语体系，实现有效衔接；需要在保持自身特色的基础上批判借鉴其他学科制度概念与标准，并基于对新型政治制度实践进行理论提炼，构筑本学科的概念体系与理论框架，推进中外政治制度研究本土化话语体系构建。

（二）创新政治制度研究方法，丰富学术研究范式

政治制度理论是深刻反映人类现实政治运作逻辑的学说，这一理论建构可充分体现出我国社会主义政治制度建设的实践规律，并基于科学思维与逻辑，为后者提供前景预测与理论导向。自政治学恢复以来，中外政治制度研究的方法与范式虽已取得初步尝试和突破，但其总体应用规模与效度仍然不高，这不仅影响了政治学理论与政治制度理论的构建，更制约了政治制度理论对现实实践的适用性功效。[①] 中外政治制度研究进程离不开研究方法的科学化与创新化，把握政治制度研究与建设规律必须掌握客观、科学的研究方法。同时，我国中外政治制度研究在一般意义上讲尚未形成独属于本学科的研究方法，而是与其他学科如政治学等社会科学共用相关方法与范式，如结构功能主义、新制度主义、历史社会学等。中外政治制度研究的深入发展，必须在更广泛的意义上推进科学方法的应用，探索规范理论研究与经验研究的融合，提升政治制度研究方法对中国现实问题的适用性。中外政治制度研究方法的完善与发展，需要从以下几个层面入手。

其一，明晰研究方法的重要性，但拒绝唯方法论。中外政治制度研究注重对人类政治制度建设规律的把握，这一研究过程要以科学化的研究方法为必要前提，但也不能忽视研究内容的重要性，推进中外政治制度研究的发展，必须处理好研究内容与研究方法的关系。一方面，研究设计与研究过程中必须将研究内容作为重点，并以科学化的研究方法与思维为辅助。研究方法从根本意义上讲是研究主体或研究设计的辅助工具，科学化、规范化的研究方法将实现研究设计的最优化。另一方面，研究方法固然重要，但学界也要避免走向唯方法论或方法决定主义。在推进政治学与中外政治制度研究实证化的进程中，研究者必须树立科学与规范意识，积

[①] 冯志峰：《政治学方法论30年：现状、问题与发展———项对86本有关政治学方法论教材的研究报告》，《政治学研究》2008年第4期。

极推进研究方法普及教育，加强国外政治科学研究方法的引介工作，并在日益频繁的国际交流中建立政治学学科研究方法论与具体研究方法的双重教育机制。

其二，明确研究议题的方法逻辑，选择适宜的研究方法。我国中外政治制度研究的内容呈现多样化，多样化研究议题内部蕴含各异的问题逻辑和解释路径，因此，在选择合适的研究方法时，必须充分考虑我国不同制度议题之间的差异性。作为政治科学两个重要研究方法，量化研究和质性研究各有所长。推进中外政治制度研究发展，必须把握不同学术议题的研究规律与模式，不断探讨研究方法与范式在应用时的逻辑自洽性，并在具体使用层面考虑我国当前的政治语境与研究议程，推进"方法、议程与语境"三者的有效结合。① 同时，学者们也要深入钻研研究议题，正视不同研究方法的优势与劣势，合理运用量化研究在数据分析、统计建模、相关性描述上的优势，充分发挥质性研究描绘深入、记述翔实等方面的长处，逐步推进量化分析的精确化与质性分析的科学化。

其三，推进新旧研究方法的对接，实现量化与质性研究方法的结合。不同研究方法并非各自独立，阶级分析、哲学思辨等方法与经验研究方法均以现代社会的概念为研究对象，二者在研究实践中可以相互补充彼此空白之处，同时前者也可为后者提供价值和理论基础。② 推进中外政治制度研究的发展，必须推动新方法在"旧"方法基础上的成长和突破。一方面，实现政治学研究方法的新旧对接，需要推进哲学思辨与科学方法相结合。科研成果的产出不仅需要适宜的研究方法，更需对现有文献进行综合分析与处理，后者主要依托哲学思辨与文献研究等规范分析方法。实现新旧研究方法的结合不仅可推动现有政治制度研究的科学化，也可为综合把握研究议题的现实与理论维度奠定基础。另一方面，政治科学内部研究方法的结合也是目前制度研究学者可以钻研的方向。定性研究与定量研究二者互有优势，两种研究方法在一定程度上可以实现优势互补，为解决研究问题提供科学而深入的研究设计。另外，出版社、杂志社等出版机构也需对合理衔接新旧研究方法的文献予以鼓励和支持。

其四，掌握与重视一手资料。中外政治制度研究关注国家政治过程的制度逻辑，并在综合多种分析视域的基础上，实现对社会主义政治制度总

---

① 杨光斌：《中国政治学的研究议程与研究方法问题》，《教学与研究》2008年第7期。
② 任剑涛：《试论政治学的规范研究与实证研究的关系》，《政治学研究》2008年第3期。

体格局的全面把握。这一研究过程尤为重视获取一手资料。我国现有政治制度研究在很大程度上依靠二手资料，二手文献文本中易掺杂材料搜集者的主观因素，在一定程度上影响了政治制度研究的客观程度。因此，中外政治制度研究的发展一方面必须注重对一手资料的掌握。制度研究者既需要关注各地方县志、档案资料以及基层实践中浮现的新亮点，也要综合运用科学研究方法，注重对录音材料、图像材料、访谈资料等资源的保管和运用。另一方面，重视一手资料并非完全忽视二手资料的重要性。在比较政治制度分析，尤其是在国别研究中要综合运用各类数据库资源，在可能的条件下开展实地考察，创新研究设计与研究方法。在考察行政制度、基层党建等研究议题时，需要充分发挥二手资料的价值，搜集报纸、政府官方文本、公共政策文本等材料，并结合相应学者的相关研究，总结成功的研究案例与经验，学习和借鉴优秀研究设计。

（三）规范基础理论研究，推动实证研究科学化

研究方法的觉醒是当前中外政治制度研究的显著特点。规范研究和实证研究一道构成中外政治制度研究的两种主要路径，前者注重制度研究的价值应然，关注理想性、批判性和超越性，后者则通过各种方法探求制度的客观实然，侧重工具性、可信性和可验性。中外政治制度研究的持续繁荣应当是两种路径互相成就的结果，二者的有机结合将人文关怀与科学精神统一起来。同样需要注意的是，规范研究与实证研究并非截然对立也并未囊括全局，二者都是中外政治制度研究的重要工具，有所侧重地应用于学科研究的不同层面。

首先，规范研究与实证研究并非截然不同的研究模式，二者能够在多个层面实现相互配合、互补并用。20世纪五六十年代，行为主义政治学兴起，经验研究法取代长期以来的规范研究法占据主导地位，70十年代行为主义向后行为主义转变、新制度主义政治学兴起，规范研究与实证研究交相辉映、交叉融合成为政治学研究的鲜明特色。具体来看，规范研究与实证研究的彼此共性和相互关系集中体现在以下三个方面。其一，规范研究者和实证研究者共享着一些前提性的研究基础，即由现代社会所规定的基本价值与基本制度，这为制度研究的展开确定了理想的目标定位，也使得研究本身能够为逻辑和历史所检验。[①] 对社会发展起着基础作用的价值与

[①] 任剑涛：《试论政治学的规范研究与实证研究的关系》，《政治学研究》2008年第3期。

制度，标志着健全社会的理性成长，塑造现代社会规范化的成熟路径与发展走向，也是中外政治制度研究中关乎全局的研究议题。实证研究力图将人文社会现象视作可测度的经验事实加以数据分析，证明在基本价值和基本制度的浸染下现代社会已经成熟到拥有相对一致的标准，而这种制度秩序主导下的现代社会保持着长期稳定。另一方面，现代社会赖以维系的基本价值与制度为规范研究和实证研究提供动力源泉，也明确了研究方法的目标指向。没有目标指向的研究方法很可能迷失在繁杂的数据、多元的价值当中，良性发展的现代社会则为研究方法提供了目标指向。对基本价值与基本制度的认可表明规范研究和实证研究在同一平台上展开探讨，并有望实现方法意义上的交叉融合。其二，实证研究以规范研究的论点为起点，规范研究以实证研究为保障。实证研究解释说明问题的起点往往是规范研究所提供的特定价值观念，而后采取多种方法和手段探索客观的制度世界加以验证。规范理论提供的思想与价值是引导实证分析的指向标，避免后者迷失在浩如烟海、错综复杂的数据之中。规范研究中适度使用实证研究方法，有助于提升论述的逻辑性、观点的可靠性。中外政治制度研究过去以规范研究为主体，现代化学科建设要求提升研究的科学性、可验证性与直观性，实证研究由此日渐兴盛。其三，在中外政治制度研究过程中，规范研究和实证研究往往交叉使用，共同服务于特定的研究主题。规范研究确立制度研究的思想观念与价值定位，实证研究则保障制度研究的精准性与可靠性。研究方法的选择大多取决于研究主题本身的需求，实践中往往综合采用多元化的研究方法。概括来看，对规范研究法与实证研究法的认知中存在不少偏见与误解，但也没有其他的路径可以完全跳出二者的论争，只有针对特定主题和研究目标的优劣之分，正如有学者强调的，"我们发展新的方法都是为了解决具体的研究问题。"[1]

其次，基础理论的突破是中外政治制度研究创新的动力，也为研究方法的更新与融合提供契机。基础理论是理解、阐释、预测制度现象的概念工具和理论支撑，凝聚着制度运行的因果机制和一般规律。一方面，基础性研究地位的提升需要学术界正视其重要作用，并在宏观社会条件下予以保障。中外政治制度研究离不开既有理论和已有材料的支撑，基础性理论却长期处于边缘地位，这种不平衡需要党和政府从宏观层面加以调整。社会观念上破除价值无用论是第一步，在专业设置和培养方案上对基础性理

---

[1] 唐世平：《超越定性与定量之争》，《公共行政评论》2015年第4期。

论加以重视则是制度保障的关键。从另一个角度来看，当代中国政治制度正是中外政治制度研究的重点关注对象，制度研究可以在此过程中反思自身局限、扩展制度范畴并赋予研究以实用性价值。另一方面，规范研究注重个人努力与团体合作的有机结合，即个人层面完备的能力素质与学术共同体的协同分工。基础理论的梳理与积累以个人为基本单位，强调研究者对知识本身的理解力、记忆力、穿透力、认同感等等。政治制度研究的历史渊源最早可以追溯到亚里士多德的《政治学》，这意味着浩瀚的文献和庞杂的思想，考验着众多研究者的取舍能力和逻辑能力。在此基础之上，规范理论的践行者还需要依据生活常识和自身经历穿透问题的表象，探讨基础理论更新的核心问题。个人的理论思索多为书斋式的哲学性思辨，与之相对，学术共同体的建构有利于在内部批判中将理想拉回到现实当中。无论是研究者个人还是学术共同体，紧跟学术前沿都尤为重要，尤其需要注重英文文献的积累和新方法的学习。

最后，实证研究的科学化是中外政治制度研究发展的趋势所在。价值性论点需要材料和数据加以佐证，实证研究在此大显身手，这也是国内制度研究与国际接轨的重要一步。提升制度研究的科学化大致可以从以下三个层面着手。其一，重视理论课题的研究基础与扩展空间，在理论与现实的差距中发展实证研究。实证研究立足于规范性基础理论之上，对理论文献的深入研究分析有助于全面把握经典成果、研究进展、重要问题。密切关注现实生活中的制度，在理论对话基础上将理论与现实进行对比，二者之间的落差很可能就是值得研究的重要议题。经典文献的积累为学术研究者提供理论积淀和方法认知，从现实中发现问题更能展现学术研究的真谛。这些问题不局限于当代中国的制度难题，而是包括历史中国的制度建设难题及其解决路径、外国政治制度建设的历史难题与当前困境等等。其二，研究领域和重大问题将得到细化，实证研究法的应用更具渗透性和交叉性。为适应学科发展的趋势，中外政治制度细化原有领域并催生新的分支学科，呈现出的具体研究问题为实证研究法的应用预留了巨大的空间。中外政治制度研究逐步从宏观转向微观、从抽象转为具体、从静态转向动态，研究方法也从单一使用走向多元综合。学术研究的推进离不开科学化的学科定位和精细化的学术分工，学者个人或是团队选择某一具体问题或特定时期的某个制度进行研究，抑或是专注于国别的制度比较，在特定的学术议题上对研究方法进行综合考量和运用。其三，打破学科之间的壁垒，借鉴多学科研究方法。与学科的分工细化相对应，社会科学同时展现出多学科整合统一的一面，带来更为广阔的研究视野。未来中外政治制度研究的跨学科整体化发展意识将进一步增强，历史学、社会学、经济学、法学等相关学科的理论与方法将占据重要地位，强化制度研究归属感的同时整合多学科方法是中外政治制度学科建设的必然措施。

（四）完善专业人才队伍建设，塑造良性运行的学术共同体

中外政治制度研究的未来由每一个制度研究个体共同建构，既包括基础扎实的个体研究者，也涵括专业化的学术队伍，还在于高效公正的学术共同体。专业化的学术队伍与系统化的学科设置服务于培育学术研究的有生力量，学术研究个人与团队的广泛聚集形成我国的学术研究共同体。

第一，优化学术研究者的个体能力，为专业化的学术队伍和高效化的学术共同体建设奠定基础。在制度研究本土化、国际化的时代潮流下，培养适应理论发展需要的学术型人才是学术创新的必然要求，也是振兴中外政治制度这一学科的根本途径。学术队伍的建设以个人为基本立足点、以学术共同体的培育为重要内容，推动制度研究的推陈出新，必须进一步提升学术人才的理论功底、学术能力、合作能力。首先，中外政治制度的学术人才必须具有扎实的基础理论功底。充裕的理论知识为探求新知识、开拓新领域、达到新境界夯实根基，学术型人才的理论功底必须经得起考验，对政治学、历史学、社会学、管理学的核心理论及关键方法等都要有所了解。经典文献中汇集本领域内最有价值、最应深化学习的学术成果，是培养基础能力、逻辑意识、思考风格的重要法宝。研读马克思主义经典文献，要体现为人民服务的特质和意识，在实践中坚持具体问题具体分析，进而将马克思主义的立场、观点、方法落实到中外政治制度研究当中。其次，学术能力是学术型人才最本质的特征，展现在学术活动当中。在厚实的理论功底之上，学术研究者要掌握科研议题的核心、直击学术探讨的本质、理清独特思想的脉络，由此在学术研究中实现自身的价值。学术生活中的常识需要研究者用思考加以整合，学术空间的扩展则偏重学者个人的想象力，与其他学术特质相比，想象力更有可能激发无限潜力。最后，合作能力是学术研究者获得他人赞许、团体信任、学界认可的重要能力。学术研究从来都是学者之间互相交流、共同促进的过程，学术共同体尤其注重在内部批判中深化合作，拓展研究的广度与深度，这对学者个人、学术团队、学术共同体而言都是思想交锋、思想纠偏和知识积累的过程。从根本上看，中外政治制度的研究者必须坚守正确的政治意识、明确的经典意识、强烈的责任意识、敏锐的问题意识、科学的创新意识，用自己的学术研究服务于中国特色社会主义建设伟大事业。①

第二，优化中外政治制度的课程设置，推动建设专业化的学术研究队伍。十年树木，百年树人，制度研究人才的培育是一项系统性的宏大工程，需从多个维度优化课程设置、强化复合型人才的培养。具体的课程安排是学科设置的载体，中外政治制度对人才知识体系、目标能力、综合素质的诉求在课程安排中得以凸显。如前所述，中外政治制度的学科定位与研究议题决定，其课程设置可以根据实际需求和学科交叉属性展现这一点。首先，课程设置注重优化基础理论课程，完善学生的知识框架，形成系统性的知识图谱。②基础类课程包括政治学基本原理、中国政治制度、西方政治制度、中国政治制度史、西方政治制度史、中国政治思想史、西方政治思想史等，还可适当开设国际政治的相关课程以强化对国别的基本认识，开设中国古代史、中国近代史、世界古代史、世界近代史课程提升对历史的感知等。其次，强化实证研究方法的学习，重视方法论训练与专业技能提升。此类课程主要有社会调查理论与方法、办公自动化实务、制度分析方法、专业论文写作等，还可适当涵括历史学的史料课和史学论文写作。学术论文的写作是高素质研究型人才的必备技能，也是学术研究表达的重要一环。最后，开设适应国际化的课程，开阔制度研究的国际视野。强调与国际接轨的课程主要包括当代国际关系分析、西方政治学原著选读、前沿文献翻译等。随着经济全球化和信息世界化的蓬勃发展，学术研究也必定积极顺应时代潮流，在新形势下回应现实问题并寻找理论增长点，凭借过硬的理论素养和语言能力参与国际学术交流就显得尤为重要。优化课程设置时需要注意的是，坚持用马克思主义的基本理论与方法指导中外政治制度研究，课程设计中应当充分彰显马克思主义的指导地位。其一，中外政治制度研究的中青年群体尤其需要认真研读马克思主义经典原著，结合中国国情、国际形势灵活运用马克思主义经典理论。其二，要从整体上把握马克思主义的整体性和基本原理，更要体会马克思主义中国化的代表性成果。其三，充分运用马克思主义理论解决我国社会主义初级阶段复杂的制度建设难题，在中外政治制度研究中彰显社会主义制度的优越性。对于西方政治制度研究的成果，更要坚持马克思主义的指导地位，在

---

① 杨海蛟:《政治学者当坚守五个意识》,《人民日报》2015年6月15日。
② 李桂英:《政治学与行政学专业应用型本科人才培养模式的构建》,《长春大学学报》2011年第2期。

中国语境和批评思维下坚持阶级分析、取长补短、西为中用。①

  第三，立足于高质量的人才队伍，构建良性运行的学术共同体。学术共同体将"以学术为志业"的学者凝聚起来，通过思想交锋、学术对话、争辩批判等方式集思广益，推动学术稳步向前。② 学术共同体的完善程度直接关系到学术人才的成长、学术理论的发展乃至一个国家的文化实力，是中外政治制度学科发展的根本保证和长远大计。政治学恢复重建以来，我国中外政治制度的学术共同体建设取得了一些成就，但距离新时代党和人民的需求还有一定距离。为进一步扫除中外政治制度研究前进的阻碍，有必要从学术规范、学术自律、学术创新三重维度改良我国学术共同体的运行机制。首先，学术规范是学术共同体高效科学运行的制度条件，重构学术秩序的关键在于学术规范化。③ 学术规范在学术共同体内部树立一套获得普遍认可的制度，建立健全学术准入、学术运行、学术退出等系列规则，保障中外政治制度研究者的知识生产活动的公正性、严肃性、权威性。学术规范的建立健全是一个循序渐进的过程，需要相关学者的共同努力和监督执行，更呼吁学者发自内心的自觉遵守。其次，学术自律产生于制度的不完满性，它是学术共同体有效运行的内在机制，在学术评价中发挥功效。学术自律要求作为共同体成员的广大知识分子遵循学术规范，在制度研究中成为学术秩序的建设者、践行者、监督者、维护者，一同建设并维护纯净的学术空间。最后，学术共同体建设与优化最终落实为可持续的学术创新。日臻完善的学术共同体致力于寻求新的理论视角、新的论述材料、新的研究方法，以开创中外政治制度研究的新局面。具体而言，创新中外政治制度研究需要社会和个体的共同努力、联合互动，即社会改进学术研究的制度环境、创造宽容开放的学术空间，个人培育高风亮节的学术人格、坚定持之以恒的学术追求。国家和高校可以通过改善物质待遇、科研立项、国外进修等方面提供政策支持，组织科研研修班和学术会议提升青年学者的综合学术能力，造就立场坚定、思维敏捷、学术过硬的中外政治制度研究的学术共同体。

---

  ① 崔华前:《论我国政治学学科发展的马克思主义路径——基于对31所高校政治学学科建设现状的调研》,《政治学研究》2010年第5期。
  ② 袁广林:《大学学术共同体:特征与价值》,《高教探索》2011年第1期。
  ③ 詹先明:《"学术共同体"建设:学术规范、学术批评与学术创新》,《江苏高教》2009年第3期。

中国国际关系与国际政治研究40年

吕耀东　赵迎结[*]

自1979年邓小平同志提出"补课论"后，中国政治学得以恢复和发展。为搭建中国政治学研究平台，中国政治学会于1980年12月在北京成立。之后，全国各地政治学会相继建立并蓬勃发展，成为改革开放后生长最快的学术团体之一，这反过来也推动了中国政治学的长足发展。今年是中国政治学会成立40周年，整体来看，中国政治学研究成果显著。而国际关系与国际政治作为政治学的分支学科，同样取得了骄人成绩。本文将以国际关系与国际政治研究为切入点，长线考察其40年发展的轨迹、特征与趋势，以期对中国政治学发展有所裨益。

国际关系与国际政治学科是政治学的二级学科，是以国际社会中各种行为主体及其相互关系为主要研究对象，旨在探寻国际行为主体的对外行为以及由此而产生的各种政治、经济、军事、法律、文化等关系的内在联系及其发展规律。从研究内容的性质上来讲，国际关系与国际政治研究大体上可分为理论性研究和对策性研究。基于以上学科定位，从这40年发展过程来看，中国国际关系与国际政治研究深受国际格局变化和所处时代的影响，故大致可分为三个时期，即20世纪80年代、90年代和21世纪以来。归纳并总结每个时期理论与对策的研究特征有利于我们明晰其发展历程与趋势，为中国在面对充满不确定性与不稳定性的国际环境时提供合理预判，保障中国的和平与发展、促进世界的和平与稳定。

大体来看，在这40年里，中国国际关系与国际政治研究主要有以下几个特点：①阶段化特征明显，这主要是由于国际关系与国际政治研究的内容同时代密切相关，在不同的时代背景下所呈现的特征也就各不相同；②从研究队伍来看，研究人员的知识结构不仅更加多元合理，还形成了老

---

[*] 吕耀东：中国社会科学院日本研究所；赵迎结：中国社会科学院大学。

中青的传承结构和高校与研究机构相配合的研究机制；③研究成果丰富多样，较为全面地覆盖了现有研究体系，与国外研究的差距也大大减小；④研究的理论性与科学性都大幅增强，这主要是由于研究理论的自觉运用、与时代的密切结合及研究方法与视角的多元。以上特点贯穿于中国国际关系与国际政治40年的研究，以下则是对具体每个时期相关成果的大致评述。

一 20世纪80年代中国国际关系与国际政治研究的起步阶段

随着改革开放的深化，复杂的国际环境促进了中国国际关系与国际政治研究的产生与发展。1980年12月16日，中国国际关系史学会（2000年更名为"中国国际关系学会"）成立，中国国际关系与国际政治研究步入了发展正轨。这个时期主要研究的是：一、开始探讨国际关系与国际政治的学科定位问题；二、逐步关注西方国际关系理论的发展并对其进行了述评性研究；三、研究对象由国际问题转向国际关系与国际政治。从发展结果来看，国家对外发展对中国国际关系与国际政治研究提出了现实需求，不仅丰富了相关理论研究成果，还为中国制定对外战略提供了智力支持，并促进了学科自身的发展。

（一）从无到有：中国国际关系与国际政治研究理论的萌发

国际关系与国际政治学科成立于两次世界大战之间，其相关理论在战后得到了快速发展。中国在战后也注意到了西方国际关系与国际政治理论的发展，并逐渐出现了一些译介性作品。但直到80年代，中国国际关系与国际政治理论研究才出现一些成果。该时期以国外理论评介为主要内容，并出现了一些具有开创性的研究成果，如学科定位和国外理论的"本土化"探讨等。

1. 首要问题——国际关系与国际政治学科定位探讨

学科定位是国际关系与国际政治研究的基本问题，也是该时期面临的首要问题。作为一门新兴学科，如何对国际关系与国际政治学科进行定位引发了中国学界的探讨。

由于中国学界的研究习惯，存在国际关系史研究与国际关系研究相混涉的状态。该时期有学者将国际关系置于历史的范畴进行研究。如：张之芮在《国际关系史研究对象再探讨》一文中指出，国际关系是一个历史范畴，是在一定历史的社会的条件下产生的，具有明显的时代特征。一个时代的国际关系是由其社会经济制度决定的，研究对象是每个国家的阶级性质与对外政策以及一国同他国的关系。国际关系史研究内容是国际关系中的经济、政治、文化等基本因素的作用，而各因素的相互作用是国际关系史发展的动力。① 光仁洪在《论国际关系史的研究对象、方法及其重要性》中进一步指出，国际关系史的研究对象应是国家与国家间的政治关系和经济关系，尤其是政治关系的发生、发展、变化的历史过程及其规律和趋向。② 有学者明确指出国际关系史不同于国际关系学，其概念和内容偏重于国际关系史研究。如：王绳祖在《关于建设有中国特色的国际关系史的几个问题》中指出，国际关系史不同于国际关系学，研究对象是国际问题的来龙去脉和同其他问题的错综复杂的关系，分析国际重大事件的前因后果，论述较长一段时间内的国际关系的历史进程。对于如何解释历史事件，作者认为国际关系史研究应坚持马克思主义唯物史观。作者还认为"欧洲中心论"是荒谬的，但不能一笔抹杀欧洲均势在传统国际体系的中心地位。对此，作者建议应发扬爱国主义和国际主义精神，做到有破有立，历史地编写该时期帝国主义的勾结阴谋，详述新中国成立以来的中外关系，重视对国际关系起过作用的历史人物的研究，留意档案文件。③

该时期也有学者开始将国际关系学作为新学科，试图明确中国国际关系学的学科特色。如：谢益显在《关于建立国际关系学的若干构想：关于国际关系学的对象、任务、方法和内容之我见》一文中指出，国际关系学研究对象应是主权国家的关系、主权国家与国际政治组织间的关系，以及它们同争取民族独立的国家和组织之间的关系；其任务是建立马克思主义的国际关系理论体系；其方法是以辩证唯物主义和历史唯物主义为指导；其内容有：时代问题，主权原则、人民自决原则和民族自决原则，帝国主义国家、社会主义国家、民族主义国家的一般经济、政治特点及对其对外政策的影响，国际政治组织，将影响国际关系的世界性意识形态作为国际关系普遍准则的思想，世界经济和国际经济关系对国际关系的影响，国家

---

① 张之芮：《国际关系史研究对象再探讨》，《外交学院学报》1984年第1期。
② 光仁洪：《论国际关系史的研究对象、方法及其重要性》，《学术界》1986年第1期。
③ 王绳祖：《关于建设有中国特色的国际关系史的几个问题》，《外交学院学报》1986年第2期。

安全原则,强权政治、霸权主义和"地缘政治"等,战争与和平问题,以"民心向背为是非准则"问题,战略格局问题。①

由上可知,第一,从学科发展来看,对于这个时期的中国而言,国际关系学作为一门新兴学科,学界对其尚缺乏足够的认知,国际关系与国际政治学科的独立性有待进一步加强;第二,从学科关注的议题来看,该时期的国际关系学带有明显的"冷战"时代印记,这与中国所处的国际环境和面临的时代任务密切相关。总之,中国国际关系学发展迈出了第一步,推动了国际关系与国际政治研究。

2. 主要内容——对国外国际关系与国际政治理论的介评性研究

除了学科定位问题,学科不足还表现在知识体系的缺乏。因此,我国在推进国际关系与国际政治学科建设的同时,还大量介绍了国外国际关系与国际政治的成熟理论,构成了该时期的主要研究内容,大致包括:西方主流国际关系与国际政治理论及其流派的介绍、西方非主流国际关系理论的发展、其他地区国际关系理论的发展与局限等。

首先,一些学者侧重于对西方国际关系与国际政治理论进行介绍。如:陈乐民在《西方现代国际关系学的基本理论》一文中指出,国际关系理论各有其理论和思维逻辑,但从其基本理论和方法论来看则大同小异,西方现代国际关系理论主要包括"权力论""博弈论"和"控制论"。作者指出西方现代国际关系学根本上反映的是西方资本主义大国统治阶级的利益,其方法论体系则是形而上学的,并对中国的青年学者提出了"警示"。在研究国际关系时,应对具体情况进行具体分析,看到历史的发展是多种因素相互融合、相互补充、相互抵消、相互矛盾而形成的,看到政治终究受到经济的制约。最后,作者指出,西方国际关系理论的方法论和马克思主义方法论存在根本的区别,应坚持马克思主义的历史唯物论和辩证唯物论,借鉴西方国际关系理论中的合理成分及科学分析方法,丰富我们的理论。②

其次,一些学者对西方国际关系与国际政治理论流派进行了梳理。如:倪世雄在《西方国际关系理论主要流派述评》一文中指出,一战后国际关系理论成为独立学科,共出现了五个主要流派和两次大论战。理想主义流派和现实主义流派的"论战"与两次世界大战密切相关,作者指出二

---

① 谢益显:《关于建立国际关系学的若干构想:关于国际关系学的对象、任务、方法和内容之我见》,《世界经济与政治》1987年第9期。

② 陈乐民:《西方现代国际关系学的基本理论》,《西欧研究》1985年第2期。

者本质都是直接服务于西方国家对外政策，分歧在于对人性、社会与世界、国际关系和未来的看法不同。传统主义与科学行为主义论战始于60年代，作者认为其实质是特定社会和历史条件下第一次"论战"的继续，不同之处在于研究方法和途径。新现实主义围绕"权力"和"利益"在70年代后期崛起，是前两次"论战"在新形势下的继续和发展。最后，作者指出西方国际关系学与帝国主义的同步性，具有阶级性，并服务于帝国主义的霸权主义政策；各学派的研究方法皆停留于唯心主义和形而上学的范畴，甚至出现错误，我们应"取其精华，剔其糟粕"，坚持马列主义、毛泽东思想的理论指导。①

再者，除了对西方主流国际关系与国际政治理论的关注外，一些学者还针对国际关系未来学、均势理论和"长周期理论"等一些中小理论进行了介评性研究，从而使中国对西方国际关系与国际政治理论拥有了较为全面的认识。如：倪世雄的《国际关系未来学》、宁骚的《论国际关系中的均势问题》和王重方的《论西方国际关系"长周期理论"》等。②

中国国际关系与国际政治理论虽然发展较晚，但可以借鉴西方较为成熟的研究成果。但需要指出的是，西方国际关系与国际政治理论是基于西方的历史与经验总结而来的，是为其霸权服务的。中国作为与西方国家不同的社会主义国家、与广大第三世界国家站在同一阵营的国家，是无法将西方国际关系与国际政治理论直接运用于中国外交实践当中的。有鉴于此，该时期中国学者还关注了苏联和拉美地区的国际关系与国际政治理论的发展。

战后，苏联同样关注了西方国际关系与国际政治理论的发展，并在此基础上建构了具有苏联特色的国际关系与国际政治理论，为中国国际关系理论的构建与发展提供了很好的借鉴。值得借鉴之处有两点：一是，提出不同的研究对象；二是，注重与其他学科结合开展跨学科研究。

其一，关于苏联国际关系理论的研究对象。杨闯在《苏联关于国际关系理论的研究对象及其对国际关系体系的构想》一文中指出，苏联国际关系理论的研究对象是国际关系体系结构、基本因素、发展变化的动力客观

---

① 倪世雄：《西方国际关系理论主要流派述评》，《复旦学报》（社会科学版）1986年第4期。

② 倪世雄：《国际关系未来学》，《国外社会科学》1986年第5期。宁骚：《论国际关系中的均势问题》，《北京大学学报》（哲学社会科学版）1986年第3期。王重方：《论西方国际关系"长周期理论"》，《世界经济与政治》1989年第4期。

规律，拥有与本国实践相应的概念，在国家对外实践中被用来分析、评价和预测国际形势发展，制定对外战略和策略。苏联国际关系理论界认为，国际关系体系框架的三个层次是：一是世界舞台上阶级之间的关系；二是主要的社会经济形态体系（社会主义体系、资本主义体系、发展中国家共同体）；三是国家间关系和非国家关系。苏联学者认为国际关系体系存在外部环境，而且会影响国际关系体系。苏联学者将国际关系体系中的行为主体分为两类：一类是基本因素——国家，另一类是非基本却积极的因素——国家联盟、跨国组织和国际组织。苏联学者还指出各国在国际关系体系中存在着事实上的不平等，大国对整个国际关系体系影响更大。①

其二，关于苏联国际关系理论的跨学科研究。冯绍雷《当代苏联国际关系心理学的研究趋势》一文关注的是苏联国际关系理论界将心理学与国际关系研究结合的趋势。他指出，苏联学术界从60年代中期就已提出运用心理学方法研究国际关系，并在80年代取得了巨大进步，建立了国际关系理论心理学研究的概念范畴体系，研究了民族心理与民族自我意识对一国对外政策的影响和对外政策形成过程中政治领导人物心理行为的作用与特点。对于国际关系理论心理学研究的概念范畴体系，作者列举了卡萨拉波夫的六个观点。对于民族心理与民族自我意识对一国对外政策的影响，作者指出，苏联学者以美国为研究对象，运用大量可靠的事实证明了社会意识、民族心理与对外政策相互作用、相互影响，并认为个人因素在对外决策中发挥着重要作用，而领导人的决策是在主客观因素相互影响的条件下产生的。②

此外，还有学者关注了拉美国家国际关系与国际政治理论的发展。如：安建国在《对拉美国际关系研究影响较大的几种理论》一文中梳理了拉美国际关系研究的重要理论流派，主要有经典理论学派（均势理论影响尤甚）、帝国主义理论学派、依附理论学派、互相依存理论学派、世界体系理论学派、官僚政治理论学派、跨国政治理论学派等。③

苏联和拉美地区国际关系理论的出现证明了西方国际关系理论并非适用于所有国家和地区，也为世界其他国家或地区国际关系理论的发展提供了参考。但应指出的是，苏联和拉美地区的国际关系理论体系尚不完善、

---

① 杨闯：《苏联关于国际关系理论的研究对象及其对国际关系体系的构想》，《世界经济与政治》1987年第9期。
② 冯绍雷：《当代苏联国际关系心理学的研究趋势》，《今日苏联东欧》1989年第4期。
③ 安建国：《对拉美国际关系研究影响较大的几种理论》，《拉丁美洲研究》1987年第6期。

水平参差不齐，还需要进一步的思考与完善。

3. 批判与构建——中国特色国际关系理论的建构思考

西方国际关系与国际政治理论发展较早、体系较为完善，并掌握着理论界的话语权。但中国学者从一开始就注意到其理论自身的局限性，开始思考如何建立适用于中国国情的理论，这客观上促进了中国国际关系与国际政治理论研究形成理论自觉。

首先，有学者针对西方国际关系与国际政治理论本身进行了批判。如：章亚航在《关于西方国际关系理论的发展过程——是"四段式"还是"兼容"》一文中指出，虽然中国学者沿袭了西方国际关系理论的"四段式划分"，但这种概括模式在内涵上并不准确，在方法论上偏于形式化。通过重新梳理西方国际关系理论发展的历史，作者指出，政治理想主义的中心范畴是道义和法理，政治现实主义的中心范畴是权力和国家利益及二者的相互关系，两种主义的论战使得西方国际关系理论发展过程中第一次出现"兼容"。而行为主义将心理学和其他行为科学的观点、概念、方法、模式引进到国际关系理论中，从而形成了西方国际关系理论现代主义研究与政治现实主义的第二次"论战"。作者认为，70 年代出现的对立各派观点、概念、方法、模式的趋近，形成了"后行为主义"，形成了西方国际关系理论发展过程中的第二次"兼容"，带来了现代主义（行为主义）与"后行为主义"的第三次"论战"。值得注意的是，这些论战并未改变美国以现实主义的理论原则为对外活动的国策的事实。[①]

其次，学界开始提出构建中国特色国际关系与国际政治理论。1987 年 8 月，中国举办了第一次全国性的国际关系理论讨论会。与会多数学者提出建立中国特色国际关系理论更符合我国理论发展与话语建构，应坚持以马列主义、毛泽东思想为指导思想，以建设理论体系的"多极化"格局为目标。[②] 林至敏的《论国际关系理论研究的两个优先课题》一文则进一步提出，中国国际关系与国际政治理论的优先课题是，国际冲突变型和由于国际经济关系地位上升而引起的整个国际关系重心转移。[③]

由上可知，中国学者通过对西方国际关系与国际政治理论的重新梳理与思考，为观察国际关系理论提供了新的视角与方法，而中国特色国际关

[①] 章亚航：《关于西方国际关系理论的发展过程——是"四段式"还是"兼容"》，《世界经济与政治》1988 年第 11 期。

[②] 田志立：《国际关系理论讨论会综述》，《政治学研究》1987 年第 6 期。

[③] 林至敏：《论国际关系理论研究的两个优先课题》，《世界经济与政治》1988 年第 8 期。

系理论构建的提出体现了中国学者的理论自信,也将进一步推动国际关系与国际政治理论的发展。

(二) 80 年代中国国际关系与国际政治的对策性研究

进入 80 年代,中国改革开放不断深化。而放眼全球,虽然整个世界仍处于冷战时期,世界被分为社会主义和资本主义两大体系,国际格局是以美苏为首的两极格局,但也出现了第三世界、西欧等其他力量的崛起,共同推动着国际格局的转变,同时也影响了这一时期中国国际关系与国际政治对策性研究的主题。这一时期对策性研究主要关注的是:国际关系的新变化与趋势、国际关系影响因素、大国关系和地区国际关系等。

1. 国际关系的新变化与趋势研究

80 年代,世界仍被分为以美苏为首的两大阵营,但世界多数国家是追求和平与稳定、反对霸权与对抗的,谋发展、促和平成为人类的共同追求。在此背景下,不谋求霸权与和平共处等国际法新原则日益被国际社会所认可,国际关系中的经济因素开始上升而军事因素下降,这些变化促进了国际关系的良性发展。

其一,关于国际法新原则。国际法是调整国际关系的法律规范,因此国际法的基本原则对国际关系意义重大。中国学者注重从国际法角度来考察国际问题和国际关系,为国际法的发展加入了"不谋求霸权""和平共处五项原则"等新元素。其中,刘振江在《不谋求霸权是现代国际法的基本原则》中指出,国际法对国际关系具有指导性作用,而不谋求霸权原则在国际活动中得到大多数国家的认可,并在国际会议和国际文件中得到确认,故已成为现代国际法中的一个新基本原则。首先,作者认为国际法的实施途径主要依靠各国的信守、自助和互助,由于不谋求霸权原则的适用对象是一切帝国主义、殖民主义和霸权主义,使这一原则具有了重大的政治意义。其次,作者指出不谋求霸权原则之所以能迅速成为现代国际法基本原则,与战后国际社会反对霸权主义活动密切相关,也符合历史发展规律。最后,作者指出不谋求霸权原则作为现代国际法的基本原则之一,完善了国际法基本原则,更能发挥国际法维护国际和平与安全的作用。

其二,关于经济因素在国际社会中的地位上升。刘万文在《论当今国际关系重心向经济方面的倾斜》一文中指出,国际关系重心偏向经济的政治基础和前提是国际局势的缓和,其内在动因是世界各国开始注重经济发展,"经济外交"已成为当今世界各国对外政策的重要内容,经济摩擦已成为国际矛盾的突出表现之一。① 刘江永在《太平洋国际关系的变迁与经济合作的新潮流》一文中从历史演进与国际关系发展的角度初步探析了当时兴起的太平洋地区经济合作及其前景。作者将太平洋地区国际关系的变迁分为三个不同时期：第一，战前殖民地时代下，日本图谋形成"大东亚共荣圈"及其失败的历史过程；第二，战后出现的美苏两极体制、东西方关系及冷战状态，使得太平洋问题与社会主义和资本主义两种制度的矛盾交织在一起而变得更加复杂；第三，80年代中期以来太平洋地区出现了政治对话代替军事对抗、地区经济合作由少数国家的构想阶段步入众多国家初步尝试的阶段。对于第三阶段的新变化，作者认为是由于中国改革开放政策的实施、亚洲新兴工业地区及东盟国家的经济增长、日本经济科技的发展、美国经济重心的西移、苏联亚太地区政策的调整与变化。对于太平洋经济合作未来，作者认为太平洋经济合作层次的提高并不取决于美日大国，而是取决于发展中国家经济发展水平，太平洋国家应避免少数大国主宰或以大国为中心，应以在经济科技及文化教育领域合作、尊重各国的自主性、谋求平等互利与共同发展、保持开放姿态和双边关系的健康发展为基础。作者从全球观点和历史观点出发，指出太平洋地区经济合作如能健康发展，将减少军事对抗及局部战争，增大经济、科技的作用，弱化军事的作用，辐射周边国家和地区，进一步扩大合作范围。②

其三，关于国际关系发展趋势的研究，中国学者从不同维度给出了多元解释。汤季芳认为国际关系趋势是向多极化发展的。他在《战后四十年国际关系的变化和发展趋势——兼评西方论著中的一些观点》一文中指出，国际关系的发展趋势并非西方所说的为了恢复均势的三角关系或多极世界，而是正在形成以三个世界为特点的多极。③ 陈汉文认为国际关系趋势是形成国际体系相互依赖的新型国际关系。他在《今后二、三十年的国际关系与中国的对外政策》一文中指出，两次世界大战破坏了原有的纵向从属或依附的国际关系，社会主义和资本主义两大社会体系的横向对立在战后成为国际关系的一个新特征。由于60、70年代的国际体系转向全面相互依赖，将会在二三十年后形成新型国际体系。新型国际体系的主要特

---

① 刘万文：《论当今国际关系重心向经济方面的倾斜》，《世界经济与政治》1989年第3期。
② 刘江永：《太平洋国际关系的变迁与经济合作的新潮流》，《现代国际关系》1988年第3期。
③ 汤季芳：《战后四十年国际关系的变化和发展趋势——兼评西方论著中的一些观点》，《兰州大学学报》1985年第2期。

征是横向的相互依赖、各国利益具有全面而又深刻的交叉、各种国际力量相互制约、国际交流渠道多样化、国际透明度不断提高、全球性问题增多。而从国际力量来看，新型国际体系的特征是划分方式多样化且都具有合理性、原来相对稳定的国家集团将日益松散、多种力量形成的合力效应制约实力的直接运用。未来新的重心——亚太地区将会替代旧的国际体系重心——欧洲，盲目的、不可控的"势力均衡"的国际协调机制向着人为的、可控的多样化协调机制方向发展。[1] 俞遂认为国际关系发展趋势是建立新的国际政治秩序。他在《建立国际政治新秩序刍议》一文中指出，国际政治新秩序的对立物是战后霸权政治横行的旧秩序，其社会基础是许多国家和会议已接受和平共处五项原则，其有利条件是和平与发展已成为时代的主流，经济全球化和经济政治化与政治经济化趋势的发展也为其开辟了道路。国际政治新秩序的实质是国际关系民主化，其主要动力来源于发展中国家，主要阻力来源于霸权主义和强权政治，这将是一项长期而又艰巨的战略任务，应正确理解这一概念，并加以科学阐明和积极推动。[2]

由上可知，中国学者重视从国际法的角度理解国际关系，肯定了不谋求霸权与和平共处五项原则对国际社会的积极作用，并较为准确地抓住了该时期国际关系新变化——经济因素地位的上升，从不同层面对国际关系的发展趋势作了合理预判。

2. 国际关系影响因素的研究

国际关系研究是复杂的、不易掌握的，而西方国际关系与国际政治理论界多是采用简约性理论来分析国际关系，虽然提供了一定的分析框架，却容易忽视影响国际关系的具体因素。中国学者在考察国际关系时也注意到了这一点，并对其进行了多方位的分析。这种研究成果大致可分为三类：一是，对国际关系影响因素的概括性描述；二是，对某一具体因素的重点分析；三是，借助其他学科对国际关系进行解释。

其一，关于国际关系影响因素的概括性描述。李茂春在《影响当代国际关系发展的因素》一文中指出，美苏两大国的矛盾和斗争、国际组织、国际力量的快速组合、国际社会民主化进程、经济因素、新技术革命以及核武器等是影响当代国际关系发展的主要因素。作者在文中详细叙述了前六种因素对国际关系的影响，并指出美苏两大国的矛盾与竞争形成并巩固

---

[1] 陈汉文：《今后二、三十年的国际关系与中国的对外政策》，《世界经济与政治》1987年第8期。

[2] 俞遂：《建立国际政治新秩序刍议》，《世界经济与政治》1989年第11期。

了两极体系,我们应关注美苏态势的发展,在国际斗争中掌握主动权;国际组织改变了国际社会的结构,在国际事务中发挥着不同的作用,我们应正确处理同各类国际组织的关系,从而促进国际关系的健康发展;国际力量的快速组合造成了国际社会的动荡、国际关系的复杂,我国应正确把握国际社会发展方向,及时调整政策;重视第三世界民主化进程的发展;经济力量在国际关系中的作用增强了,经济因素成为当代国际关系的一个重要特点,我国学者也越来越重视国际关系中经济因素的作用和影响,并体现于外交政策上;新技术革命的发展影响了各国经济科技战略的制定和实施,引起了军事战略的变化和军备竞赛的升级。此外,新技术革命将从总体上推动世界经济的发展,但同时也将加剧世界经济发展不平衡。中国应抓住机遇,发展经济实力和军事实力。[1]

其二,关于某一具体因素的分析,主要包括新技术革命、民族与意识形态等。有学者重视新技术对国际关系的影响。如郭震远在《新技术革命与当前和未来的国际关系》一文中指出新科技革命通过在短时间内引起国家实力显著变化,从而导致世界格局的重大变化;大大降低了资源问题在国际事务中的作用;为国际联系和交流提供新手段;开拓了宇宙空间,引起了一系列国际关系的新问题;在国际事务中占有日益重要的地位,成为国际关系中一个十分重要的活跃因素。在当代和未来的国际关系中,新技术革命将促使世界多元化发展、推动世界经济增长、提高军备竞赛水平和一定程度上有利于军备控制、影响南北关系、加剧美苏争夺。[2] 有学者重点考察了民族与意识形态对国际关系的影响。如夏立平在《当代国际关系中的民族因素与意识形态因素》一文中指出,当代国际关系中民族因素超过意识形态因素的根本原因在于民族矛盾超过了阶级矛盾,具体原因是:两种社会制度相对稳定与两大阵营解体、美苏两个超级大国控制世界事务的能力大大减弱、发展中国家具有强烈的民族意识、各国认识到将意识形态置于国际关系之上的做法是错误的、经济问题的重要性超过意识形态问题。这一特点正推动世界格局从两极格局向多极化方向发展,有利于世界和平与发展。[3]

其三,鉴于国际关系的复杂性,借助其他学科与其他研究方法也成为学者们深入研究的一种方式。而文化作为长期影响国家与民族心理的重要

---

[1] 李茂春:《影响当代国际关系发展的因素》,《政治研究》1987 年第 1 期。
[2] 郭震远:《新技术革命与当前和未来的国际关系》,《现代国际关系》1987 年第 1 期。
[3] 夏立平:《当代国际关系中的民族因素与意识形态因素》,《世界历史》1989 年第 2 期。

因素，也是学者们经常利用的研究视角。文化包括宏观文化和微观文化，可以从不同层面透析国际关系的发展。杨凯在《"大文化"视野中的国际关系研究》一文中指出了宏观文化与国际关系的关系。他认为，"大文化"是指人类所创造的一切物质和精神文明的总和，而建立在"大文化"基础上的理论可以提供一个立体的、历史性与现实性并重、个性与共性相融的思维框架，为研究各种社会问题提供一种普遍联系的共有基础，提供一个多元参照系。国际关系本质上属于一种异质的个性大文化之间的联系，是一种国际间的"大文化"关系，而国际政治关系、国际经济关系与国际文化关系构成了"国际大文化关系"的主要框架，三者相互渗透、相互作用、互为你我。[1] 田作高在《政治文化与国际关系》一文中则具体解释了政治文化与国际关系之间的关系。他指出，政治文化是在一定物质基础上产生的属于上层建筑领域的精神现象，是人们的政治态度、信仰、感情和价值观念的总和。政治文化作为国际关系的因素之一，其作用是间接的、无形的，比经济等因素的影响更加深远。共同的政治文化是联结不同国家的纽带，基于共同利益的国家联盟是短暂的，只有基于共同利益和共同政治文化结成的联盟才能持久。[2]

由上可知，中国学者并未拘泥于西方国际关系研究的框架，而是实事求是，注重观察国际关系的客观变化，对影响国际关系的因素展开了积极探讨，但涉及范围还较小，考察的角度较为单一。而文化学对国际关系的解读，则证明了借助其他学科考察国际关系的可行性，为未来借助其他学科考察国际关系提供了有益参考。

3. 大国关系的研究

大国关系是中国国际关系与国际政治探究的重要内容，这是由于大国综合国力更强，更容易触动原有的国际体系，是形成国际体系新格局与新秩序的主要推动力。因此，中国国际关系与国际政治学者特别注意大国关系新变化的研究，尤其是以中美苏为核心的"三角关系"研究。

首先，美苏作为冷战时期的两个超级大国和"异质"国家，主导形成了社会主义和资本主义两大阵营，形成了东西对峙的冷战格局，超级大国自然成为我国国际关系与国际政治学者研究的重点。如：张培义的《美苏两霸争夺重点在欧洲》、邹国昌的《1983年的美苏关系和争斗态势》和宋

---

[1] 杨凯：《"大文化"视野中的国际关系研究》，《国际政治研究》1989年第2期。
[2] 田作高：《政治文化与国际关系》，《世界经济与政治》1989年第3期。

以敏的《美苏间的松动和国际关系的深刻变化》[1]等研究了美苏关系的缓和与紧张。其中，宋以敏在《美苏间的松动和国际关系的深刻变化》一文中指出，1987年美苏关系的再次松动可能比50年代后半期和70年代上半期出现的缓和持续时间久一些，这是由于美苏都面临经济困难，其将最主要精力用来处理国内事务，从而制约了对外行为；美苏对外影响都在削弱，世界进一步向多极化方向发展；美苏虽然在继续进行军备竞赛和地区争夺，但已开始重视科技和经济领域的竞争。对于这种变化，作者认为世界各国还面临和需要解决共同性问题和挑战：一、科技革命将推动各国调整产业，并引发深刻的社会变动；二、消费和生产的关系必须做出调整，并解决新的经济和社会问题；三、各国经济调整的重要内容是减小国家干预规模、充分利用市场机制；四、经济管理更加分化和政治生活相应民主化；五、经济生活更加国际化，愈发影响各国经济发展。这些变化证明了国际关系中经济因素的作用大大提高了，军事对抗的色彩有所减弱，意识形态的成分也降低了，我们应以新的眼光来看待世界正在发生的新变化并做出新的分析和决定。

其次，冷战期间的中苏两国虽然始终属于社会主义同一阵营，属于"同质"国家，但两国的国际关系仍然发生了多次变化。如：祖立的《中苏关系：需要排除障碍》和汤炯明的《中苏关系正常化及对国际局势的影响》[2]等探讨了中苏关系的变化。其中，汤炯明在《中苏关系正常化及对国际局势的影响》一文中指出，苏联缓和和改善对华关系是为了摆脱外交困境和借助中国对抗美国，并采取了一些实质性步骤，而两国领导人的互访表明即将实现双边关系正常化。中苏关系正常化将美、苏、中"大三角"关系的内涵由原来政治上的战略关系逐步转为和平共处五项原则基础上的经济关系为主，推动中印关系的改善，进一步促进亚太地区的和平和发展，促进社会主义国家间的和解和合作。新时期的中苏关系将和平共处五项原则基础上发展持久稳定的睦邻友好关系定为两国关系的总方针，在互利基础上扩大经济交流与合作，淡化两国的意识形态观念，弱化两国军事领域的联系。

---

[1] 张培义：《美苏两霸争夺重点在欧洲》，《山东师院》（社会科学版），1975年第2期。邹国昌：《1983年的美苏关系和争斗态势》，《国际问题资料》1983年第6期。宋以敏：《美苏间的松动和国际关系的深刻变化》，《国际问题研究》1988年第1期。

[2] 祖立：《中苏关系：需要排除障碍》，《世界知识》1982年第24期。汤炯明：《中苏关系正常化及对国际局势的影响》，《国际观察》1989年第1期。

再者，中美两国虽然是"异质"国家，但双方存在共同利益，使得双边关系能在曲折中有所改善。如：曾庆的《中美关系的新阶段》、丁幸豪的《"8·17公报"发表以来的中美关系》和王厚康的《中美关系一年回顾》[1]等关注了中美关系的新变化。其中，丁幸豪在《"8·17公报"发表以来的中美关系》一文中指出，中美联合公报发表以来的中美关系仍处于"不稳定"状态。由于美国不肯放弃"两个中国"的政策，使中美关系继续蒙上阴影。而从全球利益出发，美国被迫采取了措施修补双边关系。作者进一步指出，美国贬低中国的战略地位，并回避美中之间的"战略关系"；减弱售台武器影响，但力图同台当局发展"实质关系"；强调中美关系应建立在"更加现实和稳定的基础上"，着重发展双边贸易关系和科技交流。

另外，日本于1968年成为资本主义世界第二经济大国，中日两国虽然也是"异质"，但由于地缘相近以及经济发展的需要，两国关系逐步正常化。针对中日关系的变化，中国学者进行了密切的关注与研究，主要代表作有：吴楚的《中日关系的新篇章》、田桓的《略论中日关系的过去和未来》和何方的《中日关系与亚洲和平》等[2]。其中，何方在《中日关系与亚洲和平》中指出，中日两国是亚洲太平洋地区拥有重要影响的两个大国，有责任维护本地区的和平与稳定，而中日友好也成为亚洲和平的柱石。对于中日友好，作者认为，中日两国地理相近、交流历史悠久，正反两方面的交流经验是重要保证；经济上的互补则是物质基础，是争取两国和平国际环境的重要条件。对于中日关系存在的问题，作者认为，历史问题与"台湾问题"等政治问题比经济问题更重要、更本质，而日本政治大国、军事大国的倾向值得警戒。

此外，还有一些研究成果关注的是其他大国之间的关系变化。如：周志贤的《日美关系的展望》、毕志恒的《日美军事同盟关系日趋增强》和

---

[1] 曾庆：《中美关系的新阶段》，《世界知识》1979年第24期。丁幸豪：《"8·17公报"发表以来的中美关系》，《国际问题研究》1983年第S3期。王厚康：《中美关系一年回顾》，《国际展望》1988年第2期。

[2] 吴楚：《中日关系的新篇章》，《世界知识》1978年第1期。田桓：《略论中日关系的过去和未来》，《日本问题》1985年第4期。何方：《中日关系与亚洲和平》，《日本问题》1987年第4期。

陈洁华的《从竹下访美看日美关系新格局》①等关注了这一时期日美关系的发展与强化；董雅的《日苏关系的变化及其趋向》、薛巨的《苏日关系中的坎坷和矛盾》和徐之先的《日苏关系的新动向及发展趋势》②等考察了日苏关系的转圜与龃龉。

由上可知，该时期中国学者在考察大国关系时，侧重考察中国与美苏日等大国的关系变化，也有部分成果关注了其他大国之间关系的变化。值得注意的是，中国学者开始摆脱意识形态的束缚，从国家利益和双边实际互动变化的角度考察大国关系的变化。

4. 区域视角下的国际关系研究

从国际政治的角度来看，20世纪70、80年代，虽然整个世界仍处于东西方对峙的冷战格局中，但学者们也注意到了世界其他力量及其对国际关系发展的作用。

第一，虽然世界仍是美苏对峙的两极格局，但第三世界业已发展成为不可忽视的力量。祖岩石在《第三世界的觉醒和壮大是当代不可抗拒的历史潮流》一文中研究了第三世界对两极格局的冲击作用。他指出现在的世界存在着互相联系又互相矛盾的三个世界，而第三世界是在反对帝国主义、殖民主义、霸权主义的斗争中发展起来的。由于第三世界谋求解放和发展的要求最为强烈、当前世界矛盾集中于第三世界地区、第三世界国家和人民在反霸斗争中提高了觉悟，纵使美帝、苏修的破坏和捣乱也将无法阻挡第三世界的觉醒和壮大。③

第二，西欧各国的联合使得西欧在世界政治经济格局中的地位变得突出。为增强同美苏竞争的力量，西欧国家主动调整了与第三世界的关系。对此，张帆在《西欧与第三世界》一文中指出，西欧国家通过调整与第三世界的政治经济关系，逐步向第三世界靠拢。由于第三世界力量的增长和苏联扩张步伐的加快，西欧国家不得不改变往日的以镇压或新殖民的方式对待第三世界的做法。西欧重视第三世界，其重点在非洲和中东，发挥其

---

① 周志贤：《日美关系的展望》，《现代国际关系》1981年第1期。毕志恒：《日美军事同盟关系日趋增强》，《国际问题资料》1983年第18期。陈洁华：《从竹下访美看日美关系新格局》，《国际展望》1988年第3期。

② 董雅：《日苏关系的变化及其趋向》，《国际问题研究》1981年第1期。薛巨：《苏日关系中的坎坷和矛盾》，《外国问题研究》1982年第3期。徐之先：《日苏关系的新动向及发展趋势》，《日本问题》1987年第3期。

③ 祖岩石：《第三世界的觉醒和壮大是当代不可抗拒的历史潮流》，《辽宁大学学报》（哲学社会科学版）1974年第3期。

优越的经济、技术条件,着重发展区域性贸易和经济合作,与第三世界发展多种形式的经济关系。西欧国家在战略上、经济上、政治上都需要借助第三世界的力量,希望通过经济手段同美苏竞逐,尤其是遏制苏联。作者指出应看到西欧对第三世界关系调整存在两面性,其关系的总趋势会在起伏的斗争中进一步发展。①

由上可知,该时期中国学者除了关注国际体系、大国关系外,还关注了世界其他地区新兴力量的崛起及其对国际格局的影响,肯定了第三世界和西欧等地区力量对反霸权主义的积极作用。

纵观整个80年代,改革开放的持续深化为中国国际关系与国际政治研究提出了现实需求,更促进了中国国际关系与国际政治研究步入发展的正轨。

首先,对国际关系与国际政治学科而言,该时期中国学者对国际关系与国际政治学科的研究对象、研究方法和所存在的问题进行了积极研究,从一定程度上推动了该学科的发展与完善,但也应看到,由于中国国际关系与国际政治研究人员缺乏、学科定位不明确、历史研究或国际问题研究的惯例存在,学科独立性有待进一步加强。

其次,从理论性研究成果来看,批判、反思以及建构是该时期国际关系理论的研究特色。对于西方主流国际关系与国际政治理论,中国学者具有一定的批判思维,从一开始就带着批判性眼光,并注意到了其他地区国际关系理论的存在。对于西方主流国际关系与国际政治理论,中国学者还具有一定的消化吸收能力。从中国视角出发,学者们对西方国际关系理论进行了客观的评析,更为清晰地了解了西方国际关系与国际政治理论的本质与内涵,为中国引进与吸收西方国际关系与国际政治理论提供了警醒作用。除了对国际关系与国际政治理论的反思,该时期的中国学者也积极尝试利用马克思主义相关理论与方法构建中国特色国际关系理论。

再者,对于对策性研究,该时期中国学者关注的是国际关系中经济因素的变化以及世界趋势的向好发展、影响因素的多元分析、大国关系基于国家利益的变化以及区域研究地位的上升等,尤其是对于大国关系,已不仅仅拘泥于意识形态的视角,而是基于国家利益注重"异质"国家间关系的积极变化和"同质"国家间关系的对立性变化研究。

---

① 张帆:《西欧与第三世界》,《世界知识》1979年第21期。

二 冷战后中国国际关系与国际政治研究的发展期

进入 90 年代，一方面由于冷战期间学术积累、研究队伍的壮大，另一方面由于国际关系更加复杂化、理论的指导意义更加显著，中国国际关系与国际政治研究紧跟国际形势变化以及国外理论的最新发展，理论性与对策性研究的范畴得到了极大扩展，研究水平得到了大幅度提升。

（一）深化与扩展：中国国际关系与国际政治理论研究

中国国际关系与国际政治理论研究在前期学术积累的基础上，进入 90 年代便迎来了各种理论的争鸣，学术研究呈现百花齐放的局面，这既是学术理论研究发展的必然阶段，更是由于面对日益复杂的国际环境，中国的发展迫切需要理论的指导。

基于以上背景，该时期中国国际关系与国际政治理论研究更为丰富广泛，主要关注内容是国际关系学科的继续探讨、西方国际关系理论的新发展、非西方主流国际关系理论、马克思国际关系理论研究、中国特色国际关系理论研究的新发展等，进一步拓宽了中国国际关系与国际政治理论研究的范围并提高了研究水平。

1. 90 年代国际关系学科的继续探讨

中国学者已在 80 年代探讨过国际关系学科的研究对象、研究方法等，而随着东西方国际关系的缓和和苏联的解体，部分学者对中国国际关系学科进行了重新思考。如：田志立的《世界经济政治与国际关系学科体系改革刍议》和李石生的《关于国际关系学建设的几个问题》[①] 等是这一时期的代表作。

相较于冷战时期，这一时期中国学界对国际关系学科有了较为统一的认识。如：李石生在《关于国际关系学建设的几个问题》一文中认为国际关系学科的研究对象应是对国际关系发展变化有重大影响的国家之间和其他主要行为体之间的政治、经济、文化等相互关系，以及国际体系的演变和各种力量的合作与矛盾发展的规律。研究范围既包括国际关系史、国际

[①] 田志立：《世界经济政治与国际关系学科体系改革刍议》，《岭南学刊》1995 年第 4 期。李石生：《关于国际关系学建设的几个问题》，《国际政治研究》1996 年第 4 期。

问题的现状研究和国际关系理论等横向研究，又包括国际政治、国际经济、国际文化交流、国际法、国际合作与冲突、国际战略、外交学等纵向研究。作者认为"中国特色"的国际关系理论应以马克思主义为指导思想并结合本国的国际交往实践，批判地吸收借鉴西方国际关系理论与方法的合理成分以及中国和外国一切优秀的文化遗产，且必须以和平共处五项原则为核心来构建。

由上可知，中国国际关系与国际政治学界已对该学科拥有了较为清晰的认识，其定位更加符合中国国情，从而突显了中国特色，并大大促进了相关理论与对策研究的发展。

2. 对西方国际关系与国际政治理论的研究与批判增多

由于冷战后国际环境发生了重大变化，世界各国所面临的课题发生了重大变化。从理论研究成果来看，相比之前的述评性研究，该时期中国对西方国际关系与国际政治理论的批判性研究成果大幅增加，主要研究内容包括：对西方国际关系与国际政治理论的批判研究、国际关系理论的方法论研究、中小理论的新发展以及新理论研究等。

第一，冷战结束后，针对西方国际关系与国际政治理论界的新思潮，中国学者展开了批判。如：郭树永的《后冷战时期西方国际关系理论领域的几种主要错误思潮及其驳论》、刘永涛的《后现代主义思潮与西方国际关系理论》、张勇进的《评西方国际关系理论的成败喜忧》和彭召昌等的《当代国际战争与和平问题的多维分析——西方国际关系理论战争观要览》[①] 等。其中，郭树永在《后冷战时期西方国际关系理论领域的几种主要错误思潮及其驳论》一文中指出，对于"历史终结论"，从理论上来讲，福山的哲学论证是唯心主义理论；从国际政治来看，西方民主制并未取得绝对胜利、后冷战时代的意识形态冲突有增无减。对于"民主和评论"，作者认为其"民主国家的政府爱好和平"的理论前提就是错误的，理论推理也不够严密，理论结论也存在局限。对于"文明冲突论"，作者认为其存在着三大理论缺陷，即理论划分等问题上的静止观点与西方中心主义、以文化为国际冲突的根源和焦点、以文明共同体为国际体系主要行为体。

---

① 郭树永：《后冷战时期西方国际关系理论领域的几种主要错误思潮及其驳论》，《解放军外语学院学报》1997年第3期。刘永涛：《后现代主义思潮与西方国际关系理论》，《欧洲》1998年第5期。张勇进：《评西方国际关系理论的成败喜忧》，《国际经济评论》1998年第Z6期。彭召昌，朱鸣，夏少权：《当代国际战争与和平问题的多维分析——西方国际关系理论战争观要览》，《世界经济与政治》1998年第12期。

对于"霸权稳定论",作者认为霸权稳定理论在安全领域缺乏历史证据,在世界经济领域的前提也难以成立。

第二,部分学者对国际关系理论方法论进行了研究。如:赵春晓的《构建国际关系理论体系方法初探》、韩卫东与彭泽农的《寻觅一种新的透视世界经济政治关系的方法论体系——关于建构国际关系辩证法的刍议》和秦亚青的《层次分析法与国际关系研究》① 等。其中,韩卫东、彭泽农在《寻觅一种新的透视世界经济政治关系的方法论体系——关于建构国际关系辩证法的刍议》一文中指出,研究和建构国际关系辩证法,中国拥有辩证思维传统和马克思主义中国化的现实优越条件;应立足于当前的实际去理解马克思主义经典作家对国际关系的分析和马克思主义中国化的理论成果。国际关系辩证法是一般辩证法在特定领域的应用与发展,是历史辩证法的分支之一,研究内容是国家之间或主权国家与超国家实体之间的矛盾关系,是唯物辩证法一般原理在国际关系领域的运用和特殊表现。国际关系辩证法的理论框架应自觉运用国际矛盾体系和世界格局、世界秩序相一致的观点,承认国际矛盾体系的复杂性与简单性相一致、"有序性"与"无序性"、"分化"与"组合"、国际矛盾体系诸方力量对比变化的平衡性与不平衡性、国际矛盾体系变化的间断性与连续性的辩证统一,看清国际形势的波浪式发展和当今国际格局变化的根本特点。

第三,有学者关注西方国际关系与国际政治理论的新变化。如:贾永轩的《国际关系新现实与国际政治经济学》、田志立的《关于国际预测学的思考》、薛龙根的《浅析国际政治中的均势理论问题》和卢林的《国际相互依赖理论的发展轨迹》② 等。其中,贾永轩在《国际关系新现实与国际政治经济学》一文中指出,国际政治经济学注重经济现实在国际关系中的作用,运用国际政治与国际经济的互动性解释当今世界的竞争现实与发展趋势,强调冲突与合作,主要研究内容是科学技术与国际政治经济学相互依存、国际政治与国际经济相互作用、霸权稳定论与霸权后合作论、结

---

① 赵春晓:《构建国际关系理论体系方法初探》,《国际关系学院学报》1994年第2期。韩卫东、彭泽农:《寻觅一种新的透视世界经济政治关系的方法论体系——关于建构国际关系辩证法的刍议》,《世界经济与政治》1995年第9期。秦亚青:《层次分析法与国际关系研究》,《欧洲》1998年第3期。

② 卢林:《国际相互依赖理论的发展轨迹》,《世界经济研究》1990年第3期。薛龙根:《浅析国际政治中的均势理论问题》,《世界经济研究》1991年第2期。贾永轩:《国际关系新现实与国际政治经济学》,《国际关系学院学报》1994年第4期。田志立:《关于国际预测学的思考》,《欧洲》1996年第6期。

构性权力与联系性权力。作者认为该理论强调新技术对国际关系的影响，避免了过去政治学与经济学隔离的状况，可以更准确地反映当今世界的竞争现实与趋势，但也带有阶级与国家的烙印，服务于本国的战略和利益。中国应借鉴、吸收西方研究成果，立足于中国的文化传统、价值观念、国家战略与国家利益来建立具有中国特色的国际政治经济学。

第四，随着冷战的结束，国际关系的主题也发生了很大变化，国际关系理论界将核威慑、国际安全等新课题纳入研究范围，这个时期的代表作主要有李正信的《试论西方核威慑理论》、潘成鑫的《国际关系发展中安全内涵的演变》和任东来的《国际关系研究中的国际体制理论》[①] 等。其中，李正信在《试论西方核威慑理论》一文中指出，核威慑是军事威慑在核时代的表现形式之一，并由欧美学者将其理论化从而成为核威慑理论。核威慑的演变经历了美国对苏联的单向威慑向美苏相互威慑的演变，成功的核威慑需要具备核威慑力量、使用核威慑力量的坚定信念与信息沟通等三个基本要素。此外，它还需要国际控制核威慑的实施、针对核侵略者而不是非核国家、由少数最高决策者掌握核报复的实施权、对其他有核国家同样构成核威慑。对于如何保持核威慑的稳定性，应保持双方核威慑力的均衡、合理选择核威慑目标、明确核威慑行为界线、排除偶发性核实验的可能性，而"三位一体"的核态势造就了国际社会的和平。随着核威慑力量体系的不断发展，美苏越发认识到相互威慑的根本目的是防止核战的爆发；相互核威慑的核毁灭使得核大国在危机处理中积极寻找办法，实行克制；相互核威慑具有传统的力量均势概念与内涵，但又有所区别。作者认为这种核威慑对国际关系的积极作用并非出于美苏的主观意图，而是以自身安全为出发点不自觉形成的局面。

由上可知，对于西方国际关系与国际政治理论，中国学界对其展开的批判性研究成果增加了，并更深入探讨了国际关系理论的方法论，紧跟西方国际关系理论的最新发展，缩小了国内外研究的差异。

3. 关注其他国家或地区国际关系理论研究

长期以来，国际关系理论界的话语权皆掌握在西方主流国际关系理论学者手中，但其本身又无法有效解释所有国际现象，这为其他地区或流派国际关系理论的产生提供了必要条件。同时，随着苏联的解体，有关苏联

[①] 李正信：《试论西方核威慑理论》，《现代国际关系》1990年第1期。潘成鑫：《国际关系发展中安全内涵的演变》，《欧洲》1995年第2期。任东来：《国际关系研究中的国际体制理论》，《欧洲》1999年第2期。

国际关系理论的研究减少了，中国学者将目光转向了西方。英国学派因其本体论、方法论等与西方主流国际关系与国际政治理论的不同而得到了中国学者的关注。

重视理论的"科学主义"与"行为主义"。"英国学派"是不同于主流国际关系理论的新流派，他们重视历史传统的回归，强调国际社会的作用。庞中英在《国际社会理论与国际关系的英国学派》一文中指出，英国的国际关系研究重视国际社会问题，并形成了较为系统的国际社会理论。国际社会理论是理想主义的一种，并介于自由主义和现实主义之间。作者提出国际社会应是一个由国家与非国家的多种国际行为体相互作用的全球网络。民族国家仍然是重要的国际行为体，国际社会还不能让位于世界社会。但超越国界的多种力量带来了更为复杂的国际社会，这种趋势将导致未来的世界社会。①

由上可知，虽然中国国际关系与国际政治理论界重视其他国家或地区理论发展状况，但受限于其理论正处于发展过程中，尚未形成成熟体系，故该时期中国学者可关注的对象较少。

4. 马克思国际关系理论研究的新发展

马克思国际关系理论是中国国际关系理论研究的重要内容之一，从改革开放后就受到国内学界的重视。苏联的解体也使得中国马克思国际关系理论研究更加独立自主，激发了中国学者对相关理论的挖掘与研究。如：李石生的《马列主义对国际关系理论的贡献与发展》和严双伍的《马克思主义世界历史理论与国际关系的若干问题》等②。

其中，李石生在《马列主义对国际关系理论的贡献与发展》一文中认为，应挖掘马列主义著作关于国际关系理论的论述，结合实践发展，与西方国际关系理论和非马克思主义论点对比来批判性地研究，才能准确认识马列主义国际关系理论。作者指出马克思最先提出了研究国际政治的重要意义并提供了科学的世界观和方法论，《共产党宣言》提出了有关国际关系理论的一些基本规律和重大原则，提出并发展了国际关系准则，阐述了殖民地民族解放的系统理论，提出了在国际上反对霸权主义的任务及反帝反霸的战略与策略原则，马克思关于战争与和平的理论仍然存在现实意

---

① 庞中英：《国际社会理论与国际关系的英国学派》，《欧洲》1996 年第 2 期。
② 李石生：《马列主义对国际关系理论的贡献与发展》，《外交学院学报》1992 年第 1 期。严双伍：《马克思主义世界历史理论与国际关系的若干问题》，《武汉大学学报》（哲学社会科学版）1996 年第 4 期。

义。作者认为和平共处与革命问题属于不同范畴，二者并不矛盾；阶级分析的观点与方法论有利于分析国际事件的本质，但不宜用国内阶级斗争的方法而是用国际关系准则来分析国家间的关系。

该时期中国学者开始系统挖掘马列主义著作中蕴藏的有关国际关系理论知识，从而丰富了中国国际关系与国际政治理论的内容，也为批判西方主流国际关系与国际政治理论提供了新的视角。

5. 中国特色国际关系理论研究的新发展

如何建立具有中国特色的国际关系理论是中国学者研究的新重点，何方的《建立中国的国际关系理论》、王勇的《试论建立国际关系理论的实证方法——兼评国际关系理论的"中国特色"》和梁守德的《国际政治学在中国——再谈国际政治学理论的"中国特色"》[①] 等研究为此作出了重要贡献。

其中，梁守德在《国际政治学在中国——再谈国际政治学理论的"中国特色"》一文中指出，中国对"国际问题"的研究缺乏综合、系统、现实的理论研究，中国国际政治学学科建设尚处于开创阶段，但中国学者对国际政治学的研究从一开始就具有中国特色。作者认为理论都是相对的，且具有个性，更需要更新与发展，所以中国对于国际政治学的研究应当突出"中国特色"。由于中国是正在迅速发展的发展中大国，是具有较强综合国力的政治大国，亦是坚持中国特色的社会主义大国，国际政治学的研究自然无法缺少"中国特色"的国际政治学研究。这种"特色"应以国家权利为核心，超越社会制度和意识形态，并突出主权利益与强权利益的关系；应确立经济优先观点，注重政治与经济的相互渗透；应以改革来促进发展，维护世界和平，协调稳定与进步的关系，建立公正合理的国际经济政治新秩序。

由上可知，该时期中国国际关系与国际政治学者已意识到"中国特色"的重要性，并将其视为国际政治学的应有内容，丰富了国际政治学的内涵，为国际关系与国际政治理论的发展提供了"中国智慧"。

[①] 何方：《建立中国的国际关系理论》，《世界经济与政治》1992 年第 1 期。王勇：《试论建立国际关系理论的实证方法——兼评国际关系理论的"中国特色"》，《国际政治研究》1994 年第 4 期。梁守德：《国际政治学在中国——再谈国际政治学理论的"中国特色"》，《国际政治研究》1997 年第 1 期。

(二) 宏观与微观: 全面化的对策性研究

进入90年代,中国国际关系与国际政治的对策性研究既有从宏观角度进行分析的,又有从微观角度进行分析的,这为我们观察国际关系提供了多维视角,有利于把握国际关系的特征与发展趋势。该时期中国学者关注的主要内容是:国际关系的新变化、国际关系的影响因素、细致化的大国关系研究和区域国际关系研究。

1. 国际关系的新变化

90年代国际关系出现的最大变化就是苏联解体、两极格局的破裂,国际秩序开始转换,世界向多极化方向发展。对此,中国学者进行了及时的跟踪研究并在此基础上对未来国际格局作了展望,代表性研究成果主要有以下几种。

第一,90年代国际体系的巨大变化影响了国际关系的发展进程,部分学者从国际体系层次分析了国际关系的变化。如:卫林在《当代国际体系特征与90年代世界格局》一文中认为,当今国际体系已发生了不同于冷战时期的重大变化,其表现为国家独立自主地位普遍得到增强,各国相互依存关系的深化一定程度上抑制了国际关系中的相互斗争,国际关系中经济因素的增长促进了世界政治经济化与世界经济政治化。根据这些国际体系新特征,作者认为90年代争夺综合国力优势和高科技制高点将决定世界各国的国际地位和新的世界格局的形式,形成美、日、西欧、苏联等围绕科技与经济多极并立与竞争的局面,地区性、集团性的纷争和南北冲突可能增多,多极化世界政治结构与区域性集团化世界经济结构并存。[1] 张丽东在《国际体系新特征及其发展趋势》一文中指出大量涌现的非主权国家行为体地位的上升,使国际体系发生了深刻变化。非主权国家行为体的间接性、跨国性、协调性和从属性,使得它和主权国家行为体既相互联系又有所区别。国际体系的发展趋势从纵向的单方面依附变为横向的相互依赖,国际力量组合更加多样、复杂,国际体系的重点与重心正在向亚太地区转移,国际关系调整机制在增强,分与合的趋势并存,"国际化"向"全球化"发展。[2]

第二,部分学者从国际关系变化的动因与趋势的角度分析了国际关系

---

[1] 卫林:《当代国际体系特征与90年代世界格局》,《世界经济与政治》1990年第8期。
[2] 张丽东:《国际体系新特征及其发展趋势》,《浙江大学学报》(社会科学版)1994年第2期。

的变化。如：何方在《世界格局与国际形势》一文中指出，1989年下半年以来国际形势的急剧变化导致了旧世界格局趋于解体，其根本原因是世界政治经济发展不平衡导致了大国实力均衡化。这种和平条件下世界格局的转换需要经过国际上力量对比的持续消长和不断分化，这也必然决定了国际形势的和平发展和充满许多不确定性与不稳定因素的两大趋势。对于国际形势发展的趋势与特点，作者认为和平与发展是我们时代的两大主题，国际斗争的重点将是围绕过渡期间建立什么样的国际新秩序，相互依存和国际化趋势将进一步加速和深化，多数国家和国际关系将经济作为重点并进行着深广的调整与改革，世界政治经济发展不平衡将加剧南北矛盾、激化发达国家间的矛盾。[①]

第三，部分学者从地区秩序变化角度分析了国际关系的变化。如：林代昭在《东亚地区国际关系的变化与中国的外交政策》一文中指出，东亚地区国际关系发展的特点是：东亚地区失衡并不严重，且相对稳定；注重经济实力的发展，专注于经济建设；积极开展多边贸易与经济合作。但东亚地区不仅存在冷战遗留的领土问题、美国仍抱有"霸权主义"的想法等老问题，还出现了美日中之间的矛盾凸显、部分东南亚国家意图增强防务力量、经贸与环境等纠纷增加，还有可能出现东亚四角制衡格局发生变化、东南亚各国政权交替频繁、日本的大国外交动向等潜在性问题。作者认为中国应积极评价东亚形势的发展，与东亚各国睦邻友好，以和平共处五项原则为基础建立东亚国际新秩序，建立地区安全机制，以独立自主原则实行全方位外交。[②]

第四，部分学者从国际关系转型角度分析了国际关系的变化。如：冯绍雷在《国际关系的转型与转型中的国际关系研究》一文中指出，冷战后的国际格局转型实际上已进入了一个国与国、地区与地区以各自的传统文明为背景、带有地缘政治痕迹和外部张力展开竞争的新阶段。作者首先运用历史比较方法，指出当下的国际格局特征是：帝国崩溃、国际关系非意识形态化、伴随民族国家出现的国际关系主体大量增加、国际社会的冲突热点地区相同。其次，作者从地缘政治角度出发，认为地缘政治区域结构是客观存在的，但地缘政治力量的对比可以不断地分化组合；冷战结束而地理因素却长存，国际关系研究对地理学的需求进一步增加，中国因其

---

① 何方：《世界格局与国际形势》，《世界经济与政治》1991年第11期。
② 林代昭：《东亚地区国际关系的变化与中国的外交政策》，《国际政治研究》1994年第2期。

"中间地带"的特殊性,应避免地缘政治抗衡与竞争的威胁。接着,作者从文明形态、国家意识形态、政治文化三个文化视角分析了国际关系的特征,并提出了中国的应对之策。最后,作者提出不应过分夸大经济事务在国际关系中的地位与作用,在转型期需要关注经济与政治的相互关联、加强体制变迁与国际政治的相互关系的研究。①

第五,部分学者从世界格局角度分析了国际关系的变化。如:李靖宇、王应树在《当代世界格局复合性考析》一文中指出当今世界格局已由两极转为多极,由单层次转为多层次,形成了立体交叉的局面,并呈现出复合性。这种复合性表现为:一、国际关系中出现了美国、苏联—俄罗斯、中国的政治大三角格局;二、综合国力竞争中出现了美国、苏联—俄罗斯、中国、日本和西欧的五极格局;三、世界经济生活领域中出现了美国、日本、西欧三足鼎立的格局;四、三个世界基本格局的形成。作者认为雅尔塔体制的解体不会损害复合性世界格局,其原因在于:一、当代复合性世界格局包含内容丰富,必然取代雅尔塔体制;二、雅尔塔体制下的两极对峙格局不断受到冲击,中国革命胜利对它产生了突破性影响;三、雅尔塔体制经历了从量变到质变的过程,终将退出历史舞台;四、和平与发展是这一时代的大潮流和总趋势。作者认为世界多极复合性格局下的政治、经济、军事诸因素是相互联系、相互影响、相互渗透的;非军事对抗的竞争日益加强,军事对抗的程度日益减弱;这种国际关系结构的成长和成熟,有利于第三世界国家的发展和进步。②

第六,部分学者从世界政治与经济关系变化的角度分析了国际关系的变化。如:唐永胜、郭新宁在《试论国际关系中政治经济化和经济政治化发展趋势》一文中指出,政治经济化和经济政治化作为世界经济政治领域的一个重要现象,其主要表现在:其一,和平与发展成为时代主题,其相互促进、相互影响和相互制约的内在联系得到进一步加强;其二,国际关系主要矛盾是以经济矛盾为代表的西西矛盾和经济政治矛盾交叉渗透的南北矛盾;其三,经济格局的演变日益成为影响国际政治形势发展的关键因素;其四,国际竞争领域更加广泛,竞争手段更加综合,竞争秩序更加有序;其五,运用经济手段解决国际冲突的方式得到加强,政治手段也变得更加活跃;其六,相互依存的发展增加了国家间关系的妥协倾向;其七,

---

① 冯绍雷:《国际关系的转型与转型中的国际关系研究》,《华东师范大学学报》(哲学社会科学版) 1995 年第 6 期。

② 李靖宇,王应树:《当代世界格局复合性考析》,《欧洲》1995 年第 5 期。

各国开始更多从"大战略"角度思考战略制定与实施。①

第七,部分学者从全球化角度分析了国际关系的变化。如:蔡拓在《全球化与当代国际关系》一文中指出,全球化作为当代国际关系的基石,国际关系的非军事化内容得到加强,国际关系行为体更加多元,非国家行为体的作用更为显著,国际关系的主旋律由国际冲突开始让位于国际合作。全球化还带来了国际安全、国际协调与国际机制等新课题的研究。在此背景下,中国应高举改革开放旗帜,自觉将我国现代化置于世界舞台中;一改对抗性政治思维并以国家利益为主导,对外战略应积极谋求人类共同利益;开展全方位外交,积极、主动参与国际机制的建构与实施。②

宏观把握国际关系的实质、变化与趋势是我国国际关系与国际政治研究的重要内容之一。该时期中国国际关系研究维度更加多元,这与冷战后国际关系的变化密切相关,也是研究者视野开阔与水平提高的结果,更是满足中国外交发展现实的需要。

2. 影响国际关系的因素的研究

进入90年代,国际社会出现了一些新问题,如环境问题、人权问题等,并成为影响国际关系的新因素。这些新因素与旧有因素共同影响了该时期国际关系的发展。中国学者在跟踪研究新因素的同时,也针对新时期旧有因素对国际关系影响的新变化作了研究。

第一,对旧有影响因素的跟踪考察。如:王庆海的《冷战后影响国际关系诸因素的新思考》、范跃江的《论世界经济区域集团化对国际关系的影响》、冯江源的《科技发展与当代国际格局》、王振华的《亚欧关系中的文化意识形态因素》、庞中英的《民族主义与国际关系》③ 等探讨了影响国际关系的经济、科技、文化和民族主义等旧有因素的新变化。其中,范跃江在《论世界经济区域集团化对国际关系的影响》一文中指出,区域集团化组织丰富了国际关系的行为主体,并将促使国际关系呈现"板块结构";区域集团内部国家关系的变化淡化了传统主权概念;集团外国家与

---

① 唐永胜、郭新宁:《试论国际关系中政治经济化和经济政治化发展趋势》,《世界经济与政治》1996年第7期。
② 蔡拓:《全球化与当代国际关系》,《马克思主义与现实》1998年第4期。
③ 王庆海:《冷战后影响国际关系诸因素的新思考》,《世界经济与政治》1994年第8期。范跃江:《论世界经济区域集团化对国际关系的影响》,《世界经济与政治》1996年第9期。冯江源:《科技发展与当代国际格局》,《未来与发展》1994年第4期。王振华:《亚欧关系中的文化意识形态因素》,《欧洲》1996年第6期。庞中英:《民族主义与国际关系》,《欧洲》1996年第1期。

集团内国家发展关系无法绕开区域一体化组织；世界经济区域集团化将加剧国际经济竞争，使国际关系变得更为复杂、尖锐，总体上不利于发展中国家的发展；区域集团化可以促成国际合作，有利于全球一体化和国际力量的多极化发展，从而促进国际社会的稳定发展。

第二，从新角度考察影响国际关系的因素。如：徐梅的《国际关系中的利益问题》、杨运忠的《日美矛盾的激化及其对国际关系的影响》和刘德斌的《现代化的演进与国际关系的变革——历史的考察》[1]等从利益、大国关系和现代化等角度分析了对国际关系的影响。其中，徐梅在《国际关系中的利益问题》一文中运用历史学的考察方法，指出国家利益作为国家对外政策的根本出发点，在很大程度上决定了国际关系发展方向，并随着国际形势的发展而有所侧重。具体而言就是，安全利益是冷战时期国家利益最重要的体现，且始终无法被替代；政治利益是国家的根本利益，发展中国家政治上的日趋成熟将推动国际政治民主化与多元化；经济利益是国家利益的核心，是国际关系相互依存的纽带，有利于世界多极化发展。

第三，冷战结束后出现的新因素对国际关系的影响。如：张海滨的《简析全球环境与发展问题对当代国际关系的挑战》、古燕的《人权与国际关系》、洪源的《核扩散及其对现代国际关系的影响》[2]等分析了环境、人权及核扩散等新因素对国际关系的影响。其中，张海滨在《简析全球环境与发展问题对当代国际关系的挑战》一文中指出，环境安全会对所有国家的安全构成现实威胁，环境压力威胁世界和平，引发国际争端，加剧社会动荡、政局不稳，促使国际社会建立新的安全概念。战争与环境安全是不相容的，和平、发展与环保相互依存、密不可分。作者认为应改变旧的不合理的国际经济关系，协调南北关系，加强国际合作，但也指出南北双方在发展权问题、资金与技术转让问题、环境剥削问题上存在分歧与矛盾。各国政府及人民应从全球利益和各国长远利益出发，调整现有的国际关系，从而应对全球环境问题的挑战。

由以上可知，中国学者对于影响国际关系的因素的研究更加多元，既

---

[1] 徐梅：《国际关系中的利益问题》，《当代亚太》1995年第2期。杨运忠：《日美矛盾的激化及其对国际关系的影响》，《亚太研究》1992年第3期。刘德斌：《现代化的演进与国际关系的变革——历史的考察》，《长白学刊》1996年第2期。

[2] 张海滨：《简析全球环境与发展问题对当代国际关系的挑战》，《国际政治研究》1993年第1期。古燕：《人权与国际关系》，《世界经济与政治》1991年第7期。洪源：《核扩散及其对现代国际关系的影响》，《世界经济与政治》1995年第10期。

有对原有课题的时代性变化研究，又有对新课题的跟踪与分析，对影响国际关系因素的研究更加立体、全面和多元，从而提高了研判国际关系的发展趋势的能力，为我国全面研判国际关系提供了有益建言。

3. 细化的大国关系研究

由于世界政治经济力量的多极化发展，中国学者逐渐摆脱了以中美苏"三角关系"和意识形态为中心的大国关系研究，对大国双边或三边关系的研究成果增多，其代表性成果大致可以分为以下几类：

第一，有关大国关系性质变化的研究。如：江凌飞的《关于大国关系调整变动的几个问题》、李长久的《大国关系的变化和影响》和张晓玉的《论大国关系由"同盟"向"伙伴"的转变》[1]等。

其中，张晓玉在《论大国关系由"同盟"向"伙伴"的转变》一文中指出，"伙伴关系"与"同盟关系"的根本区别是成员国之家的相互关系是平等的，而非"盟主—盟员"的上下关系；是以共同的战略利益为基础，以相互协调、共同发展为目标，而非以意识形态为基础，以盟主的世界霸权为目标；国际格局由两极变为多极，地区安全隐患由隐性变为显性，人类面临的共同问题由忽视变为焦点。作者认为国际政治相互制约机制的发展使得"伙伴关系"的形成具有必要性，国际经济势力均衡发展、相互依存的加深为其提供了可能性，而整体安全意识的增强则是现实条件。

第二，有关大国关系整体变化的研究。如：德林的《冷战后的大国关系》和孟祥青的《谁主世界沉浮？——多极化发展中的大国竞争关系及特点》[2]等研究了大国关系的整体变化。其中，德林在《冷战后的大国关系》一文中指出，冷战结束后，美、俄、欧盟、日本和中国构成了世界主要力量和影响中心，其相互之间的关系状况在很大程度上决定着世界局势的走向和国际关系总体演变进程，其力量结构趋于均衡和稳定，相互关系趋于发展和加强，并推动了国际形势的缓和。具体表现是：其一，俄国与美国及其他西方国家的关系进入了既有协调合作，又有矛盾龃龉的新阶段；其二，西方资本主义大国之间的相互竞争逐渐代替了冷战期间作为盟

---

[1] 江凌飞：《关于大国关系调整变动的几个问题》，《和平与发展》1994年第3期。李长久：《大国关系的变化和影响》，《当代世界》1995年第9期。张晓玉：《论大国关系由"同盟"向"伙伴"的转变》，《当代亚太》1997年第5期。

[2] 德林：《冷战后的大国关系》，《世界经济与政治》1994年第6期。孟祥青：《谁主世界沉浮？——多极化发展中的大国竞争关系及特点》，《当代世界》1995年第6期。

友的内聚，彼此政治、经济和军事上的矛盾日渐深化且更加难以协调。中国由于坚持了改革开放的基本国策，同美、俄和其他大国关系有了明显改善和发展，但美国和一些西方大国坚持冷战思维和政策成为相互关系发展中的不利因素和阻碍。作者指出国际形势和国际关系会制约大国关系，并促使国际战略格局多极化和世界大国力量均衡化，经济优先成为世界潮流，意识形态因素淡化，各国更加关注本国利益。

第三，有关大国三边关系的研究。如：赫修民的《中美苏战略三角关系基础的变化及影响》、吕乃澄的《试述中美俄三国关系的新变化》和陆忠伟的《中美、中日首脑互访及中美日三边关系》[①]等探析了大国三边关系的变化。其中，吕乃澄在《试述中美俄三国关系的新变化》一文中认为，冷战结束后美国全球战略以欧洲为重点，以北约为依赖力量，坚持冷战思维，企图遏制中俄。美国调整了对俄政策，但无法掩盖其弱化和遏制俄罗斯的事实，而俄罗斯也调整了外交政策以维护强国地位。中美关系进入"倒退"状态，竞争与合作并存。俄罗斯调整了战略，并与中国结为新型伙伴关系，在政治、经贸等领域取得巨大进步，既推动了亚太地区的和平与稳定，又牵制了美国的霸权主义，使中美俄形成了相互制约和牵制的新关系。

第四，有关大国双边关系的研究。对于中美关系，蔡保兴的《中美关系现状与展望》、杨洁勉的《大国关系和中美关系》和金灿荣的《中美关系的变与不变》[②]等关注了中美关系的变化。其中，杨洁勉在《大国关系和中美关系》一文中指出，大国对当前的国际关系仍然起着决定性作用，一超多强的国际格局仍将持续，但出现了以美国霸权为代表的"世界新秩序"和以和平共处五项原则为基础的新秩序的并存。经济作用的上升有利于世界和平与发展，但也可能引发各国间的经济摩擦与冲突。对于中美关系，作者认为中美两国关系日益受到各自国内因素的影响，而美国国内保守主义的抬头，将影响中美关系的正常发展，但中美关系整体上将在较为正常的轨道上运行。

---

① 赫修民：《中美苏战略三角关系基础的变化及影响》，《世界经济与政治》1990年第2期。吕乃澄：《试述中美俄三国关系的新变化》，《外交学院学报》1996年第4期。陆忠伟：《中美、中日首脑互访及中美日三边关系化》，《现代国际关系》1997年第12期。

② 蔡保兴：《中美关系现状与展望》，《世界经济与政治论坛》1992年第8期。席来旺：《建立面向21世纪的中美战略伙伴关系》，《现代国际关系》1997年第11期。金灿荣：《中美关系的变与不变》，《国际经济评论》1999年第Z6期。

对于中日关系，张香山的《中日关系诸问题》、王沪宁的《国际新战略格局下中日关系发展的前景》和冯昭奎的《中日关系的问题与前景》①等关注了中日关系的问题与建构。其中，王沪宁在《国际新战略格局下中日关系发展的前景》一文中首先指出二战后形成的国际战略格局发生了总体性的转变、大国主导的国际格局逐渐消失、国际"地区主义"的思潮呈上升趋势、国际关系中经济技术关系地位上升而政治军事关系相对下降等国际格局的变化。其次，从国际格局的角度出发，作者认为随着国际格局总体性改变中日关系将作相应的调整、中日实力的提升、"地区主义"思潮蔓延和经济技术在国际关系中的新的战略意义，为讨论中日关系发展前景提供了必要性。从中日双边关系来看，中日既为亚洲大国又同为世界大国，亟须在冷战结束后发展出保障中日关系良性发展的有效结构。从国际关系认识论的转变来看，各国对外关系的基本依据由国家利益代替意识形态，竞争的重点由实力竞争代替制度竞争，国际行为的主体由国家单元代替国际集团。最后，在多层次分析后，作者认为中日关系的有效结构离不开双方经济发展的互利与互补，取决于双方的政治发展前景，有赖于对双方社会文化的理解与认识、民族情感的认同、中日双方以及亚太各国关系的良好发展。由于中日关系受到整个世界国际体系结构的影响，因此，中日两国发展关系应植根于亚太地区的国际关系格局。

苏联解体后，俄罗斯继承了苏联大部分遗产，成为政治和军事大国。对于中俄关系，李静杰的《新时期的中俄关系》、许凯馨的《试析新型的中俄关系》和赵华胜的《中俄关系发展的机遇和挑战》②等考察了中俄关系的变化。其中，赵华胜在《中俄关系发展的机遇和挑战》一文中指出，中俄关系正在从高速度、超常规发展转换为平稳的、常规的发展，从情绪化转向冷静理智。中俄在国家安全、国际合作和经贸上存在共同利益。但俄罗斯的总统换届、俄对外战略的不确定性、文明和文化差异的存在以及"中国威胁论"等不稳定因素不同程度上影响了中俄关系的发展。

此外，关于其他大国之间关系变化。胡天民的《从日美结构协商看日

---

① 张香山：《中日关系诸问题》，《日本学刊》1991年第1期。王沪宁：《国际新战略格局下中日关系发展的前景》，《复旦学报》（社会科学版）1993年第1期。冯昭奎：《中日关系的问题与前景》，《发展论坛》1999年第8期。

② 李静杰：《新时期的中俄关系》，《东欧中亚研究》1994年第6期。许凯馨：《试析新型的中俄关系》，《东北亚论坛》1996年第3期。赵华胜：《中俄关系发展的机遇和挑战》，《国际观察》1999年第4期。

美关系》、吴寄南的《从首脑会晤破裂看日美关系》和朱听昌与师小芹的《90年代日美关系的调整及其影响》① 等考察了日美关系的曲折与发展；秦永椿的《论美俄伙伴关系及其对东北亚格局的影响》、钱春元的《美俄关系的新变化及其走向》和张耀的《陷入僵局的俄美关系》② 等研究了美俄关系的合作与摩擦；罗养毅的《日俄关系与领土问题》、李福兴的《日俄围绕"北方领土"问题的斗争及发展前景浅探》和沈立新与刘超美的《领土争端阴影中的俄日新型关系》③ 等探讨了日俄关系的分歧与共识。

由上可知，冷战结束后，大国关系的性质、互动方式发生了很大变化。中国学者除了关注大国关系的整体变化和双边关系外，将大国关系置于三边关系框架下等多维度考察的研究也增加了。

4. 区域国际关系研究的增强

冷战结束后，世界全球化与区域化发展趋势进一步增强，中国学者对于这种变化作了及时跟踪研究。如：胡宁的《1994年欧洲的国际关系及安全形势》、袁明的《21世纪初东北亚大国关系》、林宏宇的《90年代亚太地区的政治力量对比和国际关系》和王京烈的《中东国际关系解析》④ 等针对欧洲、东亚以及亚太地区、中东等区域进行了研究。其中，林宏宇在《90年代亚太地区的政治力量对比和国际关系》一文中指出，90年代亚太地区的政治力量呈现出"大国集中，中小国家联合"的特征，其具体表现是：美国仍然是唯一的超级大国，日本是日益走向政治大国的经济大国，中国是稳定亚太的重要力量，俄罗斯是余威犹存的亚太大国，而东盟则是日益强大的地区性国家集团。对于该地区的国际关系，作者认为中日美是亚太地区众多三角关系中最重要的一支，其中，中美关系变数最大，日美

---

① 胡天民：《从日美结构协商看日美关系》，《世界经济与政治》1990年第12期。吴寄南：《从首脑会晤破裂看日美关系》，《国际展望》1994年第5期。朱听昌，师小芹：《90年代日美关系的调整及其影响》，《日本学刊》1999年第3期。

② 秦永椿：《论美俄伙伴关系及其对东北亚格局的影响》，《和平与发展》1992年第4期。钱春元：《美俄关系的新变化及其走向》，《现代国际关系》1994年第8期。张耀：《陷入僵局的俄美关系》，《国际展望》1999年第3期。

③ 罗养毅：《日俄关系与领土问题》，《外交学院学报》1992年第4期。李福兴：《日俄围绕"北方领土"问题的斗争及发展前景浅探》，《东北亚论坛》1995年第3期。沈立新，刘超美：《领土争端阴影中的俄日新型关系》，《今日东欧中亚》1997年第6期。

④ 胡宁：《1994年欧洲的国际关系及安全形势》，《欧洲》1995年第1期。袁明：《21世纪初东北亚大国关系》，《国际问题研究》1996年第4期。林宏宇：《90年代亚太地区的政治力量对比和国际关系》，《国际关系学院学报》1997年第4期。王京烈：《中东国际关系解析》，《西亚非洲》1998年第6期。

关系由过去的"对付敌国型"向"国际协调型"转变，中日关系是较为稳定的双边关系。中美俄三角关系则是相互依存、相互竞争、相互促进的关系，中俄关系好于中美关系。东盟与四大国关系密切，尤其是中、美、日三国，在政治上与所有大国都建立了良好的关系但又保持一定的距离，利用大国矛盾，维持亚太地区平衡。

此外，有些学者还关注了国际关系中的西西矛盾、南北问题以及国际组织等。如：李建浩的《西西矛盾是当代国际关系中的主要矛盾》、杨运忠的《国际关系中的南北关系》和杨泽伟的《国际格局与国际组织》[①]等。其中，杨运忠在《国际关系中的南北关系》一文中指出，南北关系的发展特征与国际关系格局的性质紧密相连。首先，作者将国际关系分为殖民政治时期南北关系的产生、资本政治时期南北关系的畸变和科技政治时期南北关系的转机三个阶段。殖民政治时期的南北关系以依附为主与依存兼并为特征，在推动落后国家走向世界政治舞台的主流中又形成了一种极不合理的秩序。资本政治时期的南北关系形成了畸形的国际经济政治旧秩序，也为民族解放运动的高涨埋下了伏笔。科技政治时期，发展中国家通过抓住新技术革命的机遇、推动经济集团化与地区化发展和第三世界内部分化，推动了南南合作和建立公平的国际政治经济秩序。同时，作者也指出部分南北国家关系将继续恶化，但这是暂时的、局部的；南北关系应以对话与缓解为主题，但任重道远。

纵观整个90年代，中国国际关系与国际政治研究得到了快速发展。首先，关于学科定位问题，通过中国学者的继续探讨，学科的独立性进一步增强，推动了国际关系与国际政治研究的整体发展。

其次，关于理论性研究，该时期中国学者继续跟踪研究西方国际关系大理论，开始对其进行解构剖析，还加强了西方国际关系理论中出现的中小理论研究，并开始留意西方非主流国际关系理论的发展状况。关于中国国际关系理论，马克思主义国际关系理论研究与"中国特色"国际关系理论研究出现了分流，前者更强调对马列主义相关著作的挖掘以形成系统的理论，后者则强调突出本国特色，但对于如何形成"中国特色"尚未形成清晰认识。

再者，关于对策性研究，由于伴随着美苏两极对峙格局的消失，国际

[①] 李建浩：《西西矛盾是当代国际关系中的主要矛盾》，《高校理论参考》1994年第4期。杨运忠：《国际关系中的南北关系》，《欧洲》1994年第6期。杨泽伟：《国际格局与国际组织》，《现代法学》1996年第2期。

体系开始转型，从而带动了国际关系的变化，该时期中国学者注重国际关系与国际体系的关系研究，除了影响国际关系旧有因素（如经济因素、新科技等）外，还增加了对新时代背景下产生的新因素（如环境、人权等）的研究，更加全面和多角度地分析了国际关系的变化。而随着世界的多极化、全球化与区域化的并行发展，中国学者也开始利用"三边关系""两边关系"及"伙伴模式"等新模式研究大国关系，并日益关注区域国际关系。

三 21世纪以来中国国际关系与国际政治研究的繁盛期

21世纪以来，中国的综合实力不断快速发展，并于2010年超越日本成为世界第二大经济体，为世界的和平与稳定作出了应有贡献。但反观国际大环境，由于世界恐怖主义活动的增加、贸易保护主义的出现、局部地区战乱不断以及以世界传染性疾病为代表的公共事件的频发，世界发展的不稳定性与不确定性因素增加。复杂的国际环境对中国国际关系与国际政治研究提出了更高的要求，该时期中国国际关系与国际政治研究无论是理论性还是对策性，无论是研究的广度还是研究的深度，无论是宏观研究还是微观研究，都取得了很大的发展，迎来了研究的繁盛期，突破与构建成为该时期研究的最大特点。

（一）破与立：中国国际关系与国际政治理论的研究

进入21世纪，中国学者对国际关系与国际政治理论的批判性研究进一步增多，对国际关系理论界的发展变化作了跟踪研究，对中国特色国际关系理论的构建作出了重要贡献。

1. 西方主流国际关系理论研究的新发展与新特征

进入新世纪后，西方主流国际关系理论发展缓慢，中国学者在进一步介绍其最新发展的同时，进一步增加了批判性研究，相关研究成果和代表性观点如下：

第一，部分学者关注了西方主流国际关系理论研究的新发展。洪邮生的《现实主义国际关系理论：一种经久不衰的主流范式》、刘丰与张睿壮的《现实主义国际关系理论流派辨析》和苏亚琳的《现实主义国际关系理论的理论内涵和历史局限问题分析》①等探析了现实主义国际关系理论的发展；苏长和的《自由主义与世界政治——自由主义国际关系理论的启示》、郑雪飞的《新自由主义国际关系理论评析》和刘志云的《全球化背景下自由主义国际关系理论的创新与国际法》②等对自由主义国际关系理论的发展进行了跟踪与实时研究；李颖的《西方建构主义国际关系理论评介》、秦亚青的《建构主义：思想渊源、理论流派与学术理念》和相蓝欣的《国际关系理论"建构主义"的本体论》③等研究了建构主义的发展；刘武通的《当代国际关系理论中结构主义方法论质疑》、王义桅的《在科学与艺术之间——质疑国际关系理论》和邹琼的《虚构的承诺：国际关系理论的本体论陷阱》④等对主流国际关系理论进行了批判性研究。

对现实主义国际关系理论，洪邮生在《现实主义国际关系理论：一种经久不衰的主流范式》一文中指出，现实主义的基本假设是国际体系以国家为基础，以国家为统一的行为体。现实主义立足于悲观主义的人性观，认为国际政治的本质是冲突，其理论核心是国家的生存和安全，认为国家是基于国家利益决策的理性行为体。现实主义思想为现实主义国际关系理论的创立准备了丰富的思想条件。经典现实主义者注重哲学、历史学和法学的研究方法，通过与行为主义的论争，诞生了从体系或结构的层次来分析国际关系的新现实主义（又称"结构现实主义"）。现实主义能够服务于社会实践，极具学理价值，其若干基本观点被其他国际关系理论派别所采用，故而能够长期居于国际关系理论中的主导地位。但现实主义也被诟病研究方法狭隘、视角单一以及基本假设受到挑战。

对于自由主义国际关系理论，苏长和在《自由主义与世界政治——自由主义国际关系理论的启示》一文中以个人为自由主义世界政治假设的核

---

① 洪邮生：《现实主义国际关系理论：一种经久不衰的主流范式》，《历史教学问题》2004年第4期。刘丰，张睿壮：《现实主义国际关系理论流派辨析》，《国际政治科学》2005年第4期。苏亚琳：《现实主义国际关系理论的理论内涵和历史局限问题分析》，《前沿》2014年第Z7期。

② 苏长和：《自由主义与世界政治——自由主义国际关系理论的启示》，《世界经济与政治》2004年第7期。郑雪飞：《新自由主义国际关系理论评析》，《中州学刊》2007年第6期。刘志云：《全球化背景下自由主义国际关系理论的创新与国际法》，《江西社会科学》2010年第5期。

③ 李颖：《西方建构主义国际关系理论评介》，《国际政治研究》2001年第4期。秦亚青：《建构主义：思想渊源、理论流派与学术理念》，《国际政治研究》2006年第3期。相蓝欣：《国际关系理论"建构主义"的本体论》，《学海》2010年第10期。

④ 刘武通：《当代国际关系理论中结构主义方法论质疑》，《世界经济与政治》2000年第1期。王义桅：《在科学与艺术之间——质疑国际关系理论》，《世界经济与政治》2002年第9期。邹琼：《虚构的承诺：国际关系理论的本体论陷阱》，《世界经济与政治论坛》2015年第1期。

心,以"多头国家(poly-archy state)"为基本行为体,从国家与社会关系出发考察世界政治,并认为国际社会与国内社会无本质上的差别。作者认为凯恩斯主义是古典自由主义与新自由主义的分水岭,跨越了旧的领土型国际政治从而进入了新时代超越国界的国际政治。新自由制度主义强调国际层次上制度安排的意义,法律自由主义强调国际关系理论与国际法的结合,社会自由主义关注的是国际关系中的平等与公正。于中国而言,自由主义可以使我们从国家—社会关系的角度来看中国对外关系的变化,为我们提供看问题的新视角并促进研究进步。

对于建构主义国际关系理论,李颖在《西方建构主义国际关系理论评介》一文中指出,建构主义的兴起与冷战的结束密切相关。从本体论上而言,建构主义是反理性主义的;从世界观而言,建构主义不否定物质主义但着重于理念主义理论;从认识论而言,建构主义是科学主义的个性化解释;从方法论而言,建构主义是整体主义。以温特为代表的建构主义者认为,施动者与结构互相建构,注重从身份、利益与行为及规范的角度来解释国际现象,并提出了霍布斯文化、洛克文化、康德文化三种无政府状态文化。作者认为建构主义重提和强调了观念因素的作用,借鉴了多学科的知识,但在解释力和观念认同方面存在不足,并带有明显的西方中心主义色彩。

对于主流国际关系理论的批判,王义桅在《在科学与艺术之间——质疑国际关系理论》一文中指出,西方国际关系理论是基于西方国际关系史发展起来的,针对的是西方国际体系,而却未有针对东方国际体系的理论阐释。因此,作者从本体论、认识论、方法论、价值论各方面批判了西方国际关系理论,提出了国际关系理论的前提假设是虚假的、国际关系理论是自我实现的预言、是形而上学的理论、只变革方法论却无社会意义上的革命、是阐释性理论、是强者逻辑、服务于西方国际体系、是一种盎格鲁—美国理论、是阶级理论和二元论十大诘难。这种庸俗国际关系理论强调西方优越论、美国优越论,存在"主权陷阱",并抹杀国家个性。

第二,西方国际关系理论研究者并未否定主流国际关系理论本身存在的缺陷,开始借助其他学科研究方法和范式,对主流国际关系理论展开了批判,并在此过程中发展出了英国学派、法兰克福学派、新葛兰西主义、西方马克思主义等批判理论,丰富了西方国际关系理论的研究。这些新的变化引起了中国国际关系与国际政治理论研究者的注意,并以第三方的视角对其展开了研究。

对于英国学派，章前明的《英国学派的方法论立场及其意义》、张小明的《国际关系英国学派的发展动向》和郭小雨的《试析"英国学派"对奥克肖特思想的继承与建构》[①] 等探讨了英国学派的理论及其发展。其中，张小明在《国际关系英国学派的发展动向》一文中指出，英国学派以国际社会为研究议题并坚持传统的研究方法。冷战结束后，英国学派的学派意识明显增强，具体表现是：一、研究成果大量出版，学派影响力扩大；二、英国学派学者的著述和相关文献得以整理和出版；三、重视学术组织和网络的建设。英国学派对国际社会性质的认识，主要分为多元主义、多元主义—连带主义以及当代现代主义。当代英国学派学者试图将非国际行为、经济因素、地区主义和全球化等议题纳入研究视野。英国学派的代表人物巴里·布赞重新解读了经典英国学派的理论，强化了"世界社会"概念在英国学派中的地位，拓展了国际制度概念。

对于女性主义国际关系理论，周绍雪的《女性主义国际关系理论及其贡献》、李英桃的《及笄与志学——中国女性主义国际关系研究》、曾怡仁与李政鸿的《女性主义国际政治经济学的发展与挑战》[②] 等推动了女性主义国际关系的研究。其中，周绍雪在《女性主义国际关系理论及其贡献》一文中指出，女性主义国际关系学酝酿和萌芽于20世纪60年代，确立于80年代末期。女性主义认识论可分为女性主义经验论、女性主义立场论和现代女性主义三种，其共同目标是为处于弱势的女性群体争取平等权益。女性主义国际关系理论方法论的特点是来自女性经验的新的经验和理论，引入了新的研究课题，确立了新的研究目的。女性主义国际关系理论增加了基于女性主义视角的国际关系观察，批判了原来女性主义缺失的传统理论、观念和实践。

此外，全球化的发展带来了国际关系与国际政治研究议题的扩展。如：谢青的《当代西方国际关系理论中的安全理念》、董磊的《国际关系三大理论范式与国际安全观的建构》、王学军的《西方国际关系理论范式下的国家安全研究》和肖晞的《安全的获得与维持：西方国际关系理论对

---

① 章前明：《英国学派的方法论立场及其意义》，《浙江大学学报》（人文社会科学版）2006年第1期。张小明：《国际关系英国学派的发展动向》，《中国人民大学学报》2014年第6期。郭小雨：《试析"英国学派"对奥克肖特思想的继承与建构》，《国际政治研究》2018年第1期。

② 周绍雪：《女性主义国际关系理论及其贡献》，《当代世界与社会主义》2010年第4期。李英桃：《及笄与志学——中国女性主义国际关系研究》，《国际政治研究》2011年第3期。曾怡仁、李政鸿：《女性主义国际政治经济学的发展与挑战》，《世界经济与政治》2013年第1期。

安全问题的思索》①等关注了国际安全理论的研究；石斌的《国际关系伦理学：基本概念、当代论题与理论分野》、刘文祥的《国际关系伦理学：研究对象、内容和方法》和张笑天的《论国际关系学中的国际伦理研究》②等集中探讨国际关系领域的伦理问题；陈扬与汪伟民的《国际政治理论范式之争及其重建》、门洪华的《国际关系理论范式的相互启示与融合之道》和刘胜湘的《国际关系研究范式融合论析》③等对国际关系理论范式融合进行了研究；王义桅的《国际关系理论的国家性》、郑飞的《论国际关系理论中社会性因素的缺失》、才金龙的《国际关系理论中的主体性问题研究》、陈玉聃与唐世平的《国际关系的重新发现人性》以及左洁的《国际关系理论研究中的理性主义范式及其批判》④等针对国际关系理论的某一特性的研究成为这个时期的重要研究内容之一。

由上可知，该时期中国学者无论是对西方主流国际关系理论新发展的介绍、新特征的描述，还是对西方主流国际关系理论的批判研究都扩大了很多；随着时代的发展，中国学者所关注的议题和国际关系中小理论也大大增加；中国学者还开始解构并重构西方国际关系理论，关注全球化背景下国际关系理论的最新变化，丰富了中国国际关系与国际政治理论的研究范畴与内涵。

2. 其他国家或地区国际关系理论关注的扩大

作为对西方主流国际关系理论批判的另一种形式，就是各个地区和国家之间国际关系理论研究"自我意识"的苏醒，并逐渐发展出极具"民族特色"的国际关系理论研究，这些地区主要包括欧洲大陆、非洲、拉美、

---

① 谢青：《当代西方国际关系理论中的安全理念》，《世界经济与政治论坛》2000年第4期。董磊：《国际关系三大理论范式与国际安全观的建构》，《南京政治学院学报》2003年第4期。王学军：《西方国际关系理论范式下的国家安全研究》，《当代亚太》2007年第9期。肖晞：《安全的获得与维持：西方国际关系理论对安全问题的思索》，《当代世界与社会主义》2010年第5期。

② 石斌：《国际关系伦理学：基本概念、当代论题与理论分野》，《国外社会科学》2003年第2期。刘文祥：《国际关系伦理学：研究对象、内容和方法》，《伦理学研究》2005年第3期。张笑天：《论国际关系学中的国际伦理研究》，《国际观察》2010年第4期。

③ 陈扬，汪伟民：《国际政治理论范式之争及其重建》，《国际观察》2003年第5期。门洪华：《国际关系理论范式的相互启示与融合之道》，《世界经济与政治》2003年第5期。刘胜湘：《国际关系研究范式融合论析》，《世界经济与政治》2014年第12期。

④ 王义桅：《国际关系理论的国家性美国研究》，《美国研究》2003年第4期。郑飞：《论国际关系理论中社会性因素的缺失》，《世界经济与政治》2003年第12期。才金龙：《国际关系理论中的主体性问题研究》，《教学与研究》2014年第10期。陈玉聃、唐世平：《国际关系的重新发现人性》，载于陈玉刚《复旦国际关系讨论》第10辑，上海人民出版社，2011年。左洁：《国际关系理论研究中的理性主义范式及其批判》，《中南大学学报》（社会科学版）2013年第2期。

中东以及日韩等。对此，中国国际关系与国际政治学者作了全面、细致、长期的跟踪考察，主要学者及其观点如下：

第一，关于欧洲大陆学派的国际关系研究。如：侯颖在《欧洲大陆学派的国际关系理论》一文中指出，欧洲大陆学派在与主流国际关系理论的碰撞与磨合中自成一派，在美国国际关系理论三次论战时却显示了不同于英美的景象，研究方法上更偏重于经验研究，运用传统的如历史学、社会学和法学的方法，拥有与英美截然不同的"强国家"的国家观，国家对学科发展的影响很大。但由于国家实力、教学研究的脱离以及语言障碍，造成了其在国际关系理论中的边缘地位。①

第二，关于非洲国际关系理论研究。如：梁益坚与李兴刚在《非洲国际关系理论研究的困境、渊源与特点》一文中指出，西方国际关系理论很难解释非洲国家的现实，但非洲社会的政治思想为建立非洲国际关系理论提供了可能。非洲的国际关系理论经历了19世纪中叶至19世纪末借鉴"威斯特伐利亚体系"的思想萌芽时期、20世纪初期是否接受西方政治模式的思想分歧时期和20世纪30年代至独立前的理论创建时期。二战后非洲国际关系理论的方向，一是实现国内的融合，建立真正意义上的现代民族国家，减少冲突和混乱，实现非洲的和平；二是实现区域和次区域性的联合，改变非洲在世界体系中的"外围"地位。非洲国际关系理论的特点是以"解决问题"为主，新现实主义占主导地位；批判新自由主义霸权，探寻非洲的出路。②

第三，关于拉美国际关系理论的研究。如：徐世澄与贺双荣的《90年代外国学术界有关拉美国际关系的理论》和思特格奇的《拉美本土国际关系理论与主流国际关系理论的比较》③等关注了拉美国际关系理论的研究。其中，思特格奇在《拉美本土国际关系理论与主流国际关系理论的比较》一文中指出，拉美国际关系理论与主流国际关系理论并不相同，包含发展主义、依附论、混合模式与外围现实主义等主要国际关系理论。相对于主流国际关系理论，在理论假设上拉美国家则倾向于"中心—外围"的等级

---

① 侯颖：《欧洲大陆学派的国际关系理论》，《世界经济与政治》2003年第8期。
② 梁益坚、李兴刚：《非洲国际关系理论研究的困境、渊源与特点》，《世界经济与政治》2008年第7期。
③ 徐世澄、贺双荣：《90年代外国学术界有关拉美国际关系的理论（上）》，《拉丁美洲研究》2001年第4期。徐世澄、贺双荣：《90年代外国学术界有关拉美国际关系的理论（下）》，《拉丁美洲研究》2001年第5期。思特格奇：《拉美本土国际关系理论与主流国际关系理论的比较》，《拉丁美洲研究》2016年第2期。

制视角；在研究对象上，拉美国际关系理论研究侧重于政策层面的研究且研究领域更为广泛，更多关注国内政治经济领域；在研究方法与态度上，拉美国际关系理论更多是运用马克思主义的概念和分析方法（如阶级分析、辩证法）或者用传统的历史、哲学的方法分析问题，主要站在拉美国家的立场上分析国际关系。拉美国际关系理论的目标是为发展提供可行的方案或有利于发展的外交政策，而与主流国际关系理论之间的各种差异造成了其理论逻辑的不同推演发展，也为中国国际关系理论的构建与发展提供了借鉴。

第四，关于海湾地区国际关系理论研究。如：刘月琴在《海湾地区国际关系理论》一文中指出，在国家主权理论视域下，海湾各国都面临着捍卫国家主权、维护民族独立的严峻挑战。海湾地区无政府主义状态为霸权主义提供了扩展势力的条件，并对地区秩序稳定产生了负面影响。双向利益机制理论和借力外交理论等务实主义理论的运用丰富了海湾地区国际关系理论的研究。均衡理论下海湾地区均势特点为"均衡→失衡→无序→再均衡"的反复循环，且现有的均衡极不稳定，很难实现真正意义上的均衡。依存理论视域下，由于美国的干涉主义，海湾国家对美国依附且不可避免。在美国的外压下，海湾六国对外关系普遍奉行预防理论，具有相对的主动性和挑战性。在美国的霸权主导下，其在海湾地区共同运用着"霸权和平理论"与"合作利益理论"。[①]

第五，关于英国国际关系理论的研究。如：刘兴华在《英国国际关系理论的演化：学派传统与多元发展》一文中指出，英国国际关系理论始于20世纪30年代，经逐步演化，形成了以"英国学派"为主体、多元理论并存的理论格局，并在国际关系理论谱系中占有重要地位。作者认为"英国学派"注重学派传统的继承，以"国际社会"为核心概念，从而建构和创新理论，而多元理论反映的是全球化的现实趋势。英国学者丰富了国际政治经济学理论、安全理论、全球化和全球治理理论、地区化和地区主义以及批判理论等，并对美国主流国际关系理论的发展做出了批判性的回应。英国学者注重历史研究和规范研究，强调多学科融合的研究方法。[②]

第六，关于俄罗斯国际关系理论的研究。如：刘军、强晓云在《俄罗

[①] 刘月琴：《海湾地区国际关系理论（上）》，《西亚非洲》2000年第6期。刘月琴：《海湾地区国际关系理论（下）》，《西亚非洲》2001年第1期。

[②] 刘兴华：《英国国际关系理论的演化：学派传统与多元发展》，《教学与研究》2013年第11期。

斯国际关系学的理论流派与发展趋向》一文中指出,冷战结束后的俄罗斯从帝国转为民族国家、从马克思主义意识形态转向西方市场经济及民主政治,其主流的国际关系理论流派是现实主义与自由主义,非主流的理论流派有新马克思主义、后现代主义、国际政治经济学以及地缘政治学派等。俄罗斯国际关系学界则出现了以多元化、西方化、孤立化为特征的发展趋势。①

第七,关于法国国际关系理论的研究。如:严双伍、陈菲在《国际关系理论中的法国学派》一文中指出,法国学派经过60年的发展,历经前理论研究阶段、国际关系社会理论阶段和后理论阶段,试图建立自成一格的国际关系理论。作者认为法国特殊的文化—制度背景决定了法国学派的知识传统、研究方法、学科模式以及独具特色的学术思考角度。由于法国国际关系理论具有抵制霸权话语的底色,其发展模式可以启示许多国家后发的国际关系理论研究;提供新的研究视角,并增强国际关系研究的客观性;具有民族特色,可以启示国际关系学科后发国家的理论探索。②

第八,关于德国国际关系理论研究。如:熊炜在《德国特色的国际关系学:借鉴、创新与启示》一文中指出,德国国际关系学说的发展特点是排斥现实主义以及借鉴哲学、社会学等学科。国际关系理论中"德国特色"的产生是因为出现了一批以理论为导向的研究工作者且成绩斐然、学科地位上升、国际影响力增强,研究内容集中在国际关系理论、战争与和平、权力与权利、贫困与发展问题、全球治理与国际合作、欧洲治理和德国外交七个领域。"德国特色"形成的原因在于德国知识分子的反思、东西方关系的缓和、冷战的结束与德国的统一。作者认为中国学者应积攒国际政治经验,从而构建"中国特色"国际关系理论,重视制度化因素对学科发展和理论建设的影响,坚持使用母语来突出本国特色。③

第九,关于意大利国际关系理论研究。如:吴志成等在《意大利的国际关系研究述评》一文中指出,意大利的国际关系研究深受其悠久政治哲学传统的影响,但学科建立相对较晚。意大利国际关系理论研究呈现出现实主义、自由主义和建构主义的理论倾向,但尚未形成"意大利特色"。

---

① 刘军、强晓云:《俄罗斯国际关系学的理论流派与发展趋向》,《世界经济与政治》2005年第11期。
② 严双伍、陈菲:《国际关系理论中的法国学派》,《世界经济与政治》2009年第7期。
③ 熊炜:《德国特色的国际关系学:借鉴、创新与启示》,《世界经济与政治》2009年第7期。

其研究议题主要有：对冷战后国际体系与国际格局的研究、对国际冲突与安全机制的研究、关于民主的研究、有关全球化和国际机制研究、欧洲问题研究等。研究特点是理论研究集中于政策分析层次，建构主义发展不充分，侧重于政治哲学和古典学派的分析。意大利国际关系理论发展的优势是：随着外交独立性、自主性的增强，意大利的外交事务对国际关系理论的指导和外交政策研究提出了现实需要；意大利学术机构和高校体制的改革将推动国际关系学科的发展；学术研究中的意识形态淡化，研究方法和议题更加多元，研究氛围更加融洽。不足之处在于与欧美国际关系学界的交流不足、受政治和社会因素的影响较大以及语言障碍。①

第十，关于日本国际关系学研究。如：王广涛在《日本国际关系学研究的谱系》一文中通过梳理日本学界关于"日本学派"的讨论，认为日本也在积极地谋求以日本的传统以及哲学思维来解释当前的国际关系。作者较为翔实地叙述了战后日本国际关系学研究中的国家学说、马克思主义、历史主义、实证主义以及历史与理论之争。作者还试图将国际关系（理论）与日本研究相结合，进而解释日本的外交行为，以及具有日本特色的研究议程。②

第十一，关于韩国国际关系理论的研究。如：金润道在《韩国国际关系理论研究——发展、现状与问题》一文中指出，韩国的国际关系理论研究萌发于20世纪50年代，是从最初的时政评论逐步发展而来，60年代出现了直接介绍美国学界的学术倾向，70年代扩大了研究领域，引进并介绍了行为主义和科学主义对于传统现实主义的批判，80年代加强了对国际政治经济领域的研究，但也遇到了知识混乱与视角偏向等适应性问题。由于英美国际关系理论概念、假设和理论等的基础不符合韩国本土状况，其理论立足于西方视角，脱离了韩国的历史与现实，因此，国际关系理论韩国化将是必然的结果。通过在国际关系一般理论的基础之上提出立足于韩国立场的规范结构和对韩国外交史的分析，从而建立韩国国际关系理论范式。韩国国际关系理论研究的趋向是以韩国所处的国际形势研究为主，继而研讨和分析现实问题，再探索其政策方案。③

由上可知，该时期出现具有本国特色国际关系理论的国家和地区数量

---

① 吴志成，秦嫣，杨娜：《意大利的国际关系研究述评》，《教学与研究》2009年第11期。
② 王广涛：《日本国际关系学研究的谱系》，《国际政治科学》2015年第3期。
③ 金润道：《韩国国际关系理论研究——发展、现状与问题》，《世界经济与政治》2004年第5期。

增加了，研究体系也更为完善，理论也更加成熟，大大丰富了国际关系与国际政治理论研究。这一方面是由于国际社会中无法有效解释的国际现象增多，一方面与各国或地区形成理论自觉有关，反映了"本土化"是国际关系理论发展的必然结果。中国国际关系与国际政治理论界对国际关系理论"本土化"发展的关注，为中国特色国际关系理论的构建路径提供了多元参考。

3. 马克思主义国际关系理论研究的新进展

如何将马克思主义国际关系理论研究变得更加理论化是我国学者长期致力于解决的课题。进入新世纪，中国学者致力于马克思主义国际关系理论的构建、功能解释，提高了研究的水平，丰富了马克思主义国际关系理论的内涵。该时期的主要研究成果如下：

第一，关于马克思国际关系理论的构建路径的研究。如：李滨的《什么是马克思主义的国际关系理论？》、胡宗山的《主题·动力·范式·本质——马克思主义与西方主流国际关系理论比较研究》和郑雪飞的《马克思主义与西方现实主义国际关系理论的世界观比较》[①] 等。其中，胡宗山在《主题·动力·范式·本质——马克思主义与西方主流国际关系理论比较研究》一文中认为马克思主义国际关系理论与西方主流国际关系理论一样，将战争与和平作为世界政治主题，但马克思主义认为战争的根源是阶级对立，与资本主义国家相联系，只能被社会主义所消灭，是阶级解放与阶级革命的有力手段或途径。主流国际关系理论认为世界政治的动力是国家利益最大化，而马克思主义认为世界政治的动力应是生产力与生产方式的矛盾运动，直接动因是（国际）阶级斗争。主流国际关系理论的研究范式是理性主义，而马克思主义国际关系理论的基本范式是结合阶级范式与经济范式的新范式，将阶级作为分析国际关系的首要的和基本的单位，使用中心—外围国家（体系）作为国家概念，坚持以经济分析为基点，并坚持全面分析法与总体分析法。相比于西方主流国际关系理论的循环理论以及价值取向的问题解决理论，马克思主义国际关系理论属于进化理论，是历史批判理论。

第二，关于马克思国际关系理论的功能解释的研究。如：余丽的《马

[①] 李滨：《什么是马克思主义的国际关系理论？》，《世界经济与政治》2005年第5期。胡宗山：《主题·动力·范式·本质——马克思主义与西方主流国际关系理论比较研究》，《教学与研究》2005年第2期。郑雪飞：《马克思主义与西方现实主义国际关系理论的世界观比较》，《宁夏社会科学》2008年第6期。

克思主义国际关系理论的当代形态——试论"和平崛起"思想》、王存刚的《为什么要发展马克思主义国际关系理论》和陆昕与白云真的《试概述马克思主义国际关系理论》①等。其中,余丽在《马克思主义国际关系理论的当代形态——试论"和平崛起"思想》一文中认为,"和平崛起"思想是为了回应和消除"中国威胁论"和"中国崩溃论",深刻认识到了重要战略机遇期的到来,正确把握现实发展的需求,从根本上扬弃了弱肉强食的发展范式和西方强权政治理论,是马克思主义国际关系理论与时俱进的成果。"和平崛起"思想的提出表明了马克思主义国际关系理论是一个开放的宏大体系,具有科学解答时代问题、与时俱进的特质;继承了马克思主义"和平"思想,为社会主义国家的发展与崛起指明了方向。

由以上可知,相比之前,该时期中国马克思主义国际关系理论研究体系更为成熟,并逐步发展出与西方主流国际关系理论不同的理论,为观察国际关系提供了新的理论支撑。

4. "中国范式"的提出

引入西方国际关系理论时,中国学者就考虑从中国传统文化的角度来构建"中国特色"国际关系理论。但直到21世纪,才出现了"道义现实主义"和"和合主义"等具有国际影响力的理论,其代表人物及其观点如下:

第一,关于"道义现实主义"的研究。如:阎学通在《道义现实主义的国际关系理论》一文中指出,道义现实主义属于新古典现实主义理论的范畴,关注的是世界中心转移的原理。道义现实主义以"权力"为国家利益的最主要部分,以"实力"界定国家利益,而"道义"则影响"权力"和"实力",基于实力的国际权力和基于道义的国际权威才能形成国际主导权。道义现实主义推论国家行为和国际规范演化的根本动力是逐利,无序体系中不同类别国家的安全自保战略不同,大国崛起的结构性矛盾和体系压力来自权力的零和性,政治实力变化能够改变实力对比。道义现实主义理论逻辑是基于综合实力将国家分为主导国、崛起国、地区大国和小国,基于政治领导分为无为、守成、进取和争斗,并指出无为型领导偏好逃避困境战略、守成型领导偏好经济合作战略、进取型领导偏好睦邻结盟

---

① 余丽:《马克思主义国际关系理论的当代形态——试论"和平崛起"思想》,《郑州大学学报》(哲学社会科学版) 2004年第6期。王存刚:《为什么要发展马克思主义国际关系理论》,《世界经济与政治论坛》2009年第5期。陆昕,白云真:《试概述马克思主义国际关系理论》,《兰州学刊》2009年第3期。

战略和争斗型领导偏好军事扩张战略。崛起国的战略信誉有助于改变国际格局，建立新的国际秩序和新的国际规范。道义现实主义认为国际领导类型可分为"王权""霸权"和"强权"，而中国应以"公平""正义""文明"的价值观指导建立国际新秩序。①

第二，关于"和合主义"的研究。如：余潇枫在《"和合主义"：中国外交的伦理价值取向》一文中指出，中国拥有丰富的"和合论"的文化思想资源与外交传统，为"和合主义"国际关系理论范式的生成提供了历史文化内涵。"和合主义"的发展目标是，跨越现实主义与理想主义的历史鸿沟，超越物质主义与观念主义的二元对立，提供一种"和而不同"的中国范式。其作用是，可以突显文化认同对国家整合与国家安全的重要作用，超越传统国家中心主义的狭隘立场，确立"内在聚合性"和"外在独特性"相统一的"主体间认同"对于外交决策的价值优先性。②

由以上可知，中国学者以中国传统文化为基础，提出了与其他国家和地区国际关系理论不同的范式，为国际关系理论的发展注入了新的思想，提供了新的理论基础与观察视角。

5. "中国学派"的理论构建研究

中国学者不仅推动了中国特色国际关系理论的构建，而且提出了要建立"中国学派"的新概念，并提出了许多真知灼见，为中国国际关系理论的发展指明了方向。该时期的代表作者及其观点主要有秦亚青的《国际关系理论中国学派生成的可能和必然》、高尚涛的《关系主义与中国学派》、门洪华的《从中国特色到中国学派——关于中国国际政治理论建构的思考》和郭树勇的《中国国际关系理论建设中的中国意识成长及中国学派前途》③ 等。

第一，有学者从关系主义的角度思考了中国学派的构建。如：高尚涛在《关系主义与中国学派》一文中指出，对于"中国学派"的构建，国内存在"反向格义""正向格义""交互格义"三种研究取向。作者从"交互格义"着手，在分析西方科学理论的本体性假定与视角的基础上，提出

---

① 阎学通：《道义现实主义的国际关系理论》，《国际问题研究》2014 年第 5 期。
② 余潇枫：《"和合主义"：中国外交的伦理价值取向》，《国际政治研究》2007 年第 3 期。
③ 秦亚青：《国际关系理论中国学派生成的可能和必然》，《世界经济与政治》2006 年第 3 期。高尚涛：《关系主义与中国学派》，《世界经济与政治》2010 年第 8 期。门洪华：《从中国特色到中国学派——关于中国国际政治理论建构的思考》，《国际观察》2016 年第 2 期。郭树勇：《中国国际关系理论建设中的中国意识成长及中国学派前途》，《国际观察》2017 年第 1 期。

了中国学派应以中国文化核心要素为基础建构具有中国特色的视角理论，来弥补社会科学理论在建构主义和理性主义层面研究的不足。关系主义的本体论假定是本体性关系，关系性是一种结构化存在，分为"阴阳关系结构""天地关系结构"和"社会关系结构"三种模式。而在认识论层面上，关系主义表现出经验主义、整体主义和规范主义的倾向。关系主义的逻辑理性是"关系理性"逻辑。中国学派应该以国际体系的共在关系结构和其中的主权国家为主要研究对象，确定自己的基本构成要素，从而构建起中国学派的关系主义国际政治理论。

第二，有学者强调"中国学派"应以中国为重心，坚持马克思主义的理论指导，处理好古与今、中与外的关系。如：门洪华在《从中国特色到中国学派——关于中国国际政治理论建构的思考》一文中指出，中国国际政治理论来源于马克思主义理论的指导、国外国际政治理论的引进与吸收、传统文化的挖掘和发扬光大、当代独立的理论创新。中国传统文化拥有"天人合一"的哲学理念、"天下大同"的政治理念、"兼济天下"的利益观、"以和为贵""协和万邦"的安全观、"不战而胜""以战止战""上兵伐谋"的战略文化。国际政治思想中，倡导和平，强调结合国家利益和人类利益、秉持正确义利观和扩大共同利益、完善和发展国际政治经济秩序，始终反对霸权主义与强权政治，重视国际合作，强调国际贡献。中国学者们集中探讨了中国特色国际政治理论建设的必要性、解释中国现实问题时西方国际政治理论存在的盲点、中国学派形成的核心要素以及建立中国学派的历史文化思路。作者认为中国国际政治理论体系的确立和中国学派的形成，应确立中国重心，坚持马克思主义的理论指导，处理好古与今、中与外的关系。

由以上可知，中国学者不仅提出了新的研究范式，更在努力构建"中国学派"。中国有深厚悠久的文化基础，可汲取的成分非常丰富，"中国学派"从一开始就分为许多流派。而如何将"中国学派"国际关系理论与其他国家或地区国际关系理论相关联，从而更好地构建中国特色话语体系仍是重要的任务。

（二）从整体到局部：细化的对策性研究

进入 21 世纪以来，国际形势和国际环境的变化，为我国国际关系与国际政治研究学者们带来了新的课题。我国学者不仅从整体上、大方向上把握国际关系与国际政治发展的动向，还具体深入地研究了国际关系的细致变化,更好地认清了国际关系的发展方向与结构变化。

1. 国际关系的变化研究

这一时期中国国际关系整体性研究出现了很大的变化,由21世纪初的"观察型研究"到近几年的"构建型研究",从侧面反映了中国在构建新型国际秩序过程中的大国担当与使命。如:邱丹阳的《论全球化对新世纪国际关系的影响》、唐永胜的《国际关系进入深刻调整期》和阮宗泽的《构建新型国际关系:超越历史 赢得未来》[1] 等是该时期的代表作。

其中,阮宗泽在《构建新型国际关系:超越历史 赢得未来》一文中指出,基于国际关系处于演变之中并亟须正确引导、中国需要为实现"中国梦"提供必要的保障和世界期待中国发挥更大的作用,中国提出了建立"新型国际关系"的构想。"新型国际关系"以"合作共赢"为核心,具体路径为经略新型周边关系,构建新型大国关系,坚持正确的义利观,主张结伴而不结盟,完善全球经济治理。作者认为"新型国际关系"清晰地说明了世界需要什么样的秩序,展现了中国的责任并建设性管控分歧,为解决国际热点问题提供了中国方法,但也必须面对现实主义的挑战。[2]

由上可知,中国学者较为准确地把握住了国际关系发展的新趋势,推动了该时期国际关系与国际政治研究的结构变化,大力发展"构建型研究",这既与中国综合实力提升有关,更与中国的大国担当、维护人类命运共同体的信念有关。

2. 运用理论对现象的解释性研究增加

借助国际关系理论对当下国际现象的理性思考成为21世纪以来的研究特色之一。如:王公龙的《对日美同盟"再定义"的再认识——以现实主义、新自由主义和建构主义为视角的选择性分析》、徐能武与刘杨钺的《马克思主义国际关系理论视域下太空安全研究新范式》[3] 等。

其中,王公龙在《对日美同盟"再定义"的再认识——以现实主义、新自由主义和建构主义为视角的选择性分析》一文中指出,仅使用一种理论无法有效解释日美同盟的"再定义"问题,而有选择地运用不同理论进

---

[1] 邱丹阳:《论全球化对新世纪国际关系的影响》,《暨南学报》(哲学社会科学)2000年第6期。唐永胜:《国际关系进入深刻调整期》,《现代国际关系》2007年第12期。阮宗泽:《构建新型国际关系:超越历史 赢得未来》,《国际问题研究》2015年第2期。

[2] 阮宗泽:《构建新型国际关系:超越历史 赢得未来》,《国际问题研究》2015年第2期。

[3] 王公龙:《对日美同盟"再定义"的再认识——以现实主义、新自由主义和建构主义为视角的选择性分析》,《日本学刊》2002年第5期。徐能武,刘杨钺:《马克思主义国际关系理论视域下太空安全研究新范式》,《国际安全研究》2017年第2期。

行多角度的观察，有助于摆脱单一理论的困境。作者有选择地运用现实主义、自由主义和建构主义相关理论，认为追逐东亚地区的掌控力是日美同盟"再定义"的首要原因，共同价值观与民主制度和日本对"自我"与"他者"行为体的身份认知的变化，是促成日美同盟"再定义"的重要因素。

由上可知，国际关系与国际政治理论的运用使得国际关系与国际政治对策性研究更加科学合理，是中国国际关系与国际政治研究的一大进步，也证明了中国学者理论运用的自信。

3. 大国关系研究

大国关系是国际社会中的重要关系之一，也是推动国际体系与国际格局变化的主要力量。之前的大国关系研究存在总结性过多、展望性不足以及构建性缺乏的问题，21世纪以来的大国关系研究在解释双边关系的同时，也开始主动构建新型国际关系，提出了建设具有中国特色大国外交的要求，积极塑造大国双边关系。

在大国关系研究中，中美关系是最重要的双边关系之一。由于美国的逐步衰落与中国的进一步崛起，双方的地位及彼此认知发生了很大的变化。这一时期的中美关系研究不乏佳作，如：萨本望的《中美关系步入良性互动新阶段》、晏振乐的《试论中美关系的现状及发展趋势》和林宏宇的《从特朗普访华看中美关系》[1] 等。其中，林宏宇在《从特朗普访华看中美关系》一文中指出，中美关系的未来在于持续构建2.0版的新型大国关系，应努力超越以现实的国家利益为重的局限，寻找二者共同的价值观念基础，应将"相互尊重、公平正义、合作共赢"的命运共同体观念作为两国关系的发展目标，共同应对全球治理带来的挑战。

中日关系是亚太地区的重要双边关系之一，由于中日一衣带水、交流深远，再加上中日经济互补性强、政治和安全上又深受美国的影响，故而中日关系研究亦是学者们关注的对象。如：吴寄南的《中日关系走出"冰河期"》、周永生的《民主党执政以来中日关系的新挑战和新机遇》和武寅的《论中日新型国家关系：形成背景、基本特点与核心理念》[2] 等。其

---

[1] 萨本望：《中美关系步入良性互动新阶段》，《瞭望新闻周刊》2002年第42期。晏振乐：《试论中美关系的现状及发展趋势》，《求实》2011年第S2期。林宏宇：《从特朗普访华看中美关系》，《人民论坛》2017年第32期。

[2] 吴寄南：《中日关系走出"冰河期"》，《国际展望》2001年第22期。周永生：《民主党执政以来中日关系的新挑战和新机遇》，《国际关系学院学报》2011年第5期。武寅：《论中日新型国家关系：形成背景、基本特点与核心理念》，《日本学刊》2018年第4期。

中，武寅在《论中日新型国家关系：形成背景、基本特点与核心理念》一文中指出，《中日和平友好条约》在签订40年后仍具有时代意义。新时代中日关系出现的变化包括中日两国的经济实力对比与双边关系格局的变化和签约时的热烈友好与签约后的曲折动荡的鲜明对比。40年来中日关系既动荡起伏，又没有超出"斗而不破"的底线。新时代中日新型国家关系应以平等互利双赢为核心理念，真正履行《条约》反霸宗旨与义务。

中俄关系是东北亚地区重要双边关系之一，再加上中俄友好关系及战略关系的不断升级，中俄关系研究也成为大国关系研究的重要内容。如：李冠乾的《略论21世纪中俄关系的发展前景》、刘古昌的《不断迈上新台阶的中俄战略协作伙伴关系》和冯玉军与陈宇的《中俄关系：在世界大变局中继续深化》[1]等。其中，冯玉军与陈宇在《中俄关系：在世界大变局中继续深化》一文中指出，在国际大变局之际，中俄政治互信不断加深，国际战略协作水平快速提高，稳步推进相关务实合作，安全合作迈上新台阶，人文合作成果丰富。但对中俄关系，应细致深入思考，客观评估国际战略边际效用，权衡经济成本与收益，把握中俄关系与中国其他对外关系的互动。

此外，其他大国之间双边关系研究有：苏开华的《俄美战略调整及其影响》、赵鸣文的《2010年俄美改善关系的动因及前景》和吴非与胡逢瑛的《俄美关系：谨防"新冷战"变真冷战》[2]等考察了俄美关系的竞争与合作；张春燕的《美日安全关系的变化及走势》、王屏的《东亚崛起进程中的日美关系》和李秀石的《论日美同盟战略对接——从双向安保合作到"全球伙伴关系"》[3]等关注了日美关系的发展与强化；林晓光的《世纪之交的日俄关系》、吴大辉的《俄日岛争：难以破解的外交"死结"》和高

---

[1] 李冠乾：《略论21世纪中俄关系的发展前景》，《广州大学学报》（社会科学版）2003年第11期。刘古昌：《不断迈上新台阶的中俄战略协作伙伴关系》，《俄罗斯研究》2010第1期。冯玉军，陈宇：《中俄关系：在世界大变局中继续深化》，《边界与海洋研究》2017年第1期。

[2] 苏开华：《俄美战略调整及其影响》，《当代亚太》2003年第4期。赵鸣文：《2010年俄美改善关系的动因及前景》，《和平与发展》2011年第3期。吴非，胡逢瑛：《俄美关系：谨防"新冷战"变真冷战》，《当代世界》2016年第9期。

[3] 张春燕：《美日安全关系的变化及走势》，《现代国际关系》2002年第9期。王屏：《东亚崛起进程中的日美关系》，《当代世界》2010年第3期。李秀石：《论日美同盟战略对接——从双向安保合作到"全球伙伴关系"》，《日本学刊》2015年第4期。

飞与张建的《俄日关系走近：各有利益考量》①等分析了日俄关系中利益的重合与冲突。关于大国之间多边关系的研究有：邢广程的《由中俄美关系变化引发的思考》、冯绍雷的《冷战后欧、美、俄三边关系的结构变化及其未来趋势》、唐永胜的《中美日三边关系的可能走向及中国的战略选择》、刘建飞的《中美俄日关系及其对东北亚地区安全的影响》②等关注了大国之间的互动及影响。

由以上可知，该时期的大国关系研究紧跟时代背景的转换，注重分析大国关系的发展与趋势，注重历史新阶段双边与多边关系的构建，现实需求与研究导向更加契合。

4. 区域国际关系研究

伴随着全球化与区域化的发展，区域国际关系在国际关系研究中的地位越发重要。中国对东北亚、亚太地区、印太地区及"一带一路"沿线地区等展开了丰富的研究。

针对东北亚地区国际关系的研究有高海宽的《世纪之交的东北亚形势及其发展前景》、刘再起的《如何在东北亚安全体系中处理中俄日三角关系》和王俊生的《东北亚安全环境的变化：以区域内双边安全关系为视角》③等。其中，刘再起在《如何在东北亚安全体系中处理中俄日三角关系》一文中指出，中俄日关系是彼此关联互动的集合体，其良性互动有利于东北亚地区的和平、稳定与发展。但中俄日三角关系中又存在地缘战略的分歧、安全互信的缺失、关系发展的失衡等问题，面临着朝鲜核问题、领土领海权益纷争问题以及美国干涉等现实问题。面对这些问题，中国应以"和谐世界"理论为指导思想来处理与俄日的双边关系，以"互利双赢"效果为目标推进地区经济合作，以"综合安全"观念为核心推动地区安全合作，建立以互信、互利、平等为基础的地区安全合作机制。

---

① 林晓光：《世纪之交的日俄关系》，《日本学刊》2001年第5期。吴大辉：《俄日岛争：难以破解的外交"死结"》，《当代世界》2010年第12期。高飞，张建：《俄日关系走近：各有利益考量》，《当代世界》2016年第6期。

② 邢广程：《由中俄美关系变化引发的思考》，《现代国际关系》2003年第4期。冯绍雷：《冷战后欧、美、俄三边关系的结构变化及其未来趋势》，《欧洲研究》2011年第4期。唐永胜：《中美日三边关系的可能走向及中国的战略选择》，《现代国际关系》2014年第1期。刘建飞：《中美俄日关系及其对东北亚地区安全的影响》，《国际关系学院学报》2011年第6期。

③ 高海宽：《世纪之交的东北亚形势及其发展前景》，《和平与发展》2000年第3期。刘再起：《如何在东北亚安全体系中处理中俄日三角关系》，《国外社会科学》2008年第5期。王俊生：《东北亚安全环境的变化：以区域内双边安全关系为视角》，《中国青年社会科学》2015年第3期。

针对亚太地区的研究有浦启华的《美国的亚太战略与亚太战略格局》、陈松川的《亚太地区安全格局新动向的政策内涵及其战略思考》和吴心伯的《论亚太大变局》[①]等。其中，吴心伯在《论亚太大变局》一文中指出，冷战结束以来，亚太地区的关系格局经历了三个阶段。在国际环境方面，亚太格局呈现出"多元复合结构"，变得更具流动性、复杂性和不确定性。在国际力量对比方面，中美日三方发生了很大的变化，中国重视非传统安全领域、美国重视经济领域和日本重视传统安全领域。在地缘政治与地缘经济中，中美关系更可能走向妥协而非冲突。在秩序观上，中国和东盟较为相近，而中国、美国和东盟以及三者之间的互动将影响亚太地区秩序的变迁。中国应在此过程中增强自身力量并选择合理的战略，从而发挥引领和塑造亚太格局的作用。

针对印太地区的研究有吴兆礼的《"印太"的缘起与多国战略博弈》、陈邦瑜与韦红的《试论"印太时代"及中国的战略应对》和林民旺的《"印太"的建构与亚洲地缘政治的张力》[②]等。其中，林民旺在《"印太"的建构与亚洲地缘政治的张力》一文中指出，美日印澳四国安全对话的重启，意味着"印太"概念在日益塑造新的亚洲地区架构，是亚洲地缘政治变化的结果。美日印澳四国内部关系的提升和对话机制的建设为其注入了内在动力，塑造着未来的发展趋势。相关国家对"印太"概念的把握以及对安全对话机制的诉求仍具有一定的内在张力。中国应高度重视"印太"概念的建构及其战略和安全意涵，积极采取应对措施，参与并塑造"印太"格局。

就"一带一路"地区而言，研究成果更是数不胜数，如：杨晨曦的《"一带一路"区域能源合作中的大国因素及应对策略》、席桂桂与陈水胜的《"一带一路"背景下中国的中东经济外交》和弓联兵与王晓青的《"一带一路"沿线东南亚国家的政党轮替风险及中国应对》[③]等重点关注

[①] 浦启华：《美国的亚太战略与亚太战略格局》，《当代世界与社会主义》2001年第5期。陈松川：《亚太地区安全格局新动向的政策内涵及其战略思考》，《理论导刊》2012年第10期。吴心伯：《论亚太大变局》，《世界经济与政治》2017年第6期。

[②] 吴兆礼：《"印太"的缘起与多国战略博弈》，《太平洋学报》2014年第1期。陈邦瑜，韦红：《试论"印太时代"及中国的战略应对》，《印度洋经济体研究》2015年第2期。林民旺：《"印太"的建构与亚洲地缘政治的张力》，《外交评论（外交学院学报）》2018年第1期。

[③] 杨晨曦：《"一带一路"区域能源合作中的大国因素及应对策略》，《新视野》2014年第4期。席桂桂，陈水胜：《"一带一路"背景下中国的中东经济外交》，《阿拉伯世界研究》2016年第6期。弓联兵，王晓青：《"一带一路"沿线东南亚国家的政党轮替风险及中国应对》，《当代世界与社会主义》2018年第5期。

了"一带一路"沿线东南亚、中东等地区。其中,弓联兵、王晓青在《"一带一路"沿线东南亚国家的政党轮替风险及中国应对》一文中指出,东南亚是"一带一路"倡议实施的重心所在,但具有很高的政治风险。东南亚国家政党政治具有竞争性,政党轮替本身存在风险或衍生新的政治风险。对此,中国应建立风险评估机制,进行有效评估与结果分析,在"一带一路"框架下拓展双边合作,充分利用政党外交的优势,寻求法律途径和仲裁手段维护权益。

由以上可知,该时期中国学者对区域秩序的研究增加,这是区域化发展和全球权力中心处于转换期的结果。由于当前大国竞争的区域逐渐从"亚太"转向"印太",所以区域秩序研究也应得到进一步的发展。

进入21世纪以来,中国国际关系与国际政治研究变得更加细化、多元和全面。首先,关于理论性研究,该时期中国学者继续介绍了西方最新的国际关系理论,对理论的消化能力与批判性增强;从多角度批判了西方主流国际关系理论(包括:西方非主流国际关系理论、其他地区国际关系理论),既推动了我国国际关系与国际政治理论建设,又丰富了整个学科的研究内容。另外,中国国际关系理论的发展脉络更加清晰,马克思主义国际关系理论逐渐体系化,其研究主题、动力、范式与本质更加明确,而中国特色国际关系理论相继提出"中国范式"与"中国学派"等概念,独立性与自觉性明显增强。

其次,关于对策性研究,该时期中国学者注重从宏观角度研究国际关系,并开始自主构建"新型国际关系";运用国际关系与国际政治理论解释国际关系的研究增加,使得中国国际关系与国际政治理论和实践的结合更为密切;以大国关系为代表的双边、多边关系研究成果大幅增加,区域国际关系研究的地缘政治性更加突出。

结　　语

从80年代至今,中国国际关系与国际政治研究已经经过了40年的发展。通过梳理这段时期中国国际关系与国际政治研究的发展,厘清了学科发展的轨迹与特点,还重新挖掘了各个时期有益的智慧建言,可为学科未来发展提供借鉴,为建设具有中国特色的国际关系理论指明方向,为新时代中国理论性与对策性研究提供"温故知新"的智慧支持。

从宏观上来讲，中国国际关系与国际政治研究经过40年发展，无论是理论性研究还是对策性研究，都与中国所处的国际环境和自身外交战略紧密相关，且越来越重视国际关系理论与中国外交战略的结合、国际政治理论与中国新型国际关系构建的结合，越发重视"中国智慧""中国办法"与"中国力量"的运用，并有越来越多的研究机构和人员加入国际关系与国际政治研究的队伍当中，为推动理论与对策研究作出应有贡献。

从微观上来讲，中国国际关系与国际政治研究涉及的内容更加广泛与深入，方法更加综合多样，研究手段更加多元。从理论研究来看，中国学者对西方国际关系理论，尤其是对主流国际关系理论的批判性研究进一步增强，对中小理论以及全球化背景下新的国际关系与国际政治理论的关注增加，对其他国家或地区的国际关系理论发展更加重视，对马克思国际关系理论研究的投入增大，对中国特色国际关系理论的研究发展强劲。从对策性研究来看，中国学者对国际关系的整体变化研究有所减弱，对影响国际关系的因素的研究明显减少，但对大国关系与重要区域的国际关系的研究则增加了，反映了中国国际关系与国际政治对策性研究的"国别化"与"区域化"发展。

虽然中国国际关系与国际政治研究已经取得了巨大成就，但世界仍面临着许多不确定与不稳定性因素。为推动中国国际关系与国际政治研究的长远发展，我们还应从以下三点着手努力。

第一，坚持理论发展的自主性。事实证明，西方的国际关系与国际政治理论无法有效解释我国发展过程中遇到的所有问题，只有充分挖掘本国的历史文化传统，汲取前人的智慧与经验，批判吸收国外理论的有效成分，才能走出一条具有"中国特色"的国际关系与国际政治理论发展道路。

第二，坚持理论与对策研究的有机结合。科学的国际关系与国际政治理论应对当下国际关系与国际政治现象作出合理解释，对策研究也应结合一定的理论。而鉴于理论解释的局限性，更要求我们了解、掌握并熟练运用国内外的先进理论，从而为国际现象提供多元解释，提高对国际关系与国际政治研判的准确性，服务于国家外交战略乃至整体发展大局。

第三，对于国际关系的对策性研究，应坚持历史唯物主义与辩证唯物主义的研究方法，将国际关系置于全球秩序转换、国际体系调整等大背景下进行研究以研判国际关系的变化与发展趋势，兼顾影响国际关系因素的研究以增加对国际关系的多方位判断，加快新兴大国关系的构建以推动国际格局的和平演变，加强双边、多边及区域性国际关系研究以为中国外交与内部深化改革提供良好的外部环境。

改革开放以来的中国比较政治研究

吕同舟[*]

改革开放以来，中国比较政治研究[①]历史脉络可以粗略地划分为三个阶段：1978年到20世纪末、21世纪头十年、2010年至今。从1978年到20世纪末这个阶段，大致是中国比较政治研究的知识积累阶段，主要工作是吸收和消化西方经典理论，并在此基础上对政治发展、政治改革、民主转型、政治文化等核心问题进行初步探讨。21世纪头十年，中国比较政治研究取得了长足进步，对于比较政治关注哪些问题、运用哪些方法、使用哪些核心概念等问题形成了初步共识，并为下一步研究的勃发打下了坚实基础。2010年以后，中国比较政治研究进入了新的阶段，比较研究方法更加多元，比较理论认识更加深入，比较研究主题也更加系统。沿着这样的历史脉络，中国比较政治研究从单一走向复杂、从隔离走向融合、从舶来走向本土，实现了研究的深化、细化、具体化。

一 1978年到20世纪末

我国比较政治研究起初关注的对象集中于苏联和其他社会主义国家以

---

[*] 吕同舟：上海师范大学。
[①] 本文所遴选的文献，主要依据以下标准：第一，在方法论上，并不关注比较的方法，而只关注比较政治的方法。由于一些学者混合使用了这一概念，对此，主要依据主题词进行甄别。第二，由于比较政治的各主要理论均有其他学科的理论来源，学者们有时也会混合使用这些概念，对此，依据是否属于政治学的原则来进行选择，例如，对理性选择理论只选择其在政治学中的应用，而不涉及经济和社会学中的应用。第三，对于也属于政治学其他学科的内容，例如政治制度、政党政治、国家治理、政治权力、法团主义等，尽管有些文章有"比较政治"的主题词，但若缺乏相对明确的比较，同样不被纳入分析，尤其是针对近些年出现的研究成果。当然，由于精力和能力所限，难免挂一漏万。疏漏之处，万请海涵！

及周边国家,核心力量是从事科学社会主义和国际共产主义运动研究的相关学者。从掌握的资料看,北京大学于 1980 年创办的《世界政治资料》(后更名为《国际政治研究》)是最早刊登相关文献的杂志。从 1981 年起,该杂志就接连刊载介绍和分析外国政治制度的文献,例如刘金质、林勋健、曹长盛、杨荫滋等学者围绕苏东各国共产党和工人党的组织结构、对外政策以及党际关系等主题进行了论述①;编辑部开辟了专栏介绍苏联党和国家政治以及南斯拉夫大事记;北京大学国际政治系印度研究组还对印共(马)关于印度革命的问题进行了认识和归纳②;陈峰君、唐文方、潘琪、张锡镇、董秀丽等分别对印度、印度尼西亚、津巴布韦、菲律宾、伊朗等国政治制度进行了介绍③;此外,对于美国、日本、西欧等发达国家和地区的政治制度也给予了一定的关注。④ 当然,这些文献主要是对外国政治制度和政府过程进行总体概述,很难称之为比较政治研究。但无论如何,这些论述为后来的研究打下了基础。

目前在可查的文献范围当中,"比较政治学"这一概念最早出现于 1984 年第 12 期《现代外国哲学社会科学文摘》。通过詹培吉翻译的阿尔蒙德《比较政治学》《论比较政治学》和庄周翻译的塞勒《比较政治学的方法》三篇文献⑤,我国学者对于"比较政治学"有了粗略认识,并逐渐开始自觉地关注这一重要分支领域。

国内学界早期研究以引介西方经典作家经典著述为主,借此厘清比较

---

① 刘金质:《南斯拉夫工业发展的几个问题》,《世界政治资料》1980 年第 1 期;刘金质:《一九五三年以来苏联党、政、军主要领导成员的变动》,《世界政治资料》1981 年第 3 期;林勋健:《二十年代末联共(布)党内关于国内政策若干问题的争论》,《世界政治资料》1982 年第 3 期;曹长盛、杨荫滋、叶庆丰:《论共产党和工人党情报局的主要教训》,《世界政治资料》1981 年第 1 期;杨荫滋:《共产党之间的新型关系发展过程初探》,《世界政治资料》1983 年第 3 期。

② 北京大学国际政治系印度研究组:《重新认识印共(马)关于印度革命问题的理论和实践》,《世界政治资料》1981 年第 2 期。

③ 陈峰君:《试论印度社会特点》,《世界政治资料》1981 年第 2 期;唐文方:《苏加诺的平衡政策及其失败》,《世界政治资料》1982 年第 1 期;潘琪:《津巴布韦:回顾与前瞻》,《世界政治资料》1982 年第 1 期;张锡镇:《天主教会的统治和压迫与菲律宾民族主义运动的兴起》,《世界政治资料》1982 年第 3 期;董秀丽:《伊朗巴列维王朝覆灭的社会原因》,《世界政治资料》1982 年第 1 期。

④ 龚文庠:《施密特谈苏联——美国——西欧之间的关系》,《世界政治资料》1983 年第 3 期;刘苏朝:《日本的"太平洋共同体构想"》,《世界政治资料》1982 年第 3 期;马菽:《评里根政府对西欧的政策》,《世界政治资料》1982 年第 1 期。

⑤ [美]阿尔蒙德:《比较政治学》,《现代外国哲学社会科学文摘》1984 年第 12 期;塞勒:《比较政治学的方法》,《现代外国哲学社会科学文摘》1984 年第 12 期;阿尔蒙德:《论比较政治学》,《现代外国哲学社会科学文摘》1984 年第 12 期。

政治研究的相关概念、理论逻辑以及基本方法,从而为认识政治体系和制度变迁提供新的视角,也为后来的研究勃发提供了坚实的基础。这是著作翻译的历史性贡献。尤为值得一提的是,曹沛霖、郑世平、公婷、陈峰译介的《比较政治学:体系、过程和政策》[1]就是国内比较早的尝试,为后来者提供了重要的分析工具和基础框架。

在对国外理论进行引介的基础上,探索理论与国情相互映照的需求也日渐萌发,催生了早期的国别政治研究。20世纪80年代初人民出版社推出了"外国政府体制丛书",但篇幅相当有限且只涉及狭义政府。1998年时任中央编译局当代研究所所长的俞可平牵头主编了第一套大型国别政治研究丛书——"当代各国政治体制"(共16分册),系统介绍了20多个国家的政治体制。同时,还有诸如罗豪才、吴撷英的《资本主义国家的宪法和政治制度》[2],杨柏华、明轩的《资本主义国家政治制度》[3],沈宗灵的《美国政治制度》[4],齐乃宽编著的《日本政治制度》[5],胡康大的《英国的政治制度》[6],吴国庆的《当代法国政治制度研究》[7]等。当然,这些研究总体上限于少数几个发达国家,研究方式也以静态、定性和叙述性为主。

与此同时,还有诸多学人从宏观层面对比较政治的框架、内容、逻辑进行较为系统的表述。其中,王沪宁的《比较政治分析》是国内学者较早地从比较政治的视野来建构政治学分析框架的尝试。[8] 曹沛霖、徐宗士主编的《比较政府体制》采用了统一的比较框架,对后续比较政治研究提供了有益的方法论指导。[9] 王惠岩主编的《比较政治制度》以马克思主义理论为指导,对不同性质国家的政治制度,首先从总体上分别加以比较,然后以特定政治制度为基础进行了具体的比较,对于典型国家则采取以国别为基础的比较方式。[10] 徐育苗主编的"中外政治制度比较丛书"(10卷本)

---

[1] [美]加布里埃尔·A. 阿尔蒙德、小G. 宾厄姆·鲍威尔:《比较政治学:体系、过程和政策》,曹沛霖、郑世平、公婷、陈峰译,上海译文出版社1987年版。
[2] 罗豪才、吴撷英:《资本主义国家的宪法和政治制度》,北京大学出版社1983年版。
[3] 杨柏华、明轩:《资本主义国家政治制度》,世界知识出版社1984年版。
[4] 沈宗灵:《美国政治制度》,商务印书馆1980年版。
[5] 齐乃宽编:《日本政治制度》,上海社会科学院出版社1987年版。
[6] 胡康大:《英国的政治制度》,社会科学文献出版社1993年版。
[7] 吴国庆:《当代法国政治制度研究》,社会科学文献出版社1993年版。
[8] 王沪宁:《比较政治分析》,上海人民出版社1987年版。
[9] 曹沛霖、徐宗士主编:《比较政府体制》,复旦大学出版社1993年版。
[10] 王惠岩主编:《比较政治制度》,吉林大学出版社1998年版。

系统地对行政制度、代议制度、公务员制度、军事制度等进行了比较和描述。① 此外，张小劲、程同顺、吴清、李春成等则分别从学科发展和理论脉络的角度，对比较政治学的历史进行梳理，展示比较政治学取得的成就、面临的困境、理论特征以及未来的生长点。②

具体地说，在这一时期，国内诸多学人围绕着政治发展、政治转型、政治文化等领域进行理论生发，产生了不少颇具洞见的学术成果，同时对比较政治方法也有了一定的关注。

政治发展是国内学人重点关注的话题。早在20世纪80年代，曹沛霖就运用阶级分析方法，对战后西方国家选举制度的变化进行剖析③；后来，他还梳理了西方民主制的发源，对比了东西方不同文化下从氏族社会向奴隶社会过渡的历程。④ 这是国内比较早地采用直接比较的范例。宁骚的《民族与国家——民族关系与民族政策的国际比较》一书，注重将具有"发生学解释"特征的历史研究法引入比较政治学，由此构建了独特的分析框架。⑤ 周平立足亨廷顿的"强大政府论"，讨论了社会转型以及政治稳定对发展中国家的影响。⑥ 储建国围绕"经济发展与政治发展的关系"这一主题，按照从一般性描述到相关性分析，再到回归分析的逻辑脉络，梳理了利普塞特、亨廷顿、卡特莱特、纽包尔、奥尔森、伯克哈特、列维斯·贝克等学者的研究。⑦ 时和兴则聚焦政治发展过程中的国家与社会关系，综合了市民社会理论和回归国家理论的成果，强调关系、限度与制度三者成为制约国家与社会关系的三位一体的互动机制。⑧

在现代化转型的历史背景下，如何实现政治现代化是重要任务，相应地在理论界也出现了不少颇具洞见的成果。罗荣渠将现代化视为全球性转变的世界进程，对传统农业社会向现代工业社会转变的大过程进行整体性

---

① 徐育苗主编：《中外政治制度比较丛书》，商务印书馆2000年版。
② 张小劲：《比较政治学的历史演变：学科史的考察》，《燕山大学学报》（哲学社会科学版）2000年第1期；程同顺：《比较政治学：走向没落，还是再度辉煌》，《政治学研究》1997年第1期；吴清：《本世纪以来比较政治学在美国的发展》，《国外社会科学》1994年第1期；李春成：《西方比较政治学理论中的意识形态》，《求索》2000年第2期。
③ 曹沛霖：《西方国家选举制度剖析》，《党政论坛》1987年第3期。
④ 曹沛霖、夏明：《西方民主制的发源及启示》，《天津社会科学》1988年第2期。
⑤ 宁骚：《民族与国家》，北京大学出版社1995年版。
⑥ 周平：《社会转型与政治稳定：对发展中国家的考察》，《云南社会科学》1995年第3期。
⑦ 储建国：《经济发展与政治发展关系的定量研究述评》，《政治学研究》1996年第3期。
⑧ 时和兴：《关系、限度、制度：政治发展过程中的国家与社会》，北京大学出版社1996年版。

研究。其著作《各国现代化比较研究》《现代化新论——世界与中国的现代化过程》等，内容涉及西方议会民主制的形成、军人政权向政党制文官制度的转变等关键问题，对政治现代化问题进行了极具价值的探索。[1] 相较之下，丁建弘的《发达国家的现代化道路——一种历史社会学的研究》从跨学科的视角考察了发达国家现代化的进程、特点及趋势[2]，而俞新天则对发展中国家现代化的初始条件、经济条件和政治条件进行了较为深入的比较。[3] 此外，还有不少关于政治现代化的国别研究。例如，章开沅、罗福惠主编的《比较中的审视：中国早期现代化研究》，聚焦于中国1840—1949年的发展历程，通过比较寻求世界各国现代化的共性与个性。[4] 王觉非[5]、尹保云[6]、曾昭耀[7]、林承节[8]等学者的著作分别以英国、韩国、墨西哥、印度为个案，描绘了各国政治现代化的历史过程，成为政治发展研究的基础性读物。

东亚政治转型研究始终是比较政治关注的重点，尤其是其文化中蕴含的深刻的"威权主义"色彩自然成为政治转型的内生变量。一方面，国内学人纷纷以其中一个或多个国家为个案，深入分析其政治转型的内在逻辑理路。例如林尚立的《政党政治与现代化——日本的历史与现实》一书，展现了日本政党政治的历史、社会和文化基础，进而揭示了日本政治过程和政治现代化的基本理路。[9] 李路曲以新加坡为对象并逐渐扩展至东亚国家，考察其政治文化、政治发展、政治现代化与权威主义政治等话题，拓

---

[1] 罗荣渠：《各国现代化比较研究》，陕西人民出版社1993年版；罗荣渠：《现代化新论：世界与中国的现代化进程》，北京大学出版社1993年版；罗荣渠：《现代化新论续篇：东亚与中国的现代化进程》，北京大学出版社1997年版。

[2] 丁建弘：《发达国家的现代化道路——一种历史社会学的研究》，北京大学出版社1999年版。

[3] 俞新天：《机会与限制：发展中国家现代化的条件比较》，上海社会科学院出版社1998年版。

[4] 章开沅、罗福惠主编：《比较中的审视：中国早期现代化研究》，浙江人民出版社1993年版。

[5] 王觉非：《英国政治经济和社会现代化》，南京大学出版社1989年版。

[6] 尹保云：《韩国的现代化》，东方出版社1995年版。

[7] 曾昭耀：《论墨西哥的政治现代化道路——墨西哥如何从考迪罗主义走向现代宪政制度》，《拉丁美洲研究》1993年第1期；曾昭耀：《论墨西哥的政治现代化道路（续）——墨西哥如何从考迪罗主义走向现代宪政制度》，《拉丁美洲研究》1993年第2期；曾昭耀：《再谈关于墨西哥政治现代化的几个问题——答冯秀文同志》，《世界历史》1995年第5期；曾昭耀：《政治稳定与现代化：墨西哥政治模式的历史考察》，东方出版社1996年版。

[8] 林承节：《印度现代化的发展道路》，北京大学出版社2001年版。

[9] 林尚立：《政党政治与现代化——日本的历史与现实》，上海人民出版社1998年版。

展了学界对东亚政治转型的认识。① 尹保云《韩国为什么成功——朴正熙政权与韩国的现代化》②、任晓《韩国经济发展的政治分析》③、郭定平《韩国政治转型研究》④ 等以韩国为个案对东亚政治转型进行了全面的分析探讨。靳继东则从整体视角描述了东亚威权体制的结构及其对政治经济发展的功能,并从经济结构、社会结构、文化结构、环境结构等方面探讨了体制转型何以发生的问题。⑤

关于东亚文化中的"威权主义"如何影响政治现代化的考察,同样受到学者们的青睐。早在1989年,俞可平就曾对"权威主义"的内涵、类型、特征及成因进行系统阐述,并立足比较视野观察中国政治,引起了学界的广泛关注。⑥ 萧功秦在1994年发表的《东亚的权威政治与现代化》一文中,就描述了东亚现代化过程中权威政治形态的形成、变迁以及基本特征,既肯定其在发展中国家现代化过程中的作用,又强调要正视其带来的结构性张力。⑦ 陈峰君也曾对威权主义的概念及其产生的机理进行过论述。⑧ 同时,立足国别的经验研究也不少见,例如吴辉就曾对新加坡、马来西亚、印度尼西亚等国家的威权政权进行比较分析。⑨ 马宝成则更为明确地指出,中国早期现代化遭遇挫折的重要原因就在于缺乏权威政权的推动。⑩

关于拉美国家政治民主化的研究开始逐渐出现。早在20世纪80年代末,苏振兴就总结了拉美国家工业化的基本经验。⑪ 杨斌梳理了拉美国家政党政治的发展历程,发现20世纪八九十年代开始发生新的变化,例如代议制民主制度渐趋成熟完善、传统政党普遍进行了政策调整、意识形态

---

① 李路曲:《新加坡政治文化的形成与演变》,《东南亚研究》1991年第3期;李路曲:《论新加坡的政治发展》,《东南亚研究》1992第1期;李路曲:《新加坡的权威主义政治与现代化》,《政治学研究》1997年第1期;李路曲:《论东亚国家的政治转型及其特色》,《政治学研究》1999年第1期;李路曲:《东亚政治转型的路径分析》,《当代亚太》2002年第1期。
② 尹保云:《韩国为什么成功——朴正熙政权与韩国的现代化》,文津出版社1993年版。
③ 任晓:《韩国经济发展的政治分析》,上海人民出版社1995年版。
④ 郭定平:《韩国政治转型研究》,社会科学文献出版社2000年版。
⑤ 靳继东:《现代化进程中的东亚政治体制及其转型探析》,《东北亚论坛》1999年第2期。
⑥ 俞可平:《论权威主义——兼谈"新权威主义"》,《经济社会体制比较》1989年第3期。
⑦ 萧功秦:《东亚权威政治与现代化》,《战略与管理》1994年第2期。
⑧ 陈峰君:《威权主义概念与成因》,《东南亚研究》2000年第4期。
⑨ 吴辉:《"亚洲式民主":功能及其限度》,《东南亚研究》2001年第2期。
⑩ 马宝成:《权威政治与中国早期现代化》,《理论学刊》2001年第3期。
⑪ 苏振兴:《拉美国家工业化的战略选择》,《拉丁美洲研究》1989年第3期。

争论淡化、传统大党威信普遍下降等。① 这些变化与世界范围内出现的政治发展趋向也是一致的。夏立安关注到拉美军人政治撤退和政治稳定增强的趋势，并以此梳理发现，军人职业化、政治家领导的社会革命以及国际政治经济因素是导致这一趋向的关键。② 刘新民则以20世纪70年代末到90年代初为背景，结合拉美政治、经济的诸多变化，系统地梳理了拉美民主化进程中面临的问题、民选政府的治理危机等。③

此外，关于东亚和拉美发展模式比较的研究也不少见。张帆曾梳理了拉美、东亚政府或当局干预经济的内容，并比较了二者的差异④；尹保云运用"官僚—权威主义"分析模型，论述了巴西和韩国发展模式上的区别⑤；苏振兴则从分配公正的角度对比了两种模式。⑥

东欧剧变发生后，中东欧国家转型问题吸引了更广泛的关注。国内学人围绕着东欧剧变何以发生、发生前后体制对比以及东欧剧变的经验教训等问题进行了细致的描述。张树华对比了中俄两国的改革进程，考察了在向市场经济转型中的政治权威和政治发展问题，并回应了西方的相关理论。⑦ 马细谱对比了中东欧国家自90年代末以来整体演变的内容和特点。⑧ 王正泉主编的《剧变后的原苏联东欧国家》分析了在政治转型后俄罗斯总统制、中亚国家总统制不同的特点及其原因，并对转型后的政党体制、多党议会制进行了剖析。⑨ 关海庭则在中俄体制转型模式对比的基础上，强调由于缺少市场经济传统和社会发展不平衡，采用渐进式转型模式无疑更为理想。⑩

政治文化同样是比较政治的经典主题。徐大同、高建主编的《中西传统政治文化比较研究》，对中西历史上公民的政治思维方式、权力分配、

---

① 杨斌：《拉丁美洲的政党政治》，《拉丁美洲研究》1993年第3期。
② 夏立安：《当代拉美军人政治撤退的原因》，《拉丁美洲研究》1993年第4期。
③ 刘新民：《从90年代初的政治发展看拉美民主化问题》，《拉丁美洲研究》1994年第2期。
④ 张凡：《拉美、东亚工业化进程中的政府（当局）干预》，《拉丁美洲研究》1998年第6期。
⑤ 尹保云：《巴西与韩国的官僚——威权主义比较》，《拉丁美洲研究》1998年第5期。
⑥ 苏振兴：《发展模式与社会公正》，《拉丁美洲研究》1998年第5期。
⑦ 张树华：《向市场经济过渡条件下的政治权威和政治发展问题——对中俄两国改革进程的比较研究》，《东欧中亚研究》1995年第4期。
⑧ 马细谱：《剧变后中东欧国家政治体制的演变及其地区差异》，《东欧中亚研究》1999年第2期。
⑨ 王正泉主编：《剧变后的原苏联东欧国家》，东方出版社2001年版。
⑩ 关海庭：《中俄体制转型模式比较研究——从价值观念看渐进转型模式的合理性》，《北京大学学报》（哲学社会科学版）2002年第1期。

公民地位、治国理论等进行了深入的对比考察。①徐大同还曾将国内学者关于政治文化的观点归纳为两类，其一为狭义说，将政治文化主要归结为政治心理方面；其二为广义说，即认为政治文化不仅包括政治心理方面，还包括政治理论、思想和政治制度。②丛日云在《西方政治文化传统》中系统地梳理了西方政治文化的历史传统。③李路曲曾借助对东亚主要传统文化和现代文化社会政治功效的评估，展示了文化在"亚洲式民主"的形成和发展中的作用。④常士誾则以加拿大政治文化为对象，归纳出精英主政、温和保守、地区主义、二元化四个特征。⑤非洲政治文化同样吸引了一批学者的关注，宁骚的《试论当代非洲的部族问题》是其中比较早的成果⑥，他后来主编了《非洲黑人文化》一书，对非洲文化进行了系统、全面的比较研究。⑦高晋元关于肯尼亚一党政治的讨论，同样涉及文化层面的思考。⑧此外，刘鸿武、张宏明、李保平、徐济明、葛公尚等先后围绕传统文化与民族国家建构、传统文化与政治模式选择以及民族主义和部族主义等主题进行了探讨。⑨

值得注意的是，一些学者也开始关注比较政治学的研究方法，并进行了一些有益的尝试。例如，严强注意到，政治学科在中国重新恢复以后，比较政治的研究经历了以旧制度主义为主、以引进行为主义为主和努力实现主体性三个阶段；他还讨论了比较政治研究的价值取向问题，并框架性地描述了比较政治研究的基本方法和途径。⑩彭兴业则聚焦比较政治研究

---

① 徐大同、高健：《中西传统政治文化比较研究》，天津教育出版社1997年版。
② 徐大同：《政治文化民族性的几点思考》，《天津师大学报》（社会科学版）1998年第4期。
③ 丛日云：《西方政治文化传统》，大连出版社1996年版。
④ 李路曲：《文化与民主："亚洲式民主"的再探讨》，《贵州师范大学学报》（社会科学版）2001年第2期。
⑤ 常士誾：《试析加拿大政治文化的特征》，《铁道师院学报》1996年第5期。
⑥ 宁骚：《试论当代非洲的部族问题》，《世界历史》1983年第4期。
⑦ 宁骚主编：《非洲黑人文化》，浙江人民出版社1993年版。
⑧ 高晋元：《对肯尼亚一党政治的管见》，《西亚非洲》1991年第5期。
⑨ 刘鸿武：《黑非文化的现代复兴与民族国家文化重构》，《历史教学》1993年第10期；刘鸿武：《黑非洲国家现代化进程中的文化发展主题》，《西亚非洲》1996年第1期；张宏明：《部族主义因素对黑非洲民族国家建设的影响》，《西亚非洲》1998年第4期；李保平：《传统文化对黑非洲政治发展的制约》，《西亚非洲》1994年第6期；徐济明：《非洲传统文化与政治现代化》，《西亚非洲》1996年第1期；葛公尚：《非洲的民族主义与部族主义探析》，《西亚非洲》1994年第5期。
⑩ 严强：《比较政治研究的取向和方法》，《江海学刊》1996年第4期。

中的个案方法，着力描述了个案研究法的性质与特征、在比较政治学研究中的地位与作用及其哲学基础，进而呼吁研究方法走向多样化。[①] 虽然这一阶段关于研究方法的关注还不够多，但已然出现了萌芽和勃兴的态势，这对于推进下一步研究是大有裨益的。

总的来说，从1978年到20世纪末这个阶段，我国比较政治研究主要处于知识积累阶段，主要工作是吸收和消化西方经典理论，并在此基础上从我国社会变革的实际需要出发，围绕政治发展、政治改革、民主转型、政治文化等紧迫问题进行理论探讨，并为下一阶段比较政治学的发展提供知识储备。但同时也应当看到，在这一时期，比较政治学同国际关系与国际政治、历史学之间的学科界限相当模糊，研究群体仅限于社科院系统及北京大学、复旦大学、武汉大学等少数重点高校的学者，人数比较有限；研究目的以认识外国政治为主，且重在分国别的政情介绍；研究主题相对狭窄，侧重对各国宏观政治制度架构的剖析；研究方法更是明显滞后。

二 21世纪头十年

21世纪头十年是中国比较政治研究取得长足进步的一个阶段。通过这个阶段，学界对于比较政治的重要问题、研究方法、核心概念等形成了初步共识，整体研究水平显著提升，同时在研究视角上呈现从偏重宏观到偏重中观微观的转向，在研究广度上国别研究呈现更加繁荣的态势，在研究深度上呈现出从国别研究到跨国研究的转向，为下一步中国比较政治研究的勃发打下了坚实的基础。

在这一阶段，继续引介国外比较政治学经典著作仍然是学科发展的重要内容。具体地看，既有通论性的介绍，例如迈耶的《比较政治学——变化世界中的国家和理论》[②]、黑格等的《比较政府与政治导论》[③]、利希巴赫等的《比较政治：理性、文化和结构》[④]、何俊志等编译的《新制度主

---

① 彭兴业：《比较政治学研究中的个案方法探析》，《政治学研究》1998年第2期。
② ［美］劳伦斯·迈耶：《比较政治学——变化世界中的国家和理论》，罗飞等译，华夏出版社2001年版。
③ ［英］黑格等：《比较政府与政治导论》，张小劲等译，中国人民大学出版社2007年版。
④ ［美］马克·I. 利希巴赫、阿兰·S. 朱克曼编：《比较政治：理性、文化和结构》，储建国等译，中国人民大学出版社2008年版。

义政治学译文精选》①，也有关于单一国家的个案分析，例如英国学者沃尔特·白哲特的《英国宪制》②、美国学者查尔斯·德伯的《疯狂的美国：贪婪、暴力、新的美国梦》③ 等，还有围绕特定主题开展的讨论，例如安德森的《绝对主义国家的系谱》④、詹姆斯·布赖斯的《现代民治政体》⑤、阿伦·利普哈特的《民主的模式：36个国家的政府形式和政府绩效》⑥、斯科克波的《国家与社会革命》⑦ 等。此外，聚焦民主转型的论述也不鲜见，例如斯迪芬·海哥德、罗伯特·R.考夫曼的《民主化转型的政治经济分析》⑧，奥勒·诺格德的《经济制度与民主改革：原苏东国家的转型比较分析》⑨。尤其值得一提的是，2004年宁骚主编的《比较政府与政治译丛》，是国内第一套以"比较政治"为主题的学术丛书；该丛书选译了不同地区、不同发展阶段的国别政治研究成果，并注重反映国外比较政治学的前沿进展。⑩ 正是通过对经典著作的全景式学习，中国比较政治学者对于西方比较政治学的整体脉络、主要流派、研究范式有了初步把握，奠定了研究基础，开拓了理论视野。

---

① 何俊志、任军锋、朱德米编译：《新制度主义政治学译文精选》，天津人民出版社2007年版。

② [英] 沃尔特·白哲特：《英国宪制》，李国庆译，北京大学出版社2005年版。

③ [美] 查尔斯·德伯：《疯狂的美国：贪婪、暴力、新的美国梦》，何胜江等译，社会科学文献出版社2005年版。

④ [美] 佩里·安德森：《绝对主义国家的系谱》，刘北成、龚晓庄译，上海人民出版社2001年版。

⑤ [美] 詹姆斯·布赖斯：《现代民治政体》，张慰慈等译，吉林人民出版社2001年版。

⑥ [美] 阿伦·利普哈特：《民主的模式：36个国家的政府形式和政府绩效》，北京大学出版社2006年版。

⑦ [美] 西达·斯科克波：《国家与社会革命》，何俊志、王学东译，上海人民出版社2007年版。

⑧ [美] 斯迪芬·海哥德、罗伯特·R.考夫曼：《民主化转型的政治经济分析》，社会科学文献出版社2008年版。

⑨ [丹麦] 奥勒·诺格德著：《经济制度与民主改革：原苏东国家的转型比较分析》，孙友晋译，上海人民出版社2007年版。

⑩ 本套丛书由北京大学出版社出版，包括沃尔特·怀特、罗纳德·瓦根伯格、拉尔夫·纳尔逊的《加拿大政治与政府》（2004），霍华德·威亚尔达的《新兴国家的政治发展：第三世界还存在吗？》（2005），霍华德·威亚尔达的《非西方发展理论：地区模式与全球趋势》（2006年），施密特、谢利、巴迪斯的《美国政府与政治》（2006），威廉·托多夫的《非洲政府与政治》（第四版）（2007），波尔斯比、威尔达夫斯基的《总统选举——美国政治的战略与构架》（2007），约翰·芬斯顿主编的《东南亚政府与政治》（2007），吉列尔莫·奥唐奈的《现代化和官僚威权主义：南美政治研究》（2008），尼考劳斯·扎哈里亚迪斯主编的《比较政治学：理论、案例与方法》（2008），比尔·考克瑟、林顿·罗宾斯、罗伯特·里奇的《当代英国政治》（第四版）（2009），沃尔夫冈·鲁茨欧的《德国政府与政治》（2010）等。

特别值得指出的是，在翻译西方学者著作的基础上，新世纪伊始，国内学界就连续出版了四部专门、系统地介绍比较政治学的教材或专著，以时间为序分别是张小劲、景跃进的《比较政治学导论》、程同顺的《当代比较政治学理论》，赵虎吉的《比较政治学——后发展国家视角》和曹沛霖、陈明明、唐亚林主编的《比较政治制度》。

在这一时期，中国比较政治学界的问题意识开始聚焦，集中于以下几个方面：

政治现代化是学界关注的核心论域。作为现代化重要内容之一的政治现代化，长期受到学界的广泛关注，并涌现了相当一批颇具洞见的成果。尹保云的《什么是现代化——概念与范式的探讨》[1] 和周穗明等的《现代化：历史、理论与反思》[2] 在关于现代化研究的理论和框架方面提出了不少有意义的见解。复旦大学《政治学评论》的第一辑、第二辑中也不乏关于政治现代化理论探讨和个案分析的文章，例如任军锋的《现代背景下的国族建构》[3]、陈尧的《新权威主义政权的结构危机》[4]、郭定平的《论东亚政治文明的复兴》[5]、朱德米的《挑选候选人：当代西方党内民主的核心》[6] 等。常士訚的《现代国家及其政治制度：东亚与西方》以现代国家为基础，深入分析了现代性与现代国家之间的内在联系，并以西方国家政治制度、东亚国家政治制度与东亚社会主义国家政治制度作为比较重点。[7]

中国和印度在历史背景、发展基础、现代化历程、传统文化、社会运行机制等方面的诸多可比性，引发了学界关于中印两国现代化比较问题的极大兴趣，产生了诸如左学金等的《龙象共舞：对中国和印度两个复兴大国的比较研究》[8]、李云霞的《中印现代化比较研究》[9] 等著作，也涌现了诸如马崇明的《中国、日本、韩国及印度现代化比较研究》[10]，陈继东、陈

---

[1] 尹保云：《什么是现代化——概念与范式的探讨》，人民出版社2001年版。
[2] 周穗明等：《现代化：历史、理论与反思》，中国广播电视出版社2002年版。
[3] 任军锋：《现代背景下的国族建构》，《复旦政治学评论》2002年第1期。
[4] 陈尧：《新权威主义政权的结构危机》，《复旦政治学评论》2002年第1期。
[5] 郭定平：《论东亚政治文明的复兴》，《复旦政治学评论》2003年第1期。
[6] 朱德米：《挑选候选人：当代西方党内民主的核心》，《复旦政治学评论》2003年第1期。
[7] 常士訚等：《现代国家及其政治制度：东亚与西方》，中国社会科学出版社2008年版。
[8] 左学金等：《龙象共舞：对中国和印度两个复兴大国的比较研究》，上海社会科学院出版社2007年版。
[9] 李云霞：《中印现代化比较研究》，社会科学文献出版社2010年版。
[10] 马崇明：《中国、日本、韩国及印度现代化比较研究》，《中国经济现代化战略——第三期中国现代化研究论坛论文集》，中国科学院中国现代化研究中心，2005年，第10页。

家泽的《中国与印度经济发展模式及其转型之比较》[1]等一批文献。

关于苏联解体和东欧国家政治转型的研究也是政治发展研究中的核心课题。一个重要的关注点是从历史的角度进行细致梳理，挖掘转型的轨迹、原因以及影响等，当然，其中不少学者是从国际共运的角度切入的。中国社会科学院俄罗斯东欧中亚研究所曾组织编撰《十年巨变》丛书，对苏东政治转型进行了细致的观察与审视。[2] 高歌描述了东欧各国政治转轨的过程和特点，试图从历史因素的作用和经济、国际、民族、宗教等因素与政治转轨的互动中，探讨东欧国家政治转轨的发生原因和发展轨迹[3]；潘德礼[4]、姜琦、张月明[5]、王正泉[6]也试图通过历史梳理，挖掘东欧剧变的轨迹与影响。与此同时，也有一批学者立足政治发展进行考量，例如高歌聚焦"民主巩固"这一概念，从制度和观念两个层面观察中东欧国家政治发展状况[7]；项佐涛则归纳出中东欧政治转型存在"平稳演进型"和"冲突裂变型"两种类型，并分别描述其主要进程和基本特点。[8] 此外，从影响变量的角度看，孙敬亭以这一过程中政党政治演化为对象，梳理了其历史过程，并考量了欧盟因素的影响[9]；宋瑞芝则进一步描述了影响发展中国家民主化进程的外部结构性因素和外部行为体因素。[10]

关于发达国家的社会党和社会民主主义的研究，也出现了不少有分量的成果。20世纪90年代，欧美一些中左翼政党普遍接受所谓"第三条道路"并付诸实施，因而成为学界的又一关注点，相关研究也比较丰富，例如陶涛的《西欧社会党与欧洲一体化研究》[11]、欧阳景根的《背叛的政治：

---

[1] 陈继东、陈家泽：《中国与印度经济发展模式及其转型之比较》，《南亚研究季刊》2005年第2期。

[2] 李静杰主编：《十年巨变》，中共党史出版社2004年版。

[3] 高歌：《东欧国家的政治转轨》，世界知识出版社2003年版。

[4] 潘德礼等：《超级大国的崩溃——苏联解体原因探析》，社会科学文献出版社2001年版。

[5] 姜琦、张月明：《悲剧悄悄来临：东欧政治大地震的征兆》，华东师范大学出版社2001年版。

[6] 王正泉：《剧变后的原苏联东欧国家》，东方出版社2001年版。

[7] 高歌：《从制度巩固到观念巩固——1989年后中东欧国家政治发展的理论分析》，《俄罗斯中亚东欧研究》2006年第1期。

[8] 项佐涛：《中东欧政治转型的类型、进程和特点》，《国际政治研究》2010年第4期。

[9] 孙敬亭：《转轨以来中东欧国家政党政治演化》，《理论学刊》2006年第3期。

[10] 宋瑞芝：《论影响发展中国家民主化的外部因素的两种基本类型及其作用机制》，《北京行政学院学报》2008年第2期。

[11] 陶涛：《西欧社会党与欧洲一体化研究》，北京大学出版社2001年版。

第三条道路理论研究》①、郑伟的《全球化与"第三条道路"》②、谢峰的《英国工党第三条道路研究：兼论西欧社会民主党的革新》③、李宏的《另一种选择：欧洲民主社会主义研究》④、裘援平等的《当代社会民主主义与"第三条道路"》⑤、姜辉的《欧洲发达国家共产党的变革》⑥、史志钦的《全球化与欧洲社会民主党的转型》⑦、韩灵的《战后西欧社会党与共产党比较研究：以法、意为个案》⑧、郇庆治的《当代欧洲政党政治：选举向度下的西欧社会民主党研究》⑨ 等，从整体上对欧洲民主社会主义的产生、发展、内在逻辑以及各国实践进行了梳理。

在政治转型领域中，关于"威权政治"的研究呈现方兴未艾之势。学者多聚焦东亚和拉美国家或地区进行思考。

关于东亚模式，比较典型的代表是李路曲的《东亚模式与价值重构：比较政治分析》⑩，该书对东亚模式和政治发展及转型做了系统分析。陈尧则围绕新权威主义政权何以实现民主转型、后发国家采取何种政治发展战略、新兴民主国家如何实现民主巩固等具有逻辑关联的系列问题展开论述。⑪ 李文深入分析了东亚政党制度的形成与发展、政党格局的嬗变与调整、政治参与的扩大与政治多元化发展等理论问题与现实问题，揭示了政党在政治参与逐渐由无序向有序转变过程中所发挥的重要作用。⑫ 常士訚则认为东南亚国家政治认同是以民主政治为基本取向，以文化认同、权威

---

① 欧阳景根编选：《背叛的政治：第三条道路理论研究》，上海三联书店2002年版。
② 郑伟：《全球化与"第三条道路"》，湖南人民出版社2003年版。
③ 谢峰：《英国工党第三条道路研究：兼论西欧社会民主党的革新》，贵州人民出版社2003年版。
④ 李宏：《另一种选择：欧洲民主社会主义研究》，法律出版社2003年版。
⑤ 裘援平、柴尚金、林德山：《当代社会民主主义与"第三条道路"》，当代世界出版社2004年版。
⑥ 姜辉：《欧洲发达国家共产党的变革》，学习出版社2004年版。
⑦ 史志钦：《全球化与欧洲社会民主党的转型》，中央编译出版社2007年版。
⑧ 韩灵：《战后西欧社会党与共产党比较研究：以法、意为个案》，中央编译出版社2006年版。
⑨ 郇庆治：《当代欧洲政党政治：选举向度下的西欧社会民主党研究》，山东大学出版社2007年版。
⑩ 李路曲：《东亚模式与价值重构：比较政治分析》，人民出版社2003年版。
⑪ 陈尧：《新权威主义政权的民主转型》，上海人民出版社2006年版；陈尧：《难以抉择：后发展国家的政治发展战略研究》，上海人民出版社2008年版；陈尧：《新兴民主国家的民主巩固》，上海人民出版社2011年版；陈尧：《转型范式与民主巩固概念》，《教学与研究》2007年第9期。
⑫ 李文主编：《东亚：政党政治与政治参与》，世界知识出版社2007年版。

认同和宪政制度认同为重要内容的综合体。[1] 此外，还有不少学者从政治合法性[2]、威权主义的概念辨析[3]、政府体制[4]、政治宽容度[5]以及东亚政治实践对西方经典理论检验[6]等角度进行论述。

从研究所涉及的国家看，新加坡因其在文化积淀、政党体制等方面与我国具有较多共性而获得更多关注。陈祖洲[7]、吕元礼[8]探讨了新加坡在"权威文化"下如何实现现代化，卢正涛[9]、孙景峰[10]、赖静萍[11]、王文智[12]针对新加坡威权政治的形成、架构、思想基础等进行了比较全面的讨论和分析。同时，关于韩国的研究也不少。例如，赵虎吉关于韩国现代化与威权主义的论述[13]、金东日关于中韩两国行政现代化的对比研究[14]等。此外，唐昊、陈乔之以泰国为例，强调"军人干政"这一因素在政治发展中的作用，并为发展中国家如何应对政治制度危机提出了对策[15]；牛慧娟、洪明则强调印度保持高度政治稳定的关键就在于中产阶级力量的壮大。[16]

尤其值得关注的是，关于威权政治的探讨，通常会触及东亚国家和地区传统文化层面，即强调传统文化价值观的核心如家长制、权威崇拜、等

---

[1] 常士訚：《东南亚国家政治认同的转折与政治建构》，《山东大学学报》（哲学社会科学版）2010年第5期。

[2] 杨鲁慧：《论当代东亚国家政治合法性转型》，《当代亚太》2007年第11期。

[3] 许开轶：《比较政治学的一种分析范式：威权政治内涵与特征的界定》，《云南行政学院学报》2008年第5期；许开轶：《东亚威权主义体制下的政治权力谱系》，《理论导刊》2009年第10期。

[4] 叶富春等著：《东亚政府与政治比较研究》，黑龙江人民出版社2008年版。

[5] 马得勇：《东亚地区民众政治宽容及其原因分析——基于宏观层次的比较研究》，《武汉大学学报》（哲学社会科学版）2009年第3期。

[6] 高奇琦：《公民社会与民主巩固：东亚政治实践对西方经典理论的检验》，《晋阳学刊》2009年第2期。

[7] 陈祖洲：《新加坡"权威型"政治下的现代化》，四川人民出版社2001年版。

[8] 吕元礼：《亚洲价值观：新加坡政治的诠释》，江西人民出版社2002年版。

[9] 卢正涛：《新加坡威权政治研究》，南京大学出版社2007年版。

[10] 孙景峰：《世界民主浪潮下的新加坡威权体制》，《吉林大学社会科学学报》2007年第4期。

[11] 赖静萍：《新加坡的威权政治及其历史走向——基于政治生态系统的分析》，《南京师大学报》（社会科学版）2007年第3期。

[12] 王文智：《新加坡"软威权主义"政治分析》，《云南社会科学》2008年第1期。

[13] 赵虎吉：《现代化与权威主义：韩国现代政治发展研究》，民族出版社2003年版。

[14] 金东日：《行政与现代化：以中韩两国为例》，天津人民出版社2004年版。

[15] 唐昊、陈乔之：《从泰国军人干政看发展中国家政治制度危机》，《东南亚研究》2007年第1期。

[16] 牛慧娟、洪明：《中产阶级与政治稳定——兼评印度尼赫鲁时期中产阶级与政治稳定的关系》，《武汉大学学报》（社会科学版）2003年第1期。

级观念等，是塑造威权政治的重要内生变量。例如李凯、李永洪对比了韩国、日本与中国台湾地区的民主化过程，指出三者长久以来深受儒家文化的影响，在民主转型过程中均面临着政治文化价值重构的问题。① 林震则进一步指出，韩国和中国台湾地区的经验表明，要实现从"选举民主"到自由民主的跃迁，必须辅之以文化、社会和政治的巨变。②

关于拉美模式，学者主要围绕几个核心问题展开论证：其一，拉美各国的政治发展和民主化进程问题。例如，曾昭耀曾对拉美国家自独立以来"民主—专制"之周期性社会震荡的进程、原因和历史经验进行了全面的分析③，还对民主巩固的问题展开探讨④；刘文龙就拉美政治民主化的独特性进行了细致考察⑤；吴红英⑥、吕银春⑦、徐世澄⑧梳理了巴西、墨西哥等国的政治经济改革及其发展模式；张凡对拉美国家的政治概况和政治发展进程、政治体制、政党和政党制度、社会团体和社会运动等内容都有比较清楚的介绍。⑨ 此外，冯秀文还梳理了拉美现代化进程中威权政体的产生、演变过程以及历史效应，并强调发展中国家现代化进程中政体发展存在"螺旋规律"。⑩ 其二，拉美军人政治问题。例如董经胜曾经发表系列论文探讨拉美的军人政治、考迪略主义及其与拉美威权政治的关系。⑪ 其三，

---

① 李凯、李永洪：《东亚民主化过程比较分析——以日本、韩国和中国台湾为比较对象》，《科学社会主义》2009年第2期。
② 林震：《东亚民主化比较研究：以台湾地区和韩国为例》，《东莞理工学院学报》2009年第2期。
③ 曾昭耀：《拉美政治现代化进程新探》，《拉丁美洲研究》2003年第1期。
④ 曾昭耀：《民主化巩固时期拉美政治发展的特点》，《拉丁美洲研究》2001年第5期。
⑤ 刘文龙：《关于20世纪末拉美政治民主化独特性的再思考》，《拉丁美洲研究》2002年第2期。
⑥ 吴红英：《巴西现代化进程透视：历史与现实》，时事出版社2001年版。
⑦ 吕银春：《经济发展与社会公正：巴西实例研究报告》，世界知识出版社2003年版。
⑧ 徐世澄：《墨西哥政治经济改革及模式转换》，世界知识出版社2004年版。
⑨ 张凡：《当代拉丁美洲政治研究》，当代世界出版社2009年版。
⑩ 冯秀文：《论威权政体在拉美现代化进程中的产生、演变及其历史作用——兼析发展中国家现代化进程中政体发展的螺旋规律》，《江汉大学学报》2006年第1期。
⑪ 董经胜：《拉美军人与政治：一项历史的考察》，《拉丁美洲研究》2004年第3期；董经胜：《拉美军人与政治：理论与范式的演进》，《史学理论研究》2003年第3期；董经胜：《政治体制、政治动员与政治不稳定——20世纪60年代巴西威权主义产生的政治根源》，《淮北煤炭师范学院学报》（哲学社会科学版）2004年第1期；董经胜：《自上而下的民主与现代威权主义——巴西1964年军事政变的政治根源》，《安徽史学》2002年第1期。

拉美政党政治以及左派崛起问题。例如江时学①、尹德慈②、吴洪英③、苏振兴④就拉美左翼政党执政的原因和可能结果进行了分析，袁东振则对拉美社会主义思想的基本特征与主要趋势进行了梳理。⑤ 其四，拉美政治稳定问题。例如袁东振认为传统政党制度的崩溃、政党制度的重建、国家权力机构之间的冲突，以及民众对现存政治体制的不满均会加剧拉美国家政治动荡⑥；林红则强调，拉美民粹主义以城市劳工为主体，具有卡里斯马型权威政治倾向和经济上的改良主义取向，代表着一种对社会转型所带来的结构性危机的激烈政治反应。⑦

关于中东地区和非洲地区的研究，同样进入了学者的视野。这部分研究往往绕不开宗教问题和民族问题。

在中东研究领域，田文林描述了中东民族主义的四个政治合法性基础，以及其面临的三大危机⑧；他还进一步以意识形态、认同对象和主体民族为标准，对"中东民族主义"的概念进行脉络梳理。⑨ 刘中民认为在中东现代化进程中，民族主义和伊斯兰教两种意识形态之间存在复杂的关系，并围绕中东民族主义对伊斯兰教的冲击、伊斯兰原教旨主义对民族主义挑战的回应、民族主义与伊斯兰教的矛盾对中东政治发展的影响及其前景等进行分析。⑩ 吴彦突出了宗教在沙特阿拉伯国家政治领域的重要地位，强调宗教是沙特家族集权政治发展的结果，而20世纪70年代末民间宗教政治的兴起以及90年代以来的多元化倾向，为民众广泛的政治参与开辟了道路。⑪ 陈德成细致地梳理了全球化与世界民族主义、中东民族主义和伊斯兰文化之间的复杂关系。⑫ 还有一些学者从族群认同与国家认同的关

---

① 江时学：《拉美政党政治的新变化》，《世界经济与政治》2004年第1期。
② 尹德慈：《拉美选择左翼政党执政的四个理由》，《当代世界》2003年第9期。
③ 吴洪英：《对拉美左派重新崛起的初步评析》，《拉丁美洲研究》2004年第5期。
④ 苏振兴：《拉美左派崛起与左派政府的变革》，《拉丁美洲研究》2007年第6期。
⑤ 袁东振：《拉美社会主义思想和运动：基本特征与主要趋势》，《拉丁美洲研究》2009年第3期。
⑥ 袁东振：《民主化进程中拉美国家政治制度面临的主要挑战——对拉美国家政治不稳定的一种解释》，《拉丁美洲研究》2003年第4期。
⑦ 林红：《论现代化进程中的拉美民粹主义》，《学术论坛》2007年第1期。
⑧ 田文林：《中东民族主义：政治合法性基础与危机》，《西亚非洲》2001年第4期。
⑨ 田文林：《中东民族主义：基本类型及世界影响》，《国际论坛》2003年第1期。
⑩ 刘中民：《中东民族主义与伊斯兰教关系评析》，《阿拉伯世界研究》2007年第3期。
⑪ 吴彦：《沙特阿拉伯宗教政治初探》，《西亚非洲》2008年第6期。
⑫ 陈德成：《全球化与现代阿拉伯民族主义》，中国社会科学出版社2009年版。

系、现代伊斯兰主义与民族主义的区别与关联等角度进行分析。①

在非洲研究领域，王虹认为，非洲的民族主义区别于西欧国家的民族主义，自产生以来便扎根于非洲各个民族、各个阶级之中，具有特殊的精神鼓舞力量。②王冬丽在新殖民主义的历史背景下分析，提出民族主义实际上是原殖民地人民在政治、经济与文化等诸多领域进行反抗的旗帜。③李文刚以尼日利亚为分析对象，提出尼日利亚宗教问题主要体现为伊斯兰教和基督教之间的矛盾与冲突，而且往往同民族问题相纠缠。④马恩瑜则立足另一个观察角度，认为在国家能力相对弱化和政府治理相对缺失的情况下，宗教组织能够在解决冲突、救济灾难、人道主义援助以及推进经济发展方面发挥特殊作用，但对于世俗国家的构建与政府权威的塑造会产生有争议的影响。⑤

作为比较政治学的一个专题领域，关于政党政治的研究引起了学界的广泛兴趣。政党政治是现代政治生活的主要形式，了解政党政治的逻辑、运行规则无疑具有重要价值。在这一阶段，关于政党和政党制度的研究相当丰富，例如王长江陆续出版了《现代政党执政规律研究》《政党现代化论》《世界政党比较概论》《现代政党执政方式比较研究》⑥等著作；周淑真通过对各种类型的政党和政党制度的对比分析，探讨了政党与政党制度的产生、发展以及运作的内在规律⑦；同时，林勋健⑧、石仑山⑨、沈远新⑩等也分别从执政机制、政党现代化、政党代表机制等角度进行了思考；此外，还有学者从英美两国政党认同、独大型政党派系政治以及政党意识

---

① 刘中民：《从族群与国家认同矛盾看阿拉伯国家的国内冲突》，《阿拉伯世界研究》2008年第3期；何芳：《试析现代伊斯兰主义与中东民族主义的关系》，《南方论刊》2008年第5期。
② 王虹：《非洲民族主义初探》，《天府新论》2008年第2期。
③ 王冬丽：《新殖民主义语境下的民族主义研究》，《四川理工学院学报》（社会科学版）2008年第6期。
④ 李文刚：《尼日利亚宗教问题对国家民族建构的不利影响》，《西亚非洲》2007年第11期。
⑤ 马恩瑜：《宗教非政府组织在非洲国家的角色参与及影响》，《西亚非洲》2009年第7期。
⑥ 王长江：《现代政党执政规律研究》，上海人民出版社2002年版；王长江：《政党现代化论》，江苏人民出版社2004年版；王长江：《世界政党比较概论》，中共中央党校出版社2003年版；王长江：《现代政党执政方式比较研究》，上海人民出版社2002年版。
⑦ 周淑真：《政党和政党制度比较研究》，人民出版社2004年版。
⑧ 林勋健主编：《西方政党是如何执政的》，中共中央党校出版社2001年版。
⑨ 石仑山：《政党与现代化》，甘肃人民出版社2002年版。
⑩ 沈远新：《国外执政党代表机制研究》，首都师范大学出版社2003年版。

形态等角度展开论述。①

具体到国别政党政治领域，对"新加坡人民行动党为何能够长期执政"以及"墨西哥革命制度党为何失去长期执政地位"的思考，获得了学界的特别关注。《河南师范大学学报》（哲学社会科学版）2004年第1期发表了一组文章，从不同侧面解读了新加坡人民行动党长期执政的秘诀。②同时，李路曲还从制度环境、制度安排、政策和策略等方面对新加坡人民行动党如何处理与其他政党、社群组织和普通选民的关系，以及政府的社会控制方式进行了分析。③此外，还有诸多学者从一党独大体制、党群治理、意识形态、新加坡的国家创建与人民行动党的发展的关系、基层治理等角度④，试图解释新加坡人民行动党为何能够长期执政。

关于后者，徐世澄的《墨西哥政治经济改革及模式转换》《连续执政71年的墨西哥革命制度党缘何下野》《墨西哥革命制度党的兴衰》⑤和刘昌雄的《墨西哥革命制度党长期执政及其下台的原因剖析》⑥等文献，细致地剖析了墨西哥革命制度党失去长期执政地位的经验教训。还有学者以"职团"组织体系为切入点，认为该体系曾是成功的关键，但最终反而成为执政党丧失权力的导火索。⑦

---

① 王庆兵：《从历史制度主义路径看英、美两国政党认同的转换》，《经济社会体制比较》2004年第4期；李宜春：《独大型政党派系政治的比较研究》，《经济社会体制比较》2004年第4期；李路曲：《东亚政党意识形态的发展阶段及其兼容性特征》，《山西大学学报》（哲学社会科学版）2005年第5期。

② 李路曲：《关于新加坡政党体制的几个问题》，《河南师范大学学报》（哲学社会科学版）2004年第1期；孙景峰：《试论新加坡人民行动党执政地位的确立与巩固》，《河南师范大学学报》（哲学社会科学版）2004年第1期；吕元礼、邱全东：《新加坡人民行动党执政后的政党文化转型》，《河南师范大学学报》（哲学社会科学版）2004年第1期。

③ 李路曲：《新加坡人民行动党政府的社会控制方式》，《东南亚研究》2006年第4期。

④ 孙景峰：《试论新加坡一党独大的政治体制》，《国际问题研究》2007年第5期；高奇琦：《新加坡人民行动党的党群治理与社会资本》，《中央社会主义学院学报》2009年第6期；吴敏：《新加坡人民行动党基层支部为民服务的经验及启示》，《上海党史与党建》2009年第4期；李路曲：《新加坡国家意识形态的变迁》，《武汉大学学报》（哲学社会科学版）2009年第3期；乔印伟：《论新加坡国家创建对于人民行动党成立与发展的意义》，《河南师范大学学报》（哲学社会科学版）2009年第3期；高奇琦：《公民社会在民主化中的作用：对新加坡的个案考察》，《东南亚研究》2009年第3期。

⑤ 徐世澄：《墨西哥政治经济改革及模式转换》，世界知识出版社2004年版；徐世澄：《连续执政71年的墨西哥革命制度党缘何下野》，《拉丁美洲研究》2001年第5期；徐世澄：《墨西哥革命制度党的兴衰》，世界知识出版社2009年版。

⑥ 刘昌雄：《墨西哥革命制度党长期执政及其下台的原因剖析》，《探索》2001年第4期。

⑦ 宋薇、何科君：《解析墨西哥革命制度党的兴衰》，《学习月刊》2008年第5期。

关于政治文化的研究同样是比较政治学的重要论域。在这一阶段，一些刊物如《政治学研究》《天津社会科学》围绕"政治文化"这一主题刊发了不少论文，天津师范大学政治文化研究所主办的《中西政治文化论丛》亦为比较政治文化研究提供了重要平台。其中，既有关于中西方政治文化的直接比较，例如柏维春从规范性的角度，结合自然与社会基础、政治思维取向、政治权力认知、公众政治角色等方面对中西政治文化传统进行了对比分析①；潘一禾从政治文化的学科定位、研究范畴、分析模式、具体论域等角度，对中外政治文化研究的多种观点做了较为详细的梳理与考察②等。也有从具体视角观察西方政治文化以求反思的，例如丛日云、王辉梳理了西方政治文化理论的发展脉络，以期寻求中国政治文化研究理论体系的完善与发展③；黄颂立足西欧中世纪教、俗两界追求秩序重建过程中出现的冲突，探讨了中世纪政治文化向近代演进的深层动因④；佟德志从均衡与发展的角度对19世纪末20世纪上半叶美国政治文化的特质进行了论证。⑤ 这些思考，为下一步开展更深入、细致的比较政治研究打下了基础。

尤为令人欣喜的变化是，在这一时期，比较政治研究方法问题开始获得更多的关注，其中既有对比较政治研究方法的整体性考量，也有结合具体方法展开的探讨。其中，比较典型的当属李路曲《比较政治分析的逻辑》一文。他认为，比较政治分析的基本逻辑是在复杂而多重的关系中探索政治现象之间的关系，使那些在非比较研究中无法排除或认为由于相互抵消而不起实际作用的变化成为解释的有机组成部分。⑥ 其他学者也提出了诸多洞见，例如，彭勃、朱德米、何俊志等学者对新制度主义及历史制度主义进行了较为系统的介绍，并对其本土化的运用给予了预测和建议⑦；

---

① 柏维春：《政治文化传统——中国和西方对比分析》，东北师大出版社2001年版。
② 潘一禾：《观念与体制——政治文化的比较研究》，学林出版社2002年版。
③ 丛日云、王辉：《西方政治文化理论的复兴及其新趋向》，《政治学研究》2000年第1期；丛日云、王辉：《西方政治文化理论的衰落与复兴》，《教学与研究》2000年第9期。
④ 黄颂、饶红涛：《西欧中世纪政治文化演进机制的再思考》，《天津大学学报》（社会科学版）2000年第3期。
⑤ 佟德志：《自由立宪与民主理论的创新——美国改革时代的宪政文化研究》，《中西政治文化论丛》2001年第1期。
⑥ 李路曲：《比较政治分析的逻辑》，《政治学研究》2009年第4期。
⑦ 彭勃：《近年来国外政治学研究现状及启示》，《政治学研究》2000年第4期；朱德米：《新制度主义政治学的兴起》，《复旦学报》（社会科学版）2001年第3期；何俊志：《结构、历史与行为——历史制度主义的分析范式》，《国外社会科学》2002年第5期。

欧阳景根提出，比较政治学面临的深刻危机之一，就在于理论—问题—方法之间存在着相当严重的逻辑断裂。① 此外，还有不少学者或借助对西方比较政治学研究历程或范式变迁的梳理②，或结合具体的研究方法，例如新旧制度主义、行为主义、个案研究、地区研究等展开讨论③，或试图从马克思主义经典作家的思想中挖掘比较分析方法④，极大地丰富了关于比较政治研究方法的认识。

总体上看，在 21 世纪头十年，中国比较政治研究取得了相当显著的进步，具体体现在研究的视角、广度和深度三个方面。

从研究的视角上看，呈现出从偏重宏观到偏重中观微观的转向。过去一个阶段，研究往往倾向于从宏观的角度考察外国政治和政治制度的基本状况，以便形成整体认识；到了 21 世纪头十年，研究开始深入中观和微观层面，重点关注诸如政治转型、政党制度、种族制度、宗教制度、比较方法等，研究主题也日益细化，展现了比较政治学的细致图景。

从研究的广度上看，国别研究呈现出更加繁荣的态势，除了对周边国家，例如俄罗斯、中亚五国、印度、韩国、日本、新加坡，以及发达国家如美、英、法、德等国保持持续关注以外，国内学者视野进一步开阔，表现之一就是位于东南亚、拉美、非洲等地区的国家也常被纳入比较研究的视野。同时，研究者也更加注意可比性的问题，如增加了对拥有类似制度或国情的大国之间的比较，以及对文化、地理环境类似的同地区国家之间的比较等。⑤

从研究的深度上看，呈现出从国别研究到跨国研究的转向。在前一阶段已经对国别政治有了相当认识的基础上，这一阶段跨国家、跨地区的比较研究有了长足的进展，例如东亚政治转型模式和拉美政治转型模式的分

---

① 欧阳景根：《比较政治学的危机与出路——从理论、问题与方法互动的角度》，《武汉大学学报》（哲学社会科学版）2009 年第 4 期。
② 陈剩勇、李力东：《20 世纪 50 年代以来的西方比较政治学发展述评》，《政治学研究》2008 年第 6 期；刘路军：《西方比较政治学研究范式的分析与批判》，《中北大学学报》（社会科学版）2009 年第 2 期。
③ 汪志强、袁方成：《西方行为主义政治学方法论评述》，《江汉论坛》2005 年第 6 期；雷艳红：《比较政治学与历史制度主义的渊源》，《社会科学研究》2006 年第 1 期；陈家喜：《地区研究与比较政治学的理论革新》，《教学与研究》2007 年第 1 期；刘欣、李永洪：《新旧制度主义政治学研究范式的比较分析》，《云南行政学院学报》2009 年第 6 期。
④ 乔湘流：《试析邓小平的比较政治分析方法》，《苏州大学学报》（哲学社会科学版）2008 年第 1 期。
⑤ 陈刚：《改革开放 40 年中国比较政治研究的发展》，《天津社会科学》2019 年第 1 期。

析与对比等;还出现了聚焦核心命题,例如政治文化、民族问题或宗教问题等,进行跨国家或跨地区研究的范例。同时,研究的深入还体现在研究方法的多元化上,包括以特定理论为指导的研究方法和实际操作中运用的研究方法。此外,比较政治学者探讨的很多主题也回应了党和国家政治建设的需求,反映了当前国家所遇到的新情况、新问题。

简而言之,21世纪头十年是比较政治学取得长足进步的一个阶段。通过这个阶段,学界对于比较政治的核心概念、比较政治关注哪些问题、运用哪些方法等形成了初步共识,也为下一步中国比较政治研究的勃发打下了坚实的基础。但不可否认,这一时期,比较政治研究的方法论意识还比较薄弱,不少理论建构和应用都侧重逻辑推理、缺乏精细的研究设计等。这些也成为下一阶段比较政治研究的生长点。

三 2010年至今

2010年至今是中国比较政治学勃发的阶段。在这一时期,同样也有不少西方经典著作被引介到国内,例如阿尔蒙德等的《发展中地区的政治》[1]、阿尔蒙德和维巴的《重访公民文化》[2]、罗纳德·英格尔哈特的《静悄悄的革命:西方民众变动中的价值与政治方式》[3]等;尤为值得关注的是唐士其等翻译的《牛津比较政治学手册》一书。[4] 该书在西方学界被列入比较政治学者的必读书目,通过批判性的文献回顾,涵盖了理论与方法、国家和国家的形成、政治制度及其变迁、政治不稳定与政治冲突、大众政治动员、比较视野下的治理等诸多研究领域,有助于研究者快速形成对学科的整体认识,同时能够有效把握未来的探索方向。高奇琦主编的《比较政治学前沿》聚焦"比较政治的研究方法""比较政治中的概念问题""比较政治学的质性与量化之争"等核心命题,翻译引介了国际比较

---

[1] [美]加布里埃尔·A. 阿尔蒙德等:《发展中地区的政治》,任晓晋等译,上海人民出版社2012年版。

[2] [美]加布里埃尔·A. 阿尔蒙德、西德尼·维巴:《重访公民文化》,李国强等译,东方出版社2014年版。

[3] [美]罗纳德·英格尔哈特:《静悄悄的革命:西方民众变动中的价值与政治方式》,叶娟丽译,上海人民出版社2017年版。

[4] [美]罗伯特·E. 戈定主编:《牛津比较政治学手册》,唐士其等译,人民出版社2016年版。

政治学界的经典和前沿成果，为中国比较政治学发展提供了重要的文献资料。当然，这一时期国内研究取得的进步就更大了，无论是在数量上，还是在质量上均上了一个大台阶，特别是"真正意义上""直接而明确"的比较政治研究开始大量出现，总体上呈现出比较方法研究更加多元、比较理论认识更加深入、比较研究主题更加系统的态势。

（一）比较方法研究多元化

2010年以后，我国比较方法研究获得更多的关注，学者们聚焦于案例研究、质性分析、实验方法以及误差规避等角度，进行了多元、细致的探讨。尤其是《社会科学》杂志于2013年第5期曾经刊载"比较政治学研究方法专题"，高奇琦、朱德米、耿曙、何俊志等学者分别围绕"比较政治研究方法综论"①"比较政治的议题设定""比较政治的案例研究"②"比较政治的模糊集合方法"③等问题展开了讨论，是推进比较方法研究、激发学界关注的有益尝试。此外，还有不少学者从不同视角，围绕逻辑转向、定性研究、实验方法、研究方法的"选择性偏差"等问题展开分析和论证。

高奇琦梳理了国外比较方法的两次浪潮，发现前者力图实现单因解释，后者则试图在多因分析上寻求突破。这种从"单因"向"多因"转向的趋势与诸如哲学、物理学等学科的宏观变化趋同。④他还发现，这两次浪潮还在一定程度上了凸显了质性方法在比较政治研究中的特殊地位，尤其值得关注的是质性比较研究的定量化趋势。⑤郝诗楠进一步提出，比较政治学研究中质性研究方法的再兴，并非一种简单的"重拾"，而是在结合其他研究方法，特别是量化方法的优点及其逻辑基础上的复兴。⑥

王丽萍对比较政治研究中的案例、方法与策略进行了较为系统而精细

---

① 高奇琦：《比较政治研究方法：经典争论与前沿进展》，《社会科学》2013年第5期。
② 耿曙、陈玮：《比较政治的案例研究：反思几项方法论上的迷思》，《社会科学》2013年第5期。
③ 何俊志：《比较政治分析中的模糊集方法》，《社会科学》2013年第5期。
④ 高奇琦：《从单因解释到多因分析：比较方法的研究转向》，《政治学研究》2014年第3期。
⑤ 高奇琦：《比较政治研究中的质性方法》，《国外社会科学》2014年第2期。
⑥ 郝诗楠：《质性比较分析方法及其在政治学研究中的应用》，《国外理论动态》2016年第5期。

的解读。① 该文是近年来比较政治学领域比较系统和深刻地论述案例方法尤其是研究策略的论文，其对案例研究方法和策略的论述不仅全面吸收了国外经典的研究成果，而且也对近十几年来国外关于定性与定量研究的结合以及多维分析体系及多因分析的最新研究成果进行了介绍。此外，周忠丽阐述了个案研究的内涵，介绍了其六种类型，并从整体上就比较政治学研究如何进行个案选择和研究设计进行了探析。② 陈刚借助三大理论流派中代表性的作品，阐明了个案研究的应用。③ 这些论文在近几十年量化研究更受追捧的情况下，深入探讨了个案研究的意义。

释启鹏介绍了定性比较分析（QCA）的逻辑及其分化出的以清晰集分析（cs QCA）、多值分析（mv QCA）和模糊集分析（fs QCA）为基础的三种传统类型；他还进一步介绍了两种新型 QCA 的逻辑原理与实践应用，展示了时间要素在定性比较分析中的最新发展。④

较之经济学、心理学、社会学等学科，实验方法在政治学研究中的应用相对薄弱，在比较政治学中的应用更少。这固然有政治学自身学科方面的原因，但并非绝对。实际上，实验方法在政治学研究中存在广阔的应用前景。黄琪轩从"为什么比较政治经济学忽略了实验方法"这一追问入手，强调将实验方法引入比较政治经济学具有重要意义，尤其是比较政治经济学分析单位的多元化使得实验方法有了较大的发展空间。⑤ 王金水和胡华杰提出政治学实验研究可以弥补传统观察性研究在因果关系研究方面的不足，并借助对境外政治学实验研究发展的梳理，细致地论证了实验研究对政治学发展的推动作用，为国内学界的应用和借鉴提供了基础性知识储备。⑥ 臧雷振详细阐述了实验方法在政治学研究应用中的不同认知历程，以及实验方法在政治学研究中的学理价值和理论缺陷。⑦

---

① 王丽萍：《比较政治研究中的案例、方法与策略》，《北京大学学报》（哲学社会科学版）2013 年第 6 期。
② 周忠丽：《比较政治学研究中的个案方法：特征、类型及应用》，《比较政治学研究》2011 年第 1 期。
③ 陈刚：《个案研究在比较政治中的应用及其意义》，《社会科学战线》2014 年第 5 期。
④ 释启鹏：《时间中的定性比较分析：TQCA 与 TSQCA 的发展》，《比较政治学研究》2016 年第 1 期。
⑤ 黄琪轩：《比较政治经济学与实验研究》，《国家行政学院学报》2011 年第 2 期。
⑥ 王金水、胡华杰：《境外政治学实验研究的发展及其对于中国政治学研究的价值》，《中国人民大学学报》2016 年第 3 期。
⑦ 臧雷振：《政治学研究中的实验方法——近年来的应用进展及研究议题分布》，《国外理论动态》2016 年第 5 期。

此外，在看到研究方法重要地位的同时，也应该意识到，研究方法的选择和运用关乎研究过程的可行性和研究结果的科学性。或者说，科学地选择、使用方法，是保证研究质量的关键。臧雷振、陈鹏以此为切入点发现，在应用比较政治方法的过程中，无论是理论构建环节的案例选择，还是因果推论中的变量或参数设定，均存在低估"关联效应"或形成伪因果关系的风险，而这种"选择性偏差"必然会干扰研究结果的信度和效度，对此有必要采取策略进行规避。[①]

（二）比较理论认识深入化

2010 年以后中国比较政治研究中一个值得关注的趋势是，关于比较理论的研究开始深化，这种深化可以在两个方面得到体现：一方面，以往研究主要聚焦于具体的"问题"，而这一时期的研究则开始更多地关注"理论"；另一方面，从以往那种单纯地引介西方理论，发展到开始尝试对理论进行本土化改造。其中，比较有代表性的成果包括：

关于比较政治学理论的总体解释。李路曲在《比较政治学解析》中首先阐述了比较政治分析的基本逻辑、方法和现实演进，然后细致地解读了理性选择理论、政治文化理论和结构主义三大理论体系的演进、内涵、方法论特征以及其优长和缺陷，并对三大范式出现的以现代性为核心的兼容趋势进行了归纳。[②] 高奇琦的《比较政治学：学科、议题和方法》首先对比较政治的研究方法进行整体讨论，然后细致地描述了质性方法，并对比较方法中的概念研究和类型学研究进行讨论，接着对比较政治的学科发展进行宏观讨论，并以国家治理为研究议题，最后在比较政治与国际关系的交叉中探寻中国比较政治研究可能的突破点。[③]

关于政体分类的研究。当前通用的政体分类标准主要有两类，或是按照民主程度划分为既有民主国家、新兴民主国家和威权主义国家，或是按照经济状况划分为低收入国家、中等收入国家和高收入国家。国内学者在吸收西方理论的基础上，也尝试性地在政体分类上进行探索。

景跃进从选举概念入手关于政体类型的分析颇具洞见。他以 20 世纪 70 年代开启的第三波民主化为历史背景，以选举概念的重构为核心，梳理

---

① 臧雷振、陈鹏：《比较政治学研究选择性偏差及其规避探索》，《政治学研究》2016 年第 1 期。
② 李路曲：《比较政治学解析》，中央编译出版社 2015 年版。
③ 高奇琦：《比较政治学：学科、议题和方法》，上海人民出版社 2015 年版。

了学界关于第三波民主化的理论回应,发现其中渗透着基于民主转型的包容策略,包括在"民主"前添加诸如"监护""有限""受控"等形容词,以及建构作为原型的民主理想类型与它的"缩减亚类型";他还进一步提出,这对传统的民主与威权二分的政体分类带来了挑战,而借由诸多学人的概念与理论修正,谢德勒最终形成了由自由民主、选举民主、选举威权和封闭式威权组成的新政体分类,这为在第三波民主化浪潮中出现的新兴转型国家进行分类定位提供了参照。[1]

潘维同样关注到了这一问题,并在《比较政治学理论与方法》一书中试图构建新的理论和研究路径。他扬弃了按政治体制或研究途径进行分类的方法,通过划分物质、精神、制度三种文明,结合农牧、制造、服务三种生产方式及不同的生活方式,解释概括了不同的基本治国方式的不同排列组合。这一体系构筑了自万年前"产业"诞生至近现代乃至后现代的因果关系,用以解释世界各地的社会和政治变迁以及不同的制度文明。[2] 当然,这里关于政体的分类,实际上是以人类历史和文明发展为布景的。这种尝试无疑是创新的,但也可能因此而反受质疑。

关于概念分析的研究。概念研究是比较政治分析的起点,对概念的梳理有助于学界深刻地把握学术发展脉络、明晰理论变迁规律。高奇琦梳理归纳了西方比较政治学中概念研究的两个派别,以萨托利为代表的本质主义与以科利尔和吉尔林为代表的折中主义,强调了其对构建中国本土特色的比较政治学概念在方法论上的指导意义。[3] 程同顺、杨倩则在简单梳理比较政治分析中概念研究传统的基础上,阐述了民粹主义这一概念面临的不确定性,进而将其归纳为叠加型、辐射型和重构型三类,并明确提出作为重构型概念的民粹主义在理论和经验上存在其他二者不具备的优势。[4]

关于理性选择的研究。理性选择是比较政治研究的三大范式之一,自然是学者孜孜以求的。邢瑞磊从"理性选择在逻辑上致力于演绎式的普遍性解释"和"比较政治学追求归纳式的地方性知识"这两种逻辑之间的张力入手,强调理性选择理论进行了针对性的改造,即由"简单"理性扩充

---

[1] 景跃进:《"选举"何以成为"威权"的修饰词——选举概念的重构及新政体分类》,《探索与争鸣》2017年第5期。
[2] 潘维:《比较政治学理论与方法》,北京大学出版社2014年版。
[3] 高奇琦:《比较政治分析中的概念研究》,《欧洲研究》2013年第5期。
[4] 程同顺、杨倩:《比较政治学视野中的民粹主义概念辨析》,《天津社会科学》2015年第4期。

为"充分"理性,强调行为体的行为"内嵌"在社会场景之内,从而将文化与结构带入理性选择研究的范畴,进而为更大范围的实证研究开拓了空间与可能。①

关于历史制度主义的研究。历史制度主义的引入使得比较历史分析更加具有世界观价值和科学方法论意义,这也是为何杨光斌会将比较历史分析视为复兴比较政治学的根本之道。② 了解历史制度主义的特征、逻辑、发展脉络,对于学界熟练运用历史制度主义这一工具无疑大有裨益。李振回顾了早期新制度主义中有关制度变迁问题的研究,指出该理论在分析制度变迁,特别是内生性的制度变迁方面缺乏应有的解释力,为此学界探寻制度变迁因果解释链的努力,催生了渐进式制度变迁理论;他还进一步描述了这一理论的优势及其内在缺陷。③ 张学艺认为,历史制度主义因其独特的方法论特征在新制度主义政治学中独树一帜,而这恰恰与以比较方法运用为学科特征的比较政治学的发展相契合,有效解决了行为主义阶段比较政治学面临的困境。④ 李骥对比了比较制度分析和历史制度主义,发现二者在制度观、制度演进方式、变迁动力机制等方面虽然存在分歧,但在一些研究核心、分析框架和前提假设等方面存在重合。⑤ 这种通过直接而明确的比较从而立足特定视角的论证并不多见。段宇波从制度变迁的问题意识和概念内涵着手,发现制度变迁的逻辑框架是以制度、理念和利益形成的制度复合体为内核,在脉络情境下着力于分析制度与环境、行动者的互动机制,并在方法论上表现为过程因果和要素因果相结合。⑥ 他还以作为历史制度主义分析制度变迁重要基石的"关键节点"为对象,以韩国1997 年金融危机为个案展示了分析范例。⑦ 这一研究无疑为如何具体地使

---

① 邢瑞磊:《比较政治学与理性选择:理论与方法的双向综合》,《国外理论动态》2014 年第 11 期。

② 杨光斌:《复兴比较政治学的根本之道:比较历史分析》,《比较政治学评论》2013 年第 1 期。

③ 李振:《渐进式制度变迁理论:比较政治学新制度主义的新进展》,《国外理论动态》2014 年第 5 期。

④ 张学艺:《历史制度主义与比较政治学》,《河南师范大学学报》(哲学社会科学版) 2015 年第 1 期。

⑤ 李骥:《关于两种制度变迁理论的比较:比较制度分析和历史制度主义》,《实事求是》2014 年第 2 期。

⑥ 段宇波:《制度变迁的逻辑框架与方法建构》,《山西大学学报》(哲学社会科学版) 2016 年第 5 期。

⑦ 段宇波、赵怡:《制度变迁中的关键节点研究》,《国外理论动态》2016 年第 7 期。

用这一工具提供了参考。

关于政治文化分析的研究。高秉雄、吴慧之梳理了政治文化研究中公民文化范式、国民性范式、价值观范式、社会资本范式和新政治文化范式相继转换的历程，厘清了其发展脉络以及范式转换的内在逻辑和外在动因。① 章远首先梳理了比较政治学文化范式研究的理论脉络，强调文化主义具有鲜明的诠释主义色彩，着眼政治主体间的认同和秩序；然后细致地阐述了文化主义的经典议题，并认为文化主义将逐渐成长为多元化和包容性的研究纲领。② 卢春龙则从历史传统的角度梳理了实证主义范式与解释主义范式两大方法论流派。③ 这些关于政治文化分析的研究，深刻而系统地阐述了范式、内涵、理论脉络等，研究视角和成果具有相当的新意，也加深了读者对这一分析方法的认识。

（三）比较研究主题系统化

伴随着研究的不断深入，中国比较政治研究的主题开始逐渐拓展并成系统化，聚焦于"政治民主化的理论介绍""政治转型的类型、问题与趋势""政治衰败的理论批判""民主发生、民主巩固、民主衰落与民主测量""政党政治与族际政治""政治文化""比较政治学新议题"等领域，产出了不少有价值的成果，其中比较有代表性的包括：

（1）政治民主化的理论介绍

深化关于政治民主化的理论认知，无疑是研究的基础性条件。曹沛霖曾在"第五届比较政治学论坛"主题发言时明确指出，关于民主化问题，不能仅限于民主转型问题，而应考察按照民主理论设计的民主制度及其实际运行。④ 这对于深化关于民主化问题的研究有指导意义。

房宁基于对亚洲国家和地区的实地调研，挖掘出亚洲政治发展的规律性内容。他以亚洲地区日本、韩国、印尼、泰国、新加坡、伊朗、越南、菲律宾、印度以及我国台湾地区为观察对象，考察了其2008—2013年政治发展状况，发现在亚洲政治发展中，工业化进程中出现的新兴社会集团是主要动力，其获取政治参与和政治权力的努力导致政治体系的变化；而

---

① 高秉雄、吴慧之：《政治文化研究中的范式转换》，《社会主义研究》2015年第5期。
② 章远：《比较政治学中的文化主义》，《国外理论动态》2016年第2期。
③ 卢春龙：《政治文化研究的多元历史传统：一个方法论的分析》，《学习与探索》2014年第4期。
④ 曹沛霖：《民主化研究的问题》，《比较政治学研究》2016年第1期。

从发展策略上讲，亚洲国家普遍采取保障民众权利与集中国家权力的"对冲"发展策略，以防止权力开放导致的社会政治冲突，这对于发展中国家而言是更适合的选择。[1] 他及其团队还先后推出了两部重要著作，即《民主与发展——亚洲工业化时代的民主政治研究》[2] 和《自由、权威、多元——东亚政治发展研究报告》[3]，前者是对越南、菲律宾、伊朗以及印度等国工业化时代的民主政治发展道路与经验的总结，后者则是对日本、韩国、中国台湾地区、泰国、印度尼西亚和新加坡五国一区自进入工业化时代以来的政治发展状况与特点的梳理。这两部著作围绕亚洲政治发展路径的规律、政治发展的动力机制、政治发展的策略总结等核心问题，展开了细致的梳理和比较论证。

此外，还有不少学者也做出了颇具价值的研究。郭静总结批判了西方关于政治民主化的解释路径，进而分析东亚民主化遭受挫折的原因，强调建立致力于发展经济社会权利的民生型政治权威的关键作用。[4] 孙代尧、李京罗列了选举式威权的两种类型——霸权式选举威权和竞争式选举，并与传统威权和民主体制进行对比，并对现有研究在尚未逃脱"选举"与"民主"的单线思维、缺乏对传统威权的关注等方面进行了批判。[5] 曾毅以代表人物的研究为线索，建构起了发展主义方法论上的知识谱系，并介绍了新发展主义的知识背景、核心命题、主要贡献和不足等。[6] 倪春纳则以"李普塞特命题"为主线，从正反两方面梳理了西方学界关于这一命题的争论。[7] 这些论述都为深化关于政治民主化的理论认识提供了支持。

（2）政治转型的类型、问题与趋势

近十年来关于民主失败问题的研究，使得转型问题重新受到重视。虽然在转型理论和范式上的突破并不显著，但在具体问题的研究上仍然有所进展。

---

[1] 房宁：《亚洲政治发展比较研究的理论性发现》，《中国社会科学》2014 年第 2 期。
[2] 房宁等：《民主与发展——亚洲工业化时代的民主政治研究》，社会科学文献出版社 2015 年版。
[3] 房宁等：《自由、权威、多元——东亚政治发展研究报告》，社会科学文献出版社 2015 年版。
[4] 郭静：《东亚政治民主化挫折的经验分析》，《国外社会科学》2011 年第 5 期。
[5] 孙代尧、李京：《选举式威权的类型及演变路径——近十年境外民主化研究的新方向》，《当代世界与社会主义》2015 年第 2 期。
[6] 曾毅：《新发展主义的历史制度主义分析》，《马克思主义与现实》2011 年第 2 期。
[7] 倪春纳：《辨析"李普塞特命题"——国外经济发展与民主关系的理论之争》，《浙江工商大学学报》2015 年第 6 期。

从类型学的角度对政治转型进行划分，有助于认识政治转型的内在机理。孔寒冰以东欧国家政治转型为对象，根据其过程和方式划分为"自由民主式政治转型"和"民族分裂式政治转型"。[1] 李晶、许开轶将东亚威权体制转型的路径分为自下而上的威权崩溃型、上下结合的妥协型和自上而下的政府改革型三种类型。[2] 冀天以民主转型成本为核心概念，将民主发展模式划分为模式Ⅰ（高过程成本与高结果成本）、模式Ⅱ（高过程成本与低结果成本）、模式Ⅲ（低过程成本与高结果成本）、模式Ⅳ（低过程成本与低结果成本）。[3] 汪仕凯立足于巴西、阿根廷、智利、乌拉圭的经验，论证了威权政体的类型是决定民主巩固和民主质量方面差异的关键性因素，而威权政体的类型则可以从组织化程度、核心利益方团结的程度、对公民社会中的民主势力进行分化和压制的程度三个方面透视。[4] 该文一方面丰富了林茨和斯泰潘关于初始政治类型对于民主巩固有重要影响的论断，另一方面也丰富了对威权政体中的不同组织形式及其变化对民主化的影响的认识。潘沛以"民主化的动力来源（国家、社会、国际力量）"和"民主化的激烈程度（暴力、非暴力）"两个指标，将民主转型方式概括为六类，分别是政变、改革和变革、革命、社会运动、军事干预、援助或和平演变。[5] 郝诗楠、张佳威以2010年底开始的"阿拉伯之春"浪潮为历史背景，同样探讨了政治转型的模式问题。[6]

探讨政治转型的原因和问题，是学界重点关注的领域之一。傅军、张振洋对印尼与菲律宾民主转型的原因进行对比，指出结构性因素并非两国实现民主转型的原因，其根本在于威权体制本身缺乏足够的能力渡过经济危机。[7] 肖克对西班牙和缅甸两国的政治转型进行了比较，指出转型领域

---

[1] 孔寒冰：《中东欧近20年政治转轨的类型、特征和影响因素》，《科学社会主义》2011年第1期。

[2] 李晶、许开轶：《比较政治学的一种分析范式：东亚威权政治转型的路径选择》，《理论导刊》2011年第9期。

[3] 冀天：《转型成本视角下民主发展模式的比较研究——基于俄罗斯、日本、阿根廷、韩国的经验》，《当代世界与社会主义》2015年第6期。

[4] 汪仕凯：《威权类型与转型后民主：南美四国比较研究》，《国外理论动态》2014年第6期。

[5] 潘沛：《民主转型方式及其影响：基于经验案例的考察和分析》，《国外理论动态》2018年第9期。

[6] 郝诗楠、张佳威：《论政治转型的"自主模式"和"约束模式"——对埃及与乌克兰的案例比较研究》，《国际观察》2018年第5期。

[7] 傅军、张振洋：《印尼与菲律宾民主转型原因之比较研究》，《国际论坛》2013年第5期。

的选择顺序与轻重缓急是重要问题，甚至可能决定转型的成败。①

政党体制同样是解释政治转型的重要指标。陈家喜、黄卫平从"为何那些长期执政的政党最终走向分化、衰落乃至垮台"这一问题入手，回顾了20世纪80年代末以来一党体制衰落的三次浪潮，将现有解释归纳为政党内部因素、外部环境、结构主义与精英主义四类视角，并在此基础上提出政党制度建设及政党适应性是决定政党生命力的关键所在。②此外，罗时文、韩献栋以转型国家为分析对象，认为转型国家普遍面临政治稳定问题的原因有二，其一是社会转型产生了社会分化和政治分化，其二是制度性机制缺失导致无法消解政治分化，并与基于此产生的政治认同、政治信任下降有直接关联。③

与此同时，当前世界政治转型出现了一种值得关注的变化。李路曲发现，从世界整体状况来看，政治转型的方式已经发生了重要变化，日益呈现渐进性和温和性的特征，并且越来越由统治者与下层群众共同推动的改革所主导。这种变化使得人们愈发将民主化和政治转型视为一种渐进而温和的权力交接。④他还进一步发现政治现代性积累和内化的程度是民主之基本条件成熟的决定性因素，党国关系的疏离或紧密程度决定着民主化路径的稳定程度，而体制的复合性、包容性和制度化水平的高低决定着"体制内"民主发展的程度。⑤这种变化值得特别关注，对于我国也有重要的启示意义。

此外，还必须警惕的是，政治转型并不必然意味着良好的秩序。中东地区国家就是典型佐证。近现代以来，中东国家以西方政治模式为效仿对象推动政治转型，但转型后的政治发展却面临着诸多问题，进一步诱发学者关于"伊斯兰教与民主能否兼容"的讨论。田文林认为，中东国家政治转型诱发的政教分离导致伊斯兰世界道统与法统相互分离、世俗与宗教力量相互内耗，以及政治发展从集权转向分权导致伊斯兰世界陷入制度迷

---

① 肖克：《亚洲威权国家民主转型的可行路径选择：基于西班牙与缅甸的比较》，《比较政治学研究》2014年第1期。
② 陈家喜、黄卫平：《一党体制衰落的制度探源——文献述评与框架建构》，《社会科学》2012年第7期。
③ 罗时文、韩献栋：《转型国家的社会分化与政治稳定》，《学习与探索》2013年第7期。
④ 李路曲：《世界政治转型方式的变化与中国的政治发展》，《甘肃社会科学》2013年第3期。
⑤ 李路曲：《"体制内"民主化范式的形成及其类型学意义》，《政治学研究》2017年第1期。

茫，集权与分权的矛盾、世俗与宗教的矛盾、政治转型与经济发展的矛盾长期无法解决。①王永宝认为，当前伊斯兰国家民主化程度整体不高，其民主进程滞后的成因主要包括"舒拉"协商制度解体和乌里玛阶层衰败、殖民统治和新殖民主义的影响、极端世俗化模式存在弊端、宪政体制趋于瓦解与议会制度面临失败，以及威权政体变异等。虽然当前伊斯兰世界仍存在推进民主化的力量，但要想成功实现转型，仍然面临着各种严峻考验。②

（3）政治衰败的理论批判

作为政治变迁的基本形态，"政治发展"与"政治衰败"本为一体两面的关系。但从学界现有研究来看，重点关注的还是前者。在这一时期，出现了不少关于政治衰败的颇具价值的思考。

任剑涛指出，当前比较政治学关于国家结构和功能的研究着力于"国家如何强盛"，却忽视了"国家如何避免衰败"，进而强调应当兜住国家的衰败底线。而避免国家理念的僵化、制度的走形和公私生活的失衡，是兜住国家衰败底线的基本要点，其关键在于应形成一种公权法治化、私人生活可节制的状态。③

周凯对比了亨廷顿和福山两位学者关于政治衰败的理论，发现二者在内涵上并未有实质差别，区别在于对象、归因以及政治衰败与政治发展的逻辑关系上；他还提出，政治衰败理论挑战了传统的"民主—威权"二元对立的研究范式，推动关于如何正确评价政治体制的理论思考。④

袁超、张长东同样关注到这一问题。他们首先提出，政治发展研究笃信先发国家的成功经验，认为可以凭此避免政治衰败，民主化范式即倾向于认为西方民主化道路是后发国家通向"善治"的唯一途径，但若从政治衰败的角度进行思考会得出不同结果。他们进而提出民主化范式在方法论层面主要表现为简化的"政体二元论"，在认识论层面则主要表现为机械的"线性发展观"，因而未能揭示政治衰败之根源。⑤

---

① 田文林：《中东政治转型：反思与重构》，《西亚非洲》2018年第1期。
② 王永宝：《伊斯兰国家民主化进程滞后的成因探析》，《阿拉伯世界研究》2018年第2期。
③ 任剑涛：《国家何以避免衰败：比较政治学的国家主题》，《社会科学战线》2015年第3期。
④ 周凯：《从亨廷顿到福山：西方政治衰败理论的发展及评价》，《上海交通大学学报》（哲学社会科学版）2017年第2期。
⑤ 袁超、张长东：《民主化范式的四大命题及其批判——从政治衰败研究的视角切入》，《上海行政学院学报》2017年第4期。

陈尧认为,当前西方民主体制已经陷入了衰败,至少涵盖三个方面:结构性衰败,表现为西方民主体制内部的结构失衡和紊乱无序;有效性衰败,表现为国家治理能力和治理绩效的下降;正当性衰败,表现为民众逐渐对西方政府乃至西方民主体制失去信心。他进一步提出,现代民主国家的主要价值在于为社会提供公平、正义,为民众提供有效的公共服务。换言之,与其争论"历史是否终结",不如重点聚焦于完善治理体系、提升治理能力。①

(4) 民主发生、民主巩固、民主衰落与民主测量

当前大多研究都将民主作为一个默认前提,以非民主政治解体之后民主政治发生为预设,从而聚焦于民主转型和民主巩固问题,但对"民主何以发生"的问题关注不够。汪仕凯在这一问题意识的引导下,归纳了已有的三种解释:比较政治学解释模式诉诸经济发展、公民社会、政治文化之间的耦合关系,历史社会学解释模式着眼资本主义所造就的阶级力量之间的均势,政治经济学的解释模式则立足经济不平等、资本类型、政治资源分布之间的制约关系中的阶级之间的结盟与敌对关系。② 承接这一逻辑,关于民主为何能够成功的思考,同样颇具价值。谭君久比较了智利、波兰、泰国和吉尔吉斯斯坦四国在 2010 年所发生事件,发现民主成败的关键在于:民主必须有最低程度的社会共识;民主的正常运转需要法治来保障;遵守规则,维护秩序;民主需要负责任的政党和政治家;民主需要和解与妥协。③

关于哪些因素会促进民主巩固的问题,同样是学界所关注的。叶麒麟从"国家性"、政治历史遗产、经济条件、政治文化、政治制度选择以及外部影响等维度,细致梳理了关于民主巩固的影响因素,并总结认为探究民主巩固影响因素的落脚点在于民主政体的可实施性。④ 郇雷梳理了传统制度主义研究在民主化领域中的制度发展视角与制度设计视角,指出单纯关注制度发展或设计,并不能深刻揭示制度的重要性,进而提出应当着眼于制度的关联性,包括非正式制度对正式制度的影响及正式制度之间的相

---

① 陈尧:《西方民主体制的三重衰败与"历史终结论"的终结》,《红旗文稿》2018 年第 8 期。
② 汪仕凯:《西方民主发生理论辨析》,《政治学研究》2015 年第 2 期。
③ 谭君久:《民主何以成功,何以失败?——关于 2010 年各国民主政治几个重要事件的比较观察》,《比较政治学研究》2012 年第 1 辑。
④ 叶麒麟:《民主政体的可实施性——民主巩固的影响因素述评》,《理论与改革》2011 年第 4 期。

互影响。① 这种突破有助于丰富既有的研究领域。唐展风以泰国为样本论证政党制度的制度化水平与民主巩固的相关性，发现低制度化的政党制度是泰国民主尚未巩固的关键因素。② 刘乐明、唐贤兴试图论证在民主巩固的先天土壤十分贫瘠的状况下，后天制度设计会如何发生作用。借助贝宁与多哥的案例对比，作者发现宪政改革时期的宪制选择差异是关键，即权力共享型宪制是民主巩固成功的关键，权力集中型宪制则是导致民主巩固失败的要害。③ 刘瑜则强调了精英行为在民主巩固中的作用。精英的民主观念可以划分为"程序性的民主观"和"实体性的民主观"，前者带来多元制衡式的民主模式，后者带来赢者通吃式的民主模式，而前者比后者更容易形塑民主稳固。④

关于民主衰落的问题一直存在着争论。有些学者将近几十年来一些国家民主转型后政府的失效作为民主衰落的证据，另一些学者则认为民主发展道路是曲折的，当前一些国家民主质量的下降是发展中出现的问题。陈尧就持后一种观点。他借助国际研究机构的统计数据论证第三波民主化进程中少数国家的民主崩溃和全球性民主质量的下降属于正常范围内的回落，迄今为止并未出现全球性的民主逆转，而之所以出现这一局势，原因在于新老民主国家共同遭遇国家治理的困境、西方民主的结构性问题以及来自其他政治模式的竞争。⑤

包刚升在《民主崩溃的政治学》中提出理论假设，当一个民主国家存在高度的选民政治分裂时，就有可能引发激烈的政治对抗与冲突，如果民主政体下的政治制度安排不能塑造有效国家能力，民主政体就无力缓解或解决这种政治冲突从而导致国内政治危机持续恶化，最终导致民主政体的崩溃。他以德国、尼日利亚、智利和印度四个国家为个案进行经验研究，考察选民政治分裂程度和政治制度类型在不同案例中的变化，从而验证了假设。⑥

---

① 郇雷：《民主巩固过程中的制度因素：发展、设计及其关联性》，《国外社会科学》2012年第2期。
② 唐展风：《政党制度制度化与民主巩固的相关性研究——以泰国政党制度为样本的分析》，《湖北行政学院学报》2013年第3期。
③ 刘乐明、唐贤兴：《比较政治视野下的制度设计与民主巩固——对贝宁与多哥的实证分析》，《南京社会科学》2015年第4期。
④ 刘瑜：《两种民主模式与第三波民主化的稳固》，《开放时代》2016年第3期。
⑤ 陈尧：《理解全球民主衰落》，《复旦学报》（社会科学版）2015年第2期。
⑥ 包刚升：《民主崩溃的政治学》，商务印书馆2014年版。

倪春纳同样关注到这一问题。他首先利用民主指数的相关数据库指出民主衰退是近年国际政治的显著趋势，进而论述了精英行动和结构性因素两种解释路径，并从治理危机、威权主义复兴、恐怖主义蔓延以及地缘政治学的视角梳理了国外民主衰退研究的新进展。①

在一定意义上，民主是否衰落，可以通过民主测量的方式体现出来。前文陈尧正是以此进行论证。李辉也曾作出有益的探索，他以东亚第三波民主化以来的七个国家和地区为对象，在借用莱文和莫琳娜对拉美国家民主质量测量方法并结合东亚特征进行调整的基础上，选择了选举质量、政治参与、责任性、回应性和文武关系作为测量的主要维度。②该文提出的关于指标的分解和操作的办法，对于深化民主质量测量具有相当的参考价值。

楚成亚则从理论归纳的角度，梳理了西方关于大众民主价值观的测量方法、研究类型等，强调需要注意不同阶段的民主价值观的区别、充分考虑各国国情、变量设计要具体、充分考虑民主诉求动机等。③简而言之，立足具体情境和因素进行相应的设计和分析，能够提高民主测量结果的准确性。当然，对民主的动机进行划分本身或许就是难以操作的。

（5）政党政治与族际政治

在政治发展过程中，政党、民族是其中两个绕不开的概念。周平、常士訚、佟德志等分别以政党与族际整合、族际关系与民主模式为对象进行分析。周平认为，政党虽然并非族际政治的产物，但在多民族国家中，作为基本社会政治关系的族际关系必然会使得政党具有民族属性。因此，政党必然要在族际政治整合中发挥作用，其途径有二，一是直接在族际政治整合中发挥作用，二是通过国家政权在族际政治整合中发挥作用。特别是伴随着多民族国家中政党政治与族际政治的结合愈发密切，以及族际政治整合问题更加严重，多民族国家政党族际政治整合价值必将进一步凸显。④

常士訚聚焦于多民族国家治理和族际政治整合展开论述。他以"民主究竟促进了多民族国家政治整合，还是导致了整合失败"为问题导向，描

---

① 倪春纳：《民主因何而衰退——国外民主衰退成因研究的新进展》，《江海学刊》2016年第4期。
② 李辉：《东亚民主的质量：测量与比较》，《开放时代》2014年第5期。
③ 楚成亚：《西方"民主价值观"测量的方法与启示》，《国外社会科学》2015年第6期。
④ 周平：《多民族国家的政党与族际政治整合》，《西南民族大学学报》（人文社会科学版）2011年第5期。

述了民主政治对政治整合的积极作用和民主政治的脆弱性对政治整合的不利影响。① 他还围绕"后发多民族国家建构如何避免国家失败"这一问题,以乌克兰为个案,分析其国家失败的深层次成因,并阐述其对后发多民族国家推进国家建设的参考意义。②

佟德志指出,族际关系与民主模式之间存在某种内在的关联,或者说,主流民主模式带有深刻的族群问题的烙印。这些民主模式之间在主体要求、制度设计和价值导向等多个方面存在着差异,并具体地反映在同化共识、交叠共识、底线共识、协商共识等诸多问题上。③

王绍光通过对现代政党政治的跨国和历史比较,廓清了现代政党的历史起源、不同类型及其衰落的根源。作者认为,19世纪中叶以后,政党——尤其是大众党——在世界范围内兴起,源自社会主义运动和民族主义运动的爆发。但自20世纪50年代开始,由于争取普选的社会主义运动基本完成,民族国家的基本格局也大致形成,原本的推动力量开始失去作用,进而导致政党在西方的衰落,集中表现为登记党员数量大幅下降、党员占选民比重大幅下降等。在此基础上,作者进一步提出,中国共产党同时是国家的缔造者和建设者,唯有从"政党国家化"的角度,方能理解共产党不同于西方政党的特殊性所在。④

具体到多民族国家之中,民族主义的发展对于政党政治的影响同样值得深思。李宗开以受关注较少的摩尔多瓦、塞浦路斯、拉脱维亚等国为例,探讨了民族主义对欧洲国家的政党政治所产生的影响。作者提出,民族主义将决定政党属性,塑造政党政治的基本格局,直接体现在民族关系导致政党之间呈现出相应的关系、民族关系导致政党体系发生裂变等方面,同时民族主义还衍生了政党之间的主要政治分歧。在此基础上,作者进一步提出,应当关注到政党的民族属性,甚至在很多时候,民族属性会高于阶级属性,相应的,民族问题对国家发展造成的阻力可能比阶级矛盾更大。⑤ 这一论证的启示在于,在欧洲一体化如火如荼的同时,分裂主义倾向也日渐抬头,尤其是民族分离主义、民族孤立主义以及排斥新移民等

---

① 常士䚶:《民主选择的悖论——多民族发展中国家政治整合视角》,《民族研究》2016年第4期。
② 常士䚶、郭小虎:《后发多民族国家建构如何避免国家失败:以乌克兰为例》,《理论探讨》2016年第3期。
③ 佟德志:《当代西方族际民主模式的比较研究》,《民族研究》2013年第6期。
④ 王绍光:《政党政治的跨国历史比较》,《文化纵横》2018年第4期。
⑤ 李宗开:《论民族主义对欧洲政党政治的影响》,《国外社会科学》2018年第1期。

现象。目前来看，这些问题造成的社会影响越来越突出，已经对欧洲国家造成了相当程度的挑战。

（6）政治文化

关于政治文化的思考，同样是比较政治研究的重点话题。丛日云、王志泉、李筠的《传统政治文化与现代政治文明——一项跨文化研究》考察了传统政治文化与现代政治文明的一般关系模式、传统政治文化中的具体要素与现代政治文明的关系，由传统政治文明向现代政治文明演进的道路，以及西方与非西方政治文化传统与现代政治文明之间的张力等重要内容。① 该书勾画出政治文明由传统向现代转变的轨迹，一方面系统而深刻地阐明了各主要文明的政治文化的内涵、向现代政治文明的转化过程和特征，另一方面则是在同一研究框架下对各主要文明的政治文化进行了系统的描述，为进一步比较研究奠定了扎实的基础。

李路曲指出，关于政治文化的争论主要围绕着其对政治现象的解释而展开。文化与政治有着普遍而重要的关联性，这一点毋庸置疑，问题是如何以令人信服的方式阐明这种关联性。有人认为，政治文化研究用经验方法成功地阐明了这种关联性，但在另一些人看来，它长期无法解决的概念问题使它几乎不可能提出令人信服的判断。而这恰恰就是政治文化研究面临的概念困境。② 实际上，对于任何一项研究来说，在何种层次上使用概念都是一个至关重要的问题，也是学界实现相互对话的重要前提。关于概念的探索未来仍然值得进一步关注。

第二次世界大战以后，政治文化研究逐渐成为比较政治学的核心主题，并经历了从20世纪50—60年代公民文化范式到70—80年代代际转型范式，再到90年代社会资本范式的嬗变与转型。薛祥梳理了这一历史过程，强调这三重范式均将文化视为解释政治的核心因素，并采用了实证主义的研究方法建立宏大的比较政治理论，在问题意识上呈现出从关注民主转型到关注民主绩效的深化，在内容和方法上也有所继承和超越。作者还在此基础上进一步反思，认为政治文化分析最重要的问题在于方法论方面，即将文化作为分析单位本身存在模糊性；同时，在价值层面上，政治文化的研究也凸显了明显的身份意识、价值取向和强烈的国家使命感。正

---

① 丛日云、王志泉、李筠：《传统政治文化与现代政治文明——一项跨文化研究》，社会科学文献出版社2014年版。

② 李路曲《政治文化研究的概念困境》，《上海师范大学学报》（哲学社会科学版）2013年第2期。

因如此，未来关于政治文化的研究，必然要依托于对本国政治文化资源的挖掘，服务于本国独特的政治发展路径。①

此外，近几年，在政治文化研究中一个带有较强中国特色的话题开始得到关注，即党内政治文化。林德山等认为，党内政治文化是一个包括政党所具有的党内外普遍认同的意识形态、行为准则、制度规范、工作作风在内的观念体系。在比较政治学的视域内，党内政治文化主要受到观念意识，包括政党的历史形象、意识形态、执政理念与文化，以及组织文化，包括政党的组织类型与构成、功能性变化、外部制度环境、政党政治的发展趋势等因素的影响。作者进一步归纳了欧洲社会民主党在党内政治文化构建上的经验和教训，并提出其对我国党内政治文化构建的启示在于要有效发挥意识形态对党的聚合和组织动员作用、进一步提高党的适应性。②

(7) 比较政治学新议题

从理念上讲，充分认识和理性激发中国制度自信的关键是构建中国的比较政治学体系，其中的重要内容是要形成自己的核心议题、基本价值和研究方法，一方面要发现被西方忽视的问题领域和概念，另一方面也要对一些带有西方印记的重要概念进行创新，以"包容互鉴"的基本价值为引导，实现制度自信与比较政治学发展的互促。③从具体操作上看，应当从马克思主义经典作家的著述和论说中汲取营养，结合中国比较政治学的价值、特色和情境等，重点考虑中国政治体制改革与和平发展两大宏观问题情境。④值得关注的是，激发制度自信与当前深入推进国家治理现代化也存在内在的逻辑关联，有必要将二者有机地联系起来。

同时，"一带一路"建设同样为中国比较政治研究提供了新的机遇。郝诗楠认为，从基础层面看，"一带一路"建设为比较政治学研究开拓了新的国别和区域研究领域，从具体议题看，中东地区的政治风险、海洋与陆地国家的比较、次国家单位的比较、其他大国对"一带一路"沿线国家的影响比较、欧美大国崛起的经验以及对西方比较政治学概念与理论的修

---

① 薛祥：《从公民文化到社会资本理论——西方政治文化研究三重范式的嬗变与反思》，《宁夏社会科学》2018年第4期。
② 林德山、王书瑶、肖行超：《欧洲社会民主党党内政治文化构建的经验教训及启示》，《当代世界与社会主义》2018年第1期。
③ 高奇琦：《制度自信与中国比较政治学体系的构建》，《江淮论坛》2015年第2期。
④ 高奇琦：《构建中国马克思主义比较政治学的几点思考》，《政治学研究》2010年第4期。

正等议题值得进行深入研究。① 这些新议题，未来可能成为比较政治研究的重要生长点。

四　中国比较政治研究展望

总的来说，改革开放以来我国比较政治研究取得了非常显著的成效，学科平台不断完善、研究队伍不断成熟、理论水平不断提高，为中国与世界对话以及借助国外经验观照中国现实提供了智力支持。但与此同时，也必须看到，当前研究确实存在诸多问题，未来任重道远。展望未来，进一步推进中国比较政治研究或许可以从以下四个方面着手：

第一，聚焦中国本土视野。当前中国比较政治研究总体上仍然处于吸收借鉴西方理论和研究方法的阶段，如何突破直接借用甚至单纯引介西方理论和研究逻辑，超越西方比较政治研究的局限性，建立聚焦中国本土视野的比较政治研究概念、方法和范式，包括从传统的儒家道德伦理、马克思主义思想体系之中寻找有别于西方世界的中国价值，仍然是中国比较政治学科建设亟待解决的任务。同时，为了配合"一带一路"倡议的实施，各高校和研究机构新成立了诸多区域和国别研究中心，其中不少还获批为教育部区域和国别研究培育基地。这为下一步深化比较政治研究提供了支持。

第二，突出学科交叉融合。毫不夸张地说，中国比较政治研究一直是多学科共同推动的，今后这种跨学科性将表现得更加突出。尤其是伴随着国内政治与国际政治关联度的加深，比较政治学者与国际关系学者的互动交流将进一步增加。未来，进一步推动学科交叉研究，并从中提炼出一般规律和理论就变得更具时代价值和意义。

第三，强化研究方法使用。虽然近年来我国比较政治领域关注并综合使用研究方法的学者越来越多，但不可否认，中国比较政治学的研究方法训练还远远不够，熟练掌握质性研究方法和（或）定量分析方法的学者还不多，因此很难驾驭层次复杂、变量繁多的跨国比较研究。② 未来，应当

---

① 郝诗楠：《"一带一路"战略与中国的比较政治学研究：新机遇与新议题》，《探索》2015年第5期。

② 李辉、熊易寒、唐世平：《中国比较政治学研究：缺憾和可能的突破》，《比较政治学研究》2013年第1辑。

继续强化研究方法的训练和使用,不断提高中国比较政治学者驾驭复杂研究的能力。

第四,提升理论生产能力。虽然当前中国比较政治学界已经产出了诸多颇具价值的作品,但也不得不承认,尚缺少一批能够产生世界影响的经典作品,尤其是对非英语国家和小国的比较研究严重缺乏,提出原创性概念和理论的能力也比较有限。未来,如何不断提升理论生产能力,产出一批具有普遍性价值并且真正能够与西方学界对话的比较政治研究成果,是摆在中国比较政治学人面前的一大难题。两个可能的突破点是:其一,强化国家政治结构与经济发展之间互动的比较政治经济研究;其二,强化新制度主义范式在比较政治研究中的应用。[①] 当然,在提升理论生产能力的过程中,必须高度重视中国比较政治研究自身的特点,例如,注重以马克思主义为指导思想,强化对政治现象的阶级分析;注重理论研究与党和国家大政方针的结合;注重对中国政治发展道路的现实阐释等。唯有如此,方可推动中国特色比较政治学科发展和比较政治话语体系建构。

[①] 陈刚:《改革开放 40 年中国比较政治研究的发展》,《天津社会科学》2019 年第 1 期。

中国公共政策研究的知识图谱：1978—2018

——基于 CiteSpace 软件的可视化分析

黄新华　林迪芬[*]

现代的公共政策研究肇始于第二次世界大战之后的西方国家尤其是美国。几十年来，西方公共政策研究呈现了研究领域不断精细、研究方法日益多元、研究视野不断拓展的局面。伴随着改革开放的进程，现代公共政策研究开始传入我国并迅速发展，已成为当代哲学社会科学尤其是交叉学科的重要组成部分，也是国家和地方重大战略和政策需求领域。[①] 经过40年的学术发展和积累，我国公共政策研究的成果如何？哪些文献因其重要影响力而被普遍认可？哪些学者和机构为该领域的发展作出了贡献？这些学者主要围绕哪些主题展开研究？公共政策研究的未来发展方向是什么？厘清这些问题有助于把握中国公共政策的研究进展、研究力量、研究主题和研究趋势，对于进一步拓展和深化我国公共政策研究具有重要意义。为较为全面地梳理改革开放以来中国公共政策研究的进展与成效，本文以1978—2018 年 CNKI 数据库中的公共政策研究文献为对象，运用文献计量分析方法，梳理公共政策研究的整体增长趋势、高水平科研机构、核心作者以及高被引文献等的外部特征，并通过关键词聚类与关键词时区视图分析，探究我国公共政策研究的主题内容、前沿热点与研究趋势，力图建构改革开放40年中国公共政策研究的知识图谱。

---

[*] 黄新华、林迪芬：厦门大学。
[①] 陈振明：《中国政策科学的学科建构——改革开放40年公共政策学科发展的回顾与展望》，《东南学术》2018 年第 4 期。

一 数据来源和研究方法

（一）数据来源

本文以中国学术期刊网络出版总库（CNKI）为文献数据来源，检索条件为：主题＝"公共政策"；时间跨度＝1978—2018；期刊来源＝CSSCI＋核心期刊＋SCI来源期刊＋EI来源期刊；检索条件＝模糊。共获得相关文献 5142 篇（检索时间为 2018 年 9 月 30 日）。为保证研究的精确性，人工剔除会议综述、书评、征稿启事、新闻报道等非研究型文献以及与"公共政策"主题明显不符的文献，去除无作者、重复记录，最终筛选出 3350 篇有效期刊论文作为本文的研究样本。

（二）研究方法

本文采用当前文献研究的主流方法——文献计量分析，展现公共政策研究热点与发展趋势。文献计量法的常用工具有 CiteSpace、BibExcel、Pajek 等。其中 CiteSpace 因其简便易学的操作、良好的可视化效果，已成为国内外文献计量研究的重要工具。CiteSpace 可视化软件的主要功能是对输入的文献数据生成可视化分析矩阵，进一步得到关键词、作者、机构等的共现矩阵。[1] 本文以中国学术期刊网络出版总库（CNKI）为来源数据库，利用 CiteSpace 软件自带的关键词图谱显示、关键词聚类、热点词突现分析以及时区图等功能，可视化呈现国内公共政策研究 40 年以来的演进路径、主要内容和研究前沿；同时以 Excel 软件为辅，对国内公共政策研究的年度文献分布、核心作者分布、研究机构分布、研究方法运用等外部特征做整体描述。

二 整体分析

（一）年度文献数量统计

公共政策研究文献的历年发文量及其占比如图 1 所示。不难看出，在

---

[1] 李杰、陈超美：《CiteSpace：科技文本挖掘及可视化》，首都经济贸易大学出版社 2016 年版，第 10—12 页。

研究初期，相关理论基础缺乏，研究队伍薄弱，学术根基不牢，论文发文量很少。随着越来越多学者、机构的加入，研究进入了成长期，发文量快速增长并逐渐趋于稳定。

根据发文量，可将我国公共政策研究分为四个阶段：第一阶段为萌芽期（1978—1993年），年度发文量均在10篇以下，研究力量和关注度明显不足。第二阶段为探索期（1994—2003年），相关研究文献稍有所增加，但总量仍不多，研究处于缓慢发展阶段。第三阶段为发展期（2004—2012年），从2004年开始，公共政策研究文献呈井喷式增长，发文量尤以2008—2012年为盛。其中，2009年度达到顶峰（271篇），占文献总量的8.09%。第四个阶段为成熟期（2013年至今），发文量平稳波动并呈现缓慢下滑的趋势。但总体而言，公共政策研究的发文量一直维持较高的态势，反映出经过40年的发展，我国公共政策研究正逐步成为一个较为成熟的研究领域。①

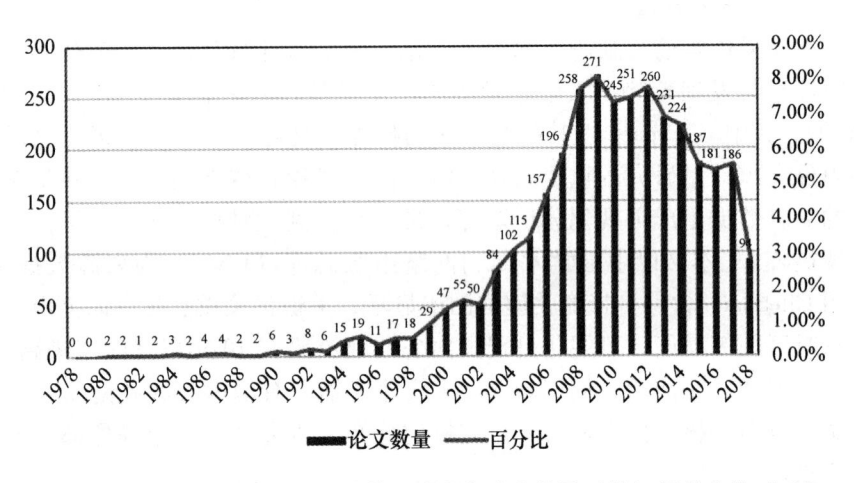

图1　1978—2018年国内公共政策研究历年论文数量（篇）及其占比（%）

（二）研究者及研究机构分布

从核心作者分布来看，图2所示的研究者在国内公共政策研究领域均具有一定影响，其中不乏一些领军人物。具体而言，发文量最多的作者是王春福（22篇）、向玉琼（16篇）和张宇（13篇），但较早对公共政策领域展开实质性研究的是陈振明（1995年）、陈庆云（1995年）和薛澜

---

① 需要说明的是，由于本研究检索时间为2018年9月30日，因此2018年文献未检索完整。

(1996年)等。但从总体上看,网络密度比较低,说明我国公共政策研究力量仍处于比较分散的状态,研究者间的学术联系较弱,团队规模较小。

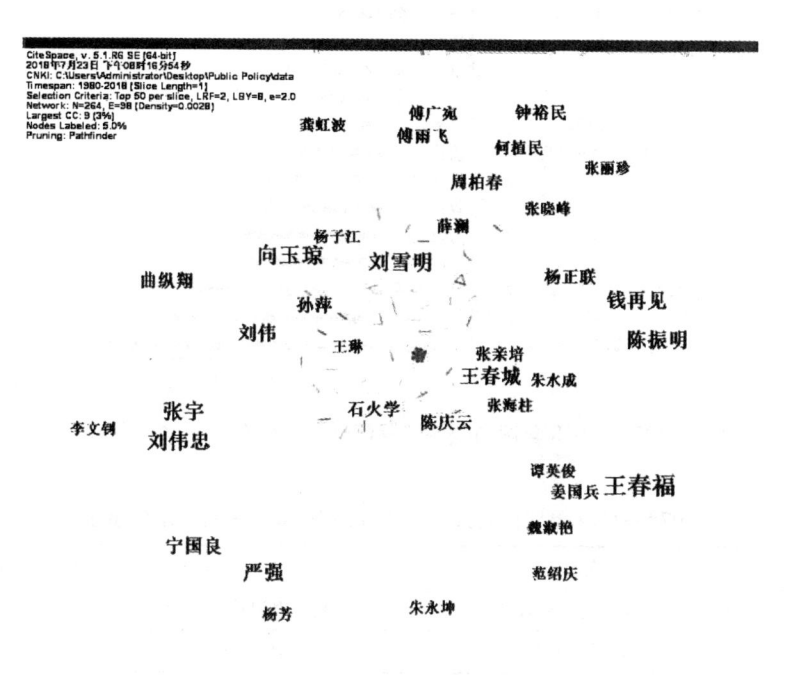

图2 1978—2018年国内公共政策研究的核心作者分布

从发文机构分布看,南京大学公共管理学院/政府管理学院的发文量最多,累计117篇,中国人民大学公共管理学院和北京大学政府管理学院紧随其后,分别是84篇和76篇;此外,清华大学(51篇)、吉林大学(50篇)和厦门大学(49篇)的发文数量相当。这一定程度反映了上述高校是国内公共政策研究的主要力量(图3)。

(三)高被引文献统计

表1统计了国内公共政策研究中前10篇高被引文献,这10篇论文或许可以看作是1978—2018年公共政策研究的重要知识源流。其中,王绍光的《中国公共政策议程设置的模式》被引频次为742次,居于首位。高被引文献涉及的主题较为广泛,包括公共政策的价值、理念和模式的分析,政策制定、政策执行等政策过程的基本环节研究,以及水资源政策、教育政策等不同领域的政策实践研究。多样化的研究视角和内容拓展和延伸了我国公共政策研究。

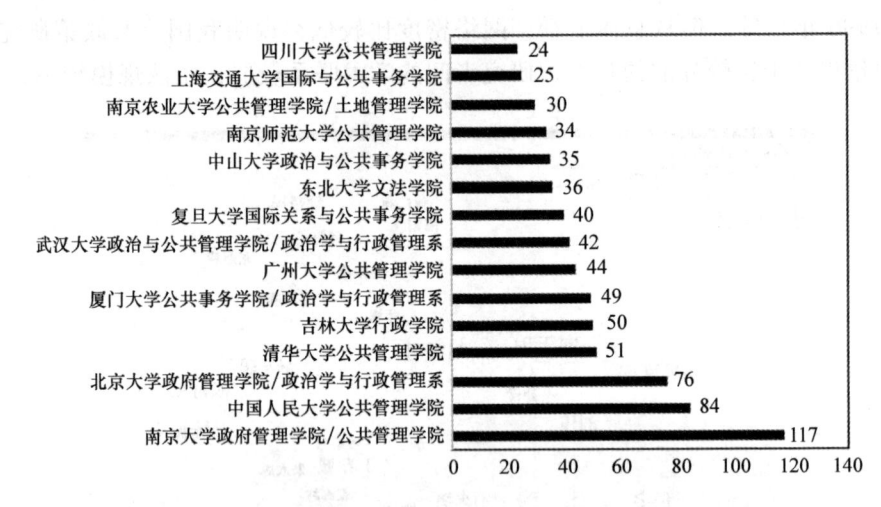

```
四川大学公共管理学院          24
上海交通大学国际与公共事务学院  25
南京农业大学公共管理学院/土地管理学院  30
南京师范大学公共管理学院      34
中山大学政治与公共事务学院    35
东北大学文法学院            36
复旦大学国际关系与公共事务学院  40
武汉大学政治与公共管理学院/政治学与行政管理系  42
广州大学公共管理学院        44
厦门大学公共事务学院/政治学与行政管理系  49
吉林大学行政学院            50
清华大学公共管理学院        51
北京大学政府管理学院/政治学与行政管理系  76
中国人民大学公共管理学院    84
南京大学政府管理学院/公共管理学院  117
         0  20  40  60  80  100  120  140
```

图3　1978—2018年国内公共政策研究机构分布（发文数量前15）

表1　1978—2018年国内公共政策研究前10篇高被引文献信息表

序号	名称	作者	期刊	年份	被引数
1	中国公共政策议程设置的模式	王绍光	中国社会科学	2006	742
2	公共政策与风险社会的刑法	劳东燕	中国社会科学	2007	606
3	公共政策执行的中国经验	贺东航 孔繁斌	中国社会科学	2011	455
4	公共政策视角下的中国人口老龄化	彭希哲 胡湛	中国社会科学	2011	293
5	中国农村合作医疗制度的公共政策分析	林闽钢	江海学刊	2002	284
6	转型期水资源配置的公共政策：准市场和政治民主协商	胡鞍钢 王亚华	中国软科学	2000	224
7	论教育政策的价值基础	劳凯声 刘复兴	北京师范大学学报（人文社会科学版）	2000	215
8	公共政策执行主体与公共政策执行"中梗阻"现象	钱再见 金太军	中国行政管理	2002	207
9	社会政策研究范式的演化及其启示	杨团	中国社会科学	2002	201
10	刘易斯转折点与公共政策方向的转变——关于中国社会保护的若干特征性事实	蔡昉	中国社会科学	2010	196

（四）研究方法

关于社会科学研究方法的分类尚无统一标准，始终存有争议。本文采用主流的分类标准——规范研究和实证研究两大类进行划分。规范研究是"以价值问题为核心关注点，通过解读和诠释文本，经由严谨的逻辑构造来回答某个学科的基本问题乃至人生与世界的'大问题'"①。实证研究又称经验研究，是具有实证调研性质的解释主义方法论，包括定性研究和定量研究这两类基本研究方法。前者基于经验事实，通过在研究者与研究对象之间建立互动关系来展开探究；后者主要依赖于研究对象的测量和数据的分析计算得出研究结论。②

表2　　　　　1978—2018年国内公共政策论文研究方法

基本方法	具体方法	数量		百分比（%）	
规范研究	——	3097		92.45	
实证研究	定性研究	107	253	3.19	7.55
	定量研究	146		4.36	
资料收集方式	无明确的资料收集方法	70		27.67	
	二手数据③	97		38.34	
	问卷调查	49		19.37	
	实地访谈	31		12.25	
	参与观察	3		1.19	
	实验法	3		1.19	
统计方法运用	无统计方法	159		62.85	
	描述性统计	35		13.83	
	多元回归分析	29		11.46	
	面板数据分析	7		2.77	
	结构方程模型	6		2.37	
	时间序列分析	6		2.37	
	层次分析法	6		2.37	
	聚类分析	3		1.19	
	数据包络分析	2		0.79	

---

① 颜昌武、牛美丽：《公共行政学中的规范研究》，《公共行政评论》2009年第1期。
② 丁煌、李晓飞：《中国政策执行力研究评估：2003—2012年》，《公共行政评论》2013年第6期。
③ 二手数据主要包括统计数据、政策文本、期刊论文、报纸、政府网站、微博数据等。

统计文献分析表明，这 3350 篇论文中，采用规范研究方法的文献有 3098 篇，占 92.45%，仅 252 篇采用实证研究方法，其中定量研究的比例稍多于定性研究。从资料收集方式上看，采用实证研究方法的论文中主要运用的是二手数据，占 38.34%，这说明大多数研究者偏向于"在书房里做研究"。从统计方法运用上看，有 62.85% 的论文无统计应用，即便是采用统计方法也大多以描述性统计和多元回归分析为主。虽然近年来我国公共政策的实证研究取得显著进步，使用定量、建模分析方法的文献日渐增多，但并未从根本上解决"抽象的理论建构和演绎较多，实证的问题研究和政策方案较少"的缺陷。[1]

三 研究主题

利用 Excel 工具绘制的图表可以较为直观地了解研究的整体概况，同时结合知识图谱进行深层挖掘解读，有助于把握主题研究态势及前沿趋势。本文基于 CiteSpaceV 软件，设置时间切片为 1，阈值为 top 50[2]，选择最短路径算法，生成关键词共现、突变词列表、时区视图等知识图谱，梳理 40 年来中国公共政策的研究主题和研究趋势。

（一）发展脉络

利用关键词生成时间空间视图，可用于分析公共政策研究的发展脉络（见图 4）。通过研读文献内容并结合演化路径知识图谱，可将我国公共政策研究分为三个阶段：

第一阶段为公共政策的概念和理论引介阶段（1978—2003 年）。实际上，1978—1993 年间研究队伍薄弱、研究成果很少，相关文献大多是研究财政政策或经济政策。随后的十年间（1994—2003 年），研究数量不断增多，研究内容不断聚焦。这一阶段学者主要是介绍国外公共政策研究的理论、方法与经验等，探讨公共政策的概念和理论意涵。例如，陈振明介绍了西方政策执行研究的四种途径和七种理论[3]，薛澜分析了美国思想库在

---

[1] 陈振明、薛澜：《中国公共管理理论研究的重点领域和主题》，《中国社会科学》2007 年第 3 期。

[2] Top N 表示是以每个时间切片前 N 个高频出现的关键词生成最终的网络。

[3] 陈振明：《西方政策执行研究运动的兴起》，《江苏社会科学》2001 年第 6 期。

公共政策制定过程中的作用及其发展现状①，陈庆云探讨了公共政策的概念界定和内在本质等基础问题。②

第二阶段为公共政策研究的发展转变阶段（2004—2012年）。在借鉴国外学者研究成果的基础上，中国学者在分析框架层面提出了一些政策过程新模型，探讨了政策分析方法与技术、政策创新和扩散以及政策网络等研究主题，立足我国重大经济社会政策问题，关注政策制定、政策执行、政策评估、公众参与、公共政策民主化与法制化等关键问题。例如，王绍光提出了中国公共政策议程设置的六种模式，指出公众参与是公共政策科学化、民主化的重要动力。③陈玲等研究了20世纪80年代以来的产业政策制定过程，建立了我国政策过程分析的共识框架，并提出了政策过程的"制度—精英"双层决策理论。④

第三阶段为公共政策研究的深化和应用阶段（2013年至今）。这一阶段学者们的研究更加务实，研究主题主要与时代背景和国家大政方针紧密相连，集中在国家治理、大数据、智库、精准扶贫等实践领域，研究视角上更注重公共政策理论和实践的本土化创新，研究方法上也开始吸纳实验研究、政策模拟仿真、数据挖掘等前沿分析方法和技术。例如，耿曙等以纳税遵从这项公共政策问题为例，设计了一套实验方法分析纳税人在不同税率下的行为模式，阐述了用实验方法进行公共政策研究的可行性和前景。⑤郭圣莉等选取了3个关键案例和两个反例，通过AntConc程序应用大数据，抓取网络与媒体数据库中的关键词进行时序比较与文本分析，发现存在着"社会舆论—市场媒体—官方媒体—公共政策"的自下而上一般政策形成过程与路径并解读了其中的具体机制。⑥

（二）研究内容

运用CiteSpace V软件，选择"cluster"，得到共词图谱共有386个网

---

① 薛澜：《在美国公共政策制订过程中的思想库》，《国际经济评论》1996年第6期。
② 陈庆云：《公共政策的理论界定》，《中国行政管理》1995年第11期。
③ 王绍光：《中国公共政策议程设置的模式》，《中国社会科学》2006年第5期。
④ 陈玲、赵静、薛澜：《择优还是折衷？——转型期中国政策过程的一个解释框架和共识决策模型》，《管理世界》2010年第8期。
⑤ 耿曙、余莎、孔晏：《实验方法在公共政策研究中的应用》，《公共管理与政策评论》2016年第5期。
⑥ 郭圣莉、李旭、王晓晖：《"倒逼"式改革：基于多案例的大数据分析》，《中国行政管理》2016年第9期。

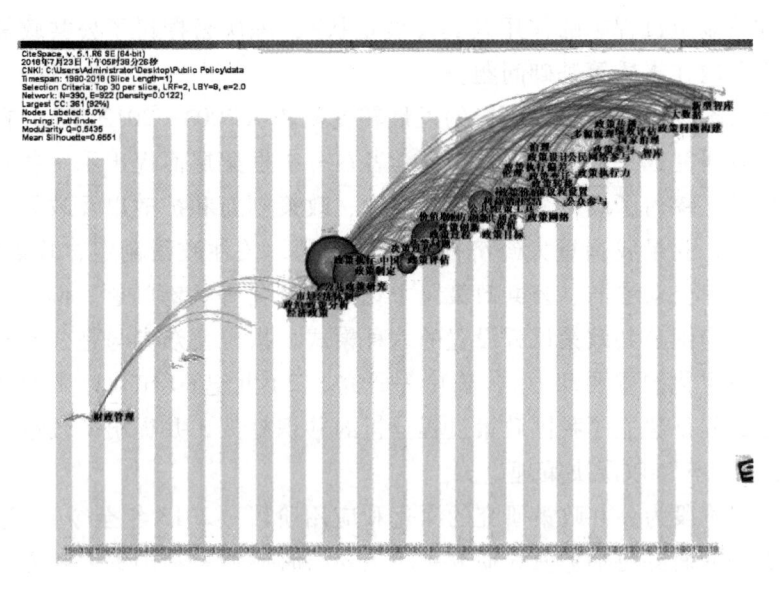

图4　1978—2018年国内公共政策研究演化路径知识图谱

络节点、911条连线,网络密度为0.0123,Modularity Q的值为0.5433,大于临界值0.3,说明共词网络的社团结构显著,得到的聚类效果较好;Mean Silhouette值为0.6301,大于临界值0.5,表明聚类结果是合理的。通过采用对数似然比（Log Likelihood Ratio,LLR）算法,共导出11个主要聚类（见图5）。为了使知识图谱更加清晰地显示重要信息,图3中隐藏了离散或节点数少的聚类#8、#11和#13。这11个主要聚类反映了国内公共政策研究的四大类研究内容（见表3）。

1. 类Ⅰ：公共政策属性、对象与理念研究

主要包括#1"公共性"和#14"目标群体"。聚类#1"公共性"的关键词有政策价值、政策工具、政策问题、利益集团等,聚类#14"目标群体"的关键词有公民参与、民主、政策设计、价值、信息资源等。公共性的价值取向是公共政策的本质属性。关于公共政策应秉持何种价值,学者们争论不一,国内学者特别强调公共政策的"以人为本"价值理念[1],认为只有不断改善民生,提高民生质量,实现人的全面发展,才能实现社会公共利益的最大化。[2] 然而,实践中的公共政策有时会偏离公共性的规范

---

[1] 胡象明：《论以人为本的政策价值理念》，《国家行政学院学报》2007年第2期。
[2] 罗建文、李静：《民生时代我国公共政策的价值选择》，《中国行政管理》2011年第6期。

轨道，表现出较为严重的失范问题。何植民指出中国农村最低生活保障政策在公正性、公平性、公开性、民本性和协同性等维度上存在一定的问题，政策的公共性有所衰减。① 有学者提出要始终坚持以人为本的政策理念，重视公共政策主体价值观和伦理道德建设，构建和完善政府的权力伦理，增强以公平正义和公共性为核心的价值取向，建立利益冲突协商机制和民意表达机制②，强调要对政策主体进行伦理建设，增强公务人员的道德感、责任感等。③

2. 类Ⅱ：国外公共政策的理论与实践经验研究

主要是聚类#2"美国"。我国公共政策研究最早是学习和引介国外理论与经验，因此对国外经验的借鉴和论证也成为国内公共政策研究不可或缺的一部分。较多学者介绍了美国等发达国家的政策手段、政策工具，并结合中国实践提出相应的理论方向或政策建议。杨文明等通过考察美国地方政府排水系统费用征收方案制定过程中，地方利益集团参与政策决策的实际案例，探讨了利益集团在美国地方政府决策中的作用形式和过程。④ 傅志明回顾了欧盟国家劳动者保障体系的变迁过程，提出了我国健全和完善劳动力市场体制和社会保障体系的参考意见。⑤ 黄新华借助经济分析的交易成本理论，在梳理国外政策制定过程理论的基础上，阐明了政策制定过程交易成本的分析框架和治理机制。⑥ 龚虹波比较了中美水资源管理的政策网络，建构了政策网络比较分析框架，通过对四个区域水资源管理政策网络参数的检验，指出不同类型的政策网络有着不同的网络参数、网络功能、网络绩效。⑦

---

① 何植民：《农村最低生活保障政策的公共性问题研究》，《中国行政管理》2014年第11期。
② 温美荣：《论公共政策失范问题的发生机理与治理之道》，《中国行政管理》2014年第12期。
③ 毛劲歌、庞观清：《公共政策过程中政策主体的伦理建设途径研究》，《中国行政管理》2015年第7期。
④ 杨文明、王晓红、吴量福：《利益集团是如何影响美国地方政府决策的——道纳斯格罗夫市排水系统费用征收的案例研究》，《中国行政管理》2015年第9期。
⑤ 傅志明：《从过度到弹性：欧盟劳动者保障的变迁与启示》，《中国行政管理》2015年第12期。
⑥ 黄新华：《政治过程、交易成本与治理机制——政策制定过程的交易成本分析理论》，《厦门大学学报》（哲学社会科学版）2012年第1期。
⑦ 龚虹波：《"水资源合作伙伴关系"和"最严格水资源管理制度"——中美水资源管理政策网络的比较分析》，《公共管理学报》2015年第4期。

3. 类Ⅲ：各个实质性政策领域的研究

主要包括#0"公共政策"、#9"高新技术产业发展"、#10"金融"、#12"经济"。聚类#0"公共政策"的关键词有公共政策、就业、制度缺失、教育政策、低碳经济等，主要是对教育、环境、就业等社会政策的实践状况的研究。聚类#9"高新技术产业发展"的关键词有研究与开发、企业管理、科技政策等，聚焦于对科技领域政策问题的探讨，该主题文献数量的增长与信息化时代的发展息息相关。聚类#10"金融"和聚类#12"经济"关注的是财政政策、金融政策等经济政策，是早期公共政策研究的主要关注点。总体而言，我国学者致力于探讨国内重大经济社会政策问题，表现出一定的问题意识和实践导向。

4. 类Ⅳ：政策过程的基本环节或功能活动的研究

这是公共政策研究的核心知识群，主要包括#3"政策执行"、#4"政策过程"、#5"政策评估"、#6"政策制定"、#7"政策传播"。这类领域研究一直受到持续关注且研究深度不断加强，占据我国公共政策研究的"半壁江山"。

（1）聚类#3"政策执行"

政策执行是超越国界和体制的普遍问题，始终在公共政策研究中占据重要位置。该聚类的关键词有政策执行偏差、政策执行力、影响因素等，主要是介绍并发展政策执行理论、探讨政策执行差距的原因和表现、构建中国政策执行模式等等。钱再见、金太军较早研究了政策执行中的"中梗阻"现象，即政策执行主体由于自身的态度、素质和能力等原因，消极、低效地执行政策，甚至影响和阻挠公共政策的有效执行。通过探讨这一现象产生的深层原因及其矫正对策，以提高我国公共政策的有效执行和实施。[1] 贺东航、孔繁斌则以我国集体林权制度改革为例，阐释了高层决心和层级加压体制对于保证中国公共政策执行效果的重要性并将其凝练成"高位推动"的表述。在他们看来，为防止公共政策在执行中陷入央地博弈和多部门合作的困境，可通过层级性治理和多属性治理来解决政策的贯彻与落实问题，这在一定意义上构成了公共政策执行的中国经验。[2] 在探讨政策执行的影响因素方面，现有文献已识别出政策类型、执行机构及人员、政策工具、政府间关系等诸多因素，但对关键变量的确认仍未达成共

---

[1] 钱再见、金太军：《公共政策执行主体与公共政策执行"中梗阻"现象》，《中国行政管理》2002年第2期。

[2] 贺东航、孔繁斌：《公共政策执行的中国经验》，《中国社会科学》2011年第5期。

识，变量之间的因果关系也未能得到充分研究。

（2）聚类#5"政策评估"

关键词有政策评估、智库、绩效评估、制度设计、政策绩效等。对政策评估的研究主要有两大类：一是针对某个或某类政策的评估，如教育、环境、社会保障、科技政策等；二是讨论政策评估的程序、方法、机制等。随着信息技术的不断发展，近年来涌现了许多政策评估的新工具、新技术，学者们呼吁将大数据应用于政策评估研究，着力解决公共政策大数据评估研究的核心技术问题、形成基于大数据开展政策评估的体制机制等。[1] 此外，该聚类下还有另一个核心关键词——政策终结。与政策过程的其他环节相比，政策终结是一个长期被忽视的主题，对政策终结的深入研究屈指可数。[2] 虽然学者们已对政策终结的对象、策略、方式、影响因素等有所阐述，但研究的深度和广度不够，未来的研究应致力于将政策终结视为一个动态的互动过程，建构具有解释力的分析框架，并在不同类型的政策终结情境中不断检验或验证。

（3）聚类#6"政策制定"

关键词有政策制定、公民、影响因素、决策模式、公民参与等，主要是探讨政策制定过程的影响因素和机制，构建本土化的决策模式和分析框架等。一直以来，中国的政策制定过程因其独特性吸引了不少国内外学者开展研究。国外具有代表性的理论是"碎片化威权主义"，该理论认为改革开放后中国政策制定不再高度集中于领导者，而是各政策主体相互妥协的产物，即政策制定是相关部门进行讨价还价的结果。[3] 而国内学者关注的是政策制定过程中的国家和社会关系，研究体制外社会精英、媒体、公众等对政策过程的参与和影响机理，提出了"上下来去"模型[4]、"集思广益型"决策[5]等理论。也有学者从央地关系的角度分析不同阶层的参与者在政策制定过程中的作用，提出了"央地互动型"政策制定过程框架，

---

[1] 魏航、王建冬、童楠楠：《基于大数据的公共政策评估研究：回顾与建议》，《电子政务》2016年第1期。

[2] 曲纵翔：《政策终结：政策科学研究中忽视已久的问题》，《公共管理与政策评论》2014年第3期。

[3] Lampton D. M., "Chinese politics: The bargaining treadmill", Issues & studies, 1987, 23(3), pp. 11–41.

[4] 宁骚：《公共政策学》，高等教育出版社2003年版，第24页。

[5] 王绍光、鄢一龙、胡鞍钢：《中国中央政府"集思广益型"决策模式——国家"十二五"规划的出台》，《中国软科学》2014年第6期。

并以节能政策为例探讨这种政策制定是否有利于作出高质量决策。①

表3　　　　1978—2018年国内公共政策研究领域聚类标识

聚类	子聚类编号	size	中心度	主要内容
I	#1 公共性	47	0.632	政策价值，政策工具，政策问题，利益集团
I	#14 目标群体	6	0.357	公民参与，民主，政策设计，价值，信息资源
II	#2 美国	46	0.800	政策分析，北美洲，经验，政策学，维度
III	#0 公共政策	51	0.745	公共政策，就业，制度缺失，低碳经济，教育政策
III	#9 高新技术产业发展	44	0.685	研究与开发，企业，企业管理，科技政策
III	#10 金融	13	0.845	经济体制，市场，企业，金融，研究与开发
III	#12 经济	11	0.773	财政金融，货币，金融机构，财政管理，银行
IV	#3 政策执行	16	0.719	政策执行，政策执行力，协商民主，公民参与，政策执行主体，政策执行偏差
IV	#4 政策过程	46	0.731	财政管理，政府，公共利益，财政政策
IV	#5 政策评估	30	0.776	政策评估，智库，绩效评估，制度设计，政策绩效
IV	#6 政策制定	44	0.709	政策制定，公民，影响因素，决策模式，公民参与
IV	#7 政策传播	23	0.863	政策传播，多源流理论，传播机制，政策源流

（4）聚类#7"政策传播"

关键词有政策传播、社会转型期、政策创新、公众参与等。国内政策传播模式的研究注重组织对公众的信息传播。改革开放以来，中国政策环境发生根本转变，政策传播主体日益社会化、传播模式多元化、传播媒介多样化、传播范围扩大化。② 李希光等人认为我国公共政策传播模式发生了三种转变：由直线模式向波形模式、由政策宣传模式向新闻发布模式、由窗口模式向压力模式的转变。③ 也有研究强调要从中国政策传播的实践中抽象出传播要素及传播过程。随着新媒体的迅速崛起与广泛应用，地方

---

① 苏利阳、王毅：《中国"央地互动型"决策过程研究——基于节能政策制定过程的分析》，《公共管理学报》2016年第3期。
② 聂静虹：《论我国公共政策传播机制的演变》，《学术研究》2004年第9期。
③ 李希光、杜涛《超越宣传：变革中国的公共政策传播模式变化——以教育政策传播为例》，《新闻与传播研究》2009年第4期。

政府政策传播方式与危机治理能力面临一定的挑战。刘淑华等以天津"8·12"爆炸事故为例，通过系统持续地针对地方政府官微发布传播数据的挖掘和分析，探讨了地方官微发布过程中信息传播、网民互动与网民意见网络进化之间的动态关系。①

（三）研究趋势

图4展现了公共政策研究的发展脉络和演化路径，对样本文献关键词突现（Burst）的进一步分析表明（突现率反映该议题的活跃程度，突现率越高，则该议题越受关注），2010年以来，我国公共政策研究日益向以下八个主题转移：政策变迁、智库、协商民主、政策传播、公众参与、新型智库、国家治理、大数据。主题的变迁反映出我国公共政策研究与国家大政方针紧密相连，也体现了与科学化、民主化、信息化相关的发展趋势。

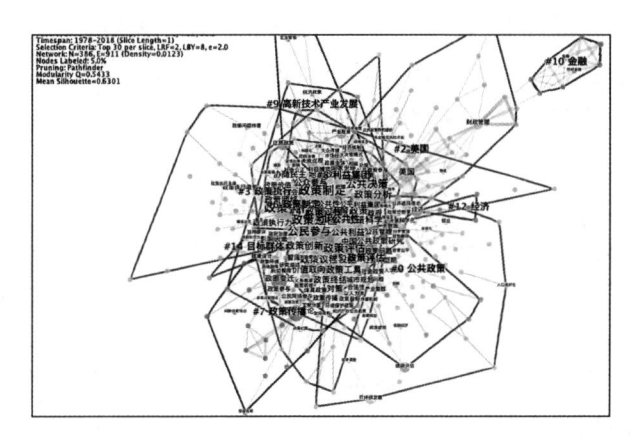

图5　1978—2018年国内公共政策研究领域网络（关键词聚类）图谱

Keywords	Year	Strength	Begin	End	1980—2018
政策变迁	1980	7.1108	2014	2018	
智库	1980	6.4533	2014	2018	
协商民主	1980	4.9877	2011	2016	
政策传播	1980	4.7384	2013	2018	
公众参与	1980	4.7308	2011	2018	
新型智库	1980	4.6233	2016	2018	
国家治理	1980	4.5196	2012	2018	
大数据	1980	4.4291	2015	2018	

图6　近10年公共政策研究的关键词突现强度排序

---

① 刘淑华、潘丽婷、魏以宁：《地方政府危机治理政策传播与信息交互行为研究——基于大数据分析的视角》，《公共行政评论》2017年第1期。

1. 民主化：公众参与与协商民主

随着经济的发展和技术的进步，国家治理现代化的进程中公民的参与意识逐渐提升，参与途径不断扩展，党的十九大报告提出要"扩大人民有序政治参与，保证人民依法实行民主选举、民主协商、民主决策、民主管理、民主监督"①。公共政策研究对公众参与和协商民主给予了充分的关注，研究成果丰硕。早期的文献大多基于宏观层面的论述，如公众参与的理论基础、分析范式、制度设计等方面，尤其是对理论基础进行探讨，涉及协商民主理论、多中心治理等。近几年的研究更为关注公民参与政策各阶段的微观研究，特别是结合政策制定、政策执行等阶段的研究不断增多，且倾向于结合特定政策领域进行分析，探究不同情境因素对公众参与公共政策的影响，从而提高政策过程各阶段公众参与的有效性。

2. 科学化：智库与新型智库建设

党的十八大报告提出，健全决策机制和程序，发挥思想库的作用。决策咨询制度的建立和完善，有效提升了政府决策的科学性，而智库或新型智库的建设是公共决策科学化的重要环节，是提升国家治理能力的重要途径，也是公共政策研究的热点问题。学者们指出，中国特色社会主义进入新时代后，随着社会主要矛盾的改变，中国正面临发展转型、深化改革的关键时期，"许多重大的公共政策问题亟待破解，各种利益纠缠的死结需要打开，这些难题是中国智库发展的历史机遇"②。虽然十八大以来中国新型智库的发展有了长足的进步，但是还存在高质量研究成果不足、影响力欠缺、智库建设整体规划薄弱等弊端，研究领域主要集中在专家决策咨询、智库的内涵职能及影响力、智库的旋转门机制等几个方面。③ 中国特色新型智库的建设和发展应努力将国际视野和本土需求相融合，拓展中国特色或中国问题研究的理论空间，讲好中国故事，但新型智库建设如何依托于中国特色社会主义的实践经验，并获得国际社会的认同，需要理论界和实务者的共同努力。

3. 信息化：政策传播与大数据

21世纪以来，信息的传播方式和组织方式实现了前所未有的变革。以

---

① 习近平：《决胜全面建成小康社会，夺取新时代中国特色社会主义伟大胜利》，《人民日报》2017年10月19日。

② 薛澜：《智库热的冷思考：破解中国特色智库发展之道》，《中国行政管理》2014年第5期。

③ 朱旭峰：《构建中国特色新型智库研究的理论框架》，《中国行政管理》2014年第5期。

互联网为核心的信息技术的发展将人类带入了"零边际成本"的时代,新媒体为人们提供了"自由发声"的大平台,公众自发参与到政治生活中,成为政策传播的新动力。在一些争议性政策事件中,政策主体和公众的话语权地位出现了反转,公众对政策的评价和意见大量聚集在新媒体平台上,对政策主体形成巨大的压力,出现"舆论倒逼决策"的现象。对政策系统而言,这种失衡状态并非良性的政策传播关系,不利于政策主体与公众有效合理地沟通。① 但是,技术变革尤其是大数据时代的来临也为政府治理变革与公共决策创新奠定了技术基础,大数据的产生支持了政府部门基于证据的决策制定,提高了公民参与的程度等。然而大数据能力不足、侵犯数据隐私的风险等也如影随形。② 技术进步无边界无止境,大数据、云计算、区块链等网络技术高速发展,如何借助技术进步推进公共政策的科学化、民主化,在未来很长时间内都会是学者们持续关注的热点问题。

四 结论与展望

本文以 1978—2018 年 CNKI 数据库中的相关论文为数据基础,以可视化软件 CiteSpace 为研究工具,分析改革开放以来中国公共政策研究 40 年的进展与成效,可以得到以下几点结论:

首先,就研究整体现状来看,公共政策研究的发文量一直维持较高的态势,反映了公共政策研究正逐步成为我国一个较为成熟的研究领域;从研究者分布来看,中国公共政策研究的合作网络尚未建立,学术联系和团队规模有待改善;从发文机构分布看,南京大学、中国人民大学、北京大学、清华大学、厦门大学等是国内公共政策研究的主要力量;从研究方法来看,规范研究仍然是国内公共政策研究的主要方法,二手数据是研究的主要资料来源,描述性统计和多元回归分析是主要的统计手段,这反映了国内公共政策研究方法亟待进一步更新和突破。

其次,就研究领域与主题分布而言,主要集中在政策过程的基本环节或功能活动,各个实质性政策领域的研究,公共政策属性、对象、理念,国外公共政策的理论与实践经验等方面的研究。其中,政策过程中的政策

---

① 常纾菡:《政策传播:理论模式与中国实践》,《编辑之友》2018 年第 6 期。
② 石婧、艾小燕、操子宜:《大数据是否能改进公共政策分析——基于系统文献综述的研究》,《情报杂志》2018 年第 2 期。

制定、政策执行、政策评估等是学者们长期持续关注的主题。此外，研究主题也与社会发展和国家政策紧密关联，具有鲜明的时代印迹。

最后，就研究前沿趋势看，2010年以来我国公共政策研究开始朝向政策变迁、智库、协商民主、政策传播、公众参与、新型智库、国家治理、大数据应用与影响等方面转变，这既反映了全面深化改革和国家治理现代化的需求，更反映了中国公共政策研究与时俱进的品质。

中国公共政策研究是改革开放的产物，也将伴随着改革开放的深入日益发展。在技术变革加快、新技术层出不穷的新时代，中国公共政策研究的未来一定会比过去更为精彩！未来的研究应朝以下几个方面努力：

一是在研究视角上要致力于多学科的开拓和融合。随着人类社会发展的复杂性增强，全球化趋势的加深，信息化、网络化、智能化时代的来临，全球的公共部门均面临着棘手问题治理的困境。现代公共政策研究早已不限于单一行为主体和情境，而是包含大量非政府主体共同参与或影响决策以及复杂化的政策情境①，这种外延上的拓展必然伴随知识体系的重构。近年来行为经济学、认知心理学等学科开始渗入公共政策研究领域，其强调个体心理活动规律及其引致的行为选择的意义，越来越多的国家和政策领域开始采纳行为科学实验方法来探索更为有效的政策工具。实验方法的引入，政策试错机制的建立，大幅提升了政策的精确性和有效性。②事实上，在中国改革开放的实践中，早已运用了"先行先试"的政策试点、政策实验方法，问题是我们未能实现多种学科知识的有机统一。积极吸纳并整合多学科视野，是提升政策研究有效性的必然要求，也是建构中国公共政策知识体系的重要路径。

二是在研究主题上要强调持续性关注和中国故事的挖掘。国内公共政策研究存在研究主题变化速度比较快、紧跟时政热点现象，这既说明公共政策学者的政治敏感性较强，能够学以致用，服务于党和国家中心工作，但是主题变化过快也说明该领域存在缺乏系统的理论总结现象，研究成果比较碎片化。从长远来看，中国公共政策实践离不开科学系统理论的指导，学者们在时政热点变动过快的环境中，应避免随波逐流，认真细致地

---

① Cairney P., Weible C. M., "The new policy sciences: combining the cognitive science of choice, multiple theories of context, and basic and applied analysis", *Policy Sciences*, 2017 (3), pp. 1 – 9.

② 朱德米、李兵华：《行为科学与公共政策：对政策有效性的追求》，《中国行政管理》2018年第8期。

研究某一主题并对该研究主题进行持续性的关注，最终实现理论创新与理论的规范化和体系化，进而发挥对实践的持续和有力的指导作用。更为重要的是，中国的公共政策研究应努力挖掘和提炼"中国故事"。改革开放40年来，中国的社会转型、政府改革、地方创新为公共政策研究提供了丰厚的土壤，实践中有许多全新的、未被西方的理论预测到，甚至常常与理论解释相冲突的经验。更为广阔的学术视野与格局必然要求知识生产的本土化，基于当代中国公共政策的实践案例，讲好公共政策领域的"中国故事"，建构政策科学理论的中国话语体系。

三是在研究方法上要注重过程的规范化和工具的多元化。近年来，我国公共政策研究已涌现出不少新方法和新技术，但是大部分研究"理论体系陈旧、研究方法规范性较弱"的格局未有根本改观。[①] 因此，中国公共政策研究的一个重要的基础工作是要描述中国政府与政策的实然过程，真正到研究对象所在的场域中去，认真地进行理论抽样、深度访谈及参与观察，收集多层面的数据材料，正确使用各种研究方法深入分析研究对象的背景、行动者的态度、行动逻辑、各变量间相互作用而产生的结果及其意义，在此基础上进行理论抽象和思考，从中提炼出中国特色的概念框架和理论命题。同时，随着信息系统与互联网的深入普及，系统分析方法朝向更加复杂的趋势演化，基于计算机辅助的量化系统分析如计算机模拟、大数据分析等逐渐得到应用，这些方法试图更加全面地量化人类的社会行为，在一定程度上可以弥补传统分析方法的缺陷，有助于人们更加准确地理解社会运行的过程。因此要积极关注国际公共政策研究方法前沿，充分运用实验研究、模拟仿真、数据挖掘等多样化的工具和技术，探讨中国公共政策系统及其运行的机制和方式，提升政策分析水平。

总之，改革开放40年来，中国经济社会的发展引起国际学术界的广泛关注，这为中国公共政策研究带来了巨大的机遇。但是由于学科起步发展较晚，加之学科移植与学科建设的急迫性，公共政策研究在中国依然任重道远。我们既需要客观冷静地观察和剖析我们所处社会的本质及其问题，从中国独特的政策实践经验中析出抽象理论，同时又要为中国的发展与改革提供理论引领，为国际公共政策研究贡献中国理论与中国智慧。

---

① 陈振明、薛澜：《中国公共管理理论研究的重点领域和主题》，《中国社会科学》2007年第3期。

当代中国民族政治学的形成与发展

白利友　孙保全[*]

民族政治学是民族学与政治学的交叉学科。20世纪90年代初，中国民族学界和政治学界一些最早关注民族政治现象的学者，开始介入民族政治研究领域，用政治学研究的视角来审视民族的政治属性，反思民族问题，探索民族问题的政治解决之道，推动了民族政治学的创立。经过20多年的发展，民族政治学现已发展成为当今中国政治学领域中最具代表性的分支学科之一。民族政治学的创建与发展，"拓展了政治学的研究领域，丰富了政治学的内涵，为政治学的发展创造了新的增长点，同时也搭建了一个与世界对话的学术平台，打开了一扇世界认识中国的知识窗口"[①]。

一　民族政治学的创建

（一）民族政治问题的凸显

民族问题仍然是困扰人类社会发展的一大问题，民族政治学旨在研究民族问题的政治解决之道。就人类社会而言，每个民族都有自己的政治生活，有的民族还会建立自己的政治体系，各民族围绕民族间的利益争夺，不可避免地会出现民族政治问题，而这些民族政治问题不论是对民族、国家还是对世界都产生了极其重要的影响。人类社会进入20世纪以来，民族政治问题更是不断凸显。尤其是"人类跨越了21世纪的门槛后，民族政治问题对人类自身的影响不仅没有任何消退的迹象，而且有日趋突出的可能和趋势"[②]。

---

[*] 白利友、孙保全：云南大学。
[①] 周平：《民族政治学知识体系的构建、特点及取向》，《政治学研究》2019年第1期。
[②] 周平：《民族政治学（第二版）》，高等教育出版社2007年版，第8页。

就世界范围来看，民族政治问题的凸显主要表现为：一是，民族主义浪潮起伏跌宕。在20世纪，人类社会先后出现了三次对世界影响较大的民族主义浪潮。三次浪潮分别出现在第一次世界大战、第二次世界大战和苏联解体东欧剧变前后。而三次民族主义的激荡，几乎无一例外都伴随着民族政治运动，并对国际政治和世界格局产生了重大影响。二是，跨界民族问题增多。民族的迁徙分布与国家政治地理空间的不一致性往往是跨界民族问题产生的一大根源。伴随着民族解放运动的兴起和发展，以及世界殖民体系的瓦解，一大批"模仿性民族国家"纷纷建立，这也在一定程度上使得全球的跨界民族问题不断增多。其中的许多跨界民族问题，则直接对地缘政治和国际问题产生了不容忽视的影响。三是，跨国移民聚众成族。跨国移民是人类社会的普遍现象。但大量移民群体的涌入却往往会诱发民族政治问题。随着移民的大量涌入，移民群体的权利诉求、文化认同、利益共识等等都会推动移民抱团聚众成族，而移民的融入、移民群体的国家认同等都将在民族政治上给国家整合带来挑战。四是，民族（部族）矛盾错综复杂。对许多国家来说，不仅面临着历史上长期遗留的民族政治问题，还面临着民族政治中不断出现的新情况、新问题。尤其是20世纪90年代以来，和民族、部族、种族有关的武装冲突或地区冲突更是一度成为地区性乃至全球性的热点问题，而其中的一些问题甚至延续至今。

20世纪中国的民族政治问题同样值得关注。19世纪末20世纪初，随着列强入侵，中国的民族危机日渐加深，中华民族开始走上救亡图存之路。1949年中华人民共和国成立后，党和国家坚持走具有中国特色的解决民族问题的正确道路，确立并实施以民族平等、民族团结、民族区域自治和各民族共同繁荣为基本内容的民族政策，全面重构了中国的民族关系，并将各民族整合进中华民族大家庭。在中华人民共和国成立后，新的民族政治问题也不断凸显出来。一是，民族政治属性的强化。民族识别后，国家不但赋予了各民族法定族称，同时还将民族作为制定和实施民族政策的基本单位，这就在一定程度上激发了民族意识，强化了民族的政治属性，甚至固化了民族差异。二是，民族关系问题。民族关系最为重要的是民族间的利益关系。民族关系的状态和走向，对多民族国家的民族团结和政治稳定会产生重要影响，而基于民族利益产生的民族矛盾和冲突，往往会对民族关系带来破坏性的影响。三是，中华民族的"多元"与"一体"关系问题。民族意识的激发和民族政治属性的强化，以及民族差异的固化，直接在政治上催生了"多元"与"一体"的关系问题，而如何处理二者之间的关系，实现二者之间的统一，则直接关系到中国的国家建设和民族关系的走向。四是，民族与国家的关系问题。民族与国家的关系，既关乎各民族自身的命运，又关乎国家的统一稳定。因此民族是否认同国家并把国家视为政治屋顶，以及国家如何将民族整合进国家政治体系内，至今仍是突出的民族政治问题。

然而，长期以来中国的民族研究缺乏政治学的视角。究其原因，一方面是"由于历史上忽视对少数民族的记载和了解，新中国成立以后，着重对少数民族的历史、文化和社会进行全面的调查研究"①，以至于中国的民族研究长期偏重于少数民族，这种研究存在着不可避免的局限性。诚如费孝通先生所言："在我开始参加民族研究的那一段时间里，我们一提民族工作就是指有关少数民族事务的工作，所以很自然地民族研究也等于是少数民族研究，并不包括汉族研究。"② 另一方面，则是中国的政治学在20世纪50年代初被撤销、荒废多年后，直至1979年3月30日，邓小平同志在党的理论工作务虚会上的讲话中提出"政治学、法学、社会学以及世界政治的研究，我们过去多年忽视了，现在也需要赶快补课"③ 后才得以恢复重建，这也在客观上造成了民族研究的政治学视角缺失。而事实证明，这种缺失对寻求民族问题的政治解决之道是极为不利的。

（二）民族政治研究的开拓

20世纪90年代初，中国民族学界和政治学界一些率先关注民族政治现象的学者开始将目光聚焦到民族政治研究领域，开拓民族政治研究并发表了一系列标志性的研究成果。

民族学者最早对民族政治研究领域展开了探索，因而中国的民族政治学最初是作为"政治民族学"被提出来的。④ 1987年5月，周星应邀参加了中国民族理论研究会召开的第二次青年民族理论工作者座谈会，并作了题为"民族理论的'危机'与'政治民族学'的对策"的发言。周星在

---

① 陈连开：《民族研究新发展的良好开端》，《西北民族研究》1990年第2期。
② 费孝通：《简述我的民族研究经历和思考》，《北京大学学报》（哲学社会科学版）1997年第2期。
③ 《邓小平文选》（第二卷），人民出版社1994年版，第180—181页。
④ 周星教授在1988年与其导师杨堃先生就博士论文进行讨论时曾谈到，尽管"在汉语文献中很早就有了许多相关或相似的概念，诸如'民族政治学'、'种族政治学'等等，但我还是觉得用'政治民族学'来统一规范所有这些概念更为准确"。详情可见杨堃、周星《关于博士论文的一次师生对话》，《中国社会科学院研究生院学报》1988年第5期。

发言中提出："我国民族学在'民族理论'的标题下所从事的大部分研究，都可以规范到政治民族学之中，就学科发展而言，建立政治民族学已是民族学领域面临的当务之急。"[①] 周星关于建立"政治民族学"的意见当时虽引起了与会者的热烈讨论，"可后来在拒绝发表他意见的同时，却有刊物组织文章对其观点断章取义地进行了批评"[②]，在征得导师杨堃教授同意后，周星将其博士论文选题最终选定为"政治民族学"。[③]

1989年4月27日，周星的博士论文《政治民族学要论》顺利通过中国社会科学院民族研究所组织的论文答辩"并获得了较高的评价"[④]。在长达45万字博士论文的基础上进行修改订正后，周星将其中约1/2篇幅交由中国社会科学出版社，并于1993年9月出版了《民族政治学》一书。周星的《民族政治学》一书，"填补了我国民族科学界与政治科学界的一大空白，使民族政治学学科的体系建设第一次在中国学术研究中得到了拓展"[⑤]。

中国早期的民族政治学实际上是政治民族学，它是民族学者在20世纪80年代对中国民族学发展反思和探索的结果。周星就谈道，"在对中国民族学的历史和现状进行深刻反省时"，深感"只有坚定不移地植根于各民族现实生活之中，毫不犹豫地把自己的研究视野扩展到各民族社会与文化在当代世界所面临的或者已经发生和正在发生的一系列重大变革之上，才是它的唯一前途"。[⑥] 而"在对民族学传统研究领域或传统研究课题的学术价值进行充分估价，并汲取其丰富滋养的研究成果的基础上，我们应该有勇气正视中国民族学学科结构不合理与不尽科学的事实。它们已经成为阻碍中国民族学向更高层次进步和向纵深发展的主要原因之一"[⑦]。因此在

---

① 杨堃、周星：《关于博士论文的一次师生对话》，《中国社会科学院研究生院学报》1988年第5期。

② 凡秧：《自称"边缘学者"的周星教授》，《社会科学战线》1997年第5期。

③ 据周星回忆，关于"政治民族学"，他原本只是提一个看法，不被接受没关系，但对一种学术意见横加指责又不给对方申辩的机会，很不公正。于是，为进一步说明自己的观点，征得导师同意，他临时把博士论文题目改成了有关政治民族学方面的内容。详见凡秧《自称〈边缘学者〉的周星教授》，《社会科学战线》1997年第5期。杨堃、周星：《关于博士论文的一次师生对话》，《中国社会科学院研究生院学报》1988年第5期。

④ 杨堃：《推荐〈民族政治学〉》，引自周星《民族政治学》，中国社会科学出版社1993年版，第1页。

⑤ 杨堃：《推荐〈民族政治学〉》，引自周星《民族政治学》，中国社会科学出版社1993年版，第2页。

⑥ 周星：《试论政治民族学》，《天府新论》1988年第5期。

⑦ 周星：《试论政治民族学》，《天府新论》1988年第5期。

学科属性上，政治民族学被定位为"政治科学与民族科学之间相互渗透而形成的一门新兴学科"①。换言之，它"既是民族学的一部分，又是政治学的一部分；但它又既不能绝对和无条件地归属于民族学，因为它的一些命题是由政治学所包含或赋予的，同样，它也不能绝对地归属于政治学"②。实际上，从周星的博士论文选题到《民族政治学》的出版，其导师杨堃教授都是将政治民族学作为民族学的分支学科来看待的。③

周星的《民族政治学》，可谓是"我国学者撰写的第一部全面论及民族政治学的概论性著作"，正如杨堃所言"其开创之功是应予充分肯定的"。④ 然而，作为民族学与政治学综合交叉的新兴交叉学科，民族政治学的发展还需多学科的学者来共同关注和共同推动。管彦波就指出："我们在肯定作者对民族政治学的学科理论体系、丰富内涵、具体的运用性进行了大胆而有益的尝试和探索的同时，还必须顺便提及的是，一些有关民族政治学的概念、范畴、命题、原理和法则的科学性和普遍性尚有待进一步的论证和检验，尚需要不同学科的学者从各个不同的侧面作深入细致的探讨。"⑤

政治学者的介入直接推动了中国民族政治学的发展。在民族学者关注

---

① 周星：《谈谈政治民族学》，《内蒙古社会科学》1989年第1期。

② 周星的导师杨堃则认为，"政治民族学应该属于民族学学科中特殊民族学的范畴，这在西方也有，如法国叫政治社会学，英美叫作政治人类学。在中国叫政治民族学是对的，因为我们要搞的是马克思主义的民族学，在意识形态体系上不同于西方。"参见周星《试论政治民族学》，《天府新论》1988年第5期。杨堃、周星：《关于博士论文的一次师生对话》，《中国社会科学院研究生院学报》1988年第5期。

③ 在《民族学概论》一书中，杨堃教授认为："民族学中，现在还有一个分支学科，叫做政治民族学，或叫做政治社会学，或叫做政治人类学。"在周星博士论文选题时，杨堃教授指出："政治民族学应该属于民族学学科中特殊民族学的范畴，这在西方也有，如法国叫作政治社会学，英美叫作政治人类学。在中国叫政治民族学是对的，因为我们要搞的是马克思主义的民族学，在意识形态上不同于西方。……我认为，政治民族学作为一门民族学的分支学科如果能够成立，那将有利于民族学学科内部结构的合理化。"在为周星《民族政治学》写的推荐序言中，杨堃教授指出："我们的目标是建设中国马克思主义民族学的科学体系。我认为，民族政治学应该成为这个体系中最为重要的有机构成之一。"详见杨堃：《民族学概论》，中国社会科学出版社1984年版，第20页。杨堃、周星：《关于博士论文的一次师生对话》，《中国社会科学院研究生院学报》1988年第5期。杨堃：《推荐〈民族政治学〉》，引自周星《民族政治学》，中国社会科学出版社1993年版，第2页。

④ 杨堃：《推荐〈民族政治学〉》，引自周星《民族政治学》，中国社会科学出版社1993年版，第2页。

⑤ 管彦波：《一部独创性的民族政治学著作——〈民族政治学〉一书评介》，《民族研究动态》1994年第3期。

民族政治问题的同时，中国的政治学者也几乎同时开始从政治学的视角关注民族的政治属性和政治生活中的民族因素。如中国台湾学者马起华就指出，"民族是一种政治系统。"① 吴知论则阐释了"民族在政治上的特性"。20世纪90年代，中国政治学界有影响的民族政治学研究成果相继问世。这些成果直接"推动了民族政治学的构建过程"②。如宁骚的《民族与国家：民族关系与民族政策的国际比较》一书"有效地拓展了民族政治学的视野，极大地促进了我国民族政治学的形成"。③ 宁骚意识到"在马克思主义政治学的研究中，人们一向重视从阶级关系上去界定政治，而对民族关系或重视不够，或简单地从阶级关系上去加以解释"。④ 因此全面揭示和阐述"政治是民族之间的关系"⑤ 的内涵，"对于我国政治学的学科建设，具有重要意义"。⑥ 正是基于对"诸族体之间特别是他们与民族国家之间的互动，对民族国家的国内政治甚至对外关系有相当大影响"的认识，宁骚认为民族国家内的民族关系实际上构成了民族政治学的研究对象。他在交叉学科的基础上进一步将民族政治学定位为"比较政治学的一个分支学科"。⑦ 周平则从政治文化的视角并运用政治文化的研究范式，系统研究了云南少数民族的政治文化和云南少数民族地区政治发展的历史与现实，这一研究无疑是中国政治学者对少数民族政治研究所作的一次有益探索。⑧

20世纪伊始，随着中国民族政治学的发展，越来越多的中国政治学者意识到"研究民族政治是政治学的任务"，但"政治学对民族形态的政治的研究没有给予足够的重视"。⑨ 鉴于民族形态的政治研究长期被忽略的现实，"为了促进我国民族政治研究的发展，构建和完善具有中国特色的民族政治学理论体系，探索解决民族政治问题的有效方式，为各民族的和睦

---

① 马起华：《政治学原理》，中国台湾大中国图书公司1985年版，第1041页。
② 周平：《民族政治学》（第二版），高等教育出版社2007年版，第12页。
③ 周平：《民族政治学》（第二版），高等教育出版社2007年版，第12页。
④ 宁骚：《民族与国家：民族关系与民族政策的国际比较》，北京大学出版社1995年版，第1页。
⑤ 宁骚：《民族与国家：民族关系与民族政策的国际比较》，北京大学出版社1995年版，第1页。
⑥ 宁骚：《民族与国家：民族关系与民族政策的国际比较》，北京大学出版社1995年版，第1页。
⑦ 宁骚：《民族与国家：民族关系与民族政策的国际比较》，北京大学出版社1995年版，第2—3页。
⑧ 详见周平《云南少数民族政治文化论》，云南大学出版社1995年版。
⑨ 吴松：《总序》，吴松主编：《民族政治学论文集》，云南大学出版社2000年版，第3页。

相处与共同发展作出应有的贡献"①，云南大学的政治学者先后出版了一批民族政治学研究系列编著。如马啸原主编的《边疆少数民族地区的政治发展与政治稳定》②，吴松主编的《民族政治研究丛书》等。该丛书的出版，"对民族政治学研究的发展和学科影响的扩大，都起了十分重要的作用"。③周平的《中国少数民族政治分析》，聚焦中国少数民族的政治生活和政治现象，可谓开创了认识和分析民族政治的基本框架。

（三）民族政治学的形成

在中国民族政治学的形成发展进程中，周平的民族政治学研究直接推动了民族政治学学科的形成。2001年11月，中国社会科学出版社出版了周平的《民族政治学导论》一书。周平指出，"目前的政治学学科体系尚缺乏一个专门研究民族政治生活和政治问题的民族政治学分支学科，未能为这些问题的系统研究和理论构建提供必要的学科结构空间。这种学科内部结构的不完善，影响了民族政治问题的深入研究。"周平认为，"解决这一矛盾的正确办法，就是针对理论和实践的需要进行学科构建，建立一门专门研究民族政治生活和政治问题的民族政治学。"④ 该书虽为民族政治学"导论"，但实属"民族政治学研究的一部创新性力作。它是我国第一部从政治学的角度研究民族政治生活和民族问题，全面阐述民族政治学基本理论，构建完善的民族政治学理论体系的重要著作"。⑤ 在学科属性上，周平的《民族政治学导论》首次将民族政治学定位为政治学与民族学"两个学科交叉性质的新兴学科"。在学科归属上，民族政治学则属于"政治学的一个分支学科"。⑥

继《民族政治学导论》之后，周平的民族政治学研究影响日益扩大，"教育部也从学科建设和人才培养的角度给予了重视和支持"⑦。2003年10月，周平的《民族政治学》一书在高等教育出版社出版。该书被教育部高教司定为"普通高等教育'十五'国家级规划教材"，被许多高校采用，

---

① 吴松：《总序》，吴松主编：《民族政治学论文集》，云南大学出版社2000年版，第4页。
② 该书为国家社会科学"九五"规划重点研究项目最终成果，由云南大学出版社2000年出版。
③ 周平：《民族政治学》（第二版），高等教育出版社2007年版，第12页。
④ 周平：《民族政治学导论》，中国社会科学出版社2001年版，第3页。
⑤ 王惠岩：《民族政治学研究的创新性力作》，《政治学研究》2002年第2期。
⑥ 周平：《民族政治学导论》，中国社会科学出版社2001年版，第3页。
⑦ 参见周平《民族政治学》（第二版）后记。

一些高校还将其指定为研究生教材和博士研究生入学考试必读书目。2007年2月，高等教育出版社再次出版了《民族政治学》（第二版），该书被教育部学位管理与研究生教育司推荐为"研究生教学用书"。① 周星和周平的两本《民族政治学》著作，"无论是在基本理论方面，还是体系框架方面都堪称中国民族政治学领域的奠基之作——不仅详细介绍了西方民族政治学的理论与成果，还为构建起中国特色、中国风格的民族政治学理论体系定下了明确的基调"。②

随着民族政治学学科的建立，越来越多的学者开始加入民族政治研究中来。"在民族政治学的研究、学科建设和人才培养中，南开大学以高永久教授为代表的学术团队的贡献是明显的。"③ 高永久等人从政治学的视角，全面深入地研究了"城市化进程中的民族问题及其对策"④，并于2008年9月出版了《民族政治学概论》一书。⑤ 该著作的出版，"不仅为高校教育提供了一部重要的教科书，而且对推进我国民族政治学的研究和学科建设提供了一个新的台阶"。⑥

随着教材体系的完善，20世纪90年代国内如北京大学、云南大学、南开大学、兰州大学和中国政法大学等高校相继在本科生、硕士研究生或博士研究生教学中开设了民族政治学课程⑦，具有代表性的高水平课程建设和教学成果不断显现。如2007年12月，云南大学的民族政治学课程被教育部、财政部批准为"2007年度国家精品课程"。⑧ 2009年9月，云南大学民族政治学学科与人才培养体系的创建及实践就获得了2009年第六

---

① 事实上，《民族政治学》一书2005年就被教育部推荐为研究生教学用书。
② 高永久：《民族政治学概论》，《北方民族大学学报》（哲学社会科学版），2014年第3期。
③ 周平：《序二》，高永久等：《民族政治学概论》，南开大学出版社2008年版，第3页。
④ 高永久等：《民族政治学概论》，南开大学出版社2008年版，第3页。
⑤ 该著作为高永久团队2006年哲学社会科学研究重大课题攻关项目"城市化进程中的民族问题及其对策研究"的成果。诚如高永久教授所言，该书是其2004年以来在南开大学讲授民族政治学课程的总结，同时也是对城市化进程中民族政治问题研究的拓展。参见高永久等《民族政治学概论》，南开大学出版社2008年版后记。
⑥ 郝时远：《序一》，高永久等：《民族政治学概论》，南开大学出版社2008年版，第3页。
⑦ 据严庆等考证，20世纪90年代，北京大学率先在相关专业的本科生、硕士生和博士生教育中开设了民族政治学课程。参见严庆、姜术容《当代中国民族政治学发展述评》，《民族研究》2015年第5期。
⑧ 参见教育部、财政部《关于批准2007年度国家精品课程建设项目的通知》（教高函〔2007〕20号）。

届高等教育国家级教学成果奖二等奖。①

21世纪初,民族政治学专业的学位点建设起步。2001年,云南大学就在"马克思主义民族理论与政策专业"专业中设立民族政治学方向,开始招收民族政治学的博士研究生。2003年,云南大学自主设立了"民族政治与公共行政"专业的博士学位授权,分别招收民族政治学和民族公共行政方向的博士研究生。同年,中央民族大学也设立了民族政治学专业博士学位授权。② 2011年,云南大学获批政治学一级学科博士学位授权,又将民族政治学置于政治学理论专业之下。值得注意的是,同样是在2003年,周平在《政治学研究》上发表了《民族政治学:研究对象、性质、特点及发展》,并指出:"民族政治学在构建和发展的过程中,已经走向了成熟,并形成了自己的学科特色。"③ 民族政治学学科的建立④,得到了学界的普遍认同,同政治学的其他新兴交叉学科一道,共同"使得政治学学科体系得到了很大充实"。⑤

(四) 民族政治学的性质

从学科归属上来看,民族政治学是政治学的分支学科。民族政治学学科的构建和发展,是改革开放以来中国政治学研究取得的辉煌成就的一部分。这既是一种学科自觉,也得到了政治学界的普遍认可。概括起来说,民族政治学是基于政治学的规范、视角和方法,来看待与研究多民族国家的民族现象和民族问题的。这是其同其他类型的民族研究相比,所表现出来的学科差异和本质不同。在这一学科属性的整体性规约下,民族政治学又进一步衍生出其丰富的内涵和特征。

作为政治学的分支学科,民族政治学的性质在其形成和构建之初,就已经被清晰地意识到和确立下来了。在很长一段历史时期内,中国的民族问题都是被置于民族理论与政策、民族学的学科框架下予以看待和研究的。改革开放以后,特别是进入20世纪90年代以来,国内外的民族现

---

① 参见教育部关于批准第六届高等教育国家级教学成果奖获奖项目的决定(教高〔2009〕12号)。该成果同时荣获云南省第六届教学成果特等奖。
② 有学者就认为,"2003年是民族政治学学科真正确立的一年"。参见严庆、姜术容《当代中国民族政治学发展述评》,《民族研究》2015年第5期。
③ 周平:《民族政治学:研究对象、性质、特点及发展》,《政治学研究》2003年第2期。
④ 严庆、姜术容:《当代中国民族政治学发展述评》,《民族研究》2015年第5期。
⑤ 王浦劬:《我国政治学发展20年的回顾与展望》,《高校社会科学研究和理论教学》1998年Z2期。

象、民族问题都出现了新的变化，日趋复杂化和严峻化，并且慢慢地超出了既有的认知框架。在现实中，分析民族问题的视角和知识以及在此基础上制定和展开的民族政策，都不能对这一变化做出充分而有效的回应。面对这个问题，作为以国家和国家治理为基本研究对象的政治学，开始涉足民族问题领域，并将其放到政治学范式下加以研究。由此从理论上和实践上，为认识民族现象、治理民族问题提供了政治学的视角和思路。

事实上，对于当时置身于这样一种形势之下的政治学学者来说，在民族政治学构建之初就已然有了明确的学科自觉。作为中国民族政治学学科的创建者和奠基人，周平在21世纪之初就曾明确表示："民族政治学是一门以民族政治生活和各种民族政治现象为研究对象的，具有交叉学科性质的学科。但是，民族政治学以特定的政治现象和政治问题为基本研究对象，将学科的基点建立在政治学中，因此，它是政治学的一个分支学科。目前，民族政治学的研究主要是在民族政治学理论、中国的少数民族政治问题、国外民族的政治生活、民族政策的国际比较等四个基本的层面上展开。"[①] 这样一种学科自觉，为民族政治学的构建规定了基本的学科遵循和方向，贯穿于民族政治学的整个发展历程，凸显了民族政治学不同于既有研究的特色和优势。

基于这样的学科自觉和学科遵循，民族政治学的研究逐步展开、深入、拓宽，日渐成熟和体系化。在这个过程之中，它作为政治学分支学科的属性，也逐渐从构建和规划阶段，走向了一种不容忽视的客观现实。对此，不但政治学界给予了高度评价，而且其他学科也给予了广泛的认可。随着大量高级别科研项目的立项和研究、高水平科研成果的产出、大批专业人才的培养，政治学的规范、取向、视野、概念、方法，已经充分地融入民族现象和民族问题的研究之中。与此同时，伴随着这些研究的开展，民族政治学又为政治学的发展贡献了新的概念、新的观点、新的理论和新的知识，培养了一批又一批致力于民族问题研究的政治学学者。民族政治学的分支学科属性进一步坐实，学科价值也由此不断彰显。

民族政治学基于政治学的研究范式、概念工具和基本方法，着眼于民族现象、民族关系、民族问题的政治属性，并且以民族政治生活、民族政治现象为研究对象，因此在本质上是政治学的分支学科。这构成了民族政治学的基本学科属性，规定了民族政治学的基本内涵和特征。但与此同

---

① 周平：《民族政治学：研究对象、性质、特点及发展》，《政治学研究》2003年第2期。

时，民族政治学在构建和发展的过程中，还非常强调学科体系、学术体系和知识体系建设的开放性和交叉性，不但深受其他学科的影响和启发，而且自觉地吸收其他学科的有益成分，由此进一步凸显了政治学与民族学交叉学科的色彩和特点。

从学科形成和发展过程的角度来看，民族政治学的交叉学科特点是逐步形成和不断强化的。在民族政治学出现以前，已经有诸多学科开始关注民族问题，其中不乏对民族政治问题的研究。马克思主义经典作家就对民族与政治、民族与国家、民族与阶级的关系进行过专门论述。西方的政治学家们——诸如阿尔蒙德、罗斯金、李普森等人，也讨论过民族和民族问题。此外，民族学和人类学的研究，也不同程度地涉及民族政治生活和民族政治问题，其中，政治人类学、民族社会学的分支学科就是在这样的背景下产生的。此外，在中国被作为一门学科看待的马克思主义民族理论与政策，也必然涉及民族政治行为、民族政治关系、民族政治问题、民族政策等相关内容。这些都为民族政治学的构建和发展，提供了丰富的知识准备。

而正如前所述，在20世纪末，现实的民族问题形势同既有的民族理论政策之间的张力越来越突出。在这样的条件下，一些民族学的学者开始尝试引入其他学科的理论和方法来重新审视国内外的民族现象和民族问题。在这个过程中，1993年周星出版的《民族政治学》一书，就是最早探索的成果。诚然，总体来看，这本著作仍然是立足于民族学视角来看待民族问题，但在对民族政治现象的分析和论述中，引入了政治学的思维方式和话语逻辑。此后，周平的《民族政治学导论》一书，对中国民族政治现象、民族政治体系、民族政治行为、民族政治文化、民族主义意识形态、民族政治发展等议题做了系统而深入的研究，形成了以政治学范式和概念来研究民族问题的基本框架，铺垫了民族政治学形成和发展的学科底色。

在民族政治学的基本框架建立起来以后，民族学、人类学、民族理论与政策，以及历史学和社会学的相关内容，"都可以按照民族政治学的规范性进行改造后纳入民族政治学中去，从而为民族政治学的建立和发展提供学科养料。从这个意义上说，没有这些学科奠定的这样的基础，民族政治学的构建是不可能的"[1]。这样一来，在建立和发展过程中，民族政治学

---

[1] 周平：《民族政治学》（第二版），高等教育出版社2007年版，第10页。

的政治学学科属性和多学科交叉融合的内涵就并行不悖地展开，形成了民族政治学独特的学科定位和学科特点。

二 民族政治学的特点

民族政治学是在国内外民族现象、民族问题出现新形势，而既有的民族理论和民族政策未能全面而准确地阐释与解决现实问题的时代背景下产生的，是中国政治学研究对多民族国家民族问题治理的及时而有效的回应，对于民族理论创新和政策调整实现了有效的知识供给。经过近30年的创建、开拓和发展，民族政治学的学科构建逐步完成，其学科属性、知识体系、价值取向、现实功能已经较为充分地展现出来，由此也将自身特定的学科内涵凸显了出来。概括起来，民族政治学作为一门在改革开放之后孕育和形成的富有生命力的新兴学科，具有几个方面的突出特点。

（一）政治学视野中的民族

无论是民族政治学还是其他学科的民族与民族问题研究，都是以"民族"作为研究对象的，皆以"民族"概念的形成和发展作为前提和基础。而在核心概念问题上，民族政治学是以政治学视野来看待民族和民族问题的，对于民族概念的界定和使用方式具有突出的学科特征。以此为出发点所展开的论述过程和基本认识，自然也具有不同于其他学科之处。政治学视野下的民族，着眼于民族现象、民族问题的政治属性，并把其置于人类民族演变的历史大势之中进行观察和认识，从中揭示民族、民族关系和民族问题的内涵、本质和规律。

在历史长时段视角下审视民族，"民族"概念及其所指代的特定人群共同体，最早出现于近代的欧洲。在此之前，"封建的欧洲没有民族的概念，也没有现代意义的'国家'。英格兰、法兰西、德意志等等更多的是一些地理概念，是一些广大的地理范围，对一般百姓来说，它们表达的意义并不比一座小丘或一块沼泽的名称在内容上具有更丰富的含义"[1]。从基督教普世世界国家进入王朝国家时代后，西欧各国通过长期的政治整合、

---

[1] 钱乘旦：《世界现代化进程》，南京大学出版社1999年版，第27页。

经济整合、文化整合、社会整合，逐步实现了国内人口的同质化，并在此基础上实现了国民的整体化，创造出了一个个以国家为单位的人群共同体——"民族"。正因如此，英国学者埃里克·霍布斯鲍姆认为："民族原本就是人类历史上相当晚近的新现象，而且还是源于特定地域及时空环境下的历史产物"，"并不是民族创造了国家和民族主义，而是国家和民族主义创造了民族。"[①]

但是，当民族被王朝国家构建起来以后，日渐觉醒的民族同君主专制的王朝政权之间的张力却凸显出来，并且集中表现为民族不认同王朝。在此背景下，一种取代王朝国家的新型国家形态——民族国家便应运而生，通过一系列民主制度的建立，民族国家逐步获得了民族的认同，从而实现了民族与国家的有机结合。从这个意义上来说，"民族国家本质上是一套保障民族认同国家的制度机制"[②]。这里的民族不是一般意义上的群体范畴，而是一个同质化的国民经由整合而成的国民整体。民族由欧洲的王朝国家锻造出来，在民族国家构建过程中得以不断巩固，反过来又支撑着民族国家的制度体系，是民族国家存续和发展的基石。

在资本主义逐利本性的驱动下，在工业革命带来的强大国家实力的保障下，同时也因国民整合而释放出来的巨大活力，欧洲的民族国家体系开始向全世界扩张，由此把其他地区和国家卷入到了民族国家世界体系之中，民族国家逐渐成为普遍性的国家形态。在此过程中，原本不存在民族现象的国家也纷纷开始构建自己的民族。伴随着这样的过程，民族概念的指称范围也越来越丰富，甚至越来越泛化。在原初性民族国家之外的国家中，国内原本就存在的诸多历史文化族体也都被纳入"民族"范畴中被看待和界定，有的还在政治和法律上获得了承认，成为实实在在的"民族"。中国的民族和民族概念也是在这样的历史大趋势中被构建起来的，因而中国的"民族"一词具有中华民族、56个民族和少数民族等不同层次的含义。

从20世纪后半叶开始，全球化进程加速推进，人口跨国流动的规模和频率大幅度提升。在原本国民同质化程度较高的西方国家，也由于移民人口的涌入、累积和聚集，出现了移民社群的族体化现象。对于这些族类群体，西方国家并未以"民族"来界定，更未承认其与"民族"相称的社

[①] ［英］埃里克·霍布斯鲍姆：《民族与民族主义》，上海人民出版社2000年版，第5、10页。

[②] 周平：《民族国家认同构建的逻辑》，《政治学研究》2017年第2期。

会政治地位，而是通常以"族群"（ethnic group）概念加以描述和分析。伴随民族国家"多族化"问题的出现，以多元文化主义为内核的西方族群政治理论开始兴起，所产生的影响力不仅作用于国内的族际关系，而且还波及西方以外的其他多民族国家。

民族政治学学者，尤其是那些在这门学科构建和发展中起到关键性作用的学者，大都是在这样一个宏大视野中来考察和认知民族现象，进而界说民族概念和民族问题的。这样一种研究视野，将民族置于人类民族演变的大历史之中加以认识，强调民族是在民族国家构建中形成和巩固的，突出在民族国家建设和发展中看待民族政治现象和民族政治问题。正是基于这样的政治学视角和思维逻辑，民族政治学逐步构建起一套自洽的、合理的、完整而具有普遍性的知识体系。

（二）民族政治学的学术立场

如前所言，无论是民族政治学，还是民族学、马克思主义民族理论与政策、民族社会学等学科，皆是以"民族"作为研究对象的。而在形成与演变过程中，"民族"逐渐成为一个内涵复杂的概念。从目前的情况来看，"民族"大体上指代三类社群现象：一是，与国家结为一体并以国家形式呈现出来的国家民族，也就是 nation-state（民族国家）中的 nation（国族）；二是，多民族国家内部历史文化意义上的人群共同体，即 ethnic group（族群）；三是，在全球化背景下，人口大规模频繁跨国流动形成了日渐聚集在一起的移民社群，而这些移民群体又进一步形成了"聚众成族"的现象。而不论是国族、族群还是族体化的移民社群，又无一不是以国家作为存在基础的，或者说都隶属于不同的国家。

这样一来，在围绕各种类型民族群体的研究中，就自然会产生站在何种立场和何种视角来看待民族政治现象的问题。立足不同的学术立场，往往意味着研究者是站在不同位置、不同高度、不同格局、不同角度来看待民族政治的。所谓"横看成岭侧成峰，远近高低各不同"，不同立场和角度下所看到的民族现象和民族问题自然是不一样的，所得出的基本认识和判断也不尽相同，甚至是大相径庭的。

总的来说，研究民族问题的学术立场大致可分为两个大类：一是，国家或国族立场，而二者是一体两面、相得益彰的；二是，民族或族群立场。对于后者又可分为主体民族立场、少数民族立场和各民族立场几种类型。在以往的民族问题研究中，相关学科的学者多是站在民族尤其是少数民族的立场来展开问题分析的。所形成的研究内容，也以维护少数民族权益、促进少数民族发展、保护少数民族多元文化特色等为主，总体上是立足民族来看待国家。相比之下，立足国家来看待民族和民族问题则处于缺位状态。

与其他学科不同，"政治学长期流传的一句名言是：政治学始于国家，也终于国家（political science begins and ends with state）"①。在政治学的视野中，政治的核心是公共权力。而在国家出现以后，国家政权就成为最典型的公权力，国家是迄今为止人类所创造的最为有效的政治形式。如此一来，研究国家和国家治理，也就成为政治学的核心内容。作为政治学分支学科的民族政治学，自然也必须遵循这样的学科规范，从国家立场和国家视角来研究民族政治现象与民族政治问题。

当然，民族政治学坚持国家主义的学术立场，也是民族政治现象和民族政治问题自身的内在逻辑所决定的。民族这种人群共同体现象，并非自古有之，而是在特定的历史条件下形成的。原初意义上的现代民族，最早是在欧洲的王朝国家时代经由国家力量创造和整合起来的。此后，民族又同国家结合起来，出现了"民族国家"这种特定的国家形态。因而，此时民族政治的基本形态就是民族与国家的结合。随着近代以后欧洲民族国家向全世界扩散，原本存在着诸多历史文化族体的国家，也被纳入民族国家世界体系中来，其国家形态也逐步由传统国家转变为现代的民族国家。这样一来，这些后发的现代国家就既是民族国家，同时又是多族群（即民族）国家。在这些多民族国家内部，各个族体之间的政治互动和政治博弈，以及政府为维护国家统一、稳定而展开的民族问题治理活动，就构成了复杂的民族政治现象。

在把握民族政治这一内在逻辑基础上，民族政治学的研究也就呈现出突出的国家立场和国家视角。这种学术立场集中表现为几个方面：一是，以国家视角特别是在国家发展史的进程中看待民族现象和民族概念；二是，在民族国家构建框架下，分析和研究国内民族关系及民族问题；三是，以国家统一、稳定和发展，作为民族理论和民族政策的价值追求；四是，研究对象不但包括少数民族，还包括主体民族、国族、族际政治关系以及民族国家等。

---

① 俞可平：《中国政治学的主要趋势》，《北京大学学报》2018 年第 5 期。

(三) 民族政治学的价值取向

社会科学研究，很难完全排除特定的价值取向。价值取向规约着研究者看待问题的价值观念、基本判断、阐释方式，基于不同的研究价值取向往往会产生对于同一事物的不同认识。维护和推动国家的统一、稳定、巩固和发展，本身就是政治学所遵循与追求的政治伦理和政治正义。作为政治学的分支学科，民族政治学自是秉持这样一种国家主义的价值取向，站在国家的立场来审视看待民族问题。

当然，民族政治学所坚守的国家主义价值取向，并非仅仅是对政治学的被动继承和附和，更是基于民族和民族问题的自身逻辑和本质而做出的价值判决和理性选择。一方面，作为一种稳定的人群共同体，民族是在民族国家构建过程中逐步被国家创造出来的，原本意义上的民族同国家高度关联，是以国家形式凸显出来的。在民族国家成为普遍性的国家形态之后，那些被称为"族群"或"民族"的族类群体，也存在于特定的民族国家之内，也只有通过国家政策才能实现和维护自己的利益。另一方面，在日益激烈的国际竞争环境之中，人们不仅以国家社会作为存在单元，而且必须聚集在国家的政治屋顶之下，才能够形成足够的力量来应对内部和外部的挑战。国内各个民族也必须在国家利益的整体框架中，有效地实现各自的族体利益。国家出现动荡或解体，民族势必成为覆巢之卵，民族或族群的利益也无法得到保障。

民族政治学的国家主义价值取向，是在对既有理论和政策进行深刻反思的基础上确立起来的。20 世纪 70 年代兴起的族群政治理论，在西方国家产生了重大影响，但其对于国家统一可能产生的解构性效应也逐渐引起了西方学者的警惕。当这一理论传入中国并被冠以"族际政治"之名后，又受到了国内一些学者的推介。一些研究者不但用差异政治、身份政治的理论来阐述国内民族关系，而且还试图在法律、制度和政治程序层面上，重构少数民族权利的保障机制。针对这一状况，民族政治学研究者立足国家整体利益，提出了"族际政治整合"理论，将民族政治研究从"分"的趋势，重新拉回到"合"的发展轨道上来。

在实践层面，民族政治学从价值取向的角度，对中国的民族政策做了梳理和概括。周平是最早对这一问题进行研究的学者，他认为："中国的民族政策蕴涵着'民族主义'的价值取向。'民族主义'取向的政策，在解决少数民族发展程度较低情况下的民族问题方面体现了强大的功能，但在处理少数民族发展起来以后的民族问题方面则功能不足。而且,'民族主义'取向的政策也蕴涵着一定的风险。因此,中国民族政策的价值取向应由'民族主义'转向'国家主义'。"[1]此后,以维护和巩固国家统一为取向的民族政策研究逐渐兴起,对国家民族理论和民族政策的调整起到了特殊性作用。

总之,政治学的学科属性、民族与国家密切关联的基本事实,以及对现有民族理论和民族政策的重新审视与深刻反思,使得民族政治学确立了国家主义的价值取向。在这种取向之下,民族政治学学者强调在国家的整体框架中看待民族和民族问题,在保障和维护国家利益的基本原则基础上,建构应对民族政治问题的理论,提供民族关系治理的政治方案。

(四)民族政治学的学术品格

在特定的学科视角、学术立场和价值取向的规约下,民族政治学形成了自身独特的研究内涵:既关注理论问题和理论建构,也关注现实问题和政策实践;既注重知识生产和知识供给,也注重政治设计和政策方案的提供。如此一来,理论性与实践性、知识性与工具性的有机结合,就构成了民族政治学特有的学术品格。

首先是理论性。民族政治学在构建之初,开创性地使用政治学的研究范式进行民族及民族问题的分析,形成了民族的国家政治体系、非国家政治体系、民族政治关系、民族政治组织、民族政治文化、民族主义、民族统治、民族运动和民族政治发展的基本框架,初步构建形成了一套民族政治理论体系。随着民族政治学研究的拓展和深入,关于民族政治现象的理论构建也越来越丰富,提出了新的概念、新的观点,同时建立起了概念和知识结构之间的深刻逻辑,并以此来推演新的知识、分析新的问题。经由这样的过程,民族政治学的学科体系、学术体系、知识体系和人才培养体系也日臻完善,内在的逻辑性更为严密,述说和论证民族政治问题也更为周延。

经过长期的建设和发展,特别是在领军人物的积极推动之下,民族政治学的理论体系越来越丰富、越来越成熟,由此产生的理论阐释能力也越来越强。其中,有些理论还具有原创性,所产生的影响也是巨大的。尤其是民族国家理论、国族理论、中华民族理论、多民族国家的族际政治整合

---

[1] 周平:《中国民族政策价值取向分析》,《当代世界与社会主义》2010年第2期。

理论、民族政策价值取向理论、国家认同理论、人口国民化理论的形成,刷新了人们对民族政治问题的既有认识模式,为民族政治研究提供了更加完备的理论框架。在这个理论框架和概念工具的支撑之下,不少学者又基于政治学规范和研究路径开展基础研究,从而进一步补充和完善了既有理论,推动了民族政治学的理论发展。

其次是实践性。应该注意的是,民族政治学的发展并非仅仅是理论建构和概念创新,而是具有鲜明和突出的实践性特点。一是,从民族政治学的理论体系构建来看,很多的概念、观点和论断都不是源于纯粹的逻辑推演,而是来自对实践的观察、梳理、总结和反思。基于历史事件、政策分析、现实场景来进行理论思考,创制新理论,矫正和调整既有理论,是民族政治学理论建构和发展的重要动力。二是,从研究路径和研究方法来看,民族政治学非但不回避实践,而且还非常强调在社会实践中发现问题、阐释问题,继而基于经验基础提出新的知识、建构新的理论。三是,从学科使命和社会服务来看,民族政治学的形成和发展也都是同实践紧密结合在一起的。民族政治学的构建,就源自政治学人面向现实、回应时代需要的学术情怀和学术担当。在从事民族政治研究过程中,研究者也自觉地把学术研究同国家治理与国家发展紧密地结合,为民族问题治理、民族国家建设源源不断地提供智力支持和知识供给,为民族问题研究和边疆多民族地区治理持续培养科研人才和实务型人才。

再次是知识性。作为一门具有2000多年历史的学科,政治学的经久不衰和持续发展有赖于其自身所具有的重视知识生产的学科特性。民族政治学秉承了这样一种特性,以知识生产作为基本追求,"把民族政治研究当作知识生产过程,并把思想和理论的创造置于知识生产的基础上,着力于知识的创造和知识体系的构建。随着研究的深入和研究视野的拓展,民族政治的知识生产过程日益活跃并在知识增长的基础上实现了知识的有效积累,进而又在知识生产的基础上开展民族政治学人才的培养,为民族政治研究注入了持续发展的动力"。[①] 由此凸显了民族政治学学科的知识性特征。

区别于强调意识形态标准的民族问题研究,民族政治学的研究强调从知识性和学理性的角度出发,对现实的民族政治做出准确描述、深刻阐释、恰当预判和理性评价。然而,现实中的民族政治现象和民族政治问题

---

① 周平:《民族政治学知识体系的构建、特点及取向》,《政治学研究》2019年第1期。

又具有多样性和复杂性，其本质往往蕴含于长时段的历史演变过程中，同时隐藏于繁杂的表象之下。面对这样的基本事实，民族政治非常强调由表及里、由此及彼地把握事物的自身逻辑，发掘其内在的本质性内涵，进而做出知识性的解释和判断。能否对现实的民族政治问题做出深刻而准确的知识性阐释，并以此为政治学知识大厦添砖加瓦，也成为评判民族政治学研究水平的基本尺度。

民族政治学学者所从事的知识生产活动，既包括创造新的知识，也包括对已有知识的修正和完善。对于前者，民族政治学尤为注重基于基本的民族政治事实，采取适当的研究方法，并运用逻辑判断和推理，来提出新的概念，从而实现有效的知识供给。而面对既有知识的不完备性与某种偏差性，民族政治学研究则秉持建设性的批判态度，而非情绪化或意识形态性的批评。它通过对民族政治现象的产生、演变、特征、规律的深刻揭示和阐发，提供更为合理的知识性判断。这样的知识生产特性，凸显了民族政治学在社会科学知识体系中不可或缺的地位与意义。

最后是工具性。民族政治学强调知识性和学理性的研究特征，使其能够对社会实践和现实问题给出科学性的阐释和判断，由此为人们认识民族政治现象的本质和发展规律提供了可靠的认识工具。民族政治学的这种工具性价值，不但体现为从科学研究方面推动对于民族政治现象的认识，而且体现为在社会现实政治问题层面为政策评价和政治设计，提供科学性标准和解决问题的基础性方案。由此，民族政治学研究秉持的国家立场、制度伦理、政治正义，虽然自身是知识性而非意识形态性的，却可以转化为意识形态，并常常被某种意识形态所吸纳；民族政治学通过知识生产而提供的理论、观点、主张和方案，也被国家决策层和实际工作部门所采纳，进而对民族政治领域的政策思维产生了积极影响。

三　民族政治学的内容

经历近30年的发展，尤其是在领军人物有意识地推动和引领下，民族政治学已经建设成为一个完整的具有丰富内容的学科。作为一门研究民族政治问题的学科，民族政治学不是单一维度的，而是由学科体系、知识体系、学术体系、人才体系等主要部分构成的。这些部分各自具有其特定的内涵，并且又是相互关联、相互融通、相互影响的，从而共同构成了一个完整的民族政治学学科系统。

（一）学科体系

经过长期的建设和发展，民族政治学逐渐从一个研究领域拓展为一门较为成熟的新兴交叉学科，已经形成了丰富的研究内容、完整的研究结构、严整的研究逻辑。正因如此，"总体来看，我国民族政治学专业已经建立起了学科体系，初步拥有了一支科研教学队伍，在专业设置和学术研究方面正在不断突破"。①归纳起来，民族政治学的学科体系包含以下几个方面的基本内容。

首先是民族政治学的基本理论。今天的民族政治学已然形成了一套成熟的学科理论体系，确定了民族政治研究的基本框架。诚如有学者认为的，"政治学基础理论是一种超越具体研究内容的深层次反思的产物。它回答了到底何种内容可以被纳入政治学的范畴之中，通过此种'元理论'的不断强化，为政治学研究领域与方法的拓展和创新设置了一个根本的筛选和改造标准"。②民族政治学的学科地位，首先就是由民族政治的理论阐释和基本理论问题研究来奠定和巩固的。围绕着民族政治问题而建构的理论体系，在为民族政治研究提供基本的分析框架和理论工具的同时，也增强了民族政治学在政治学乃至整个哲学社会科学中的辨识度，巩固了其在中国学术版图上特殊而重要的地位。

其次是中国民族政治问题研究。民族政治学的学科体系除基本理论建构以外，还包括运用政治学的方法和概念工具对中国民族政治的各个具体领域、各种具体的民族政治现象和民族政治问题进行研究。这样的研究集中于民族构建、民族政治行为、民族关系、族际政治、国家认同、中华民族建设、民族国家的构建与发展、民族区域自治实践等诸多方面。长期以来，民族政治学的研究者通过对这些基本和突出的民族政治现象和问题的描述、分析和解释，形成了对民族政治的科学认识。这不仅丰富了民族政治学本身对于民族问题的认知，而且对于其他学科的中国民族问题研究起到了补充性作用。

再次是民族政策研究。在形成对民族政治的解释理论和知识体系的基础上，民族政治学还根据民族和民族问题的状况和形势，进一步研究治理

---

① 青觉：《中国民族政治学研究的新路径》，《黑龙江民族丛刊》2014 年第 6 期。
② 刘方亮、师泽生：《中国特色社会主义政治学学科体系、学术体系和话语体系何以构建》，《探索》2017 年第 4 期。

民族政治问题的思路和对策，探索多民族国家民族问题的治理之道。这一研究领域的形成和确立，是由民族政治学研究旨向所决定的，即探寻我国民族政治问题的解决之道和国家民族问题治理的有效之策。在这个方面，民族政治学学者的突出贡献在于，基于对中国民族政策的历时性梳理和共时性归纳，揭示了民族政策的本质和内在逻辑。特别是关于民族政策价值取向从民族主义向国家主义转变，民族政策与民族关系的互动逻辑，民族区域自治的制度伦理和调适方向等方面的研究，不仅在理论层面上加深了对中国民族政策的认识和阐释，而且在实践层面上对于国家民族政策的调整起到了重要的推动作用。

复次是民族政治的比较研究。按照国内民族构成的标准，当今世界上的绝大部分国家都属于多民族（族群）国家，因此民族政治是一种普遍性的政治现象，民族政治问题也是广泛分布的。然而，纵观各个多民族国家的民族问题及民族问题治理，既有共性也有个性，这就使得"同中求异、异中求同"的民族政治比较研究，不仅是必要的，也是必然的。民族政治学学者不但研究了亚非拉地区多民族国家的传统民族问题及其治理，而且还着重研究了西方国家的民族政治现象和民族政治问题：考察西方国家的民族、民族国家的构建历史及其产生的重大影响；在全球化和现代化背景下，研究西方民族国家的"多族化"问题；研究西方主流的民族政治理论，同时研究各国的民族问题治理政策与实践。

（二）知识体系

作为一门新兴学科，民族政治学的创建源自对中国民族政治问题的探索和研究。而随着以政治学视角和方法开展的民族政治研究的不断深入和拓展，民族政治知识得以逐步积累，知识和知识之间的内在逻辑也越来越清晰。在此基础上，丰富的民族政治知识日渐融会贯通为一体，成为一套完整的知识体系。民族政治学知识体系，是其成为一门学科的核心和基础性条件。诚如有学者所指出的，"民族政治学能成为一门独立的学科，标志之一就是知识的体系化。"[①]

民族政治学的知识体系是在长期的构建和发展中逐步积累形成的。"从某种意义上说，政治学以及政治学者的任务，正是致力于做生产知识、

---

① 严庆、姜术容：《当代中国民族政治学发展述评》，《民族研究》2015 年第 5 期。

生产思想、生产理论的工作。"① 政治学的介入，为民族和民族问题研究注入了推动知识生产和知识积累的强大动力。民族政治学在创建伊始，就将政治学注重知识生产的学科规范和学术旨趣，融汇于民族政治问题的研究过程之中。政治学学者秉持和运用政治学的思维方式、学术立场、价值取向、概念工具、话语体系，持续地开展民族政治现象的研究。"更加重要的是，政治学角度的研究重视研究的知识生产属性，以知识生产为基本追求，把民族政治研究当作知识生产过程，并把思想和理论的创造置于知识生产的基础上，着力于知识的创造和知识体系的构建。随着研究的深入和研究视野的拓展，民族政治的知识生产日益活跃并在知识增长的基础上实现了知识的有效积累，进而又在知识生产的基础上开展民族政治学人才的培养，为民族政治研究注入了持续发展的动力。"②

政治学学者介入民族问题研究时，先是把政治学的研究规范和研究框架引入这一领域，形成了对于民族问题尤其是少数民族问题的政治分析。此时的民族政治研究，主要围绕民族政治现象、民族政治关系、民族政治文化以及民族问题的政治解决方式展开。对于政治学研究而言，一个常规性的知识框架是由政治体系、政治文化、政治社会化、政治关系、政治行为、政治发展等几个主干部分构成的。在将这样的分析框架引入民族问题研究时，政治学学者初步建构起了一个认识和分析民族政治现象的基本知识体系。如周平的《民族政治学》的章节结构就大致包括民族国家政治体系、多民族国家政治体系、民族的非国家政治体系、民族政治关系、民族政治组织、民族政治人、民族政治文化、民族主义、民族统治、民族运动、民族政治的发展等内容，体现出浓重而鲜明的政治学分析框架的特征。而另一部具有代表性的著作和教材，高永久的《民族政治学概论》也主要是由民族政治体系、民族政治行为、民族政治意识、民族政治制度、民族政治发展5个部分组成，事实上也是延续了政治学的经典分析框架。

将政治学理论的分析模式引入民族问题的研究中，为民族政治学的知识生产提供了一个基本框架。此后，在这样的分析框架基础上，民族政治的研究领域不断拓展，由此积累的知识也越来越丰富。民族政治学涉猎的研究对象和产生的新知识，也逐步地超出了原有的框架结构。在这一学科拓展的过程中，将民族现象和民族问题置于人类民族演变大视野下加以观

---

① 桑玉成：《关于政治学的主题与政治学基本问题的思考》，《政治学研究》2017年第5期。
② 周平：《民族政治学：研究对象、性质、特点及发展》，《政治学研究》2003年第2期。

察和认知,这样一种视角和方法论起到了十分关键的作用。通过这样的研究路径创新,为民族政治现象和民族政治问题的研究打开了全新的思路,形成了更为全面而深刻的认知,丰富和完善了既有的知识体系,从而对民族政治研究领域向民族政治学学科的质的飞跃,起到了极大的推动作用。

通过把研究视野拓展到世界近代以来的民族现象和民族关系,民族政治学的知识生产得以在更大的格局下展开,对已有的认知和知识进行了调整,对那些碎片化和孤立的知识进行了重新梳理和整合,并按照知识内在逻辑构建形成了更加完备的民族政治学知识体系。这样的知识体系涵盖了现实民族政治的各个方面,因此是丰富的也是复杂的。这种丰富复杂的知识体系,又是通过若干主要知识板块架构起来的。概括起来,这些相对独立而又彼此关联的知识板块包括以下几个方面:

首先是民族国家理论。长期以来,学界对于民族国家的认识并不统一,歧义重重,甚至还存在一些认知上的误区,典型地表现为将民族国家等同于单一族群国家,或简单地等同于主权国家,将其同多民族国家对立起来看待,其中不乏否定民族国家的现实存在的观点。面对这个问题,民族政治学学者进行了专门研究,澄清了以往的诸多误区,揭示了民族国家的本质和内在逻辑,得出了"民族国家并非单一民族国家,而是建立在民族对国家认同基础上的主权国家",民族国家具有主权性、民族性、人民性特征的基本论断。[①] 此后,关于民族国家的研究日渐增多,形成了述说民族国家的一套话语体系,进而构建起了认识民族国家的基础理论。民族国家理论的构建,不仅加深了人们对于这一特定国家形态的认识,而且从整体上推动了民族政治学的发展。今天民族政治学研究的价值取向、学术立场、研究视角、逻辑推演、研究内容和展开路径,都深受民族国家理论的规约性影响。民族现象、民族问题以及民族问题的治理,都被置于民族国家的整体框架下加以看待和分析,并且在民族国家构建和建设的视角下得到了全面而准确的认知。

其次是国族理论。在确立对民族国家这一特定国家形态的基本认识以后,民族政治学学者又进一步提出了国家民族——国族的理论。立足人类民族演变的大视野,政治学学者发现,民族是近代以后伴随民族国家构建而逐步被构建起来的,原本就与国家密切关联,并且最早是以国家形式凸显出来。原初的西方民族国家中的民族(国族),是基于国内同质化程度

[①] 周平:《对民族国家的再认识》,《政治学研究》2009 年第 4 期。

较高的国民，经由国家整合而成的一个国民共同体。而当民族国家向世界扩散，那些模仿西方而新建立的民族国家，并不具备那种高度同质化的人口，也不具备将散在人口凝聚为一个整体的社群组织形式和社会政治机制。因而，对于这些后发构建起来的民族国家而言，普遍面临着国族建设和巩固的国家建设任务，其中提升国族内部的同质化程度，推动国族朝着一体化方向发展，是一个核心内容。

第三是民族政治生活。无论是国家意义上的国族，还是历史文化意义上的国内各民族（族群），都同政治结成了不可分割的关系，并且围绕政治展开了各种活动、结成了各种关系，由此产生了复杂多样的民族政治生活。对于形式复杂并且对民族国家具有重要影响的民族政治生活，民族政治学不仅将其列为主要研究对象，而且还产生了独特的研究模式。其研究内容涵盖了民族政治生活的基本结构、民族政治行为、民族政治关系、民族政治文化和民族政治发展。在这个方面，民族政治学的研究，不仅在于准确地描述民族政治生活的形态，更在于从本质上阐发其内在机制，揭示其基本规律，判断其发展走向。尤其注重从"利益"的角度出发，来研判多民族国家内部各个民族的族体意识、政治行为、族际关系和民族政治发展。

第四是民族问题治理。在多民族国家中，共居于同一政治屋顶下的各个民族，既有共同的利益，同时也有各自的特殊利益，由此形成了以民族为单位的不同的利益群体。而在获得和维护各自利益的过程中，难免会产生民族与民族之间的竞争、博弈、矛盾甚或冲突，对国家政治共同体的维护产生负面影响，更为严重时还会导致多民族国家的解体。民族政治学研究尤为关注多民族国家的民族问题及民族问题治理。"民族问题主要表现为不同民族群体间的矛盾和冲突，但是，它也会以组成国族的某个民族群体与国族之间的矛盾、民族群体与国家之间矛盾的形式出现，甚至表现为代表民族利益的民族主义政党、民族政党之间及其与国家之间的矛盾出现，在极个别的情况下，也会表现为民族领袖与政府之间的矛盾。"[①] 对于民族问题的治理，民族政治学主张选择并坚持"国家主义"的价值取向，避免因一味地强调民族群体利益的保障而损害国家统一与稳定的整体利益。

第五是族际政治整合理论。基于对民族国家和国族的认识，民族政治学坚持以维护国家统一、稳定作为多民族国家民族问题治理的价值取向和

[①] 周平：《论多民族国家民族问题的治理》，《晋阳学刊》2013 年第 3 期。

政治伦理。在民族问题治理中，多民族国家的族际政治整合是一个核心理论，也是影响最大的理论之一。族际政治整合主要是指，"在多民族国家内，将组成多民族国家的各个民族维持在统一的国家政治共同体中和巩固、强化各个民族的政治结合的过程，也是多民族国家通过协调族际政治关系来维持国家的统一和稳定的过程"[①]。族际政治整合理论突出多民族国家民族问题治理的国家至上原则，将推动国家整合和一体化作为基本目标。对此，有学者还专门做过研究："多民族国家中的族际政治整合研究，是在民族政治学的学科框架之内衍生出来的学术思考，同时也是基于民族国家治理层面的需要与现实考量……族际政治整合的理论及其实践就是在国家利益框架内进行的。"[②] 这样的判断，可谓抓住了族际政治整合理论的核心和要领。

当然，民族政治现象和民族政治问题的复杂性和多样性特点，使得民族政治学的研究及产生的知识也是极为丰富的，同时这样的研究和知识生产也尚处于一个现在进行时的动态发展之中。因而，上述几个方面的知识板块并未能完全涵盖或穷尽民族政治学的全部内容，而只是对民族政治学知识体系进行的一种基础性和骨干性的概括。在这些基础理论和基本框架之下，民族政治学的知识生产活动是具体的，有时甚至是细微的——不但关注宏观和中观层面的理论建构，也关注微观问题的研究。特别是近年来，民族政治学越来越强调和鼓励青年学者从事经验性研究，面向现实、走向田野，开展深入和细致的实证调查，进而从现实中发现问题、运用专业知识探讨问题，最终通过研究和阐释问题来生产新的知识。

与此同时，以上呈现的也仅仅是对民族政治学知识体系的一般性概括，或者说是民族政治学一般性和普遍性知识的呈现。当民族政治学学者运用这些一般性知识和理论来研究中国民族政治问题时，又进一步形成了有关中国经验和中国问题的认识。其中，关于中国的民族国家属性、中华民族的国族性质和特点、中国的民族建构、中国的族际政治整合、中国民族关系的治理、中国民族政策的取向和内容、民族区域自治的内在逻辑等方面的研究和认知，不仅形成了新的民族政治知识，同时对中国的民族理论和民族政策的完善与调整形成了重大影响。

---

① 周平：《多民族国家的族际政治整合》，中央编译出版社2012年版，第50页。
② 李陶红：《周平：多民族国家中的族际政治整合研究》，《民族论坛》2014年第6期。

（三）学术体系

民族政治学学科的内容，除了学科体系和知识体系之外，还包含着一套相对成熟的学术体系。学科体系是民族政治学的基本学科架构，知识体系是民族政治学呈现出来的知识内容、结构和逻辑，而学术体系则是民族政治学进行知识生产进而推动学科发展的基本范式、路径、方法和着眼点。具体来说，民族政治学的学术体系又是由几个层面结合而成的。

首先是民族政治学的研究范式。就学科属性来说，民族政治学是政治学的分支学科，因而遵循着政治学的基本研究范式。从这一点来看，民族政治学的学术体系同政治学是一脉相承的。"政治学学术体系是围绕着如何进行研究这一问题构建起来的，它是一套闭合且完整的环节，主要包括主题的确定、资料的收集、观点的提出、理论的论证、成果的检验等方面。"① 因循着这样的基本模式，民族政治学在开展知识生产的过程中，从根本上体现了政治学的规范、政治学的视角、政治学的立场和取向、政治学的基本理论、政治学的概念工具，以及政治学的研究方法，尤其是突出了在国家治理和国家发展中透视民族政治现象的特征。在这样的研究范式之下，民族政治学的研究过程、形成的认知、贡献的政策方案，也都体现了政治学的知识特性、内在逻辑、学科智慧和学术审美。

其次是民族政治学的研究方法。"科学的学术研究活动，必然是运用科学的思想和方法，在已有研究的基础上实现科学创新的研究和研究的科学创新"②，民族政治学的知识生产和学科建设及发展，自然也必须经由科学的研究路径和研究方法才能实现。概言之，民族政治学的研究大体上可分为规范性研究、经验性或实证性研究两条路径。前者强调通过概念演绎、逻辑推理和论证来揭示民族政治现象背后的本质和规律；后者则注重收集信息、数据，观察并掌握大量的事实材料，通过进一步归纳和分析得出基本的认识。在具体的研究过程中，民族政治学按照问题本身逻辑和研究的实际需要，来选择科学而合适的研究方法，包括历史的方法——特别强调在历史长时段视角下看待民族和民族问题、比较的方法、系统分析的方法、"结构—功能"分析的方法、行为分析方法、博弈分析的

---

① 刘方亮、师泽生：《中国特色社会主义政治学学科体系、学术体系和话语体系何以构建》，《探索》2017 年第 4 期。

② 王浦劬：《我国政治学学术发展中的基本关系论析》，《政治学研究》2008 年第 6 期。

方法等等。

再次是民族政治学的关注点。恰如学科名称所表明的，民族政治学以民族政治现象和民族政治问题作为基本的研究对象：既包括民族主体围绕政治权力而开展的政治生活、展现的政治行为、结成的政治关系，也包括国家尤其是民族国家围绕民族建构、民族问题、民族关系而采取的政策实践和治理活动；既包括宏观的民族国家、国族、族际政治整合、民族政治生活、民族问题治理，也包括中观和微观层面的民族政治现象，甚至将民族村社治理也纳入研究范畴之中。当然，和民族理论与政策、民族学、人类学等学科的研究不同，民族政治学更为强调在对民族现象、民族行为、基本史实、田野材料的观察和把握的基础上，揭示现象和问题表面背后的本质属性和深层逻辑。

最后是民族政治学的研究品质。在特定的研究规范、研究方法和研究对象的规约下，民族政治学逐步形成了自身所追求的研究品质。除了描述、阐释、评判、预测等社会科学研究秉持的基本学术旨趣以外，民族政治学尤为强调知识生产和知识供给，或者说是通过知识产出的形式来凸显研究价值和学科地位。在开展知识生产和知识供给的过程中，民族政治学学者坚持"问题导向"的研究，并且遵循"问题式"的研究程序：发现问题、建构问题、把握问题内在逻辑、探讨问题、解决（解释）问题，最终得出基本结论进而形成新的知识。长期以来，民族政治学的学术品质也正是在研究"问题"、生产知识的过程中得以体现并得到学界广泛认可的。

（四）人才培养

人才培养是学科建设的题中之义，并被置于越来越重要的地位。在建立完整的学科体系、学术体系和知识体系的同时，民族政治学也自觉地将人才培养工作提上日程，并形成了一套特定的人才培养体系。概括起来，民族政治学的人才培养体系主要由以下几个部分构成：

一是人才培养规格。民族政治学既是政治学的分支学科，同时又是一门新兴交叉学科。这样的学科属性决定了民族政治学的人才培养也具有双重内涵，既符合一般性的政治学人才培养规范，又体现出自身的人才培养特色，二者是有机地结合在一起的。在人才培养理念、人才培养过程和人才培养环节上，民族政治学学科首先强调的是，所培养的人才须掌握政治学的基础理论、专业知识和研究方法，这一点同政治学其他分支学科是相通的。在此基础之上，民族政治学在人才培养工作中，加入了民族政治基本理论、民族理论与政策、中国民族政治的内容，部分院校还特别强调民族学、政治人类学、民族社会学、历史学、社会学等学科知识、理论和方法的课程教学和学术训练。其目的在于培养掌握政治学基本规范、具备民族政治学专业知识，能够运用专业思维方式和研究方法开展科学研究的民族政治学专业人才。

二是人才培养层次。目前，民族政治学的人才培养已经覆盖了本科、硕士、博士和博士后的各个层次。除了在本科教学中开设民族政治学相关课程之外，云南大学、中央民族大学等相关院校，经国务院学位办审核批准在政治学、民族学一级学科下自主设置了民族政治与公共行政、民族政治学等二级学科；有的院校虽没有相关专业，但在人才培养中设立了民族政治学的研究方向。通过二级学科或研究方向的确立，民族政治学的硕士、博士人才培养得以有序开展。为适应这样的形势，一些高校和科研机构还成立了研究院、研究中心、研究基地等专门从事民族政治学研究的机构，由此为民族政治学人才培养提供了组织和平台支撑。除此之外，民族政治学学科还通过人才培养工作来承担社会服务功能，特别是一些边疆院校，通过干部培训工作为边疆多民族地区的经济社会发展培养实务型人才。

三是教材体系建设。经过长期建设，民族政治学已经形成了一批用于人才培养的高水平教材。具有代表性的教材，当属云南大学周平教授出版的《民族政治学导论》《民族政治学》《中国民族自治地方政府》《边疆政治学》，以及南开大学高永久教授出版的《民族政治学概论》。其中，周平的《民族政治学》还被教育部确定为"国家级规划教材"及"研究生教学用书"，并在全国的高校中推广使用。"这些教材，较为系统地描述了民族政治学的学科构设，探讨了民族政治的基本理论，推动了民族政治学科教材体系建设。"[①] 此外，一批高水平的学术专著也相继出版，成为民族政治学硕士、博士招考中的参考书目，以及民族政治学人才培养过程中的必读书目。如，《多民族国家族际政治整合》一书就属于这一类型的著作，不但入选《国家成果文库》，还曾获得中国高校人文社科研究优秀成果奖一等奖、国家民委民族问题研究优秀成果奖一等奖等科研奖项。"民族政治学论著的增多，则表明知识的体系化趋向，学科教材的确立则意味着学

---

① 青觉：《回顾与展望：中国民族政治学研究述评》，《中央民族大学学报》（哲学社会科学版）2016年第1期。

科知识体系得到承认。"①

四是教学科研队伍。随着民族政治学学科地位日渐巩固，越来越多的教学科研人员投入民族政治学人才培养活动之中。国内专门从事民族政治学科学研究和人才培养工作的，不但有一大批教授、研究员、博士生导师，还有教育部长江学者、国家级教学名师、国务院特殊津贴专家；不但有资历深厚的老一辈学者，还有年富力强的中青年学者，形成了规模可观、结构合理、梯队完整的民族政治学教学科研队伍。相关院校的民族政治学学者们，纷纷结成了各自的教学科研团队，在此基础上，不同院校的团队之间，又朝着更大范围的学术共同体方向凝聚。正是由于存在着这样一大批专门从事科研和教学工作的专家学者，民族政治学的科学研究和人才培养呈现出欣欣向荣、快速发展的良好态势。

五是人才培养方式。首先是特色课程的提供。开展民族政治学人才培养的单位纷纷开设了相关课程，教授民族政治学的基础理论、专业知识和研究方法。其中，云南大学开设的"民族政治学"课程还获得国家精品课程称号。其次是项目牵引。近年来，国家社科规划办、教育部先后设立了大量的民族政治学类的研究项目。民族政治学学者通过主持和开展一系列重大项目、一般项目，着力凝聚和培养教学科研团队，带动博士后、博士生、硕士生参与项目研究，提升青年学者的科学研究能力和水平。再次是教研相长。民族政治学的科学研究构建基础理论和知识体系，继而通过科研反哺教学机制来支持人才培养；在教学和人才培养过程中发现既有知识的缺陷和不足，反过来又促进科学研究的完善与发展。最后是课堂教学与社会实践相结合。民族政治学不但注重基础理论和专业知识的教学，还越来越重视培养学生的社会调查能力，尤其是运用专业知识发现现实问题、分析现实问题、解决现实问题，从对现实问题的研究中形成新的知识。

四　民族政治学的意义

经过近 30 年的建设和发展，"中国民族政治学在学科体系建设、基础理论研究、研究方法体系建设以及服务中国民族政治发展上成绩斐然，形

---

① 严庆、姜术容：《当代中国民族政治学发展述评》，《民族研究》2015 年第 5 期。

成了一个身份独特的学科"①。民族政治学作为政治学分支学科的地位已经得到确立，获得了学界的公认。在学科建设过程中，民族政治学不仅对民族问题进行了知识性阐释，而且拓展了政治学的研究领域，同时还为民族政治研究、民族问题治理领域培养了一大批专业人才，回应和契合了国家治理对于民族政治学人才的强烈需要。正因如此，民族政治学的学科地位得以不断巩固，学科意义也得以充分凸显。

（一）阐释民族政治现象

作为一门学科或学问，民族政治学的原本价值或基本功能的核心就是对民族政治现象进行专门的解释，为人们全面而准确地认知民族政治问题提供知识。民族政治学的学科地位、学科意义和主要贡献，都是建立在其自身所具有的阐释性功能基础上的。民族政治学对于民族政治现象和问题的阐释性价值，是在特定的历史条件下凸显出来的。

如前所言，对于民族及民族问题，中国共产党在领导新民主主义革命和社会主义革命过程中曾形成了一套理论，并基于这样的理论逐步构建起了一套相应的政策体系。在很长一段历史时期内，这样的民族理论与政策在认识中国民族问题、治理民族事务的过程中，扮演了十分重要的角色并发挥了不可替代的作用。然而在改革开放以后，随着国内外政治经济形势的深刻变化，民族现象和民族问题也发生了新的变化。其中很多变化及其呈现出来的复杂形态是始料未及的，已经大大超出了既有的认知模式。或者说，理论已经无法对现实进行及时有效的回应。一方面，当代中国的民族理论与政策，"存在将基于特定民族群体立场并蕴涵特定民族利益诉求的理论和论述当作正统加以推行的问题，从而削弱了理论的解释力"②；另一方面，"限于少数民族"③的民族研究，也由于缺乏对非少数民族的民族形态的关注，而未能给出对中国民族问题的完整而恰当的解释。

正是在这样的特定历史背景下，政治学学者开始涉及民族问题和民族关系领域，开拓了民族政治研究，民族政治学自此应运而生。基于政治学的特定规范和视角，民族政治学对于民族政治现象和问题的认知，突破了既有的思维定式和理论框架，转而在人类民族大视野特别是民族国家构建

---

① 青觉：《中国民族政治学的发展与话语体系构建》，《探索》2018年第1期。
② 周平：《民族政治学知识体系的构建、特点及取向》，《政治学研究》2019年第1期。
③ 费孝通：《中华民族研究的新探索》，费孝通主编：《中华民族研究新探索》，中国社会科学出版社1991年版，第3—4页。

和发展语境中,对民族概念、民族知识、民族问题进行重识和重述。政治学研究范式的引入,为人们认识民族政治现象提供了全新的、广阔的视角,同时也为民族问题治理提供了不同于以往的科学性理路。由于这样的效应,在民族政治学创建之初出现的代表性著述,"无论是在基本理论方面,还是体系框架方面都堪称中国民族政治学领域的奠基之作——不仅详细介绍了西方民族政治学的理论与成果,还为构建起有中国特色、中国风格的民族政治学理论体系定下了明确的基调"[①]。

然而,作为对国家统一、稳定和发展具有全局性影响的民族问题,不是单一性结构的,也不是一成不变的,而是同多重因素交织和缠绕在一起的复杂性问题,同时还是常变常新的问题。针对这种复杂的不断变化的社会政治问题,民族政治学所给予的回应和阐释也处于发展演变之中,反过来推动了民族政治学的持续发展。在这种机制的作用之下,围绕民族政治问题,民族政治学的研究者特别是领军人物,创制了新的概念工具,提供了新的认知视角,提出了新的观点,产出了新的知识,从而逐步形成了阐释民族政治现象及问题的一套完整的知识体系。而对于民族政治现象持续做出科学、有力、合理的阐释,也成为民族政治学学科得到广泛认可,并充分彰显其学科价值和意义的基本缘由。

(二) 开拓政治学新领域

民族政治学是中国改革开放以来政治学学科建设和发展的产物,其形成与发展不仅科学地阐释了民族政治现象,而且还以知识生产的形式拓展了政治学的研究领域和内涵,成为政治学发展的新增长点。该学科的构建和确立,将对于民族政治现象的阐释及在此基础上形成的知识,纳入政治学的研究范畴,丰富了政治学对于民族和民族问题的认识,同时为中国政治学与国外的政治学之间的融通搭建了新的学术平台。

改革开放以后,中国的政治学学科经历了一个从无到有、从弱到强、从片面到全面、从照搬西方理论到本土知识生产的发展历程。其中,"分支学科和研究领域的拓展,在学术层面为中国政治学的发展起到了极大的推动作用,特别是贡献了新视角、新认知、新概念、新知识、新观念和新理论,形成了有效的知识积累,使得我们对于中国政治现象的认识更加丰

[①] 高永久:《〈民族政治学概论〉教材及其课程设计》,《北方民族大学学报》(哲学社会科学版) 2014 年第 3 期。

富和全面"。① 民族政治学由一个研究领域到一门分支学科的建设和发展过程，就是中国政治学本土知识生产过程的一个重要组成部分。

在民族政治学形成之前，对于中国民族问题的研究任务，主要是由民族理论与政策、民族学等学科承担。但是，"对于多民族国家来说，民族问题不仅是根本性的政治问题，而且对国家统一、巩固和发展具有根本性的影响，而政治学对其进行的现实性研究却几乎付之阙如"。② 周平是最早系统开展民族问题研究的政治学学者，他率先把政治学的视角、理论和概念工具引入民族问题研究，从而开拓了民族政治研究领域。③ 随着学术容量的扩充、学术水平的提升，以及内部知识越来越全面、稳定、准确，民族政治研究逐渐由一个专门领域升级为政治学的分支学科。这样一来，中国政治学研究中曾一度缺少的民族政治板块，也就被逐渐补齐了。

不仅如此，民族政治学在为政治学学科开拓特定研究领域的同时，还为完善和补充一般性的政治理论作出了突出的贡献。民族政治学的民族国家理论的提出，纠正了以往人们对于民族国家的种种误解，从国家形态的角度重新界定了民族国家内涵，丰富了政治学对于民族国家、现代国家形态的认识。在开展国族问题、国家认同问题的研究中，民族政治学揭示出了国家的政治共同体内涵；在开展由民族政治学拓展而来的边疆治理研究中，政治学学者进一步提出了"国家是一个政治地理空间单位"④ 的论断。这在以往人们关注的国家政权的基础上，增加了认识国家的共同体、地理空间的视角，从而丰富了政治学对于国家的认知。此外，围绕民族政治研究而形成的许多新概念、新观点、新理论，也都为政治学的增量发展，增添了新的知识工具。

民族政治学强调把民族和民族问题置于人类民族大视野下加以认识，从而突出了研究的国际视野和全球眼光。经由这样一种研究方式建构起来

---

① 孙保全：《〈政治学研究〉编委会 2018 年年会会议综述》，《政治学研究》2018 年第 6 期。
② 周平：《民族政治学二十三讲》，中央编译出版社 2014 年版，前言，第 3 页。
③ 2002 年，王惠岩先生曾专门撰文评价周平的《民族政治学导论》，认为："它是我国第一部从政治学的角度研究民族政治生活和民族问题，全面阐述民族政治学基本理论，构建完善的民族政治学理论体系的重要著作"，"这样一部在拓宽民族政治学的研究领域，构建民族政治学的完整体系，确立一种民族政治学研究新范式方面有突出贡献的著作的出版，其理论意义和学术价值是十分明显的，它将对民族政治学的学科建设，民族政治学研究的开展，以及我国政治学学科的丰富和发展发挥积极的促进作用，也会对探索民族政治建设和解决民族问题的方式提供一定的理论支持和理论服务。"参见王惠岩《民族政治学研究的创新性力作——评〈民族政治学导论〉》，《政治学研究》2002 年第 2 期。
④ 周平：《全面认识现代国家的多重属性》，《探索与争鸣》2016 年第 8 期。

的知识体系，不再局限于中国民族政治问题，而是具有普遍性的意义。这样一来，民族政治学也就成为世界性的政治学知识体系的一部分，由此搭建了一个中国政治学与世界对话的学术平台。以此观之，民族政治学的贡献不仅在于推动中国政治学的发展，还在于形成了具有普遍意义的政治学知识。

（三）转变既有认知视角

长期以来，人们习惯于站在民族立场特别是维护和保障少数民族权利与利益的角度上，来看待和研究中国的民族现象和民族问题。这在充分重视少数民族权益保障和发展的同时，却容易忽视国家的整体性利益。通过仔细考察可以发现，这样的认知视角，一方面缘于将特定时期看待和处理民族问题的认识、理论和经验绝对化；另一方面则深受西方族群政治理论的影响。

20世纪70年代以后，以多元文化主义为基础、以维护族群政治权利为核心的族群政治理论在西方悄然兴起。诚如有学者所洞见的，族群政治理论旨在谋求一种特殊的族群权。在这种理论主张中，"族群权成了一种特殊的公民权，族群身份成为一种与公民身份有所'差异'的、特殊的公民身份"[1]。包含多元文化主义的族群政治理论在形成和发展过程中，对西方国家产生了极大的意识形态和政策实践方面的影响，由此而导致的对于国家共同体的解构性效应是人们始料未及的。

西方族群政治理论于20世纪90年代传入中国，在中国语境下，"族群"被置换为"民族"，族群政治理论也常以族际政治理论来冠名。"族际政治研究把民族作为各种利益载体和单位，承认群体的存在，承认群体的差异，承认个人对群体的认同和归依心理所蕴含的巨大的社会能量，探讨群体沟通和群体权利保障，把保障民族政治权利提高到与尊重公民政治权利和党派政治权利同等的地位，给予个人政治权利、党派政治权利和民族政治权利"[2]，继而要求"少数民族的政治权利不能只是限于自治权，还

---

[1] 常士䦺主编：《异中求和：当代西方多元文化主义政治思想研究》，人民出版社2009年版，第95、27页。

[2] 王建娥：《族际政治民主化：多民族国家建设和谐社会的重要课题》，《民族研究》2006年第5期。

应包括共治权"①。

当政治学和政治学学者介入民族问题研究中时，开始对这种认知模式进行重新审视和深刻反思。与既有认识不同的是，民族政治学学者强调在国家的立场和整体利益的框架下来看待民族问题，"要求根据中国的经验以及基于中国历史文化尤其是大一统思想和传统的中国智慧，以及民族国家的性质和特点（也包括苏联解体的经验）来解释中国的族际关系，构建了族际政治整合概念并开展相关的研究"。② 基于这样的判断，民族政治学力主在国家发展的大逻辑下把握民族问题的本质和逻辑，提供了观察和处理民族问题的另外一种思维，拓展了认识和思考的空间，对遏止片面强调民族而忽视国家的认识和观点起到了重要作用。

尤为值得一提的是，民族政治学在形成民族国家理论和国族理论之后，开始重新认识当代中国的国家形态和民族形态，对已有的民族研究进行补充和调整。在这个过程中，民族政治学重新确立了中国的民族国家性质和中华民族的国族地位，并把中华民族视为推动中国国家发展的基础性资源加以看待。随着民族政治学研究成果的发表并获得极大认可，学界认识中国民族问题的方式也发生了深刻转变。以往不承认中国是民族国家，否认中华民族的民族实体属性，进而局限于多民族国家的认知框架下，只研究少数民族而忽视中华民族研究，这样一种研究倾向在很大程度上得到了扭转。中国民族国家构建与建设的研究、一体化取向下的中华民族研究随之兴起，并呈现出方兴未艾之势。而理论上认知视角的转换，也在实践层面上为国家民族政策调整起到了积极作用。

（四）提供民族问题治理方案

作为一门研究国家治理的学问，政治学不仅要对各种政治现象做出学理性与科学性的解释，而且还应当对各种社会政治问题提供解决或治理方案，也就是人们常说的既要解释世界，也要改造世界。作为政治学分支学科的政治学，自形成之初便确立了实践性和工具性的学科品格，着眼于针对民族政治问题及其解决而进行研究和设计。"民族政治学对现实问题的解释，以及对所形成的知识、政策和方案的评价，最终就是要寻求恰当而

---

① 王建娥、陈建樾：《族际政治与现代民族国家》，社会科学文献出版社2004年版，第245页。

② 周平：《族际政治：中国该如何选择？》，《政治学研究》2018年第2期。

有效地解决这些问题的方案,使人类的民族政治生活朝着良善的目标发展。"① 时至今日,解决现实民族问题的能力,已然成为民族政治学的主要学科功能之一,也成为民族政治学走向成熟的重要标志之一。

民族政治学的这种改良功能,或者说在国家治理和国家发展中的工具价值,首先就体现在它为多民族国家——尤其是中国的民族问题治理提供了一种全新的合理的思路。在既有的认知框架中,维护少数民族利益、促进少数民族发展,似乎成为解决中国民族问题的唯一思路,中国的民族政策也表现出突出的"民族主义"取向。面对这一形势,民族政治学的研究表明,民族主义的政策取向和政策内容,在特定时期处理民族问题、协调民族关系起到了积极的作用,但随着历史条件的变化,其政策功能已经释放殆尽,所蕴含的政策风险却日渐凸显。民族政治学基于知识性和学理性的反思,提出中国民族政策的价值取向应从"民族主义"转向"国家主义"。民族政治学强调的国家主义取向,旨在维护国家的统一、稳定和巩固,主张在国家治理和国家发展的视野下来看待和开展民族问题的治理。

近年来,中国处理民族问题的话语体系和政策内容正在悄然发生转变,2014年召开的中央民族工作会议是一个重要的时间节点。会议关于中华民族、中国民族关系和民族问题的新论述,产生了重要而深远的影响。民族政治学者提出的民族区域自治制度既要讲权利又要讲义务等观点和建议,被国家决策层采纳,为我国民族政策和理论作出了积极的贡献。

在这次会议上,习近平总书记前所未有地指出:中华民族一体包含多元,多元组成一体,一体离不开多元,多元也离不开一体,一体是主线和方向,多元是要素和动力;在各个民族群体凝聚为一体的中华民族的情况下,要尊重差异、包容多样,但不能强化民族意识,更不能人为制造民族差异;民族自治地方不是某个民族独有的地方,民族区域自治不是某个民族独享的自治;繁荣发展各民族文化,要在增强中华文化认同的基础上来做,不能本末倒置。这些论述体现了中国共产党民族理论的重大创新,也体现着中央领导集体对于民族问题治理的顶层设计,对中国民族理论和政策的调整起到了重大影响。

通过这样一种形式,民族政治学的知识供给和政治设计,所形成的对于中国民族问题治理的现实意义得以充分彰显。当然,这只是民族政治学

---

① 周平:《民族政治学知识体系的构建、特点及取向》,《政治学研究》2019年第1期。

的学科价值在提供民族问题治理方案方面的一个典型案例。除此之外，民族政治学学者还通过担任国家民委决策咨询委员会委员、建设民族政治的高端智库、提交高级别咨询报告等形式，为中央和地方各级政府的民族问题治理政策及实践提供方案和资政服务，由此形成的实际影响也是全面、深刻而持续的。

（五）培养民族政治学人才

除了科学研究、知识生产和政策服务以外，民族政治学的学科意义还在于培养了一大批民族政治学的人才。时至今日，这些人才活跃于学术和知识创造领域、政策领域，既达成了学科薪火相传的目的，也扩大了民族政治学的影响，进而影响着人们看待民族问题的视野，以及开展民族问题治理的思路。

中国由于其民族构成的复杂性，因而被界定为"统一的多民族国家"。而对于一个多民族国家而言，民族问题是关乎国家统一、稳定、巩固和发展的根本性问题，攸关国家发展和国家崛起。但是长期以来，以国家治理为研究对象并且担负为国家治理培养专业人才重任的政治学，却在民族政治领域上存在明显缺位的问题，由此也导致了专门从事民族问题研究和民族问题治理的人才存在着结构失衡、供给不足的严重问题。特别是具备政治学专业基础知识、具有国家和国家治理视野的人才处于匮乏和短缺的状态，难以适应多民族国家民族问题治理的现实需要。面对这个问题，民族政治学在开展学科建设的过程中，也自觉地承担起了为国家培养民族政治学人才的任务。

经过长期的探索和实践，"民族政治学的学科名称与学科定位逐步在学术界扎根、立足，学者们对学科的知识框架、学科体系形成了基本共识。学科跻身于国家学科分类体系，民族政治学大学本科教育、硕士研究生教育、博士研究生教育相继建立起来"。[①] 民族政治学学科已然建立起了一个由明确的培养标准、一体化的培养层次、系统性的教材和课程、科学化的人才培养方式等结构有机构成的人才培养体系。这样的人才培养体系，由于其卓有成效的业绩而获得了社会各界的充分肯定。曾于2009年获得国家教学成果二等奖、省级教学成果特等奖的"民族政治学学科与人才培养体系的创建及实践"，就是民族政治学人才培养工作取得的标志性

[①] 严庆、姜术容：《当代中国民族政治学发展述评》，《民族研究》2015年第5期。

成果之一。

多年以来，民族政治学学科已经为国家输出了一大批专业人才。在这些民族政治学人才中，一部分在高校和科研机构工作，有的已经成为学术带头人，在学界崭露头角，成为推动民族政治学学科发展、知识生产和人才培养的骨干力量；一部分则走向实际工作部门，在民族政策领域、民族事务治理领域从事实务工作，有的已成长为民族工作部门和边疆多民族地区的高级领导干部，为国家民族工作有效开展和民族地区的经济社会建设，作出了突出的贡献。通过这样的人才培养工作，在很大程度上改善了民族研究和民族工作领域政治学类专业人才长期短缺的状况，为中国的民族问题治理作出了一份政治学人应有的贡献。

五　民族政治学的发展

（一）民族政治学须不断发展

民族政治学是在特定的时代背景下形成的，并在长期的建设中获得了持续发展，从而成为一门较为成熟的政治学分支学科。民族政治学以回应现实民族政治问题，及为多民族国家的民族问题治理提供有效知识供给和政治方案，作为科学研究和人才培养的基本旨归。这一特性决定了民族政治学不是一成不变的，而是处于一个不断调适、完善和发展的过程之中。这既源于现实民族政治现象、问题常变常新的特性，也受到民族政治学学者所承担的学科使命所驱动，同时还是民族政治学自身的学科性质和特点所决定的。

一是现实民族问题对民族政治学形成了新的知识需求。在民族政治学构建之初，民族问题的凸显激发了政治学人涉足这一领域的愿望和热情。为了形成对于这些问题的有效阐释，民族政治学研究者进行了许多开拓性的研究，其中许多成果具有突出的原创性意义。然而，时过境迁，在当今的历史条件下，民族政治问题不仅依旧是国家治理面临的突出问题，而且还呈现出许多新的内容、新的形式和新的特征。特别是在全球化和现代化加速推进的形势下，许多问题及其影响是人们始料未及的。如，由跨国移民浪潮引发的西方国家"多族化"问题，民族主义与民粹主义相结合，许多原本非民族问题的"民族化"趋势等。一系列民族现象、民族过程、民族问题在相关国家引发了诸多社会政治问题，对民族国家的治理和发展构成了严峻的挑战。

诚如列宁在《论策略书》中所说的："马克思主义者必须考虑生动的实际生活，必须考虑现实的确切事实，而不应当抱住昨天的理论不放，因为这种理论和任何理论一样，至多只能指出基本的和一般的东西，只能大体上概括实际生活中的复杂情况。'我的朋友，理论是灰色的，而生活之树是常青的。'"[①] 新形态民族问题的凸显，不仅为民族政治学的研究提供了新的议题，也对以往行之有效的分析框架、基本理论构成了一定程度的挑战。因此，如何面对新问题及时地贡献新知识，成为民族政治学学科发展面临的重大课题。

二是民族问题研究的多元化趋势，凸显了加快民族政治学发展的紧迫性。随着民族问题在国家治理中的凸显，越来越多的学科、学者都投入民族问题的研究行列之中。既有的围绕民族现象形成的知识体系依然存续，而新兴的概念、观点甚或流派也层出不穷。但是，既有知识和新兴知识之间在一些时候并不是融会贯通的，而是存在着某种阻隔甚至矛盾。在这方面的一个突出表现就是，对某个特定的民族政治现象、问题，既有知识和新的知识所给出的界定和阐释方式，存在着不一致的情况，从而给学术研究和人才培养带来了很大的困扰。

此外，基于不同学科视角、学术立场、价值取向而形成的民族政治研究，彼此之间也存在着巨大的差异性，其中不乏对民族国家建设和发展构成不利影响的学术观点和政策主张。在可以预见的较长一段时间内，众说纷纭的学术状况将一直存在，并且在各自的话语体系中对现实政治生活产生着多样性和复杂性的影响。在这种错综复杂的研究形势之下，如何应对多种话语体系中蕴含的不利因素，去伪存真、辨别是非，坚守正确的价值取向，是横亘在民族政治学发展路途中的一大难题。

三是经过前期持续发展，民族政治学学科的自我发展能力不断增强。除了现实民族问题、学术研究双重因素对民族政治学发展已形成倒逼之势以外，民族政治学长期以来积累形成的学科资源，也为这一分支学科的进一步发展提供了内生动力。其中，逐渐稳定的研究范式，日臻完善的学科内部结构，初具规模的研究队伍，为民族政治学的进一步发展创造了基础性条件。一个学科一旦具备了上述条件，往往意味着形成了自我发展的内在逻辑，在受到外部因素驱动的同时，也会按照自身的规律自发和自觉地

---

① 《列宁选集》第3卷，人民出版社2012年版，第26—27页。

向前发展。经过长期的探索和实践，民族政治学研究者已然形成了推动学科发展的自觉意识、责任意识和足够能力。这样一种趋势，在今天的民族政治学研究中已经显露出来了，突出表现为引入新的研究方法、使用跨学科的研究视角、提出新的概念工具、拓展新的研究空间等诸多方面。从这一点来看，民族政治学学科并未走向固化，而是呈现欣欣向荣的发展态势。

四是，国家提出加快发展哲学社会科学的要求，为民族政治学的发展开拓了广阔的前景。经过改革开放40年的快速现代化，中国的国家发展进入全新的历史阶段，国家治理能力、全球政治经济影响力空前提升，国家崛起正在成为最为凸显的时代主题。在经济社会快速发展的基础上，国家提出了加快构建中国特色哲学社会科学的要求。形成有中国特色、中国风格、中国气派的学科体系、学术体系、话语体系，已然成为当今中国政治学学者的重要使命。在这样的宏观形势之下，民族政治学也获得难得的历史机遇，同时也得到了多方面的支持。面对这样的历史机遇，民族政治学学者和相关机构，正在从科学研究、人才培养、平台建设、资源整合、团队建设等诸多方面推进学科发展。如此一来，民族政治学学科已经被推上了学科发展的快车道。

（二）民族政治学发展中的价值坚守

民族政治学研究有特定的价值取向，民族政治学的研究需秉持或坚守相应的价值准则和基本立场。周平指出，在民族政治学的研究中，大致形成了两种基本的价值取向：一种是以国家或与国家联结在一起的民族（即国族）为价值取向，另一种是以国内各民族（族群）为价值取向。[1]

以国家或国族为价值取向，归根结底是站在党和国家的立场来看待民族，审视民族问题和民族关系，看待民族与国家二者间的关系。在看待民族时，这一取向主张既要看到民族的文化属性，又要看到民族的政治属性，因此把民族划分为文化民族与政治民族两种基本类型，民族政策涉及的是文化民族，而中华民族则属于典型的政治民族。[2] 在少数民族被政治

---

[1] 周平：《民族政治学知识体系的构建、特点及取向》，《政治学研究》2019年第1期。

[2] 周平：《论民族的两种基本类型》，《云南行政学院学报》2010年第1期。

化倾向下，要警惕中华民族被虚置或虚拟化。① 在看待民族问题与民族关系上，主张"要从有利于国家治理的角度来看待这一问题"，加强中华民族建设进而提升中华民族的凝聚力。② 在民族与国家的关系上，这种价值取向鲜明地指出："民族国家是组成国家的各个民族的政治屋顶"③，"中华民族就是中国的国族"④，"中华人民共和国即中华民族的民族国家"⑤，因此"中华民族建设即中国的国族建设"。⑥

以国内各民族（族群）为价值取向则同以国家或国族为价值取向存在明显差异。这类取向多强调民族的文化属性而相对忽视了民族的政治属性，因此往往在强调各民族尤其是少数民族权利的同时，忽视了民族对国家的政治义务。在民族问题上，这一取向则反对将少数族群问题"去政治化"。关于民族问题能否"去政治化"和应不应"去政治化"的争论，可谓是继20世纪30年代末"中华民族是一个"以来最具争议的学术辩论。论辩双方在理论观点上的分野，无疑折射了学界在民族及民族问题上的认知分歧，也体现了民族问题本身的复杂性。2014年中央民族工作会议后，中华民族被前所未有地凸显了出来，中华民族共同体建设受到了越来越多学者的重视。

事实上，民族政治研究从来都不是一个单纯的理论问题，民族政治的研究往往还会对党和国家的民族理论和民族政策产生直接或间接的影响。中国的民族政治学研究须秉持和坚守正确的价值取向，具体来说就是要站在党和国家的立场，从国家治理和国家建设的现实需要来看待民族和民族问题，着眼于中华民族共同体的建设展开研究，这是民族政治学得以健康长足发展的基础和前提。

（三）民族政治学发展的主要议题

1. 发展完善现有的民族政治学理论

现有的民族政治学基本理论框架，是伴随着民族政治学的创建而确立

---

① 周平：《中华民族：中华现代国家的基石》，《政治学研究》2015年第4期；周平：《中华民族研究的国家视角》，《思想战线》2019年第1期；周平：《历史紧要关头的中华民族》，《思想战线》2018年第2期等。
② 周平：《政治学视野下的中国民族和民族问题》，《思想战线》2009年第6期。
③ 周平：《民族国家与国族建设》，《政治学研究》2010年第3期。
④ 周平：《中华民族：中华现代国家的基石》，《政治学研究》2015年第4期。
⑤ 周平：《论中华民族建设》，《思想战线》2011年第5期。
⑥ 周平：《论中华民族建设》，《思想战线》2011年第5期。

的。然而，就目前来看，在时代和社会环境、理论挑战等方面都已发生了较大变化的形势下，迫切需要发展和完善现有的民族政治学理论。

发展和完善民族政治学理论是应对西方民族政策理论挑战的需要。近年来，一些西方国家的民族政策理论再度受到学界关注。我国一些从事民族政策理论及相关研究的学者，开始将这些理论引入中国并大力推介，这无疑对我们进行民族政策理论的研究具有重要的意义。然而，对西方国家的民族政策理论，看不清其理论本质，不顾其产生的时代历史背景和中国国情的盲目推崇，也从另一侧面说明中国的民族政治理论在理论自信、理论话语等方面仍需加强。

不可否认，西方国家的一些民族政策理论的确不乏可取之处。但也应当看到，解决民族问题没有包治百病的灵丹妙药。对不少西方国家来说，其民族理论政策都有着特定的时代背景和社会环境，体现着相应的价值准则，且一些已经过实践证明的理论政策，其暴露的弊端也是有目共睹的。甚至西方国家的一些被盲目大力推介的民族理论政策，已经对我国的民族政策理论及其实践构成了不容忽视的挑战，如加剧了我国民族政策理论研究领域的混乱，可能威胁我国民族政策理论领域的理论安全。甚至一些西方国家对我国民族政策的无端指责和粗暴干涉，在国际舆论场中极有可能挤压我国民族政策理论的道义空间。

民族政策理论研究是直接服务于国家民族政策和民族问题治理的学术活动，在研究中毫无疑问须坚持正确的政治立场和学术价值取向。中国是一个统一的多民族国家，民族政策理论是党和国家处理民族关系、治理民族问题的重要政策和主张。在民族政策理论研究中，我们应充分评估盲目推崇西方民族政策理论可能带来的潜在风险，走自己的路，增强理论自信，牢牢把握理论话语权，抢占理论制高点以避免陷于被动。同时也要看到，近20多年来，世界的民族问题出现了许多变化和新的动向，一些国家甚至还出现了一些始料未及的民族问题，这些问题及其背后的经验和教训同样值得我们关注研究。从这一意义上说，民族政治学理论的发展和完善可谓任重道远。

中华人民共和国成立70年来，尤其是改革开放40年来，中国的民族关系发生了深刻变迁，民族政治理论中一些原有的理论认知（如民族国家理论、族际政治理论、国族理论等）也发生了显著变化。在民族政治学的研究中，尽管在不少问题上仍存在着不同程度的观点或理论分歧，甚至在一些重要问题上的理论认识误区仍需进一步厘清，但共识亦在不断增多，这就需要民族政治理论在发展中完善,在完善中发展。

2. 建设民族政治学知识体系

中国民族政治学的知识体系建设,在本质上是一个建构知识体系并不断产生新知识、形成新理论,并在此过程中不断推动民族政治学自身发展的过程。有学者指出:"民族政治学学科的形成是一个质的飞跃,也是作为知识生产过程的民族政治研究发展的必然结果。民族政治学取得了学科地位,它也就超越了民族政治研究的范畴,不仅具有了更为丰富的内涵,而且必须依据学科规范来梳理既有的知识,构建完整的知识体系。更为重要的是,还必须按照学科规范和发展规律来构建知识生产机制,并通过持续的知识生产而实现自我发展。"[1]

就中国民族政治学的学科发展历程和当前面临的发展问题来看,民族政治学知识体系的建设仍面临着不容忽视的问题:一是民族政治学知识体系对学科发展的支撑性问题。完备的知识体系是构成学科的基本要素之一,体现着学科自身的价值,对学科的存续发展起着基础性的支撑作用。二是民族政治学知识体系的阐释力问题。即中国的民族政治学知识的创造和生产,应置于人类民族政治生活的宏大视野中来展开,打破学术视野的局限,立足中国但不局限于中国的民族政治实践来揭示民族政治的基本规律,科学阐释民族政治生活中的重大理论和现实问题。三是民族政治学知识体系的概念供给问题。概念是知识的基础性载体和基本传播媒介,概念的供给直接关系到民族政治学知识体系的建设。在中国民族政治学知识体系的建设中,需要让概念供给跟上知识增长的步伐,对一些传统的概念(如民族融合)需要在体现继承性、民族性的基础上进行时代性的重释,而民族政治生活中的一些新实践、新现象和新问题,则需要运用新的"标识性"概念进行科学有力的原创性阐释。四是概念的传播力问题。单有概念的创造和供给,还不足以对民族政治学知识体系形成有力支撑。西方一些不切合中国民族政治实际的理论或概念之所以在国内大行其道,除因我们的概念供给不足外,概念的传播力即"说了传不开"[2]的问题同样值得深思。正如青觉提出的那样,我们"不要只做西方理论的'消费者',要成为理论的'生产者'"。[3]

---

[1] 周平:《民族政治学知识体系的构建、特点及取向》,《政治学研究》2019年第1期。
[2] 习近平:《在哲学社会科学工作座谈会上的讲话》,人民出版社2016年版,第24页。
[3] 青觉:《中国民族政治学的发展与话语体系构建》,《探索》2018年第1期。

3. 建设民族政治学话语体系

加快构建话语体系是中国哲学社会科学普遍面临的问题。习近平总书记指出："发挥我国哲学社会科学作用，要注意加强话语体系建设。"① 随着民族政治学的学科发展和学术研究的深入，中国民族政治学的话语体系建设任务也愈加紧迫。

当今中国从事民族政治学研究的，除政治学领域的学者外，亦有其他不同领域的学者。这在一定程度上也使得中国的民族政治学话语，不可避免地受到了民族学等学科话语的影响。其中，以历史上受苏联的民族话语和当今西方理论话语的影响最为明显。这一状况若长期得不到扭转，将不利于民族政治学话语体系的建设。中国的民族政治学自创立20多年来，民族政治实践已发生了较大变化。其中的一些实践和变化，除需在理论上予以回应并及时吸纳进民族政治知识体系外，还需反映到民族政治学话语体系中来，并进一步增强对这些实践和变化的阐释力。如在中国特色解决民族问题的正确道路上，需进一步阐释好"中国智慧""中国道路"和"中国方案"。

民族政治学话语体系的建设不是闭门造车，而应加强国际学术交流。青觉指出，国际学术交流的欠缺是中国民族政治学发展存在的问题之一，"随着全球化的推进和中国的崛起，中国民族问题越来越受国际社会关注。国际性主流媒体和一些国外学者对中国民族问题关注较多，但目前民族政治学者与国际的学术交流较少"。因此青觉呼吁"要立足中国的历史、传统与现实，构建本土化的民族政治学话语体系"。②

4. 建设民族政治学学科体系

尽管相对一些新兴交叉学科来说，中国已经建立了相对完善和规范的学科体系，并得到了学界的认可。但相对于母体学科政治学而言，民族政治学作为分支学科的学科体系建设仍需加强，学科体系建设仍面临着不容忽视的问题。

一是要注重研究方法的创新。研究方法的创新是学科建设的应有之义。青觉在研究了近30年来《政治学研究》《民族研究》《世界民族》《世界经济与政治》等25种期刊发表的800篇文章后发现："中国民族政治学在哲学社会科学层面基本上保持了马克思主义的哲学传统；在分析性

---

① 习近平：《在哲学社会科学工作座谈会上的讲话》，人民出版社2016年版，第24页。
② 习近平：《在哲学社会科学工作座谈会上的讲话》，人民出版社2016年版，第24页。

方法上主要以民族学、政治学为主，同时博采众长，注重社会学、人类学、宗教学等学科分析的特长；在工具性方法上以描述分析为主，以案例分析、历史分析和比较分析为辅；在研究方法上仍以定性研究为主流，虽有一些定量研究的尝试，但仍处在初级阶段。"①

从目前的研究方法来看，民族政治学的基本研究方法主要移植自政治学、民族学和社会学等学科。周平指出，民族政治学要在发展中实现自我完善，在方法上就需要"引进和采用新的研究方法，促进学科认知方式的革新"，从社会科学乃至自然科学中引入新方法，并主张"在民族政治学的知识生产中恰当而有效地运用这样的新方法"。② 就民族政治学的发展需要来看，除开放性的母体学科或相邻学科的新方法外，民族政治学还应致力于解决民族政治研究中的若干现实问题，面向学科建设的现实需要来创新研究方法，为民族政治学学科建设提供方法论的支撑。

二是要致力于提升对政治学乃至对中国哲学社会科学的支撑作用。习近平总书记指出，"现在，我国哲学社会科学体系已基本确立，但还存在一些亟待解决的问题，主要是一些学科设置同社会发展联系不够紧密，学科体系不够健全，新兴学科、交叉学科建设比较薄弱。"③ 作为政治学的新兴交叉学科，民族政治学的兴起和发展拓展了中国政治学的知识增长点和研究领域，为中国政治学的繁荣发展作出了应有的贡献，但就政治学学科乃至中国哲学社会科学来看，其支撑作用仍值得进一步挖掘。

要提升对政治学乃至中国哲学社会科学的支撑作用，一方面需加强民族政治学教材体系建设，特别是应更新一些原有但已经发展变化，并经实践检验的理论观点，以及将当前民族政治学研究中的新知识、新理论及时吸纳到现行教材中来。另一方面，要挖掘中国民族政治实践的丰富历史，同时立足中国自身的实际，借鉴国外主要多民族国家民族问题治理的成功经验，构建有国际影响力的民族政治理论。

三是要面向中国未来的民族政治实践。学科建设不能也无法脱离生动而具体的社会实践。"民族政治学本质上是实践性的学科"④，民族政治学的学科建设既要紧扣当前中国的实际，更要面向中国未来的民族政治实

---

① 青觉：《中国民族政治学研究的马克思主义方法》，《清华大学学报》（哲学社会科学版），2017年第6期。
② 周平：《民族政治学知识体系的构建、特点及取向》，《政治学研究》2019年第1期。
③ 习近平：《在哲学社会科学工作座谈会上的讲话》，人民出版社2016年版，第22页。
④ 周平：《民族政治学知识体系的构建、特点及取向》，《政治学研究》2019年第1期。

践,"把解决民族问题的方案设计作为自己的职责和使命"①,这是中国多民族国家建设对民族政治学学科提出的时代课题,也是民族政治学适应时代发展和国家治理需要,并同其他新兴交叉学科共同推动中国政治学学科发展的必然要求。

面向中国未来的民族政治实践来加强中国政治学学科体系建设,具体来说,就是要聚焦中华民族伟大复兴的历史和时代课题,致力维护巩固民族团结和多民族国家的统一稳定。同时我们也要看到,对任何一个新兴交叉学科来说,知识体系、话语体系和学科体系是一个有机联系的整体,也是一个庞杂的学术系统工程,需要形成一个稳定而壮大的学术共同体,通过一代又一代学人长期不懈和艰苦卓绝的努力,薪火相传,为推动民族政治学学科发展贡献更多力量和智慧。

---

① 周平:《民族政治学知识体系的构建、特点及取向》,《政治学研究》2019 年第 1 期。

当代中国政治哲学的发展：回顾与前瞻

王炳权[*]

党的十八届三中全会将全面深化改革的总目标确定为"完善和发展中国特色社会主义制度，推进国家治理体系和治理能力现代化"；党的十九大明确指出，"中国特色社会主义进入新时代，我国社会主要矛盾已经转化为人民日益增长的美好生活需要和不平衡不充分的发展之间的矛盾"，并强调"带领人民创造美好生活，是我们党始终不渝的奋斗目标"。推进国家治理现代化和创造美好生活，不只是人民对未来社会的向往和愿景，更是我们党的使命和对人民的承诺。政治学承载着促进人类政治文明发展的重任，实现美好社会和国家治理现代化，离不开政治学的繁荣。[①] 政治哲学的发展是中国政治学进步的核心任务之一，没有中国政治哲学的发展，就没有中国政治学的发展。政治生活是美好生活的重要组成部分，在当前中国的现实社会中具有特殊的重要性，政治生活的发展呼唤政治学尤其政治哲学的发展。美好政治生活的建构必须有政治哲学的引领。当前我们的政治哲学还不能很好地满足现实的需要，在推动中国政治学发展的努力中，"致用"倾向突出，"致思"倾向则一定程度上被忽略，二者的统一与共进才是新时代政治学健康发展的核心要义。通过回顾当代中国政治哲学的发展历程，梳理已有成绩，探讨需要解决的问题，可以更好地"向前看"，对其进一步发展有所推动。

一 引言：政治哲学的中国视角

"政治"是政治哲学最基本的范畴，也是政治哲学研究的逻辑起点。

---

[*] 王炳权：中国社会科学院政治学研究所。
[①] 俞可平：《当代中国政治学的成就、趋势与挑战》，《天津社会科学》2019年第1期。

人们对政治现象的哲学探究已有几千年的历史，早在古希腊时期，柏拉图就在其传世之作《理想国》中清晰地表达了一种思辨的政治价值、政治设计和政治愿景。改革开放后，随着政治学的恢复与发展，政治哲学也得到越来越多的关注。但迄今为止，人们在"究竟何谓政治哲学"这一问题上仍然见仁见智，莫衷一是。[①] 有人用它来表示一种意识形态，有人将其描绘成一幅政治蓝图，还有人用来表达一种政治信念；有人认为它是哲学的政治化表述，有人则强调它是政治的哲学化反思；有人视之为道德哲学的一个分支，有人则认为它就是哲学本身。[②] 在现代学科分化和学术制度化的背景下明晰"何谓政治哲学"，是界分政治哲学的学科边界，确立概念、范畴、体系等言说方式的基本前提，也是明晰"当代中国政治学"的"前世今生"的逻辑起点。

首先，政治哲学是相对于实证的政治科学而言的。20世纪上半叶，随着行为主义与实证主义在政治学中的兴起，政治哲学的现代意义才得以充分展现。如果说政治科学是借用自然科学的方式来研究政治现象，重在经验性和描述性，那么，政治哲学就是以逻辑的方式来探讨政治现象，重在思辨性和规范性。政治科学之所以流行，是因为"人们试图在经验发现（与'思辨'相对而言）的基础上确保并推进关于'实在'的'客观'知识，社会科学领域中许多学科的创立便是这项一般性工作的一部分，其根本宗旨是要'认识'真理，而不是去创造它，直觉它"。[③] 但是，依赖理性主义的可靠性和客观性并不足以有效地解释政治现象，政治哲学因此不可或缺，它以理性的力量逻辑地透视政治本质、政治价值与政治运行规律，并作前瞻性的阐释和科学论证，"直接影响政治学的理论化、学术化程度以及对现实政治的解释力和引领力"。[④] 由于政治哲学所讨论的是与价值相关的问题，无法从经验数据中寻找答案，因而，它所依托的研究资料主要来源于现有的各种历史文本，其理论分析总是以思想史为依托，不打

[①] 任剑涛：《政治哲学演讲录》，广西师范大学出版社2008年版；韩水法：《什么是政治哲学》，《中共中央党校学报》2009年第1期。

[②] 参见任剑涛《政治哲学演讲录》，广西师范大学出版社2008年版；陈晏清等：《政治哲学的当代复兴》，中国社会科学出版社2011年版；姚大志：《什么是政治哲学》，《光明日报》2013年9月24日；王新生：《什么是政治哲学》，《哲学研究》2014年第6期；王海成：《什么是政治哲学：论政治哲学的学科属性与研究范围》，《阴山学刊》2013年第2期。

[③] 华勒斯坦：《开放社会科学》，生活·读书·新知三联书店1997年版，第15页。

[④] 郑慧：《我国政治哲学研究现状与主要着力点》，《人民日报》2014年11月14日。

开这些思想的史册,就无法找到真正值得研究的"宏大问题"。[①] 从这个意义上讲,规范性的政治哲学一出场,就兼具学科与方法论的双重特征。

其次,政治哲学是相对于抽象的思辨哲学而言的。作为一门实践哲学,政治哲学的目的不是为了单纯的沉思,而是指向活生生的政治实践,具有鲜明的实践性。"哲学的理论最终必须是关于现实生活的思想理论"[②],政治哲学必须直接介入生活,发挥反思性、批判性和指导性功能,规约政治生活的思维方式和实践方式,特别是在市场经济、民主政治、文化多元成为现代国家的基本尺度的今天,政治哲学更是要回归现实的政治生活,探寻人类共同体持久的繁荣之道。因而,"政治哲学的特殊贡献就在于它曾特别关注关于价值、规范和标准的信念"[③],为政治生活如何达到"美好"与"良善"而谋划。

最后,政治哲学是相对于经济哲学、文化哲学等领域哲学或部门哲学而言的。如果说道德哲学的关注对象是个人,告诉个人应该做什么,那么,政治哲学的关注对象就是公共生活,指向的是活生生的政治实践,目的是对政治生活加以规范性思考和设计,以期实现美好生活、提升政治生活品质、改善政治组织方式。因而,政治哲学主要关注这样一些问题:"一个社会为什么要建立和实行这样的而不是别的政治制度,一个国家和政府为什么要制定和实施这样的而不是别的政策和政治措施,一个人或一个群体为什么会采取这样的而不是别的政治行为。"[④] 通过对上述问题的关注,政治哲学不仅呈现出政治生活的本质,更以一种特殊的方式成为一种世界观,换言之,公共生活作为一个特殊的场域,成为政治哲学反思人生、反思世界的一个特殊切入点。[⑤]

上文主要从一般意义上对政治哲学的边界进行了讨论,那么,我们又当如何界定中国政治哲学的内涵与主题呢?毫无疑问,中国政治哲学首先是政治哲学,具有政治哲学的普遍性特征,即以思辨的方式探索和解释人类政治生活与政治现象的一般规律。其次,中国政治哲学是"在中国"的政治哲学。这一点主要是从学科发展与知识传承的意义上来讲的,即中国

[①] 颜昌武、牛美丽:《公共行政学中的规范研究》,《公共行政评论》2009年第1期。
[②] 万俊人:《关于政治哲学几个基本问题研究论纲》,《天津社会科学》2004年第2期。
[③] 罗伯特·达尔:《现代政治分析》,王沪宁、陈峰译,上海译文出版社1987年版,第170页。
[④] 陈晏清、王新生:《政治哲学的当代复兴及其意义》,《哲学研究》2005年第6期。
[⑤] 王新生:《什么是政治哲学》,《哲学研究》2014年第6期。

政治哲学可以西方的政治哲学为研究主题，也可研究中国传统的政治哲学。最后也是最重要的一点，中国政治哲学是"关于中国"的政治哲学，特别是关于当代中国的政治哲学。坚持扎根中国土壤，以当代中国政治实践为研究对象，回应和探讨当今中国政治实践中的重大问题，对中国大地上正在发生的政治变革与政治创新实践加以学理阐释和理论省思，是中国政治哲学的题中应有之义。中国特色社会主义进入新时代，新时代有新任务和新要求。当代中国政治学与其他学科一样站在了历史的新起点上，如何反思当代中国政治发展、政治生活的进路，如何为满足人们对美好政治生活的需要服务，成为其自我发展的内在动力。

二　当代中国政治哲学的发展历程

当代中国政治哲学的发展与新中国现代化国家建设的进程密不可分。新中国成立后不久，政治学一度遭遇被取消的命运，政治哲学亦随之消逝。1979年3月，邓小平在党的理论工作务虚会上指出："政治学、法学、社会学以及世界政治的研究，我们过去多年忽视了，现在也需要赶快补课。"① 这一指示推动中国哲学社会科学走入了发展的春天。随着政治学的恢复与发展，政治哲学也开启了新篇章，并在改革开放的伟大实践中走上了蓬勃发展的历史征程。

改革开放后，中国政治学经历了"取经""效仿"和"自觉"三个发展阶段。② 政治哲学也不例外，也经历了从译介到本土化的发展演变。

首先是以译介和述评为主的取经阶段（1985—1992年）。我们的研究最早从迻译起步，主要引入西方政治哲学的概念、流派和思想，特别重视对经典思想家（如柏拉图、罗尔斯等）学术思想的梳理与译介。这一时期的研究成果也基本都是以西方经典文献的译介与述评为主。如萨拜因的《柏拉图前的政治思想》（岳麟章译，1985年）、柯千的《罗尔斯〈正义论〉略评》（1985年）、特勒斯尼亚的《当代政治哲学的结构和使命》（乔亚译，1988年）、拉斐尔的《政治哲学：国际交往中的民主》（非文永清译，1988年）、罗尔斯的《正义论》（何怀宏等译，1988年；谢延光

---

① 《邓小平文选》（第2卷），人民出版社1994年第2版，第180—181页。
② 王绍光：《中国政治学三十年：从取经到本土化》，《中国社会科学》2010年第6期。

译，1991年)、格普斯的《美国现代社会政治哲学》(樊美译，1990年)、诺齐克的《无政府、国家与乌托邦》(何怀宏等译，1991年)等。

然后是以解读和套用为主的效仿阶段（1992—2002年）。通过译介，我国学者对政治哲学的面貌有了基本的把握，开阔了研究思路，增强了学习能力，也深化了对于西方古今思想复杂序列的理解。但是，西方政治哲学毕竟有着不同于东方社会的语境，"其内核也主要是从现代工商业社会中提炼和抽取出来的，并对公民的理性能力、政治参与能力和基本交往原则都有一定的基本预设。"① 因而，进入20世纪90年代，中国政治哲学研究开始出现与中国现实对接的趋势，这一中国现实最突出地表现为20世纪90年代社会主义市场经济体制在我国的确立。在此大前提下，社会阶层分化和不同利益群体涌现，利益诉求驳杂与多层次多向度的利益矛盾日益凸显，如何在新的历史条件下构建促进全社会持续健康发展的长效机制，便成为当代中国的政治哲学研究者必须面对的重大理论与现实课题。要言之，中国经济社会与政治生活的快速变化，使政治哲学研究承载了人们对复杂社会现实问题求解的希冀，诸如正义、平等、公平等政治哲学的关键词也得以在中国社会主义市场经济的土壤上生根发芽。②

最后是本土化探索的自觉阶段（2003年至今）。进入新世纪，学者们越来越认识到，吸收和借鉴西方政治哲学的优秀成果固然重要，但对本土化政治哲学的忽视导致了大量的研究缺乏深刻的现实基础，沦为"清谈"，只有构建中国本土化的政治哲学，才能提升政治哲学研究的解释力、吸引力，为中国政治生活的发展提供不竭的动力。③ 2005年，邓正来发表《中国法学向何处去》的长文，虽然这篇文章主要是对中国法学研究的反思与批判，却从整体上激活了中国社会科学界的本土化讨论。④ 本土化目标的确立，使中国政治哲学的研究成果呈现快速增长的态势，进入快速增长期。

为了印证本文对发展历程的简要概括，并对重建后的中国政治哲学研

---

① 李佃来：《构建当代中国政治哲学需解决的四个关键问题》，《武汉大学学报》2018年第5期。
② 张文喜：《马克思主义哲学的真相：为什么是政治哲学》，《学术研究》2018年第1期。
③ 杨海蛟、李猛：《试论推动中国政治学繁荣发展的着力点》，《学习与探索》2011年第3期。
④ 这篇文章最初是分"上""中""下""续"四部分发表在《政法论坛》2005年第1—4期上，后出版成书。参见邓正来《中国法学向何处去——建构"中国法律理想图景"时代的论纲》，商务印书馆2006年版。

究历程有一个更直观的认识，借助于中国知网（CNKI），对 1985—2018 年篇名为"政治哲学"的论文进行了简要的统计。在筛掉会议综述、硕士论文等之后，我们获得有效样本 3270 篇，其中期刊论文 3147 篇，博士论文 123 篇。我们按年度和类别，对这 3270 篇论文进行了分析，得到历年期刊论文发文量（见图 1）和历年博士论文发文量（见图 2）。

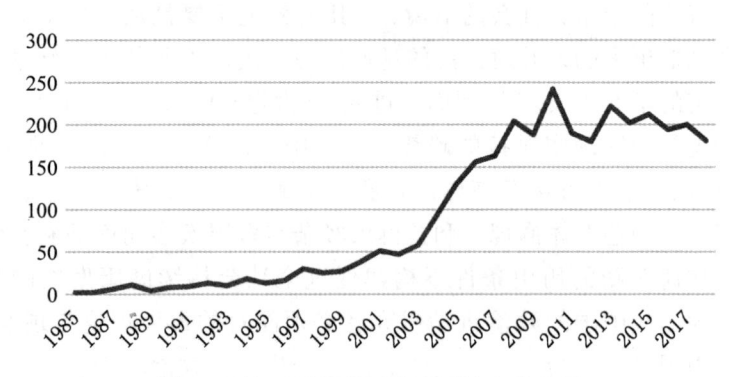

图 1 历年政治哲学研究期刊论文发文量

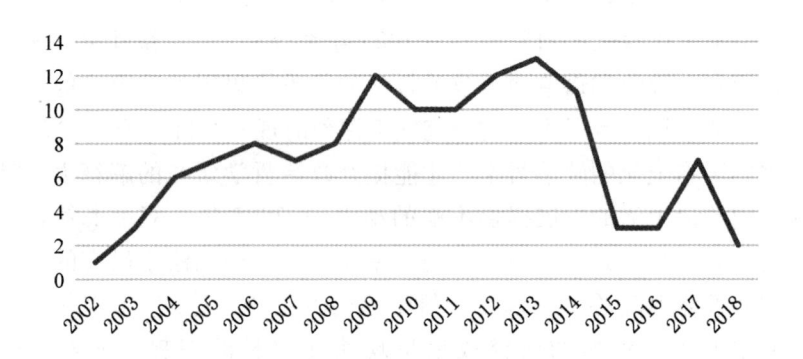

图 2 历年政治哲学研究博士论文发文量

由图 1 可知，1985—2018 年国内（不含港澳台）关于政治哲学的研究论文总体呈现上升趋势。1985 年—2003 年间，总发文量 388 篇，仅占总数的 11.8%，发文量较少，增幅也较小。2004 年，发文量增至 94 篇，并在此之后呈现持续上升趋势，到 2010 年达到最高发文量 242 篇，之后虽有所下降，但仍保持高位趋势。马中英等人的研究也印证了我们的统计结果，他们的研究表明：2001—2008 年间，发表的论文有 1011 篇，是

1985—2000 年研究成果的 5 倍之多。①

图 2 是以"政治哲学"为篇名的博士论文发文量,博士论文数量总体偏少,2002 年首次出现,随后呈上升趋势,2013 年达到峰值 13 篇,此后开始呈下降趋势。

为了使本文的概括更为全面和客观,我们借助于全国图书馆参考咨询联盟网站(www. ucdrs. superlib. net)平台②,以"政治哲学"为题,对该平台所有中文类书目进行了精确搜索,共得到 886 册中文书(见图 3),然后我们依次进入每本书的"内容提要"页面,对每本书的作者、性质及内容提要进行了手工编码,在淘汰了全部港澳台出版的著作和高中教材之后,区分出本土专著(355 册)、译著(121 册)和辑刊或以书代刊(50 册),共 526 个有效样本(见图 4)。

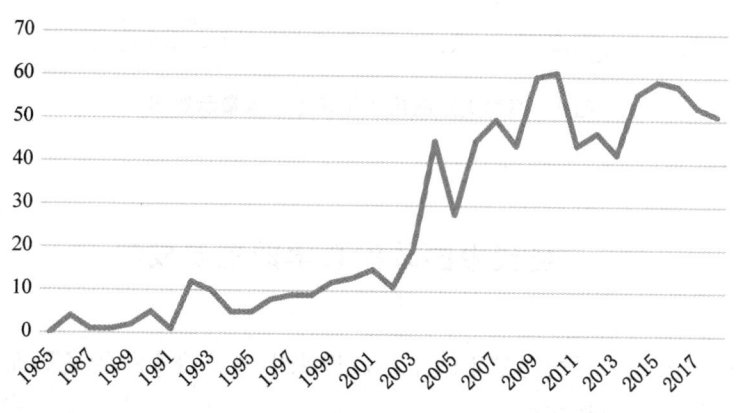

图 3 历年政治哲学著作出版量示意图

图 3 在很大程度上对图 1 进行了补充和印证,同样表明,1985—2018 年国内(不含港澳台)关于政治哲学的研究论文总体呈现上升趋势。1985—2003 年间,总出版著作 143 份,仅占全部 886 份著作的 16.1%,出版量偏少,增幅也较小。2004 年,发文量增至 45 份,虽后来有所反复,但总体上保持在高位,其中峰值出现在 2010 年,当年出版政治哲学著作 61 份。

---

① 马中英、张晓光:《当代中国政治哲学三十年研究图景:基于 CNKI 数据平台(1985—2015)相关文献的定量定性分析》,《社会科学论坛》2017 年第 11 期。

② 全国图书馆参考咨询联盟是一个全国性的文献服务平台,汇集了全国 180 多家省市级公共图书馆、高校图书馆和科技图书馆加盟,也是我国目前最大规模的中文数字化资源库群。

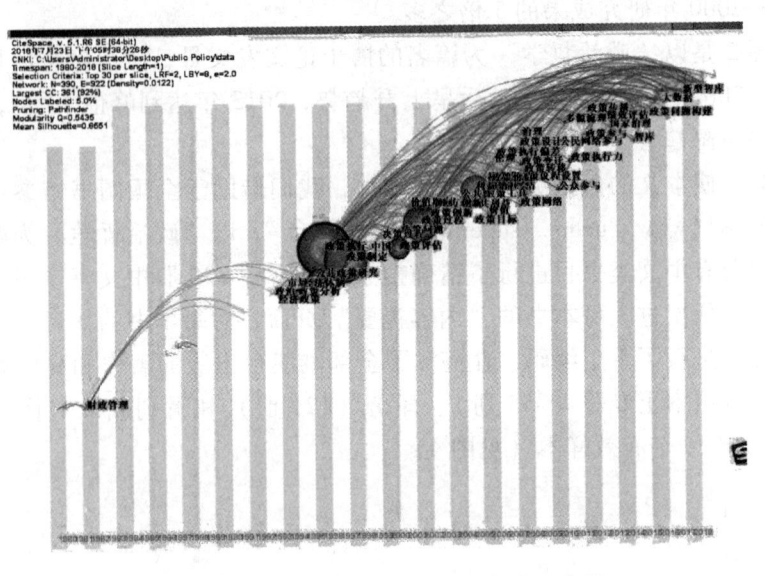

图4　不同类别政治哲学著作出版量示意图

三　当代中国政治哲学的主要成绩

当代中国政治哲学是基于改革开放以来中国政治实践的发展而发展起来的，特别是在市场化改革的过程中，政治哲学研究充分发挥实践指向的功能，与现实的政治生活形成了一种良性的互动关系。政治生活的发展，为政治哲学的发展提供了丰厚的土壤；政治哲学作为一门独立的学科，对政治生活保持一种反思和批判的精神，对政治生活的发展起到了较好的适应和引领的作用。接下来，我们将从中国政治哲学自身的发展和政治哲学之于政治生活发展的作用两方面来讨论当代中国政治哲学所取得的主要成绩。

（一）当代中国政治哲学自身的发展成就

改革开放以来，中国政治哲学研究从无到有，不断前行，取得了长足进展。具体表现在：

一是初步形成了一个相对独立、具有鲜明特色的研究体系。过去的30多年里，学界对政治哲学的若干要素进行了深入探讨，在学科定位、研究对象、研究方法等方面取得了重要成果①,一个以马克思主义为立场、基础性政治价值议题为主线、实践性政治生活为土壤、现实性政治问题为关怀的中国政治哲学学术体系初步展现在世人面前。我们既有基于西方政治思潮的前沿理论追踪,也有基于中国传统政治文化的历史观照;既有基于马克思主义的传承与创新,也有基于中国改革开放伟大实践的现实关怀。在中国特色政治哲学体系构建过程中,"本体论、认识论、价值论和实践论等内容纷纷涌入,相互交叉,彼此渗透,呈现出从单一化向多元化、评介性向独创性的研究趋势"。② 表1通过提取CNKI上1985—2018年篇名为"政治哲学"的论文的关键词,显示了政治哲学研究主要关注的议题。

表1　　　　　　　　历年政治哲学研究论文关键词词频

序号	关键词	词频	序号	关键词	词频
1	自由主义	200	16	公共领域	24
2	民主	100	17	权力	23
3	正义	91	18	意识形态	22
4	儒家	77	19	法治	20
5	平等	72	20	共同体	19
6	现代性	63	21	合法性	15
7	权利	52	22	共产主义	15
8	道德	48	23	政治解放	14
9	理性	47	24	社会主义	13
10	市民社会	46	25	人类解放	13
11	社群主义	35	26	共和主义	13
12	自然法	30	27	功利主义	11
13	人性	30	28	后现代主义	9
14	和谐社会	26	29	全球化	9
15	民本	26	30	虚无主义	8

① 如万斌的《略论政治哲学》(1987)、王岩的《试论政治哲学的学科性质及本质特征》(1998)、刘晓的《政治哲学初探》(2000)、韩冬雪的《政治哲学论纲》(2000年)、郑维东的《论政治哲学的性质、内容和功能》(2003)、侯才的《政治哲学：政治的理性和良心——兼评施特劳斯的"政治哲学"概念》(2005)、马云志的《政治哲学之思：内涵、学科属性与主题》(2006)、王岩的《政治哲学论纲》(2006)、吕嘉的《政治哲学的社会功能》(2006)、吴映萍的《试论政治哲学的学科定位、对象与功能》(2011)、王海成的《什么是政治哲学？——论政治哲学的学科属性与研究范围》(2013)、王新生的《什么是政治哲学》(2014)等。

② 郑慧：《我国政治哲学研究现状与主要着力点》，《人民日报》2014年11月14日。

表2　　　　　　　　　历年政治哲学研究著作关键词词频

序号	关键词	词频	序号	关键词	词频
1	儒家（学、教）	21	16	多元	4
2	政治哲学史	20	17	伦理	3
3	正义	20	18	权力	3
4	民主	15	19	信仰	3
5	自由主义	14	20	德性	3
6	古典	12	21	功利	3
7	权利	11	22	历史唯物主义	3
8	人种	9	23	幸福	3
9	宗教	7	24	范式	2
10	现代性	6	25	公益	2
11	自由	5	26	后现代	2
12	道德	6	27	技术	2
13	保守主义	4	28	教育	2
14	和谐	4	29	秩序	2
15	理性	4	30	实用主义	2

值得注意的是，学者们对马克思主义政治哲学展开了较为系统的研究，取得了较为丰硕的成果，从质上看，马克思主义政治哲学的主导地位逐步稳固，其基本理论、基本立场和基本方法渗透在主要的政治哲学成果中；从量上看，"马克思"一词在政治哲学研究的人物关键词中一直高居榜首（见表3和表4）。马中英等人的研究也表明了这一点，他们通过对CSSCI数据库1998—2015年的文献进行可视化分析，发现2005—2006年是我国马克思主义政治哲学研究发生重大转折的时期；2013—2015年间的关键词"马克思""马克思主义"出现频次较高，这说明学者对于中国政治哲学的研究确立了马克思主义立场，研究方向与主题较为稳定，意味着国内政治哲学开始逐步走向成熟。[①]

[①] 马中英、张晓光：《当代中国政治哲学三十年研究图景：基于CNKI数据平台（1985—2015）相关文献的定量定性分析》，《社会科学论坛》2017年第11期。

表3　　　　　历年政治哲学研究论文人物关键词词频

序号	关键词	词频	序号	关键词	词频
1	马克思	338	11	康德	28
2	罗尔斯	62	12	洛克	28
3	卢梭	54	13	邓小平	21
4	霍布斯	45	14	孟子	16
5	董仲舒	42	15	亚里士多德	15
6	施特劳斯	40	16	孔子	10
7	柏拉图	40	17	哈贝马斯	10
8	阿伦特	37	18	老子	20
9	黑格尔	29	19	杜威	7
10	荀子	29	20	德沃金	7

表4　　　　　历年政治哲学研究著作人物关键词词频

序号	关键词	词频	序号	关键词	词频
1	马克思	29	12	杜威	5
2	施特劳斯	15	13	毛泽东	5
3	霍布斯	11	14	亚里士多德	5
4	罗尔斯	11	15	沃格林	4
5	柏拉图	9	16	阿尔都塞	3
6	邓小平	7	17	董仲舒	3
7	黑格尔	7	18	哈贝马斯	3
8	康德	7	19	阿伦特	3
9	卢梭	7	20	老子	3
10	福柯	6	21	苏格拉底	3
11	马基雅维里	6	22	休谟	3

二是在对中国传统政治文化进行梳理和与西方主流的政治哲学思潮（如新自由主义、新保守主义和社群主义等）对话的过程中，致力于阐释和提炼中国政治生活的关键问题，本土化的自觉意识逐渐增强，涌现了大量富有启发性的原创作品。关注中国现实的政治生活是中国政治哲学研究的题中应有之义。20世纪90年代以来，随着社会主义市场经济体制的确立，"如何从学术理论话语中澄清当代中国社会发展中存在的若干政治哲

学基本问题，包括如何结合实际变化重新阐释带有批判性分析的理性认识，在理论上清晰描绘当代中国政治发展的知识图景，并给出相关合法性论证以及合理性选择的理论前提，成为当代中国政治哲学研究的重要任务"①。市场化改革的不断深入，使得政府与市场的关系、国家与社会的关系、政党与国家的关系等，都以崭新的面貌进入政治学者的视野，国家、政府等基本理论范式都在中国社会转型的特殊背景下获得了新的阐释。进入新世纪，学者们在寻求如何借鉴国外理论来解释中国政治发展过程和特点的同时，对中国政治哲学的复兴背景、深刻内涵和马克思主义政治哲学的建构等问题，进行了深入的研究。值得一提的是，2002 年党的十六大"公平正义"首次出现在司法制度层面，被誉为政治哲学研究走向成熟的"原点性"标志；2007 年党的十七大则实现了从"制度关怀"到"民生关怀"的升华，无疑称得上是中国特色社会主义政治文明的一大进步。②

三是进入新时代，随着中国特色哲学社会科学"三大体系"构建步伐的不断加快，"'中国问题''中国道路''中国经验'以及'社会主义核心价值观'等，已成为政治哲学研究的新论题。构建中国特色政治哲学学科体系、学术体系、话语体系，打造和创新具有鲜明中国问题意识的原创思想，不仅丰富着政治哲学的研究内容，也成为政治哲学研究的新生长点"。③ 近年来，中国特色社会主义的发展从"效率优先、兼顾公平"到了真正要明确什么是"公平与正义"的时候，改革从"自发"到"自觉"的发展现实需要具有"顶层设计"作用的政治哲学走向成熟。"相应地，在中国道路、中国模式的回顾性研究中，政治文明的延续路径如何更有益于当代中国社会，中国特色社会主义所蕴含的政治价值怎样展现，这些问题已经得到高度重视，在政治哲学研究中也从理念、制度、过程、评价等方面得到了深入反思。"④

（二）政治哲学之于政治生活的作用

当代中国政治哲学研究在不断彰显实践性的特征，与现实政治生活相

---

① 马中英、张晓光：《当代中国政治哲学三十年研究图景：基于 CNKI 数据平台（1985—2015）相关文献的定量定性分析》，《社会科学论坛》2017 年第 11 期。
② 马中英、张晓光：《当代中国政治哲学三十年研究图景：基于 CNKI 数据平台（1985—2015）相关文献的定量定性分析》，《社会科学论坛》2017 年第 11 期。
③ 郑慧：《我国政治哲学研究现状与主要着力点》，《人民日报》2014 年 11 月 14 日。
④ 韩庆祥、张艳涛：《当代马克思主义哲学研究的"中国图景"：近十年中国马克思主义哲学研究新进展》，《马克思主义与现实》2009 年第 4 期。

契合，围绕政治生活中的焦点问题，形成了一系列富有指导意义的理论思考，也初步回答了中国特色社会主义政治建设进程内在的哲学逻辑和伦理基础，对社会主义政治文明的建设起到了重要作用，彰显了政治哲学之于国家政治生活的积极影响。具体表现在：

一是为党执政的合法性提供了有力的思想资源。合法性问题是政治哲学研究中经久不衰的议题。合法性通常表现为一种道义上的正当性，即掌权者或掌权者的代表所提供的正当性证明，以表明其权力秩序是否和为什么应该获得其成员的忠诚的问题。执政党的合法性是政治哲学高度关注的问题。在当代中国，没有什么比共产党加强和改善领导、执好政用好权更重要的政治学议题了。从根本上讲，中国政治哲学的兴起源于中国改革开放的伟大政治实践。党的十一届三中全会以后，中国社会发生翻天覆地的变化。特别是社会主义市场经济体制的确立，使得公平、正义等问题成为人们关注的焦点话题。当前处于全面深化改革开放新时期，我们党面临的机遇前所未有，风险和困难也是前所未有。《中国共产党章程》中明确指出"我们党的执政地位既不是与生俱来的，也不是一劳永逸的"，其实已经意识到传统的执政合法性正在面临挑战，"'打天下坐天下'的传统观念已经远远不能适应现代民主政治的需要了。我们需要对执政合法性进行新的论证，这就需要加强政治哲学的研究"。[1] 基于当代中国改革开放的伟大实践构建政治理解的观念框架，政治哲学对合法性的关注，恰恰为我们党加强执政能力建设、为党执政的合法性提供了丰富的智力支持。

二是塑造了当代中国政治国家的积极形象。如何既限制国家的掠夺之手又发挥国家扶助之手的作用，始终是政治哲学研究中的重要议题。在现代西方政治哲学中，国家的形象总体上是消极的，被视为一种"必要的恶"。"美国宪法之父"麦迪逊（James Madison）说："如果人都是天使，就不需要任何政府了。如果是天使统治人，就不需要对政府有任何外来的或内在的控制了。"[2] 当代中国政治哲学以人的自由全面的发展为要旨，把改善共同体政治生活品质作为重要议题。"中国政治哲学所蕴含的理想信念及其价值担当，超越了西方政治哲学中消极政治的设计，使政治成为美好社会的建构力量并且代表美好的事物，塑造了国家的积极形象。今天，中国道路展示出来的政治实践及其意义，已经深刻改变了现代以来的消极

---

[1] 俞可平：《政治哲学何为》，《中央社会主义学院学报》2018年第10期。
[2] 汉密尔顿：《联邦党人文集》，程逢如等译，商务印书馆1997年版，第264页。

政治内涵，为我们新塑政治国家和公共权力的积极形象提供了崭新的实践基础。"①

三是为自觉坚持以社会主义核心价值体系引领政治思潮提供了思想资源。随着改革开放的不断深入，国内外各种政治思潮相互激荡，思想领域呈现多元化，这为政治哲学在中国的发展提供了良好的机遇，同时也对马克思主义在意识形态领域的主导地位提出了严峻挑战。②诸多政治思潮既以改革开放实践为现实依据，又积极参与改革进程，影响改革方向和实践，随着社会经济政治形势的变化，不断变换具体诉求和表达方式。这些思潮的主张和现实的重大社会问题紧密联系，在如何改革上，有着不同的期待和设计，体现了不同的改革观。如恩格斯所说："简单地宣布一种哲学是错误的，还制服不了这种哲学。"③如何以社会主义核心价值体系引领社会思潮，因而成为当代中国政治哲学研究的重要方面。总体来看，我们的政治哲学研究以一种开放和平和的态度，尊重差异、包容多样，丰富了社会主义核心价值体系的内涵，为提升其吸引力和凝聚力提供了思想资源。

四 当代中国政治哲学存在的主要问题

2016年5月，习近平总书记在哲学社会科学工作座谈会上指出："只有以我国实际为研究起点，提出具有主体性、原创性的理论观点，构建具有自身特质的学科体系、学术体系、话语体系，我国哲学社会科学才能形成自己的特色和优势。"④对照总书记提出的构建具有自身特质的"三大体系"的战略目标，当代中国政治哲学还有一些亟待改进和创新的地方。

（一）独立自足的学科体系尚未健全

当代中国政治哲学从无到有，从弱到强，虽然取得了巨大的发展成就，但独立自足的学科体系尚有待健全。首先，政治哲学是一门交叉学科，其学科定位在哲学与政治学之间摇摆不定，因而在学科对象、学科边

---

① 罗骞：《立足中国实践的当代中国政治哲学》，《中国社会科学报》2017年6月29日。
② 王炳权：《当代中国政治思潮研究》，中国社会科学出版社2014年版，第277页。
③ 《马克思恩格斯文集》第4卷，人民出版社2009年版，第276页。
④ 习近平：《在哲学社会科学工作座谈会上的讲话》，《人民日报》2016年5月17日。

界和学科研究进路上都存在着争议。这些争议从一个侧面表明了政治哲学作为一个学科尚处于未定型的发展状态。判断一个学科是否独立,我们可以先从其研究对象入手,正如韩水法所言,政治哲学是否能够取得独立学科的地位,关键的问题就是它能否证明,它有自己的观念及其根据而不必借助于道德哲学,政治正义具有自己的规范和分明的领域,而不与道德的规范和地盘相混淆。① 究竟是从哲学角度展开政治学研究,还是从政治学角度展开哲学研究,学者们对此争论不休。前者的研究对象是政治现象,哲学是研究方式和方法论工具;后者的研究对象是哲学,政治学是研究哲学的一个理论视角。就前者而言,政治哲学是政治学的分支;就后者来说,政治哲学本质上还是哲学研究,以至于有学者声称政治哲学就是哲学,或者说哲学内在地就是政治哲学。

其次,政治哲学的思想资源如何整合,亟待研究。今天中国的政治哲学面临着三个清晰可辨的传统:延绵数千年的中华政治文明、马克思主义政治哲学、西方政治思想资源。三大传统政治哲学研究之间缺乏沟通,整合度不高。中华政治文明是我们的根,我国古代早就对政治哲学的一些基本问题进行过探讨。但当代中国政治哲学的基本范畴、知识体系和学术传统等,大都来源于西方,确是不争的事实。即使我们有一些批判西方政治哲学的观点,但也差不多是借用了西方的思想资源。我们的学科体系建设如何整合中西马三大传统,将是较长时间内国内政治哲学研究的基本方向和基本任务。

最后,过度强调学科区分,制约发展空间。20世纪40年代以来,随着行为主义与逻辑实证主义入侵政治学领域,政治学越来越成为一门自然科学般的"政治科学","这虽然在一定程度上适应了政治问题日益复杂化和碎片化的需要,但割裂了政治哲学、政治科学与政治理论之间的有机联系,忽略了政治科学研究背后的哲学逻辑,缩小了政治学研究的基本领域"。② 中国的政治学深受这一研究趋势的影响,较多地关注技术性与功能性的具体问题,缺乏把握大问题的政治学视野,甚至出现了政治学公共管理化的倾向,这就使得我们的政治学研究始终无力解决价值在政治实践中的基础性地位的问题,降低了本学科知识求取的层次。

---

① 韩水法:《正义的视野——政治哲学与中国社会》,商务印书馆2009年版,第46页。
② 郑慧:《我国政治哲学研究现状与主要着力点》,《人民日报》2014年11月14日。

（二）具有自身特质的政治哲学学术体系尚未形成

在学术体系建设上，当代中国政治哲学的总体水平不高，学术原创能力不强，存在当代中国政治建设与政治发展的时代要求不匹配的问题。因反思能力不够，原创性不强，对政治生活的思想穿透力有所欠缺。

首先，宏大理论分析研究相对突出。政治哲学之所以不同于一般的政治理论，支撑其理论建构的基本要素往往都是宏大的议题。这是由其学科性质决定的。但宏大叙事往往会造成不接地气的空洞局面，忽略了对专门性政治实践问题的哲学反思。目前，我国的政治哲学研究一定程度上也存在这样的问题，更多停留在对政治哲学学科属性、科学内涵与结构体系的研究上，而缺少对实际政治生活的理性反思。中国政治哲学的"宏大叙事"存在其现实合理性，是中国政治哲学研究的一个阶段性特点，或者说是中国政治学生长的一个特定阶段。但"宏大的理论分析"不能成为回避应答现实政治难题的"避难所"，"不食人间烟火"的政治哲学研究并不合格。

其次，对现实问题的关注不够。现实是哲学之源，政治现实是政治哲学之源。"中国政治哲学研究最根本的问题是现实性缺失，未能深度切入现实的政治问题。一个突出的表现就是政治概念与政治思想史的研究占比过大。对于政治概念和政治思想史的研究是政治哲学不可或缺的重要内容，但过多的研究满足于这个方面的话，容易让人忽略政治哲学的根本目的。"[①] 政治哲学的核心任务是把握多层次的政治生活，规约政治生活的展开，形塑良好政治生态，导引美好政治生活。但现实中的某些政治哲学研究，过于沉溺于把玩"历史故事"，纠结思想家、思想史的"考据"，这无疑偏离了中国政治哲学研究的主流方向与核心任务。

最后，研究的意识形态化倾向明显。基本的政治立场是不同政治哲学的分野标志，但这并不意味着政治哲学研究完全等同于政治意识形态塑造。两者虽然关系密切，但一些学者把政治哲学研究当作意识形态工作来做，人为地设置很多研究和教学禁区，模糊了政治与学术的界限。一些学者则用本土化的情感诉求消解了普遍性的学理分析。无论是仿西方化、去西方化还是反西方化，这样的本土化最终都容易走向一个极端，即偏重价值表达而变成"去西方中心主义"，而其目标就是要建构一整套完全不同

---

① 李风华：《反思中国政治哲学研究向何处去》，《中国社会科学报》2014年8月8日。

于"西方"的研究方法和理论范式等。实际上，这种价值表达的赶超心态，暗含着一种理论边缘对中心的反叛和敌视，依然没有摆脱东方与西方、主体与他者、中心与边缘的二元对立思维。

（三）本土化的政治哲学话语体系尚待构建

在中国特色的政治哲学形态及其话语体系构建上，仍然存在着自觉不够、自信不足的问题。具体来说：

一是西方政治哲学的强势影响仍然比较突出。当前我们的政治哲学几乎所有的基本概念、核心议题、研究方法和理论范式，都是由西方创设的。这种情况有其客观的一面。包括政治学在内的若干社会科学门类都面临着用原产西方的概念、范畴、体系言说的问题。这与西方文化在相当一段时间内处于"高势位"有关。但如何"后来居上"，则是非西方的社会科学家们发挥主观能动性的问题。综观非西方国家政治哲学的发展，大体可以看到西方政治哲学话语体系，通过对发展中国家政治哲学的排斥、否定、渗透和同化，从而享有了主导地位。当代中国政治哲学的发展，一定程度上也存在"西语"势盛的问题，对一些重大的现实政治问题，缺少中国政治哲学理论参与和浸润。我们经过多年的努力，对西方政治哲学的经典做了很好的译介工作，为中国政治哲学兼容并蓄、吸收人类一切政治文明有益成果创造了有利条件。但对于跳脱西方政治哲学的范式规制，激发本土化政治哲学体系的发展和构建的理论自觉，我们的努力还不够。

二是政治哲学研究缺乏主体性。我们对当代中国政治哲学究竟应当做什么和怎么做的思考存在着不深入或不自觉的问题。一些成果的"主体意识"还比较欠缺，如可以看到大量以西方相关理论"匡正"中国实践的成果，但一定程度上还看不到体现中国政治实践和规律性的成果，至于把发现上升到"顶层设计"层面的成果更为少见。一方面，诚如毛泽东所批评的那样："几十年来，很多留学生都犯过这种毛病。他们从欧美日本回来，只知生吞活剥地谈外国。他们起了留声机的作用，忘记了自己认识新鲜事物和创造新鲜事物的责任"[①]，存在照抄照搬的问题；另一方面，随着时间的推移，在我们与西方可以共同生产和分享人类新的认知的时候，我们会发现，我们的主观创造冲动仍没有充分展示出来，这与我们没有能科学地

---

① 《毛泽东选集》第3卷，人民出版社1991年版，第798页。

处理好政治与学术、学科与学科之间的张力有直接关系。

五 中国政治哲学发展的未来进路

中国政治哲学的繁荣发展表明,从宏阔的理论视角和方法论层面认识和把握中国社会变迁中出现的一系列重大政治问题,是时代的迫切需要。中国特色社会主义进入新时代,对中国政治哲学的发展提出了新的更高要求,只有自觉坚持马克思主义政治哲学的立场,立足于中国政治实践的肥沃土壤,批判性地借鉴古今中外优秀的政治思想资源,通过创造性的吸纳和转化,才能打造好中国特色的政治哲学学科体系、学术体系和话语体系。

(一) 实现从政治哲学的西方话语向中国话语的转变

建构一种逻辑自洽、理论自觉、学术自信的话语体系,是一门学科发展的核心任务。当代中国政治哲学话语体系建构与完善的核心标识,是鲜明的"中国性",即立足中国,理解中国,服务中国,指引中国。我们应既能体现一种与西方和世界的比较视野,又能超越中西二元对立的狭隘立场,即中国政治哲学不仅是中国的,也是世界的,它体现的是对话而不是对立;既能立足本土实践,体现本土关怀,学习和改造域外特别是西方政治哲学理论和方法为我所用,对中国政治实践作出贡献,又能在学科层面上进行理论构建,走向世界,为世界政治哲学的理论与实践的发展作出贡献;既能以普遍的政治哲学恰当地指导和引领本土政治实践,推进本土政治实践发展,又能体现一种理论自觉、一种学术自信,实现本土经验与理论建构之间的逻辑自洽。

要做到这一点,就必须在破除理论迷雾和话语障碍的基础上,从确定本土概念开始逐步建立和完善具有开放性和包容性的话语体系。中国的政治建设实践是中国政治哲学话语体系的现实基础,我们的话语体系不是对西方的"移植",也不是对经典马克思主义的"复制",而是基于当代中国政治实践的提炼,讲好政治学视野中的"中国故事"。比如过去我们一说"民主",头脑中就只有西方选举式民主的概念。21世纪之初,北京大学潘维教授就批判过"民主迷信",这在当时被视为冒天下之大不韪之举。① 在一波反思浪潮的推动下，特别是在浙江温岭等地民主恳谈实践的基础上，我们的政治哲学研究推出了协商民主理论，形成了协商民主理论的研究热潮，这表明我们已经初步建构起自主性民主话语体系。同时，我们也和世界思想市场同步，初步形成了自主性治理话语体系。比如最近浙江省的"最多跑一次"的治理改革，坚持"以民众为中心"，为求解当下中国治理改革的核心问题提供了"浙江经验"，不单是检验和丰富了西方的理论，更以在地化对接中国实践的方式，推动了中国政治哲学话语体系的发展。

（二）强化对中国改革开放政治实践的学理研究

政治哲学研究作为一门对政治实践予以理性反思和规范指引的学问，既要扎根实践，也要反馈实践，自觉为实践服务。改革开放实践为当代中国政治哲学的研究和创新提供了丰厚的滋养，当前，中国特色社会主义进入新时代，政治哲学必须回应新时代的现实需求，加强学理研究，构建富有中国特色的政治哲学学术体系，为新时代中国政治文明建设提供更多的理论指引和思想资源。

一是要扎根中国土壤，明确研究的主体性。当今世界，人类面临着诸多复杂的、深刻的全球性挑战。中国政治哲学作为政治哲学大家庭的一员，理应对当前政治生活的根本问题予以理论概括与提炼，持续关注和回应这些挑战。中国政治哲学更应是"关于中国"的政治哲学，应自觉明确"中国研究"的历史方位，确立"中国研究"的主体性。学术研究的中国主体性是我们探讨中国问题的最基本要求，而这一大写的主体性在研究过程中学者们必须牢记于心。② 当代中国政治生活的独特性，既要求我们从西方政治哲学中吸取营养，更要汲取中国传统政治思想的有益养分。习近平总书记指出："泱泱中华，历史悠久，文明博大。中华民族在几千年历史中创造和延续的中华优秀传统文化，是中华民族的根和魂。"③ "中国传统文化中蕴藏着许多独具魅力的解决人类社会治理难题的重要思想，如天

---

① 杨光斌：《作为建制性学科的中国政治学：兼论如何让治理理论起到治理的作用》，《政治学研究》2018年第1期。
② 张东平：《当代中国政治哲学：兴起、样态及未来走向》，《江苏行政学院学报》2017年第4期。
③ 习近平：《在庆祝澳门回归祖国15周年大会暨澳门特别行政区第四届政府就职典礼上的讲话》，《人民日报》2014年12月21日。

人合一、追求大同、为政以德、修齐治平、知行合一、以民为本、以德立人、讲信修睦、求同存异、和而不同、和谐相处、协和万邦等。"① 这就要求我们立足于新时代中国政治生活的实践,对传统文化予以创造性转化和创新性发展,为构建中国特色政治哲学提供思想资源。

二是要强化中国问题意识,助推中国政治建设和政治文明的发展,为满足人们对美好政治生活的需要提供精神资源。改革开放40余年,中国经济和社会发展取得了举世瞩目的巨大成就,但我们的政治体制改革却一直遭到质疑。对于中国这一急剧变化中的大型社会如何既实现经济腾飞又保障政治体制的基本稳定这一事实,西方现代化理论和政治发展理论并没有提供现成的答案。通过渐进持续的政治体制改革提升国家治理能力依然是中国面对社会经济转型重大挑战的重要策略。在维护国家治理体系基本稳定的基础上,适应性民主改革和责任型政府体制改革才是中国政治体制改革继续深化的主要内容。② 当代中国改革开放的伟大实践日新月异,但我们当前的政治哲学研究总体上对于"主义"表现出鲜明的关切,多流于抽象的概念呼唤,难以适应和引领变迁中的政治实践。"我们的政治哲学需要关注正义、民主、自由等宏大论述,更要切实介入各种具体问题,诸如地权、人肉搜索、微博、上访、拆迁、群体性事件、义务教育权与户口、高考公平、计划生育,等等。这些社会政治问题不只是政治科学的研究对象,更应成为政治哲学的研究对象。"③ 这就要求深刻理解和阐释中国政治实践的独特意义和价值。从政治哲学的视野解读"中国问题",就是要用哲学特有的问题意识、思维方式与话语形式去解释现实问题,为满足人们对美好政治生活的需要提供理论指引。④

(三) 为全球治理贡献中国智慧

中国的政治智慧是全人类智慧的重要组成部分,要为全球治理贡献中国的政治智慧,就要立足中国现实,踏实研究好中国的政治问题,正如习近平总书记所指出的那样:"把中国实践总结好,就有更强能力为解决

---

① 郑慧:《我国政治哲学研究现状与主要着力点》,《人民日报》2014年11月14日。
② 徐湘林:《社会转型与国家治理——中国政治体制改革取向及其政策选择》,《政治学研究》2015年第1期;王炳权:《政治学研究年度梳理》,《人民论坛》2016年第14期。
③ 李风华:《反思中国政治哲学研究向何处去》,《中国社会科学报》2014年8月8日。
④ 汪业周、韩璞庚:《范式问题与问题范式:"中国问题"对于当代中国政治哲学研究的意义》,《学术月刊》2008年第11期。

世界性问题提供思路和办法。"① 我们要在强化对中国改革开放政治实践的学理研究的同时,围绕中国和世界政治发展面临的重大问题,着力提出能够体现中国立场、中国智慧、中国价值的政治哲学理念和方案。

首先,要立足于人类命运共同体,秉持一种开放的心态开展政治哲学研究。当今世界,人类面临的挑战越来越具有全球性,没有哪一个国家能够独善其身,各国越来越成为一个命运休戚与共、你中有我、我中有你的共同体。在这样一个时代,离开全球公共生活的大系统来对单一国家的公共生活予以哲学反思,显然是背离事实的。但"迄今西方的政治哲学基本上都假定了一个民族—国家的边界,或者说其所说的社会、政治乃是指一个国家单元内部的社会、政治,政治哲学因之事实上长期表现为一种国家哲学"。② 因而,我们要有超越民族—国家界限的政治哲学气度和视野,发展出一种以"人类社会或社会化的人类"的政治实践为研究对象的政治哲学。

其次,要立足于政治哲学自身的发展规律,加大对全球性共同政治价值、政治愿景的理论探讨。这就涉及政治哲学研究中的普遍性与特殊性的问题。所谓普遍性,包括两方面意义,一方面,不管是中国政治哲学,还是西方政治哲学,既然都叫作政治哲学,就表明它们在一些基本方面有着共同点,都是人类政治实践发展到一定阶段的产物;另一方面,政治哲学作为一门学科,本身也应遵循学科发展的基本规律。所谓特殊性,是指每个国家必然有自己的政治发展道路和政治特色,从一国政治实践中得出的政治哲学不能不假思索地推广到另一国,必须充分考虑该国特殊的历史背景与政治环境等因素。但普遍性与特殊性并不矛盾,如习近平总书记所指出的:"越是民族的越是世界的。解决好民族性问题,就有更强能力去解决世界性问题。"③ 因而,我们不能以本土化之名消解普遍性的学理分析,把许多人类共同的价值当作西方独有的价值加以排斥,相反,我们要着力摆脱东方与西方、主体与他者、中心与边缘的二元对立思维,积极介入全球治理进程,加大对人类普遍性政治发展规律和共同政治价值的理论研究,努力提高中国政治哲学研究的知识化、专业化、学术化和全球化水平,使当代中国的政治哲学研究在推进我国社会主义政治文明和民主政治建设中发挥更大的作用。

---

① 习近平:《在哲学社会科学工作座谈会上的讲话》,《人民日报》2016年5月17日。
② 沈湘平:《当代中国政治哲学研究反思与瞻望》,《中国社会科学报》2017年1月26日。
③ 习近平:《在哲学社会科学工作座谈会上的讲话》,《人民日报》2016年5月17日。

六 结语：为美好政治生活提供哲学支撑

源于实践并指导实践，是理论富有生命力的奥秘所在。政治哲学的发展历程，政治哲学成果的涌现，都与其所处时代的伟大实践密不可分。可以说，实践是政治哲学之母。习近平总书记指出，"人民对美好生活的向往，就是我们的奋斗目标。"站在新时代新起点上，中国政治哲学研究应重新审视自身，更加自觉地观照重大现实问题，推进理论创新，为人民美好政治生活提供哲学支撑。

改革开放以来，我们党带领人民取得举世瞩目的社会主义现代化建设成就，中国的政治生活不断为人类政治文明增辉添色。在这一过程中，中国政治哲学既是剧中人，也是剧作者。从改革开放开始，中国政治哲学研究就不断为改革开放事业特别是政治生活品质提升作出贡献。但毋庸讳言，中国政治哲学研究还不同程度地存在与实践脱节、与现实政治生活距离较远的问题。政治哲学与一般哲学的一个重要不同就在于，它不仅有理性的思考，而且能对现实生活作出理性反思，对基于现实公共生活的可能性进行积极探索。中国特色社会主义进入新时代，中国政治哲学研究应从与西方概念、范畴、体系的互动转向对中国问题的回应与探索，对改革开放40年实践进行政治哲学意义上的反思，对人们向往的美好政治生活提出契合实际的前瞻性思考。只有这样，当代中国政治哲学才会富有生命力、增强影响力。

只有超越既有范式，才能获得自主性。应该说，当代中国政治哲学是在积极学习、合理借鉴西方政治哲学话语过程中发展起来的。这对于拓宽学术视野、加深对西方政治文明的理解是有意义的，但也存在因循西方政治哲学既有范式而不自觉的问题，更不要说超越它。中国政治哲学研究者非常熟悉西方古典政治哲学，其论说方式占据他们观察社会、思考政治生活的大部分。但这与中国现实政治生活之间的关联很脆弱，既缺乏思想创意，也缺乏现实针对性。面对新形势新任务新要求，中国政治哲学需要更加牢固地树立自主性思维。应基于马克思主义政治哲学的开放性本质，建构对现实有规范作用的中国政治哲学话语。从这个意义上说，我国广大政治哲学研究者需要从对西学的亦步亦趋中解放出来，突破所谓"学术规范"的羁绊，推进综合创新，创造引领美好政治生活的政治哲学新形态。

只有高扬"应然"政治价值，才能规范"实然"政治生活。政治价值是政治哲学的灵魂。政治哲学从"实然"的政治生活出发，追求"应然"的政治生活状态，其中的纽带就是政治价值。建构具有中国特色、中国风格、中国气派的政治哲学学科体系、学术体系、话语体系，使其成为能够为社会进步和政治发展提供参考性规范和建设性意见的学说，关键在于对美好生活作出政治价值的高度凝练。在政治学语境中，美好生活包括一定意义上的利益占有和支配，但其本质是一种幸福的存在状态。

对幸福的价值追问，既是政治哲学发展的内在要求，也是回应现实的迫切需要。在追问美好生活幸福指向的过程中，中国政治哲学要探究多种价值的差异性与互补性，把现实性与理想性统一起来，从而作出创造性的价值重构。一方面，应在批判西方古典政治哲学价值原则的基础上，借鉴自由、权利、平等、公正等包含的合理成分；另一方面，应高扬马克思主义"人的解放""人的自由而全面发展"等价值原则。这二者融合的产物就是人民立场，即始终坚持把人民群众作为民主政治建设的价值主体，始终坚持把实现人民群众的根本利益作为政治建设和发展的最高价值目标，始终坚持把是否符合人民群众的根本利益作为政治建设和发展的最高价值评价标准。

政治学新兴学科知识图谱的可视化分析

王义保　黄杨森[*]

随着改革开放和现代化建设事业的不断推进，党和国家已经将哲学社会科学创新体系纳入国家创新体系范畴[①]，因为政治与各类社会活动和社会关系日益密切地结合在一起，政治学在当今科学知识综合化、交叉化和系统化的潮流中不断拓宽研究领域、丰富研究内容和更新研究方法，与其他多种学科相互作用、彼此融合，产生了一大批新兴学科。[②] 基于 CNKI 数据库的文献源，综合信息可视化方法和文献计量方法，从多个视角出发，运用 CiteSpace 软件对新兴学科研究文献进行图谱梳理，检视政治学新兴学科的最新发展状况，辨析政治学新兴学科研究的热点主题和演化路径，探究其特点及未来发展趋势，有利于政治学理论工作者更好地把握政治学新兴学科的发展现状与时代使命，积极思考未来政治学新兴学科的繁荣之路，从而促进中国特色社会主义政治学理论建设和发展。

一　政治学新兴学科研究的知识图谱

网络化社会的学术文献网络汲取模式及标准化格式愈发成熟，结合相应文献技术软件，通过对政治学新兴学科文献数据信息的全面搜集与精细研读，可以绘制出政治学新兴学科的科学知识图谱，实现政治学新兴学科知识的可视化，从而对政治学新兴学科的研究理论增长、范式路径转换、学科领域演进以及学科结构辨识等方面进行研究，以此形成对政治学新兴学科研究领域的科学理性认知。

---

[*] 王义保、黄杨森：中国矿业大学。
[①]《社会主义文化强国建设》，人民出版社、党建读物出版社 2015 年版，第 53 页。
[②] 王沪宁：《世界政治学面临二十一世纪》，《政治学研究》1988 年第 2 期。

（一）数据来源与研究方法

为保证原始数据的全面可靠性，以中国知网（CNKI）全文数据库为研究数据来源，文献类别中期刊的检索条件为"精确"，检索 CSSCI 期刊（含扩展版），以"政治学"为主题词进行检索，此次检索共得到样本 3120 篇，经查验，把不属于政治学新兴学科的低关联度文献剔除之后，最终确定有效样本 698 篇（检索时间截至 2018 年 11 月 20 日）。

研究采用文献计量和可视化的分析方法，首先利用 CNKI 数据库自带的数据分析功能（Refworks），对检索到的政治学新兴学科的文献数据进行格式转化并导出 CiteSpace 能够识别的数据格式；然后，借助 CiteSpace 软件对转化后的政治学新兴学科数据进行关键词、作者、机构共现等技术处理，绘制出多元、分时、动态的政治学新兴学科知识图谱；最后，结合政治学新兴学科高频关键词矩阵、高频被引文献等数据资料以及相关专家建议对各类知识图谱进行深度分析和挖掘，探寻政治学新兴学科研究的热点主题和演化路径，总结目前政治学新兴学科研究的特点，进而预测政治学新兴学科未来的发展趋势。

（二）文献年度分布

政治学新兴学科知识量的增长及其规律是与政治学新兴学科文献的增长及其规律紧密联系的，政治学新兴学科文献数量的变化直接反映了政治学新兴学科知识量的累进状况。因此，政治学新兴学科文献的数量是衡量政治学新兴学科知识量的重要尺度。本文检索文献的范围为 1998—2018 年，如图 1 所示，从 1998—2018 年有关政治学新兴学科的期刊发表文献数量的分布和变化趋势可以得出，1998—2004 年期间发表文献数量较少，表明该期间相关研究尚处于起步探索阶段，还未受到广泛重视；2005—2013 年期间相关研究开始逐步受到重视，呈增长趋势，2008 年达到一个小峰值点，发文 45 篇，2013 年达到所研究年份的一个最大峰值点，发文 58 篇；2014—2018 年相关研究的文献数量又逐渐趋于平稳，表明政治学新兴学科研究已形成规模，进入深化研究阶段。

（三）文献合作网络分析

对 1998—2018 年 CNKI 收录的 CSSCI 期刊中关于政治学新兴学科研究的作者进行统计，并运用 CiteSpace4.0 软件生成作者合作网络图，如图 2

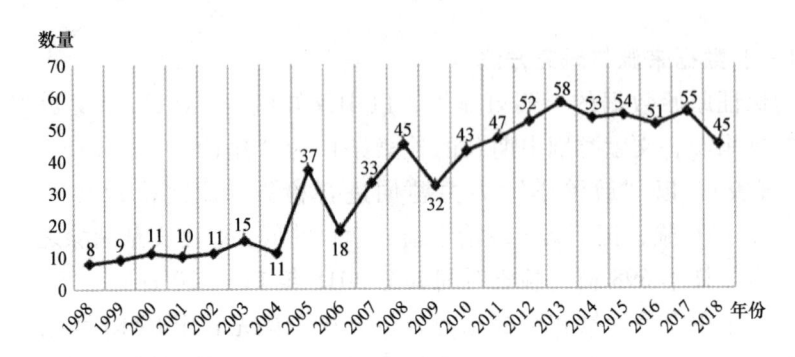

图1 政治学新兴学科研究期刊发表数量变化态势

所示，直观地展现政治学新兴学科领域的核心作者及其团队合作情况。

图中每一个节点代表政治学新兴学科的一位作者，节点越大表明作者发文篇数越多；节点之间的连线代表合著发文，连线越粗表示合著发文越多。根据图2，可以看出高奇琦（9篇）、刘锋杰（8篇）、范永康（7篇）、黄新华（7篇）、马雪松（6篇）、胡志丁（5篇）、杨光斌（5篇）、青觉（5篇）、蓝江（5篇）、张一兵（5篇）等学者是在政治学新兴学科研究中发文较多的作者；刘云刚、包利民、胡志丁、李宝林、刘雪莲等作者与其他作者连线相对较多，表明以他们为核心形成了政治学新兴学科的合作网络，他们在其中扮演着"桥"的连接作用。值得注意的是，政治学新兴学科研究团队多为"星状"分布，"网状"分布较少，同时尚有许多作者零散分布，说明团队合作力度不够。即便是在已有政治学新兴学科合作网络中，仅有少量团队属于跨单位合作，如以刘云刚为核心的研究团队，与来自中山大学、北京师范大学、哈尔滨师范大学、云南师范大学、广西大学、中国科学院、辽宁师范大学、山西师范大学、云南师范大学等众多学校和研究机构的研究人员，以及东芬兰大学、东京大学等海外研究机构学者合作，共同研究地理政治学的相关问题。

（四）代表性研究机构分析

政治学新兴学科的主要研究机构发文情况如图3所示。从研究机构来看，吉林大学行政学院和南京大学哲学系相关成果最明显，各发文17篇，其次是中国人民大学国际关系学院发文15篇，北京大学政府管理学院、武汉大学政治与公共管理学院和苏州大学文学院各发文11篇，复旦大学国际关系与公共事务学院、华东政法大学政治学研究院各发文10篇，中

图 2　政治学新兴学科研究作者及其合作网络

国社会科学院政治学研究所、南京大学政府管理学院和厦门大学公共事务学院各发文 7 篇，南京大学马克思主义社会理论研究中心、苏州大学政治与公共管理学院和中央民族大学中国民族理论与民族政策研究院各发文 6 篇，南开大学周恩来政府管理学院、北京大学国际关系学院、华东政法大学政治学研究所和中央民族大学各发文 5 篇，其他各机构发文数量均不足 5 篇。

　　从政治学新兴学科研究机构合作情况看，大部分机构通常是内部合作独立发文，但也不乏研究机构之间进行合作发文。现有的机构间合作可大致分为两大类，一类是高校内部各研究机构之间进行跨学科合作，如南京大学哲学系与南京大学马克思主义社会理论研究中心、吉林大学行政学院与吉林大学法学院、中央民族大学管理学院和中央民族大学中国民族理论与民族政策研究院等高校内部机构间合作发文。另一种是高校之间或高校与各研究机构之间进行的合作研究，如南京大学政府管理学院与广州大学公共管理学院、南京大学公共管理学院与南京农业大学人文学院、上海师范大学法政学院和山西大学政治与公共管理学院、华中科技大学哲学系与中南财经政法大学哲学系、中国科学院地理科学与资源研究所和云南师范大学旅游与地理科学学院等跨校合作，甚至还出现了北京大学政府管理学院与加拿大蒙特利尔大学之间的跨国合作。

图3　政治学新兴学科主要研究机构

（五）高被引论文分析

高被引论文通常是指在一个学科领域中被引频次排名同年度前1%的论文。通过对政治学新兴学科高被引论文的梳理，可以了解政治学新兴学科学者研究的聚焦点和关注度。囿于篇幅，通过对被引频次前20的论文梳理，发现政治学新兴学科论文多集中在风险社会、网络政治、新制度主义、地缘政治、生态政治、政治经济学等主题方面。如表1显示，风险社会政治学、网络政治学、新制度主义政治学、地缘政治学、生态政治学、政治经济学等相关主题的论文受到研究者更多的关注和青睐，在政治学新兴学科相关论文写作中得到优于其他选题论文的借鉴和引用。这些高被引文献在一定程度上反映出一段时间内学界有关政治学新兴学科的研究热点与关注焦点。

表1　政治学新兴学科研究被引频次前10的论文

序号	题目	作者	年份	被引次
1	风险社会政治学	乌尔里希·贝克；刘宁宁；沈天霄	2005	227
2	新制度主义政治学的兴起	朱德米	2001	143
3	国外学者对网络政治的研究	刘文富	2001	128
4	交易费用政治学：现状与前景	马骏	2003	86
5	网络政治学：虚拟和真实	朱德米	2001	74
6	网络政治的政治学分析	李斌	2003	73
7	文化认同的危机与身份界定的政治学——乡村文化复兴的二律背反	赵旭东	2007	71
8	网络时代的政治学和网络政治学	钱振明	2000	62
9	地缘学的发展与中国的地缘战略——一种分析框架	潘忠岐	2008	60
10	从生态政治学的视角看社会主义和谐社会的构建	方世南	2005	60
11	生态政治何以可能	肖显静	2000	60
12	民族发展政治学的理论和方法	贺金瑞	2006	58
13	中国网络政治研究：进程与争鸣	陈潭；罗晓俊	2011	53
14	大数据政治学：新信息时代的政治现象及其探析路径	孟天广；郭凤林	2015	52
15	国际贸易政策的政治经济学：理论与经验方法	盛斌	2006	52
16	国家、社群与转型期中国农村公共产品的供给——一个交易成本政治学的研究视角	陈宇峰；胡晓群	2007	52
17	当代西方生态政治理论述评	蔡先凤	2003	50
18	民生政治：民生问题的政治学诠释	曹文宏	2007	50
19	从发展政治学看中国转型体制	萧功秦	2005	49
20	新制度主义政治学的流派划分与分析走向	何俊志	2004	49

二 政治学新兴学科知识图谱的可视化分析

作为学术论文主题的概括和作者研究重点,关键词是从学术论文题名、摘要和核心研究观点中提炼出来的。对学术论文的关键词进行共现网络分析,有助于更直观清晰地挖掘该研究领域的发展脉络及潜在热点。[①]因此,通过统计政治学新兴学科研究的高频关键词,绘制出政治学新兴学科知识图谱和时间分区图谱,能够清晰展示政治学新兴学科研究的热点主题及演化路径。

(一)关键词抽取与词频分析

政治学新兴学科高频关键词体现了学者们注意力的汇聚,代表了政治学新兴学科研究的焦点主题。利用 CiteSpace 软件中的关键词共现统计功能,在对政治学新兴学科数据进行关键词频统计基础上,整理出政治学新兴学科研究前 30 位的高频关键词(见表 2)。由表 2 可知,比较政治学、地缘政治学、政治地理学、民族政治学、政治经济学、新制度主义政治学、生态政治学、文化政治学、文学政治学、生命政治等词出现较为频繁,是政治学新兴学科研究领域的热点主题。

运用 CiteSpace4.0 可视化软件,以政治学新兴学科文献的关键词为节点,每年度为一个时间片段,阈值项选择"Top N per slice",阈值设定为每一个时间片段选择前 50 个高频节点数据,修正算法选择"Pruning sliced networks",结合图谱剪修及人工调整等技术处理,对政治学新兴学科研究样本文献关键词共现网络进行可视化分析,最终绘制出政治学新兴学科的综合知识图谱(见图 4)。其中,CiteSpace 可视化图谱中节点大小表示政治学新兴学科关键词词频的高低,节点间连线表示关键词之间的共现关系。每一个节点代表一个高频关键词,节点越大表明关键词出现频率越高;节点内部成年轮状分布的圆圈表示关键词出现的年份,最外侧分布的圆圈表示该关键词仍是当前政治学新兴学科研究的热点;节点之间连线表示两个关键词在同一篇文章中共同出现,连线越粗表明共现频次越高。

[①] 张洁、王红:《基于词频分析和可视化共词网络图的国内外移动学习研究热点对比分析》,《现代远距离教育》2014 年第 2 期。

表2　政治学新兴学科研究文献高频关键词统计

编号	关键词	词频	年份	编号	关键词	词频	年份
1	政治学	78	1998	16	新政治经济学	10	1999
2	比较政治学	57	1998	17	生态政治学	10	2001
3	地缘政治	30	1998	18	文化政治学	9	2009
4	地缘政治学	24	1999	19	生命政治学	9	2015
5	比较政治	20	2012	20	马克思主义	9	2000
6	比较学	19	2000	21	新制度主义政治学	9	2006
7	新制度主义	17	2001	22	生态政治	9	2000
8	中华人民共和国	16	1999	23	研究范式	8	2000
9	政治地理学	15	1999	24	文化政治	8	2011
10	民族政治学	14	2002	25	政治文化	8	1998
11	方法论	14	1998	26	生命政治	8	2017
12	全球化	12	2002	27	北美洲	8	1999
13	政治经济学	11	2003	28	美利坚合众国	8	2012
14	文学政治学	11	2006	29	环境政治学	8	2005
15	研究方法	11	2000	30	政治发展	7	1998

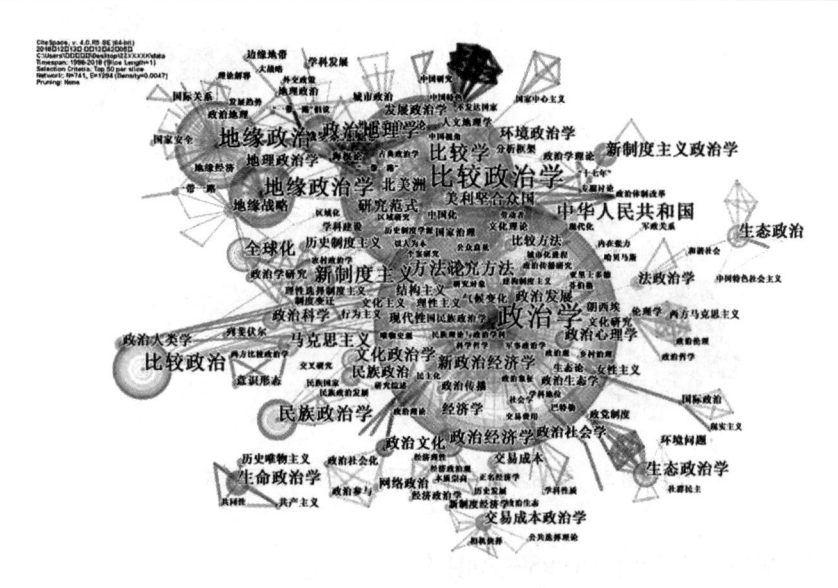

图4　政治学新兴学科研究的综合知识图谱

观察图4发现，以政治学为核心议题的新兴学科研究向外辐射开来，比较政治学、政治经济学、地缘政治学、政治地理学、文化政治学、民族政治学、文化政治学、新制度主义政治学、政治心理学、发展政治学等节点相对较大且与其他节点之间连线较多，表明其为该领域关系网络的重要节点，是近年来学界关注和青睐的研究焦点。环境政治学、生态政治、城市政治、"一带一路"、国家安全、生命政治等关键词对应的节点虽相对较小，但多处在关系网络的连线中心或末端，很可能成为政治学新兴学科未来的研究热点。

（二）时间分区与演化路径

近年来，政治学新兴学科研究领域的成果逐渐丰富，学者的研究视角与研究方法也日趋多样，除了研究成果数量呈波动变化趋势外，该领域的研究主题也具有一定的演化规律。为了有效梳理该领域研究主题的时区划分，更加清晰地展示1998—2018年政治学新兴学科的年度研究热点主题的演化轨迹，可以根据时间分区图谱设置研究成果转折时间节点（2004）和峰值时间节点（2013），分三阶段进行归纳梳理（见图5）。

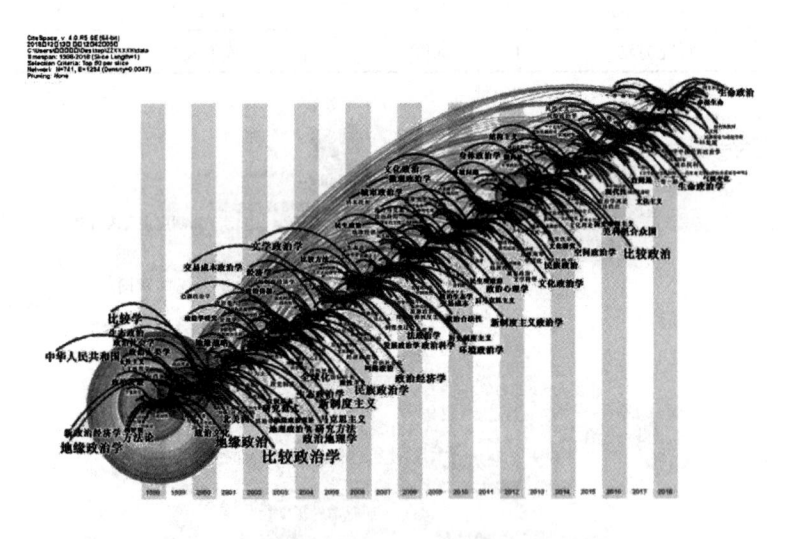

图5 政治学新兴学科研究的时间分区图谱

1. 知识探索阶段（1998—2004年）

统计发现，这一阶段有关政治学新兴学科的研究成果数较少，仅占总体的10.74%。其中1998—2004年期间学者的研究焦点指向比较政治学、政治经济学、政治社会学、政治人类学、民族政治学、地缘政治学和政治地理学，并有少量研究开始关注政治传播、政治文化、政治伦理、政党制度、新制度主义、网络政治等前沿理论与现实问题。可以发现，这一时期的政治学新兴学科的相关研究整体尚未完全展开，处于起步探索阶段，学界的研究多集中于综合其他学科相似理论基础上而形成的政治学新兴学科，或者是比较完整的分支学科，对于国外学术动态的关注和现实问题的针对性研究未能展开。

2. 规模发展阶段（2005—2013年）

观察图1、图5可知，这一阶段政治学新兴学科的相关研究成果呈快速增长趋势，占总体的52.72%，并在2013年达到增长状态的临界值。在这一阶段，学界不仅重视深化比较政治学、政治经济学、民族政治学、政治心理学、政治传播学等已有学科的研究；而且随着全球化时代的来临，以及现代化、城市化的发展趋势，"现代性"和"交叉研究"已经成为该研究领域的重要关键词，研究者们也由此开拓了一大批政治学新兴学科，如全球政治学、城市政治学、空间政治学、发展政治学、文化政治学、新制度主义政治学等等。除此之外，学界也更加关注贴近社会现实的问题研究，形成了微观政治学、环境政治学、生态政治学、民生政治学、文学政治学、乡村政治学、身体政治学、旅游政治学等新兴学科。

3. 创新深化阶段（2014—2018年）

较之前一阶段，这一时期关于政治学新兴学科的研究成果趋于平稳，年发文量波动较小（如图1）。在这一阶段，伴随着"地球村"的形成与互联网技术的迅猛发展，面对全面深化改革进程中暴露的种种社会问题，学者们更加关注中国当前所面临的现实问题。在积极借鉴相关成熟理论，应用最新的定性和定量研究方法的基础上，积极拓展了政治学新兴学科的研究领域，比如"一带一路"问题研究、国家治理问题研究、城市权利问题研究、民主化问题研究、气候变化问题研究等等，而且形成了网络政治学、风险政治学、生命政治学、军事政治学、和平政治学、世代政治学、实验政治学、计算政治学、伦理政治学等一批具有强烈时代特征的新兴学科。

三　政治学新兴学科研究的特征分析

从改革开放以来政治学恢复建设至今，中国政治学新兴学科取得了长足的发展,不断推陈出新、开拓发展,焕发出勃勃生机。研究者们能够始终坚持正确的发展方向,遵循正确的指导思想,积极拓展研究领域、创新研究方法,从而使中国政治学新兴学科在这一年中取得了长足的发展。当前,社会生活中的政治问题具有高度复杂性和跨学科性,这就为促使政治学与其他学科的紧密结合提供了契机,便于进行交叉性研究。通过统计高频关键词、综合知识图谱分析以及深度的文献梳理,从而总结相关研究的基本特征,为进一步深入开展相关研究提供参考。

(一) 研究领域不断拓展丰富,但学科发展不够均衡

根据所收集的数据可以发现,近二十年来政治学的研究体系不断完善、研究领域不断丰富,同时政治学学科也不断增多(见图1、图4、图5)。政治学研究领域拓展是一个复合的命题,研究者们要根据现实政治的需要,在政治学领域不断更新已经建立起的概念系统、分析模式,更多地运用新思维来指导研究。在深入研究既有领域的基础上,不断开拓新的研究领域,更新交叉研究的范畴,积极寻求建立新兴学科的可能性。[①]

政治学新兴学科的研究具有多样性,比如部分研究是关于某一特定领域,经过不断发展成为独立的交叉学科,如政治社会学、政治心理学、政治经济学、政治人类学为代表的综合其他学科相似理论基础上而形成的政治学新兴学科,也有如政治传播学、政治伦理学、政治文化学等初步发展为较完整的分支学科。另一部分研究则是根据现实需求,在不同学科之间的理论交融中形成的交叉学科,一是为适应不同时期政治需要而形成的交叉学科,比如和平政治学、网络政治学、风险政治学、生态政治学、城市政治学、发展政治学;二是为解决现实政治问题而形成的交叉学科,比如边疆政治学、警察政治学、军事政治学、民族政治学、基因政治学、图像政治学;三是因研究方法迫切需求以及不断突破而形成的交叉学科,比如田野政治学、计算政治学、实验政治学等。这很好地呈现出我国政治学新兴学科发展的现状——形成了独具特色的中国政治学新兴学科体系。此外,政治学新兴学科的研究内容不断丰富(见图4、图5)。随着交叉学科自身的不断发展完善,许多政治学新兴学科展现出在研究对象和目标方面的客观化、具体化和准确化等特征。而且研究内容所具有的拓展性与研究方法的统一性创新了政治学的研究思路,为进一步拓宽政治学的研究领域

---

① 杨海蛟:《中国政治学30年》,《社会科学管理与评论》2008年第2期。

和促进更多的新兴交叉学科出现提供了基础。

然而，值得注意的是，我国政治学新兴学科的建设仍不完善，各学科发展还很不平衡，主要表现在以下方面。一是学科的系统性有待加强。由于不同新兴学科在学术规范、研究方法、研究群体、发展程度上存在很大差异，因而政治学学科体系的系统整体性有待加强。比如城市政治学、风险政治学、生态政治学和网络政治学等新兴学科由于现实性和变动性较强的原因，仍处于探索发展阶段。二是部分交叉学科的归属有待商榷。政治学新兴学科大都介于两种或多种学科之间，学科归属的界定始终存在诸多不确定因素，以致界限模糊。比如政治地理学和地缘政治学，比较有代表性的研究成果大多来自地理学科，因此它们属于地理学范畴还是政治学范畴一直划分不清，这就为完善学科建设造成了很大障碍。三是部分交叉学科未引起学界重视，发展滞后。存在这样一些学科：虽然学科本身的研究意义非常重大，但是由于该学科是处于起步阶段，没有规范统一的学科体系，尚未引起学界的高度重视，没有得到积极有效的发展。像生物政治学、灾害政治学、政治营销学等就是属于这一类的交叉学科。这些学科研究群体少、研究成果不甚丰富，也没有形成学界认可的研究内容和学科体系，目前还没有得到足够的重视。

（二）更加关注现实问题，但基础理论亟待夯实

学科产生的价值在于它解决现实问题的实用性，一个学科要想不断创新和发展，就必须从本国的实际出发开展研究，综合考虑自己国家文化状况和经济社会发展程度，这也是一门学科的生命力所在。在中国政治学新兴学科理论工作者的不懈努力下，从我国具体国情和现实发展出发思考问题，为实现政治学新兴学科研究的本土化，对中国政治发展过程中的一些重大理论和现实问题进行了深入的探讨和研究，这使得政治学新兴学科在一定程度上提高了研究的科学性和应用性，已经成为当代中国政治发展的重要支撑点。如图5所示，近年来学者们对"一带一路"、民主化、城市化、风险社会、生态环境等现实问题的共同关注就是最好的例证。因此扎根中国现实并借鉴西方较为成熟的理论思想，能够为中国政治学新兴学科的发展奠定现实基础并注入活力。

但必须警醒的是，对于越来越受到关注的政治学新兴学科而言，拓展学术视野和强化理论深度是现阶段发展政治学学科的重要任务之一。现今，政治学新兴学科的基础研究大都停留在对西方理论的一知半解中，对

于何时能够形成具有中国特色的政治学新兴学科体系是无法预知的，我国政治学新兴学科的理论基础还很薄弱，亟待夯实。由于政治学新兴学科起步较晚，其发展更需要建立在深厚的基础理论之上。虽然初始阶段的政治学新兴学科明确了其研究范畴、研究对象等，同时也对学科结构、基本方法等进行过广泛而深入的探讨，但是受限于当时薄弱的研究基础，能够利用的有效资源不多，对一些重大理论问题的研究过于简单化。伴随着政治学新兴学科研究视野不断拓展，政治学界更多关注先进理论和思想，却忽视了对交叉学科领域基本问题的研究，具有中国特色的政治学新兴学科的理论体系还不完善，学界对社会中的很多基本问题并未达成共识。政治哲学的研究水平相对滞后且缺乏共识是导致学科体系不完整的根本原因，政治哲学研究是政治学基础之基础，决定政治学的理论化程度。一些学者专注于解释西方政治哲学领域内的一些基本理论，政治学新兴学科的理论研究尚未完善。

（三）研究方法不断突破创新，但缺乏学科特色

研究方法是影响一门学科发展是否完善的重要因素之一，尤其是对于我国政治学新兴学科而言，丰富的研究方法更是不断创新深化、完善学科体系的重要手段。从学科发展的角度来看，中国政治学新兴学科的快速发展以及所取得的创造性成果都和不断更新的研究方法密不可分。在政治学及其交叉学科长期发展的过程中，学者们从学科自身发展以及实践需要的角度出发，在遵循学科发展规律的基础上不断转换思考方式、创新研究方法，使得政治学及其交叉学科实用性得到增强。特别是随着社会实践的不断发展，加之行为主义政治学比较推崇实证研究方法，多样化的实证研究方法在中国政治学研究中不断加速成长。学者们愈加重视政治学及其交叉学科研究方法的实证化，深入社会实践，运用田野调查法、实验研究法、大数据分析法等多种方法，对现实政治的实际运作做出了相对全面深入的分析。总的来说，研究方法的创新将中国政治学新兴学科的发展推向深入，一方面研究方法的创新促进了政治学新兴学科不断分支发展；另一方面政治学新兴学科的发展完善也进一步推动了研究方法的规范化、科学化。

但是，政治学新兴学科在不断突破创新研究方法的同时，仍然存在一些问题。其一，只是一味借鉴西方政治学相关理论，却忽视实际应用，尤其是没有将科学的研究方法运用到解决问题的实际中去。其二，忽视对研

究方法的创新。毫无疑问，政治学新兴学科不竭的发展动力是研究方法创新，可以借鉴外来的研究方法，但要注意与本土固有的研究方法相结合，不断实现创新。比如当下的农村政治学研究虽然已经成为一门显学，但是方法论上的限度却很明显，表现为当下农村研究主要方法是经验性的研究，特点是只见"社会"不见"国家"、只见"树叶"不见"树林"、只见"描述"不见"解释"、只见"传统"不见"走向"[1]。其三，研究方法没有体现出学科的独特性与优势。部分政治学新兴学科的研究者大多还局限于人文科学的研究方法，没能充分运用现代先进的研究方法，而且各新兴学科彼此之间交流互动较少，方法论体系多样复杂，未能有效统一并整合成独具学科特色的研究方法。

四　结论与展望

政治学新兴学科研究日益受到学界的重视，本文运用 CiteSpace 软件对近年来研究成果文献年度分布、代表性学者、代表性研究机构、高被引论文、热点主题、演化路径等方面进行文献计量和可视化分析，表明经过学者 20 多年的学术探索，政治学新兴学科领域的研究业已形成体系。蓬勃发展的政治学新兴学科，不仅丰富了政治学研究的理论框架，提高了学科的实践能力，而且也促进了具有中国特色政治学体系的形成，积极有效地为政治实践提供科学指导。

2016 年 5 月 17 日，习近平总书记在哲学社会科学工作座谈会上的讲话中强调指出："要通过努力，使基础学科健全扎实、重点学科优势突出、新兴学科和交叉学科创新发展、冷门学科代有传承、基础研究和应用研究相辅相成、学术研究和成果应用相互促进。"[2] 新兴交叉学科的未来发展直接关系到政治学研究队伍的繁荣壮大，发展前景的广阔明朗，研究成果的丰硕。因此，我们不仅要对交叉学科的发展历程进行回顾，更需要对各学科的发展前景展开科学的预测。中国政治学界的研究者们应在以下几方面做出努力。

第一，推动已有新兴学科深化与完善。时代发展及国内外环境的变化

---

[1] 徐勇：《当前中国农村研究方法论问题的反思》，《河北学刊》2006 年第 2 期。
[2] 习近平：《在哲学社会科学工作座谈会上的讲话》，《人民日报》2016 年 5 月 17 日。

促进政治学新兴学科不断完善,社会的多元化结构使得政治学新兴学科的研究资源增多,为不断涌现新兴学科打下了良好的现实基础。随着政治学新兴学科朝着更多样化、更细致化、更完善的趋势发展,诸如学科归属问题也会得到妥善解决。更重要的是,科学研究的综合化、社会化促进了各门学科分化、组合、深化,学科之间的壁垒已不再明显,各学科呈现出交叉、综合的发展趋势。政治学的研究将会不断追寻多元化的热点问题,形成广泛的研究领域,这不仅有利于交叉学科出现,同时也促进已出现的新兴学科成熟完善。

第二,国情世情要求政治学新兴学科实现理论创新。为承担社会科学发展的重任,解决当前我国社会面临的现实问题,政治学新兴学科需要不断创新,快速成长。其中,基础理论的发展创新更是政治学新兴学科发展壮大的源动力。政治学研究中的理论创新,主要是指在学术上进行理论体系的创新。[①] 政治学新兴学科要想实现理论创新,必须以现实经验为基础,打破固有思维模式,引入新的话语体系,进行较高层次的理论提升和话语创新。目前,在政治学新兴学科的研究中还存在着诸如"从理论到理论"的研究模式。事实证明,这种思维模式已跟不上现实的发展,只有在中国实践与经验的基础上,加强关于马克思主义政治学的研究,遵循"现有理论—政治现实—理论创新"的研究过程,才能促进政治学新兴学科的理论创新。

第三,学科发展必然推动研究方法创新。中国政治学新兴学科自20世纪90年代以来不仅始终坚持规范性研究,同时也注重实证分析方法及技术的研究和引进,比如案例分析、田野调查等研究方法,都在一定程度上推动了中国政治学新兴学科的发展。这些研究方法从单一或特定的角度进行研究,使得研究成果片面性、随意性较大。由于研究方法不兼容,各个学科之间彼此的研究范围和研究成果都很有限,对于政治学学科整体发展而言收效甚微。限于交叉学科起步发展较晚,研究者的学术水平差异,大量的实证分析方法及技术在引入中国政治学新兴学科之后并没有得到广泛的应用。如在农村政治学研究方法与范式上,假如能够将话语分析与日常政治分析范式相结合,不但可以更好地再现农村的变动性,展示农村社会的真实现状,也能够拓展农村政治学研究的认知模式,这对于农村政治学的研究来说是一种新的尝试,这种创新也必将深入推进农村政治学的

---

① 王邦佐:《政治学的繁荣和发展需要理论创新》,《政治学研究》2001年第1期。

发展。

　　第四，坚持推动学科研究"本土化"。王惠岩先生曾明确指出政治学研究必须理论与实际结合，政治学研究必须立足于社会现实需求，有些青年学者偏离政治学实践方向，热衷于西方理论研究且习惯于用西方价值观来评价中国现实政治问题，殊不知任何学术都是特定历史条件的反映，西方政治学理论的发展也是与时代密切相关的，都是对其时代问题的浓缩和回应。脱离中国实践的研究，不仅解释不了中国现实的问题，甚至原本鲜活的西方理论也弄得僵死了[①]。一味地将西方的政治学理论体系强加于中国政治学的研究，必然会呈现出非科学性，进而导致学术道路的偏离，这就是一再强调的"本土化"必须重塑问题。未来政治学新兴学科的研究重心是回应中国政治发展的需要，关注现实问题，通过对于现实问题的研究，提出行之有效的解决路径和可行性建议。研究中国政治发展问题，要有大局观念，能够分清主次缓急、合理分工，既能做大局化、前瞻性研究，也能做具体性问题的研究。

　　[①]　王惠岩：《回顾与展望：发展中的中国政治学》，《吉林大学社会科学学报》2005年第4期。

中国政治学恢复以来方法运用与研究的基本态势

杨海蛟　李　猛[*]

哲学社会科学发展的历史进程一再表明，科学方法的运用与研究是其不可或缺的重要内容，且与哲学社会科学理论相伴相生、相得益彰。毫无疑问，作为工具和手段，科学的研究方法同样是政治学科学化、规范化的有力保障，也是连接政治学理论与具体政治实践的桥梁。改革开放以来，中国政治学研究从整体而言，始终坚持正确的指导思想，围绕中国政治发展的时代主题，服务党和国家工作大局，不断开拓进取，目前呈现出前所未有的繁荣态势。这种局面的形成，既依托于改革开放和社会主义现代化建设进程的强力推动，同时也取决于政治学研究方法的不断改进和创新。"研究方法的创新是创新政治学理论、发展完善学科体系、拓展研究领域、创立新兴学科的重要途径和有效手段。"[①] 因而，全景式地透视、探析政治学方法的科学化发展历程，有利于全方位地展现政治学传承与创新发展的轨迹和图景。中国政治学自恢复以来，就主流而言，在政治学方法运用与研究方面，呈现出以下几个特点。

一　辩证唯物主义与历史唯物主义一直居于主导地位

马克思主义既是科学的世界观，又是科学的方法论。恩格斯强调指出："马克思的整个世界观不是教义，而是方法。"[②] 中国政治学研究方法

---

[*] 杨海蛟：中国社会科学院政治学研究所；李猛：北京外国语大学。
[①] 杨海蛟：《20世纪90年代以来中国政治学研究的特点及发展趋势》，《浙江社会科学》2001年第4期。
[②] 《马克思恩格斯选集》第4卷，人民出版社1995年版，第742页。

是在马克思主义政治学研究方法指导下，注重以历史分析方法、经济分析方法、阶级分析方法、利益分析方法等研究政治理论和政治实践，对中国政治学学科体系的完善、理论内容的创新发挥了极其重要的作用。为解释政治现象，揭示政治运行规律，指导现实政治建设与政治发展，促进政治学的学科发展提供了有力的思想武器和重要的工具。

辩证唯物主义与历史唯物主义的核心地位，确立了中国政治学研究主流的研究范式和方法，并且适应中国政治学多层次、多方位和多途径研究的需要，助力于中国政治学研究的发展，实现了对社会政治现象多角度、多层面和多途径的科学研究。更重要的是，促进了其在实践中的检验和发展，真正彰显了马克思主义立场观点方法的意义和价值。毛泽东曾强调指出："如果有了正确的理论，只是把它空谈一阵，束之高阁，并不实行，那末，这种理论再好也是没有意义的。"① 中国政治学研究者们从人类发展的大势与中国国情出发思考政治问题，立足于国情、政情、社情，坚持理论与实际相结合，力戒脱离实际的概念演绎和书斋式的文字游戏，避免研究成果空洞无物，同时杜绝非此即彼、顾此失彼的简单价值判断，以及喊口号式的做法，不断提高政治学理论的解释力和说服力。并且聚焦于改革开放和社会主义现代化进程中出现的重大理论与现实问题，致力于构建中国特色政治学学科体系、学术体系、话语体系、知识体系，推动了政治学的繁荣与发展以及现实问题的解决。出版的学术著作、论文、咨询报告等均直接或间接地体现了这样的特点，无论是政治体系分析理论的建构，还是以利益分析法展开的学科体系研究，以及权力分析等，包括政治学基本理论的阐释、论述过程，特别是对策性的研究无不如此。② 在对具体理论与现实问题的研究过程中，深入实际、深入群众，自觉做到联系地、全面地、历史地、发展地观察分析政治现象。

政治学说到底是一门研究政治现象的学问。政治学研究对象的社会相关性，决定了对政治的研究也应当充分考虑到这一特点。也就是说，尽管

---

① 《毛泽东选集》第1卷，人民出版社1991年版，第292页。
② 代表性的著作和论文主要有：王沪宁：《政治的逻辑——马克思主义政治学原理》，上海人民出版社2016年版；吴大英、杨海蛟：《有中国特色的社会主义民主政治》，社会科学文献出版社1999年版；李良栋：《中国特色社会主义民主政治发展道路研究》，中共中央党校出版社2013年版；林尚立：《当代中国政治形态研究》，天津人民出版社2000年版；孙正聿：《建构马克思主义政治哲学的前提性思考和资源分析》，《中国社会科学》2006年第6期；王邦佐，邵春霞：《中国政治学学术发展30年》，《探索与争鸣》2008年第12期等等。

政治现象是相对独立的领域，然而，在现实生活中，政治与社会其他领域并不是泾渭分明的，往往交织在一起，且经常互相转化，如果在研究过程中不能很好地联系起来，势必难以对政治的本质予以科学的说明。马克思主义的诞生实现了政治学思想史上的革命性变革，这种变革表现在它始终维护劳动者的利益，更为重要的是，它以其科学性揭示了政治的本质和运行规律，其中值得强调的是，将政治置于整个社会系统，未曾抽象和独立地研究社会政治现象，而是与经济发展水平、经济结构、经济关系、社会生产方式联系起来思考。因为各种政治活动、政治关系、政治运动、政治冲突、政治派别、政治形式、政治行为、政治革命等等异常复杂，马克思主义认为对政治本质的认识有赖于对社会经济运动过程的认识。政治产生和发展的根源是社会的经济基础，政治在本质上体现了社会经济发展的利益要求和客观过程，反映了社会经济生活中各个集团、各个阶级的根本利益和利害冲突，没有纯粹的政治活动和政治关系。

在马克思主义看来，政治与经济的关系，一般表现为政治活动与物质利益的关系。强调经济决定政治和政治对经济具有反作用，是马克思主义政治学区别于其他政治学的地方。在阶级社会，任何阶级、阶层、集团、政党或个人的经济利益都是通过他们的政治活动来争取、实现和维护的，即经济利益是通过政治活动而集中体现出来的。

政治是经济的集中表现，解释政治奥妙的锁匙在政治经济学。即以人类物质资料生产的社会实践过程为切入点，观察、思考人类的政治活动和政治过程，以此说明不同内容与形式的政治的属性与实质。政治的阶级性正是在此基础上予以说明的。正是从政治与其他社会现象、社会领域的互动过程中，推动人类政治生活、政治现象的不断演进和发展的过程中，寻找人类政治发展的动因所在。中国政治学坚持将研究政治与研究其他社会现象结合起来，使得研究成果建立在坚实的基础之上。[①] 仅以《政治学研究》杂志近三十余年发表的文献来看，其中主题与经济相关的有640篇，

---

① 代表性的著作和论文主要有：王浦劬：《中国政治学：学术发展回顾与规划》，天津人民出版社2011年版；李元书：《政治发展导论》，商务印书馆2001年版；王沪宁：《发展中的中国政治学》，《瞭望周刊》1994年第20期；王沪宁：《现阶段中国政治发展中的几对关系》，《社会科学》1989年第10期；林毅：《西方化反思与本土化创新：中国政治学发展的当代内涵》，《政治学研究》2018年第2期；王绍光：《"接轨"还是"拿来"：政治学本土化的思考》，《祛魅与超越：反思民主、自由、平等、公民社会》，中信出版社2009年版；郑慧：《试论构建中国特色社会主义政治学的话语体系》，《政治学研究》2014年第6期；林尚立：《相互给予：政治学在中国发展中的作为——中国政治学30年发展的反思》，《山西大学学报》2008年第3期等。

占全部文献的27.6%；与利益相关的有259篇；与阶级相关的有254篇。从近十年的文献涉及的学科分布看，政治学研究的视野并没有局限在传统的政治领域，而是涉及经济理论、经济体制、财政税收、农业经济、社会学、统计学、法学等诸多研究视角。坚持马克思主义政治和经济辩证关系的方法论不但使中国政治学始终能够拨开政治现象的迷雾，确立具有中国特色的政治学理论体系，而且确立了中国政治学开放包容的品格，为其他学科研究方法的引入以及交叉学科的发展提供了开放式的空间。新政治经济学、城市政治学、生态政治学等新的研究领域在政治和经济辩证关系的方法论的引导下不断发展。

众所周知，政治是内在结构极其复杂的多元复合存在，决定政治形态的因素以及变量变幻莫测，这就决定了观察思考政治的过程中，应当是予以全面、系统的研究，否则就会只见树木，不见森林，一叶障目，陷入片面性，呈现绝对化。

政治学作为研究历史上和现实社会政治现象的科学，理应研究对社会发展、社会生活有重大影响和起重要作用的，以政治领导与政治统治、政治权力的执掌、运用和行使为核心的，围绕治国理政而发生的诸种社会政治现象及其规律。具体而言，政治学关注的重点是以国家政权为中心的政治体系、政治关系、政治活动、政治形式、政治设施和方法。因此，政治学就不能不主要研究有关国家的理论、制度、活动，以及影响国家活动的各种政治力量、政治行为主体和政治关系。当然还要总结历史上的政治过程、经验和规律，注重现实政治生活信息的反馈，尤其注意总结各个阶级夺取、建立、巩固政权，参与、运用、控制政权，为本阶级的根本利益服务的正反两方面的经验，揭示民族国家和政治国家兴亡盛衰的规律，评估各阶级治国理政的理论、战略策略、政策、方法的是非功过得失。但这绝对不是其全部，涉及全局性、根本性的利益问题的协调、整合等均是政治学所应当关注的。除此之外，政治的中观领域、微观领域、认知、情感、态度等隐性政治结构和社会政治心理及活动过程等都需要关注。

当然并非每项研究、每一篇论文均应面面俱到，刻意追求其全面性，势必蜻蜓点水，缺乏深度。问题是应当具有全面系统的思维方式，学会全面地观察、思考历史与现实中这些问题的存在必然性以及其多方面的作用，科学地呈现客观实际。尤其是在说明是什么、为什么的同时，从多层面、多角度予以分析、研究，充分注意到不同的角度和不同的样态以及制约、影响如此现状的各种因素。眼下的中国政治学有价值的研究均具有这样的特点。[①] 以对政治学核心问题之一的"民主"研究为例，中国政治学者的思考并没有被限制在具有霸权地位的"自由代议制民主"框架内，而是努力通过摆脱西方政治学研究中将民主等同于选举，将选举等同于投票的思想禁锢，从历史、经济、社会、人性、文化、认知、程序、实质等角度分析民主的内涵与外延，创造性地提出了具有中国特色的民主理论体系。从《政治学研究》和《美国政治科学评论》近二十年发表的关于民主问题研究的文章可以清楚地发现中美研究取向的不同。从美国的民主研究看，其关键词是选举、选民、代表、立法、州、竞争、候选人、精英、竞选等，这本质上都是对自由代议制民主理论的验证和复现，这些研究的主题始终没有超越熊彼特等学者对民主的定义："民主是为达到政治决定的一种制度上的安排，在这种安排中，某些人通过竞取选票而得到做出决定的权力。"[②] 而中国对于民主问题的研究则包括协商民主、基层民主、党内民主等理论，涉及的角度包括中国和西方、选举与参与、城市与乡村、国家与基层、经济与社会、竞争和参与、程序与实质、历史与当代、网络与现实、国际与国内，涉及的人物包括马克思、恩格斯、毛泽东、邓小平等，涉及的国家包括中国、美国、俄罗斯（苏联）、越南等。正是这种马克思主义全面思考的方法论使得中国的民主研究生机勃勃，摆脱了西方事无巨细但缺乏进步的僵化局面。

政治是一个历史的范畴，这一命题告诉我们，政治不是从来就有的，也不会永恒存在下去，它有一个产生、发展、消亡的过程。脱离具体的历史环境来谈问题，"就等于不懂得辩证唯物主义的起码要求"。政治作为社会发展过程中的一个客观具体的现象，其形成、运动和发展不是偶然的和任意的，不是主观意志可以任意支配的，受社会物质的运动过程制约，有其一定的客观规律。任何一个观点、结论、原理，都是针对一定的问题并

---

① 代表性的著作和论文主要有：杨光斌：《制度的形式与国家的兴衰：比较政治发展的理论与经验研究》，北京大学出版社 2005 年版；王沪宁：《比较政治分析》，上海人民出版社 1987 年版；张贤明：《论政治责任》，吉林大学出版社 2000 年版；徐勇：《非均衡的中国政治：城市与乡村比较》，中国广播电视大学出版社 1992 年版；周平：《民族政治学》，高等教育出版社 2007 年版；衣俊卿：《论微观政治哲学的研究范式》，《中国社会科学》2006 年第 3 期；任剑涛：《政治哲学的问题架构与思想资源》，《江海学刊》2003 年第 2 期；唐贤兴：《中国治理困境下政策工具的选择——对"运动式"执法的一种解释》，《探索与争鸣》2009 年第 2 期等。

② ［美］约瑟夫·熊彼特：《资本主义、社会主义与民主》，吴良键译，商务印书馆 1979 年版，第 337 页。

在一定的历史情况下产生的,离开了它产生的背景、具体的社会历史条件,就很难理解或很难深刻理解。结合当时的历史条件,将其置于一定历史范围之内加以研究,才能予以科学的解释和说明,也才能解放思想,大胆创新,不断地丰富和发展政治学。

正因为如此,政治在不同的历史时期具有不同的内容和形式,政治随着经济社会的发展不断发展,同时在同经济社会的互动中发挥自己的功能和作用。因而认识政治现象与政治过程,分析政治活动和政治事件,考察政治发展,都需将其置于一定的历史条件与社会生态下。

中国政治学不仅在中外政治思想史、中外政治制度史的研究方面体现了这样的特点,比较政治的研究也始终关注社会历史条件的差异性,杜绝不顾历史传统、社会条件不同的简单攀比或照抄照搬。尤其是对现实政治问题的研究力戒不顾历史传统、现实条件、客观环境、既有生态等各方面因素的影响,对政治体制的改革、政治制度健全与完善、反腐廉政建设、民主政治的发展、国家治理体系与治理能力现代化以及所有政治行为、政治过程的研究等均须充分考虑历史必然性、现实可能性,将理想主义与现实主义高度结合起来,从国情出发,在历史提供的可能性基础上有秩序、有领导地循序渐进。运用发展的眼光,努力做到实事求是,尽量避免脱离实际的浪漫主义。中国政治学自恢复以来,学者们便坚持以马克思主义史观研究构建中国政治学的历史基础。

中国政治学对西方观点和理论的译介始终坚持站在唯物史观的立场上,帮助人们辩证、客观、准确地认识西方,避免盲目崇拜,去伪存真,吸取其中有益成分。[①] 同样,在中国政治思想史、中国政治制度史、西方政治制度史等专著和教材的编写上,学者们也都坚持马克思主义唯物史观,"弘扬超越优秀传统文化,借鉴融合西方进步文化,建设融会中西,贯通古今的中国特色社会主义"。[②] 此外,中国学者运用马克思主义历史分析方法,对政治学中的重大理论追本溯源,剖析本质,发现其中隐含的错误倾向和问题。对于以西方自由民主为核心的"普世价值",学者们集中通过一系列文章,从"普世价值"的思想来源、背后动机、错误取向以及

[①] 徐大同总主编:《西方政治思想史》第 1 卷,天津人民出版社 2006 年版,第 18 页。徐大同先生在编写五卷本《西方政治思想史》的过程中明确指出:"百年的历史事实证明,只有马克思主义政治观,才能指引中国人民走向社会主义幸福、繁荣、富强、文明之路。"

[②] 曹德本主编:《中国政治思想史》,高等教育出版社 2003 年版,第 5 页。

现实危害等方面对其进行了全面的剖析与批判①，提出"在阶级社会里，自由、民主、平等、人权作为反映人们的社会关系的观念，无不打上鲜明的阶级烙印，它们在马克思主义的理论中从来不具有普世性的内涵"。② 在关于自由、平等、公正、正义、宪政、公民社会以及军队国家化等重大争议问题上，马克思主义历史分析方法无不成为中国学者"去伪存真"的重要工具。

需要指出的是，中国政治学恢复以来，政治学者始终注意对政治学发展和中国政治发展的成果进行梳理和总结，夯实中国政治学发展的历史基础，尤其是避免历史虚无主义。③ 中国政治学者始终坚持此优良传统，在诸如改革开放三十年、政治学恢复三十年、新中国成立六十年等重要时间节点对中国政治学的发展进行回顾与展望，并且更加细致和系统。④

二 综合运用多种研究方法并进行系统性研究

科学研究方法的丰富性和应用程度是衡量一门学科是否健全的重要标志与依据。中国政治学研究方法的多元化是在坚持马克思主义政治学研究方法为核心的基础上，充分肯定其他学科研究方法对于政治学研究的借鉴意义，逐步推进马克思主义立场、观点和方法的进一步深化和具体运用的过程。众所周知，现代科学技术的发展几乎给所有的学科都带来了革命性

---

① 参见冯虞章《怎样认识所谓"普世价值"》，《政治学研究》2009年第2期；马德普：《价值问题的复杂性与"普世价值"概念的误导性》，《政治学研究》2009年第1期；周新城：《论"普世价值"是否存在及"普世价值"鼓吹者们的政治目的》，《政治学研究》2008年第5期。

② 汪亭友：《马克思主义是"普世价值"吗》，《政治学研究》2009年第2期。

③ 王惠岩先生在政治学发展的重大节点总会通过总结和展望的方式对政治学发展的历程、成就、不足以及前进方向进行系统阐述。参见王惠岩、王书君《论当代中国政治学的发展》，《社会科学战线》1996年第2期；王惠岩：《新世纪中国政治学的发展方向》，《政治学研究》2000年第4期；王惠岩：《当代中国政治学的拓荒之路》，吉林大学出版社2001年版；王惠岩：《回顾与展望：发展中的中国政治学》，《吉林大学社会科学学报》2005年第4期等。

④ 具有代表性的作品有王绍光的《中国政治学三十年：从取经到本土化》、杨海蛟的《改革开放以来中国政治学理论的建设与发展》、高建等的《西方政治思想史研究30年》、陈岳等的《西方政治学在中国：近30年来学术翻译的发展与评析》等。王浦劬的《中国政治学学术发展回顾与规划，2006—2015》对"十一五"期间的中国政治学发展进行了系统的回顾与展望。世界知识出版社出版的《新中国政治发展历程丛书》从选举制度、行政体制改革、中央与地方关系、民主建设历程等方面全方位回顾了中国政治发展的历程。

的变革，交叉学科的大量涌现使各学科研究方法都未止步于原有的格局。在积极借鉴自然科学和其他社会科学的研究方法的基础上，实现研究方法的交叉、整合和创新，研究解决中国复杂的重大政治学理论与现实问题，进而提升了政治学的解释力和指导力。就当下中国政治学在方法方面的运用与研究而言，除了运用传统的规范研究方法外，也开始运用现代政治学的研究方法，力争在政治现实的动态变换中实现规范研究和实证研究、定性研究与定量研究相结合。

一是规范研究与经验研究互补。规范研究与经验研究是政治学以及其他社会科学研究的两种基本方法。规范研究侧重于"价值"判断与研究，经验研究侧重于"事实"分析，强调的是可验证性。政治学研究对象的特殊性，决定了政治学研究不可能祛除价值，主题的确定、资料的收集、观点的提出、理论的论证，都离不开人的介入，离不开人的立场、情感和态度，价值判断必不可少。当然为了使研究更加深入，更加具有说服力、解释力，需要借鉴其他研究方法。在西方，随着行为主义政治学和后行为主义政治学先后兴起，规范研究经历了被经验研究取代和复兴的过程，两种研究方法曾长期处于相互批判和争论的状态。中国政治学研究方法在认真分析和充分认识规范研究和实证研究内在规定性的基础上，逐渐淡化了两者间的争论，改变了两种方法之间的对立状态，转而趋向于根据两种方法的优势和特点，寻求二者与具体研究内容之间的契合性，强调它们应该各有侧重地应用于相应的研究内容和领域，从而促成了规范研究方法与实证研究方法的合理互补。客观上表现为在继续坚持规范研究的经典诠释、价值思辨、制度阐释的同时，加强了实证研究或统计分析方法及技术的研究和运用，更加注重统计分析方法及案例研究，强调要重视调查研究。当前的中国政治学研究要注重把规范研究与经验研究相结合，防止出现将一种方法绝对化而走向极端的局面。

二是定性研究与定量研究相结合。定性研究与定量研究也是政治学研究的两条基本路径。定性分析立足于研究者自身的价值理念，依靠分析与综合、归纳和演绎、抽象和概括等方法对研究对象进行主观思维加工以完成对政治现象的质的逻辑推理。定性研究注重通过思辨和严格的逻辑论证对政治现象和政治关系做出价值判断。定量分析是依靠统计调查和数据分析，根据政治现象的统计指标和数据从个别现象推导出普遍规律。定量研究基于经验主义和归纳主义，注重根据统计调查、数据分析和检验寻求政治现象和政治关系的客观规律。政治学研究中两种方法虽然各有侧重，但其分歧并不像人们感觉的那样水火不容，实际上定性研究也可以通过统计数据来增强逻辑推理的说服力，而定量研究中也很难完完全全地将研究者的主观价值判断排除在研究之外。目前的中国政治学研究在涉及这两种研究方法时不再是简单地评判二者的优劣，而是强调从研究问题本身的特点、研究者的能力，以及是否具备研究所需的条件等标准出发，注重研究方法与研究内容之间的匹配性，审慎地选择适合的方法而用之。在中国政治学研究方法运用实践中出现了定性研究和定量研究两种方法并重的局面，客观上表现为原来比重偏低的定量研究方法运用呈现明显上升趋势，并为越来越多的青年政治学者所关注和实际运用。

总的来看，中国政治学研究的方法体系从一维主导、二元并存走向多元并举。政治学恢复重建初期，马克思主义政治学研究基本方法作为一种"不证自明"的社会科学研究方法，是政治学研究的不二选择，主张运用宏观的、静态的、制度分析、历史分析方法，偏重从概念到概念、从原理到原理、从结论到结论的演绎推论和价值判断。随着现实政治问题不断凸显，大量微观、动态的政治现象特别是政治行为开始成为政治学研究的重要对象，原有的研究方法已经无法满足现实政治问题研究的需要，问题本质的科学解释仍不能完全取代问题现象的准确分析。此时，实证研究作为以"方法创新"为中心的研究模式在我国政治学研究中逐渐开始发挥重要作用，进而形成了"规范研究与实证研究"的有机统一。[①] 随着中国政治学的视野不断拓展，规范研究与实证研究作为一种笼统的类别概括的弊端自然就显现出来了，它们二者都需要更加准确的界定与更为具体的内容。这一要求的实际变化表现在：一方面，定性研究与定量研究成为解释边界更为清楚的不同研究方法的集合性范畴；另一方面，量化研究、案例研究、田野研究、实验研究等更为具体的研究方法类型逐渐显现。时至今日，在我国政治学研究中，已经基本形成了以马克思

[①] 规范研究与实证研究的有机统一"体现为政治学的实证研究者始终承认有些研究领域和重大问题，不是他们所能包办的，因此留下规范研究进入的空间。同时也体现为规范研究者对于实证研究精确性和可靠性的承诺。这种承诺与他们各自在哲学层面上的沟通、在社会科学哲学层面上的连接、在一般人文社会科学方法论上的对接是紧密联系在一起的。在人们的具体研究实践中，从来就不存在纯而又纯的实证方法或绝对单一的规范方法"。参见任剑涛《试论政治学的规范研究与实证研究的关系》，《政治学研究》2008年第3期。

主义的基本方法为核心①,以规范研究与实证研究相结合,综合考量与选择运用各种具体研究方法的创新路径。并且始终"都贯穿一条主线,那就是努力做到理论和实际相结合"②,力争通过规范研究和经验研究的有机结合,借助社会调查、统计分析、案例分析、模型分析等具体手段透析中国政治现象,从而彻底将政治学研究方法从"理论重要性"上升为"实践必要性",防止脱离实际的纸上谈兵、空洞无物。

三 大量引入与本土化创新相结合

客观而言,学习国外政治学研究方法、借鉴其他学科的研究方法是我国政治学研究方法创新和运用的重要路径。因而整个政治学研究方法的运用与研究基本上经历了学习借鉴,继而甄别批判,最终实现自主运用的过程。时至今日,对国外政治学研究方法的引入工作远未结束,不断有新的或者改良的研究方法和技术手段进入中国政治学者的视域,这些方法能够有效快速地促进研究和解决中国的现实政治问题。如围绕政治体制改革、政治发展、民主政治、反对腐败等诸多问题,引入制度分析法、行为分析法、心理分析法、实证分析法、案例分析法、调查分析法、模拟分析法、计量分析法、结构—功能分析法、政治系统分析法等新方法。然而在具体学习借鉴的同时,"方法意识"的先行常常造成研究方法的简单模仿,存在生搬硬套的弊端,对方法运用的概念框架、使用问题领域以及基本理论假设等缺乏较为科学的把握。因此,随着政治学研究方法体系的不断创新完善,政治学理论工作者们愈加明确了马克思主义政治学研究基本方法的主导地位,坚持以问题设定为导向,着眼于现实政治情况分析,而不是单纯地、片面地追求某种方法③,进而在审慎甄别具体方

---

① 参见董德刚《马克思主义哲学方法论概要》,《学术研究》2008年第10期。指出必须牢牢把握马克思主义制度分析、阶级分析、经济分析以及历史分析的新发展,坚持"马克思的整个世界观不是教义,而是方法",我们不应该机械地理解或者划定马克思主义研究方法的类型,而要有意识地结合政治学发展过程中面临的新问题对其加以本土化的改造与应用。

② 杨海蛟:《20世纪90年代以来中国政治学研究的特点及发展趋势》,《浙江社会科学》2001年第4期。

③ 参见杨光斌《中国政治学的研究议程与研究方法问题》,《教学与研究》2008年第7期。"研究方法取决于研究议程,而研究议程又取决于语境,反过来说就是'语境—议程—方法',这个道理有助于我们正确认识所谓研究方法的数字化与研究议程的微观化问题,因为'规范化'问题上,一些人自觉不自觉地把对微观问题的定量分析视为'规范'研究,否则就不规范,甚至就不该研究。"

法的理论基础的前提下,对各种方法经过分析、扬弃后予以使用,同时更加强调方法选择的合理性、规范性、准确性,始终保持正确的政治方向和理论方向。

更值得注意的是,政治学研究的方法创新从欠缺、忽视逐渐得到强化和重视。在较长的一段时间内,"国内政治学界对研究方法的认知和运用都还处于起始阶段,无论是和欧美政治学界研究方法的丰富和发达相比,还是和中国政治学发展的要求相比,都还存在很大距离、很多问题"。[①] 特别是在我国政治学研究恢复重建初期的一段时间内,由于亟须在一些重大的基础理论、核心概念、代表性学说与范式等方面加快"补课"[②],而对政治学研究方法的关注度不够,有关方法论的研究相对薄弱。近年来,政治学研究者们愈发重视方法创新对于政治学研究的创新与深化作用,逐步形成了以方法意识为前提条件的研究规范。所谓方法意识,简言之,就是在政治学研究中研究方法的选择与运用的意识,其体现在研究方法是否成为本学科研究的基本学术规范自觉。经过长期探索和实践,"方法意识"在政治学研究中基本得以确立,自觉性意识开始显现,对方法的迫切需求极大推动了我国政治学研究方法的创新与应用。在学习和借鉴西方国家以及其他学科的适用方法[③],借助"政治学研究方法"师资班、专题研修班等形式,并且在大量"自觉的方法选择与运用"的研究成果的直接推动下,政治学研究方法日益成为政治学研究领域中十分活跃的专门研究方向。学者们试图扭转我国政治学研究恢复重建之初对研究方法关注不足、研究不深、运用匮乏的局面[④],形成了"研究方法的创新是创新政治学理论、发

---

① 王浦劬:《中国政治学学术发展回顾与规划(2006—2015)》,天津人民出版社2011年版,第410—411页。

② 邓小平同志在1979年3月30日的一次重要讲话中,在谈到思想理论工作的任务时指出:"政治学、法学、社会学以及世界政治的研究,我们过去多年忽视了,现在也需要赶快补课……现在也应该承认社会科学的研究工作(就可比的方面说)比外国落后了。"

③ 参见王沪宁《中国政治学研究的新趋向(1980—1986)》,《政治学研究》1987年第2期。"应当注意学习和采用各种研究方法,如数量统计、计算机模拟、数字模型、个案研究、实地调查等,同时,借鉴其他学科的成果,如心理学、生理学、生物学、物理学、数学、社会学、历史学、哲学等加强学科的交叉渗透。"

④ 参见杨海蛟、亓光《政治学恢复以来的政治学方法论研究:阐释与创新》,《求索》2011年第2期。对于学科的界定而言,一般存在对象说、方法说和对象—方法综合说等三种主要判断标准。"方法说不但是一种主要标准,而且是弥补对象说的易僵化性的矫正标准,其对学科塑成和学科成熟具有重要的认识论意义",但在我国政治学恢复之初,关于"何为政治、政治学"的讨论基本停滞于对象说,因此关于政治学方法的研究十分不足。

展完善学科体系、拓展研究领域、创立新兴学科的重要途径和有效手段"[①]的共识。时至今日,政治学研究方法业已成为我国政治学研究的焦点议题之一,大量研究成果不但具有高度的方法识别度,而且越来越多的科学研究方法引起了学界的普遍重视与广泛运用。

在政治学研究方法的综合创新中,涌现了一大批诸如田野调查、案例分析、模型建构、数据处理等遵循学科发展规律、创新思维方式、解决现有问题的研究方法。其中,有的学者率先深入农村实践并进行了田野调查,开创了国内农村政治学运用实证研究方法的先河。[②] 案例研究则是另一种实证研究,其中既包括个案研究方法,也包括多案例比较研究方法,该方法重点应用于国家发展面临的重大理论和现实问题研究,比如社区治理的管理组织和治理结构、城中村改造、基层协商民主制度、公共服务供给机制、社会组织培育机制、智慧城市的搭建、城市污染治理的协调、重大公共危机应对等具体问题的研究。[③] 除了定性研究,大数据、模型建构等定量研究也逐渐成为政治学研究新的动向。互联网通信、数字信息技术的飞速发展和广泛普及,直接造成了现代社会中数据和信息的大爆炸。通过对这些巨大体量的信息数据加以收集分析,从而进行政治学相关的研究。[④] 模型建构是政治学研究者们另一种常用的定量研究方法,包含公众参与、区域治理、政府绩效、政治认知、政治认同等几乎所有政治学研究

[①] 杨海蛟:《20世纪90年代以来中国政治学研究的特点及发展趋势》,《浙江社会科学》2001年第4期。

[②] 如"华师现象":1998年华中师范大学张厚安教授带领师生进行村治实验。1990年代后期徐勇教授带领村民自治、基层治理的研究团队并取得重大成果。参见徐勇《政治学研究:从殿堂到田野》,《探索与争鸣》微信公众号2018年"一个人的40年"专栏,文中进一步阐释了实证研究方法在政治学学科发展中的重要性和发展前景。

[③] 如李东泉的《中国社区发展历程的回顾与展望》(2013年)、毛寿龙和陈建国的《社区治理与可持续发展——由"美丽园事件"探讨自主治理的可持续之道》(2008年)、赵秀玲主编的《走向基层治理现代化——以成都为个案分析》(2014年)、张晨等人的《应对重大突发公共事件省内政府间协调的制度分析——以2008年阳宗海砷污染事件为例》(2010年)、汪大海和郑延瑾的《行政问责的触发机理——基于20例公共突发事件的模糊集定性比较分析》(2018年),等等。

[④] 代表性的研究成果有:孟天广和李锋的《网络空间的政治互动:公民诉求与政府回应性——基于全国性网络问政平台的大数据分析》(2015年)、孟天广的《政治科学视角下的大数据方法与因果推论》(2018年)、孟天广和张小劲的《大数据驱动与政府治理能力提升——理论框架与模式创新》(2018年)。此外,由中国人民大学中国调查与数据中心与境内外科研机构联合发布的中国综合社会调查(CGSS)和中国国家调查数据库(CNSDA)等多种开源数据库已经成为国内外学者广泛应用的数据来源。

主题，相关著作不仅在国内而且在国外都产生了较大影响。[1] 这些有利因素不仅为政治学研究提供了一个又一个科学可靠的研究方法，强化了政治学科的科学属性，而且有力地推动了政治学研究方法体系的长足进步、全面发展与综合性创新。

四 政治学方法的研究、运用服务于现实政治问题的研究

毫无疑问，对于政治学方法的深入研究和探索，其最终目的是为了服务于现实政治问题的分析和解决，因而重视政治学方法的工具理性，将方法的运用置于首要地位。以案例研究方法为例，其包括个案研究方法也包括多案例比较研究方法。从研究技术上看，很多教材都强调直接参与性观察的田野调查和案例研究，认为案例研究的方式更加灵活，其获取材料的途径既可以是直接的调查，也可以是间接的收集。为了研究的方便，本文将田野调查作为案例研究的一种特殊方式，不做具体区分。案例研究是中国政治学核心研究方法之一，其应用广泛，形式多样，始终围绕国家发展面临的重大理论和现实问题展开。仅就研究对象而言，当前中国案例研究呈现出坚守农村自治与治理的优势阵地、城市及其他问题的案例研究逐步成为热点、案例研究对象的数量逐步扩展的特点。从中国的实践看，具有中国特色政治理论的每一次演进都与案例研究的支撑密不可分。因而案例研究对理论的论证和推动作用日趋凸显。协商民主理论的拓展与案例研究的关系是一个典型的事例。相对于对其他西方理论规范的探讨，对于协商民主的研究从一开始就与中国的实践紧密相连。浙江温岭首先成为中国学术界竞相研究的热点[2]，也引起了国外学者的关注与重视。[3] 何包钢、费斯

---

[1] 代表性的研究成果有：吴进进和何包钢的《中国城市协商民主制度化的决定因素：基于36个城市的定量分析》（2017年）、姜扬等人的《政府治理与公众幸福》（2017年）、任海燕和傅红春的《有序概率模型的我国居民收入差距和幸福感研究》（2012年）、陶志梅和祁春子的《基于结构方程模型的邻避问题公众态度影响因素研究》（2018年），等等。

[2] 何包钢、王春光：《中国乡村协商民主：个案研究》，《社会学研究》2007年第3期；陈朋：《民主恳谈：生长在中国改革土壤中的协商民主实践——基于浙江温岭民主实践的案例分析》，《中国软科学》2009年第10期。

[3] 乔纳森·安戈、陈佩华等：《中国的基层协商民主：案例研究》，《国外理论动态》2015年第5期。

金等学者基于温岭案例研究的英文成果更是成为全球学术界认知中国协商民主的重要文献。① 案例研究成为中国学者验证理论、修正理论以及完善理论的重要工具。

再如定量研究方法中的数据调查与收集。定量研究的方法离不开丰富而高质量数据的支撑。没有科学和规范的数据收集过程、广泛的数据来源、多元的数据类型，再高超的定量分析技术也没有任何施展的空间。总体上看，中国学者在定量分析方面的弱势不在于数学或者统计基础，而在于资料来源和资料质量方面的限制。本土化、多样化的数据来源支撑了中国政治学定量研究，尤其是随着国家相关科研经费的持续投入以及研究机构对于数据收集工作的日益重视。比如，中国社会科学院成立调查与数据中心，并进行了多项政治学相关的调查，诸如中国公民的人大代表选举参与问卷调查、中国社区建设与基层群众自治调查等；北京大学的中国社会科学调查中心也定期对政治参与、政治认知等问题进行调查；中国人民大学中国调查与数据中心与境内外科研机构联合发布的中国综合社会调查（CGSS）和中国国家调查数据库（CNSDA）等成为国内外学者广泛应用的数据来源。此外，在国家社科基金以及相关资金的支持下，关于农民问题、居民问题、腐败问题、政府治理等专题性调查也大量开展，积累了丰富的原创数据。而对现实数据的收集，其最终目的是服务于现实政治问题的分析与解决。

值得一提的是，在运用多种政治学方法分析和解决现实政治问题的过程中，仍需加强政治学研究方法的规范化。规范化是解决当前中国政治学研究方法中存在问题的基本方法，也是未来中国政治学研究方法发展的必然趋势。规范化首先是指进一步明确政治学研究方法体系结构，理顺研究方法的层次定位，澄清基本概念，改变政治学方法研究中各持己见的局面，严格遵守具体研究方法的本质要求、基本原则、操作程序和技术规则。在深入理解和把握每种研究方法的理论前提、具体内容、适用领域、固有优势和弊端的基础上，根据研究内容恰当地选取相关研究方法，准确无误地在实际研究中运用所选方法，并取得其他方法无法取代的效果。避

---

① Fishkin, James S., et al., "Deliberative democracy in an unlikely place: deliberative polling in China", *British Journal of Political Science*, 40.02 (2010): 435 – 448. He, Baogang, and Mark E. Warren, "Authoritarian deliberation: The deliberative turn in Chinese political development", *Perspectives on Politics*, 9.02 (2011): 269 – 289. Leib, Ethan J., and Baogang He, eds., *The search for deliberative democracy in China*, Palgrave Macmillan, 2006.

免研究方法选用上的随心所欲、生搬硬套、画虎类犬，使各种研究方法能够真正服务于政治学研究的实际需要。与此同时，进一步推进政治学研究方法的科学化。要经过反复的严格论证，力戒主观臆造，力争研究内容与所选研究方法之间具有紧密的内在契合性。研究方法应能推进具体政治问题的研究，一般而言，规范研究、定性研究和静态研究等方法适用于政治学元理论和政治哲学等领域，而实证研究、定量研究和动态研究等方法则更适用于对政治行为等方面的研究。此外，自然科学及其技术也应该在政治学研究方法中得到积极体现和恰当采用。定量研究、统计分析、数理模型和实验分析等方法随着自然科学技术的不断发展而更新，从而使技术层面的研究方法创新成为推进政治学方法论研究的突破口。可以肯定地推断政治学研究方法的科学化作为检验研究成果水准和学科发展程度重要标准，将越来越受到重视，进而推动中国政治学研究的进一步创新和发展。

政治学恢复以来的政党理论研究

张立进[*]

1979年8月,邓小平在理论务虚工作会议上强调,政治学、法学、社会学以及世界政治的研究,我们过去多年忽视了,现在也需要赶快补课。政治学界随即作出响应,1980年12月中国政治学会成立,政治学学科在各高校逐步得以恢复,可以说政治学的恢复直接得益于邓小平的"补课"思想,政党理论作为政治学的重要组成部分,其研究也迎来了快速发展的春天。伴随时代进步和社会发展,我们可以很明显地发现,政党理论研究呈现出阶段性特征,在理论的拓展、深化方面取得了很大的进步,回顾反思这一发展历程能够带给我们诸多有益的启示。

一 政治学恢复以来政党理论研究的发展阶段

中国政治学恢复以来,政党理论研究直接以坚持和加强党的全面领导,推进党的长期执政能力建设、先进性和纯洁性建设为己任,努力探索、开拓进取,为推动我国政治体制改革和政治文明建设作出了积极贡献,40年的奋进和建树大致可以分为以下四个发展阶段:

(一)政党理论研究的奠基、起步阶段(1979—1989)

邓小平提出"补课"任务后,国家紧接着实施改革开放战略。鉴于政党是现代政治的重要组织者,在政治过程中扮演着不可或缺的角色,政党理论研究开启了急切的"补课"任务。由于研究基础薄弱、研究力量单薄,政党理论研究在共产主义运动史、科学社会主义、历史学、国际政治

---

[*] 张立进:西安科技大学。

学等多个学科领域同时展开，侧重于对基础理论、基本论域、主要概念、重要内容的辨析与拓展，奠定了政党理论研究的重要基础，也意味着政党理论研究的迅速起步。

首先，夯实马克思主义政党基础理论研究。通过对国外特别是苏联和东欧国家学者研究成果实行"拿来主义"，积极寻求理论成长的营养和资源，持续引进、消化、吸收，以快速弥补自身基础理论研究方面的薄弱与不足。借助于翻译的成果①，我国学者初步完成了对马克思主义政党理论基本论域的界定并根据中国实际有所拓展，使得马克思主义政党学说的内涵与外延日益清晰；研究方法上，多以史学学科史的角度审视马克思主义政党理论的基本问题②，从世界历史与地理空间的纵横交错中对马克思主义政党理论的发展进行较为科学的历史分期③，也为中国政党理论的发展标注了清晰的历史方位和学术坐标，一开始即使得中国政党理论研究具有了宏阔的世界视域和历史的纵深，体现了中国学者的理论眼界和学术责任。此外，研究国际共产主义运动中的重要组织、重要制度、重要创始人思想④成为政党基础理论研究的重要一环。在此过程中，对于统一战线、

---

① [西德]罗·施太格瓦尔特：《马克思、恩格斯和列宁关于党的概念》，孙常民摘译，《现代外国哲学社会科学文摘》1981年第5期；[苏] B. 3. 车尼娜：《马克思恩格斯在第一国际时期对无产阶级政党组织原则的制定（1864—1873）》，张文焕译，《国际共运史研究资料》1985年第3期等。

② 如，吴礼林：《马克思主义政党学说史具有确定的研究对象——兼谈马克思主义政党学说史与马克思主义政党学、国际共产主义运动史的区别与联系》，《理论探索》1984年第1期等。

③ 参见周效忠、徐仲韬《马克思主义党的学说史分期问题新议》，《社会主义研究》1987年第6期。

④ 曹普澄：《论马克思恩格斯创建共产主义政党的理论与实践》，《辽宁大学学报》1982年第6期；白毅：《马克思建立无产阶级革命政党的理论与实践——纪念马克思逝世一百周年》，《河南师大学报》（社会科学版）1983年第3期；王文甫：《马克思是无产阶级政党学说的奠基人》，《科社研究》1983年第3期；卞晋平：《成立土地和劳动同盟是马克思在英国建立无产阶级政党的尝试吗?》，《国际共运史资料》1985年第3期；张世鹏：《第二国际前期活动与德、法等国社会主义政党的议会斗争》，《政治研究》1985年第3期；陈匡时：《"彼得堡工人阶级解放斗争协会"是创建俄国无产阶级政党的重要一步》，《华中师范大学学报》（哲学社会科学版）1985年第6期；张疏受：《恩格斯晚年对无产阶级学说的贡献》，《苏州大学学报》（哲学社会科学版）1986年第2期；孔繁锦：《马克思恩格斯关于无产阶级政党建设的理论》，《中山大学学报》（哲学社会科学版）1986年第2期；王晓春：《试论恩格斯对无产阶级政党学说的贡献》，《求实》1986年第3期；郑楚宣：《葛兰西的"总体性政党"理论》，《华南师范大学学报》（社会科学版）1987年第1期；徐善广：《略论"共产主义者同盟"是世界上第一个以科学社会主义为指导的无产阶级政党》，《湖北大学学报》（哲学社会科学版）1987年第6期；赵树海：《"共产主义者同盟"是世界上第一个无产阶级政党吗》，《社会科学研究》1987年第4期；陈之骅：《对于俄国十月革命和中国革命中无产阶级政党与其他民主力量合作问题的某些比较分析》，《外国问题研究》1988年第4期；李华、陈明：《"正义者同盟"是一个无产阶级政党吗》，《晋阳学刊》1989年第2期。

无产阶级政党的纪律[1]、党的性质、纲领、指导思想、组织原则、领导权、社会主义政党之间的关系[2]等问题，通过辨疑问难[3]，汲取经验教训[4]，深化对马克思主义政党理论的正确认识。同时，注意挖掘中国已有学术资源，如邓初民的有关政治学论著阐明了有关政党的一般原理，政党的产生及其与阶级的关系，政党的要素和组织原则，政党斗争手段的重要性以及政党的灭亡及其过程[5]，丰富了对马克思主义政党理论的理解。

其次，关注我国的政党理论和政党制度研究。在政党理论方面，注重从历史上汲取我国现代政党理论的有益营养，部分学者重视对历史上建党思想的研究[6]以及对现代政党历史的考察[7]，突出毛泽东的建党思想对马克思主义建党学说的贡献[8]、中国共产党对马克思主义党的建设理论的新贡献[9]，从反例上证明资产阶级政党理论不适应中国国情。1979年邓小平《坚持四项基本原则》一文发表后，学者们敏锐意识到在社会主义初级阶段，发展马克思主义政党理论必然要坚持无产阶级政党的领导[10]，这种政治共识的达成为进一步开展马克思主义政党理论探讨设定了底线和原则。有了政党理论的支撑，对现实政党制度的研究也就水到渠成，既辨析了我国多党合作同资本主义多党制、社会主义国家一党制

---

[1] 张玉屏：《关于无产阶级及其政党在统一战线中的领导权问题》，《淮北煤师院学报》（社会科学版）1986年第2期；于德林：《试论无产阶级政党纪律的特点》，《理论探讨》1986年第1期。

[2] 张启胜：《试论无产阶级政党相互关系间的独立自主原则》，《理论学习》1986年第3期；吴江：《各国为社会主义而斗争的政党的关系和社会主义国家之间的关系》，《马克思主义研究》1988年第2期。

[3] 聂运林：《对民主与政党关系的一点认识》，《科社研究》1984年第3期；叶平：《驳某些西方学者对列宁无产阶级政党学说的歪曲》，《教学与研究》1987年第3期。

[4] 叶自成：《苏维埃俄国的政党体制及权力体制问题》，《苏联东欧问题》1986年第5期。

[5] 许丽娟：《邓初民与马克思主义政治学体系的建立》，载江平、王邦佐主编：《中国当代社科精华（政治学·法学卷）》，黑龙江教育出版社2001年版，第44—45页。

[6] 朱美宜：《国共合作前后孙中山关于加强革命政党思想建设的光辉论述——纪念孙中山诞生120周年》，《学术界》1986年第1期；陈德华：《试论宋教仁的政党政治和责任内阁制》，《安徽师大学报》（哲学社会科学版）1987年第4期。

[7] 曹木清：《试论辛亥革命后中国政党的畸形发展》，《求索》1986年第3期。

[8] 刘涵润、黄锦崑：《毛泽东建党思想的概况及其对马克思主义政党学说的杰出贡献》，《赣南师范学院学报》1986年第1期。

[9] 马国泉：《马克思主义政党建设理论的新贡献》，《马克思主义研究》1988年第4期。

[10] 刘红：《发展政党理论 坚持党的领导》，《探索》1987年第2期等。

的异同①，又分析了我国历史上资产阶级政党的局限性②，强调政党是现代国家政治生活的基本特征，政党制度取决于各国历史与现实多种政治因素，认识到我国政治体制改革的核心是在坚持党的领导条件下转变党的领导方式问题③，确认我国不能搞西方资产阶级政党制度④，并对我国政党制度的基本内涵作出初步的分析和澄清。⑤ 在关于民主党派性质的讨论中，一度有人提出民主党派不是政党，而是一般政治社团，更多的学者认为民主党派是新型的社会主义政党⑥，还有学者对民主党派的参政、监督、服务、桥梁作用作出科学分析并强调要尊重宪法范围内民主党派的自由、独立与平等地位⑦，具有一定的前瞻性。

再次，重视对西方政党制度的研究。中国政党理论研究者没有封闭自己的眼界，既拓展和夯实马克思主义政党基础理论、我国政党理论与制度研究，又瞩目西方政党制度的运作与发展，推进政党理论的完善。"他山之石，可以攻玉"，抛开资产阶级政党性质的内核不论，可以借鉴西方政党制度运作中的一些符合现代惯例的经验和做法，同时警惕和防范西方政党制度不足的方面，显示了政党理论研究最初的道路自信、理论自信、制度自信和文化自信。学者们投入大量精力对历史上西方发达国家的政党组织⑧、政党

---

① 叶自成：《社会主义政党体制与资本主义政党体制的比较》，《政治研究》1986年第3期；周春元：《浅谈我国政党制度的特点》，《社会主义研究》1986年第6期；高放：《论社会主义国家的政党制度——关于社会主义多党制之我见》，《政治学研究》1987年第4期；宇文：《多党制与我国政党体制讨论》，《中共山西省委党校学报》1988年第2期；臧乃康：《社会主义国家政党制度简析》，《青海社会科学》1988年第6期。

② 雷兴长：《1905至1927年我国民族资产阶级及其政党活动试析》，《兰州大学学报》（社会科学版）1989年第1期。

③ 丁荣生：《论政党领导的必然性及其在不同国家的特点》，《社会科学》1987年第6期。

④ 成幸生：《三权分立和资产阶级政党制度评析》，《社会科学》1987年第2期；蔚宗龄：《社会主义的中国不能"引进"资本主义的政党制度》，《南充师院学报》（哲学社会科学版）1987年第3期。

⑤ 樊启祥：《建设有中国特色的社会主义政党制度——关于中国共产党领导下多党合作的若干问题》，《社会主义研究》1987年第4期；吴承义：《"应该是参政党、议政党、咨政党，……总而言之，统称为合作党"》，《统战理论教学》1989年第1期。

⑥ 高放：《民主党派不是政党吗》，《群言》1986年第12期等。

⑦ 邵春霞：《王邦佐与当代中国政治研究》，载江平、王邦佐主编：《中国当代社科精华（政治学·法学卷）》，黑龙江教育出版社2001年版，第8页。

⑧ 闫照祥：《1832年前英国政党组织的发展特点和趋势》，《世界历史》1989年第3期。

制度①展开研究,事实上1980年代的对外开放首先是对西方发达国家的开放,处理同美国的关系首当其冲,因而对美国政党制度的研究格外受到关注,也取得了重要进展。《美国两党制剖析》② 一书以严谨的态度系统分析了美国两党制下民主政治的特征及其发展演化,具有较高的学术价值,成为研究西方政党制度一部水平较高和较成功的作品③,并且还推进了对中美两国政党制度的比较研究④,指出了美国政党制度自身所无法克服的妨害民主的弊病,而这些弊病恰恰是为我国民主政治建设所能够避免的。此间,有关西方政党制度的著作在国内期刊上得以介绍⑤,我国政治学者推进了一般政党理论研究的进程,如研究政党的性质、特点,对世界范围内的政党详加分类等。⑥

这一时期,众多与政治学学科相近学科领域的学者都参与了政党理论研究,出现了"百花齐放、百家争鸣"的可喜景象,推动了政党理论在基本概念、基本范畴、基本理论方面的清晰化,政党理论研究的学术框架逐步得以确立,为政党理论研究的持续发展奠定了坚实的基础,无论从研究内容、使用的方法还是视角来看,都反映了这一阶段理论研究的初始性特点。当然,这也是政党理论研究初期所必须经历的过程。值得一提的是,我国的政党理论研究一开始就坚持以马克思主义为指导,形成了高度的理论自觉,而且产出成果具有实践性的理论特质,理论研究面向中国现实,结合中国自身的特点和国情,即使对外国政党理论的探讨也是以服务中国的政党制度建设为鹄的,体现了邓小平理论指导下政党研究领域的学术自觉。

---

① 谭君久:《试论美国民主党向资产阶级改良主义政党的演变》,《世界历史》1984年第6期;赫赤:《日本的政党制度与政党政治》,《日本问题》1987年第1期;王仲涛:《日本近代政党政治浅论》,《外国问题研究》1988年第3期;罗养毅:《简论近代日本政党政治崩溃的原因》,《现代日本经济》1989年第2期;顾俊礼:《联邦德国政党体制的演变》,《西欧研究》1989年第2期。

② 王邦佐、陈其人、谭君久:《美国两党制剖析》,商务印书馆1984年版。

③ 邵春霞:《王邦佐与当代中国政治研究》,载江平、王邦佐主编:《中国当代社科精华(政治学·法学卷)》,黑龙江教育出版社2001年版,第8页。

④ 邵春霞:《王邦佐与当代中国政治研究》,载江平、王邦佐主编:《中国当代社科精华(政治学·法学卷)》,黑龙江教育出版社2001年版,第8页。

⑤ 罗红波:《〈意大利政党体制(1946—1979)〉简介》,《西欧研究》1985年第3期。

⑥ 蓝瑛:《当代世界政党的新变化新特点》,《政治学研究》1987年第6期;摘编资料《当代世界政党十种形态》,《党的建设》1989年第4期。

（二）政党理论研究的反思、初步发展时期（1989—2002）

由于这一时期出现了苏联解体、东欧剧变等影响国际格局和世界社会主义运动的重大历史事件，政党理论研究受到空前重视且带有明显反思性的特征，客观上有力促进了中国政党制度研究的理论与实践自觉，同时着力于深化国外政党制度研究，力图把握世界范围内政党演变的规律和特点。

东欧剧变发生后，社会主义运动在世界范围内陷入低谷，中国作为社会主义大国不可避免受到了波及。诚然，苏联解体有多方面因素，但由于共产党是唯一执政党，最根本的原因应在于苏联共产党自身。学界掀起了对苏联共产党亡党亡国教训深切反思的热潮，具体原因或认为苏共自身退化，或认为脱离群众，或认为意识形态弱化[1]等，其中影响较大的研究成果是著名党建专家黄伟町于2001年7月13日在中共中央党校所做报告的部分内容整理而成的《苏共亡党十年祭》，从上下级关系畸变、执政能力下降、监督机制弱化、干群关系疏远等维度全面深入剖析了苏共因失去人心而失去政权的历史悲剧，深刻阐述了保持党同人民的血肉联系是党的生命线的重要论断，具有较强的思想震撼力，引发了广泛关注。尽管受到国际上"意识形态终结论"强势舆论场的影响，我们党抵抗住种种压力，提出了"三个代表"重要思想，既站稳立场，亮明了观点，统一了全党全国人民的思想，加强了党自身建设，又为吸纳新兴社会阶层入党提供了理论基础，不断增强党的阶级基础、扩大群众基础，因此学界集中探讨了"三个代表"重要思想在党的建设理论、马克思主义政党理论等方面的历史地位和价值、理论创新与实践贡献，取得了较为丰硕的研究成果。[2]

东欧剧变的冲击使中国政治学界更加清醒、自觉地坚持马克思主义政党理论的研究方向，分析其与经典马克思主义政党理论之间继承与发展的

---

[1] 葛宁：《积重难返 无力回天——从意识形态看苏联解体原因》，《当代世界》2000年第8期。

[2] 林祥庚：《第三代领导集体对多党合作制度的卓越贡献》，《当代中国史研究》2001年第6期；储霞：《试论"三个代表"对马克思主义政党理论的运用和发展》，《大连干部学刊》2001年第5期；彪晓红：《"三个代表"思想开辟了马克思主义建党学说的新境界》，《长安大学学报》（社会科学版）2002年第2期；邱月明：《党的第三代领导集体对马克思主义理论的新发展》，《齐齐哈尔大学学报》（哲学社会科学版）2003年第2期；聂运麟：《马克思主义政党理论自觉的新高度——"与时俱进"、不断"开拓创新"理论的时代价值》，《马克思主义研究》2004年第2期等。

关系①，总结、肯定并从理论上阐述了中共第一代、第二代、第三代中央领导集体对马克思主义政党理论发展的卓越贡献②，从学理上论证中国特色政党制度的必然性、合理性以及优势所在③，进一步增强中国特色社会主义政党理论自信以及马克思主义政党理论中国化的自觉性与坚定性；着力从其与中国国家性质、历史文化传统相结合的层面上深化理论探讨，努力阐释中国特色社会主义政党制度、政党建设的理论内涵、时代价值和创新之处④，拓展中国政党制度研究的理论分析方法⑤，同时对中西方不同政党制度展开多维度的比较研究⑥，凸显中国政党制度的特色与优势，阐明中国的多党合作理论及其制度符合中国国情和历史—社会—文化条件，坚持马克思主义政党理论发展的正确方向。统一战线研究和民主党派研究出现新进展，前者表现为这一时期的成果侧重从史学角度，全面阐述了中国共产党领导下各民主党派、人民团体、各界人士在社会主义革命和建设中作出的重要贡献，形成了比较系统的统战史⑦，后者则体现为出版了专门研究中国民主党派问题的著作⑧，深化了对民主党派历史、现状及未来发展的认识，这些成果的取得对深化马克思主义政党理

---

① 刘清廉：《我党对马克思主义政党理论的发展》，《兰州学刊》1990年第4期；魏泽焕等：《马克思主义党的学说及其发展》，广东人民出版社2001年版。

② 王玉福：《邓小平对我国多党合作制的理论贡献》，《河南师范大学学报》（哲学社会科学版）1992年第2期；刘诚：《马克思主义政党理论的重大发展——邓小平关于多党合作的理论述略》，《扬州师院学报》（社会科学版）1994年第3期；张锡岭：《党的十一届三中全会以来坚持、完善和发展有中国特色社会主义政党制度的三个里程碑》，《云南社会主义学院学报》1999年第1期；汪伟全：《衡量政党制度的四个标准是马克思主义政党理论的新发展》，《桂海论丛》2001年第6期；杜美香：《论毛泽东对马克思主义建党理论的丰富和发展》，《中共郑州市委党校学报》2002年第5期。

③ 周秋光：《关于中国新型政党制度必然性的理论探讨》，《中央社会主义学院学报》2001年第1期；郑颖珊、邱保华、丁元：《浅谈我国政党制度的形成及优势》，《广东工业大学学报》（社会科学版）2002年第2期。

④ 白桂琴：《马克思主义政党理论与中国实际相结合的成功创造——中国共产党领导的多党合作政党制度》，《党校教学》1991年第3期；刘金江、张建德：《论具有中国特色的党的建设道路》，《党校论坛》1991年第7期；万绍华：《中国共产党人的一个突出创造》，《湖北社会科学》1992年第7期；高升：《浅论中国特色社会主义政党制度的发展趋势》，《民主》1999年第2期；黄彩榕：《试析我国多党合作制的创新》，《福建社会主义学院学报》2000年第2期。

⑤ 王邦佐：《中国政党制度社会生态分析》，上海人民出版社2000年版。

⑥ 罗广武：《我国社会主义政党制度与西方政党制度之比较》，《中央社会主义学院学报》1991年第2期。

⑦ 王邦佐：《中国共产党统一战线史》，上海人民出版社1991年版。

⑧ 张军民：《中国民主党派史》，华夏出版社1989年版；孙晓华主编：《中国民主党派史》，辽宁人民出版社1999年版等。

论研究作出了贡献。

这一时期对国外政党制度的研究,既包括普遍的西方政党制度,也包括对个别发达国家政党制度的深入探究,而且注意运用政治学领域的新方法,前者如将生态政治学方法运用于政党制度研究,向社会系统寻找政党制度产生的最终渊源[1],后者如对日本问题的研究,把政党政治与日本现代化作为切入角度,将历史学与政治学的方法结合在一起,实现马克思主义历史与逻辑相统一、西方结构与功能方法的有机结合,正确看待日本的政党性质与地位,分析政党政治的转型发展对日本政治现代化的推进作用。[2]

可以看出这一时期政党理论研究的内容、特点与国际政治环境息息相关,学术界的研究带有强烈的问题导向和忧患意识,中国特色社会主义政党理论及其制度如何能够得以坚持并完善成为摆在学者们面前的一项重大课题,其实这也是持续推进中国特色社会主义道路、理论、制度、文化建设与发展的重要组成部分,耕耘于政党理论领域的学者们作出了属于自身的坚守与努力,付出了辛勤与智慧,在外部压力和困境中为坚持和发展中国特色社会主义作出了应有的重要贡献。

(三) 政党理论研究的深化时期(2002—2012)

进入社会主义现代化建设新时期后,除了继续推进马克思主义政党理论中国化的研究之外,为了从源头上对接执政党建设的理论资源,相当一部分学者着力从马克思主义经典作家的原著中寻求执政党建设的根据与路径。这一时期在科学发展观的指导下,学者开始主动探讨执政党建设规律以及政党建设的科学化问题。

继续推进马克思主义政党理论中国化研究。从多个层面对马克思主义政党理论的创新发展进行深入分析,肯定马克思主义政党理论中国化的贡献和成就[3],如对毛泽东建党思想的深入挖掘和分析,认为毛泽东的建党

---

[1] 王邦佐、李惠康主编:《西方政党制度社会生态分析》,学林出版社1997年版。
[2] 林尚立:《后自民党时代政党与日本政治发展》,《日本研究集刊》1997年第1期;林尚立:《政党政治与现代化——日本的历史与现实》,上海人民出版社1998年版。
[3] 余章宝:《"两个先锋队"理论对马克思主义政党理论的新贡献》,《毛泽东邓小平理论研究》2003年第1期;傅社敏:《邓小平多党合作理论的理论渊源和历史创新》,《山西高等学校社会科学学报》2005年第7期;陈和平:《"五一"口号体现了马克思主义政党理论特点》,《四川统一战线》2008年第5期;童庆平:《周恩来发展政党协商民主的思想》,《上海市社会主义学院学报》2008年第6期等。

学说实际上包含着对传统文化的创造性转化[1]等，这些理论上的探讨对今天仍然具有较强的启示意义，分析不同时期所呈现出的阶段性特征，同时也指出中国政党制度的确立是中国近现代政治发展的必然结果，这些论断均具有一定的理论深度。在具体观点上，学者们大都认为在我国革命、建设和改革过程中，党中央始终坚持把马克思主义政党理论和统一战线学说同我国具体实际相结合，实现马克思主义理论中国化，创立和发展了中国共产党领导的多党合作和政治协商制度，是马克思主义政党理论中国化的重要成果之一。[2] 为了提高执政党建设的理论自觉，学者们对马克思主义经典作家关于政党理论的阐述进行了多方面的挖掘、整理和深入解读，试图从马克思主义的原典中寻找当下执政党建设的思路与灵感[3]，由此出版了大量的专著[4]，这些研究成果有力推动了马克思主义政党理论研究的深

---

[1] 米华、滕茜茜：《"止于至善"与至善不止：兼论毛泽东"从思想上入党"的理论价值和文化价值》，《湖南工业大学学报》（社会科学版）2012 年第 5 期；米华：《毛泽东建党思想的哲学基础及其中国传统文化特色》，《湖南科技大学学报》（社会科学版）2012 年第 6 期。

[2] 何虹：《试论中国共产党多党合作理论的继承与创新》，《内蒙古统战理论研究》2002 年第 4 期；宋黎明：《新世纪新阶段多党合作和政治协商制度理论的发展》，《云南行政学院学报》2006 年第 3 期；刘建华：《中国特色政党制度的理论基础和实践历程》，《首都师范大学学报》（社会科学版）2006 年第 S1 期；张素云：《中国特色社会主义政党理论的创新与发展》，《科学社会主义》2007 年第 1 期；李建明：《论党的历代领导对多党合作理论的贡献》，《广西社会主义学院学报》2007 年第 4 期；刘榕宝：《中国近现代政治发展与中国政党制度的确立》，《求索》2008 年第 12 期；朱燕丽、杜英慧：《改革开放三十年中国特色政党制度的创新与发展》，《天津市社会主义学院学报》2008 年第 4 期；吴九占：《马克思主义多党合作学说及其中国化的理论与实践》，《马克思主义与现实》2008 年第 3 期；林萍：《论中国多党合作制度的理论基础》，《吉林省社会主义学院学报》2008 年第 4 期；梁晓宇：《建国以来多党合作理论的发展历程》，《陕西社会主义学院学报》2009 年第 3 期；李建中：《改革开放以来中国共产党多党合作的理论创新与实践发展》，《上海市社会主义学院学报》2011 年第 6 期；王强：《为人民服务：马克思主义政党伦理的内涵及影响——以中国共产党九十年历程为例》，《科学社会主义》2011 年第 4 期；叶长德：《中国特色政党制度的理论基础探源——以政党理念及其实现为视角》，《重庆社会主义学院学报》2011 年第 3 期等。

[3] 周仲秋：《恩格斯对政党理论的早期探索》，《湖南师范大学社会科学学报》2004 年第 2 期；丁俊萍、李华：《恩格斯工人阶级政党建设思想的科学价值和现实意义——兼论中国共产党的建设》，《武汉大学学报》（哲学社会科学版）2006 年第 1 期；王平、赵维娜：《马克思恩格斯列宁用科学理论武装党的重要性和时机研究》，《东北师大学报》（哲学社会科学版）2009 年第 6 期；刘志明：《列宁的无产阶级政党思想及其当代意义》，《马克思主义研究》2010 年第 11 期；林立公：《马克思主义经典作家关于政党学说的基本思想》，《政治学研究》2011 年第 6 期；胡刚、王晟：《论列宁执政党建设理论及现实启示》，《中共云南省委校学报》2012 年第 3 期。

[4] 中国社会科学院马克思列宁主义毛泽东思想研究所选编：《马克思恩格斯列宁斯大林毛泽东邓小平江泽民论工人阶级政党的先进性》，人民出版社 2003 年版；齐文学、顾阳：《马克思主义党的学说简史》，东北大学出版社 2011 年版；刘明琪：《马克思主义党的学说及其发展》，广东人民出版社 1998 年版。

入发展。

中国多党合作理论及制度研究的深化。以胡锦涛为总书记的中共中央面对新形势提出实施马克思主义理论研究和建设工程及中共中央正式颁发《中共中央关于进一步加强中国共产党领导的多党合作和政治协商制度建设的意见》推动了中国特色政党理论研究的深入发展。2006年，中央编译局与民革中央联合举办"马克思主义政党理论与多党合作"学术研讨会，时任全国政协副主席、民革中央主席的周铁农提出研究的原则："要遵循继承和创新相结合的原则""要遵循坚持和完善相结合的原则""要遵循理论与实践相结合的原则""要遵循历史和现实相结合的原则""要遵循研究和借鉴相结合的原则"。[1] 会议认真探讨了马克思主义政党理论、政党思想，西方代表性的政党理论、政党制度以及政党思想，特别是从西方政党制度与政治文化的关系方面，阐明马克思主义政党理论为我国政党制度提供了理论基础，在中西方政党制度的关系、中国特色政党理论的意义、理论视野的延伸、研究方法的丰富、重点领域的拓展等方面形成了共识。[2] 学术界从本质特征上不断深入把握中国政党制度与西方政党制度的根本区别[3]，出版了一批研究中国特色多党合作制度的著作，展现了中国特色社会主义政党制度建设的全貌，并试图从世界政治制度和政党制度的大背景中考察和研究我国政党制度，进一步阐明了中国特色社会主义政党制度的历史必然性、伟大独创性和巨大优越性，比较全面地反映党中央关于中国多党合作和政治协商制度建设的政治思想和政策观点，对当代中国政党制度的运行机制进行分析，从制度规定系统化具体化、增强政党制度预警功能、政治协商的完善发展等方面提出完善政党制度的思考，深入分析了政党制度形成与发展的历史与理论缘起，并探讨了政党制度的评价标准。[4] 其中，对参政党理论的研究不断走向深化，认为有关参政党理论是马克思主义政党理论在长期的革命、建设和改革实践中与中国实际的阶级、阶层

---

[1] 周铁农：《谈马克思主义政党理论与多党合作研究的若干原则》，《团结》2006年第5期。
[2] 以上内容参考中央编译局政党研究中心：《"马克思主义政党理论与多党合作"研讨会召开》，《当代世界与社会主义》2006年第6期。
[3] 秋石：《我国与西方政党制度根本区别的三个关键点》，《四川统一战线》2011年第1期。
[4] 杨爱珍：《当代中国政党制度研究》，学林出版社2004年版；张卫江：《中国特色社会主义政党制度》，中央编译出版社2007年版；楼志豪、朱晓明、游洛屏：《〈中共中央关于进一步加强中国共产党领导的多党合作和政治协商制度建设的意见〉专题讲座（修订版）》，华文出版社2008年版；游洛屏：《中国特色政党制度》，中共中央党校出版社2011年版等。

状况相结合而孕育出来的理论硕果。对参政党理论创新进行多维考察[1]，提升了对参政党理论建设重要性的认识，提出重视和加强参政党理论建设，既是建设高素质参政党的要求，也是促进我国多党合作事业蓬勃发展的要求[2]，同时出版了不少民主党派建设的专著。[3]

执政党建设理论研究的进展。"我们党历经革命、建设和改革，已经从领导人民为夺取全国政权而奋斗的党，成为领导人民掌握全国政权并长期执政的党；已经从受到外部封锁和实行计划经济条件下领导国家建设的党，成为对外开放和发展社会主义市场经济条件下领导国家建设的党。"[4] 基于对党的执政地位的科学判断，2004年十六届四中全会通过《中共中央关于加强党的执政能力建设的决定》，学术界从一般的政党理论研究走向突出执政党理论研究，探讨执政党加强自身变革的必要性及一般途径[5]，重在执政条件下党的领导和执政方式的探讨，探索执政条件下党的建设科学化理论，这也是以胡锦涛同志为总书记的党中央提出的科学发展观在执政党建设研究领域的体现，这些研究包括：从史学角度对党的历史、建设历史、执政的历史进行全景式剖析[6]，从中探索党的建设及执政的规律；十七届四中全会提出建设马克思主义学习型政党的时代课题，学术界对此展开了集中讨论，分析了学习型政党的理论基础与内涵特征、时代方位与学习诉求、传统资源与现代借鉴、理念更新与行动策略以及何为学习型政党、为何建设学习型政党以及如何建设学习型政党[7]；探求党的领导体制演进的阶段性特点，从一元化领导走向集体化领导，从不健全走向健全[8]，分析党的领导体制演变的规律，将党的领导体制与执政方式置放于世界和中国现代化的大场景中，统揽历史、现实和前景，分析制度、体制、机制建设及其运行状况，准确把握新情况新发展新经验，对现代化进程中党的

---

[1] 张颢：《参政党理论创新的多维考察》，《重庆社会主义学院学报》2004年第2期等。
[2] 王行道：《参政党理论建设的必要性和重要性》，《湖北省社会主义学院学报》2008年第1期。
[3] 郑宪：《中国民主党派建设理论》，中共中央党校出版社2006年版等。
[4] 《江泽民文选》第3卷，人民出版社2006年版，第536—537页。
[5] 周淑真：《亟待研究政党变革的深层逻辑》，《人民论坛》2012年第31期。
[6] 中共中央党史研究室：《中国共产党历史第二卷（1949—1978）》（上下册），中共党史出版社2011年版；李君如主编：《中国共产党建设史》（上下册），海峡出版发行集团、福建人民出版社2011年版；柳建辉、曹普主编：《中国共产党执政历程》（第一、二、三卷），人民出版社2011年版。
[7] 谢春红：《当代中国共产党建设学习型政党研究》，人民出版社2009年版。
[8] 陈丽红：《中国共产党领导体制的历史考察（1921—2006）》，上海人民出版社2008年版。

领导制度与执政方式进行探讨，分析优势、剖析存在问题，提出民主法治、公正和谐、团结统一是党的领导制度和执政方式变革发展的价值、制度和程序[①]；较为系统地阐述了科学执政、民主执政、依法执政的哲学内涵[②]及其在党的执政实践中的地位[③]，探讨了三者的由来、必要性及重大理论与实践意义[④]及其背后的执政理念[⑤]，在区分领导和执政关系的基础上辨析了三者的内涵及辩证统一关系[⑥]，积极借鉴国外科学执政、民主执政、依法执政的经验[⑦]，从制度、理念等层面分析实现科学执政、民主执政、依法执政的路径[⑧]。

这一时期政党理论研究体现了科学发展观的精髓与要旨，同时与执政党建设的实际紧密相连，凸显了对执政方式和领导水平的规律性探索，起到了承上启下的历史性作用，既是对政治学恢复以来政党理论研究的持续深入发展，具有新世纪的时代特点，又向新时代的政党理论研究提出了未完待续的课题。

（四）政党理论研究的全面发展时期（2012年至今）

中国特色社会主义进入新时代后，全面从严治党被纳入统领国家治理与发展的"四个全面"战略布局之中，十九大报告中明确提出在伟大斗

---

① 刘新力：《现代化进程中党的领导制度与执政方式新论》，中央编译出版社2008年版。

② 辛世俊：《科学执政、民主执政、依法执政的内涵及其辩证关系》，《领导科学》2004年第23期；刘元根：《解读"科学执政、民主执政、依法执政"的哲学内涵》，《云南社会科学》2005年第3期。

③ 蔡永生：《坚持科学执政民主执政依法执政 完善党的执政方式》，《贵州师范大学学报》（社会科学版）2005年第5期。

④ 黄生成、黄明哲：《中共三代领导人对科学执政、民主执政、依法执政的不懈探索》，《江西社会科学》2006年第5期；杨绍华：《科学执政、民主执政、依法执政的由来与意义》，《山东社会科学》2008年第3期。

⑤ 邢贲思：《以人为本和科学、民主、依法执政》，《求是》2005年第8期。

⑥ 虞云耀：《坚持科学执政、民主执政、依法执政——学习党的十六届四中全会精神的一点体会》，《前线》2004年第11期；王贵秀：《对"科学执政、民主执政、依法执政"的理解》，《新视野》2005年第3期；宋镜明、刘启春：《论科学执政、民主执政和依法执政之辩证统一》，《武汉大学学报》（哲学社会科学版）2007年第1期。

⑦ 吕元礼：《科学执政、民主执政、依法执政：基于新加坡经验的分析》，载黄卫平主编：《当代中国政治研究报告Ⅳ》，社会科学文献出版社2005年版。

⑧ 侯且岸：《科学执政、民主执政、依法执政之断想——以中国历史文化为取向审视现实中党的执政能力建设》，《新视野》2005年第3期；李兴华：《完善科学执政、民主执政与依法执政的制度体系》，《理论探索》2005年第5期；陶岳潮：《政治文明进步的成果 党执政的重要法宝——对"科学执政、民主执政、依法执政"的初步解读》2005年第1期。

争、伟大工程、伟大事业、伟大梦想中起决定作用的是党的建设伟大工程，十九届四中全会将"坚持和完善党的领导制度体系，提高党科学执政、民主执政、依法执政水平"作为"坚持和完善中国特色社会主义制度、推进国家治理体系和治理能力现代化"的首要内容予以强调，这就赋予了政党理论研究以更大的责任和使命，推动政党理论研究进入了有重点的全面发展时期。学术界积极关注国内外政党建设的相关理论，包括借鉴国外政党建设和治国理政的有益经验和一般规律，深入挖掘中国特色政党制度的理论内涵，继续从马克思主义经典作家关于政党的论述中寻找与时代的契合点，并从不断发展的政党实践中探求其中的理论意义和价值等。与政治层面的改革相配合，学术探讨拓展了马克思主义政党理论研究的广度和深度，厘清了一些概念和基本问题，完善了政党理论的分析框架，又为进一步推进马克思主义政党实践层面的改革提供了一定的理论指导和知识参考。

马克思主义政党理论研究的新进展。进入新时代后，学者们更加自觉以马克思主义为指导，推进马克思主义政党理论中国化研究，致力于构建适合中国特点的政党理论体系。一方面，回归马克思主义原典，系统阐述从马克思恩格斯到习近平、从苏联到中国、从党的学说到党的建设伟大工程等马克思主义政党学说的发展[1]，从对经典作家著作的阐发中为当下政党建设寻求合法的理论根据和坚定的原则指导[2]，进一步夯实马克思主义政党理论中国化的理论根基；另一方面，根据理论和实践发展的需要，坚

---

[1] 张荣臣：《〈共产党宣言〉与马克思主义党的学说的发展》，北京联合出版公司2016年版；任晓伟：《习近平关于新时代党的建设重要论述的原创性贡献》，《陕西师范大学学报》（哲学社会科学版）2019年第4期；柴宝勇：《新中国70年政党理论的回顾与总结》，《政治学研究》2019年第6期；董德兵、刘靖北：《论党中央治国理政党建思想的理论贡献和时代价值》，《东岳论丛》2019年第8期；曹泳鑫、卢汉：《论中国共产党对马克思主义政党党性的守正创新》，《毛泽东邓小平理论研究》2020年第3期。

[2] 张士海：《列宁关于无产阶级政党纯洁性思想及其启示》，《社会主义研究》2013年第2期；刘先江、林景云：《马克思的政党观》，解放军出版社2014年版；石伟：《组织的"集中"与思想的"民主"——列宁主义政党纪律的价值张力及其和解》，《社会主义研究》2015年第3期；刘明：《坚持无产阶级政党领导权的理论溯源》，《中共山西省委党校学报》2019年第4期；赵慧礼、郭立伟：《列宁的政党纪律观及其当代价值》，《学习论坛》2019年第7期；陈丽晖、李斌雄：《列宁关于马克思主义政党的政治建设思想及其新时代价值》，《河南社会科学》2019年第8期；王进芬、刘文文：《马克思恩格斯关于无产阶级政党纪律的重要论述》，《当代世界与社会主义》2020年第2期；孙艳美、盛林：《辩证思维是马克思主义政党的重要思想方法》，《中国高校社会科学》2020年第2期；胡洪彬：《马克思恩格斯关于政党防范政治风险的思想及其启示》，《理论导刊》2020年第4期。

持问题导向展开学术研究,探求解决问题的新路径和新方法,提升政党执政能力。随着国家治理体系和治理能力现代化及协商民主理论在官方层面的正式提出,"政党治理""政党协商"等新概念备受关注,其内涵、时代价值、完善路径得到一定程度的拓展[1],而且对党的建设实践过程中出现的新命题加以理论阐释[2],市场化、网络化、全球化和社会结构变化使得新时期党的建设面临新情况新问题,学者们从不同理论和视角出发纷纷提出解决的思路和对策,借助于通用的话语、理论和研究框架,观察和分析中国政治现实,增强了理论的解释力和说服力[3],在一定意义上转换了政党理论的研究视角,拓宽了研究论域[4],推进了马克思主义政党理论研究的时代化步伐。马克思主义政党理论研究取得进展的另一个标志是

---

[1] 储建国、栾欣超:《中国共产党的党内治理——基于政党自律的分析视角》,《广西社会科学》2015年第1期;周淑真:《政党协商机制建设之参政党协商能力研究》,《中国政协理论研究》2015年第4期;郑宪:《政党协商:我国政党关系发展的新境界》,《广东省社会主义学院学报》2015年第4期;吴艳春:《国家治理体系现代化进程中政党协商发展和完善的着力点》,《黑龙江省社会主义学院学报》2019年第4期;马黎晖、姚娟娟:《政党协商及其与国家治理现代化关系研究综述》,《新疆社科论坛》2019年第4期;莫岳云、刘慧敏:《近十年来政党协商研究述评》,《广州社会主义学院学报》2019年第4期;汪守军:《略论政党协商与社会主义协商民主理论的形成和发展》2019年第6期;刘淑芳、陈湘清:《习近平总书记关于政党协商重要论述的哲学意蕴》,《湖北省社会主义学院学报》2019年第6期;李雅兴、伍安:《毛泽东政党协商的伦理思想及其现实启示》,《中南大学学报》(社会科学版)2020年第1期;李桂华、孟雅睿:《中国政党协商制度生成与发展:从"座谈"到"制度"》,《统一战线学研究》2020年第1期。

[2] 牛安生:《论增强执政党自我净化的能力》,《中国延安干部学院学报》2014年第3期;宫铭、王希鹏:《党委的党风廉政建设主体责任:制度、历史与现实的三重维度》,《学习论坛》2015年第8期。

[3] 景跃进:《将政党带进来——国家与社会关系范畴的反思与重构》,《探索与争鸣》2019年第8期;叶娟丽、范晨岩:《论中国共产党的政党调适性——以各时期党的根本任务变迁为视角》,《四川大学学报》(哲学社会科学版)2020年第2期;唐文玉:《政党整合治理:当代中国基层治理的模式诠释——兼论与总体性治理和多中心治理的比较》,《浙江社会科学》2020年第3期。

[4] 郑长忠:《国家治理现代化的政党微观逻辑》,《江汉论坛》2015年第3期;袁峰:《自主性与适应性视角下的政党自我提高能力分析》,《理论探讨》2015年第2期;白利友:《中国共产党在边疆地区少数民族中的政党认同建设研究》,《西南民族大学学报》(人文社会科学版)2016年第1期;孙会岩:《新中国七十年来的信息技术进步与政党认同发展》,《湖北行政学院学报》2019年第3期;李威利:《从基层重塑政党:改革开放以来城市基层党建形态的发展》,《社会主义研究》2019年第5期;方世南:《网络强国与世界上最强大政党建设研究》,《武汉科技大学学报》(社会科学版)2019年第6期;赵宬斐、万艺:《新时代政党的"云"治理及其体系建构》,《苏州大学学报》(哲学社会科学版)2019年第6期;孙会岩:《人工智能时代政党的政治安全:风险、治理与启示》,《太平洋学报》2019年第9期;田先红:《政党如何引领社会?——后单位时代的基层党组织与社会之间关系分析》,《开放时代》2020年第2期。

中国特色政党理论与制度研究取得丰硕成果。汇集众多专家智慧，中央社会主义学院政党制度研究中心第九届年会，从中国特色政党制度理论的理论基础、功能价值、发展和完善、执政党和参政党建设等方面对中国特色社会主义政党制度研究进行全面汇总，形成了中国特色政党制度理论。① 2018 年习近平总书记提出"新型政党制度"概念后，学界作出积极回应。深入探讨新型政党制度的本质内涵及重要地位（与竞争性政党制度相类比）②，阐述新型政党制度的思想③、发展历程④、发展趋势⑤、文化根基⑥、生成逻辑⑦、价值意义⑧、治理功能⑨，从历史和现实的维度阐释中国特色政党制度的理论内涵，从不同角度挖掘中国特色政党制度的

---

① 中央社会主义学院中国政党制度研究中心编：《中国特色政党制度理论》，九州出版社 2012 年版。

② 杨爱珍：《新型政党制度的现实思考》，《党政研究》2019 年第 6 期；刘超伟：《中国新型政党制度初探》，《上海市社会主义学院学报》2019 年第 5 期；张献生：《中国新型政党制度的生命之源、生命之花和生命之光》，《统一战线学研究》2019 年第 6 期；顾榕昌：《中国新型政党制度的理论范式研究——基于习近平关于新型政党制度重要论述的视阈》，《广西社会科学》2019 年第 7 期；龚少情：《中国新型政党制度对西方政党制度的双重超越及其类型学意义》，《马克思主义研究》2019 年第 7 期。

③ 张凤玲、董小平：《学习习近平关于新型政党制度重要思想》，《广东省社会主义学院学报》2019 年第 3 期；贺先国、刘政权：《习近平新型政党制度思想的理论特征、现实考察与践行要求》，《广东省社会主义学院学报》2019 年第 4 期。

④ 张毅：《七十年来新型政党制度的发展历程：回顾与展望》，《湖南省社会主义学院学报》2019 年第 4 期；陈鹏：《新中国成立 70 年来我国新型政党制度的发展历程及启示》，《上海市社会主义学院学报》2019 年第 4 期；祁雪春、钟德涛：《十八大以来中国政党制度的机制创新——兼论当代中国政党制度的时空方位》，《中共天津市委党校学报》2019 年第 4 期。

⑤ 朱国华、王相红：《中国新型政党制度未来发展探析》，《天津市社会主义学院学报》2019 年第 3 期；刘菊香：《中国新型政党制度发展趋势研究》，《湖北省社会主义学院学报》2019 年第 6 期。

⑥ 寇政文：《中国特色新型政党制度的文化基础与建构路径》，《上海市社会主义学院学报》2019 年第 4 期；柴宝勇、黎田：《在"新型"与"传统"之间：影响我国新型政党制度的传统文化因素探析》，《社会主义研究》2019 年第 5 期；徐光木、汪根木：《新型政党制度的传统文化根基》，《湖北省社会主义学院学报》2019 年第 6 期。

⑦ 李胜、谢忠文：《"新型政党制度论"对马克思主义政党理论的继承和发展》，《学校党建与思想教育》2019 年第 15 期；孔海棠：《中国新型政党制度必然形成的三个维度》，《齐齐哈尔大学学报》（哲学社会科学版）2019 年第 12 期。

⑧ 刘方亮、李广民：《论新型政党制度的政治学意义》，《天津师范大学学报》（社会科学版）2019 年第 5 期；孙存良、史倩：《新型政党制度：人类政治文明的中国贡献》，《山东社会科学》2019 年第 7 期。

⑨ 艾明江：《嵌入型逻辑：新型政党制度与中国国家治理——基于新中国成立 70 年来的发展经验》，《理论与改革》2019 年第 5 期；翟桂萍、罗嗣威：《中国新型政党制度的治理意蕴》，《理论与改革》2020 年第 1 期。

特点和优势[1]。此次新冠肺炎疫情使已有的优势得到确认和检验[2]，并总结了新型政党制度的经验[3]，明确存在的问题、完善的路径[4]，探讨新型政党制度话语权的构建[5]，增强新型政党制度的理论自觉[6]以及道路自信、理论自信、制度自信、文化自信。[7] 同时，从参政党的社会基础与功能、基本职能、自身建设，参政党与执政党、国家政权、人民政协、国家治理现代化、社会主义协商民主、依法治国基本方略之间的关系等层面比较完整地阐释了参政党理论。[8] 在此基础上，明确参政党新的使命与职能[9]，分析参政党民主监督的困境及破解方法[10]，探讨新时代推进参政党建设的路径。[11] 在对政党问题全面系统研究的过程中，逐步形成政党学的相关理论体系，

---

[1] 肖贵清：《彰显和发挥我国新型政党制度的优势》，《理论导报》2019 年第 12 期；何星亮：《充分发挥和展现我国新型政党制度优势——学习党的十九届四中全会重要精神的体会》，《人民论坛》2019 年第 34 期；孙礼：《从中外政党制度比较中看中国新型政党制度的特点及优势》，《福建省社会主义学院学报》2019 年第 5 期；罗峰：《新型政党制度的优势及其发挥——人民政协视角的分析》，《马克思主义与现实》2020 年第 1 期。

[2] 赵雨森：《新型政党制度优势在全面抗疫中充分彰显》，《人民政协报》2020 年 5 月 6 日第 8 版。

[3] 张津凤：《中国新型政党制度七十年经验探研》，《天津市社会主义学院学报》2019 年第 3 期。

[4] 任世红：《国家治理视角下新型政党制度的效能优化》，《中央社会主义学院学报》2019 年第 5 期；黄天柱：《中国政党趋同的现状分析与解决思路——以制度包容性为考察视角》，《中央社会主义学院学报》2020 年第 1 期；林少红：《坚持和完善新型政党制度》，《广东省社会主义学院学报》2020 年第 1 期；祝灵君：《坚持和完善中国新型政党制度的基本逻辑》，《中央社会主义学院学报》2020 年第 1 期。

[5] 车庆芳：《比较视野下中国新型政党制度的话语权构建》，《湖北省社会主义学院学报》2019 年第 4 期；何建春：《新型政党制度话语创新的三重动力》，《贵州社会主义学院学报》2019 年第 4 期；李岁科：《关于中国新型政党制度话语体系自觉构建的若干思考》，《上海市社会主义学院学报》2019 年第 6 期；张峰林、唐琼：《提高中国新型政党制度国际话语权》，《上海市社会主义学院学报》2019 年第 6 期。

[6] 檀培培：《增强中国新型政党制度的理论自觉》，《山东社会科学》2019 年第 8 期。

[7] 林尚立等：《新中国政党制度研究》，上海人民出版社 2015 年版；钟德涛：《中国政党制度发展史论》，高等教育出版社 2015 年版；孙宝林：《中国特色政党制度解析》，《上海市社会主义学院学报》2016 年第 1 期；刘金峰：《评判中国特色政党制度的三个维度》，《广东省社会主义学院学报》2016 年第 1 期；严泉：《民国前期议会政党政治失败的制度透视》，《探索与争鸣》2019 年第 11 期；张城：《论梁漱溟的政党观》，《中央社会主义学院学报》2020 年第 1 期。

[8] 隗斌贤主编：《中国参政党论》，中共中央党校出版社 2018 年版。

[9] 车庆芳：《参政党 70 年使命变迁与职能嬗变的时代意蕴》，《中央社会主义学院学报》2020 年第 1 期。

[10] 刘菊香：《参政党民主监督困境及破解调查研究》，《领导科学》2020 年第 6 期。

[11] 农工党黑龙江省委理论研究课题组：《参政党需夯实"三种关系"提升"六种能力"》，《黑龙江省社会主义学院学报》2019 年第 4 期；程林顺：《参政党制度建设引领参政党作风转变的内在机理分析》，《四川省社会主义学院学报》2019 年第 4 期；钱再见：《同心与共识：新时代中国特色社会主义参政党思想政治建设研究》，《南京师大学报》（社会科学版）2019 年第 6 期。

努力构建适合中国国情的马克思主义政党学。①

执政党建设的科学化研究深入推进。面临国内外复杂形势，执政党建设的科学化问题在新时代得以凸显，学术界反响热烈，从多方面展开研究。第一，对历史上执政党建设思想进行分析总结，从中汲取理论营养。比较系统地对世界社会主义运动中马克思主义执政党以及中国革命建设改革时期执政党建设的思想与实践进行梳理②，并分析了十八大以来在历史方位论、主题主线论、总体布局论、根本目标论等方面对马克思主义执政党理论的创新。第二，对新时代执政党建设战略目标的深入研究。十八大报告首次提出建设学习型、服务型、创新型的马克思主义执政党的战略目标后，学者们或剖析单个战略目标的缘由、理论来源、重要性和必要性、基本经验、生成逻辑、原则、主要内容、路径等③，或从整体上对这些不同战略目标之间的逻辑关系进行阐释④，深化了对这些战略目标建设的认识。此外，学者们还提出了"使命型政党"的概念，以区别于西方的"选举型政党"，并探讨了使命型政党的基本内涵、主要特点、生成逻辑、本质属性和基本特征、建设的历程与基本经验等⑤，剖析其与中国共产党自我革命、人民群众、中国现代化建构之间的逻辑关联⑥，甚至将使命型政党上升为执政党建设中国范式⑦的研究高度，"使命型政党"这一概念的提

---

① 余科杰：《政党学概论》，世界知识出版社2015年版；朱昔群：《政党科学与政党政治科学化》，中央编译出版社2015年版。

② 韩同友、蔡林慧：《周恩来关于党的执政思想论纲》，《西南民族大学学报》（人文社会科学版）2013年第1期；罗文东、周耀宏、李少奇等：《马克思主义执政党的历史、理论与实践》，中国人民大学出版社2018年版；肖存良：《从全能主义政党到高质量政党建设——新中国七十年政党建设历程的政治学考察》，《湖南师范大学社会科学学报》2019年第5期。

③ 李文清：《关于建设创新型政党的几个问题初探》，《人民论坛》2013年第11期；佘湘：《服务型政党的基本含义、理论基础与建构条件论析》，《长白学刊》2013年第6期；周玉清、王少安：《论马克思主义学习型政党建设》，人民出版社2016年版。

④ 王炳林、方建：《建设学习型服务型创新型政党的理论思考》，《北京师范大学学报》（社会科学版）2013年第2期。

⑤ 李海青等：《砥砺前行——引领民族复兴的马克思主义使命型政党》，中国人民大学出版社2019年版；郑巧：《论中国共产党的使命型政党特质及其生成逻辑》，《淮海工学院学报》（人文社会科学版）2019年第12期；唐皇凤：《使命型政党建设的理论基础与中国经验》，《武汉大学学报》（哲学社会科学版）2020年第2期。

⑥ 苟立伟、张荣臣：《自我革命：使命型政党的治党逻辑——基于中国共产党治理逻辑的分析》，《天水行政学院学报》2019年第4期；赵玉洁、李海青：《使命型政党与人民群众：在自觉与自发之间——对马克思主义一个重大问题的思考》，《南京师大学报》（社会科学版）2020年第1期；李海青：《使命型政党与中国的现代化建构——基于历史之维的审视》，《浙江学刊》2020年第1期。

⑦ 唐皇凤：《使命型政党：执政党建设的中国范式》，《浙江学刊》2020年第1期。

出及研究深化为增强中国共产党执政的合法性和提升自身建设的自觉性提供了新的学理资源支撑。第三，对党的政治建设展开多维分析。十九大提出党的政治建设这个重大命题后，学术界在其历史地位、重要性与必要性、内涵与外延、历程与基本经验、思想意蕴与实践价值、核心理念、内在逻辑、本质要求和实践逻辑、路径等方面展开分析①，不仅使这一概念逐步清晰化，而且对其所包含的主要内容、相关重要方面有了全面的认识，出现了党的政治建设的专题研究。② 第四，拓展了全面从严治党战略研究的广度。从严治党是无产阶级执政党区别于其他性质执政党的本质性特征，由于新时代执政党所担负的重大责任与使命以及"四大危险""四大考验"的持续存在，从严治党被提升至全面从严治党的高度，而且被纳入"四个全面"战略布局，学术界掀起了研究全面从严治党的热潮，广泛探讨了全面从严治党的科学内涵与战略意义、战略思路、特征、路径与策略等③，并对常态化下全面从严治党新任务新要求作出理论阐述④，运用哲学、政治美学、行政管理学等不同学科角度和理论方法对全面从严治党展开多维审视⑤，丰富了全面从严治党的研究视角，增强了全面从严治党这一命题的学术意蕴。第五，系统探讨了执政党建设科学化理论。执政党建

---

① 张荣臣：《党的政治建设是党的根本性建设》，《先锋》2018 年第 7 期；仇文利：《党的政治建设的核心理念、本质要求与实践逻辑》，《学术界》2018 年第 9 期；王尚君、朱晓玲：《党的政治建设的新任务和新要求》，《党政论坛》2018 年第 6 期；陈宏宇：《党的政治建设：理论逻辑与实现路径》，《学习论坛》2019 年第 10 期；谢卓芝、刘秀萍：《新中国成立以来党的政治建设历程与基本经验》，《理论导刊》2019 年第 8 期；丁俊萍、白雪：《新中国成立 70 年来党的政治建设历程及其特点》，《新疆师范大学学报》（哲学社会科学版）2019 年第 5 期；张荣臣、苟利伟：《新时代党的政治建设：生成逻辑、内容思路与实践要求》，《中共天津市委党校学报》2019 年第 4 期；上官酒瑞：《新时代加强党的政治建设的逻辑意蕴》，《内蒙古社会科学》（汉文版）2019 年第 3 期；祝灵君：《深刻把握党的政治建设的基本内涵》，《中国纪检监察》2019 年第 9 期；齐卫平：《新时代党的政治建设两个研究视角：思想意蕴与实践价值》，《新疆师范大学学报》（哲学社会科学版）2019 年第 4 期；王海峰：《党的政治建设与中国政治发展》，《中国浦东干部学院学报》2019 年第 5 期。

② 裴泽庆主编：《新时代党的政治建设》，中共党史出版社 2018 年版。

③ 戴焰军：《坚持全面从严治党》，《理论与改革》2018 年第 1 期；刘银善：《持续深化全面从严治党实践路径与策略研究》，《吉林师范大学学报》（人文社会科学版）2019 年第 3 期；李景治：《全面从严治党要以增强干部干事创业的"精气神"为出发点和落脚点》，《理论与改革》2019 年第 2 期；李海青：《新时代全面从严治党的战略思路》，《红旗文稿》2019 年第 2 期。

④ 崔耀中：《全面从严治党的新要求、新特点、新部署》，人民出版社 2016 年版。

⑤ 唐美云：《论全面从严治党的主体性实践本质与作用》，《中南民族大学学报》（人文社会科学版）2019 年第 1 期；张维：《全面从严治党的政治美学特征分析》，《领导科学》2019 年第 2 期；郭为桂：《"再组织化"：全面从严治党的战略抉择及其制度化导向》，《经济社会体制比较》2019 年第 1 期。

设的科学化研究不仅体现在战略目标的拓展、建设内容的深化以及对全面从严治党探讨的拓展上，而且全面阐明了中国共产党科学化建设自身的理论渊源、有益借鉴、探索历程与经验总结，分析了新形势下推进中国共产党科学化建设的现实紧迫性，从科学化理论指导、规范化制度保障、现代化方法推进等方面探讨了推进执政党科学化建设的路径[1]，还出现了国内第一本关于执政党建设研究的"年度报告"，涵盖年度党建研究的前沿动态、最新观点等内容，成为对国内执政党动态研究的重要载体。[2] 此外，还重视研究新型政党关系[3]、政党国际合作与政党外交[4]，关注政党形象[5]，更好地传播中共中央新的治国理政话语，转变传播方式等。[6]

  国外政党理论研究的丰富深入。十八大以来对国外政党理论研究不断走向丰富深入，自觉为中国特色社会主义政党实践服务，取得了不少成果。首先，对世界各国政党体制（发达国家和发展中国家）进行全面审视，深入其结构与功能，包括选举模式、政党组织形式、政党纲领、决策运作、政党文化等[7]，

---

[1] 杨志超：《中国共产党科学化建设问题研究》，中国社会科学出版社2018年版；韩庆祥：《"中国之治"的根本原因——中国共产党如何把自身锻造成一个强大的政党》，《理论导报》2019年第12期；黄相怀：《以伟大斗争锻造强大政党》，《经济日报》2020年5月5日第7版。

[2] 王长江等主编：《政党政治与中国问题书系：2014执政党建设研究年度报告》，江苏人民出版社2014年版。

[3] 王彩玲：《新型政党关系的创新发展与历史经验——基于提高党的领导能力的思考》，《学习论坛》2019年第9期；张培星：《习近平总书记关于构建新型政党关系的内涵及路径研究》，《毛泽东思想研究》2020年第2期。

[4] 石晓虎：《新中国成立70年中国特色政党外交实践与理论创新》，《当代世界》2019年第7期；肖洋：《政党国际合作：全球善治的必由之路》，《唯实》2019年第11期；谈沪东、王文余：《新时代中国特色政党外交的战略目标、实践推进及价值取向》，《厦门特区党校学报》2020年第1期；黄智春：《"人类命运共同体"视阈下的中国政党外交：理论、目标与方向》，《上海市社会主义学院学报》2020年第2期。

[5] 刘翔宇：《新时代中国共产党政党形象的国际传播探析》，《鄂州大学学报》2019年第6期；张文雅：《政党形象：现代政党政治研究的一个重要范畴》，《治理现代化研究》2020年第1期。

[6] 孔根红：《关于对外传播新一届中央领导集体治国理政新理念的几点思考》，《毛泽东邓小平理论研究》2014年第1期。

[7] 佟德志、朱炳坤：《保守文化与地方主义——法国右翼民粹主义政党社会动员的要素分析》，《上海行政学院学报》2019年第4期。

借鉴国外政党建设的经验和教训①，分析现代政党的本质，如政党与民主政治、竞争性政党与西方民主制度、政党政治新变化与"共识民主"关系等②，密切关注经济社会发展给政党政治带来的新变化新挑战③，跟踪政党政治学研究的进展、重要概念、议题的出现与变迁④，深化中西方政党模

---

① ［美］利昂·D. 爱泼斯坦：《西方民主国家的政党》，何文辉译，商务印书馆 2014 年版；赵忆宁：《探访美国政党政治：美国两党精英访谈》，中国人民大学出版社 2014 年版；参见俞可平主编、中央编译出版社出版的系列《世界主要政党规章制度文献》；高放：《特型社会主义政党俄国布尔什维克党异军突起》，《中国延安干部学院学报》2015 年第 2 期；张书林：《国外政党联系民众的主要做法及模式》，《理论视野》2015 年第 6 期；刘丙元、张涛：《政党青年组织扁平化设计——基于网络思维的组织行为学理论》，《中国青年社会科学》2019 年第 4 期；陈家喜、滕俊飞：《比较视域中的马来西亚政党体制转型：执政惰性的理论视角》，《河南社会科学》2020 年第 1 期；蒲国良：《国外一些政党开展党内政治生活的得失探析》，《理论与改革》2020 年第 1 期；季思：《国外政党加强自身建设的新举措及启示》，《当代世界》2020 年第 3 期；李健：《日本主要政党青年组织运行现状、困境、对策及对共青团工作的启示》，《中国青年研究》2020 年第 3 期；王莘屹：《西方主要国家政党党纪治理的实践与启示》，《理论导刊》2020 年第 3 期。

② 柴尚金：《政党与民主新论——西方民主制度的发展历程与弊端》，中国出版集团、中国民主法制出版社 2018 年版。

③ 王涌：《战后德国政党制度与政党格局的建立和演变》，《外国问题研究》2019 年第 4 期；赵卫涛：《西方政党基层组织建设初探：变局、挑战与应对》，《国外社会科学》2019 年第 5 期；孙会岩、郝宇青：《人工智能时代的西方政党政治：机遇、发展与困境》，《国外社会科学》2019 年第 5 期；秦瑞苹、言浩杰：《欧洲民粹主义政党的崛起及影响探析》，《中共云南省委党校学报》2019 年第 6 期；伍慧萍：《欧洲社会民主政党的生存现状与发展前景：从整体低迷到初现起色》，《当代世界》2019 年第 7 期；武文霞：《城市化对政党变革发展的影响研究——以英美城市化快速发展时期为例》，《学术研究》2019 年第 8 期；张孝芳、范翕然：《英国右翼民粹主义政党的发展困境探析——以英国独立党为例》，《当代世界与社会主义》2020 年第 1 期；高春芽：《政党代表性危机与西方国家民粹主义的兴起》，《政治学研究》2020 年第 1 期；王鹏：《"超级选举周期"与拉美政党政治新变化》，《当代世界》2020 年第 2 期；聂侯诚：《当代俄罗斯地方政治中的政党——角色变化及其原因（1992—2019 年）》，《俄罗斯研究》2020 年第 2 期；彭姝祎：《试析法国政党格局的解构与重组——政党重组理论视角下的审视》，《当代世界与社会主义》2020 年第 2 期；李凯旋：《意大利政党格局的重构：表现、原因及影响》，《当代世界与社会主义》2020 年第 2 期；姬文刚：《中东欧政党政治的新变化、成因及其影响》，《当代世界》2020 年第 4 期。

④ 张建伟：《族群型政党：概念、类型及其影响》，《中央民族大学学报》（哲学社会科学版）2019 年第 4 期；那传林：《当代俄罗斯政党政治学研究的特点、问题和前景》，《云南行政学院学报》2020 年第 2 期；向文华：《西方利基政党类型理论述评》，《教学与研究》2020 年第 3 期；张春满：《政党概念的"大西洋分歧"与利基政党对传统政党概念范式的冲击》，《国外社会科学》2019 年第 5 期；周赟、刘泽源：《政党规模与政党生命力变化发展的内在逻辑研究》，《治理研究》2019 年第 5 期；陈家喜：《政党制度化与一党主导下的政党建设》，《江汉论坛》2019 年第 10 期；束赟：《赋能与执行：新技术时代政党组织的发展》，《学术月刊》2019 年第 12 期；马德普、于保军：《代议民主下的政党回应：价值厘定、主要议题与研究前景》，《河南师范大学学报》（哲学社会科学版）2020 年第 1 期。

式的比较[1]，重视政党的话语建构[2]，主动探索参与世界政党政治发展评估指标体系的构建[3]，为中国共产党的领导和执政提供历史和现实、理论与实践的观照。其次，积极借鉴国外政党治国理政的经验。十八届三中全会提出"全面深化改革的总目标是完善和发展中国特色社会主义制度，推进国家治理体系和治理能力现代化"以后，学术界加大了对国外政党治国理政经验教训的研究力度[4]，探讨更为自觉和普遍。从借鉴的维度来看，既有对某一区域的探讨，也有对某一国家的分析[5]，既有对发达国家和地区的探讨，也有对发展中国家和地区的探讨[6]，既注重整体性经验的借鉴，也关注治国理政中某一方面的经验措施，深化对治国理政的具体研究[7]等。不仅关注现实的治国理政经验，而且深入历史传统中去找寻，对不同国家不同政党治国理政经验的探讨形成了一些普遍性的共识：顺应时代潮流和国内外形势发展，不断提高理论和实践创新能力，准确把握世情国情，制定切实可行的总体发展战略，不断提高驾驭国家经济发展的能力，关注弱势群体，化解社会矛盾，不断促进社会稳定与和谐发展，充分利用各种外交资源，为国家发展建设创造良好外部环境等。另外，关注海外视野对中国共产党治国理政的研究[8]，为自身研究提供镜鉴与参照。值得关注的是，2019年11月中国社会科学院马克思主义研究院和山东大学马克思主义学院共建"世界政党研究中心"并举办了世界政党研究理论研讨会，必将有

---

[1] 陈周旺：《政党"组织化驱动"与国家建设》，《南京大学学报》（哲学·人文科学·社会科学）2019年第5期；张春满：《中西政党政治的实践、研究范式和方法：一个理论反思》，《经济社会体制比较》2019年第5期。

[2] 陈家喜：《中国情境下政党研究的话语建构》，《国外社会科学》2019年第5期。

[3] 阙天舒、方彪：《当前世界政党政治发展评估与新型政党制度的动能释放》，《探索》2019年第5期。

[4] 吴海红：《制度反腐与政党兴衰——基于国外一些长期执政政党的经验与教训》，《当代世界与社会主义》2014年第3期；周敬青、赵大鹏、魏淑琰、于秀秀编：《国家治理视角下中外政党比较研究》，上海人民出版社2015年版。

[5] 谭鹏：《战后法国社会党治国理政的成就、经验与启示》，《中共浙江省委党校学报》2014年第2期。

[6] 章德彪、唐海军：《从社会管理透视国外执政当局的治国理政之得失》，《当代世界》2013年第3期。

[7] 马树颜、藏秀玲：《新加坡人民行动党治国理政的法治经验与启示》，《中央社会主义学院学报》2016年第1期。

[8] 周明海：《海外视野中的中共治国理政"四个全面"战略布局研究》，《探索》2015年第4期；李梁：《库恩视域下的中国共产党与中国政党制度探析》，《思想教育研究》2020年第1期；王洪树、郭玲丽：《回顾与展望：新时代中国政党制度国外研究述评》，《马克思主义与现实》2020年第1期。

力推动国外政党理论研究的深入开展。

这一时期的政党理论研究从目前的研究现状和态势来看已经反映了新时代条件下执政党承担责任和使命、自觉加强自身建设的内在要求，因而执政党建设的科学化问题在理论研究中得以明确而且受到前所未有的重视，成为政党理论领域炙手可热的研究热点。显然，对这一问题的探讨和所取得的进展有利于完善中国特色社会主义制度、推进国家治理体系和治理能力现代化，能够为"坚持和完善党的领导制度体系，提高党科学执政、民主执政、依法执政水平"[①] 提供一定的学理支持。

二 政治学恢复以来政党理论研究取得的进展

可以说，经过数代理论研究工作者坚持不懈的努力，中国政治学恢复40年来在政党研究领域取得了诸多进展，结出了丰硕的理论成果。概括起来，主要有以下几个方面：

（一）对一般政党理论的研究走向系统深入

中国政治学恢复之初，我国的政党理论研究可以说处于低水平徘徊状态，对政党缺乏必要的认识，还停留在对政党的概念、术语、基本理论简单译介、机械照搬的阶段，亟须"补课"。40年来，经过我国学者的艰苦努力，已经形成了政党理论研究人才济济、成果蔚为大观的可喜局面，出现了一大批著名的研究专家，如周淑真、王长江、齐卫平、杨爱珍等，他们积极追踪当下政党制度运作实践，密切关注国外政党理论研究的学术前沿，不断丰富完善自身的研究框架和研究方法，使得政党理论研究逐步走向系统深入。主要体现在两个方面：第一，政党理论研究的体系更加健全丰富。目前在有关政党的定义、政党的起源和发展、政党结合的基础、政党产生的条件、党纲党章党纪、政党的经费、政党的类型与特征、政党的本质和功能、政党的组织结构、政党领袖、政党的自身建设、政党的意识形态等诸多方面，政党理论的研究体系已经基本成熟与定型，内涵理论与制度、历史与现实、中国与西方等维度，反映了一般政党理论普适性的特

[①] 《中共中央关于坚持和完善中国特色社会主义制度 推进国家治理体系和治理能力现代化若干重大问题的决定》，人民出版社2019年版，第6—9页。

点。第二，政党理论研究的深度达到了前所未有的水平。分析政党与国家权力、政党与意识形态、政党与公民社会、政党与宪政、政党与选举、政党与民主、政党与权力、政党与媒体、政党与人工智能、政党与大数据、政党与互联网等的关系，研究视野愈加开阔和深入，能够与时俱进，因应经济社会的发展不断将政党研究的触角伸向新的领域，与新的研究主题相结合。政党理论研究走向系统深入的显著标志，即出现了大量有关政党研究方面的专著专论，如探讨政党政治学①、政党政治论②，尝试构建新的学科——政党学③，形成了较为完善的政党论④，而且还出现了关于政党理论研究方面的比较政治学专著。⑤

（二）马克思主义政党理论研究得以有力推进

首先，马克思主义政党理论的传统议题诸如党的领导理论、党内民主理论、群众路线理论、先锋队理论、执政理论、统一战线理论、党的建设理论等，随着时代主题、社会主要矛盾、党的中心工作的变化而需要与时俱进，作出调整和完善，因而学术界对这些传统议题的主要内容、认识角度、时代价值等方面进行新的解释和阐发，以因应形势发展的需要。十六大报告提出"党内民主是党的生命"的科学论断后，学术界展开了深入探讨。《党内民主》一书从价值定位、总体方案、内涵要素等方面汇集了国内学术界关于党内民主最新见解，其中不乏王贵秀、周淑真、高放等著名党史党建专家的著述，其中在党内民主的重要意义、如何发展党内民主等方面的探讨，既有较强的理论性意义，又有较高的实践价值。⑥ 譬如作为中国共产党的生命线和根本工作路线的群众路线进入新世纪以后受到高度关注，十九大报告提出"把党的群众路线贯彻到治国理政全部活动之中"⑦，学术界加强了对群众路线的阐释与探讨，深化了对群众路线的理解⑧，并对群众路线

---

① 周淑真：《政党政治学》，人民出版社2011年版。
② 王韶兴主编：《政党政治论》，山东人民出版社2011年版。
③ 余科杰：《政党学概论》，世界知识出版社2015年版。
④ 王长江：《政党论》，人民出版社2009年版。
⑤ 周淑真：《政党和政党制度比较研究》，人民出版社2001年版。
⑥ 高建、佟德志主编：《党内民主》，天津人民出版社2010年版。
⑦ 习近平：《决胜全面建成小康社会 夺取新时代中国特色社会主义伟大胜利——在中国共产党第十九次全国代表大会上的报告（2017年10月18日）》，人民出版社2017年版，第21页。
⑧ 张希贤编著：《群众工作》，中国党史出版社2005年版；颜晓峰、杨邦荣主编：《〈论党的群众工作——重要论述摘编〉学习读本》，人民日报出版社2011年版；张希贤主编：《群众工作：认知与方法》，中国人事出版社2012年版；蔡礼强主编：《群众路线学习读本》，社会科学文献出版社2013年版。

在新时代的创新进行解读①，使之与新时代推进国家治理体系和治理能力现代化的议题相衔接，注意挖掘党的传统资源——群众路线与国家治理现代化之间的内在逻辑关联，从经验与理论的层面破解群众路线与国家治理衔接中的问题，使群众路线在新时代焕发新的生命力，彰显新的时代价值②，同时又推进了国家治理理论的创新，大有持续深化研究之势。

其次，随着时代的发展进步，党和国家领导人不断将马克思主义政党理论中国化，提出了一些新的理论和命题，如"两个先锋队"理论、建设学习型创新型服务型政党理论、参政党理论、全面从严治党理论、党的自我革命理论等，学术界对这些新的理论进行研究，既指出其历史传承性又肯定其时代创新性，使新的理论命题获得学术合法性。以参政党理论为例，《中共中央关于坚持和完善中国共产党领导的多党合作和政治协商制度的意见》指出，"中国共产党是社会主义事业的领导核心，是执政党。各民主党派是各自所联系的一部分社会主义劳动者和一部分拥护社会主义的爱国者的政治联盟，是接受中国共产党领导的、同中共通力合作、共同致力于社会主义事业的亲密友党，是参政党。"首次提出"参政党"概念，明确民主党派在国家的参政党地位和共产党在多党合作中的领导地位。民主党派在政治生活中地位和角色的明确，是对政党内涵和政党分类的重要突破，为多党合作的制度化和规范化发展提供了前提和可能，丰富了马克思主义政党理论的宝库。对于这一理论创新，学术界展开了大量的讨论，产生一批有分量的系列成果③，

---

① 张荣臣、谢英芬：《新时期党的群众工作》，中国方正出版社2009年版；祝灵君、齐大辉：《新形势下做好群众工作的艺术与方法创新》，中共中央党校出版社2011年版。

② 高新民：《国家治理体系现代化与党的群众路线》，《新视野》2014年第3期；殷冬水：《群众路线：中国国家治理的一种实践形式——当代中国群众路线两种观念的实践困境与应对路径》，《南京社会科学》2014年第5期；臧乃康：《党的群众路线在国家治理中的作用机制与实现路径》，《北京行政学院学报》2014年第5期；齐卫平、王昊巍：《论党的群众路线与国家治理现代化》，《中共宁波市委党校学报》2015年第2期；孟天广、田栋：《群众路线与国家治理现代化——理论分析与经验发现》，《政治学研究》2016年第3期；张立进：《群众路线：推进政府治理能力现代化的人民之维》，《理论导刊》2016年第5期。

③ 浙江省社会主义学院参政党建设研究中心编：《参政党建设与构建和谐社会》，中共中央党校出版社2007年版；张惠康主编：《参政党功能与落实科学发展观》，中共中央党校出版社2008年版；张惠康主编：《改革开放进程中的中国参政党》，中共中央党校出版社2009年版；张惠康主编：《当代中国政党制度格局中的参政党能力建设》，中共中央党校出版社2010年版；张惠康主编：《参政党民主监督功能研究》，中共中央党校出版社2011年版；张惠康主编：《参政党与公共政策》，中共中央党校出版社2012年版；蒋学基主编：《参政党的社会基础与社会功能》，中共中央党校出版社2013年版；蒋学基：《参政党与中国现代文明发展》，中共中央党校出版社2014年版；浙江省社会主义学院参政党建设研究中心编撰：《参政党建设与履职案例集》（上、下），中共中央党校出版社2017年版。

大致形成了由民主党派历史研究、参政党基本理论研究、参政党自身建设研究、参政党发挥作用研究四个部分组成的一个知识谱系。① 十八大以来，习近平总书记提出了"全面从严治党"并将其纳入"四个全面"战略布局之中，学术界围绕何谓全面从严治党以及如何全面从严治党展开研究，形成了一批丰硕的研究成果。② 除了阐释已有的理论，学术界也进行了一定程度的理论创新：为了更好地研究党在中国社会发挥的作用，形成了党的结构理论，包括成员结构、组织结构、制度结构、思想结构、内外结构、目标结构、党建主体结构，分析了党的结构与未来走向，提出推进党内治理结构优化的路径；③ 在适应党的建设发展和十八大后对党章的修改以及一大批党内制度修改废的过程中，还出现了一门新的学科"党规学"④，这是中国第一本系统研究党规理论的著作。

再次，对共产党领导和执政规律的探讨趋于深化和自觉。政治学恢复以来，特别是进入新世纪、新时代以来随着执政问题的凸显，学者们加大了集中探讨的力度。一方面，回顾过去，汲取和提炼中国共产党的历史经验，从哲学高度对不同时期（新民主主义革命、社会主义改造、社会主义建设）、不同方面（思想路线、群众路线、独立自主、党的建设、统一战线等）的经验加以总结⑤，以加强和改善党的领导，巩固党的执政地位；另一方面，基于党的执政与国家治理逻辑的耦合，探索共产党执政规律为治国理政服务，成为学术界研究的重心所在。而研究党的执政规律不能不涉及党的执政能力问题，部分学者围绕执政能力建设全方位分析了其基本战略，包括战略框架（目标、理念、原则、着力点）、战略价值等，并提出从基层组织建设、制度建设等方面提升执政能力⑥；探索共产党执政规律实际上还包括如何增强政党力量、建设强大的政党问题，部分学者以"为什么要建设最强大的政党、怎样才是最强大的政党、怎样建设最强大的政党"为课题展开研究，分析了最强大政党的衡量标准（强大的政治引

---

① 陡斌贤主编：《中国参政党论·导论》，中共中央党校出版社 2018 年版，第 13 页。
② 郭广银主编：《全面从严治党》，江苏人民出版社 2015 年版；崔耀中：《全面从严治党的新要求、新特点、新部署》，人民出版社 2016 年版；艾四林主编：《新形势下全面从严治党的理论与实践研究》，中国文史出版社 2016 年版。
③ 郭亚丁：《党的结构论》，中共中央党校出版社 2018 年版。
④ 柯华庆主编：《党规学》，上海三联书店 2018 年版。
⑤ 杨春贵、郭德宏、杨信礼主编：《中国共产党历史经验的哲学反思》，中共中央党校出版社 2004 年版。
⑥ 林尚立：《党的执政能力建设》，重庆出版社 2009 年版。

领力、强大的民心感召力、强大的组织动员能力、强大的自我革新能力），并提出建设强大政党的路径（良好的政治生活、政治生态，坚定马克思主义信仰、广聚民心、抓好基层打好基础，让制度落地生根，不断增强党的执政能力等）①；不仅如此，学者们从马克思主义哲学、科学社会主义、马克思主义政治经济学、国家治理等诸多学科领域和视角探讨共产党执政规律，从点的突破走向面的发展②，辨析了国内外形势发生重大变化情况下共产党执政规律与社会主义建设规律、人类社会发展规律的关系，梳理了党的执政规律和执政能力探索的历史进程，探讨共产党执政规律的意义和迫切性。③这些研究全面、系统、深入地呈现了共产党执政规律的动态性面貌，有助于对共产党执政规律的认识走向理论自觉。

（三）学术研究走向规范化、研究方法趋于多样化

以现在政党理论研究的文章与政治学恢复之初相对照，可以说从形式到内容其规范化程度不可同日而语。从形式上看，原来的学术文章构成单一，标题、作者、正文加上少量的注释就构成了一篇论文的全部要素，甚至不少论文根本就没有注释，即使带有少量注释，其注释格式也极为混乱。而现在文章构成要素较为全面、齐整，除了标题、作者和正文之外，还有摘要、关键词、参考文献，同一文章的注释格式高度统一，参考文献与注释区分清晰，而且为便于国际交流与传播，一般文章还附英文的标题、摘要、关键词等。从内容上看，以前文章的标题大白话居多，虽然通俗易懂，但学理性较差。从行文上看，过去的论证总体上给人以单薄乏力之感，线性逻辑、论证简单，而现在的行文逻辑性强，论证的深度与广度都大大超越了以前。

"在学科复建之初常用的逻辑分析、历史分析、制度分析、阶级分析和利益分析等规范性方法的基础上，田野调查、案例分析、数据分析、模型建构等实证研究方法显著增加。"④中国政治学走过的道路同样体现于政党理论研究领域。政治学恢复之初的政党理论研究方法几乎是清一色的历

---

① 韩庆祥、黄相怀等：《建设世界上最强大的政党》，中国人民大学出版社2018年版。
② 曲青山主编：《共产党执政规律认识新境界》，中共党史出版社2017年版；曲青山主编《共产党执政规律认识新境界（续集）》，中共党史出版社2019年版。
③ 赵智奎：《理论自觉与规律探索》，人民日报出版社2018年版。
④ 张桂琳：《中国政治学70年成就与展望》，http://www.china.com.cn/opinion/theory/2019-10/28/content_75346418.htm。

史分析、阶级分析、制度分析，呈现出典型的规范研究特征，与政党理论研究的初始阶段相适配。40年来随着政党理论研究向不同领域的拓展和延伸，再加上大批青年学者不断加入政党理论研究的队伍，他们一般拥有多学科背景，在海内外接受过系统而全面的专业学习，在科学方法上训练有素，因而使得政党理论研究得以突破传统方法的藩篱走向多元化。虽然政党理论研究不像政治学有些领域那样广泛运用数学、统计学等量化分析方法，但根据实际需要采用多学科方法，借助于图表、数据，甚至模型建构来进行理论阐释、解释现实的新方法已经在政党理论研究中广为存在。此类研究贴近政党实践，重观察、重调查、重数据，富有科学性、解释力和说服力，往往能够为政党制度运行的优化开启理论之门、拓宽创新之路。此外，这类研究通过对实证的分析、归纳、提炼，还能验证、丰富或修正既有的某些理论。不同的方法代表不同的研究取向，方法的多元化是政党理论研究迈向成熟的重要标志之一。

三 政治学恢复以来政党理论研究的启示

政治学恢复40年来政党理论研究在各方面均取得了较大进展，回顾与反思这一历程，很大程度上得益于学者们能够在研究活动中坚持和践行一些必要的原则，也为我们今后学术研究带来了诸多启示。

（一）政党理论研究要以马克思主义为指导

"我国哲学社会科学坚持以马克思主义为指导，是近代以来我国发展历程赋予的规定性和必然性。"[1] 习近平总书记在哲学社会科学工作座谈会上深刻指出了我国哲学社会科学研究必须坚持以马克思主义为指导的历史逻辑和政治逻辑，政党理论研究作为社会科学研究的重要组成部分，当然必须坚持以马克思主义为指导；从现实逻辑看，社会主义国家性质决定了我国的政党理论研究必然以马克思主义为指导，研究成果要为新时代中国特色社会主义理论与实践服务。"在我国，不坚持以马克思主义为指导，哲学社会科学就会失去灵魂、迷失方向，最终也不能发挥应

---

[1] 习近平：《在哲学社会科学工作座谈会上的讲话（2016年5月17日）》，人民出版社2016年版，第9页。

有的作用。"① 尤其是作为治国理政理论的重要构成，如果不坚持马克思主义指导，政党理论研究就会迷失正确方向，沦落成为学者个人的"喃喃自语"。即使汲汲于研究方法、研究技术的改造与创新，也会因为自外于中国特色社会主义政党制度与政党实践发展的康庄大道而变得毫无用处，甚至可能是有害的。可以说，马克思主义所提供的基本立场、观点和思维方法，为我们从事政党理论研究奠定了坚实的价值观与方法论基础。只有坚持以马克思主义为指导，我们才能在政党理论研究中实现古为今用、洋为中用，做到以我为主、为我所用，特别是要对西方现代政党理论、制度（包括现代化大生产在政党层面反映的成熟经验和做法）进行批判、吸收、消化和创新，使之成为我们政党理论有机体的组成部分。只有坚持马克思主义指导，才能随着时代发展不断推进马克思主义政党理论中国化的进程，使其从粗疏走向具体，从普遍走向特殊。同时也只有在服务于新时代中国特色社会主义政治实践和实现中华民族伟大复兴中国梦的过程中，政党理论研究才能发展进步、拥有无限光明前景和广阔学术拓展空间，40 年来政党理论研究的实践已经充分证明并将继续证明这一点。

（二）政党理论研究要以现实关怀为旨归

"在国家治理中，政党是一个关键因素，是国家治理的推动者。"② 说到底，政党理论研究绝不是钻故纸堆的学问，而是与现实联系密切、面向现实展开工作、推动现实问题解释与解决的经世致用之学，尤其是中国共产党作为中国特色社会主义的执政党，其合法性的建立、维护、巩固和深化，治理技术的创新发展，领导、执政、治政、施政的每一个环节、每一个过程、每一个步骤，都需要政党理论研究提供科学化、合理性支撑，因此政党理论研究只有以现实关怀为旨归才能获得永不枯竭的动力源泉和蓬勃的发展生机。首先，我们党的政党理论突破、创新与发展需要以成熟的政党理论研究成果作为学术基础。往往是理论界的学术探讨与发现在先，政治上的采纳与广泛运用在后，所以一般是政党理论某方面的研究（包括一些新的概念和提法）经过几代学人持续不断努力，其内涵外延得以清晰界定、结构内容臻于完善成熟之后，我们党会在党和国家的文件、公报、

---

① 习近平：《在哲学社会科学工作座谈会上的讲话（2016 年 5 月 17 日）》，人民出版社 2016 年版，第 9 页。

② 燕继荣等：《中国治理——东方大国的复兴之道》，中国人民大学出版社 2017 年版，第 26 页。

决定等正式载体和场合使用，予以合法化，其实这也是我们党科学决策的题中应有之义。其次，我们党基于政治现实，提出政党制度中的新概念以及随着经济社会发展对政党关系的新定位、新政策、新举措等，也需要政党理论研究者从学术上加以探讨，发掘其学术意蕴，为其寻求学理资源的支持，增强其逻辑自洽性。这种情况亦不少见，譬如"参政党"概念提出后学术界所展开的热烈讨论。再次，政党理论研究能够对完善中国特色社会主义政党制度提供直接而有益的思路和方法借鉴。根据组织学原理，当制度环境发生改变时，制度本身也要作出改变以因应变化，这应该成为一种常态。中国特色社会主义政党制度当然也不例外。当中国特色社会主义政党制度在实践中面临新的风险和挑战时，理论研究者可以运用有关政党理论展开有针对性的分析，从而为解决相关问题提供有价值的思考与方案。

"时代是思想之母，实践是理论之源。实践发展永无止境，我们认识真理、进行理论创新就永无止境。"[1] 新时代中国特色社会主义政党实践为政党理论研究提供了广阔的舞台和发展空间，也只有在与时代主题和社会发展的结合即在回应和解答中国特色社会主义政党实践所面临问题与挑战的过程中政党理论研究才能找寻自己的方向、灵感和出路，在推动政党实践进步的同时，自身也焕发出生机与活力。否则，如果自闭孤立于时代和政治实践之外，只会使自己裹足不前，甚至引发严重的理论危机，因此政党理论研究者应当以强烈的社会责任感和历史使命感来从事研究工作。

（三）政党理论研究要以探索规律性为研究重点

正如只有探索到自然科学领域内的规律、原理才能产生重大发明一样，也只有深入把握政党产生演变、制度运作、结构功能、建设发展以及执政党建设等的规律，才能增强应对风险与挑战的理论与实践自觉，更好地为政党赢得政权、巩固政权和实施善治服务，提升执政党的科学执政能力和治国理政水平，所以探索规律性是政党理论研究的核心和重点所在，而且集中体现了政党理论的学术性意涵，同时也是政党理论研究的生命力之所在。就实质而言，也只有以规律作为指引，政党理论研

---

[1] 习近平：《在庆祝中国共产党成立95周年大会上的讲话（2016年7月1日）》，人民出版社2016年版，第9页。

究才能更好地坚持马克思主义指导，做到以现实关怀为旨归，有效解决实践问题。

对社会主义国家来说，马克思主义政党是长期唯一存在的执政党，政党理论研究主要是深化对马克思主义政党本质与规律的认识，以探讨马克思主义执政党建设的规律和执政规律为重点，前者是要保持马克思主义政党的先进性和纯洁性，后者则要加强党的长期执政能力建设，二者内在高度统一，前者是后者的前提和基础，后者是前者的必然归宿，二者统一于马克思主义政党建设与执政的实践之中。具体到我国来说，就是"把党建设成为始终走在时代前列、人民衷心拥护、勇于自我革命、经得起各种风浪考验、朝气蓬勃的马克思主义执政党"[①]，这就要求在理论研究中不断深化对中国共产党的建设规律、共产党执政规律的认识，同时注意吸收和借鉴国外政党建设、执政党建设的成熟经验和有益做法，以丰富和完善党的建设与执政的制度机制。当前，中国共产党仍然面临着严峻的"四大危险""四大考验"等战略性课题，十九大提出通过把党的政治建设摆在首位、用新时代中国特色社会主义思想武装全党、建设高素质专业化干部队伍、加强基层组织建设、持之以恒正风肃纪、夺取反腐败斗争压倒性胜利、健全党和国家监督体系、全面增强执政本领八个方面来加强党的建设。十九届四中全会提出"坚持和完善党的领导制度体系，提高党科学执政、民主执政、依法执政水平"[②]。全面加强党的执政能力建设，可以说政党理论研究应该而且完全可以在新时代大有作为。著名政治学者林尚立将执政能力建设中的党建重要课题归纳为组织、体制、精神、功能四个层面，并细化为党的领导地位与执政地位的关系，党、国家和社会三者的关系，党的社会整合与党的自身整合的关系，党的阶级性、先进性和人民性的关系，党的意识形态建设中的政治关怀、社会关怀和人生关怀的关系，依法治国与依法治党的关系，完善党的领导与完善国家制度的关系，党内民主集中制建设中的党员的权利和义务的关系，党员的修身与德治的关系，基层民主建设与党的社会基础巩固与扩展的关系，党的经济基础建设中国有经济的领导与国有企业产权明晰之间的关系，党员的活动空间中单位与社区的关系，党的基

[①] 习近平：《决胜全面建成小康社会 夺取新时代中国特色社会主义伟大胜利——在中国共产党第十九次全国代表大会上的报告（2017年10月18日）》，人民出版社2017年版，第62页。

[②] 《中共中央关于坚持和完善中国特色社会主义制度 推进国家治理体系和治理能力现代化若干重大问题的决定》，人民出版社2019年版，第6页。

层组织建设中结构和功能的关系,党的外围组织与社会组织之间的关系十四项具体内容①,这些关系是对我们党的建设和执政规律的质的规定性的高度概括,为政党理论研究指明了具体方向和道路,需要学术界进一步探索。

---

① 林尚立:《党的执政能力建设》,重庆出版社 2009 年版,第 50—56 页。

改革开放以来国家理论研究：
态势、审视与展望

刘方亮　杨　博[*]

构成政治现象的各种主体，无论阶级、政党、社会团体还是个人，其所参与的政治过程，终究离不开国家。各种政治现象很大程度上也与国家政权密切相关。围绕着人类社会政治现象而展开研究的政治学，其重要理论观照必然指向国家问题，由此形成了探讨国家的关系、形式、活动及其发展进程等问题的国家理论。着眼于理论与实践的辩证关系，指导政治主体行动的国家理论能否实现对国家问题的科学把握，往往对政治主体的行动，甚至一国的政治发展具有至关重要的影响。古往今来，各个时期的理论家孜孜以求，不断深化对国家理论的认知。古希腊、古罗马时期，对政治的看法与道德伦理绑定在一起，使之带有很强的理想性，这样的一种道德政治观直接影响并体现于对国家的看法，无论是柏拉图的"哲学王"，还是亚里士多德的混合政体的原则、依照法律进行治理等都体现了在这种政治观下国家对于正义和某种"善业"的追求。中世纪，因为宗教教义在很大程度上已经成为通用的伦理思想，因而道德政治变异为神权政治。政治与道德、伦理或宗教合一，使政治更多地停留于何者为最好生活方式的追问，因而也内在地包含着对良善的国家治理的探讨，然而，这些主张实际上是从人类的终极目标角度来认识现实政治的，因缺乏现实的基础而不免陷入困境之中，所以，"这种理论，按照霍布斯的说法，与其说是科学，不如说是一场梦幻"[①]。

文艺复兴以来，理性主义的兴起使道德判断在政治中的作用大大降低，马基雅维利将政治从宗教和道德的范畴中剥离出来，以权力、权术

---

[*] 刘方亮：青岛大学政治与公共管理学院；杨博：湖北省中国特色社会主义研究中心。
[①] 施特劳斯等：《政治哲学史》（上），河北人民出版社1993年版，第326页。

和权势重新解释政治的本质，政治哲学的这种革命性变化反映到对国家的认识上，就是国家不再只作为实现道德和伦理目的的"工具性"存在，相反，国家获得了基于自身的理性和自主性，政权本身成了政治的最高目的。马基雅维利的"现实主义"为后世突破对政治的传统认识奠定了基础，霍布斯基于"所有人对所有人的战争"的自然状态而构造了一个"利维坦"，开创了绝对主义主权学说，从而在理论上确立了国家行为的最终发出者。洛克从一种更为惬意的自然状态出发，以确保人的财产权和安全为目的，以人的自由作为主题，论证了自然状态的补救方法不是"利维坦"，而是以被统治者的同意为基础的有限政府，这为西方国家的国家治理奠定了自由主义的基调，限制国家权力，权力分立，保证个人权利不受侵害，成为国家治理的基本准则和重要的规范约束。孟德斯鸠接受了洛克的分权思想，并加以全面的发展，创立了三权分立说，由此确立了西方近代以来国家治理的基本结构。卢梭阐释了"公意"和人民主权等深刻思想，明确了国家权力得自人民，从而使多数的同意成为国家治理的合法性来源。黑格尔从国家与市民社会的对立关系出发，着力于论证国家的合法性和合理性，赋予了国家巨大的治理能力，他特别提出"国家是机体"的观点，论证了君主立宪制的合理性，同时也强调了系统化和合理化的官僚政治在具体治理活动中的作用。

但是黑格尔精致的思辨却颠倒了国家与市民社会的真实关系。"错误地把思想、观念，即现存世界的独立化的思想表现当做这个现存世界的基础。"[1] 马克思主义经典作家以历史唯物主义的视角进行研究后重新界定了市民社会与国家的关系，得出了"家庭和市民社会是国家的前提"[2] 的结论。马克思主义认为市民社会是"在过去一切历史阶段上受生产力制约同时又制约生产力的交往形式"[3]。它"在一切时代都构成国家的基础以及任何其他的观念的上层建筑的基础"[4]。生产力的发展催生出分工和私有制，这直接导致了阶级之间的对立，这样，占优势的阶级就需要一种"特殊的公共权力"以维持其在经济领域的统治地位，这种特殊的公共权力就是国家。马克思主义从生产关系和社会关系出发认识国家无疑抓住了国家的本质。

---

[1] 马克思、恩格斯：《德意志意识形态》（节选本），人民出版社2003年版，第81页。
[2] 《马克思恩格斯全集》第1卷，人民出版社1986年版，第250页。
[3] 马克思、恩格斯：《德意志意识形态》（节选本），人民出版社2003年版，第23页。
[4] 《马克思恩格斯全集》第3卷，人民出版社1960年版，第41页。

马克思主义对国家问题的科学论断在实践中发挥了巨大的解释、引导功能，为世界无产阶级革命和社会主义国家建设提供了根本的理论指导。随着马克思主义传入中国，中国共产党人运用马克思主义国家学说的基本立场、观点与方法，创造性地提出了新民主主义革命理论，开辟了从半殖民地半封建社会通向社会主义的中国道路；发展了人民民主专政的国家学说，构建了无产阶级专政的中国形态；探索了中国特色社会主义的国家形式，奠定了中国特色社会主义的制度基础，由此开创了中国化马克思主义国家理论道路。改革开放以来，中国共产党从社会主义初级阶段的实际出发，科学地解释了什么是社会主义、怎样建设社会主义的问题，合理处理关系国家发展的现实问题；致力于建设社会主义政治文明、建设社会主义法治国家；提出以人为本，进一步深化民主作为社会主义政治文明的攸关意义，适时调整社会主义建设的总体布局；坚持和完善中国特色社会主义制度，推进国家治理体系和治理能力现代化，明确中国共产党的领导是中国特色社会主义最本质特征。

国家建设和国家治理实践的推进在理论上提出了新的要求。适应于此，中国政治学自恢复以来就着力于对国家问题的分析、阐释和研究，总体上有效发挥了咨政建言、教书育人和理论论证功能。历经几代政治学人的不懈努力，马克思主义在国家理论研究中的指导地位更加巩固，对国家问题的分析也已从最初的经典解释和外来资源引介，向理论供给、话语构建和实践引导发展，学术研究的问题意识、本土意识、自主意识显著增强，形成了实践与理论相互促进、相辅相成的良好态势。

一　学界关于国家理论的探讨

国家理论关于国家的本质、形式、职能等问题的认知为把握现实政治问题提供基本的知识基础和方法手段。而对国家理论的探讨并非自说自话的"空中楼阁"，其必然受到诸多因素或变量的影响。"诸如社会科学发展程度，国家理论已有积淀与理论交流，研究者个人的学术旨趣，主流意识形态的指导，现实政治的需要等等都影响着国家理论的研究发展。其中最重要的影响是来自于现实政治问题的需要。"[①] 这一现实问题概括来讲就是

---

① 吴锡安、俞可平：《当代西方国家理论评析》，陕西人民出版社1994年版，第3页。

中国特色社会主义国家的建设与发展问题，以此充分拓展了国家理论探讨的崭新论域。概观改革开放以来学术界关于国家理论的探讨历程，中国政治学人在坚持马克思主义立场、观点和方法的基础上，立足中国实践，观照中国问题，传播中国声音，在国家职能、国家能力、国家利益等方面形成了研究重心，围绕于此，理论界协同发力，构建起了具有自身特点的国家理论学术体系和话语体系。

（一）马克思主义国家理论的中国探讨

中国政治学在探讨、研究国家问题的过程中始终坚持以马克思主义为指导。改革开放以来，对马克思主义国家理论的分析更加注重同中国实际相结合，以此构建适合中国、解释中国与引导中国的中国化马克思主义国家理论。致力于实现这一目标，理论界多维度地推进马克思主义国家理论研究，并形成了几个重要的研究向度：对于经典马克思主义国家理论的挖掘；对于中国国家实践经验的理论探讨；以马克思主义国家理论为参照与国外各种国家理论智识的比较和借鉴。

1. 对于马克思主义国家理论经典的挖掘

改革开放初期，对马克思主义国家理论的研究多以专著和教材编著的形式进行，着力点在于从总体上梳理和探析马克思主义国家理论的要旨，邹永贤以马克思主义思想史为线索，对马克思、恩格斯、列宁、斯大林和毛泽东的国家学说进行了梳理和分析，填补了当时国家问题研究的空白。[1] 王沪宁、王惠岩、赵宝煦、王邦佐等所编著的各种教材[2]中亦专章介绍了马克思主义国家理论，为学界研究马克思主义国家理论提供了正确的研究参照，也培养了一批理论人才。在此基础上，学者对马克思主义国家理论的各个部分展开更为深入的研究：李元书对斯大林国家机构改革中的理论问题进行探讨[3]，陈国江、杨海蛟对列宁工农管理国家和反对官僚主义思想进行了研究。[4] 进入21世纪以来，相关研究更加深入。刘军基于相关马克思晚年笔记对马克思主义国家起源理论的要点予以重新解读和分析，开

---

[1] 邹永贤：《国家学说史》，福建人民出版社1987年版。
[2] 王沪宁等编著的《政治的逻辑——马克思主义政治学原理》、王惠岩等编著的《政治学原理》、赵宝煦编著的《政治学概论》、王邦佐等编著的《政治学教程》。
[3] 李元书：《斯大林改革国家机构的理论与实践》，《苏联东欧问题》1983年第2期。
[4] 陈国江、杨海蛟：《列宁论工农管理国家和反对官僚主义》，《政治学研究》1986年第5期。

拓了研究视角。① 张艳芬等剖析了马克思对国家问题的认识历程。② 王建民着重研究了"旧国家机器"的具体内涵。③ 伦红梅基于马克思主义经典作家对东方国家发展的研究（马克思主义东方学），分析了东方国家吸收西方文明成果的必要性。④ 姜正军对马克思主义国家消亡理论进行分析，澄清了国家消亡论不是机械的历史决定论。⑤

另外，由于社会主义运动和国际局势在20世纪80年代末以来发生重要变化，因而学者们也关注马克思主义国家理论的发展和创新问题。这一方面体现在苏联解体背景下对科学社会主义地位的分析，赵永清指出，苏联解体不是社会主义的失败，而是苏联违背社会主义发展规律的结果，社会主义的前途在于不断改革。⑥ 另一方面，对全球化进程中马克思主义国家理论的发展要求的分析。杨雪冬基于马克思主义文本，梳理经典作家对全球化的认识，指出应深入探究这些认识对当今的启发意义。⑦ 也有学者分析了马克思主义在全球化进程中的发展问题，如郁建兴认为全球化为马克思主义国家学说发展带来了实践资源，应该促进马克思主义国家理论从总体性研究向具体研究转变，从历史研究向现实研究转变，从抽象研究向实体研究转变。⑧ 刘军倡议全球化视野下，马克思主义国家理论研究应积极汲取国内外有益资源，推动马克思主义国家理论的系统化和理论化。⑨

2. 对中国现实经验的理论观照

在中国特色社会主义不断推进的过程中，理论工作者秉持马克思主义国家理论的立场、观点和方法，深入探究中国国家建设进程中的各种问题，以对实践的关怀促进国家理论的不断发展。总的来说，包含以下方面

---

① 刘军：《国家起源新论：马克思国家起源理论及其当代发展》，中央编译出版社2008年版。

② 张艳芬，孙斌：《国家观：从黑格尔到马克思》，《东南学术》2003年第1期。

③ 王建民：《马克思国家学说的一个重要问题——"打碎旧的国家机器"思想研究》，《当代世界社会主义问题》2009年第4期。

④ 伦红梅：《马克思关于东方落后国家吸收西方文明成果的理论》，《南京师大学报》（社会科学版）2005年第5期。

⑤ 姜正军：《希望还是深化：马克思的国家消亡论阐释》，《马克思主义研究》2011年第11期。

⑥ 赵永清：《苏联解体和社会主义的历史命运》，《南京社会科学》1993年第5期。

⑦ 杨雪冬：《马克思主义经典作家关于全球化的基本观点述评》，《马克思主义与现实》2006年第5期。

⑧ 郁建兴：《马克思的国家理论与现时代》，《河北学刊》2005年第3期。

⑨ 刘军：《国家起源新论：马克思国家起源理论及其当代发展》，中央编译出版社2008年版。

的研究内容：一是关于国家形态的理论认知。任剑涛提出了"政党—国家"，指出这种国家形态具有强大的组织和动员能力，能够兼顾紧急情况和长期规划。① 马骏基于改革开放以来经济结构和财政结构的重大变化，提出了"税收国家"的概念，并据此分析了国家与社会关系的转型。② 王绍光进一步提出了"预算国家"，认为财政统一和预算监督是预算国家的必备条件。③ 二是关于国家建构的理论认识。徐勇引入自主性概念来探究中国国家建构的进路，提出了中国国家建构是现代民族国家和现代民主国家的有机统一。④ 陈心香、叶麒麟基于民族—国家建构的角度，认为中国国家建构具有民族认同建构、国家主权建构和人民主权建构的独特历史逻辑。⑤ 三是对国家形式的理论认知。汪玉凯对中国共产党领导国家形式建设的历史过程进行了梳理。⑥ 刘永刚认为中华民族是现代中国的表现形式，后者关乎中国崛起和伟大复兴中国梦的实现，应推动构建完备的中华民族国族机制。⑦

3. 对于西方各种国家理论流派的智识引介与比较

理论的发展离不开学术对话和交锋，马克思主义国家理论亦然，在其发展过程中，不仅应坚持马克思主义的基本立场与方法，还应吸收和借鉴非马克思主义国家理论中的合理性内容。事实上，在政治学学科"补课"的背景下，引介西方国家理论的学术活动就已经陆续展开。刘军、李林主编的《新权威主义——对改革理论纲领的争论》介绍了新权威主义在经济和政治上的要求。⑧ 吴惕安、俞可平基于马克思主义国家理论，对当时西方世界流行的政治多元主义、政治精英主义、新保守主义和新马克思主义

---

① 任剑涛：《以党建国：政党国家的兴起、兴盛与走势》，《江苏行政学院学报》2014年第3期。
② 马骏：《中国财政国家转型：走向税收国家?》，《吉林大学社会科学学报》2011年第1期。
③ 王绍光：《从税收国家到预算国家》，《读书》2018年第3期。
④ 徐勇：《现代国家建构中的非均衡性和自主性分析》，《华中师范大学学报》（人文社会科学版）2003年第9期。
⑤ 陈心香、叶麒麟：《民族—国家建构的中国逻辑》，《华侨大学学报》（哲学社会科学版）2020年第1期。
⑥ 汪玉凯：《关于以毛泽东为代表的中国共产党人探索国家形式与政权构成的历史分析》，《理论导刊》1991年第7期。
⑦ 刘永刚：《中华民族：现代中国的国家形式》，《思想战线》2017年第6期。
⑧ 刘军、李林：《新权威主义——对改革理论纲领的争论》，北京经济学院出版社1989年版。

的国家学说进行了引介和评析。① 叶卫平研究了西方马克思主义学者对马克思主义国家学说的研究和争论，从而拓展了国家理论的研究视野。② 进入改革开放新时期之后，对西方国家理论的引介日渐广泛，更多西方马克思主义、后马克思主义、非马克思主义的著作被引入国内，在此过程中，学术界表现出巨大的学术自觉，以马克思主义国家理论为参照，同各种国家理论展开了有益的对话和交锋。

首先，关于西方马克思主义国家理论的引介与对话。杨春风回顾了西方马克思主义的兴起和发展过程，据此概括其基本特征，并提出应以具体分析、区别对待的态度把握西方马克思主义，并作出合理分析。③ 陈振明、陈炳辉对葛兰西、霍克海默、马尔库塞、哈贝马斯等学者的国家理论进行了分析，指出西方马克思主义的理论内含一定的批判意识，有助于丰富马克思主义国家理论的内容，并且为国家建设实践提供了有益的参考。④ 王艳华探析了西方马克思主义国家观与马克思主义国家理论之间的渊源，以此把握其国家理论的主要批判对象，指出这种批判本身具有重要的理论价值。⑤

其次，关于后马克思主义国家理论的引介与对话。陈炳辉回顾了后马克思主义的起源、分野与主张，对拉克劳、墨菲、德勒兹等后马克思主义学者的思想予以分析。⑥ 冯艳芳则阐述了后马克思主义与马克思主义、后马克思主义与西方马克思主义之间的关系，提出应对其予以辩证把握，避免将其"神圣化"和"虚无化"。⑦ 李志英、李志雄论述了后马克思主义的重要代表人物墨菲的国家观，指出其理论尽管在一定程度上批判了资本主义内在矛盾，却抛弃了唯物辩证法，由此把马克思主义国家观误读为一种"经济决定论"⑧。与之相近，李世涛认为，后马克思主义本身充满歧

---

① 吴惕安、俞可平：《当代西方国家理论评析》，陕西人民出版社1994年版。
② 叶卫平：《西方"马克思学"研究》，北京出版社1995年版。
③ 杨春风：《20世纪西方马克思主义的回顾与反思》，《深圳大学学报》（人文社会科学版）2002年第5期。
④ 陈振明、陈炳辉、骆沙舟：《"西方马克思主义"的社会政治理论》，中国人民大学出版社1997年版。
⑤ 王艳华：《西方马克思主义国家批判理论探析》，《当代世界与社会主义》2007年第1期。
⑥ 陈炳辉：《后马克思主义与马克思主义》，《教学与研究》2005年第3期。具体可详见陈炳辉等著《后马克思主义的理论》，中国社会科学出版社2011年版，第3页。
⑦ 冯艳芳：《后马克思主义在中国：问题与现状》，《中共天津市委党校学报》2012年第1期。
⑧ 李志英、李志雄：《马克思主义与墨菲的国家理论之比较》，《学术论坛》2006年第3期。

义，其虽然借鉴了马克思主义的一些观点，但总体上与马克思主义相斥。[1] 此外，郭忠华在分析吉登斯所提出的理解国家的权力视角的过程中，也指出其对马克思主义国家理论的解构和反思显然难以自洽。[2]

再次，关于同自由主义国家理论的对话问题。作为一种非马克思主义的国家观，古典自由主义与马克思主义在国家起源、政权等问题的认知上存有不少差异，游国候、王安平指出这种差异导致了理论的不同的态度和命运。但是，两者在维护国家安全、构建优良秩序等方面存在共同追求，这为汲取古典自由主义的有益成果提供了可能性。[3] 在对新自由主义的认识上，钱玉英批判了诺奇克国家理论，指出其没有解决"契约论"的内在问题而难以达成科学性。[4] 陈华森也指出了新自由主义中个人主义的理论底色使之缺乏一种整体系统的认识基础，以至于纯粹的倾向带来现实实践中社会的失范与危机。[5] 不过，新自由主义也具有一定的借鉴意义，在这方面，刘军提出可以基于新自由主义把握马克思主义国家理论的活力与价值。[6]

最后，与新制度主义国家理论的对话。以科斯和诺思等人为代表的新制度经济学学派以经济学研究方法实现了经济与政治的整合研究创新，其中的新制度主义国家理论"在国家形态、国家悖论等方面形成了丰富的研究成果"，并"在某种程度上与马克思主义和新马克思主义具有一脉相承的联系"[7]，因而引起学界关注。杨雪冬认为新制度主义国家学说可以丰富马克思主义国家理论，实践中也应重视制度创新对国家建设的重要作用。[8]

---

[1] 李世涛：《后马克思主义：一种似是而非的马克思主义》，《马克思主义研究》2009 年第 1 期。

[2] 郭忠华：《资源、权力与国家：解读吉登斯的后马克思主义国家观》，《中山大学学报》（社会科学版）2008 年第 4 期。关于后马克思主义理论的系统认识可以参见陈炳辉等著《后马克思主义的理论》，中国社会科学出版社 2011 年。

[3] 游国候、王安平：《马克思主义与古典自由主义国家观比较》，《求实》2010 年第 2 期。

[4] 钱玉英：《最低限度的国家——诺齐克国家理论述评》，《政治学研究》2008 年第 5 期。

[5] 陈华森：《新自由主义国家本质观评析——基于马克思主义国家理论的批判审视》，《湖南社会科学》2010 年第 5 期。

[6] 刘军：《马克思与诺奇克国家理论之比较研究》，《北京行政学院学报》2006 年第 4 期。还可参见牟宗艳《析诺齐克自由主义国家理论》，《山东师范大学学报》（人文社会科学版）2004 年第 1 期。

[7] 叶麒麟：《马克思主义·新马克思主义·新制度主义——国家理论的一种谱系》，《理论与改革》2010 年第 1 期。

[8] 杨雪冬：《国家和制度创新——诺思的国家理论述评》，《经济社会体制比较》1996 年第 1 期。

但也有学者指出二者存有诸多不同之处,冯新舟、何自力在对比了新制度主义与马克思主义的国家理论渊源、基础、方法和内容之后,认为马克思主义国家理论更注重阶级性和革命性,而新制度主义国家理论着重解释了国家与经济增长、意识形态等重要关系。① 并且,新制度主义也含有对马克思主义的错误认知,如罗峰指出了诺思所谓"暴力论"或"掠夺论"是对马克思主义国家学说的误读。② 除了理论的比较之外,也有学者探讨了新制度主义的实践功效,如董全瑞归纳了诺斯国家理论中界定产权,提供保护和司法,推动和实施制度变迁,降低交易费用等国家推动经济社会发展的手段,强调了其对改革开放的借鉴意义。③ 刘健伟指出了新制度主义中制度创新、制度完善、制度绩效衡量及制度绩效差异等对推进国家治理制度化的作用。④

(二)国家理论研究的重点论题

1. 国家职能论说

国家职能是马克思主义国家理论研究的重要论域。改革开放以来,学界结合实践中国家职能的表现、内容及其所面临的问题,对市场化与全球化背景下国家职能问题进行积极探讨,深入挖掘马克思主义国家职能理论内涵,涌现出一批卓有见地的学术成果。

其一,对于马克思主义国家职能理论的研究。政治学学科恢复以来,学者们在充分吸取探索时期国家建设经验教训的基础上,普遍接受了两职能说,即认为国家职能包括社会管理职能和政治统治职能。在此基础上,对剥削国家职能⑤、古代国家职能⑥、社会主义国家职能⑦等问题进行了分析。另外,学者对两种职能之间的关系问题进行了探讨。在这方面,秦茂森认为社会管理职能相对于政治统治职能更为首要,后者作用只在特定时

---

① 冯新舟、何自力:《马克思国家理论与新制度经济学国家学说》,《社会科学》2010年第9期。
② 罗峰:《马克思主义与诺思的国家理论之比较》,《政治学研究》2001年第3期。
③ 董全瑞:《诺斯国家理论述评》,《江苏社会科学》2005年第6期。
④ 刘健伟:《新制度主义对国家治理制度化的启悟》,《辽宁大学学报》(哲学社会科学版)2009年第1期。
⑤ 邓才云:《剥削阶级国家职能就不包括组织社会经济建设吗?》,《国内哲学动态》1981年第5期。
⑥ 刘敦愿:《齐国故城所体现的国家职能以及早期城市特点》,《东岳论丛》1982年第5期。
⑦ 赵明义、邓九青:《社会主义国家职能综合分析》,《社会主义研究》1986年第2期。

期才能彰显。① 不过，也有学者持反对意见，如李效东、李松林认为政治统治职能更为普遍，而社会管理职能在国家阶级力量相对均衡之时才表现出来。② 另有学者坚持两种职能的辩证统一性，刘长文指出，政治统治职能是国家职能的主体和重心，社会管理职能是国家职能的基础和拓展。③ 徐礼红、徐玉生也指出国家的本质是两方面职能的对立统一。④ 此外，还有学者基于国家在不同的社会历史时期的任务，指出了国家职能的变动性。如林修果和赵熠基于新中国成立以来的经验，阐明适时调整政府职能的必要性。⑤ 杨丽华指出了战后资本主义国家职能由阶级镇压为主转变为经济社会管理为主。⑥ 贾英健探究了国家职能结构的变迁问题，认为应以制度和规则为国家职能结构良性互动提供保障。⑦ 由此可见，理论界对于国家职能的研究已经走出了单纯强调政治统治职能的片面性，体现了马克思主义国家职能观在实践应用上的与时俱进，对国家职能的二重性有了更深刻的认识。

其二，有关社会主义市场经济背景下国家职能的研究。改革开放以来，中国特色社会主义市场经济体制逐步健全，由此对国家职能发挥产生深刻影响，这也在理论研究上提出了相应的任务。在这方面，学者们普遍认为国家应承担起必要职责。韩冬雪提出国家应该致力于贯彻以平等为核心的社会主义原则，承担起推动社会精神文明和道德进步的职能。⑧ 李雄舟认为国家必须进行制度创新，加强监督力度，建立竞争机制，引入第三方组织，完善民主表达方式，加快信息现代化建设等，从而规避国家职能的局限。⑨ 另外，也有学者分析了解决这一问题的域外经验，朱德米探讨了资本主义国家在构建市场方面的职能实践，为国家职能研究提供了必要

---

① 秦茂森：《从人的需要视角透视国家职能》，《理论界》2005 年第 10 期。
② 李效东、李松林：《论构建和谐社会的国家职能观》，《北京交通大学学报》2005 年第 3 期。
③ 刘长文：《国家职能新说》，《首都师范大学学报》1999 年第 3 期。
④ 徐礼红、徐玉生：《社会主义国家经济职能的界定及实现》，《合肥工业大学学报》（社会科学版）2002 年第 3 期。
⑤ 林修果，赵熠：《国家职能转变与社会主义和谐社会的构建》，《福建师范大学学报》2006 年第 1 期。
⑥ 杨丽华：《如何认识当代资本主义国家职能的新变化》，《探索》2002 年第 5 期。
⑦ 贾英健：《论当代国家职能结构关系的良性互动》，《理论学刊》2004 年第 9 期。
⑧ 韩冬雪：《超越自由主义的政治理念——社会主义市场经济条件下的国家职能》，《中国行政管理》2000 年第 9 期。
⑨ 李雄舟：《对当代经济法视野中国家职能的思考》，《鄂州大学学报》2006 年第 4 期。

借鉴。① 与之相似,钢花在比较不同市场经济模式下国家职能问题的基础上,也指出了国家在经济发展过程中的重要调控作用。②

其三,围绕经济全球化背景下国家职能的研究。全球化是一把双刃剑,其所带来的机遇与挑战并存。在与国家职能的关系问题上,学者们认识到全球化会在一定程度上侵蚀传统国家职能,但也孕育着国家职能新的发展契机。如雷达认为,国家职能并不会简单地像经济学家所预测的那样随着全球化推进而削弱,在各国利益未完全调和的背景下,"国家的集中调控和政府职能的主动调整就成为得失成败的一个关键",这一点已在20世纪西方国家经济职能的强化中得以验证。③ 史晓东从国家的对内、对外职能角度,谈到了全球化时代中国国家职能的转型和拓展问题。④

2. 关于国家能力的研究

在对国家起源、国家职能、国家消亡等问题分析的基础上,学界植根实践发展,不断深化国家理论研究。国家能力就是这一时期所取得的重要成果。对此问题的研究起步于20世纪90年代政治学的"补课"阶段,彼时,不少西方国家有关国家能力的研究成果被引介到国内。此后,在学者们的努力下,相关研究论文、专著不断发表⑤,形成了一批有价值的国家能力研究群。有的学者还在其政治学著作中引入国家能力概念作为国家理论问题的一个重要范畴加以论述⑥,推动国家能力概念成为政治学话语体系的重要组成部分。

首先,挖掘国家能力的内涵。学术界依据公共权力、国家职能、国家意志、公共政策、国际国内环境等研究视角,多维度阐释国家能力概念,形成了诸如"国家权力说""国家职能说""国家意志目标说""国家政策说""国家行为绩效说"等不同观点。⑦ 这些观点各有其合理性,对于科

---

① 朱德米:《创建市场——当代资本主义国家职能的转变》,《福建论坛(经济社会版)》2001年第3期。
② 钢花:《不同市场经济模式下的国家职能比较分析》,《内蒙古财经大学学报》2018年第2期。
③ 雷达:《经济全球化和国家职能——如何应对经济全球化》,《世界经济与政治》2002年第7期。
④ 史晓东:《论全球化时代的中国国家职能》,博士学位论文,吉林大学,2012年。
⑤ 其中,王绍光、胡鞍钢的《中国国家能力报告》、时和兴的《关系、限度、制度:政治发展进程中的国家与社会》是两部有代表性并对我国国家能力研究产生了重要影响的著作。
⑥ 杨弘、刘彤:《现代政治学分析基础》,人民出版社2004年版,第104页。
⑦ 杨海蛟、史晓东:《传承与超越:中国政治学理论撷英》,世界知识出版社2010年版,第70页。

学认识和界定国家能力具有启发意义，然而也存在一些问题，尤其表现为研究视角较为单一，以及忽视国家对国家能力的本质规定性。有鉴于此，一些学者力倡对国家能力采取综合研究的视角，如黄宝玖提出了国家能力的"综合因素说"，认为国家能力是统治阶级通过国家机关行使国家权力、履行国家职能，有效统治国家、治理社会，实现统治阶级意志、利益以及社会公共目标的能量和力量。由此实现了国家能力本质属性、现实主体和基本目标的内在统一。[1] 黄清吉通过阐释国家对内和对外两方面能力发挥的支撑结构与内在机理，建构起了一个涵盖国内政治层次与国际政治层次的关于国家能力研究的理论框架。[2] 此外，曹海军着重分析了国家能力建设的科学内涵，指出国家制度能力建设是国家能力建设的关键。[3]

其次，探究国家能力的内容。揆诸既有文献，这方面研究主要有以下方面：王绍光和胡鞍钢分析了中央政府能力，并把国家能力区分为汲取能力、调控能力、合法化能力、强制能力四个方面。[4] 时和兴从国家与社会的关系视角，将国家能力分为社会抽取能力、社会规范能力、社会控制能力、社会适应能力四个方面。[5] 黄洪民基于现代化的视野审视国家能力，认为国家应包含动员和合理利用资源能力、体制和秩序构建能力。[6] 黄宝玖从国家能力逻辑起源于国家职能的这一前提出发，认为国家能力包括政治统治类外显能力、经济管理类外显能力、文化管理类外显能力、社会管理类外显能力等。[7] 曹胜从国家权力视角指出国家能力可分为专制性国家能力和建制性国家能力。[8]

再次，探讨国家能力的相关理论问题。作为一个新兴的研究领域，国家能力涉及国家权力、综合国力等具体概念，由此产生的概念混淆不可避免。而促进国家能力研究的深化，必须在与关涉性概念的辨析中逐渐廓清自身的论域。就此问题，学界也展开积极探讨，主要包含两方面内容：一

---

[1] 黄宝玖：《国家能力涵义、特征及结构分析》，《政治学研究》2004年第4期。
[2] 黄清吉：《国家能力基本理论研究》，《政治学研究》2007年第4期。
[3] 曹海军：《试论国家能力建设的科学内涵》，《内蒙古民族大学学报》（社会科学版）2006年第6期。
[4] 王绍光、胡鞍钢：《中国国家能力报告》，辽宁人民出版社1993年版，第6页。
[5] 时和兴：《关系、限度、制度：政治发展进程中的国家与社会》，北京大学出版社1996年版，第161—168页。
[6] 黄洪民：《现代化进程中国家职能分析》，《中国行政管理》2002年第7期。
[7] 黄宝玖：《国家能力：涵义、特征与结构分析》，《政治学研究》2004年第4期。
[8] 曹胜：《国家性的能力向度——以国家中心范式为基础的理论考察》，《行政论坛》2019年第5期。

是国家能力与国家权力的关系。一般认为，国家权力强弱相应造成国家能力的上升或下降，这一点也已在经验层面（如，王绍光和胡鞍钢对中央政府的财政汲取能力的分析）被印证。① 不过，亦有不少学者主张，二者关系在实践中往往表现得极为复杂，不能对二者关系作线性理解，甚或在二者之间画上等号。在一定条件下，国家权力的提升意味着各类资源和能量的增多，能够为国家能力提升提供条件。不过，一旦"国家权力超出合理限度的过分扩张，可能导致国家对社会的淹没，对公共利益的偏离，导致国家体制中腐败现象的滋长"②，而国家能力在此过程中也就失去了其作用基础。二是国家能力与综合国力的关系。王绍光和胡鞍钢认为，"综合国力是已经实现的状态，而国家能力是潜能"；"国家能力是国家强盛的必要条件。国家能力强，可以大大促进综合国力不断提高；而国家能力弱，也可以使已取得的综合国力优势逐步丧失。"③ 谢宜泽等进一步从中华民族伟大复兴的角度认为国家能力变化是综合国力变化的基础，中华民族伟大复兴在重视综合国力提升的同时也必须重视国家能力建设。④

3. 关于国家主权理论的探讨

主权是一个国家对内对外的最高权力。传统主权理论的要点是国家意志的至高无上性和无限独立性，其不容分割、不受侵犯。但是，20 世纪后半叶以来，由于经济、信息和人员流动的全球化趋势加速，对国家主权的看法众说纷纭，使传统主权理论受到挑战。在中国，国家主权研究亦成为热点论域，各类研究成果不断涌现，按照其研究内容主要涉及以下几部分。

其一，不断丰富国家主权基本理论。关于国家主权的内涵的分析，国内学术界见仁见智，杨成基于对现有文献进行综述分析，将相关见解归纳为基本内涵说、充实进化说、新主权说、文化主权说、信息主权说五种类型。⑤ 这基本上涵盖了当下对国家主权问题的不同看法。以上学说在坚持主权基本特性的前提下，在不同维度上延展了主权内涵，深化了现代社会条件下对主权问题的认识深度。其中要点概括而言在于以下几个方面：

---

① 王绍光、胡鞍钢：《中国国家能力报告》，辽宁人民出版社1993年版。
② 时和兴：《关系、限度、制度：政治发展进程中的国家与社会》，北京大学出版社 1996 年版。
③ 王绍光、胡鞍钢：《中国国家能力报告》，辽宁人民出版社1993年版，第222、7页。
④ 谢宜泽、胡鞍钢：《认识中国复兴之路——基于综合国力和国家能力的视角》，《新疆师范大学学报》（哲学社会科学版）2019 年第 6 期。
⑤ 杨成：《近年来关于国家主权问题研究综述》，《南京政治学院学报》2002 年第 6 期。

一是关于国家主权的绝对性与相对性的探讨。传统主权理论坚持国家主权的绝对性,这一认知反映了主权的普遍性原则。但是,经济全球化进程中各种跨国公司、国际组织等客观上侵蚀了国家主权,由此在理论上催生出对国家主权的相对性理解。当下,学术界普遍认识到绝对主权在实践中难以施行,不少学者根据国际交往的实际状况,提倡相对主权论。[①] 当然,也有学者主张限制主权论,例如杨宏山就深刻分析了限制主权论的含义及其合理性。[②] 段存广提出了摒弃绝对主权观念,树立实效主权观念的主张。[③] 二是关于国家主权分类的研究。杨泽伟根据学者们研究角度的不同,归纳了国家主权不同类型的划分:(1)统治权与独立权;(2)消极主权与积极主权;(3)内部主权与外部主权;(4)法律主权与政治主权;(5)应然主权与实然主权;(6)人类主权或全球主权与国家主权;(7)君主主权、议会主权、人民主权和国家主权;(8)政治主权、经济主权、文化主权、信息主权、环境主权。[④]

其二,对国家主权新挑战的研究。学术界基于全球化、信息化的宏观背景,前瞻性地探讨了国家主权新挑战及其因应策略。主要包括:

全球化背景下的国家主权研究。在这一问题上,任卫东指出,虽然一些国家努力强化主权,但现实中依然不可避免地面临主权让渡、弱化的问题。[⑤] 王文锦亦指出,全球化使民族国家难以具有国家管理的绝对排他性。[⑥] 不过,也有学者指出了全球化可能会为国家主权发展带来契机,如刘明玉认为,全球化所弱化的主要是国家主权的身份属性,但若能积极探求国家主权的权能在全球治理中的作用空间,将有利于突破既有国家主权理论的边界与变革传统国际法的价值观念。[⑦]

---

① 赵建文:《关于国家主权的性质和地位的理论演进》,《郑州大学学报》(哲学社会科学版)2000年第6期。
② 杨宏山:《干涉主权论、绝对主权论与限制主权论——关于国家主权的三种不同理论立场》,《世界经济与政治》2000年第3期。
③ 段存广:《从绝对主权到实效主权:对国家主权原则的再认识》,《太平洋学报》2003年第2期。
④ 杨泽伟:《主权论——国际法上的主权问题及其发展趋势研究》,北京大学出版社2006年版。
⑤ 任卫东:《全球化进程中的国家主权:原则、挑战及选择》,《国际关系学院学报》2005年第6期。
⑥ 王文锦:《关于经济全球化与国家主权关系的两种观点》,《当代世界与社会主义》1999年第3期。
⑦ 刘明玉:《全球时代:国家主权的"解构"与"重构"》,《湖北行政学院学报》2020年第1期。

另外，也有学者针对具体问题的处理探讨国家主权所面临的挑战。在环境问题上，张骥、王宏斌以环境问题的全球性为例，剖析了各种国际机制对国家主权的冲击，指出了主权让渡与主权干涉是全球环境问题对国家主权影响的具体表现。[①] 与之相对，肖显静则认为，弱化国家在环境问题中的作用，并非侵害其主权，而是维护国家环境权的必要举措。同时，他还批判了西方借环保侵犯他国主权的行为和理论。[②] 在信息技术问题上，信息技术革命、互联网的发展，极大改变了人类的行为方式，国家间交往也随之发生变化。相应地，信息主权甚或数据主权也被纳入主权外延的考察范畴，祝高峰就此提出"国家主权包含国家信息主权，国家信息主权是国家主权在网络空间的必然延伸，网络空间被视为一个'新疆域'"[③]。不过，"由于网络空间与现实空间的外延和内涵不能完全对应，主权原则在虚拟的网络空间面临着属地管辖划界方式无法完全适用的情况"[④]。这一点为不少学者所注意[⑤]，并提出了解决之道，如杜雁芸指出，随着"大数据时代"的到来，已有的信息主权无法适应国家管控海量数据传送和集聚的现象和行为，必须建立国家数据战略、提高核心数据控制能力、实现数据自由流通与数据跨境管控之间的合理平衡，更好维护数据主权。[⑥] 郑远民和郑和斌认为，"网络主权的确立和实现是国家主权理论在网络空间的应对，需要植根于网络空间命运共同体的国际政治环境，同时坚持总体安全观的国内政治考量。"[⑦]

4. 有关国家利益的研究

对国家利益问题的探讨，集中于以下方面：首先，有关国家利益的基本理论的研究。国家利益是与国家的"需求"紧密联系在一起的，这一点在学者关于国家利益的定义中得以窥见，如宋新宁认为，国家利益是一个

[①] 张骥、王宏斌：《论全球环境对当代国家主权的影响》，《当代世界与社会主义》2003年第3期。

[②] 肖显静：《生态危机中的国家主权建构》，《教学与研究》2000年第8期。

[③] 祝高峰：《大数据时代国家信息主权的确立及其立法建议》，《江西社会科学》2016年第7期。

[④] 郎平：《主权原则在网络空间面临的挑战》，《现代国际关系》2019年第6期。

[⑤] 代表成果主要有：肖永平和郭明磊的《因特网对国家主权的冲击及对策》，《法学杂志》2001年第4期；陈宁和严磊的《论信息网络化对国家主权的挑战》，《世界经济与政治论坛》2004年第5期；白冰：《论国家主权在网络领域的扩展》，《法制博览》2019年第25期。

[⑥] 杜雁芸：《大数据时代国家数据主权问题研究》，《南开学报》2016年第3期。

[⑦] 郑远民、郑和斌：《网络主权的政治基础与法律保障》，《湘潭大学学报》（哲学社会科学版）2018年第1期。

国家内有利于绝大多数居民的共同生存和进一步发展的诸因素。① 王逸舟指出："国家利益是指民族国家追求的主要好处、权利或受益点，反映这个国家全体国民及各种利益集团的需求与兴趣。"② 另外，也有学者指出了国家利益与个人利益的内在矛盾关系，"国家利益是个人利益与社会公共利益相矛盾的必然产物"，"国家利益一经产生，便日益以独立于个人利益和各集团利益之上的全社会公共利益的面貌出现"。③

在把握国家利益概念的基础上，学者们尝试对国家利益进行了分类研究，一般的分类方法将国家利益分为经济利益、政治利益、文化利益、军事利益等等。随着社会的不断发展变化，国家利益的内容不断变化。金融安全利益④、文化发展利益⑤等都被纳入国家利益的视阈之中。也有学者关注国家利益内容的序列问题，并普遍把国家经济利益置于首要位置。除经济利益外，戴超武认为国家统一和领土主权完整，与大国相适应的国际地位，捍卫与社会主义国家性质相一致的意识形态安全等，都是极为重要的国家利益。⑥

其次，有关中国特色国家利益观的研究。新中国成立以来，党和政府坚决维护国家利益，在实践中探索形成了具有中国特色的国家利益观。对此，学者们坚持马克思主义的立场、观点和方法，对以毛泽东、邓小平、江泽民等党和国家领导人提出的国家利益观进行了深入研究。张瑜在综述毛泽东国家利益相关研究文献的基础上，认为毛泽东国家利益观包含国家安全利益观、国家主权和领土完整利益观、国家政治利益观、国家发展环境观、国家经济利益观等。⑦ 冯特君认为，毛泽东国家利益观特别突出国家的"安全利益和政治利益"⑧，张俊国强调毛泽东国家安全观中"意识

---

① 王宏强：《论国家利益及其实现途径》，《国际关系学院学报》2003年第5期。
② 王逸舟：《国家利益再思考》，《中国社会科学》2002年第2期。
③ 俞可平：《略论"国家利益"》，《天津社会科学》1992年第5期。
④ 罗素梅、周光友、曾瑶：《金融安全、国家利益与外汇储备优化管理》，《管理科学学报》2017年第12期。
⑤ 刘薇：《国家利益框架下的国家文化安全问题》，《内蒙古大学学报》（哲学社会科学版）2014年第6期。
⑥ 戴超武：《国家利益概念的变化及其对国家安全和外交决策的影响》，《世界经济与政治》2000年第12期。
⑦ 张瑜：《毛泽东国家利益思想研究综述》，《淮阴师范学院学报》（哲学社会科学版）2005年第5期。
⑧ 冯特君：《邓小平国际战略思想研究》，北京出版社2004年版。

形态在国家对外战略和对外关系"[①]中的重要性，这与当时严峻的国际环境有关。另外，学者们也注意到毛泽东和邓小平的国家利益观的传承性和内在关联性。[②]在此基础上，一些学者对邓小平的国家利益观进行深入研究[③]，这方面的研究总体而言集中为以下几个方面：邓小平对国家主权和安全的重要论述、实行独立自主的和平外交政策、增强国家科技经济实力等等。进入21世纪以来，江泽民因应国内外形势，提出以互信、互利、平等、协作为核心的新安全观，学者们对江泽民新安全观的科学内涵[④]、哲理底蕴[⑤]、实现途径[⑥]、创新成就[⑦]等进行了分析，并探讨了江泽民对邓小平国家安全思想的继承和发展。[⑧]胡锦涛从人的主体地位和推动科学发展的角度，进一步发展国家利益的内涵。秦正为分析了胡锦涛国家利益观产生的实践背景，并分析了其人民至上、科学发展、和谐世界等理念的基本意蕴。[⑨]刘海泉分析了科学发展观对这一时期国家利益观的影响，具体来说，一是通过合作实现国家利益，二是兼顾物质利益和精神利益，三是实现国家的可持续发展，四是积极参与国际制度构建和参与国际组织以实现国家利益。[⑩]十八大以来，世情国情发生深刻变化，适应于此，以习近平同志为核心的党中央提出总体国家安全观并通过共建"一带一路"、颁布

[①] 张俊国：《毛泽东国家利益观的主要影响因素探析》，《湖南科技大学学报》（社会科学版）2008年第4期。

[②] 张凤霞：《毛泽东、邓小平国家安全观之比较研究》，《吉首大学学报》2001年第9期。

[③] 相关文章有张茂明：《试析邓小平国家利益观》，《中共云南省委党校学报》2000年第5期；周忠强、丁耀：《浅析邓小平国际战略思想的国家利益原则》，《湖南医科大学学报》（社会科学版）2001年第1期；郁海波、王太芹、娄和标：《挑战与对策——结合邓小平理论解读中国国家利益》，《盐城工学院学报》2002年第2期；孙建社：《邓小平外交思想中的国家利益观》，《当代世界与社会主义》2003年第1期；夏建平：《邓小平对外战略思想中的国家利益原则》，《邓小平理论研究》2003年第1期；王芳：《试论邓小平的国家利益观》，《北京联合大学学报》（人文社会科学版）2004年第4期；周延胜：《中苏关系的发展变化与邓小平国家利益观的形成》，《江汉论坛》2009年第1期；秦正为：《异中求同与国家利益：中国共产党与世界资产阶级政党的关系》，《理论研究》2014年第6期；邢伟：《邓小平国家利益观与周边外交》，《中共石家庄市委党校学报》2019年第3期，等等，都对邓小平的国家利益观进行了归纳和总结。

[④] 曹俊：《论江泽民的新安全观与国家安全战略新趋向》，《学术论坛》2005年第8期。

[⑤] 张云：《论江泽民的国家安全战略思想》，《上海党史与党建》2003年第7期。

[⑥] 四川省邓小平理论研究中心课题组：《论江泽民的国家安全观》，《社会科学研究》2003年第2期。

[⑦] 夏保雄：《浅析江泽民新安全观的理论创新》，《社会主义研究》2003年第4期。

[⑧] 潘文华、于进：《江泽民对邓小平国家安全观的继承和发展》，《理论探讨》2003年第4期。

[⑨] 秦正为：《论胡锦涛的国家利益观》，《中共云南省委党校学报》2015年第1期。

[⑩] 刘海泉：《"科学发展"视角下的中国国家利益观》，《科学发展》2011年第9期。

《国家安全法》等诸多举措,坚决维护中国国家利益,并在国家利益观上展现出许多新特点。冯旺舟、肖银洁指出,习近平国家利益观以安全、政治、经济、文化为主要内容,以独立自主、和平共处、互利共赢为指导原则,是习近平新时代中国特色社会主义思想的重要组成部分。[1] 郭兵云、陈丽丽认为,核心利益观、共同利益观和正确义利观是习近平国家利益观的核心要义,这三者分别明确了国家利益的主要内容、实现路径和处理同发展中国家关系的具体原则。[2]

最后,关于全球化背景下国家利益的探讨。国家利益在具体的国际国内环境中实现,对后者予以科学把握,是实现国家利益的前提。当下,全球化把世界各国紧密地联系在一起,国家利益的内涵和实现方式必然要做出适应性调整。对此,祁伟指出,"在全球化背景下,国家利益的客观性与主观性、阶级性与民族性、稳定性与动态性并存的性质,决定着其在新的国际、国内环境下呈现出许多新的特点,需要用发展的、多维的视角重新把握,才能在纷繁复杂的国际环境中准确地界定、维护和实现我们的国家利益。"[3] 在应对方式上,蔡拓、唐静认为,全球化时代应注重以全球问题、全球利益和全球意识把握国家利益,注重在国际制度的框架中实现国家利益。[4] 冉志、伍林生论述了发达国家和发展中国家在全球化过程中实现国家利益的状况和策略。[5] 陶然指出了发展中国家应该实行国内改革,加快区域经济一体化以应对经济全球化的挑战。[6]

(三) 推进国家治理现代化研究

自十八届三中全会把全面深化改革的总目标确定为"发展和完善中国特色社会主义制度,推进国家治理体系和治理能力现代化"之后,关于国家治理体系与治理能力现代化的论述就成为学界的热点话题,学者从不同

---

[1] 冯旺舟、肖银洁:《超越修昔底德陷阱还是实现帕累托最优?——论习近平的国家利益观及其现实启示》,《湖北社会科学》2020 年第 2 期。

[2] 郭兵云、陈丽丽:《习近平国家利益观的核心要义》,《中学政治教学参考》2020 年第 15 期。

[3] 祁伟:《全球化背景下的国家利益及其实现》,《齐鲁学刊》2011 年第 6 期。

[4] 蔡拓、唐静:《全球化时代国家利益的定位与维护》,《南开学报》2001 年第 8 期。

[5] 冉志、伍林生:《全球化背景下的国家利益》,《西南民族大学学报》(人文社科版) 2004 年第 6 期。

[6] 陶然:《经济全球化对发展中国家利益的影响》,《天津师范大学学报》(社会科学版) 2002 年第 4 期。

的角度对国家治理及其现代化进行阐述,初步构成了较为完善的阐释框架。十九届四中全会将推进国家治理体系和治理能力现代化上升为治国理政的纲领,各类研究成果更成"规模"之势,促成了近年来的研究热潮。

1. 关于国家治理基本概念和内涵的探讨

对概念与内涵进行界定和研究是构建知识体系的基础,在这一问题上,学界研究集中于以下方面:首先,对治理概念的界定。有学者从"统治""管理"与"治理"的区别入手来把握治理的内涵,认识到治理具有主体多元的特性。而且,治理权威的来源是法律和各种非国家强制的契约,治理权力运行更多是平行的,其范围所及以公共领域为边界。[①] 治理相对管理而言,"用'机理'来替代'机制'、用'引导'来牵引'限制'、用'鼓励'来主导'规范'"。[②] 也有学者从思想史发展的脉络出发,将治理总结成六种类型,在此基础上认为,治理是一个关于统治的学问,因时代诉求而被赋予不同的内涵。[③] 除了从治理本身的涵义来对其进行解读之外,一些学者还结合中国的语境来理解治理,认为中国治理以坚持党的领导、人民当家作主和依法治国的有机统一为总原则,是坚持党的领导、政府负责、公众参与、社会协同、法制保障的新格局。[④]

其次,关于国家治理的内涵的研究。一般认为,国家治理由国家治理体系和国家治理能力所构成,且这两部分是密不可分的关系。对于国家治理体系来说,有学者将之作为一种制度来进行解释,其目的在于规范权力运行、维护公共秩序[⑤],但是治理体系不仅仅是制度,还包括参与治理的主体力量、治理规则、治理方式等要素。[⑥] 而且,更多的学者还为其注入了特定的中国内涵进行解读,认为国家治理体系是党领导人民对国家和社会事务进行管理的制度体系。[⑦] 还有学者将国家治理体系作为一个系统来

---

① 俞可平:《论国家治理现代化》,《社会科学文献出版社》2014年版,第2、3页。
② 黄建钢:《概念辨析:国家治理体系和治理能力现代化》,中国政治学会2015年年会论文,上海,2015年12月,第131页。
③ 蓝志勇:《现代国家治理体系:顶层设计、实践经验和复杂性》,《公共管理学报》2014年第1期。
④ 李龙:《构建法治体系是推进国家治理现代化的基础工程》,《现代法学》2014年第3期。
⑤ 如俞可平:《国家治理体系的内涵本质》,《理论导报》2014年第4期;辛向阳:《推进国家治理体系和治理能力现代化的三个基本问题》,《理论探讨》2014年第2期。
⑥ 李忠杰:《全面把握制度与治理的辩证关系》,《经济日报》2019年11月20日。
⑦ 例如江必新:《推进国家治理体系和治理能力现代化》,《光明日报》2013年11月15日;陈金龙:《治国理政基本理念的重大突破》,《中国社会科学报》2013年11月22日;韩振峰:《怎样理解国家治理体系和治理能力现代化》,《人民日报》2013年12月16日等。

论述，具体来说，有以下几种认识方式：其一，将国家治理体系理解为目标、制度、价值、技术手段等所组成的结构性功能系统①；其二，将国家治理体系理解为包括主体、作用、手段、运转、路径和方式等在内的动态运行系统②；其三，将国家治理体系理解为一个立体的，包括顶层核心子系统、底层保障子系统和中层关键传动子系统在内的宏大系统③；其四，将国家治理体系理解为一个横向并列，包括政治权力系统、社会组织系统、市场经济系统、宪法法律系统、思想文化系统等在内的有机体系④；其五，将国家治理体系理解为以中国共产党为核心的、由众多子系统构成的复杂系统。⑤

就国家治理能力而言，学者们普遍认为国家治理能力是国家治理体系发挥作用的能力，例如，有学者从国家与社会间关系的角度出发，认为国家治理能力是国家通过制定、执行规则和提供服务而与社会实现"双赢"的能力。⑥还有学者从国家治理能力的表现形式出发，对其加以认识，例如宣晓伟认为，国家治理能力体现在促进经济增长能力、保障公共服务能力、增强国防能力等各方面。⑦丁志刚从国家能力的任务的角度出发，认为国家治理能力是国家宏观上统筹各个领域的能力。⑧另外，还有学者从衡量国家治理能力的指标出发，对国家治理能力进行更深层次的认识。如杨光斌提出从政治认知力、体制吸纳力、制度整合力和政策执行力四项指标来正确衡量国家治理能力，在把握衡量指标的基础上明确如何发展国家治理能力。⑨

再次，关于国家治理现代化内涵的研究。从当前已有的文献资料分析，学者们对国家治理现代化的认识大多是从政治现代化这一角度出发

---

① 何增科：《理解国家治理及其现代化》，《马克思主义与现实》2014年第1期；宣晓伟：《国家治理体系和治理能力现代化的制度安排：从社会分工理论观瞻》，《改革》2014年第4期。
② 陶希东：《国家治理体系应包括五大基本内容》，《学习时报》2013年12月30日。
③ 胡宁生：《国家治理现代化：政府、市场和社会新型协同互动》，《南京社会科学》2014年第1期。
④ 许耀桐、刘祺：《当代中国治理体系分析》，《理论探索》2014年第1期。
⑤ 孔新峰：《习近平关于推进国家治理体系和治理能力现代化重要论述的历史逻辑与科学内涵》，《当代世界社会主义问题》2019年第1期。
⑥ 薛澜等：《国家治理体系与治理能力研究：前瞻与回顾》，《公共管理学报》2015年第3期。
⑦ 宣晓伟：《国家治理体系和治理能力现代化的制度安排：从社会分工理论观瞻》，《改革》2014年第4期。
⑧ 丁志刚：《论国家治理能力及其现代化》，《上海行政学院学报》2015年第5期。
⑨ 杨光斌：《衡量国家治理能力的基本指标》，《前线》2019年第12期。

的，如江必新认为，国家治理现代化在视阈上要求全面性、品质上要求时代性、制度上要求成熟性、形态上要求协调稳定性、方式上要求规范性、体系上要求开放性。① 徐勇认为，国家治理体系和治理能力现代化包括五个要素或标准，即治理的制度化、民主化、法治化、高效化和协调化。② 郑慧等则将国家治理体系的现代化与治理能力的现代化分开讨论，认为前者包括党领导下的治理主体多元化，治理结构和治理主体的系统性、密切互动和体制机制的全面性与合理性；后者包括国家治理手段、方法的时代化、科学化，治理行为、过程的程序化、制度化，治理结果的有效性。③ 代红凯认为国家治理现代化的核心内容是随着国家治理实践过程中多元主体力量的相对变化而不断调整国家与社会、政府与市场的职能边界，提出中国要更好地实现国家治理现代化，必须形成具有中国特色与风格的国家治理体系。④ 欧阳康等认为国家治理现代化的核心理念是以人民为中心，并且国家治理现代化的目的是保障和改善民生、增进人民福祉，最终达到"善治"。⑤

2. 国家治理与各政治性要素关系研究

首先，国家治理与国家制度的关系。这一问题有以下几种论述角度：其一，制度决定说。持此种观点的学者认为，国家制度是国家治理的基础，国家治理必须"与国家制度体系保持内在的有机统一"⑥，才能有效运行，并进而实现现代化，故而，"国家制度建设的成败决定着国家治理的成败"⑦。其二，制度推进说。制度推进说在某种程度上是制度决定说的逻辑延伸，国家制度在国家治理中的关键性地位决定了国家治理现代化必须以国家制度的完善和发展为先决条件，对此，有学者基于国家制度本身的建设分析了实现国家治理现代化所需注意的问题，包括提升制度的认同度

---

① 江必新：《国家治理现代化基本问题研究》，《中南大学学报》（社会科学版）2014年第3期。
② 徐勇：《热话题与冷思考——关于国家治理体系和治理能力现代化的思考》，《当代世界社会主义》2014年第1期。
③ 郑慧、何君安：《试论国家治理体系和治理能力现代化》，《新视野》2014年第3期。
④ 代红凯：《理论·历史·实践：国家治理现代化的三重逻辑》，《求索》2020年第3期。
⑤ 欧阳康、赵琦：《以人民为中心的国家治理现代化》，《江苏社会科学》2020年第1期。
⑥ 赵宇峰、林尚立：《国家制度与国家治理：中国的逻辑》，《中国行政管理》2015年第5期。
⑦ 丁志刚、于泽慧：《论制度、制度化、制度体系与国家治理》，《学习与探索》2020年第1期。

整合力，实现制度法治化规范化等①；还有学者提出要提高制度执行能力、完善制度运行机制等，将我国制度优势转化为国家治理效能。② 此外，还有学者具体地分析了国家制度的某一方面对于实现国家治理现代化的重要作用，如制度功能建设问题③、政治制度资源开发问题④等。其三，制度成长说。持此种观点的学者将实现国家治理现代化作为政治发展的目标性要求，以此引导国家制度的建设方向及相关的体制机制建设。例如在国家治理现代化视域下，有的学者探讨了现代财政制度构建的思路⑤，还有的学者论述了行政争议解决机制的完善与建设问题⑥。

国家治理与政党的关系。其一，政党领导说。此种认识视角认为，在政党政治的前提下，国家治理的实际运行及其现代化的推进，必然要依靠政党，特别是执政党来实现，尤其是对于中国而言，由于执政党在国家治理中始终处于领导核心的地位，使得加强党的领导能力成为推进国家治理体系和治理能力现代化的关键⑦；还有学者认为国家治理是在党的领导下进行的，政党治理与国家治理具有高度契合性，要实现政党治理与国家治理的良性互动⑧；还有学者论述了国家治理体系现代化与党的领导制度科学化的辩证关系，认为唯有实现这两者的无缝对接和有机融合，才能真正实现国家治理体系的现代化。⑨ 此外，也有学者分析了参政党在国家治理中的地位和作用，认为参政党是现代国家治理的重要主体，是现代国家治理的参与者、智囊团、监督者和服务者⑩，特别是其对执政党的监督，对

---

① 张贤明：《以完善和发展制度推进国家治理体系和治理能力现代化》，《政治学研究》2014年第2期。

② 吕普生：《我国制度优势转化为国家治理效能的理论逻辑与有效路径分析》，《新疆师范大学学报》（哲学社会科学版）2020年第3期。

③ 马雪松：《论国家治理体系与治理能力现代化制度体系的功能建构》，《南京师大学报》（社会科学版）2014年第4期。

④ 杨崇磊、杨宁：《论国家治理现代化进程中政治制度资源开发的内生逻辑及其实现》，《党政研究》2015年第6期。

⑤ 许光建、李天建：《国家治理体系视域下的现代财政制度建设》，《行政管理改革》2013年第12期。

⑥ 王东伟：《国家治理体系现代化视域下行政争议解决机制研究》，《华北电力大学学报》（社会科学版）2015年第6期。

⑦ 余斌：《加强党的领导能力建设推进国家治理体系和治理能力现代化》，《求实》2015年第11期。

⑧ 季冬晓：《新时代政党治理与国家治理良性互动机制研究》，《理论探索》2019年第2期。

⑨ 邹国庆：《论国家治理体系现代化与党的领导制度科学化》，《新视野》2014年第3期。

⑩ 刘菊香：《现代国家治理体系中的参政党》，《上海市社会主义学院学报》2014年第6期。

于推进国家治理现代化具有重要作用。① 其二，政党建设说。此种认识视角认为，政党不仅要在国家治理中发挥领导作用，其本身的成长也是在国家治理中实现的，对中国来说，党领导推进国家治理现代化过程的同时也内在地要求中国共产党不断提升依法执政能力，增强党的制度治理能力。② 据此，学者们就执政党的各方面建设问题进行了较为详尽的探讨，如在党的制度改革上，有学者认为国家治理现代化引导着党的建设制度改革的价值重构和具体的实践路径③；在党的群众路线上，有学者指出了党的群众路线与国家治理体系现代化的内在关联性和耦合性，群众路线同时也是党领导实现国家治理现代化的重要途径④；此外，还有学者探讨了国家治理现代化对服务型政党建设⑤、党的网络治理能力提升⑥、党的决策民主化建设⑦等方面的重要作用。

国家治理与法治的关系。其一，法治路径说。这一观点认为，法治是推进国家治理现代化的基本路径，法治建设是推进国家治理现代化的应有之义⑧，二者具有共生性、共同性和统一性。⑨ 在具体的推进方式上，有学者提出应综合运用法治的特性构建现代化的制度体系，从而推进国家治理现代化⑩；还有的学者将法治思维作为国家治理现代化的基本思维方式，将法治精神作为基本精神支柱，将法治方式作为基本推进方式。⑪ 法治路

---

① 张宏伟：《加强参政党监督建设与推进国家治理体系现代化》，《湖北民族学院学报》（哲学社会科学版）2015年第4期。
② 王宇明：《在推进国家治理现代化中提升中国共产党依法执政能力》，《长白学刊》2020年第2期。
③ 王学俭、王锐：《论国家治理现代化视野下党的建设制度改革》，《中国特色社会主义研究》2015年第2期。
④ 例如，齐卫平、王昊巍：《论党的群众路线与国家治理现代化》，《中共宁波市委党校学报》2015年第2期；高新民：《国家治理体系现代化与党的群众路线》，《新视野》2014年第3期；等。
⑤ 彭穗宁：《建设服务型政党与国家治理体系现代化》，《党政研究》2014年第6期。
⑥ 苏海生：《国家治理现代化视角下党的网络治理能力提升研究》，《理论建设》2015年第1期。
⑦ 陈亮、王彩波：《国家治理现代化进程中提高党的决策民主化的有效路径研究》，《理论探讨》2015年第3期。
⑧ 常保国：《法治建设与国家治理体系和治理能力现代化》，《政治学研究》2014年第2期。
⑨ 蔡文成：《良法和善治：法治视阈中的国家治理现代化》，《理论探讨》2015年第4期。
⑩ 马俊军：《运用法治思维推进国家治理体系和治理能力现代化》，《岭南学刊》2015年第1期。
⑪ 彭中礼：《法治：国家治理体系和治理能力现代化的实践路径》，《内蒙古社会科学（汉文版）》2014年第4期。

径说必然要求实然的法治建设及其实施，在这方面，学者们或强调全面依法治国，加快法治中国进程对国家治理现代化的推动作用[①]；或论述完善法治体系对国家治理现代化的基础性作用。[②] 其二，法治基础说。持这一观点的学者将法治化视为政治现代化的基本特征，现代政治结构体系的每一部分都内含着法治的因子，因此，法治秩序是现代国家治理的本质特征。[③] 据此，学者们或对国家治理进行细化，并分别论述法治在各个部分中的作用，如有学者认为国家治理体系现代化就是法治经济、法治社会与法治政治的良性互动[④]，还有学者将国家治理体系划分为国家制度体系、价值体系和行动体系，并分别论述了各个分体系的法治化[⑤]；或将法治与社会意识联系，探讨了公民法治观念和法治能力的培育对实现国家治理现代化的重要意义。[⑥] 其三，法治完善说。此种观点将法治的完善和现代化视为国家治理现代化的必然要求，有学者从国家治理的价值理念层面和实践模式层面分析了法治现代化建设的路径[⑦]；还有学者从当前治理现状和问题出发，提出国家治理法治化的体系建构路径[⑧]；还有学者论述了国家治理现代化对司法建设的意义，分析了国家治理现代化进程中司法的社会治理功能和社会对司法的治理作用问题[⑨]，以及司法资源分配等问题。[⑩]

国家治理与民主的关系。对此，学者们普遍认为两者高度相关，民主不仅是现代国家治理体系的本质特征[⑪]，而且民主本身就是一种国家治

[①] 李林：《依法治国与推进国家治理现代化》，《法学研究》2014 年第 5 期。
[②] 李龙：《建构法治体系是推进国家治理现代化的基础工程》，《现代法学》2014 年第 3 期。
[③] 唐皇凤：《构建法治秩序：中国国家治理现代化的必由之路》，《新疆师范大学学报》（哲学社会科学版）2014 年第 4 期；莫纪宏：《国家治理体系和治理能力现代化与法治化》，《法学杂志》2014 年第 4 期。
[④] 李小园：《法治中国视阈下的国家治理体系现代化》，《广西社会科学》2014 年第 9 期。
[⑤] 陈顺伟：《论国家治理体系结构的法治化》，《岭南学刊》2015 年第 3 期。
[⑥] 例如，马振清：《国家治理体系中公民法制观念与法治能力培育》，《思想政治教育研究》2014 年第 5 期；宋刚：《增强法治观念推进国家治理体系和治理能力现代化》，《中共青岛市委党校青岛行政学院学报》2015 年第 2 期；等。
[⑦] 王建国等：《国家治理体系与治理能力现代化视阈下的法治现代化研究》，《当代世界与社会主义》2015 年第 3 期。
[⑧] 刘恒：《论国家治理法治化的体系建构与路径选择》，《吉林大学社会科学学报》2019 年第 3 期。
[⑨] 程竹汝：《国家治理体系现代化进程中的司法治理》，《中共中央党校学报》2014 年第 3 期。
[⑩] 李鑫：《国家治理现代化进程中司法资源分配问题研究》，《学术论坛》2015 年第 2 期。
[⑪] 俞可平：《民主是现代国家治理体系的本质特征》，《山东人大工作》2014 年第 2 期。

理。① 当前，有关民主与国家治理关系的研究更多地集中于协商民主与国家治理关系上，对此，有学者分析了二者之间的内在关系，认为协商民主的法治性、善治性和理治性与现代国家治理的制度化、公平化和有序化要求具有高度契合性，这同时也是协商民主能够推进国家治理现代化的原因。② 在承认二者契合关系的基础上，学者们进一步提出以下基本观点：其一，要素变量说。这一认识视野将协商民主作为实现国家治理现代化的一个要素或者变量加以分析，例如，有的学者强调了协商民主中公民的有序参与的作用③；有的分析了协商民主所内含的民主与集中、法治和人治等政治关系对于实现国家治理现代化的重要作用④，还有的论述了协商民主为国家治理的现代化转型提供了理论与制度资源。⑤ 其二，协商民主建设说。此种观点将国家治理现代化作为分析协商民主的基本视阈，由此阐释协商民主的发展方向和完善要求。在这方面，有的学者从国家治理体系现代化的要求出发衡量了协商民主发展的不足，并分析了协商民主建设的路径选择⑥；有的学者分析了协商民主嵌入国家治理的内在机理，总结二者结合的实践经验，以优化协商民主和国家治理的契合机制⑦；还有的学者分析了两者间共进发展的可能性，即协商民主为国家治理从社会基础的角度有效承接现代国家治理的基本需求，现代国家治理则为协商民主提供了广阔的实践空间。⑧

3. 国家治理其他相关研究

关于国家治理的发展脉络。这一问题主要有以下几种论述视角：其

---

① 包心鉴：《制度现代化：国家治理现代的实质与指向》，《社会科学研究》2015年第2期。
② 例如，叶小文、张峰：《从现代国家治理的高度认识协商民主》，《中央社会主义学院学报》2014年第1期；方刘松、蒋建新：《中国协商民主的嬗变对国家治理现代化的时代价值》，《领导科学》2014年第29期；陈亮、丁建彪：《协商民主视阈下国家治理现代化的逻辑与对策》，《西北民族大学学报》（哲学社会科学版）2014年第5期；等。
③ 例如，徐永利、杨积堂：《国家治理体系现代化需要健全协商民主》，《北京联合大学学报》（人文社会科学版）2014年第3期；崔钰：《协商民主与国家治理体系中的公民有序政治参与》，《湖北省社会主义学院学报》2015年第3期；等。
④ 包心鉴：《协商民主制度化与国家治理现代化》，《学习与实践》2014年第3期。
⑤ 彭姝：《协商民主：国家治理现代化转型的政治逻辑》，《甘肃理论学刊》2014年第4期。
⑥ 田晓玉：《国家治理体系现代化视野下的协商民主制度建设》，《重庆社会主义学院学报》2015年第1期。
⑦ 李志跃、陈松友、许忠明：《协商民主嵌入国家治理的内在机理研究》，《延边大学学报》（社会科学版）2019年第3期。
⑧ 齐卫平、陈朋：《现代国家治理与协商民主的耦合及其共进发展》，《华东师范大学学报》（哲学社会科学版）2014年第4期。

一，社会历史说。这一观点从社会性质演变的角度阐释国家治理性质及形式的变迁，例如有学者回顾了现代化国家的发展经验和政治理论，较为详细地列举了不同社会形态的政治、经济、社会组织特点和社会价值观，并在此基础上归纳出了六种治理类型[1]；还有学者从传统国家与现代国家的不同治理方式出发来认识国家治理的发展脉络。[2] 其二，国家制度抉择说。这一观点着重探讨了近代以来中国在内忧外患的情况下对国家制度的抉择过程及其对实际的国家治理的影响，例如有学者分析了旧民主主义革命、新民主主义革命、社会主义建设和改革开放中中国对国家治理的探索历程，据此认为国家治理现代化是对中国现代化进程中艰辛探索的拓展[3]；还有学者分析了中国近代以来的国家制度选择，并论述了国家制度选择对国家治理的决定作用。[4] 其三，治理理论说。这一观点以治理理论对统治、管理和治理的比较分析认识国家治理的发展演变过程，例如有学者运用历史比较的视角论述了西方近代以来的治理转型和中国改革开放前三十年与后三十年在国家治理上的差异，并认为中国的治理危机与西方社会历史上的转型危机大致相似[5]；还有学者分析了1978—2008年30年间中国治理变革的轨迹，得出了从一元治理到多元治理、从集权到分权、从人治到法治、从管制政府到服务政府、从党内民主到社会民主这一治理变迁的路线图[6]；还有学者分析了完善国家治理体系的发展趋势，即由硬治理到软治理，要采用更为全面、平衡的治理方式以提供充分的公共产品，满足人民对美好生活的需要。[7]

国家治理现代化的推进路径。在这一问题上，由于对于国家治理认识的立足点不同，也就产生了对其推进路径的不同认识，概括来说，主要有

---

[1] 即前现代权威型治理、前现代民主型治理、现代早期马基雅维利型治理、现代启蒙治理哲学、现代官僚型治理、民主善治——民主社会主义的治理。蓝志勇等：《现代国家治理体系：顶层设计、实践经验与复杂性》，《公共管理学报》2014年第1期。

[2] 燕继荣：《现代化与国家治理》，《学海》2015年第2期。

[3] 杨崇磊：《论国家治理现代化的历史变迁与发展前景》，《广西社会主义学院学报》2014年第6期。

[4] 即君主立宪与民主共和之间的选择；军阀专制与党建国家之间的选择；资本主义与社会主义之间的选择；工农国家与人民国家的选择；计划经济与社会主义市场经济之间的选择。赵宇峰、林尚立：《国家制度与国家治理：中国的逻辑》，《中国行政管理》2015年第5期。

[5] 徐湘林：《中国的转型危机与国家治理：历史比较的视角》，《复旦政治学评论》2011年第1辑。

[6] 俞可平：《中国治理变迁30年》，《吉林大学社会科学学报》2008年第3期。

[7] 何哲：《从硬治理到软治理：国家治理体系完善的一个趋势》，《行政管理改革》2019年第12期。

以下几种观点：其一，结构推进说。持这一观点的学者认为，构建、优化和完善"国家（政府）—市场—社会"之间的结构关系是推进国家治理体系现代化的重要路径，有学者将这一结构视为现代国家治理体系的基础[1]；也有学者进一步指出，应在这三者之间构建有效互动与相互制衡的网络化治理结构，以此作为推动实现国家治理现代化的战略抉择。[2] 其二，目标引导说。这一观点通过分析社会政治的发展方向来确立实现国家治理现代化的具体路径，如有学者认为，社会主义现代化和依法治国就是推进国家治理能力现代化的要求，因此将党的领导方式的改进、制度建设、法治建设作为实现国家治理现代化的重要路径。[3] 其三，系统推动说。这一观点将国家治理视作一个有机系统，系统内的诸要素与机制是紧密相关、相互制约，因此在方法上就要求整体、协调推进国家治理现代化。在这方面，有学者将国家治理理解成一个整体结构，并据此分析了推进国家治理体系和治理能力现代化的主线、前提和依托；[4] 还有学者考察了国家治理所处的政治生态环境，在此基础上强调应综合利用政治生态中的各种力量协调推进国家治理现代化；[5] 还有学者认为国家治理也是一种价值治理，是一个系统工程，国家治理现代化要坚持中国价值和完善中国制度。[6] 此外，也有学者从核心价值观[7]、国家制度[8]、法治[9]、社会公正[10]等方面详细探讨了国家治理体系现代化的推进路径。综合来看，对于国家治理现代化推进路径的分析涉及当前政治、经济、社会各方面内容，充分考虑到了

---

[1] 陈朋：《现代国家治理体系：基础与建构路径》，《湖北行政学院学报》2015年第2期。

[2] 唐皇凤：《中国国家治理体系现代化的路径选择》，《福建论坛人文社会科学版》2014年第2期。

[3] 秦国民：《推进国家治理现代化的四个着力点》，《中州学刊》2014年第10期。

[4] 辛向阳：《推进国家治理体系和治理能力现代化的三大路径》，《江西社会科学》2014年第2期。

[5] 陈亮：《理解国家治理：政治生态、主题意蕴与实践路径》，《内蒙古社会科学（汉文版）》2014年第6期。

[6] 代红凯：《理论·历史·实践：国家治理现代化的三重逻辑》，《求索》2020年第3期。

[7] 李建华：《积极培育和践行社会主义核心价值观推进国家治理体系现代化》，《光明日报》2014年2月10日。

[8] 包心鉴：《以制度现代化推进国家治理现代化》，《中共福建省委党校学报》2014年第1期。

[9] 例如，张文显：《法治与国家治理现代化》，《中国法学》2014年第4期；郑慧：《论法治对国家治理体系和治理能力的意义与价值》，《社会科学研究》2015年第2期。

[10] 刘海军、王平：《社会公正：新时代国家治理的特征与进路》，《江西财经大学学报》2018年第4期。

实现国家治理体系现代化的复杂性和艰巨性；同时，这方面的论述由于能够更为紧密地与国家治理实践结合起来，因而也就更具现实引导力。

二 对于改革开放以来国家理论研究的几点审视

改革开放以来，国内理论界围绕中国特色社会主义的实践主题，坚持马克思主义指导地位，批判吸收国外国家理论，不断拓展国家理论论题，逐步构建起中国特色社会主义国家理论研究话语体系，由此从主题、论域和话语三个方面丰富和充实了国家理论。

（一）主题的升华——从革命、建设到发展、治理

基于辩证唯物主义和历史唯物主义，马克思主义超越了以往政治思想对国家的抽象理解，从复杂的理论迷雾中剥离出国家作为阶级矛盾不可调和的产物的本质，据此指出了国家是一个历史的范畴，其随着阶级的产生而产生，在经历了各种发展阶段后，最终趋于消亡。并且，国家作为上层建筑，服务于一定的经济基础和社会结构。由此，马克思主义国家理论以其历史性、经济性、阶级性确立起科学性，得以为中国革命、建设和发展过程提供有益的启示与指导。

经典马克思主义通过揭示资本主义生产资料私人所有制和社会化大生产这一无法克服的内在矛盾，深刻批判了资本主义国家制度和社会现实，揭露了资本主义国家作为资产阶级统治工具的实质。基于这一论断，马克思主义提出无产阶级革命的必要性，指出革命必须打碎旧国家机器，进而建立社会主义国家，并逐步向共产主义过渡。马克思主义国家理论在列宁领导的革命实践中得到验证和发展。此后斯大林领导建立和建设苏联的过程中，根据马克思主义国家理论，继续探索和解决了社会主义国家建设时期的国家形式、国家职能等重大问题。随着战后国际格局的深刻变革，国际共产主义运动进一步发展，社会主义国家纷纷建立。但是，战后社会主义国家政权建设却基本上把苏联社会主义国家建设理论奉为圭臬，实践的凝固不前使理论的发展迟滞，反过来又对实践造成不利影响。对中国来说，其同样受到苏联模式的影响，在对国家的认识上也经历了一个片面化的认识过程。不过，纵览中国革命、建设和改革过程，其主流还是国家的自主建构和发展，相应地，中国国家理论体系也注重把马克思主义普遍原

理同中国实际相结合，具体地探讨解决中国问题，讲好中国故事，传播好中国声音。由此，中国化马克思主义国家理论在论题上既继承了经典马克思主义的无产阶级革命和社会主义建设等方面的内容，也重视推动经济社会发展和构建有效的国家治理体系。这一线索体现于历届党的领导集体领导国家的实践之中。

毛泽东思想科学地将马克思主义国家理论应用于中国革命实际，提出了新民主主义的革命路线，进而在实践中实现了向以人民民主专政为核心的社会主义国家的过渡。并且，毛泽东对于社会主义建设初期的国体问题、国家形式问题、人民内部矛盾和敌我矛盾关系的处理问题等也进行了有益探索。在此基础上，邓小平总结社会主义国家建设的经验与教训，释清社会主义的本质，提出把经济建设作为国家的中心任务，强调民主法制建设之于社会主义现代化的重要性。江泽民继续回答如何建设社会主义国家的基本命题，把"发展作为党执政兴国的第一要务"；同时，从政治文明的高度，推进政治体制改革、坚持依法治国，有效完善了社会主义国家建设理论。在新的历史发展阶段，胡锦涛立足人的主体地位，提出"科学发展观"，拓展社会主义现代化建设的总体布局，为社会主义国家建设理论打开新视野。习近平围绕回答新时代坚持和发展什么样的社会主义、怎样坚持和发展中国特色社会主义这个重大时代课题，创立了习近平新时代中国特色社会主义思想，阐明了中国特色社会主义制度对推进国家治理体系和治理能力现代化的重要意义，明确了党的领导是中国特色社会主义的本质特征，通过统筹"四个全面"战略布局和"五位一体"总体布局，推进实现中华民族伟大复兴的中国梦。由此形成了中国化马克思主义国家学说的最新成果，指导中国国家建设取得新成就。

在政治学理论研究上，中国政治学总体上适应了国家革命、建设、发展和治理的要求，基本做到了与时俱进，能够解释、论证并在一定程度上引领国家建设和发展。如前所述，改革开放以来，政治学一经恢复就显示出理论服务实践的学科价值，其聚焦中国特色社会主义国家建设的现实需要，以严谨的学术态度，辨明了国家职能的两方面构成，释清了国家阶级性与公共性的统一关系，从学理上对"一国两制"、国家结构等问题进行了积极探讨，为社会主义建设时期正确认识国家职能与形式问题提供了有益支持。嗣后，政治学者把握政治文明的主题，吸收社会主义国家建设的经验教训，积极探讨政治体制改革问题，极大地丰富了社会主义国家建设理论。进入新时期，学界关于国家理论的探讨专注于从中国特色政治发展的角度，不断深化社会主义民主政治建设，完善社会主义国家的政治制度等，探讨推进国家治理现代化的内涵和方式，健全了中国特色国家理论。

可见，理论界关于国家理论的研究经历了一个理论着眼点的转移过程，尽管其关注方向和具体研究领域在不同时期有所差异，但其最终意义都在于推进中国特色社会主义的发展。马克思主义的立场观点方法，以及对中国实践的理论关怀始终是研究的基石。就此而言，理论界关于国家理论的探究并不是一个简单的线性过程，而是一个以国家建设服务于人民为核心的螺旋上升过程，其本质上是一种理论的升华。

（二）论域的拓展——现实问题的关怀和外来资源的引介

科学的力量必然是扎根实践的文明成果，中国国家理论研究得以取得这些成就，一个重要原因就在于这种研究是对中国国家现实问题的理论回应。这种问题意识使学界对国家理论的探讨始终着眼于中国特色社会主义国家建设实践。体现在学术研究过程中，就是不断挖掘马克思主义国家基础理论要点，同时引介、审视、比较、整合其他国家理论的有益智识，形成以国家能力、国家主权、国家安全、国家利益等为主题的广阔理论视角。这一理论发展形态是改革开放以来中国政治学发展繁荣的重要表现，也是不断应用国家理论阐释实践的结果。具体而言，其表现在以下方面：

首先，中国国家现实问题的理论关怀。国家理论是与国家实际联系最为密切的理论，中国国家建设、改革、治理的成就很大程度上得益于适合中国实际的国家理论的指导。几十年来，学术界关于国家理论的探讨，坚持理论研究与国家实际的有机结合，以鲜明的问题意识和敏锐的学术思维致力于时代要求的满足，以改革发展的方法论促进中国特色社会主义政治建设，不断回应时代难题，在创造性回答改革开放所遇到的国家理论新问题中推进马克思主义国家理论中国化进程。

政治学恢复伊始，政治学界普遍关注了国家问题，在对国家本质、国家的定义、国家的消亡进行研究的同时，将更多的精力集中于对国家职能的探讨和研究。国家职能理论的讨论及其成果，为国家对社会生活各领域的管理，为国家正确地履行职能提供了理论指导和理论支持。[1] 在对于社会主义建设时期国家职能问题达成基本共识之后，政治学界紧跟社会主义建设中国家职能执行能力问题，拓展了国家能力研究的新论域。面对全球

---

[1] 刘瀚、洋龙：《50年来的中国政治学》，《政治学研究》1999年第4期。

化背景下，对国家存在与认知的思维方式发生变革，学界对于国家主权、国家利益问题进行了积极探讨，回应了全球化、信息化对于国家主权的挑战，正确处理了国家主权与人权、主权与民族自决权等重大政治关系。同时，全面分析国家利益的内涵、属性、分类，挖掘了中国化马克思主义国家理论视阈中的国家利益思想，提出了国家安全的新论域，为在全球化与国际交往中中国国家利益与安全的维护提供了重要理论指导。面对改革开放过程中各种思潮相互激荡、复杂交织的局面，中国政治学坚持以马克思主义的立场、观点和方法论证中国国家制度和国家治理体系的优越性，抵制了历史虚无主义、民族虚无主义等各种错误思潮的侵蚀，彰显了中国特色社会主义的正当性。进入新时期以来，国家理论研究注重分析和解决政治体制改革、政治文明建设、依法治国等重大政治社会问题，有效发挥了自身作为党和政府智囊团、思想库的作用。

其次，引介与比较其他国家理论。理论的发展不仅来自对实践活动的直接描述，亦导源于对实践经验的间接加工，即引介、借鉴其他理论合理成分。故此，理论在方法上应具备对历史和当代的开放性，这同时也是马克思主义永葆生机和活力的必然要求。马克思主义从未把自己的理论看作"离开世界文明发展大道而产生的一种固步自封、僵化不变的学说"①，其本身是一种继续研究的方法，善于汲取前人和同时期思想家的优秀理论成果，从而不断完善自己的理论体系。

在改革开放和社会主义现代化建设新时期，中国意识到国家的建设和发展不能闭关锁国，而要以宽广的视角观察世界，正视中国处于并长期处于社会主义初级阶段的现实情况，以及与世界其他国家特别是发达国家在社会文明水平上的差距，应着力学习包括资本主义国家在内的人类社会的各种文明成果。改革开放以来的实践证明，中国特色社会主义事业的发展与进步，离不开对于这些成果的借鉴和学习。其中当然也包括域外国家理论的有益启示。

从当前世界发展潮流上讲，现代化、全球化、信息化、网络化，改变了国家的存在、活动和交往方式，如何认识、启发与指导现实国家实践的发展，成为全球国家理论共有论域。许多理论在此背景下对于国家问题进行了卓有见地的阐述，其中不乏具有开拓性、启发性的成果。吸收和学习这些成果，对丰富和推动中国特色国家理论研究无疑具有重要价值。同

---

① 《列宁选集（第2卷）》，人民出版社1995年版，第309页。

时，随着西方后行为主义政治学的兴起，"国家"概念重新确立起原本被"政治系统""共同体"等所取代的学术地位。各方面学者就此进一步阐述对国家问题的看法，由此形成众多的国家理论流派。国内学术界以前瞻性的思维、开放的心态，积极引介国外国家理论，并在坚持马克思主义指导地位的基础上评析、比较各种国外理论，从而获得了对国家问题研究的新启示。

世界范围内，马克思主义国家理论本身也在对国外理论的引介和比较中获得进一步发展，为马克思主义的研究积累了大量的研究文献，其中无论对于马克思主义国家理论原始文献的专研还是对于现实问题的阐释都有可贵学术价值。学者们从不同的角度探讨马克思主义国家理论，形成了许多流派与分支，丰富和拓展了马克思主义国家理论的研究领域和研究视角，如存在主义马克思主义国家理论、结构主义国家理论以及后期出现的女权主义国家理论等等[①]，都在一定程度上推动了马克思主义的传播与发展。这些讨论对资本主义国家固有矛盾的当下形态进行了分析和批判，但也含有不少对于马克思主义国家理论基本立场和观点的修正甚至误解。国内学界在积极吸取有益成果的同时，也以坚定的马克思主义立场与之进行学术对话和交锋，着力应对不同思潮的挑战，捍卫马克思主义国家理论的基本观点。从而丰富了中国特色国家理论话语体系，也提升了马克思主义国家理论的时代性和开放性。

(三) 话语的转化——中国化的风格

马克思主义国家理论溯源于经典作家从欧洲革命的实际出发而形成的有关国家革命、国家形式、国家演进等理论观点。这些观点揭示了政治发展的一般规律，对于全世界无产阶级和被压迫民族的政治发展进程有着普遍而广泛的指导意义。不过，欧洲革命的命题及对此所进行的阐释不乏个案性质，加之在此后的百余年中，社会主义国家在世界范围内建立起来，提出了马克思主义国家理论对其他国家的适用性问题。对中国来说，实现马克思主义国家理论中国化是中国实践和马克思主义法治的必然要求。马克思主义传入中国之后的历史和中国共产党领导国家革命、建设、改革与治理的实践都已证明，马克思主义国家理论唯有转化

---

① 具体流派的划分参见 [美] 罗纳德·H·奇尔科特《科特比较政治学理论——新范式的探索》，吴锡安、俞可平主编的《当代西方国家理论评析》等书。

为中国特色话语体系和语言风格，其指导作用才能最大程度地彰显。中国化话语体系与语言风格的关键是对于中国国情、中国实际的理论自觉与正确认知。

在深刻把握中国实践特性和发展要求的基础上，中国化马克思主义国家理论形成了具有自身特色的话语体系。毛泽东着眼于中国现实国情，创立了夺取政权、建立政权的新民主主义国家理论，引领中国人民实现了民族独立与解放；同时，创造性地进行社会主义改造，建设社会主义新中国；在政治方面，科学阐释了人民民主专政的国家制度，建立了与中国国情相适应的人民代表大会制度的政体，创造性地确立以民族区域自治为特色的单一制的国家结构形式。这些实践创举使国家理论研究的对象在性质和形态上均区别于资本主义国家理论，也不同于苏东社会主义国家理论。基于此而提炼出的国家理论及其话语表述必然也独具特色。

十一届三中全会的召开使中国特色社会主义进程向前推进。中国化马克思主义国家理论话语体系不断彰显时代性要求，在对各种问题的回答中走向深化。以邓小平为代表的中国共产党人继续传承中国化马克思主义的旗帜，回答了什么是社会主义、怎样建设社会主义的重大命题，进一步完善了中国特色社会主义国家制度体系，科学地阐释了新时期社会主义国家职能问题，创造性提出"一国两制"的国家理论。改革开放的征程极大地启发了国家理论的研究思路，基本上改变了从浩如烟海的马克思主义经典著作中寻找注解的方法，问题意识更为凸显，对中国国家建设、改革和治理的规律认识更加深化，基本形成了以中国为语境的表达特色。

随着社会主义建设进入快速发展的新时期，以江泽民为核心的党中央，科学总结社会主义建设的成功经验，与时俱进，提出建设社会主义政治文明；依法治国，建设社会主义法治国家；发展社会主义民主政治，坚持党的领导、人民当家作主和依法治国的统一。十六大以来的十年里，以胡锦涛同志为总书记的党中央，坚持以人为本，贯彻落实科学发展观，进一步拓展了中国特色社会主义国家建设的思路。社会主义政治建设所取得的显著成就，为中国化马克思主义国家理论发展提供了现实依据，这一时期，理论界所探讨的国家理论议题显著增多，为中国化马克思主义国家理论话语体系提供了更多的概念、范畴、命题、表述方式。

党的十八大以来，以习近平同志为核心的党中央锐意创新，推进中国特色社会主义国家建设的历史进程，明确党的领导是中国特色社会主义最本质的特征；坚持以人民为中心，不断增进人民的幸福感、获得感和安全感；协调推进"四个全面"战略布局、统筹推进"五位一体"总体布局；丰富"一国两制"内涵；推进国家治理体系和治理能力现代化，推动中国特色社会主义进入新时代。适应于此，国家理论话语体系获得了更为充足的实践养分，其所蕴含的人民性、中国性、现代性特性更加彰显。

三 研究展望：推动中国化马克思主义国家理论新发展

理论是对现实的总结、抽象和升华，国家理论就是关注国家现象，探究国家活动及其发展规律的政治学论域。理论发展的源泉来自现实的驱动。不同历史时期，国家所处环境不尽相同，对于国家理论的探讨必将随着国家发展进程而有所差异。因此，推动国家理论研究与时代发展要求相适应，提升国家理论对于国家实践的认识水平，乃是国家理论探讨的本义。具体到中国的语境，国家理论所观照的最大实际就是中国特色社会主义，探讨国家问题的目的就在于如何维护好、发展好、完善好中国特色社会主义国家，进一步满足人民对美好生活的期望。立足于这一实际，中国国家理论研究应继续坚定马克思主义国家理论的基本立场，进一步提升国家理论的时代价值，构建起具有中国特色、中国风格、中国气派，服务于中国特色社会主义的国家理论。

（一）继续坚定马克思主义的基本立场

国家不是超阶级的，任何已经或者意图获取国家政权的阶级和集团，都必然要有自己的国家学说，必然要确立一整套关于国家起源、本质、类型、职能和发展等内容的理论体系。因此，国家理论从来不是中立的。正如列宁所言，"在国家问题、国家学说、国家理论上，会随时看到各个不同阶级之间的斗争，看到这个斗争在各种国家观点的争论中，在对国家的斗争和意义的估计上都有反映或表现。"[1] 可以说，在国家理论研究中坚持一种什么样的指导思想，实际上是一个立场问题。而理论的立场问题，终究是为了谁、依靠谁的问题。对中国来说，坚持马克思主义的立场分析研究国家问题和现象，是同其社会主义国家性质和人民当家作主的地位相适

---

[1]《列宁全集》第37卷，人民出版社1986年版，第61页。

应的。马克思主义的立场，就是人民的立场，是其区别于一切非马克思主义的鲜明的特质。马克思主义国家理论始终站在人民的立场之上，真实地反映和代表人民群众的利益，致力于服务于人民利益。从经验层面而论，新中国成立以来的政治建设与政治发展历程亦雄辩地证明了，坚定马克思主义立场与发展中国特色社会主义具有极大的相关性。只有坚守马克思主义国家理论的基本立场，与时俱进、实事求是、科学发展马克思主义国家理论，才能正确地指导中国特色社会主义国家建设。

　　坚定马克思主义国家理论基本立场，需要在两个方面做出努力。一是在运用中坚持马克思主义国家理论基本立场。马克思主义国家理论应该在探究国家问题和分析国家现象过程中予以自觉运用。前文指出，世界潮流和局势的发展使国家所处环境及面临的问题发生巨大变动，对此，应坚定马克思主义国家理论立场，创新理论研究的具体方法，丰富国家问题的研究论域、基本概念和话语表述，提升马克思主义国家理论的解释力和引导力。二是在交流中捍卫马克思主义国家理论立场。随着中国对外交流程度的加深，诸多国外国家理论学说引入国内。其中，现代"新"国家观提供了理解国家问题的新视角，在一定程度上冲击着国内理论界。如新制度主义从产权与制度出发，阐述了国家在制度变迁与经济绩效中的重要角色，为中国在完善社会主义市场经济体制过程中，正确平衡政府与市场关系、国家不同职能之间的关系提供了重要启示。但在明确其有益启发的同时，也必须再思考理论"为了谁"和"依靠谁"的问题。西方各类国家理论普遍以个人主义作为其理论基点，并在理论建构中将现实的人抽象化，认为社会是由无差别的个人组成，刻意忽视或回避阶级问题。对此，在引进这些理论的同时，必须坚持以马克思主义国家理论的立场予以批判，明确分析国家问题和国家现象时的阶级性要求。由此，国家理论探讨才能真正走在正确的道路上。

（二）坚持理论联系实际提升国家理论的时代价值

　　国际国内环境的发展变化，必然会对中国特色社会主义国家建设带来各种问题和挑战，不仅新问题不断产生，老问题也会以新的方式登场，并提出新的解决要求。比如如何在全球化进程和市场经济发展中适时调整国家职能；如何在与市场主体和社会主体的互动中定位国家角色；如何扩大有序政治参与，促进社会主义民主政治发展；如何在日益复杂的利益关系调整与社会结构中加强国家能力建设；如何在地区差距、城乡差距的非均衡政治发展中发挥国家建构的角色，提升国家认同；如何在全球资本、全球治理背景下审视民族国家的存在方式，维护国家安全；如何将中国特色社会主义制度优势转化为治理效能等等，都是国家理论需要探讨的有益话题。如果没有更多的理论投入与正确指导，改革开放与社会主义现代化事业必将受到影响。这就需要国家理论的探讨在强化对国家基础理论研究的基础上，进一步加强对现实问题的分析。应坚持问题导向，坚守理论与实践相统一的学风。在此基础上，创新研究方法，及时观察与总结中国特色社会主义政治发展的具体实践，推动国家理论更多地从现实中汲取营养和回应现实问题，以此不断赋予马克思主义国家理论新的时代特色，保持其活力与生机。

（三）继续推进中国化马克思主义国家理论的发展进程

中国化马克思主义国家理论是对中国共产党领导革命、建设、改革和治理经验的总结和升华，是中国特色国家理论体系的主题。未来国家理论研究在坚持马克思主义国家理论基本立场、理论联系实际的同时，还应推进中国化马克思主义国家理论发展。具体而言：其一，注重中国化马克思主义国家理论文本的研究。中国化马克思主义国家理论的研究文本包括毛泽东、邓小平、江泽民、胡锦涛、习近平等党和国家领导人的著述，党和国家重要文献等。在进行文本研究时，应注重从中挖掘其马克思主义国家理论的基本观点，研究其对这些观点的创造性运用。同时也需总结分析当中所体现的新时代中国国家建设、改革和治理的最新成果，以创新的思维彰显中国化马克思主义国家理论时代性特征。其二，以包容的思维审慎借鉴各种理论智识。纵观国家理论的研究历程，其重要特点是研究思路的开放式转变。中国特色社会主义发展面临着现代化、信息化和全球化的现实背景，因而对国家问题和现象的研究就不能只聚焦于马克思主义文本，还需借鉴非马克思主义的理论资源。在此过程中，应注重把学术研究的包容性与基本立场的坚定性结合起来，坚持以马克思主义国家理论立场、观点和方法萃取各种理论的思想精华，增益中国化马克思主义国家理论建设。

当代中国政治发展理论 40 年

林 毅 亓 光[*]

一 政治发展理论

（一）政治发展理论缘起、概念及国外研究现状

毋庸讳言，政治发展的基本命题、主要概念乃至于理论框架的相当部分都是 20 世纪后期西方政治学发展演进的产物，但正如古典自由主义者对劳动价值规律的错误理解并不影响反而启发了后来的社会主义者对于价值规律的科学认知一样，政治发展本身，作为一种进入全球化时代的世界各国所普遍面临的现实政治问题，也仍然值得广大政治学理论与实践工作者对其给予充分的关注。无论是那些正处于现代化进行时的后发现代化国家，还是那些已经初步积累了现代化成果，却仍然面对着现代化历史遗留问题与后现代社会诸多现实困扰的发达国家，政治发展都不是一个完成式。事实上，政治作为人类社会一定发展阶段的产物和人类生活经验的基本维度之一，自人类进入政治社会以来就始终处于一种动态演化的状态。也正是在这个意义上，我们将政治发展问题视为与人类政治认知和政治实践的生动历史相伴始终的基本问题。因此，尽管就整体而言，当代西方理论界已经不再像 20 世纪中后期那样对于政治发展理论研究投入极大的热情，但这并不阻碍人们对于政治发展总体规律认知的深化。恰恰相反，西方理论界政治发展研究的降温，只是从一个侧面反映出西方政治发展研究范式所遭遇到的认知瓶颈，反证出西方理论界所极力推崇的"现代化＝西方化＝美国化"公式正在经历的窘境，而对于广大后发现代化国家而言，

---

[*] 林毅：清华大学；亓光：中国矿业大学。

对西方理论研究与实践"推广模式"的质疑，却不失为一个立足本国国情和本土实践，重新认识反思政治发展纷繁复杂的理论与实践问题的契机。当然，从另一方面看，政治发展研究的本土化并不意味着绝对排斥西方研究与西方经验，因此，我们在展开对于中国政治发展理论与实践研究之前，仍然有必要简单地回顾一下西方政治发展研究的源起。

政治发展（political development）作为政治学的一个概念范畴，于20世纪60年代首先在美国政治学界开始得到使用。1954年美国成立的"社会科学研究学会比较政治委员会"（Social Science Research Council's Committee on Comparative Politics，SSRS）首任主席阿尔蒙德（Almond）从研究非西方国家的政治系统入手，超越传统的历史和描述方法，采用动态的分析方法等，致力于对不同国家政治发展的比较政治研究。1960年，阿尔蒙德和科尔曼主编了《发展中地区的政治》一书，该书叙述和分析了五个发展中地区共同的政治形态。对发展中（或正在现代化的）社会的政治体制进行分析，并把这些体制与在现代社会中存在的政治体制进行比较，间接地提出了政治发展的问题。二战以后，随着世界格局的巨大变迁特别是除美国外西方世界力量的相对削弱，亚、非、拉一系列新的独立民族国家不断涌现，而这些国家在完成了初步的政治解放任务之后，不仅面临着发展经济、消除贫困的问题，而且还同时面临着政治制度选择和确保政治制度有效运作的现实压力。西方资本主义国家出于继续对这些国家实行控制和施加影响，维持资本主义世界体系的目的，必然要对这些国家的政治体制和政治结构进行研究，并尽可能地通过学术研究与政治意识形态输出相结合的方式，使西方的政治制度模式、政治文化观念对这些国家的政治发展产生重大影响，正是基于这样的动机，政治发展问题研究开始有意识地在美国出现。20世纪50年代以来，在政治学与其他学科科际整合的背景下，政治发展的研究蓬勃发展，流派纷呈，有关政治发展的定义也因不同流派和研究路径的差别而各有不同。比较典型的有如下若干定义：

美国政治学家白鲁恂（Lucian W. Pye 国内常译为派伊）认为，"政治发展包括三项要素：其一是人口发生变化，从臣民地位转变为对社会有贡献的公民。随之而来的是大众参与的扩大，对平等原则逐渐敏感，认同普遍适用的法律。其二是政治系统能力的增强，政令能够贯彻深入到地方，控制民众之间的争端，应付并满足人民的需求。其三是政体组织结构的分化,功能日趋专业化,以及各种机构和组织之间的整合。"① 社会学家科尔曼(James Coleman)认为,"可以从历史、类型学和演化三个方面来观察政治发展的过程。从历史观点来看,政治发展指十六世纪首次发轫于西欧的社会和经济现代化的变迁,以及政治文化和制度同时发生的整体变迁,随着历史的演进,这种变迁以非均衡和不完整的方式扩散到世界各地。从类型学观点来看,政治发展是一种假定从前现代的'传统'政体转变为后传统的'现代'政体的运动。……从演化观点来看,政治发展的过程是在增进政治人创造的能力,促使新的结构和文化趋于制度化,从而应对或解决问题,吸收和适应持续的变迁,有目的地或积极地努力完成新的社会目标。"② 阿尔蒙德在《比较政治学:体系、过程和政策》一书中将结构分化、次级体系的自主性以及文化的世俗化作为政治发展的三个相关变量和基本特征加以研究。亨廷顿(Huntington)在《变化社会中的政治秩序》一书中,从静态的政治制度化和动态的政治参与两个层面解释了政治稳定和政治发展的关系。他认为,一个发达的政治体系,其政治制度化和政治参与程度必然高,而且能够达到动态的平衡;反之,不发达的政治体系,其政治制度化和政治参与程度必然低,结果必然导致政治衰退。

其中,在有关政治发展的各种定义中,白鲁恂罗列并总结了十项基本含义:政治发展是经济发展的政治前提;政治发展是工业社会下政治的典范;政治发展即政治现代化;政治发展是一种民族国家的运转方式;政治发展是行政和法制的发展;政治发展是大众动员和群众参与;政治发展是建立民主政治;政治发展是稳定而有序的变迁;政治发展是动员与权力;政治发展是多维社会变迁的一个方面。③

亨廷顿根据白鲁恂等人的归纳总结,在《政治学手册》中对政治发展的定义方式进行了系统化的整理,即地理意义上的政治发展,派生意义上的政治发展,目的论意义上的政治发展以及功能论意义上的政治发展。④ 从地理意义上来说,政治发展针对的是亚非拉这些发展中国家的不发达状

---

① Lucian W. Pye and Sidney Verba (eds.), *Political Culture and Political Development*, Princeton University Press, 1965, pp. 13.
② Leonard Binder, et al., (eds.), *Crises and Sequences in Political Development*, Princeton University Press, 1971, pp. 73.
③ [美] 白鲁恂:《政治发展面面观》,转引自布莱克《比较现代化》,上海译文出版社1996年版,第65—66页。
④ [美] 格林斯坦、波尔斯比编:《政治学手册》,商务印书馆1996年版,第151—153页。

态而言的，与之相对，西方工业化国家已经进入了政治发达状态，而发展中国家则正处于政治上的不发达状态，需要经由政治发展来实现现代化，以摆脱政治上的不发达状况；从派生的意义上来说，政治发展是更为广泛的现代化进程中的政治方面和政治后果，是现代化和社会发展研究的一个分支；从目的论的意义上来说，政治发展是朝向一个更为理想或合理的政治体系变迁的运动过程；从功能论的意义上来说，政治发展被视为迈向现代工业社会所特有的政治而发生的一种运动，在这种意义上，政治发展不是现代化的政治结果，而是一个有效发挥功能的现代社会的政治前提和要件。

总体而言，西方理论界倾向于将政治发展视为人类政治生活不断向前发展的一种必然趋势，并且认为，究其本质而言，政治发展指的是人类政治生活体系在结构上日趋合理，在功能上日趋完善的一个历史过程。它在不同的历史阶段有不同的表现特征。在前进的过程中包括两方面的内容，既包含政治的正向变迁，也包含政治的负向变迁——政治衰败，但总的发展趋势是与人类历史的进步方向相一致的。因此，政治发展也就相应地具备如下特征：

其一，政治发展是人类现代政治生活的伴生物。发展是前进的进化或变化，实质是新事物的产生和旧事物的灭亡。政治发展是政治关系的调整和变革，同时也意味着政治关系各种外延形态和表现形式的发展变化。它包括政治行为性质、主体、方向、方式的变革和调整，政治体系性质、基本构成和运行方式的变革，政治文化取向、观念、情感、态度、认识、思想、理论规范的变革和调整等。

其二，政治发展的主要形式，尤其是现代政治发展一般采取的是"政治革命和政治改革"的方式。政治革命是政治关系的根本性质变过程，是从根本上否定和彻底改变既存政治关系、政治体系与政治文化等等，而代之以一种新的政治关系、政治体系和政治文化模式的政治剧变方式；政治改革则是在保持既存政治关系、政治体系和政治文化的主体基本不变的前提下，针对现存政治关系、政治体系和政治文化的一些不足之处进行的自我完善和改进，属于政治关系的量变。而政治革命与政治改革的利弊及其关系问题，历来也都是西方理论界争论的焦点之一，大体上看，具有保守主义倾向的学者常常对政治革命冲击旧秩序的实际效果和积极意义颇多质疑，而另一些推崇制度变革价值的学者则并不对政治革命一概地持有拒斥态度，而是认为革命意味着向西方标准靠拢的一种激进变革。

其三，政治发展的目标是政治权威的稳定、政治的制度化与民主发展，并为在一个更高层次上实现人在政治上的彻底解放和全面发展准备条件。政治权威的稳定主要指政治体系功能的有效性和约束力的增强。在现代化浪潮的冲击下，旧的规范体系迅速瓦解和失效，而新的规范体系一时难以形成并立即填补空缺，这时极易出现"失范综合征"，正如亨廷顿等学者所指出的那样，孕育着不稳定的现代性在以拉美国家为典型代表的后发现代化国家里引发了诸多政治发展问题，进而又在相当程度上反噬了经济发展的成果。政治的制度化是指政治系统能够保持稳定的、受到尊重的和反复重现的行为模式。它主要包括政治组织和程度的适应性、复杂性、自立性和凝聚性。这就要求政治权力的非个人化、政治运作的程序化、政治组织的一体化。政治民主发展意味着提高社会参与度，政治程度的提高、政治参与扩大是政治发展的一个重要标志。按照马克斯·韦伯的观点，国家外在强盛力主要指经济的发展，而内在强盛力则是指国家的政治认同感、政治向心力和政治凝聚力，对于公民的政治自觉和政治素质已经达到相当高度的现代国家而言，广泛而有效的政治参与正是凝聚上述认同感和向心力的必要条件。

其四，政治发展的不均衡性、多样性和阶段性。由于各国的历史背景、经济发展水平、政治文化传统、人口素质等的不同，政治发展的起点、模式、道路也不同。古希腊的城邦政治是成立公民大会，实行集体领导制度、选举制等民主制度。到了近代，随着资本主义生产的萌芽、发展，在政治上，西欧各国要求有集中统一的政权来统一货币、度量衡，扩大商品市场，保护商品的自由生产和交换，要求宗教信仰自由，强调人性，反对神性。掀起了宗教改革运动、文艺复兴运动，最终导致资产阶级革命运动，在世界很大范围内，资产阶级民主制代替了封建君主制，政治发展达到一个新的高度。而东方的许多国家仍处在封建王朝统治之下，其发展到极致的专制主义政权在资本主义国家的扩张、侵略中纷纷丧失了政治权威，最终也给这些国家的政治发展进程带来了不可挽回的历史灾难。许多后发现代化国家在取得一定程度经济发展成就的同时，政治发展则由于内部权威的缺失和西方外因的干扰出现了波折，长期陷于严重的认同危机中。因此，从整个世界、从整个历史发展阶段来看，政治发展总是不均衡的，也是多种多样的；同时，政治发展总是从不发达政治社会向发达政治社会、从传统向现代转变，它和一定的社会历史形态相联系，因而又具有阶段性。

在总结归纳这些特征的基础上，国外理论界对于政治发展与其他领域发展变迁之间的关系也有着一定程度的认识，具体包括：

其一，政治发展与经济发展之间的关系。许多学者都指出，经济发展在很大程度上依赖于现代化过程的政治方面。同时，经济增长又蕴含着政治发展的动因和力量。首先，经济发展决定和推动政治发展。经济发展不断动摇和瓦解着传统政治形式赖以建立的基础，为新的政治形式的生成积累因素。经济增长是推动政治系统走向现代化的最为有力的催化剂。一些后发现代化国家的现代化变革始于经济领域，必然要求原有的政治系统做出相应的变化，如政治的民主的发展、权威的稳定与政治参与的扩大化，政治的制度化、法治化水平的提高等等。其次，政治发展影响着经济发展。经济发展尤其是现代市场经济要求社会上每一个个体都可以作为平等的市场主体参与到市场竞争中来，在政治上要求民主和法制建设的完善，否则两极分化带来的社会动荡必然会给经济的发展带来障碍。此外，作为社会"减震器"和"安全网"的社会保障制度也是经济发展可靠的政治保障之一。概而言之，如果经济要求和政治形式之间的差距太大，其中的"一种制度终将毁坏另一种制度"。

其二，政治发展与政治现代化之间的关系。在最初的政治发展研究中，政治发展与政治现代化乃至于西方化之间表现为一种重合的关系。人们对两者共性的概括主要包括这样几方面内容：首先，政治现代化是政治发展的一个阶段、一个特定的历史时期。而政治发展是人类政治生活发展的一种趋势，它一方面伴随着人类的进步、文明，另一方面又推动着人类的进步、文明，它与人类社会发展的总趋势是一致的。其次，政治现代化是政治发展在现代社会的特殊表现。现代化代表后发现代化国家、不发达的和发展中的资本主义国家与社会主义国家，在当代所特有的从传统社会向西方现代社会的过渡过程。政治现代化就是标志现代化过程中的政治侧面，即处于现代化过程中不同政治体制所发生的全部结构变革和文化变革。再次，政治现代化是政治发展的一种存在状态和实践过程。政治发展是包括多种过程的综合概念。阿尔蒙德为政治发展规定了五项衡量指标，即提取能力（在社会环境中汲取物质资源和人力资源的能力）、规制能力（控制个人和集团行为的能力）、分配能力（分配财富、服务、地位荣誉和各种机会的能力）、象征能力（创造文化符号以感召和团结民众的能力）以及回应能力（接受、反应和处理问题的能力）。亨廷顿把衡量政治体系完备程度的指标规定为：组织的适应性、组织的复杂性、组织的自主性和组织的内部协调性。政治现代化正是为达到政治发展的目的在政治系统内做全方面的调整，正如美国社会科学研究院比较历史委员会指出的，任何社会在政治现代化过程中都要对付认同、合法化、渗透、参与和分配五种危机。最后，政治现代化是政治发展的必然要求，也是政治发展的一个重要阶段，是由不发达政治走向发达政治的历史时期。但随着人们认识的深化和现实政治发展所展现出的复杂图景，一些理论家也开始意识到，有必要在这两个概念间做出进一步区分。比如，亨廷顿认为，有必要重新审视政治发展和政治现代化的关系，即现代性带来稳定而现代化蕴藏动乱。

其三，政治发展与社会大众之间的关系。许多西方学者注意到政治发展与政治大众化在时间、空间与内容上的高度关联性。因此，在政治发展理论与实践研究中，人们往往也将社会大众的广泛参与视为现代化进程中政治发展的必然走向与衡量政治现代化发展水平的重要指标之一。基于个人自由和权利在大众化时代得到极大张扬的理论前提，西方理论界将对一些政治现代化的治理指标，诸如"责任政府""透明政府""法治政府"等的论证，建立在大众参与激增的基础上。与此同时，一些学者，如阿尔蒙德、亨廷顿等人，也开始注意到影响大众参与激增与政治现代化正相关关系的一些变量，比如政治文化、政治权威水平等等，由此也就提出了在大众政治时代政治现代化出现波折的问题。

总的来看，20世纪西方政治学界对于政治发展问题的关注和研究，在相当程度上推动人们对于这一问题的认识进入一个理论化、体系化的阶段，尽管由于政治意识形态的干扰，以及西方政治学经典研究范式的局限性，这些研究成果在运用于广大后发现代化国家政治发展理论与实践研究中表现出越来越多的适应症问题，但从中归纳出的某些政治发展的共性规律，仍然是我们借此超越西方研究范式，开展中国政治发展问题研究的必然理论基础。

（二）国外理论界对于中国政治发展的理论研究

自改革开放以来，西方学者就对"文革"后中国政治发展实践给予了高度关注，随着东西方学术界彼此交流的不断强化，国外中国政治发展问题研究的水平也有了长足进步。三十多年来，改革开放的宏大实践及其引发的政治经济社会发展形势的巨变吸引了大批国外学者的目光，一些学者从开放的历史档案入手，展开追根溯源式的研究，还有一些学者则通过与中国同行的交流以及直接深入中国政治发展实践一线来展开研究。其主要成果具体包括以下几个方面的内容：

1. 基本理论共识

20世纪80年代以来，尽快缩短与发达国家经济社会发展水平的差距，实现全面发展，成为中国政治发展事业首先面对的主题。同时，与经济发展相一致，有关中国政治发展主题的讨论也逐渐清晰明确。"文化大革命"结束了一个喧嚣的"革命时代"，迎来了一个激荡的"改革时代"，"改革"成为当代中国政治社会发展的主题。从国外的研究来看，研究的主题一般随着不同的发展阶段而发生相应的变化和调整，20世纪80、90年代的研究相对集中于改革的起源和策略上。其中，比较具有代表性的著作有，何汉理（Harry Harding, 1987）[1] 对改革政治与政策的精彩分析，本尼迪克特·斯塔维斯（Benedict Stavis, 1988）[2] 和麦康勉（Barrett McCormick, 1990）[3] 对"后毛泽东时代"政治改革的研究。尤其值得一提的是，借助新的文献和访谈资料，韩林（Carol Hamrin, 1990）详细分析了20世纪80年代一系列改革规划出台背后的政治过程，特别是知识分子和政治精英之间的互动关系。她指出："1979年到1989年，在邓小平领导下的十年经济改革是从少数革命者掌权，到更为新型、更加开放和更具包容性的政治转型的时代。"[4] 从20世纪90年代至今，相关的研究更多地集中于改革带来的各种社会、经济和政治后果和影响上，而这一系列的反思首先要归结于经济改革的原动力以及经济改革和政治改革、经济发展和社会变革、社会变迁与政治变革的关系。社会主义市场经济的确立和全面发展对社会转型和政治发展带来了深远的影响，一方面，经济的高速增长成为政治体系的主要目标，市场经济以及与全球经济接轨成为这一时期经济发展的主要推动力；另一方面，伴随着经济的持续增长，分配和收入的不平等现象逐渐凸显出来，地区之间、不同群体之间、城乡之间的差距逐渐拉大，官员腐败、失业等一系列社会不公正问题成为政府社会管理和政治发展的又一重要课题，而这一切的解决又依赖于政治体制改革的逐步推进和

---

[1] Harry Harding, *China' Second Revolution*, Washington, D. C.: Brookings Institution., 1987.
[2] Benedict Stavis, *China' Political Reforms*. New York: Praeger, 1988.
[3] Barrett McCormick, *Political Reform in Post-Mao China.*, Berkeley: University of California Press, 1990.
[4] Carol Hamrin, *China and Challenge of the Future*, Boulder, Colo: Westview Press, 1990, p. 210.

完善。

2. 研究方法与范式转换

自中国改革开放以后,由于研究资料的逐步公开以及实地调查方法的应用,国外学者关于中国政治研究的空间逐步扩大,研究方法也逐渐由静态的法律制度性描述转向了动态的政策过程性解释,研究领域由形式化的宏观结构研究推进到了过程化的中观政策研究。其间,整体研究范式也经历了由多元主义到国家中心主义,再到新制度主义的转换过程。

首先,以墨宁(Melanie Manion, 1985)、约翰·伯恩斯(John Burns, 1987)、李侃如(Kenneth Lieberthal)和迈克尔·奥克森伯格(Michel Oksenberg, 1988)等人为代表,从制度和政府过程的角度考察了中国的官僚政治及其运行状况。在此基础上,一批学者从政策过程和精英政治的分析入手,在具体领域讨论了精英之间的相互博弈对于中国政策的制定和执行的作用。如何汉理(Harry Harding, 1984)关于组织政策的研究,苏黛瑞(Dorothy Solinger, 1984)关于商业政策演进的历史轨迹的研究,崔大伟(David Zweig, 1989)阐述了精英之间有关农业政策的争论及其对社会各方利益的影响等等。

其次,除了关于政策过程的讨论之外,一些学者也从领导方式的角度出发,探讨了党和国家在实现社会转型和提高政权合法性方面的政治变迁。如李侃如(1980)从天津的个案分析出发,探讨了组织控制和群众动员在促进社会变迁方面的作用,并强调了组织化对于削弱传统关系网络的有效性。

在相关的政策研究中,多元主义的范式主导了整个研究,强调了精英冲突的性质以及社会团体在政策制定过程中的相对重要性。如何汉理和韩林对后毛泽东时代改革政治的分析,崔大伟对农村政策演化的论述,即是其中的典范。对于多元主义范式的替代方案是文化的研究范式,白鲁恂(Pye, 1988)和黎安友(Nathan, 1985)对中国政治文化的分析尤为值得称道。在诸多替代方案中,新制度主义(new institutionalism)的方案逐渐成为继多元主义之后最为煊赫的流派,这一范式并不强调政治精英和社会团体之间的互动行为,而是强调这一互动行为得以展开的制度和结构背景,以及这一制度和结构对行为的约束与激励。

制度主义范式首先在"国家回归学派"或"国家中心主义"(statist)将"国家找回来"(bring the state back in)的学术运动中出现。按照这一范式的解释,政策的出台不能单纯地解释为是各类权势行为者斗争、联合的博弈过程中各种利益相互竞争的产物,而是要关注塑造这一政治冲突及其结果的制度框架,由于这一制度约束力的存在,单纯的行为者之间的理性行为是无法有效实现其最终目的的。对应于中国的政策出台过程,相关的研究者开始着眼于精英和群众选择与制度之间的互动关系,从而更好地理解和解释了导致当前行为和政策的历史演化过程。这方面的研究领域广泛涵盖了国家官僚体制、国家—社会关系,以及群众参与等等。

3. 研究领域和分析框架

在国外有关中国政治发展的研究中,政策的制定与执行、国家与社会关系、政治参与和社团研究是几个主要分支。

首先,政策制定和执行研究可以"文革"、改革开放作为基本分水岭分为三个阶段,即"文革"前、"文革"及其后期、改革开放后。"文革"前,有关中华人民共和国的政治发展研究主要集中于从静态的角度出发,研究正式的行政机构和组织构成;"文革"及其后期,受到结构功能主义流派的理论影响,相关的研究开始出现动态的政策过程面向,特别强调了精英集团内部的斗争对政策过程的影响;改革开放以来,受新制度主义理论的影响,学者们的研究逐渐转向了政策过程得以展开的历史社会背景以及制度设置,进而探讨制度对于政策制定和政治行为的约束和规制。其中,李侃如、奥克森伯格以及蓝普顿(David Lampton,1987)的研究最为典型。[①] 三人从中国决策体制出发,阐明了在列宁主义官僚体制和政府主导政策体制的演进历史进程中,伴随着决策的科学化和专业化的要求,劳动分工不断加强,行为主体出现了多元化的"多头形态",中央在政策过程特别是执行方面的监控难度日益增强,不同的部门之间几乎垄断了控制范围内的资源,这就是所谓的"利益部门化"造成的"割裂的权威"(fragmentation of authority)。在这样一种权威官僚体制的结构演化过程中,上级部门要想制定和执行某项政策,就必须首先与下级各利益相关部门之间进行沟通协商,在相互博弈过程中达成妥协、建立共识。特别是在执行的过程中,"上有政策、下有对策"已经成为政策执行过程的一大景观,也就导致了政策无法实现统治精英上层的利益和目的。除了结构本身的制约之外,领导精英的偏好和政策的结果之间也会产生偏差。李侃如的著作主要揭示了权威结构如何塑造政策的选择过程,蓝普顿则从制度背景(in-

---

[①] David Lampton, *Policy Implementation in Post - Mao China*, Berkeley: University of California Press, 1987.

stitutional setting) 对政策结果的影响方面入手，探讨了因制度背景的差异导致的政策结果中出现的不同变数，这种制度背景不仅存在于利益模式之中，而且广泛地存在于民众对改革政策的态度和期待之中。

制度主义的研究进路对于政治体系中某一具体经验结论的得出提出了挑战和质疑。譬如，权威结构在整个体系的不同地区、部门和层次上是如何变化的？体系本身又是如何因应变化的？这样一种执行偏差的出现对制度强弱产生了何种影响？这种官僚权威结构下塑造的渐进式政策过程与其他类型政策过程有什么差别？诸如此类的问题对于改革开放初期中国政治博弈和渐进式改革做出了制度主义的解释。

其次，受苏联和东欧剧变后体制转轨与公民社会转型研究热潮的影响，与李侃如和奥克森伯格对国家结构及其政策过程的影响这类研究不同，20世纪80年代末90年代初期的中国政治研究将焦点转向了社会，开始探讨国家与社会的互动关系。其中，在《国家的边界》一书中，舒秀文（Vivienne Shue，1988）从国家与农村社会互动的过程入手，分析了农村的社会结构以及演化过程，开创了农村改革研究的新视野。[1] 舒秀文认为，自20世纪50年代以来，受到毛泽东农村政策的影响，原有的地方主义倾向得到了强化，这一历史进程的发展结果导致了农村组织的"蜂窝"（honeycomb）结构。特别是"大跃进"以来，随着中央政府能力的衰弱，农村干部开始认同地方单位，并将保护地方利益作为其重要职责。她认为，市场化改革实际上是要分解地方的权力资源，从而允许中央权威透过经济增长实现国家权力的扩张和能力的增强。在这一意义上，舒秀文的论断类似于李侃如等人有关割裂的权威使得中央权威无法有效推进政策执行的结论。有关这一政策过程和权威模式的成因，李侃如等人和舒秀文都将其视为领导人在现存的制度背景下实现其政策目标的历史过程的产物。不同的是，李侃如等人认为改革导致了权威的割裂和中央权力部门的弱化，而舒秀文则认为改革取消了干部在国家与农民之间的缓冲地位，从而促进了中央政府权力的扩张。这种结论上的差别源于二者不同的分析层次，李侃如等人考察的是国家范围内的横向权威割裂，而舒秀文考察的是农民和国家官僚整体之间的纵向关系，前者是中央官僚体系权威之间的内部关系，后者是官僚体系与民间社会之间的外部关系。舒秀文的结论引发了一系列后续的争论和研究，如以往的地方势力实际上是否构成了中央政策执行的障

---

[1] Shue Vivienne, *The Reach of State*, Stanford: Stanford University Press, 1988.

碍,市场化改革是否提高了中央的政策执行能力。类似地,地方干部的角色定位也成为争议的焦点,干部的身份是单位的利益代表还是与普通农民有着不同利益的国家经纪人或法人实体,抑或充当着"一仆二主"的角色,而改革后诸多理论难题的破解又有赖于对改革前农村制度和乡村治理结构的透析,县、公社、大队、生产队不同层级之间的权威如何分配,是否存在着地方差异,"文化大革命"以来的制度遗产造成的路径依赖对现有的结构产生何种影响,改革后的国家能力发生了何种程度上的变迁,这些问题都需要经验调查的佐证。最后,随着人民经济生活水平的提高和政治体制改革的深入,民众的民主参与热情被调动起来了,公共实践意识逐渐增强,公共空间的出现也为相应的社会团体的活跃提供了平台。至此,政治参与的议题渐进成为政治和社会发展的重要组成部分。从国外的研究来看,最具代表性的分析当属政治社会学家魏昂德(Andrew Walder, 1982)[①] 从政治社会学的角度对中国政治参与的理解。

与舒秀文类似,魏昂德分析了政治参与的制度背景和社会网络构成的结构性约束,并就此结构对不同行为者的利益和互动行为构成的约束和激励进行了分析。他以中国国企工人的政治和社会参与为例,分析了这种结构和行为之间的互动关系。其一,国企工人是在国家设定的特定监控结构下追求其自身的各项利益,国有工业部门的这一制度特征限制了工人的组织形式和参与模式;其二,工人的参与往往依托于工厂,特别是权威人物的组织作用,从而形成了特定的庇护式的参与模式;其三,这种庇护网络的形成弱化了国家的影响力,从而强化了工厂管理人员的决策弹性。尽管如此,他认为,中国工人依附于单位的依附型和庇护式的参与模式仍然没有发生变化,工人的影响力仍然是边缘性的。魏昂德之后,不少西方学者对中国乡村社会政治关系进行了敏锐的观察,得出了许多富有洞察力的研究观点。伯恩(John P. Burn)较早关注中国农民的政治参与问题,在《中国农村的政治参与》(1988年)中,他深刻分析了改革初期中国农民的政治参与形式与乡村权力的关系。萧凤霞(Helen F. Sui)在《华南的代理人与受害者》(1989年)一书中,通过剖析广东新会县环城乡后发现,国家通过地方精英控制乡村社会,最后使村庄成了被国家控制的政治单位或"细胞社区"。在《当代中国的国家与农民》(1989年)中,戴慕珍

[①] Andrew Walder,. "Communist Social Structure and Workers' Politics in China", In *Citizens and Groups in Contemporary China*, Victor C. Falkenheim, ed., Ann Arbor: University of Michigan Center For Chinese Studies. 1982, p. 45 – 89

(Jean C. Oi) 从集体化时期粮食征购的分析中，发现国家、生产队和农民围绕剩余农产品的支配权进行的斗争中，形成了地方干部与农民之间的庇护—依附关系。①

当然，不可否认的是，受限于西方理论界固有的意识形态偏见，特别是冷战结束后西方世界话语霸权的相对强化，国外理论界对于中国政治发展的研究在广博规范的表象下缺乏对于20世纪末后发现代化国家政治发展研究既有成果的实质性超越。总体上看，西方学者的研究为中国理论工作者提供了某些研究方法和个别观点的参考之外，并没有提供一个经得起中国政治发展实践推敲的系统分析框架，同时，中国理论界政治发展问题研究自觉和研究水平不断提升，对于当代中国政治发展经验与道路进行必要的概括与理论升华的任务只能经由中国人自己认识、解决中国问题完成。

（三）国外对于中国政治发展道路的相关研究

中国自从改革开放主动进入国际体系以来，国际社会尤其是西方社会对中国的认识和看法，随着中国内外环境的改变而不断发生着变化。总体上说，经历了从主观到相对客观，从忽视到重视，从否认到承认这样一个逐步变化的过程。

20世纪70年代末中国改革初期，国际秩序基本上是美、苏、中之间的战略三角关系。当时对美国等西方国家而言，中国具有牵制苏联的战略价值，他们对中国的国际地位比较重视。加之美国等西方世界认为中国的改革开放将会使中国向西方式的制度靠拢，总体上对中国的政策以及言论比较友好。20世纪80年代末90年代初，东欧剧变标志着二战以来以美苏为首的两极格局的较量，最后以苏联社会主义阵营的失败和以美国为首的资本主义阵营的胜利而结束。中国的战略地位大大降低，而中美的意识形态分歧与国家根本利益的冲突则开始逐渐明朗化。这就导致了西方社会的主流媒体与学术界开始更多地戴着有色眼镜，对中国进行了失实的报道和带有偏见性的研究。当时西方世界的主流看法认为，中国肯定经受不住东欧剧变带来的冲击，中国共产党会很快像苏东共产党那样丧失执政地位。西方学者对中国社会的评价和前景预测也都集中在"中国分裂论"或"中

---

① Oi Jean C, *State and Peasant in Contemporary China.*, Berkeley: University of California Press, 1989.

国崩溃论"上。这种观点认为中国也将重蹈其他社会主义国家的覆辙，"它将因地方主义、腐败、民主化、贫富差距等各种内部问题，导致现行体制的自行瓦解或分裂为多个地区"①。

但是事实上，中国并没有像国际社会所预想的那样迅速崩溃。相反，中国不仅经受住了国内政治风波的严峻考验，也经受住了东欧剧变带来的世界社会主义运动的急剧变化考验以及西方世界对中国制裁的压力，实现了社会的基本稳定和经济的持续高速增长，中国成功地收回了香港、澳门的主权，在国际社会的影响力和地位不断提高，中国的发展引起了西方世界的恐惧和戒备，于是他们又抛出了"中国威胁论"。"中国威胁论"的始作俑者是日本防卫大学副教授村井友秀。1990年8月，他在日本《诸君》月刊上发表题为《论中国这个潜在威胁》的文章，从国力角度推论"中国正在成为日本一个潜在的威胁"②。此后，国际社会关于"中国威胁论"的评论逐渐增多。1992年9月17日，美国学者罗芒在美国传统基金会《政策研究》秋季号上撰文《觉醒的龙——在亚洲真正的威胁来自中国》。该文称："中国已经走上了一条经济飞速发展、军事上显示锋芒的道路，而这的确在亚洲和全世界引起反响。它对于美国的经济利益和安全利益的影响是巨大的。"③ 1992年底，哈佛大学教授亨廷顿所著的《文明的冲突与世界秩序的重建》中断言儒教文明与伊斯兰教文明的结合将是西方文明的天敌。1997年2月，《时代》周刊驻北京的第一任记者理查德－伯恩斯坦和美国外交政策研究所亚洲计划主任罗斯－芒罗合著的《即将到来的美中冲突》一书更是集上述论点之大成。该书站在极端反共、极端反华的立场上，赤裸裸地宣扬中国是美国最大的敌人，鼓吹对中国实施最严厉的遏制战略。该书作者认为："不久即将变成全球第二大强国的中国将随着世界面貌在新的千年中发生变化而成为一支支配力量，而作为这样一支力量的中国将势必不再是美国的战略友邦，而成为它的长期敌人。"④ 美国前中央情报局中国问题专家特里普利特和前共和党国会对外政策顾问爱德华·廷珀莱克合写的《鼠年》（1998）和《红龙跃起》（1999）两本书更是对其大肆渲染，将矛头指向"中国对美国国家安全构成重大威胁"这一

---

① 全圣兴：《"中国的崛起"与国际秩序的变化》，《现代国际关系》2005年第11期。
② 葛易：《浅析"中国威胁"论》，《亚太研究》1994年第4期。
③ 王运祥：《"中国威胁论"析》，《国际观察》1996年第3期。
④ 理查德·伯恩斯坦、罗斯·芒罗：《即将到来的美中冲突》，新华出版社1997年版，第9页。

敏感问题，使"中国威胁论"登峰造极。纵观国际上有关"中国威胁论"的种种论调，各种版本内容也不尽相同，除了盛行的中国经济威胁论、中国军事威胁论、中国文化威胁论外，还有中国人口威胁论、中国粮食威胁论、中国能源威胁论、中国环境威胁论等等不一而足。"中国威胁论"在西方一直很流行，直到今天仍然很有市场。但是，事实证明中国的发展不仅没有对他国造成威胁，而且对维护亚太地区乃至整个世界的和平发展都起到了重要作用。

就在各种版本的"中国威胁论"盛行的时候，新一轮的"中国崩溃论"在沉寂了十年后又开始在西方主流媒体中逐渐流行起来。这次"中国崩溃论"无限夸大中国改革开放中存在的一些问题，并据此认为中国正在走向崩溃。它最初是由美国匹兹堡大学经济学教授托马斯·罗斯基的一篇学术文章引起的。2000年，他发表了《中国GDP（国内生产总值）统计发生了什么？》一文，通过对各省市的经济统计资料的研究，他发现这些资料与中国国家统计局发表的数字有不相符合之处，因而提出了对中国统计数字的疑问。[①] 罗斯基的这篇与"中国威胁论"观点相左的文章在最初发表时，由于正值"中国威胁论"大行其道之时，所以并没有引起西方社会的重视，当"中国威胁论"的论调逐渐失去了市场之后，西方媒体才开始关注他的这篇文章。接着美国的《新闻周刊》《商业周刊》，英国的《金融时报》《经济学家》等西方主流媒体纷纷对他的观点进行炒作。在这一背景下，种种关于"中国崩溃论"的文章纷纷出台。从美国记者包德甫《苦海余生》到美国《中国经济季刊》主编斯塔德维尔的《中国梦：寻找地球上最后一个没有开放的大市场》，宣泄西方对中国失望情绪的书已有多种。最具代表性的是美籍华裔律师章家敦（Gordon G. Chang）出版的《中国即将崩溃》一书。章家敦认为，"与其说21世纪是中国的世纪，还不如说中国正在崩溃"，他甚至断言"中国现行的政治和经济制度最多只能维持5年……中国的经济正在衰退，并开始崩溃，时间会在2008年北京奥运会之前，而不是之后！"[②] 这些言论在西方引起了不小的轰动，随后该书被翻译成日、法、德等国文字，在世界多个国家发行。

"中国威胁论"与"中国崩溃论"尽管产生的时间与背景不同，在内容上也完全相反，但实质是一致的。二者都是为了歪曲和诋毁中国，破坏

[①] 李伟：《大国兴起引发的骚动——从"中国威胁论"到"中国崩溃论"》，《国是论衡》2002第8期。

[②] 彭潇：《华裔投机分子章家敦全球兜售"中国崩溃论"》，《环球人物》2006年第12期。

中国的国际形象和外资投资环境，进而影响中国周边地区以及世界各国的对华政策，归根到底是要遏制中国的发展。但随着新自由主义和"华盛顿共识"在西方经济社会中遭遇挫折，西方一些学者开始反思西方的理论与发展模式的"普世"性，转而以新的视角和眼光重新认识中国发展模式，认为"以前在西方用于讨论中国的语言已不再适用"[①]。而要研究中国，就必须了解中国，必须具有"中国眼光"。从2004年即新中国成立55周年开始，西方世界关于中国研究的理论文章和新闻报道大量涌现。这些文章和报道向外界展现了一个充满活力、生机勃勃和成就斐然的中国，尽管有些文章和新闻报道对中国的分析还不够全面、系统和深刻，但是较以往客观和理性的色彩明显增强。2004年5月20日，美国《国际先驱论坛报》网络版刊登了题为《中国将以自己的方式改变》的文章，"称赞中国以循序渐进的方式推进政治改革是果断明智的"[②]。法国前总理拉法兰应邀参加了中国外交学院的外交论坛，发表了《中国的利益就是世界的利益》的演讲，认为今天的中国已经在世界上承担着非常重大的责任："第一，中国代表着经济的增长和迅速的发展。第二，中国是有助于实现世界平衡的一支和平力量。第三，中国在思想文化方面对世界文明的多样性作出了贡献。"[③]

在众多学者、国外政要的言论和理论观点中，都或隐或现地对中国模式及其对世界的积极影响表示赞许，其中最有代表性和影响力的是由雷默提出的"北京共识"。雷默指出，中国通过自己的努力和创新，已经探索出了一种适合本国发展的模式。雷默把这种模式称为"北京共识"，并定义为"它强调义无反顾地进行创新和试验、积极维护国家的领土完整和利益、不断精心积累不对称力量的资本和工具。它的目标和关键是在保持独立的同时实现经济增长，其主张的现代化路径是'摸着石头过河'，而非休克疗法或'大跃进'"[④]。雷默的"北京共识"是对中国的社会发展所作的较为公正客观的评价。

总之，国际社会特别是西方社会对中国的认识经历了从冷战思维到较

---

① 秦宣：《国际视野中的中国模式——兼论中国特色社会主义的国际影响》，《中国人民大学学报》2008年第4期。
② 刘好光：《中国人民大学秦宣教授谈："北京共识"、"中国模式"与中国现代化之路》，《中国教育报》2004年9月28日。
③ 秦宣：《国际视野中的中国模式——兼论中国特色社会主义的国际影响》，《中国人民大学学报》2008年第4期。
④ 《世界舆论评中国模式》，《参考消息》2004年6月2日。

为理性的发展过程，但这种理性的回归不代表今后西方社会对中国不再存有偏见和敌意；相反，只要需要，诸如"中国威胁论""中国崩溃论"等类似的论调还会甚嚣尘上。事实上，今天这两种论调仍然有一定的市场。当前，国外对于"中国模式"的观点主要包括：

1. 关于中国发展模式的内涵

关于中国模式的内涵，由于研究的角度与归纳方式的不同，国外学者对这一问题的概括也不尽相同。一些学者是从中国模式与其他模式的比较视角来进行概括的。美国霍普金斯大学的乔尔·安德斯通过研究东亚模式后认为，"中国走的就是一条独特的东亚道路，其特点是强大的国家、活跃的家庭劳动经济和主要由小企业组成的私有经济和小规模资本主义经济。"① 雷默是以"华盛顿共识"作为参照物来概括"北京共识"内涵的。他认为："中国的发展模式是一种适合中国国情和社会需要、寻求公正与高质增长的发展途径。"② 他把这种发展模式概括为"北京共识"，主要包括三方面："艰苦努力、主动创新和大胆试验；坚决捍卫国家主权和利益；循序渐进、积聚能量。其中，创新和试验是'北京共识'的灵魂，强调解决问题应因事而异，灵活应对，不求统一标准。"③ 雷默进一步解释说，"中国的新发展方针是由取得平等、和平的高质量增长的愿望推动的。严格地讲，它推翻了私有化和自由贸易这样的传统思想。它有足够的灵活性，它几乎不能成为一种理论。它不相信对每一个问题都采取统一的解决办法。它的定义是锐意创新和试验，积极地捍卫国家边界和利益，越来越深思熟虑地积累不对称投放力量的手段。它既讲求实际，又是意识形态，它反映了几乎不区别理论与实践的中国古代哲学观。"④ 日内瓦大学亚洲研究中心高级研究员张维为认为，与西方主导的模式相比，中国模式确实有自己的独到之处："第一，在处理稳定、改革和发展三者的关系方面，中国找到了平衡点。第二，中国现代化进程的指导方针非常务实，即集中精力满足人民最迫切的需求，首先就是消除贫困，并在这个领域取得了显著的成绩。第三，不断地试验，不断地总结和汲取自己和别人的经验教训，不断地进行大胆而又谨慎的制度创新，这使中国避免了很多发展中国家和转型经济国家盲目采用西方模式而带来的困境。第四，拒绝'休克疗法'，

---

① 《海外学者论"中国模式"》，《人民论坛》2008 年第 12 期。
② 赵启正：《中国无意输出"模式"》，《学习时报》2009 年 12 月 7 日。
③ 赵启正：《中国无意输出"模式"》，《学习时报》2009 年 12 月 7 日。
④ 朱可辛：《国外学者对"中国模式"的研究》，《科学社会主义》2009 年第 4 期。

推行渐进改革。第五，确立了比较正确的优先顺序。中国改革开放大致展现了一个清晰的格局：改革的顺序是先易后难；先农村改革，后城市改革；先沿海后内地；先经济改革为主，后政治改革。"① 一些学者是从总结中国经验角度来概括中国模式的内涵的。俄罗斯共产党主席久加诺夫认为，中国成功的公式是：社会主义+中国民族传统+国家调控的市场+现代化技术和管理。② 一些非洲国家的领导人将中国发展模式概括为"以人为本""不断地试验""渐进改革，而非激进革命""一个致力于发展的政府""有选择地学习""正确的优先顺序"等。③ 印度中国问题专家认为，"中国模式"包括："经济上，制定适合本国国情的对外开放政策，趋利避害，与全球化潮流齐头并进。政治上，稳步推进适合国情的民主改革。军事上，在实现国防现代化的同时，将大量原本投入军事领域的宝贵资源转为民用，极大地减轻了国家的负担。外交上，与邻为善、稳固周边。"④ 也有的学者是从"中国模式"的特点进行概括的。美国中国问题专家哈里哈丁认为：中国模式，"首先，在发展目标上，强调经济、稳定和人权必须平衡发展。再有，在对外援助方面不给对外援助附加任何政治条件"。⑤ 德国杜伊斯堡—埃森大学政治学研究所、东亚学研究所所长托马斯·海贝勒认为，"中国模式"的特征是意识形态逐渐为实用主义所取代："经济上，从计划经济到市场经济的转型，或者说政治的经济化；政治上，共产党已经从一个阶级的政党发展成为一个人民的政党；意识形态上，政府的目标不再是一个遥不可及的'共产主义'，而是一个不太遥远的'和谐社会'。"⑥ 英国伦敦政治经济学院的阿塔尔·侯赛因称"中国模式"的主要特点是兼收并蓄："中国的发展模式是历史上前所未有的，既不同于上世纪亚洲'四小龙'快速发展经济的出口导向型，也不同于以消费为主导的美国模式，或德国、法国式的国家调节下的市场经济模式。中国的发展是一个幅员辽阔、人口众多的国家在保持自身数千年的社会、文化传统的前提下，经济快速实现市场化、国内和国际两个市场迅速实现全球化的发展

---

① 朱可辛：《国外学者对"中国模式"的研究》，《科学社会主义》2009年第4期。
② 朱可辛：《国外学者对"中国模式"的研究》，《科学社会主义》2009年第4期。
③ http://news.xinhuanet.com/world, 2006 - 11 - 06.
④ 刘好光：《中国人民大学秦宣教授谈："北京共识"、"中国模式"与中国现代化之路》，《中国教育报》2004年9月28日。
⑤ 朱可辛：《国外学者对"中国模式"的研究》，《科学社会主义》2009年第4期。
⑥ 徐觉哉：《国外学者论中国特色社会主义》，《中国特色社会主义研究》2008年第3期。

模式。"① 托马斯·海贝勒认为中国模式具有以下七个方面的特征：（1）中国共产党目前已进入"适应阶段"。（2）中国是分散的或分权的权威主义体制。（3）中国是发展型国家（developmental state）。（4）具有政治实用主义的显著特色。（5）中央领导层和政权拥有合法性与信任。（6）民族主义或爱国主义具有越来越多对内职能。（7）中国正在迈向自治、法治和参与程度更高的开放社会。②

概括而言，在国外学者的视野中，"中国模式"具有以下几个鲜明特点：（1）特殊性。中国的成功在于选择了适合中国国情的发展道路。（2）包容性、兼容性和创新性。它努力把社会主义制度与市场经济结合起来，把经济高速增长与社会全面发展协调起来，把政府宏观调控与市场微观运行结合起来，把效率与公正协调起来，把传统与现代结合起来。（3）强调发展的人民性。"华盛顿共识"的目的是帮助银行家、金融家，而"北京共识"的目标是帮助普通民众，强调以实现绝大多数人的利益为本。

2. 关于中国发展模式的根本性质与基本走向

中国发展模式的社会性质是国外学者争论最大的问题之一。虽然在中国发展模式的成就上国外学者也存在争论，但是他们大都承认中国在30多年的时间里确实实现了高速增长，人民生活水平普遍得到明显提高。在中国经济变化过程中，社会性质是否也发生了变化？中国现在到底是一个什么性质的社会？国外学者对这一问题的看法存在较大分歧。一种看法认为中国现在已经或正在走向资本主义，属于资本主义国家。英国《金融时报》2004年5月7日刊登题为《中国已发现自己的经济共识》的文章，认为"北京共识"是以极其谨慎的态度执行私有化和自由贸易等政策主张。一些学者对中国推行的"渐进式改革"提出了质疑，认为中国改革仍将面对俄罗斯已经碰到的困难。大约有60%的美国左翼学者将中国社会主义市场经济等同于资本主义。在他们看来，社会主义那种视中国为发展模式的思想活力正面临明显的资本主义复辟，在左派看来，这种复辟是由于中国在出口和经济增长方式方面已经偏离了社会主义。③

还有一种观点认为中国正进入一个类似列宁提出的"新经济政策"阶段。俄罗斯东方学专家阿列克谢·基瓦认为，中国发展模式"是国家资本

---

① 严锋、马建国等：《"世界眼"看中国实践》，《瞭望》2008年第40期。
② 郑云天：《国内外关于"中国模式"研究述评》，《社会主义研究》2009年第4期。
③ [美] 马丁·哈特·兰兹伯格、保罗·伯克特：《解读中国模式》，庄俊举编译，《经济社会体制比较》2005年第2期。

主义方式的一种，就像我们曾经推行过的新经济政策一样。这种模式许多国家都在采用，而且是政治制度不同的国家。既有一党制国家，也有多党制国家。这种模式的实质是，逐步地、分阶段地为形成市场经济和代表制式的民主创造前提"①。日本共产党的资深理论家不破哲三在《马克思的"科学观"——21世纪的资本主义和社会主义》一文中也认为今天的中国正进入一个类似列宁提出的"新经济政策"阶段。不破哲三认为，"中国目前的'社会主义初级阶段'和'社会主义市场经济'的观念，是通过克服历史错误而确定的新的努力方向，而'新经济政策'能为今天中国倡导的通过市场经济建立社会主义的尝试提供借鉴。"

也有一部分学者认为中国发展模式是社会主义性质的。保加利亚科学院院士、著名的社会主义市场经济理论家、索菲亚大学前校长尼·波波夫教授认为，中国选择了社会主义市场经济这条正确道路，"中国目前选择并实践的模式，是唯一可以挽救和建设社会主义的模式，是唯一正确的充满希望之路"。② 法国学者托尼·安德烈阿尼在《中国还是社会主义国家吗？》一文中也认为，中国的社会主义市场经济仍属社会主义性质。

当然，关于中国现在的社会性质除了上述几种观点外，还有学者认为中国在完全不同的条件下探索自己的"第三条道路"或者是一种介于计划经济和新自由主义之间的发展模式，等等。

3. 关于中国发展模式的国际影响

"中国模式"是否具有普遍意义，是否可以为其他国家所借鉴。对于这样一个问题，学者可谓见仁见智。关于中国发展模式的影响与世界意义，国际社会也存在不同的声音，主流看法是中国发展模式将对世界产生积极影响。美国著名未来学家阿尔文·托夫勒认为："中国过去三十年的成就可谓显著、惊人。我们当初也没有想到中国能发展得如此之快，能取得这样的成功。"③ 美国学者约瑟夫·奈指出："中国的经济增长不仅让发展中国家获益巨大，中国特殊的发展模式和道路也被一些国家视为可效仿的榜样……更重要的是将来，中国倡导的政治价值观、社会发展模式和对外政策做法，会进一步在世界公众中产生共鸣和影响力。"

但也有一些学者认为，中国发展模式本身存在很多问题，对其他国家未必有借鉴意义。甚至在是否存在"中国模式"这个问题上也有很大争

---

① 朱可辛：《国外学者对"中国模式"的研究》，《科学社会主义》2009年第4期。
② 朱可辛：《国外学者对"中国模式"的研究》，《科学社会主义》2009年第4期。
③ 杨金海、吕增奎等：《国外学者眼中的中国改革开放》，《北京日报》2008年12月29日。

议。海贝勒提出，中国正处于由计划经济向市场经济的转型期，因此他认为所谓"中国模式"并不存在。中国的转型期是渐进、增量的，在这种条件下谈论"中国模式"为时过早。美国俄勒冈大学教授、中国问题研究专家阿里夫·德里克则完全否认了这一概念，他认为，"中国模式"只是一个想法，而不是一个概念或思想，因为它与概念和思想没有多少密切联系，相互间或者共同的认识累加并不一定就是共识。

总体而言，改革开放以来国外对中国政治发展模式的研究涉及面极其广泛，研究成果颇为丰硕，其中既有正确的观点和看法，也包含着偏见和错误，对此我们必须给予足够的重视和关注。既要分析这些观点和看法本身的是非曲直，更要分析背后的原因和动机，真正做到趋利避害，为我所用。纵观国外各界人士对中国特色社会主义道路或被西方称之为中国发展模式的研究和评价，可以说纷繁复杂，褒贬不一，大体可以分为两大类：一类是对中国的发展成就给予积极和肯定的评价；另一类是对中国的发展成就持否定和歪曲的立场。

从总体上看，绝大多数专家学者和政界人士，包括社会主义国家、一些发展中国家以及中国周边国家的学者、政要，甚至包括不少西方发达资本主义国家的专家学者和政界人士，都能本着尊重历史、尊重事实的治学精神和客观公正的态度，对中国特色社会主义道路给予较为客观的认识和评价。近年来，西方资本主义国家经济发展一直处于低迷状态，而中国经济长期保持快速发展的不争事实，促使西方一些学者不得不重新审视中国。对中国发展模式特别是政治发展模式的认识与看法，也从最初的怀疑、否定、诋毁逐渐发展到接受、认同甚至是赞誉。著名的中国问题研究专家、美国乔治·华盛顿大学中国政策研究项目主任、政治学与国际关系学教授沈大伟说："中国共产党在过去60年里表现得相当不错。总的来说，中国共产党证明了它的合法性，很好地保护了国家利益，提高了中国在世界上的地位，改善了人民的生活。"[①]

当然，国外各界对中国特色社会主义道路的认识和评价只是相对意义上的公正和客观，由于对中国历史和国情缺乏全面的了解，对于中国改革开放这一波澜壮阔的伟大实践，国外学者是很难做到全面而深刻的判定的，因此一些学者的观点和认识难免具有一定的片面性和局限性。这是正常的，完全可以理解的。而且我们也不应该认为凡是对中国特色社会主义

---

① 《决策与信息》编辑部：《全球盛赞"中国模式"》，《决策与信息》2009年第11期。

道路进行肯定与赞扬的,就一定出于善意和公正的态度,对那些指出我们发展中存在问题的观点和看法就一律认定是别有用心的,而是应该具体问题具体分析。

但是,同时我们也必须清醒地认识到,在这些林林总总的观点和看法中,确有一些人是居心叵测,怀有形形色色的政治意图的。这些人长期对中国怀有根深蒂固的成见或偏见,他们从内心不愿看到也不愿意接受中国发展强大,从而产生了失落感、焦虑感甚至恐惧感。因此他们总是故意歪曲和诋毁中国发展道路,破坏中国国际形象,企图影响西方大国、中国周边国家以及其他国家的对华政策,造成不利于中国的外部环境,进而达到遏制中国发展的目的。对此,我们必须有清醒的认识,并积极应对。正如邓小平所指出的:"世界上希望我们好起来的人很多,想整我们的人也有的是。我们自己要保持警惕,放松不得。要维护我们独立自主、不信邪、不怕鬼的形象。"①

对国外关于中国特色社会主义道路的研究及其成果,我们必须给予足够的关注与重视,要客观分析,要理性面对。对于国外的看法和评价我们既不能沾沾自喜,也不能妄自菲薄,而是应该时刻保持清醒的头脑,趋利避害,不断为中国特色社会主义的发展营造一个良好的外部环境。

(四) 中国政治发展理论研究现状

十一届三中全会之后,中国的政治学理论工作者开始着眼于引进西方政治发展理论成果,拓展政治学研究的视域,以期为中国改革发展的实践提供有力的理论支持和理论服务。随着政治发展研究的深入,研究者们从西方政治发展的专门论著中进一步分析和理解政治发展的具体逻辑,在翻译、介绍一系列西方政治发展理论的同时,一些学者开始系统地整理国外学界对于政治发展概念内容的评析,尝试运用政治发展的理论体系和研究方法,结合中国的具体情况和历史传统,开拓中国政治发展问题的研究路径。但无论是对于"拿来主义"的反思,还是运用政治发展的理论方法审视政治发展实践,都为中国化政治发展理论奠定了基础,并由此拉开了政治发展理论中国化进程的序幕。

20世纪90年代之后,随着对西方政治发展理论研究的深入,带有西方中心主义色彩的政治发展理论在解构和建构两方面的局限性都日益突显

---

① 《邓小平文选》第三卷,人民出版社1994年版,第319、320页。

出来。简单照搬西方政治发展理论,导致理论与中国实践的脱节。正因为如此,大家意识到必须致力于在中国的政治沃土中生发出适用于中国语境、更具现实解释力的中国化政治发展理论,并逐渐摆脱西方理论的局限,多角度多层次地理解政治发展。伴随着对政治发展内涵中国特色的强调,学者们开始逐渐注意到政治发展作为一个历史过程所具有的渐进性特征。

与此同时,政治学界开始系统整理马克思主义理论尤其是邓小平理论中关于政治发展的思想,对邓小平政治稳定、政治改革、政治民主等政治发展的重要论述与思想进行梳理。① 政治学界开始更理性、更客观地看待和强调中国政治发展实践的意识形态确定性,力图从中寻求推动中国民主政治健康发展的因素;同时表明学界对把握政治发展的方向问题给予充分重视,致力于摆脱单一的西方中心主义政治发展理论局限。政治学人在探讨政治发展概念、特征、实现形式等问题上,本着对中国的政治发展实践与国情的体察,多角度多层次地透视政治发展理论,明晰政治发展理论的中国化阐释,对建构中国化政治发展理论进行了积极有益的探索。

新世纪新阶段,随着社会主义现代化建设的深入发展,中国的政治发展进程稳步推进,中国的政治发展研究也迈上新台阶。政治学界更加客观理性全面地看待西方政治发展道路和相关理论成果,注意历史地、现实地分析其时代背景和各方面的资源。不仅对一些政治发展理论经典作家及其思想研究进一步深化,而且对于把握西方政治学领域新动态的敏感性和能力也大大增强。特别是近十年来,国内学界对于当代中国政治发展的研究日益关注,不仅在数量上有显著的增加,在理论上也有相应的创新,取得了较为丰硕的研究成果。其主要内容具体包括:

1. 中国政治发展的内涵

当代中国政治发展的研究始于对政治发展内涵的探索。国内学者在这一问题的研究上,既借鉴了国外学者的观点,同时又观照中国的国情提出

---

① 主要的代表有:臧乃康:《论邓小平的政治发展观》,《社会科学》1995年第10期;唐贤兴、范伟峰、刘罕:《社会主义政治发展的人民性——兼论邓小平的政治发展观》,《理论探讨》1996年第4期;张雷:《政治稳定:邓小平的治国安邦之道》,《党政论坛》1996年第6期;韩旭:《"邓小平政治发展思想与走向21世纪的中国政治学"理论研讨会综述》,《政治学研究》1997年第2期;王崇杰:《论邓小平的政治发展战略思想》,《理论学习与探索》1997年第2期;臧乃康:《邓小平政治发展战略探析》,《江淮论坛》1997年第2期;郭正红、戴海东:《邓小平政治稳定思想初探》,《山西师大学报》(社会科学版)1999年第1期;邹小华:《政治稳定与政治改革辩证统一——邓小平政治发展战略思想初探》,《南昌大学学报》(社会科学版)1999年第12期。

了一些不同的理解。前者可以称之为一般性的理论层次，后者则可以定义为中国政治发展的特殊性的理论层次。一般性的理论层次上的政治发展内涵肇始于亨廷顿的政治发展的框架，其主要指权威的合理化、结构的分离和政治参与的扩大等三个方面①，主要关注政治参与和政治制度化两者之间的动态关系。国内很多学者沿着这一逻辑起点对政治发展进行了相关探索。程道平认为，政治发展是指各民族国家在政治参与不断扩张中稳定运转，以付出和扬弃为代价，寻求不断发挥人的政治潜能的政治体制和政治生活方式的生长和发展过程。② 魏星河和罗晓蓉通过总结政治发展的内容将政治发展界定为"现代化进程中的政治变迁，它包括政治制度由不完善向完善的进化，国家民主与社会民主内容、形式的不断拓展与深化，国家能力不断加强和国家凝聚力不断提升等一系列动态过程"。③ 龚上华从规范意义上将政治发展视为现代化过程中积极的政治变迁，它主要包括：政治文化的世俗化和合理化；政治结构的分化和专化；政府能力的提高和权力扩展三个方面。④ 郑慧把政治发展置于一个更为宽广的宏观视野下，认为政治发展是人类社会演进过程中存在的一种社会现象，它既是一个不断发展的历史过程，也是一种必然趋势与战略目标；既可能是现实的变革过程，也可能是变革的目标设计和选择。⑤ 刘宁宁以"传统/现代"作为分析框架，认为政治发展是人类政治生活的基本问题和政治进步的过程，以及政治体系从不发达状态走向发达状态、从传统走向现代的变迁过程，亦即政治现代化的过程。在这种政治发展过程中，最为核心和关键的是政治制度化程度和政治参与的水平、法制的完备与发达状况。⑥ 刁世存认为，当代中国政治发展就是通过改革实现政治系统运行的民主化和法制化。这种政治发展的模式不是西方化，而是逐步建立的具有中国特色的、以法制为基础的社会主义民主政治。⑦ 李凯强调中国的政治发展对未来的积极探索

---

① 塞缪尔·亨廷顿：《变化社会中的政治秩序》，王冠华译，上海人民出版社2008版，第78页。
② 程道平、陈国跃：《当代中国政治发展的背景及其理论建构》，《理论探讨》2000年第2期。
③ 魏星河、罗晓蓉：《新时期中国共产党与中国政治发展》，《求实》2002年第5期。
④ 龚上华：《论国家能力的强化是当代中国政治发展的战略支撑点》，《江西社会科学》2001年第3期。
⑤ 郑慧：《经济全球化与中国政治发展战略目标》，《学习与探索》2003年第5期。
⑥ 刘宁宁：《论中国特色社会主义政治发展道路》，《当代世界与社会主义》2007年第6期。
⑦ 刁世存：《当代中国政治发展与公民政治参与的双重变奏》，《当代世界与社会主义》2009年第6期。

应该在中国的政治语境中来进行。具体来说，它应以调整国家与社会关系为主轴，以对社会价值进行权威性的合理分配为目标，以提升人性的尊严和价值为终极关怀。① 关海庭指出，当代中国政治发展就是要实现政府、社会和市场几种力量之间的平衡。即在保证国家有效控制的前提下，进一步加强制度体系，逐步扩大社会主义的选举制度，综合和整体地推进社会主义的民主政治。② 梁波从政治机制的角度将社会主义政治发展解构为"完善和强化决策机制、权力制约机制、政治调控机制和政治资源分配机制，四种机制的效力如何是直接衡量政治发展程度的客观尺度"。③ 熊光清认为，当代中国的政治发展是当代中国政治领域里发生的变化和进步，是与中国特色社会主义现代化进程相联系的政治民主化过程。④ 王中汝认为，当代中国政治发展的本质是，在坚持社会主义基本政治制度的前提下，对基于不同经济利益的政治权力和政治权利进行调整，缓解不同社会利益之间的冲突和矛盾，消除社会政治生活中的弊端，保障政治体系的有序运行。⑤ 杨阳和李筠认为自 20 世纪 80 年代以来中国政治发展存在明显的滞后，政治组织再造表现出零星、分散和局部性的特征，在宏观层面上还处于内部简单调适阶段，主权在民的宪法原则还没有落实为一种可操作的制度架构等诸多问题，并认为当代中国政治发展首先表现为组织再造。⑥

2. 中国政治发展的目标

政治发展目标从总体上规制政治发展的方向，在价值观念上设立若干标准和检验尺度。只有明确政治发展的目标，才能确定政治发展的内容，制定政治发展阶段性目标和选择政治发展战略，进而以此牵动、引导政治发展。关于当代中国政治发展的目标，国内学者的认识定位有所差异。如李贺林认为社会主义初级阶段政治发展目标包括四项内容：第一，在中国共产党的领导下实现人民当家作主。第二，民主化和法制化紧密结合，实行依法治国。第三，坚持人民民主专政的国体和人民代表大会制度的政体。推进适应和促进社会主义现代化建设的政治发展，中心是建设适应和促进现代化建设的国家制度。第四，加强政府机构建设，实现政府的廉洁

---

① 李凯：《抗拒与变迁：当代中国政治发展的历史反思》，《天津社会科学》2009 年第 6 期。
② 关海庭、韩伟伟：《当代中国政治发展战略论纲》，《太平洋学报》2010 年第 2 期。
③ 梁波：《当代中国政治发展机制的目标选择》，《求实》2006 年第 1 期。
④ 熊光清：《论 21 世纪中国政治发展的基本目标》，《社会科学研究》2006 年第 1 期。
⑤ 王中汝：《遏制权力腐败与中国的政治发展》，《探索》2001 年第 4 期。
⑥ 杨阳、李筠：《现代化与近代以来中国政治发展的相关理论问题》，《政法论坛》2007 年第 5 期。

高效。① 张顺和柏维春认为 21 世纪中国政治发展的基本目标，就是在坚持四项基本原则的前提下，在人民当家作主的基础上，依法治国，发展社会主义民主政治。这一基本目标在实践中的推进和落实，必须着力于从整体上和全局上有利于下述五个方面的发展：有利于增强党和国家的活力；有利于保持和发挥社会主义制度的特点和优势；有利于维护国家统一、民族团结和社会稳定；有利于充分、切实发挥人民群众的积极性；有利于促进生产力的发展和社会的全面进步。② 王继停指出当代中国政治发展的近期目标为全面建设小康社会，不断促进政治民主、政治廉洁、政治稳定、政治高效和政治的制度化发展。具体表现在加强民主监督机制建设，理顺党、政、企三者关系，改革和完善党的领导方式，实现党的领导方式现代化和扩大基层民主等几个方面。③ 胡伟认为，就政治发展的一般进程而论，民主相对于法治具有目标上的逻辑优先性，这是中国政治发展首先应当明确的一个问题。现阶段我国政治发展和政治体制改革的基本目标应当是民主化。民主政治将成为 21 世纪中国现代化和政治发展的动力和中轴。④ 燕继荣的看法与胡伟有所不同，他强调中国政治发展的目标不应该仅仅局限在民主化的问题上，国家制度理性化可能是当今中国最迫切的任务。没有责任和没有约束的政府大概是最坏的政府，而受到最合理制度约束的政府可能是最好的政府。所以，以完善责任制为目标的政府制度改革可能比以民主化为目标的改革更具有迫切性。⑤ 熊光清则在更宽泛的意义上指出，21 世纪中国政治发展的基本目标就是要实现政治民主、政治廉洁、政治稳定和政治效率。⑥ 而有的学者则认为当代中国政治发展的最终目标包括两方面：一是指政治发展的终极目的，即人在政治上的全面发展，包括人的政治素质的提高、人的政治能力的提高和潜能的发挥、人在政治上的彻底解放、人的社会政治价值的全面实现；二是指政治发展的最高目的，即马克思、恩格斯提出的"自由人联合体"。

---

① 李贺林：《我国社会主义初级阶段政治发展的目标、过程与基本要求》，《天津市社会主义院学报》2007 年第 3 期。

② 张顺、柏维春：《论 21 世纪中国政治发展的基本模式》，《东北师大学报》（哲学社会科学版）2000 年第 6 期。

③ 王继停：《当代视角下的中国政治发展目标与战略模式选择》，《求索》2006 年第 2 期。

④ 胡伟：《新世纪中国民主政治发展与政治学的使命》，《浙江学刊》2004 年第 1 期。

⑤ 燕继荣：《政府创新与政府改革：关于中国政治发展目标与路径的思考》，《中国行政管理》2006 年第 11 期。

⑥ 熊光清：《论 21 世纪中国政治发展的基本目标》，《社会科学研究》2006 年第 1 期。

程道平也认为政治发展的终极目标就是人的政治素质和政治能力的提高、政治潜能的发挥和人在政治上的彻底解放。王继停提出确立当代中国政治发展的长远目标，需要依据当前和今后可以预期的时间内，经济、政治和社会发展情况，以及国家发展所面临的国际环境。综合分析所面临的国内和国际因素，当代中国政治发展战略的长远目标为实现政治制度化、政治民主化、政治大众化和政治现代化，实现社会主义民主政治。吕红霞指出当代中国政治发展的长远目标是建立高度民主、法制完备、富有效率、充满活力的社会主义政治体制。刁世存认为中国政治发展的核心目标是推进社会主义民主政治，建设社会主义政治文明，实现党的领导、人民当家作主和依法治国的有机统一。

3. 中国政治发展的价值理念

从已有文献看，国内学者对于当代中国政治发展的价值理念存在较大分歧，体现在"以人为本"和"民主政治"两个不同的政治发展价值理念分野上。程竹汝和郭燕来认为，政治发展的价值目标定位是当代中国政治发展的首要问题。有了明确的目标，改革过程和未来就不会迷途，社会生活就不会无序。符合中国国情的政治发展目标会起到鼓舞民心，推进各项事业健康发展的作用。陈晓辉指出，无论是中国政治发展的实践、中国政治发展的理念，还是中国社会要实现的政治发展目标，它们都是以实现人的全面发展为价值目标。因此，中国民主政治发展的价值取向就是人的全面发展。[①] 赵景刚认为，"人"始终是政治学的永恒主题，政治生活始终是人类的活动内容之一，政治价值的评判以人的需要为准绳，当代中国政治发展的价值取向需要"以人为本"。许耀桐强调，中国的政治发展致力于"不断满足人民的多方面需求，实现人的全面发展"。因此，中国特色社会主义民主政治建设的最终目的根本区别于西方国家的民主政治发展，它是为了实现社会的全面进步和人的彻底解放。[②] 刘杰也认为民主政治的发展是一个漫长的历史过程，对于中国这个发展中的社会主义大国来说，发展和健全社会主义民主是我们党是否真正体现"以人为本"的重要标志。[③] 胡伟认为，民主政治是 21 世纪中国现代化和政治发展的主题。常贵祥进而阐述了民主政治之所以成为人类政治发展的价值目标的原因，"民主作

---

① 陈晓辉：《中国民主政治发展价值取向的探微》，《学术交流》2007 年第 9 期。
② 许耀桐：《论中国特色社会主义政治发展》，《北京社会科学》2009 年第 5 期。
③ 刘杰：《"以人为本"与中国民主政治的发展方向》，《毛泽东邓小平理论研究》2004 年第 5 期。

为目的，是政治价值的最高体现；民主作为手段，是社会资源尤其是政治资源公平分配的有效机制，是政治权威最可靠的合法性基础，也是有效调动人民群众积极性，保持政治效率持续有效的重要方式"。① 林尚立认为，民主化是中国政治发展的必然选择。这是中国迈向现代化的内在要求。在中国的现代化发展中，政治发展的困难不是要不要民主的问题，而是实现什么样的民主以及如何实现民主的问题。② 孟宪平也认为改革开放之后，在市场经济的推动下，我国民主政治发展表现出另一种景象，它不再将那种表面上公允的东西奉为至宝，也不陶醉于那种虚假的满足，而是立足现实，追求科学的民主价值体系和构建全新的民主政治发展理念。③

4. 中国政治发展的动力来源

政治发展的动力是指推动政治正向变迁的力量，是政治发展动力的合力，国内学者对当代中国政治发展的动力从不同的角度给予了分析。其一，当代中国政治发展动力的单一因素论。中国共产党是当代中国政治发展的动力。林尚立认为当代中国政治发展的动力主要来自中国共产党。"现代政治不能没有政党，现代政治孕育了政党，而政党推动了现代政治发展，任何以民主为取向的政治发展都有赖于政党的作用。政党在现代政治中的核心地位决定了政党将直接或间接地决定着整个政治发展的取向、路径与方式。这样的政治逻辑要求人们必须充分重视政党在政治发展中的重要作用，忽视政党的作用，就无法认识和把握现代的政治发展。中国共产党对中国政治发展具有决定性的作用是毋庸置疑的。这种作用主要体现为党能够从全局上把握和推进中国的政治发展，使中国政治迈向民主。"④ 胡伟也持同样观点，他认为中国民主政治发展的主体应当是中国共产党。因为从总体上看，共产党是中国最大规模的社会精英组织，并有相当广泛的代表性，在这方面没有其他任何一个社会组织可以望其项背。如果共产党能够实现较大程度的党内民主，鉴于它在中国政治生活中的特殊地位，必将牵一发而动全身，带动整个中国民主政治的发展。⑤ 其二，阶层分化

---

① 常桂祥：《民主政治建设：当代中国政治发展的主题》，《齐鲁学刊》2001年第2期。
② 林尚立：《有序民主化：论党在中国政治发展中的重要作用》，《毛泽东邓小平理论研究》2005年第3期。
③ 孟宪平：《转型时期中国民主政治发展的基本性态分析》，《科学社会主义》2005年第1期。
④ 林尚立：《有序民主化：论党在中国政治发展中的重要作用》，《毛泽东邓小平理论研究》2005年第3期。
⑤ 胡伟：《新世纪中国民主政治发展与政治学的使命》，《浙江学刊》2004年第1期。

是当代中国政治发展的动力。朱光磊认为，从当代中国社会阶级阶层的构成变化，完全可以看出中国政治发展的基本思路。"以时间换空间"是对中国政治发展总特点的一个理论概括。[1] 颜英红也认为，当代中国社会阶层构成多元化推动了"从身份到契约"的转化过程，推动着我国民主化和法制化进程，并且中国社会阶层分化的总趋势是有利于政治稳定的。[2] 阶层的分化凸显了利益因素在政治发展中的作用，其衍生的利益集团或社会团体在某种程度上也推动着中国的政治发展。如王中汝就把利益看成是每一个既定社会的经济关系的首要表现，追求利益是人类一切社会活动的动因，也是政治发展的直接动力。他认为利益表达就是人们向各级公共权力机构或其组成人员反映、提出自己的愿望和利益诉求，并希望得到有力保护和促进的过程。利益表达的制度化程度，决定着一个国家的社会稳定程度，同时也是一个国家政治发展水平的重要标志。[3] 黄相怀指出，当代中国政治发展面临的最大挑战就是在政府利益与公民利益之间寻求最佳的结合点。[4] 刘勇和张喜红则强调了社会团体对政治发展的推动作用。刘勇相信社会团体可以为民主政治创造良好的社会基础，组织公民的政治参与，培育公民文化，协助政府实现善治并对政府权力形成有力的制约等。[5] 张喜红认为社会团体客观上形成了一种新的权力监督制约机制，它能够有效进行利益表达与利益整合，促进社会政治稳定，有助于政治社会化，同时，社会团体还发挥着社会管理和服务功能。[6] 杨慧进一步指出，行业协会在政治领域中有利于推动政府职能转变、提升政府宏观调控能力和监督政府依法行政；在社会领域中的意义是充当社会"润滑剂"和培育公民社会成长，因此，行业协会的兴起对中国政治发展具有重要的意义。[7] 此外，程波辉认为，独立于政府和市场之外的非政府组织体系的公民社会，为解决当代中国政治发展问题提供了一个全新的理论视野，是中国政治发展的

---

[1] 朱光磊：《中国政治发展研究中的若干思维方式问题析论》，《天津社会科学》2005年第6期。
[2] 颜英红：《浅论当代中国社会阶层分化对政治发展的推动作用》，《陕西师范大学学报》（哲学社会科学版）2006年第3期。
[3] 王中汝：《利益表达与当代中国的政治发展》，《科学社会主义》2004年第5期。
[4] 黄相怀：《中国政治发展的制度逻辑》，《教学与研究》2005年第5期。
[5] 刘勇：《论当代中国政治发展视野中的社团角色》，《理论与改革》2004年第5期。
[6] 张喜红：《社会团体与当代中国民主政治发展》，《长白学刊》2007年第3期。
[7] 杨慧：《政治发展的新动力：论我国行业协会兴起的意义》，《行政论坛》2007年第2期。

新动力。① 其三,制度性资源是当代中国政治发展的动力。林尚立认为政治发展是受动性与自主性并存的过程,其动力来源可分为两大方面:一是政治领域外的动力资源;二是政治领域内的动力资源。前者主要体现为对政治发展具有决定意义的经济和社会发展,后者主要体现为决定政治生活具体形式的法律制度、意识形态以及大众文化等,并认为目前中国的政治发展应重视政治领域内的动力资源,从战略上重视社会主义政治制度基本功能的开发。② 因此他更注重制度化的因素,尤其是权力关系的制度化对当代中国政治发展的促进作用。他认为,权力与体制之间的相互作用和相互促进既为政治发展提供空间,又向其提出挑战,构成了中国政治发展的现实逻辑。虽然权力关系的变化和调整促进了体制变革,但同时必须在战略上以体制的变革与创新,对变化了的权力关系加以规范,实现权力关系的制度化。权力关系制度化将为政治发展构筑一个新的平台,即有序的经济、稳定的社会、法治的国家、权威的政党和自觉的公民。基于这样的平台,中国政治的现代化和民主化就有可能形成重大的发展。③ 其四,经济因素是当代中国政治发展的动力。许耀桐认为当代中国,公有制经济是社会主义制度的经济基础,也是民主政治的经济基础。在社会主义初级阶段,国家坚持公有制为主体、多种所有制经济共同发展的基本经济制度,坚持按劳分配为主体、多种分配方式并存的分配制度,这就从经济基础上决定了中国的民主不受资本的操纵。④ 胡永佳认为政治发展的基本动力来自经济改革。经济商品化、市场化等要求直接推动了政治体制的调整和变革。此外,经济改革的某些成果既促进了政治发展,本身也构成了政治发展的有机内容。⑤ 其五,人的主体性是当代中国政治发展的动力。李景鹏认为,一个社会的经济动力与社会动力,归根到底都来自人民的积极性。⑥ 蔡益群强调人民群众对当代中国政治发展起着更大的作用,他认为当代中国政治发展的动力只能从社会大系统中去探寻,而不能预先人为地界定一个"政治系统"以分析其动力,社会基本矛盾运动是政治发展的原动力,人的需要和利益、人民群众是社会基本矛盾运动派生出来的动力系统,而

---

① 程波辉:《公民社会:中国政治发展的新动力》,《中共四川省委党校学报》2007年第10期。
② 林尚立:《中国政治发展的动力资源》,《探索与争鸣》2000年第2期。
③ 林尚立:《权力与体制:中国政治发展的现实逻辑》,《学术月刊》2001年第5期。
④ 许耀桐:《论中国特色社会主义政治发展》,《北京社会科学》2009年第5期。
⑤ 胡永佳:《试析当代中国政治发展的逻辑线索》,《政治学研究》1999年第1期。
⑥ 李景鹏:《论政治发展的动力与目标》,《天津社会科学》1998年第3期。

人民群众在社会基本矛盾中的首要地位,则决定了自身在政治发展中所起的主导作用。① 李培文则认为中国农民身份转化的过程就是中国政治的发展过程,农民身份转化将成为推动当代中国政治发展的强大动力。李元书认为,中国政治发展存在着一个动力场,政治发展变化是诸多因素共同作用的结果。这些因素包括人的需要的变化和发展、科技革命和生产力的发展、社会矛盾与社会冲突、社会结构的变迁、文化的变迁与发展、人的素质的提高等等。② 任溶认为单一以政府主导推进中国的政治发展,难以做到而且缺陷不少;单一以第三部门为推进力量,又为时略早。因此从当前中国建设社会主义政治文明的情况来看,充分发挥政府和第三部门在不同阶段的长处,将它们的优势加以叠加,是当前推进政治发展较为理想的现实动力。③ 胡伯项和刘浩林从当代中国政治发展的动力机制角度出发,得出随着改革开放的不断深入和我国政府与社会力量的消长变化,单纯的政府主导型改革已经不能完全适应中国政治发展的现实需要的结论。他们进而认为,危机推动开始成为中国政治发展的重要动力机制,危机推动的动力模式在中国政治发展领域渐趋明显。④ 卢正涛更倾向于市民经济和公民社会的合力作用对政治发展的影响,认为"政治发展离不开市场经济,没有市场经济,就没有政治发展。从西方发达国家的政治历程来看,市场经济的兴起,以企业家为核心的公民社会的出现,使国家与社会之间发生了相对分离。在此条件下,一方面,国家为适应市场经济发展的需要,不断调整管理社会的方式,自身的能力得到提高。另一方面,公民社会的成长、壮大,最终导致公民参与国家事务的管理,即实现政治的民主化"。⑤

5. 中国政治发展的阻碍因素

王中汝认为,权力腐败将是中国政治发展的最大障碍。他指出,以理性、民主与法治为特征的现代性孕育着稳定与秩序,向着现代性迈进的现代化过程却潜伏着破坏稳定与秩序的种种因素。其中,执政党内出现的权力腐败最具破坏性,它一方面动摇了党和国家的权力合法性,导致人们对"只有社会主义才能消除资本主义,和其他剥削制度所必然产生的种种贪

---

① 蔡益群:《当代中国政治发展的原动力分析》,《探索与争鸣》2002年第12期。
② 李元书:《政治发展导论》,商务印书馆2001年版。
③ 任溶:《论当代中国政治发展的动力》,《马克思主义与现实》2004年第5期。
④ 胡伯项、刘浩林:《中国特色社会主义政治发展道路的历史逻辑与发展指向》,《江西社会科学》2009年第9期。
⑤ 卢正涛:《社会变革、市场经济与公民社会》,《武汉大学学报》(社会科学版)2003年第7期。

婪、腐败和不公正现象"的论断产生怀疑；另一方面严重影响到人们的价值观念，冷漠、颓废、唯权力与金钱要求，增加了政治不稳定的因素。① 郑永年则认为，强大的既得利益集团和作为改革主体的执政党对改革缺乏集体共识是当前中国政治发展中深化体制改革的两大难题。② 朱光磊认为，地方政治发展的滞后性可能会阻碍中国政治的进一步发展。"从整体而言，中国民主政治发展依然存在诸多问题，其中非常突出、值得注意的现象就是地方政治发展程度明显低于中央层面，甚至也不如基层自治工作活跃，并且很不平衡。"③ 吕红霞则担心中国现阶段民主发展的不成熟性可能会给政治发展带来负面影响，当前政治发展的不成熟性主要表现为政治体制不完善、政治机制不健全和直接民主不完善三个方面。④ 更多的学者逐渐意识到缺乏民主的政治文化对中国政治发展会形成阻碍。胡伟认为，由于中国历史上缺乏民主政治的传统，目前仍未形成民主的政治文化或公民文化，人口众多且经济政治发展极不平衡使得现阶段中国的民主化面临着一个两难选择：一方面，政治体系面对的是发展民主的强大的客观要求，另一方面，在目前和将来相当长的一段时间里，中国社会在总体上又不具备实现大规模民主转型与巩固的条件。秦德君从历史脉络上对缺乏民主的政治文化进行了考察，他认为在中国历史上，臣民文化和官本位文化比较强健，它抑制了社会公共空间和公民的主体地位。公民文化缺失的一个显著结果就是公民主体意识孱弱，反过来它又造就了公民文化贫瘠的土壤。改革开放至今，我国仍有相当大的社会群体尚不知"政治参与"为何物，更遑论主体化地去政治参与了。此外，由于"文革"和"文革"前许多极端化政治运动，公民"政治冷漠"仍比较多见。⑤

6. 中国政治发展的战略模式与路径选择

关海庭认为，当代中国政治发展的战略模式有三个特点，即务实主义的观念模式、试验性的方案选择和迂回式的改革发展策略。具体而言，可以将当代中国政治发展划分为三个层次：上层主要指中央的政治改革；中层是加强县级政权的建设；基层是不断完善基层的民主选举制度，实行真

---

① 王中汝：《遏制权力腐败与中国的政治发展》，《探索》2001年第4期。
② 郑永年：《中国改革的路径及其走向》，《炎黄春秋》2010年第11期。
③ 朱光磊：《滞后与超越：中国地方政治发展总体观》，《武汉大学学报》（哲学社会科学版）2010年第5期。
④ 吕红霞、杨正元：《对中国现阶段民主政治发展的几点认识》，《社会科学战线》2002年第5期。
⑤ 秦德君：《中国政治发展与扩大公民政治参与》，《社会科学》2001年第9期。

正的基层自治。他非常重视中层的政治发展的作用，认为它起着承上启下的作用，有着巨大的发展潜力，应该在综合发展的原则下，重点发展中层的社会民主。[①]郑慧主张将政治文明的全部内容纳入政治发展的战略目标，使经济全球化背景下中国的政治发展目标具有全局性、前瞻性和战略性；努力实现政治科学化、政治公开化、政治高效化、政治清廉化和政治文化世俗化。[②]王继停强调要用不断改革的手段，使国家政治发展战略与社会经济政治发展的目标相协调，表现为类似于正弦曲线的波浪式发展、螺旋式迂回上升的前进轨迹。即在发展过程中它表现为一种从波峰到波谷，再由波谷到波峰的曲折轨迹，不是一种始终为直线的持续过程；它与社会发展的其他要素的前进往往不是平行或重合的，而是一种时快时慢、时先时后、时左时右的交互发展。常桂祥指出，逐步积累的渐进而非激进跳跃式的政治发展模式，是由中国社会主义初级阶段的经济文化状况决定的。张定淮也赞同"渐进调适"的发展策略，表现为三个方面："摸着石头过河"；政策的策略性传承发展，通过积累式制度创新来突破旧体制；短期次优与长期最优的统一，通过退一步进两步的策略以时间换空间。

同时，国内学术界对当代中国政治发展路径的探讨主要集中于两个方面：一是自上而下的改革思路，即通过改革中央的政治体制从而形成从中央到地方渐次推进的政治体制改革；二是自下而上的学理设计，即以推进民主尤其是以党内民主、基层民主等为典型代表作为中国政治发展的突破口。

其一，政治体制改革作为当代中国政治发展的路径选择。何增科指出，中国政治发展的已有成就是中央政府和各级地方政府在政治和行政管理体制方面积极进行体制改革和制度创新的结果，从制度变迁的路径依赖角度来看，过去20年的努力为政治体制的演进奠定了基础并预示进一步变迁的方向。[③]燕继荣将以善治为发展目标的增量政治改革视为政治发展的必然趋势，同时提倡在政府制度与宪政民主建设中寻求最佳结合点。[④]陈晓辉认为，政治发展在本质含义上是指政治关系的变革和调整，而政治关系要通过政治制度体现。[⑤]张钦朋指出，中国政治发展的动力是政治体

[①] 关海庭、韩伟伟：《当代中国政治发展战略论纲》，《太平洋学报》2010 年第 2 期。
[②] 郑慧：《经济全球化与中国政治发展战略目标》，《学习与探索》2003 年第 5 期。
[③] 何增科：《治理、善治与中国政治发展》，《中共福建省委党校学报》2002 年第 3 期。
[④] 燕继荣：《中国政治发展：理论与实践的双重变奏》，《学习与探索》2006 年第 3 期。
[⑤] 陈晓辉：《中国民主政治发展价值取向的探微》，《学术交流》2007 年第 9 期。

制改革。政治体制改革是政治领域的革命。"政治体制改革强调与经济体制改革相适应,通过政治体制改革使上层建筑不断适应经济基础的发展要求。"① 王中汝从遏制权力腐败的角度出发,认为通过体制创新遏制权力腐败是中国政治发展的核心。权力腐败之所以愈禁愈烈,源于中国政治发展中日益外现的内在矛盾,即政治结构分化不充分,由此导致权力结构中的制衡体制难以有效建立;而权力制衡的缺位,助长了权力行使非理性的扩张。因此,中国政治层面的体制创新,最根本的问题是解决政治结构的科学分化以及与其相联系的制度的重新安排问题。虞崇胜也认为,为了消融矛盾和避免体制的衰败,要以创新的精神推动社会主义政治制度文明的发展。而基于对人的理性的辩证分析和当代中国政治发展所面临的外部挑战与内在动力,政治体制创新已经成为当代中国政治发展的战略选择。②

其二,民主作为当代中国政治发展的路径选择。胡伟指出,我国的民主化选择一条体制内道路比走一条体制外路线要有利得多;对于中国民主政治发展道路的建设性、可行性设计,不应当是改变中国共产党的领导地位,而是改善它的领导方式,推进党内民主,使共产党的领导契合于我国民主政治的发展。在积极推进党内民主上达成共识,使之成为我国民主政治发展的突破口,扎扎实实地进行党内的民主改革并与国家的政治制度结合在一起。③ 中国民主化的体制内道路与体制外道路是可以并行不悖的,只是从政治发展的战略上考虑,应当权衡轻重缓急,党内民主是中国体制内民主化的一个理性选择。张书林也持同样观点,他认为,以党内民主来示范和推动人民民主的民主政治发展思路来看,由于中国共产党是中国的执政党,是中国民主政治发展的主导者,是中国政治体制的核心和支柱,发展党内民主,以党内民主带动人民民主,进而促进中国整个民主政治的建设和发展,其最现实的好处在于风险小、成本低,而且能够产生联动效应,带动和促进整个民主政治的发展。

张书林还强调指出,中国民主政治发展的最终突破口应该定位在实行党委书记差额选举上。④ 许耀桐指出,现在搞全国普选还不行,只能在县

---

① 张钦鹏:《中国政治发展 60 年:回顾与思考》,《中州学刊》2009 年第 9 期。
② 虞崇胜、王洪树:《政治体制创新:当代中国政治发展的战略选择》,《长白学刊》2006年第 5 期。
③ 胡伟:《党内民主与政治发展:开发中国民主化的体制内资源》,《复旦学报》(社会科学版)1999 年第 1 期。
④ 张书林:《党委书记差额选举:中国民主政治发展的最终突破口》,《理论探讨》2006 年第 5 期。

（市）以下的基层开展直接选举，然后推进到中高层。因此，扩大基层民主，是完善发展中国特色社会主义民主政治的必然趋势和重要基础。① 张定淮也认为，基层民主的积极推进培养了公民的民主精神。中国基层民主的各种实践教授公民现代民主精神，并随着市场经济的深化发展和公民社会的成长成熟，不断推动中国的民主向更高阶段发展。② 唐兴霖和马骏对农村民主政治实践寄予厚望，认为它是中国民主政治制度进一步演进的一个非常可行的初始制度条件。"只要沿着中国农村民主政治实践这一初始的制度路径，通过党、政府和人民的共同努力，逐步克服目前中国民主政治发展中面临的制度短缺困难，终将会形成中国民主政治发展的路径依赖，使中国目前的非均衡政治走向均衡的民主政治。"③ 蔡益群也主张以村庄的政治发展为推动力，促进国家的政治发展。"村庄政治发展对于中国政治发展的推动作用，表现在它是制度创新的动力、理论创新的动力和实践发展的动力三个方面。"④ 但是，对基层民主作为中国政治发展的路径选择也存在相当多的质疑声音。如张书林认为，通过自下而上的民主探索来推动民主政治的发展，特别是实行村民自治，但它并不必然引起整个政治体制的连锁反应，对全国民主化建设的推动力度不够大，亦即效益太低，因而也很难成为中国民主政治发展的具有可行性的突破口。⑤ 胡伟也认为，作为民主政治自下而上渐进发展的一种尝试，虽不乏一定的意义，但尚不足以构成我国政治体制改革的突破口，其实际效果有待进一步观察和研究。⑥ 林尚立认为协商民主可以作为当代中国政治发展的路径选择，他指出，中国政治发展的现实条件、承担的历史责任和基本政治理念，共同决定了中国民主政治发展的程序选择必须以协商为价值偏好。所以，如何借助统一战线所提供的现成的政治资源、社会资源和制度资源在中国发展协商政治，就应该成为中国新世纪民主政治建设的重要任务与目标。⑦ 赵景

---

① 许耀桐：《论中国特色社会主义政治发展》，《北京社会科学》2009年第5期。
② 张定淮、涂春光：《当代中国政治发展的战略与策略》，《马克思主义与现实》2004年第2期。
③ 唐兴霖、马骏：《中国农村政治民主发展的前景及困难：制度角度的分析》，《政治学研究》1999年第1期。
④ 蔡益群：《村庄政治与中国政治发展》，《理论与改革》2010年第3期。
⑤ 林尚立：《协商政治：对中国民主政治发展的一种思考》，《学术月刊》2003年第4期。
⑥ 胡伟：《党内民主与政治发展：开发中国民主化的体制内资源》，《复旦学报》（社会科学版）1999年第1期。
⑦ 林尚立：《协商政治：对中国民主政治发展的一种思考》，《学术月刊》2003年第4期。

刚倾向于选举民主,认为"在具体的政治过程中,做到真正尊重和吸纳民意、保证民意不被人为扭曲以及在被扭曲的情况下及时得到纠正的关键,是在政治文明建设成果的基础上,认真落实现有规章制度和党中央的一系列指示精神,扎实提高选举质量"。[1] 张洪江则关注新兴的网络民主,他指出,由于历史和现实的原因,我国的民主政治发展的途径还不完善、不健全,这在客观上使我国社会主义民主政治制度优越性的充分展现受到了一定程度的阻碍,因而中国民主政治的发展呼唤新的路径。网络文化的诞生为中国特色社会主义民主政治的发展奠定了基础。我们可以通过电子政府、BBS、政治博客和网络评论等路径推进社会主义民主政治的大发展。[2]

7. 中国政治发展的主要特征

在系统地总结与分析中国特色政治发展实践的基础上,政治发展理论研究更加强调中国的政治发展应该坚持的原则,注重其社会主义性质的规定性;强调全面理解和掌握中国国情、国外理论实践的正面经验和中国具体实践的成功经验,进而成功地构建了中国特色政治发展道路理论,并确定了其牢固的主导地位。在构建中国特色社会主义政治发展理论体系的过程中,中国学者们的创新思维表现在凸显中国特色社会主义政治发展道路的重大意义。有的学者就在对我国政治发展和民主政治建设的成就高度概括的基础上,辨明了我国政治体制改革作为民主政治发展基本路径的重要性以及未来走向与战略,从社会主义民主政治内在逻辑的高度审视了中国共产党的党内民主模式的价值和意义,并从新的视野阐释坚持走中国特色社会主义政治发展道路的必要性与合理性,揭示形成民主政治的"中国模式"的世界意义。[3] 有的学者总结改革开放30年来党对中国特色社会主义政治发展道路的理论探索指出,中国特色的政治发展道路的特征表现为:在政治发展目标上,主张建设社会主义高效政治和民主政治;在政治发展战略上,主张秩序优先的渐进式改革;在政治发展模式上,主张执政党主导的有限自主和有限控制相结合。[4] 就中国政治发展经验的总结而言,强调新中国政治建设和政治发展的中国特色,注重总结体现特殊规律性的原

---

[1] 赵景刚:《科学发展观与当代中国政治发展》,《理论探讨》2007年第3期。
[2] 张洪江:《论中国特色社会主义民主政治发展的网络文化路径》,《前沿》2010年第5期。
[3] 胡伟:《新中国的政治发展:成就、途径和道路》,《上海交通大学学报》(哲学社会科学版)2009年第6期。
[4] 施雪华、孙发锋:《改革开放30年中国共产党对中国特色社会主义政治发展道路的理论探索——关于中国政治发展的目标、战略和模式》,《马克思主义与现实》2008年第6期。

则内容。新中国政治渐进发展改革在科学定位中国政治发展历史方位基础上，注重国体民主的同时，又重视政体民主发挥；政治体制与经济体制互动在保证质的同时，又注重量的适度；政治参与既关注公民参与积极性的提高，又注重参与技能的提升和制度化渠道建设，在这些经验基础上，走出了一条较为成功的有中国特色的政治渐进发展道路。[①] 也有学者从宏观层面系统地归纳了改革开放 30 年来中国政治发展的中国特色，如旗帜鲜明、坚持原则；战略目标明确，将民主、法治、稳定、和谐有机地融入政治发展改革进程当中；走适合国情之路，绝不照搬照抄；使政治发展与社会发展相协调；选择循序渐进的发展策略等。[②]

（五）中国本土政治发展理论研究的新进展（2011—2019 年）

随着政治学学科建设与本土理论体系建设的加速，越来越多的中国学者开始注意到政治发展理论研究中的本土学术自觉、话语自觉和文化自觉的问题。尽管政治发展西方理论原点的一些基本预设和重要概念仍在中国本土研究中产生着相当程度的影响，但是，在中国化过程中，其内涵已经在不同程度上发生了潜移默化的改变，其中一些与中国政治发展道路存在根本分歧的成分，如以竞争性选举、分权化、市场化的程度作为考量政治发展最主要指标等，则受到了越来越多中国学人的质疑与反思。也恰恰是建立在这种本土化理论体系的建构思维基础上，适应当代中国政治发展实践，进入理论与实践无人区的对"中国模式""中国方案""中国道路"的理论总结达到了一个新的广度和高度。更多立足于本土立场和本土视角的研究开始占据中国政治发展研究的理论阵地。而正面阐释总结中国特色政治发展道路的特点与经验的研究大量出现，也标志着中国政治学界的政治发展研究已经开始有意识地摆脱此前学步和被动回应西方理论前沿的束缚，推动着中国由政治发展研究中"有待改变的对象"向"提供经验的对象"的根本转变，从而也赋予了中国语境下的政治发展研究以鲜明的本土风格和本土特色。具体而言，其主要成果包括：

1. 正面阐释总结中国特色政治发展道路的特点与经验

在制度层面，有学者系统分析了中国社会主义政治发展的制度因素，

---

① 任勇：《"新中国政治建设与政治发展 60 年"学术研讨会综述》，《探索与争鸣》2009 年第 12 期。

② 杨海蛟、王浩：《中国政治建设与政治发展 30 年》，《西北大学学报》（哲学社会科学版）2009 年第 1 期。

指出中国共产党的领导、人民当家作主和依法治国构成了当代中国政制安排的三大基石，建立在这三大基石之上的当代中国政治制度具有双重演进的历史逻辑，一方面它扎根于中国特殊的历史、社会和文化的变迁之中，并呈现出良好的适应性，保证了当代中国的政治稳定、经济发展和政治文明的推进；另一方面当代中国政制安排又具有明显的源于顶层和人为设计的特征，它必然要随着时代的变迁和社会文明的演进进行完善和优化。[1] 也有学者指出，人民代表大会制度的根本政治制度，中国共产党领导的多党合作和政治协商制度、民族区域自治制度以及基层群众自治制度等基本政治制度是中国特色社会主义制度的重要组成部分。这四个基本制度构成了中国特色社会主义政治发展道路的制度框架。[2]

随着中国政治发展实践中体现出的中国色彩日益鲜明，体系化特征日益凸显，一些学者开始注意从道路自觉、理论自觉的高度来概括中国政治发展的经验。如有学者在概括中国共产党作为中国政治发展道路的核心主体地位的基础上，提出了正是中国共产党引领了对于政治发展中国道路的探索，并保持了对于中国道路的道路自信，这些元素对于中国特色政治发展道路生成与发展具有至关重要的意义。[3]

对于中国政治发展道路中体现出的独特制度优势，有学者通过中国政治发展与美国等资本主义国家"政治衰变"现象的对比，强调了中国制度注重立足本国国情，以人为本，注重民生，较好地处理了社会民主、个人自由、国家稳定和政治效率的关系，为经济快速发展提供了良好的政治保障，探索出一条符合大多数人利益的政治发展道路。[4] 类似的，有学者指出中国特色社会主义政治发展道路为实现最广泛的人民民主确定了正确方向，政治体制改革是社会主义政治制度的自我发展与完善，在此认识前提下，我们才可能沿着正确的方向在支持和保证人民通过人民代表大会行使国家权力、健全社会主义协商民主制度等方面全面贯彻落实我国政治发展和政治体制改革的目标任务。[5] 也有学者对中国政治发展模式的特征进行

---

[1] 王彩波、丁建彪：《当代中国政制安排的演进逻辑、完善与优化——中国社会主义政治发展的制度因素分析》，《社会科学战线》2015年第3期。
[2] 王炳权：《中国特色社会主义政治发展道路的制度框架》，《前线》2013年第4期。
[3] 虞崇胜、刘元亮：《道路自觉与道路自信：中国特色社会主义政治发展道路的主体特征》，《江苏行政学院学报》2015年第5期。
[4] 张树华：《中国政治发展道路的优势》，《光明日报》2012年12月11日。
[5] 沈春耀：《坚持走中国特色社会主义政治发展道路和积极稳妥推进政治体制改革》，《求是》2012年第24期。

了进一步理论概括，指出价值选择自主性、制度载体稳定性、中轴联动性、渐进性、世界性与民族性等共同构成了中国政治发展模式的特征与经验。①

在总结改革开放以来中国政治发展的主要经验时，有学者指出，中国政治发展的最大成就就是开创了一条中国特色社会主义政治发展道路，其具体内涵则在于坚持党的领导、发展人民民主、推进依法治国、改进政治体制、完善治理体制、制约公共权力、保障公民权利等。② 类似的，也有学者通过梳理辛亥革命以来中国政治发展的主要经验，强调了中国政治发展遵循"三位一体"的目标指向，人民当家作主是中国特色社会主义政治发展道路的本质。中国特色社会主义政治发展道路突出了坚持四项制度的具体内容，从人民行使当家作主权利的实践载体和形式等方面体现出社会主义民主范围的广泛性。以改革创新精神对待政治发展，是坚定不移地走中国特色社会主义政治发展道路的科学态度。③ 也有学者认为，中国特色社会主义政治发展道路是中国特色社会主义道路题中应有之义，是中国现代化进程中，国家公共权力配置各方利益的系统发生的以民主和社会主义为取向的转变途径。坚持党的领导、人民当家作主、依法治国三者的统一，是这一道路的重要原则，人民代表大会制度、共产党领导的多党合作和政治协商制度、民族区域自治制度、基层群众自治制度是这一道路的基本架构，社会主义民主法治、自由平等、公平正义理念是这一道路的隐性支撑。坚持这一道路符合历史发展规律和中国社会发展的要求，同时必须针对新的情况不断完善这一道路的相关要素。④

2. 对政治发展方向与内涵的本土探讨

有学者指出，市场经济和与国家化相配合的经济政治形态构成了中国政治发展的现实背景，在此情况下，应该运用中国既有的政治资源包括制度资源，对执政权力结构形成约束、监督、质询，扩大普通人的参与权，这成为政治改革最基本的方向。⑤ 也有学者根据对中国政治发展的体制背景、政党因素等的考量，认为混合体制是中国共产党领导下政治发展的基

---

① 高占春：《中国政治发展模式的多维度探析》，《理论月刊》2012年第5期。
② 王寿林：《改革开放以来中国政治发展的基本经验》，《新视野》2019年第1期。
③ 齐卫平：《论中国特色社会主义政治发展道路》，《中共宁波市委党校学报》2012年第1期。
④ 刘学军：《中国特色社会主义政治发展道路研究》，《科学社会主义》2011年第6期。
⑤ 汪晖：《中国政治发展新趋势》，《领导科学》2014年2月。

本制度特征,而改善混合体制,增强其中的民主制成分则代表着中国政治发展的主要目标。① 有学者在概述中国政治发展的理论逻辑时,指出政治理性化、制度化与法治化是中国改革开放 40 年政治法治逻辑的主题。坚持中国共产党的领导、坚持历史唯物主义、遵循循序渐进的政治发展思路、不断总结建构指导中国政治发展的理论体系,是中国政治发展理论逻辑的基本特征。② 对此问题,也有学者总结认为,改革开放以来中国政治发展是以人民民主作为逻辑起点,以制度化建设为突破口,以党政分开为主要内容的,在此基础上,中国的政治发展逐步推进,在延续逻辑主线的前提下不断拓展其内涵,才取得了今天的成就。③ 同时,有学者将中国政治发展的基本逻辑沿着中国共产党建党以来推动中国政治发展的历程,归纳为"一条主线""三个坚持":"一条主线"就是始终把社会主义民主政治视为中国政治发展的目标,"三个坚持"就是坚持党的领导、人民当家作主和依法治国的有机统一,坚持"四大政治制度"建设,坚持社会主义政治制度的自我完善和发展。④ 在探讨政治发展的价值取向时,有学者认为,中国特色社会主义民主政治发展的根本要求,就是把坚持党的领导、人民当家作主和依法治国有机统一起来。而坚持党的领导的价值取向具体表现为科学理性,坚持人民当家作主的价值取向具体表现为民意理性,而坚持依法治国的价值取向在于公正理性。⑤ 有学者概括认为,中国特色社会主义政治发展道路,植根于近代以来中国独特的历史环境和历史命运,形成于围绕"民族独立和人民解放""国家富强和人民富裕"的"中国梦"所进行的探索中,是近代以来中国人民长期奋斗的历史逻辑、理论逻辑、实践逻辑的必然结果。中国特色社会主义政治发展道路的成功实践证明,资本主义政治发展道路并非唯一途径。诠释这三个逻辑,有助于理解中国特色社会主义政治发展道路的必然性,也有助于增强走中国特色社会主义政治发展道路的自觉与自信。⑥ 还有学者从汲取经验和展望未来的视角指出,要防止中国政治发展从历史逻辑到历史虚无主义,从理论逻辑到

---

① 姚洋:《当代中国政治发展的动力与目标》,《中央社会主义学院学报》2017 年第 3 期。
② 倪国良、张伟军:《改革开放以来中国政治发展的理论逻辑》,《理论与改革》2018 年第 4 期。
③ 关海庭:《改革开放以来中国政治发展的线索和内在逻辑》,《北京党史》2011 年第 5 期。
④ 刘晖:《建党 90 年来中国社会主义政治发展道路述论》,《前沿》2011 年第 17 期。
⑤ 张建民:《论我国政治发展根本要求的价值取向》,《岭南学刊》2011 年第 5 期。
⑥ 徐奉臻:《中国特色社会主义政治发展道路的生成逻辑》,《当代世界与社会主义》2018 年第 2 期。

教条主义,从实践逻辑到经验主义的异化,认为坚持三者对于保持中国政治发展的良善均衡状态具有重要意义。①

作为一种共识,有学者认为,中国共产党的领导是中国特色社会主义政治发展道路的鲜明特色,顶层政治制度设计的人民性是该道路的鲜明特征,依法保障公民参政并保持社会稳定是该道路的推进器和安全阀。而其世界价值则表现为:只有社会主义制度才能开创人类政治文明的光明未来,中国政治发展道路能开拓出优越于西方的制度体系,对西方民主体制具有启示价值,可为不同国家发展提供参考,能助力建设和谐世界。②

在具体涉及政党制度等方面的发展经验总结与改革前景展望时,有学者在强调执政党建设与现代国家构建间存在密切逻辑关联的前提下,指出保持执政党先进性是民族—国家构建的重要前提,增强执政党合法性是民主—国家构建的核心内容,提升执政党有效性是民生—国家构建的根本保障。因此,推进当代中国政治发展,最重要的是加强执政党建设,推动中国共产党实现从整合型政党向代表型政党、从任务型政党向法理型政党、从全能型政党向服务型政党的转型。③ 相较于以往政治发展研究中对政治性主题的强调,一些学者则开始更多地将关注点转移到治理议题上,如有学者就指出,国家治理体系和治理能力的现代化,实质上是一个政治制度现代化的问题。而现阶段中国政治发展的主要任务是实现政治现代化,首先建设现代国家和现代政府;在建设现代化的同时关注一些后现代的结构,逐步实现由统治的一元结构向治理的多元结构的转变,处理好政府和市场、社会、公民之间的关系。④ 同样,有学者在关注政治发展中民主与治理的关系问题时指出,国家治理现代化应当优先于民主政治的发展。国家治理现代化主导着民主发展的状况和形态,决定了一个国家或地区民主模式的选择及民主政治的发展道路,决定了大多数国家或地区不能走西式民主的道路。⑤

在探讨民主发展这一中国政治发展中至关重要的议题时,许多学者都认为,中国正是因为走出了一条非西方化的民主建设道路,才保证了中国

---

① 邱雨:《中国政治发展的三重逻辑》,《理论月刊》2018 年第 3 期。
② 向红:《论中国特色社会主义政治发展道路的特质及世界价值》,《中共福建省委党校学报》2017 年第 7 期。
③ 张浩:《国家构建与政党转型:中国政治发展的行动逻辑》,《甘肃社会科学》2014 年第 4 期。
④ 胡伟:《国家治理体系现代化:政治发展的向度》,《行政论坛》2016 年第 4 期。
⑤ 李广平:《论政治发展中民主与国家治理现代化的关系》,《江汉论坛》2016 年第 2 期。

政治发展事业取得巨大成就。如有学者就指出，中国政治发展的实践证明，发展民主政治，必须坚持人民主体地位的政治立场、政治理念。发展社会主义民主政治，必须走中国特色社会主义政治发展道路。发展社会主义民主政治，通过协商民主的形式，才能够把人民最广泛地、最大限度地涵盖进来。发展社会主义民主政治，必须坚定不移地推进政治体制改革。①其中，总的原则都是按照社会主义民主的属性来促进民主建设。类似的，有学者认为，中国的政治现实、社会基础和所处的时空条件，决定着政治发展的战略选择。在以协商民主为主导模式的前提下，逐步引入竞争机制，将协商民主和体制内的竞争有机结合起来的"协商—竞争型"政治治理模式，可能是中国政治发展中比较好的模式选择。②总之，许多学者依托改革开放以来中国政治发展中的实践经验总结，对中国民主建设的本土经验进行了总结。如有学者就指出，中国的国家治理必须坚持党的领导和以政府治理为主导，才能更好地坚持社会主义的方向和道路，坚持国家制度建设，推进各项公共事务治理的民主化、法治化、制度化、多元化，达到法治、德治、共治、自治的合作协调治理。中国的民主政治发展，必须以坚持党领导人民民主、坚持人民代表大会制度、坚持协商民主形式和实行群众路线为基本要素所构成的新型民主观为指导。③从而指明了中国民主政治发展区别于西方的一些特征。在概括其总体性特征及制度属性的基础上，还有学者将对中国特色民主政治发展道路特征的概括引向更深的层次，将其逻辑概括为民主发展是在现代化进程中展开，并且从属于、服务于现代化建设。同时，民主在现代化进程中不断扩展和深化，表现为有序扩大、渐进发展的路径方式。民主发展具有突出的问题导向，是由现代化遇到的问题倒逼而来的。民主的整个发展历程是上下互动、相融共生的互动共进过程，每一次的增量发展基本上都经历了试点、扩大、总结、推广的过程。④还有学者概括认为，中国政治发展的内在机制是根据国家经济社会的现实水平和发展方向不断调整政治权力的配置关系，改进政治保障和促进经济社会文化发展的实现方式，形成经济社会发展与政治发展的良

---

① 许耀桐：《社会主义民主政治发展的丰富意蕴》，《人民论坛》2017 年 S2 期。
② 周振超：《主题·难题·问题：社会阶层结构大转型背景下的中国政治发展》，《理论探讨》2013 年第 5 期。
③ 许耀桐：《推进国家治理现代化与民主政治发展》，《济南大学学报》（社会科学版）2016 年第 5 期。
④ 周少来、张君：《现代化进程中的民主发展——中国特色社会主义民主政治发展 40 年》，《政治学研究》2018 年第 6 期。

性互动。中国共产党的领导地位，是这一内在机制有效展开的关键因素。当代中国政治发展道路广泛借鉴其他国家治国理政的经验，吸纳其行之有效的政策、措施，同时坚持和发展符合自己历史任务、实践经验和发展趋势的制度机制，在应对诸多风险和挑战中，保持政治团结和政治活力相统一、国家的统一领导与权力分工制约相统一，为国家发展和社会进步提供坚定的政治保障。①

3. 关注中国政治发展的多元特征与本土资源

中国政治发展道路越来越表现出与经典西方模式间的巨大差异，并且这些差异也已经超越了既有西方理论的解释范畴。一些中国学者开始有意识地关注政治发展普遍规律与本土特殊性资源的结合问题，如有学者就指出，作为政治上层建筑的有机组成部分，中国传统政治文化中的民本思想、德法兼备的法治思想等都有助于推动政治发展进程，同时，其所蕴含的排他性和循旧的迟滞性等则阻碍了政治发展进程，因此，要发挥本土传统文化资源对于政治发展实践的积极作用，就需要对其加以现代化改造，使之融入现代民主建设进程中。② 在此基础上，一些学者着重从历史传统对中国政治发展的塑造作用入手，探讨了特定的历史起点与社会条件对于中国政治发展过程中的问题生成、政治制度的具体形态以及政治发展的目标、路径、动力、方式等的影响；论证了中国政治发展的价值取向是多元复合的、路径是多元变迁的、是以市场和权利为主要动力的，并以渐进方式实现。③ 也有学者指出从历史发展和现实实践来看，政治发展的主题经历了国家权力、公民权利、国家治理能力的演变。在当代世界，人们开始更加看重国家治理能力对政治发展所具有的重要意义。对后发国家而言，必须理解政治发展和国家治理是复杂的，而不是简略的。后发国家的政治发展应在共同之善的价值指引下，协调好国家权力、公民权利和国家治理能力三者之间的关系。因此，中国政治发展的内涵丰富，无法用民主化的简单概念来加以涵盖。④

在动态化地考察中国政治发展的实践历程与经验中，一些学者结合对

---

① 郭静：《政治发展的实践演进与理论逻辑——改革开放40年来的中国政治发展》，《政治学研究》2018年第6期。
② 冯焱：《传统政治文化对现代政治发展的双向影响》，《人民论坛》2017年第20期。
③ 郭燕来、高萍美：《当代中国政治发展历程的独特性》，《云南社会科学》2011年第4期。
④ 张勇：《政治发展的主题与逻辑：国家权力、公民权利、国家治理能力建构》，《中共福建省委党校学报》2016年第9期。

中国政治发展历程中不同阶段特征的梳理，指出，当下进行的中国政治发展的第四次政治转型的法宝是以人为本、执政为民、科学发展。① 根据中国作为一个后发大国的国情，有学者着重从政治发展与政治稳定的关系上探讨了中国特色社会主义政治发展道路的特点，指出中国特色社会主义政治发展进程中需要解决的问题，不是移植西方的政治制度体系，而是要确立与中国历史传统以及改革开放实践相适应的现代政治价值体系。同时，拓展公民的政治参与对于确保政治发展的连续性和有序性，从而缓解与消弭政治发展过程中产生的矛盾与张力，维护政治稳定起着至关重要的作用。② 也有学者从分析中国政治发展道路中对待制度变迁问题的特征入手，认为可变革制度才是改革40年中国政治发展的制度秘笈，并指出在此制度变迁逻辑下中国政治发展展现出了民主化、高效化和法治化特征。③ 此外，还有学者认为，作为"后发外生"的国家，中国政治发展的动力不仅有国内政府主导的"自上而下"的政策驱动、体制驱动和"自下而上"的市场驱动，还有来自全球化的推动。市场经济是变革利益关系、均衡政治权力、锤炼政治人格、形塑政治结构的动力源泉；同时，全球化浪潮也被实践证明是中国政治发展的重要动力。④ 也有学者从认识中国政治发展的丰富层次角度入手，指出，新时代基层民主政治发展的深入推进应该强化与优化硬性政治资源禀赋，深度调适与建设软性政治资源禀赋，开发与培育新型政治资源禀赋，应该系统把握各类政治资源禀赋和充分发挥它们的集成优势。利用政治资源禀赋开发我国基层民主政治发展的比较优势，有利于在理论上丰富习近平新时代基层民主观的内涵，在实践上形成一条既适应国情又兼具民主特质的中国特色"良善治理"之路及现代民主发展之路。⑤ 还有学者强调在关注政治发展中制度移植内容的同时，也要关注制度建构中的本土化特征，指出在当代中国的政治发展中，需要制度移植，但其最主要还是来自本土的制度资源，包括正式制度资源和非正式制度资

---

① 虞崇胜：《中国共产党领导中国政治发展的四次转型及其成功经验》，《学习论坛》2012年第4期。
② 王金水、孙奔：《简论政治发展与政治稳定的关系》，《科学社会主义》2013年第6期。
③ 虞崇胜：《可变革制度：改革40年中国政治发展的制度秘笈》，《东南学术》2018年第5期。
④ 郭燕来：《利益与权力：当代中国政治发展的动力》，《云南行政学院学报》2011年第4期。
⑤ 王洪树、张茂一：《政治资源禀赋视角下新时代基层民主政治发展探析》，《河南社会科学》2019年第3期。

源。推动当代中国政治发展，唯一正确的选择就是在外来制度和本土制度的碰撞、交流、激荡和融合中实现制度创新，走中国特色社会主义政治发展道路。① 此外，值得关注的是，许多学者在关注中国政治发展的本土资源时，都着重强调中国共产党在领导和塑造中国政治发展中的作用。如有学者指出，中国共产党在不同历史时期中的正确领导和不断根据时代条件转变发展理念，是确保中国政治发展过程顺利推进，并且表现出很强的适应性的关键所在。② 也有学者认为，中国共产党在克服了多重政治力量之缺陷的基础上，使新型的政治发展的逻辑得以呈现出来。中国共产党的特性使其集创新力与修复力于一身，从而缔造了中国独特的发展模式。在创新机制和修复机制灵活而务实的组合中，中国政治发展确立了独具一格的动力和空间。③

　　政治发展研究在西方学界所经历的方法论反思，及其在中国运用中出现的本土适应症问题，提醒着广大中国学人有必要反思和超越以往基于西方中心主义立场，将政治发展狭义地理解为"自由民主化"的过程，以及"市场化"和"社会转型"自然后果的一系列教条原则。事实上，在研究中国这样一个后发大国现代化历程的过程中，越来越多的中国学人意识到，中国在宏大叙事层面上的总体性规律，是通过诸多具体而微的特殊性本土案例所体现出来的，换言之，只有在寓普遍性规律于特殊性表现的理解框架下，我们才能将政治发展的总体规律从其既有的单一西方载体中解放出来。这也决定了，在中国政治发展研究中，我们应该给予那些本土的特殊规律和具体影响因素、实践运作机制等以充分的重视。惟其如此，我们才可能真正揭示出中国政治发展中蕴含的深层规律，并有针对性地化解中国政治发展中可能遭遇的风险和障碍。对此，有学者就针对当代中国政治发展中政治信仰与政治发展的关系问题，通过系统梳理三个历史时期中国共产党培育信仰体系的过程与经验，提出了需要处理好信仰与现实、权利与义务、宗教与世俗、目标与手段四对关系来稳固信仰体系，促进中国政治发展。④

---

　　① 张浩：《制度移植与本土资源：中国政治发展的制度逻辑》，《青海社会科学》2013 年第 3 期。
　　② 郑言：《中国共产党与中国政治发展》，《政治学研究》2011 年第 6 期。
　　③ 刘建军：《中国政治发展的动力机制与修复机制——对中国共产党 90 年历史进程的政治总结》，《学习论坛》2011 年第 8 期。
　　④ 关海庭：《当代中国的政治信仰与政治发展》，《新视野》2016 年第 5 期。

4. 中国政治发展的总体规划、原则与路线

在探讨中国政治发展实践的总体原则时，相较于改革开放初期，现在有越来越多的中国学人开始思考中国政治发展所需的顶层设计和总体规划问题。在这一方法论意义上的共识性前提之下，基于对政治发展内涵与标准的不同理解，一些学者提出了对中国政治发展总体规划、原则与路线的不同意见。其中，有学者在强调中国政治发展既有的总体制度框架优势的基础上，明确提出了政治发展和政治体制改革要有利于经济的发展，有利于民生的改善，有利于维护中央的权威，有利于维护人民民主权利，有利于调动地方的积极性的评判标准与原则，明确指出了中国政治发展绝不意味着像苏联那样在制度层面推倒重来。① 也有学者从梳理中国政治发展的马克思主义进路的角度，点明了马克思主义在历史视野、实践主体、制度实践与价值理念等方面对中国政治发展的规范和引领功能，从而明确了中国政治发展的根本宗旨与制度属性。② 相对的，有学者则仍然沿袭经典的西方政治发展理论预设及其中国翻版的教条，认为中国政治发展本质上是经济发展倒逼政治发展，对外开放倒逼国内改革，其在目标设定方面的重点任务是防"左"。③ 还有学者沿着类似的逻辑，认为中国政治体制改革滞后是"一个不争的事实"，并在此前提下明确提出了按照西方标准变革中国体制进而拒斥"治理逻辑"的"中国话语"。④

在探讨未来提升中国政治发展的制度化水平时，一些学者认为，在未来不到十年的时间里，通过不断推进政治体制改革，以实现我国的制度定型并以此发挥制度的有效性和优越性，是摆在我们面前的一项重大课题和重大任务。因此，把握发展民主与完善治理的主题，推动从改革到定型的发展，同时保持制度的稳定性、政治结构的开放性、政治文化的理性化、政治体制的适应性等。⑤ 也有学者指出，社会主义核心价值体系的不断更新是中国政治发展的重要参照，在社会主义核心价值体系形成的过程中，中国政治发展的合法性基础、目标、途径和特征等要素日益明确。当前，

---

① 黄宗良、项佐涛：《不能推倒重来：关于中国政治发展的思考》，《中央社会主义学院学报》2017 年第 3 期。

② 吴苗：《当代中国政治发展的马克思主义进路》，《云南行政学院学报》2012 年第 3 期。

③ 余源培：《改革开放 40 年中国政治发展路径及启示》，《中央社会主义学院学报》2019 年第 1 期。

④ 叶险明：《关于"中国道路"中的政治发展问题》，《江海学刊》2016 年第 5 期。

⑤ 桑玉成、陈家喜：《论政治发展进程之转型与定型——为纪念邓小平诞辰 110 周年而作》，《探索与争鸣》2014 年第 8 期。

处理好市场经济与宏观调控、理想和利益、改革和稳定等基本关系,通过科学发展达到社会和谐,保障人民主权理念的真正实现,是我们必须坚持的基本原则。①

根据十八大以来中国政治发展的新动向,有学者概括了十八大报告中关于政治发展问题的主要内涵:坚持"一个根本",即坚持以保证人民当家作主为根本;坚持"两种民主形式",即坚持选举民主与协商民主的结合;坚持"三者有机统一",即坚持党的领导、人民当家作主和依法治国的有机统一;坚持"四大政治制度",即坚持人民代表大会制度、中国共产党领导的多党合作和政治协商制度、民族区域自治制度和基层群众自治制度;坚持积极稳妥地推进政治体制改革。并指出其使中国人民建立起在政治发展道路上的自觉和自信,为实现最广泛的人民民主确立了正确方向,在实践上已经和正在展示出其独特的优越性,为不同国家的政治发展提供了一个可资借鉴的范例。强调了坚持中国特色政治发展道路,发挥本土优势的意义。② 也有学者认为,中国特色政治发展包括政治治理民主性质、政治系统制度化和治理能力提升三重内涵。当前中国特色政治发展呈现出以党为领导、政府为主导、经济发展为动力、公共利益为目标、渐进改革的方式、社会协同参与的一般性特征。中国特色政治发展的基本路径是以治理民主促进社会民生。为此,需进一步规范党政关系,强化政府创新,深化人民民主,投资社会资本,不断拓展中国特色政治发展的空间。③

在深入探讨中国特色社会主义政治发展道路的本土特征与自身逻辑时,已经有学者注意到在中国语境下政治发展实质性内涵发生的改变,并认为其赋予政治发展概念的新特征引导了中国政治发展事业的顺利进展。如有学者指出,中国特色社会主义政治发展道路的逻辑起点应当是"现实的中国个人"。现实的中国特色社会主义政治发展道路要靠中国人自己走。中国现实的政治生活同现实的中国个人息息相关,不能自觉不自觉地远离政治生活,这就需要现实的中国个人通过各种学习途径提高自己的政治思想道德素质和科学文化技术水平及能力,从自然人自我修炼为社会人、政治人,并积极创造条件,为主动参与社会、国家不同层次的政治生活做好必要准备。只有现实的中国个人的自由全面发展,才是真正的中国特色社

---

① 关海庭:《中国社会主义核心价值体系与政治发展》,《太平洋学报》2012 年第 5 期。
② 虞崇胜:《提升中国特色社会主义政治发展道路的新境界》,《武汉大学学报》(哲学社会科学版)2013 年第 3 期。
③ 叶战备:《中国特色政治发展的价值、特征与路径》,《探索》2015 年第 6 期。

会主义政治发展。① 类似的，也有学者从中国政治发展逻辑的人权观入手分析，指出坚持把人权的普遍性原则和中国实际相结合，走符合国情的人权发展道路，奉行以人民为中心的人权理念，使得中国政治发展的轨迹有别于奉行超验人权观的西方政治发展道路。②

类似的，也有学者关注到对民主理论的中西方理解差异，并主张突破自由民主理论垄断民主解释权的现状。如有学者指出，"以民为主"是民主的核心价值，中国式民主的探索是和西方式民主等价的民主类型。③

在对中国特色社会主义政治发展道路的历史经验进行正面总结的同时，也有个别学者另辟蹊径，从"总结教训"的视角提出了对政治发展未来方向的看法。如有学者指出，政治与经济的失衡发展带来政治衰败；激进式、运动式政治变革带来政治社会灾难；党内民主集中制的片面化并替代党内民主制导致政治低效和腐败；公民社会的消失或弱小是政治国家走向集权腐败低效的主要原因；没有民主的效率和没有效率的民主都是不可持续的政治发展目标；社会主义民主与法治的任一缺失或相互替代必然造成政治与社会的不稳定；动员型公民政治参与和无规则公民政治参与都阻碍政治发展；机构改革与政府职能转变不配套导致机构缩胀的恶性循环；政府职能转变不等于政府无所作为，更不等于可以推卸责任；走封闭式的自我发展道路只可能导致政治衰败而不是政治发展。④ 这些具体提法的正确性虽然颇有值得商榷之处，但从研究的多元性价值来看，也不全无存在的意义。

5. 中国政治发展研究的范式改进与方法创新

随着中国政治学本土化理论体系构建提上日程，也有一些学者从研究范式和具体方法运用方面开启了对于中国政治发展新研究领域的探讨。有学者针对此前研究中偏重总体国家制度层面的宏观研究，由此形成了国家中心论、政党中心论、宪政中心论和协商民主论等制度研究成果的现实，提出了将政治发展研究更多地转向中观层面的过程研究，加强对特定的制度遗产、适宜的社会条件、主流的价值诉求、外部的压力挑战等对中国政

---

① 乔耀章、巩建青：《现实的中国个人：中国特色社会主义政治发展道路的逻辑起点》，《江苏社会科学》2017年第5期。
② 樊鹏：《中西人权观差异及政治发展逻辑》，《环球时报》2019年7月23日。
③ 刘杰：《中国式民主与西方式民主的比较研究》，《毛泽东邓小平理论研究》2005年第1期。
④ 施雪华、曹胜、汤静容：《中国政治发展的主要教训与未来走向》，《社会科学研究》2012年第1期。

治发展模式的形塑与影响的分析，从而为决策机制、干部人事制度、财政监督和公民参与等制度的改善提供理论依据。[1] 也有学者在具体研究中将关注点从传统的国家制度层面的总体研究转向了中观与微观研究领域，如有学者总结县域政治发展研究成果指出，地方治理现代化的研究同样影响到国家治理现代化目标的实现，因而具有重要的研究价值和广阔的拓展空间，并且提出了在实证、历史、比较、对策等几个维度上推进相关研究，以服务于治理现代化的全局。[2]

在梳理总结中国学界对于政治发展问题的既有研究时，有学者将相关研究按其倾向划分为四类：援引西方政治学基本原理和原则的纯西方政治学研究，就现实论现实，将现实的中国政治作为描述对象，对中国政治制度的基本构成、政治体制的基本要素和现实的政治实践作基本描述。现在还出现了多种地方实证研究的政治报告、行政学研究、公共管理、政府功能研究，以及从政治理念梳理角度、从领袖人物和执政党执政理念角度解读中国政治，同时指出这些研究中尚存在历史和发展视角不足的问题。[3]

在对中国政治发展的总体性与具体问题的研究中，越来越多的中国学人也开始注意到了关于政治发展的本土理论体系与话语体系构建的问题。一方面，有学者在总结梳理西方学界对于中国政治发展问题相关研究成果的过程中，概括了西方理论前沿研究中出现的以政党为中心的研究视角、基层民主的研究视角、法治民主的研究视角、弹性威权主义的民主化的研究视角、非正式制度的民主化的研究视角等，并认为这代表西方学界关于中国政治发展问题的研究已经出现了治理导向的转变，由探讨"民主何以可能"转向探讨"民主治理的效能"问题。[4] 另一方面，也有学者指出当前政治学话语体系与政治发展实践间存在不适应性问题。改革开放以来，中国发展取得举世瞩目的成就，一些海外学者却不断鼓吹"中国崩溃论"等一系列谬论，否定中国经济发展成就和党的领导，认为中国国家治理能力下降，共产党组织衰落。但是，也有学者提出，中国国家权力纵向分化和中国共产党干部管理体制都有助于增强中国体制的韧性。国内学者一方

---

[1] 陈家喜：《从路线规划到制度优化：建构中国政治发展的中层理论》，《社会科学研究》2014年第1期。
[2] 彭润金：《当代中国县域政治发展研究三十年述论》，《地方治理研究》2016年第3期。
[3] 吴苗：《当代中国政治发展研究的解读与思考》，《青海社会科学》2012年第2期。
[4] 徐浩然：《国家治理视角下的当代中国民主政治发展——西方学者的若干观点》，《国外理论动态》2014年第8期。

面大力批判"中国崩溃论",另一方面则努力证明中国体制"韧性有余"。[1] 正是在中西方思想碰撞的过程中,越来越多的学者明确提出了构建中国特色社会主义政治学话语体系的任务,如有学者就点明了这一过程中坚持马克思主义的指导地位、以人为本的价值取向,以发展中国特色社会主义民主政治为目的,处理好政治学话语体系的科学化与大众化的关系、古今中外的关系、中国气派与国际化的关系、政治学学人的独立人格与经国济世的关系等具体要求。[2] 同时,在系统总结中国政治发展道路特征的基础上,有学者进一步将研究视野拓展到了比较研究领域,其中,有学者认为,亚洲政治发展的经验表明,在工业化进程中出现的新兴社会集团是政治发展的主要动力,其获取政治参与和政治权力的努力导致政治体系的变化。而相对于美国政治发展中权力与权利的双重开放,亚洲国家普遍采取了保障民众权利与集中国家权力的"对冲"发展策略,以防止权力开放导致的社会政治冲突,旨在发挥推动工业化和国民经济快速发展的"生产性激励"效应。"快亚洲"与"慢亚洲"的差异表明,传统社会结构限制了国民的平等权利,且易于形成垄断性的分利集团,因此成功实现工业化的国家传统社会结构的瓦解程度较高。权力集中程度较高的政体更倾向于优先推进社会理想目标的实现,更适合于发展中国家;而权力分散程度较高的政体更顾及民众的现实利益诉求,更适合于发达国家。[3] 这一总结尽管未必没有可议之处,但毕竟代表着中国学界在寻求建构本土话语体系方面的一种尝试。此外,近年来,一些学者已经将反思与超越的思维直接指向了长期以来深刻影响中国学界的西方政治发展理论的基本范式与价值预设,如有学者认为,在中国政治发展的路径选择上存在着政道民主与治道民主两种主张,前者是对西方社会的民主实践观察基础之上的理论研判,后者是基于中国政治国情的现实选择。虽然没有形成大规模的理论争论,这两种主张却形成了事实上的争辩,对于中国的政治改革有着重大的影响,因此需要对中国政治的发展是遵循政道民主的路线还是治道民主的路线作出审慎的理论辨识。中国的政治发展是一种渐进式制度变迁,有其内在的结构特征,治道民主因其与中国基本政治构架具有兼容性的特点,因

---

[1] 王可园、郝宇青:《近年来国外学者关于中国政治发展的争论及国内学者的回应》,《当代世界与社会主义》2015年第6期。
[2] 万华炜:《基于政治发展的中国特色社会主义政治学话语体系的构建》,《社会主义研究》2015年第1期。
[3] 房宁:《亚洲政治发展比较研究的理论性发现》,《中国社会科学》2014年第2期。

此符合中国政治改革的要求。当下，中国的政治发展需要走治道民主之路，治道民主是中国政治变革的起点选择。① 这一近年来颇有热度的"政体"思维与"政道"思维之争，反映出中国学界在尝试成为"活跃的理论中心"方面已经有了自觉的意识与长足的进步。同时，也有学者总结近年来西方学者中国政治发展问题研究指出，中国政治学界应该跳出西方政治科学设置的窠臼，立足中国现实，重新评估西方政治学家曾经建立的命题，以及市场与民主的关系问题、社会结构与民主的关系问题、有效治理与民主的关系问题、政治文化与民主的关系问题等。② 还有学者认为，探讨中国的政治发展，不能局限于政治发展自身，因为错综复杂的客观情势构成了中国特色社会主义政治发展的逻辑起点。以最小成本获取最大化收益是原则定位，实现最广泛的人民民主是目标定位，客观务实地走中国特色社会主义政治发展道路是道路定位。这三重维度的科学定位，既共同构成了中国特色社会主义政治发展的基本框架，又内在预设了战略选择应从优化政治参与结构，建构治理型民生政治参与入手。民生政治参与有利于促进社会公平正义，加强社会主义民主政治制度建设的"广泛多层制度化发展"。③

通过对西方民主近年来发生的种种矛盾问题的分析，一些学者指出，中国政治发展迄今为止取得成功的重要原因之一就在于形成了有别于西方民主的新民主观。而在正确认识西式民主的局限性，破解西式民主的逻辑悖论和实践陷阱的基础上，中国的民主政治研究应坚定政治自信，构建升级版的民主研究和阐释路径，树立正确的民主观和全面的政治发展观，以全面的政治发展观破解西式民主悖论，推动国家治理能力建设和提升政治发展力。④ 有学者从中国特色社会主义政治发展道路的历史逻辑、理论逻辑和实践逻辑的角度，全方位地分析概括了其特征，指出历史逻辑体现为近代以来的历史进程及历史经验，体现为中国共产党和中国人民所肩负的历史使命和奋斗目标，还体现为对中国传统治国理政历史智慧的汲取和镜鉴；其理论逻辑体现为科学社会主义原理与中国具体实际相结合的理论创

---

① 张敏：《政道与治道：中国政治发展路径选择之辨》，《甘肃行政学院学报》2013年第4期。

② 徐浩然：《中国特色社会主义民主政治发展的若干问题——来自西方中国学家的启示》，《科学社会主义》2012年第6期。

③ 张明军、陈朋：《中国特色社会主义政治发展的实践前提与创新逻辑》，《中国社会科学》2014年第5期。

④ 张树华：《论新民主观与全面政治发展》，《政治学研究》2018年第2期。

新；其实践逻辑体现为它是中国共产党领导中国人民在革命、建设和改革的实践中开创、坚持、发展的，是中国新民主主义和社会主义民主政治实践的成果。①有学者将中国政治发展道路的深层逻辑追溯至政治发展需要顶层设计与民众参与的配合、需要除旧布新。②还有学者在概括中国政治发展道路的内在逻辑时，除了强调三个有机统一之外，还指出中国特色社会主义政治发展道路是中华民族政治发展的历史逻辑与全球化时代政治发展逻辑互动互融的产物，凸显了其世界意义。③还有学者指出，基于政治发展各要素在中国出现的时间序列，当代中国在寻求国家治理现代化的目标时会基于早熟国家的历史遗产而寻求国家重建，而非走上竞争性选举等替代性路径。由于制度互补性，协商民主、依法治国、财政分权这些政治发展的要素和现代国家建设更加耦合，从而构成了政治发展的中国逻辑。④

在研讨中国政治发展道路的本土特征时，一些学者开始尝试跳出既有的西方政治发展研究分析框架，立足于中国本土来对其加以总结。如有学者就将推进中国政治发展的立足点概括为在发挥中国共产党领导这个最大政治优势的前提下，一方面，通过制度建设推进国家治理现代化，提高社会主义民主政治制度化、规范化、程序化的水平，有效应对"四大考验"和"四个危险"的挑战；另一方面，作为政治发展的重头戏，政治体制改革"胆子要大，步子要稳"，促使每个从政人员葆有勤勉有为的精神状态。⑤也有学者在更高的理论总结层次上指出，中国政治发展是既有的各种西方理论模式所无法解释的，因此，在超越西方解读的基础上，中国政治发展过程中，政府创新解释模型能够提供一种新的理论分析工具，而且，这一以治理为核心议题的理论体系还具有普遍意义，能为我们更深刻地认识政治发展普遍规律提供助益。⑥

在分析中国政治发展顶层设计所需要注意的本土资源与可能优势时，有学者指出，协商政治模式是我国政治发展的最优目标模式选择，因为它

---

① 宋俭、叶丹：《论中国特色社会主义政治发展道路的历史逻辑、理论逻辑、实践逻辑》，《马克思主义理论学科研究》2019年第3期。
② 虞崇胜：《透视中国政治发展的深层逻辑》，《云南行政学院学报》2016年第4期。
③ 庄锡福、庄树宗：《论中国特色政治发展道路的内在逻辑》，《新视野》2013年第4期。
④ 张孝芳：《现代国家建设与国家治理的现代化：比较政治视野下的中国政治发展路线图》，《教学与研究》2014年第5期。
⑤ 肖巍：《推进中国政治发展的三个维度》，《中央社会主义学院学报》2019年第1期。
⑥ 燕继荣：《中国改革的普遍意义——40年中国政治发展的再认识》，《浙江社会科学》2018年第9期。

既符合我国现实政治背景，又对政治现实具有批判和引导的规范意义。协商政治既不同于政治协商，又不同于协商民主，它集中关注权力运行的合理性的层面。作为政治发展目标模式的协商政治有如下优点：改革的渐进性，参与主体的非竞争性，政府决策的回应性和培养公民公共精神。[1] 在此基础上，学者还进一步分析了新时代中国特色社会主义政治发展道路的本土特色，指出在中国特色社会主义质的方向性规定下，以"中""道""中道"为核心理念深刻理解习近平新时代中国特色社会主义思想，借用中国特色的"中"的思维方式及中国特色社会主义之"社会主义"的"道"的思维方式尝试性地提出：中道思维是新时代中国特色社会主义政治发展道路的主要理论秘钥。读懂中国之"中""道"，确立中道思维，行之有"道"，方能"路"达天下，实现中华民族伟大复兴。[2]

6. 近年来中国政治发展研究状况评析

近十年来，随着中国政治发展实践进程的稳步加速，以及同期中国政治发展在与西方政治发展相对停滞状况的对比中反映出明显的制度优势和治理绩效优势，逐步唤醒自身本土意识自觉和致用性自觉的中国政治学界正经历着政治发展研究的重大转变。与改革开放之初政治发展研究主题及其相关议题、范式的意义不相上下，中国学界的上述转变将同样深刻地影响到此后中国政治学研究的发展轨迹。站在宏观的角度来看待近年来中国政治发展研究现状，我们可以将其主要特征与发展趋势概括为如下几个方面：

（1）系统反思西方政治发展研究及对中国政治发展问题研究中的局限性

毋庸讳言，政治发展理论及其主要概念、研究范式等都来自西方，并且在中国政治学学科重建的最初阶段中，为中国政治学人认识西方理论前沿的议题、方法和观点提供了较为系统的参照平台。可以说，在改革开放后的相当一段时间内，中国政治学界对于政治发展问题的研讨，尤其是对作为政治发展核心议题的民主发展问题的研讨，主要是围绕着对西方理论的译介、套用、评论和回应所展开的。并且，就其主流倾向而言，可以非常清晰地看到西方学界的一些基本理论预设，如民主与竞争性选举的关系预设，民主与市场经济和市民社会的对应关系预设，政治发展与分权化、

---

[1] 闫飞飞：《协商政治：我国政治发展的目标模式》，《岭南学刊》2011年第5期。
[2] 乔耀章、巩建青：《新时代中国特色社会主义政治发展道路的理论秘钥——"中""道"思维的理论视角》，《阅江学刊》2017年第6期。

小政府的对应关系的预设，乃至于现代化与"西方化转型"的对应关系预设等，都在中国学界立场各异、视角不同的探讨与争鸣中留下了深刻的印记。然而，正是在这样一种理论探讨的总体氛围下，中国政治发展实践却并没有按照许多中西方学者预期的那样，或急或缓地朝向西方化的"标准范式"实现"转型"，而是沿着自己的既定轨迹，在确保制度稳定性和不断提升治理绩效的过程中走出了一条明显有别于西方的本土发展道路。在此情况下，原先依托于西方标准参照系的中国政治发展研究显然就面临着主流理论范式与现实间存在巨大张力的挑战。如果无法回应这一挑战，中国的政治发展研究将很可能最终沦为为西方同仁提供简单的本土素材注脚的注释学、一种西方"文化多样性"的点缀，成为不具备与西方理论平等对话与竞争能力的边缘之学。有鉴于此，越来越多的中国政治学人开始唤醒治学过程中的本土意识，并由此逐渐汇聚成一股激发中国本土学术自觉、话语自觉、文化自觉的强大动力。而建构本土理论体系的第一步，便是对此前引入国内并产生深远影响的西方政治发展理论的主流范式进行系统的反思。总体而言，近年来，中国学人的相关反思主要是沿着以下两条路径展开的：其一，作为最基础性，也是最为直接的反思回应方式，一些中国学者对于西方政治发展理论在非西方世界的适用性提出了质疑。通过对政治发展理论及其相关研究在西方学界发展沿革的学脉梳理，不少学者清醒地意识到，西方政治发展理论的本质是站在西方中心主义的立场上，俯视广大后发国家的发展历史、现状，并以一种施特劳斯主义的自负试图"规定"其他国家的未来发展路径，由此反过来确证西方自由民主道路"终结人类历史"的必然性。但对于广大后发国家而言，这样的理论属性显然意味着各种非西方的历史传统、现实发展和差异化的制度属性、本土资源等都将被一概归为"可忽视的麻烦变量"，而由此带来的，则必然是西方化道路与本土传统和现状之间不可调和的张力。因此，作为一个具有悠久历史文化传统，同时又具备社会主义制度属性的后发大国，中国的政治发展问题并不可能通过简单套用西方理论来加以解决。相应的，许多学者通过对中国历史传统的"去污名化"论证和对中国现状与西方的比较分析，明确指出了西方理论在中国实践中的适用性问题。换言之，这一路径的主要特点是通过强调"中国的特殊性"来质疑西方理论对中国事实的规定性。其二，在强调"特殊性"的基础上，学者们也越来越意识到，仅仅从适用范围上对西方理论加以质疑，将很难从根本上摆脱西方学界对于"中国例外论"的批评。因此，一些学者开始通过回溯到西方政治发展理论的源头，对其核心概念、基本理论范式、主要研究方法、常见结论等进行检验反思，在诸如重新思考对民主的定义方式、概括出中西方政治思维的主要差异、检讨转型范式的理论谬误及其负面的实践后果等方面做出了系统努力，并在发现与批评西方理论背后的自由民主话语霸权、探讨西方政治发展理论的教条原则对西方自身及"转型"国家政治实践的误导等问题上取得了切实的成果，由此也开启了中国学界有意识地摆脱西方理论、西方话语的制约，探索基于中国特色社会主义政治发展道路的实践，重新概括本土政治发展的特征、逻辑，从而弥合理论发展与实践发展不相匹配的状况。

（2）客观总结新中国成立以来，特别是改革开放以来政治发展方面的主要经验与成就

在系统反思西方理论局限性的基础上，更多的中国学者开始以前所未有的热情将研究视野重新聚焦于中国本土的实践，也正是在这一过程中，新中国成立以来，特别是改革开放以来的中国政治发展，不再像学科复建之初那样被简单地视为一种"不成熟的""有待改变的""落后状态"，而是被当作需要以更大的理论善意来加以认真分析对待的研究对象。相应的，对于中国政治发展主要经验与成就的正面总结与系统归纳也开始成为中国本土政治发展研究的重要理论生长点，并为进一步建构体现本土立场、本土思维的理论体系奠定了坚实的基础。在相关研究中，中国学者通过将中国政治发展与西方国家及其他后发国家政治发展历史与现状进行对比，总结出中国政治发展在价值旨归、制度属性、渐进过程、系统结构和基层实践等方面的特点。具体而言，在价值旨归方面，与西方化政治发展模式以基于竞争性选举产生"合法政府"作为衡量政治发展成效的最主要标准不同，许多学者都明确指出，中国政治发展之所以能在面临内外诸多挑战的情况下保持总体稳定发展的态势，一个根本原因就在于始终坚持政治发展的人民性，即以是否有利于更好地实现最广大人民群众的利益，是否有利于提升人民当家作主地位的实质性内涵作为考核政治发展顶层设计与政策实践效果的最终标准。这一特征，不仅使中国政治发展避免了许多后发国家在套用西方化模式中出现的偏重民主发展的单项指标，却造成了民主与治理间巨大张力的问题，而且保障了中国政治发展道路始终在获得广大人民群众的普遍认同情况下遵循本土逻辑稳步推进。在制度属性方面，无论是从中国政治发展制度结构中那些继承自优秀传统政治遗产的部分，如"大一统"制度、中央集权制度等，还是从依托革命方式形成，并

在建设过程中得到广泛认同的社会主义政治制度，都明显有别于以分权、地方主义、个人主义为特征的西方制度。随着上文所述的总体思路转向，许多中国学者已经开始倾向于不再将中国制度本身视为政治发展的阻碍因素，而是开始认真探讨这些制度对于促进中国走向现代化，并抵消现代化过程中可能造成混乱失序的因素的积极意义。在研讨中，学者们除了对于中国政治发展的社会主义制度属性进行了系统的正面论证外，还在重新链接中国优秀政治传统与现代政治发展的正向关系方面进行了积极探索，为打破西方理论中将传统与现代、东方与西方截然区分对立的思维窠臼提供了参照。在渐进过程方面，相对于学科复建初期，新时期中国学者对于中国政治发展渐进性特征的理解已经悄然发生了变化，即不再将渐进性理解为纯粹基于稳定和秩序的功利性考量，而人为控制所谓"威权政体"向"民主政体"的"转型过程"，而是在治理现代化的逻辑起点上，从妥善处理现代化进程与本土资源、民主导向与治理现代化导向等关系的意义上来解读中国政治发展采取渐进方式，注重基层试点实践的特征。在系统结构方面，许多学者开始对中国政治发展从体制改革的顶层设计、正式制度与非正式制度的变更、政治发展中各级政府主体、经济主体、公民与社会主体之间的互动关系，以及政治发展从基层创新实践模式到积累改革经验，形成推广模式的主要特点与成功经验进行了较为系统的总结。相关研究在宏观、中观、微观多层次研究推进的前提下，也开始日益强化研究中的本土意识与话语自觉。一方面，一些成熟的、具有参考价值的西方社会科学研究方法被系统地引入各个层级，尤其是微观领域的研究中，并开始接受中国本土实践的检验与修正，从而大大提升了中国政治发展经验总结的科学性。另一方面，一些中国学者在多维度地展开对本土经验的归纳总结时，也开始有意识地尝试建立本土的分析框架，比如政道、三元主体等分析框架。除此之外，近年来中国政治发展本土研究的重点之一还在于基层公共政策与基层社会治理方面的研究，在这些领域的研究中，由于学者们往往更少受到既有西方理论教条的掣肘，因此其研究成果的中国化色彩也往往更加鲜明。同时，大量基层研究也为从更高层次上提炼升华中国政治发展经验的世界意义奠定了坚实的基础，提供了丰富的素材和充分的论据。

（3）政治发展研究的新拓展在科学范式与规范范式研究维度中都取得了稳步推进

毋庸置疑，从其西方研究起点来看，政治发展研究总体上是十分强调其研究的科学属性的，相应的，许多配套的科学研究范式，特别是比较政治学的研究范式也侧重于用量化、统计或质性研究来进行研究论证。然而，这种对科学指向的强调并不意味着政治发展研究中对规范性议题的忽视。事实上，在跟踪和回应西方政治发展主流范式的过程中，越来越多的中国学者已经清晰地意识到其潜藏的论证自由民主唯一合法性的规范性议题。而回到中国问题的研究中，中国学者同样需要慎重对待相关研究中科学范式与规范范式的可能冲突。在具体的研究中，学者们意识到，本土化政治学学科体系的建设在不同阶段应该有所侧重，但不能有所偏废。一方面，我们应当承认，中国本土的政治科学研究起点滞后，运用和影响有限，更没有在科学研究方式创新方面超越改革开放以来的学步—回应阶段。这就决定了此后一个时期仍然是中国政治发展研究在相关科学方法的运用方面需要努力补课的阶段。相应的，本土政治学研究中那些运用最新科学研究方法，比如质性研究方法的成果应当得到充分的重视和鼓励，同时，基于本土经验的多元创新方法也应当获得更高的评价。另一方面，同样不应忽略的是，政治科学的主流范式不是在意识形态的真空中形成的，而是要受到其所附着的现实政治模式的影响。因此，经由政治科学提炼而成的概念与理论体系就不可能是去意识形态化的，而必然反映着其所存在的政治实体中的主流政治价值，反映着相应政治哲学前提的影响。一般而言，我们不会否认，当代中国问题研究的主体是在政治科学的范畴内进行的，然而，同时不应否认的是，正是在"自由派话语"的影响下，以西方模式为标准的科学研究并没有赋予不同于西方的中国制度以客观的评价，当然也就谈不上进行真正严肃的科学研究，它所提供的话语陷阱也就不可能真正指向实质性的中国问题关怀，而只能在科学的幌子下将中国政治发展的研究引向歧途。归根到底，中国政治学的学术自信、话语自信和学术自立，不是政治哲学或者政治科学单方的发展所能完成的任务。我们需要超越的，并不是政治学发展中特定的"哲学阶段"或是"科学阶段"，而是一种将政治哲学与政治科学简单地对立起来的思维定式。对于本土政治哲学的发展而言，致用的关键在于反思和超越西方中心主义的价值预设，寻找和建构中国价值和中国维度；相应的，对于本土政治科学的发展而言，致用的要害也在于发现西方政治科学的盲区与局限，从而尽快摆脱学步与回应的被动状态。正是在这一过程中，本土政治哲学与政治科学的发展是完全可能，并且绝对应当同向而行的。前者在普遍性、价值性问题上的破局，可以为后者破除西方政治科学"价值中立"的神话，真正回到用中国眼光、中国思维、中国立场来思考中国问题的科学解释与解决奠定基础的立场。同理，政治科学本土体系建构的每一分进步，其运用于中国现实中科学性的每一分提升，也都在无形中解构着西方立场的政治哲学所描述的普遍性根基，推动着政治哲学从一元到多元的演变，重建着政治哲学对于自身的反思维度。简言之，从整体上纵观近年来中国政治发展的研究状况，我们不难发现，原先存在于西方政治发展研究中的规范范式与科学范式之争得到了一定程度的缓解，而中国政治发展自身在价值性议题与治理议题上的有机统一，也赋予了探索本土研究范式的广大中国学者以重建政治发展研究中规范范式与科学范式关系的可能。

（4）在一些重大理论和实践议题上仍存在着明显争议，学科体系、学术体系、话语体系的本土化建构任重道远

诚如上文所述，回顾近十年来中国政治发展研究的最新动态，我们可以认为，相较于学科复建和改革开放之初的情况，中国政治发展研究已经进入一个逐渐摆脱对西方理论单向跟踪、被动回应的学步状态，更加自觉地探寻政治发展的中国逻辑与中国道路的新阶段。然而，在看到本土化政治发展研究取得明显进展的同时，我们也不应忽略，受到西方自由民主话语霸权以及中国政治发展中面临的诸多现实挑战的影响，在当下的中国政治发展研究中，学者们仍然对一些重大理论和实践议题存在着重大争议，这也从一个侧面表明，中国政治学界在相关研究领域内的普遍共识尚未形成，而相关学科体系、学术体系、话语体系的本土化建构工作也仍然任重道远。具体而言，这些争议主要表现在：其一，对于中国政治发展道路的定性认识问题。在越来越多的学者承认中国政治发展道路并非西方政治发展模式的简单翻版的情况下，仍然有部分学者坚持认为，中国政治发展实践取得部分成功的主要原因其实不过是西方经验中蕴含的市场化、分权化、社会化普遍规律起作用的结果，而相对的，中国政治发展中出现的种种矛盾问题则应归咎于其在制度架构和实践方式上偏离了西方化的"正轨"和所谓的"普遍性原则"。当然，这部分学者也倾向于在其对中国政治发展未来蓝图的勾绘中，有意识地凸显中国特色向西方正典的回归。显而易见的是，这类分歧可谓是根本立场、思维的对立，是一种不可调和的意识形态冲突，其存在对于中国学术本土化进程而言无疑构成了重大的阻碍。其二，对于中国政治发展的主要经验与矛盾问题的分析。受限于西方政治发展理论中设定的民主化衡量指标，一些学者在总结改革开放以来中国政治发展的主要经验时，仍然倾向于将放权于市场、还权于社会等所谓

"普遍原则"作为推动中国政治发展的主要动力。依据这一逻辑，这部分学者在分析当代中国政治发展中存在的主要矛盾问题时，也往往倾向于将分权放权的不彻底性、市场化改革的不彻底性和公民社会成长受阻等作为最主要的阻碍性因素。概言之，在此类逻辑中，将政治体制改革同经济体制改革分割甚至是对立起来是其最根本的理论特征，持此观点者一般或隐晦或直接地表达出希望推动"更彻底的"制度变革以走上西方化政治发展道路的意愿。当然，这也就决定了其对中国政治发展中的矛盾问题分析往往是从属于这一意识形态目标需要的。其三，对于以改革促发展的顶层设计与前景展望。在以改革促发展成为中国学界的总体共识的前提下，关于改革什么、如何改革的争论仍十分激烈。在多数学者坚持中国的政治体制改革不是以颠覆现有社会主义制度为目标的探讨框架内，我们仍可注意到，涉及具体的改革顶层设计，部分学者仍然很难摆脱西方理论设定的教条原则。换言之，在政府简政放权、培育公民社会等政治正确原则的名目下，这些学者所设定的中国改革方案从本质上仍然是西方民主化推广方案的中国注释修订版。而其直接后果就可能指向误导改革，使政治体制改革在束缚公共权力运作空间的同时为资本权力松绑，背离使最广大人民平等分享改革发展红利的目标。从这个意义上讲，在改革的立场、目标、手段方面达成更加普遍的共识，始终确保改革实质性发展人民民主，将是此后一段时期内中国学界必须解决的重大现实问题。综上所述，我们不难发现，中国本土的政治发展研究由于长期受到强势西方话语的影响，时至今日，在本土化理论体系的建构方面仍然面临着共识性资源较为缺乏的困难，相应的，这一理论困境的存在，也限制了本土学术研究成果转化为推动本土实践发展的动力。为解决这一问题，广大中国学人有必要比以往任何时候都更彻底地对西方政治发展理论的局限性进行反思，在此基础上唤醒本土学科体系、学术体系、话语体系建设的自觉，真正实现向站稳中国立场，运用中国视角、中国思维来寻找、解释和解决中国问题的学风转变。

二 新中国政治发展的分析框架

（一）中国实践前提下政治发展相关问题的梳理与重构

新中国的政治发展，不仅是一个历史问题，更是一个现实问题，这是由其发展时空与所依托的基本政治制度框架的延续性所决定的。正如党的十七大报告中指出的那样，要坚持中国特色社会主义政治发展道路，坚持党的领导、人民当家作主、依法治国有机统一，坚持和完善人民代表大会制度、中国共产党领导的多党合作和政治协商制度、民族区域自治制度以及基层群众自治制度，不断推进社会主义政治制度自我完善和发展；党的领导是人民当家作主和依法治国的根本保证，人民当家作主是社会主义民主政治的本质要求，依法治国是党领导人民治理国家的基本方略。推进社会主义民主政治建设，最根本的是要坚持党的领导、人民当家作主和依法治国的有机统一。这一概括揭示了新中国政治发展的核心内容，也总结了新中国政治发展的基本经验。与传统西方政治现代化理论将政治发展狭隘地理解为后发现代化国家从传统到现代的被动变迁不同，新中国政治发展首先就是在中华民族有效应对现代化在政治领域的普遍性问题，诸如构建现代意义上的民族国家，建立现代国家制度化、法制化的治理体系等的基础上开始的政治实践，而完成上述历史使命的手段既表现为以革命的方式对既有秩序的否定与超越，又体现为遵循一定原则、规律的积极主动的制度建构方式。因此，中国政治发展实践从一开始就超出了西方政治发展理论固有的核心问题解释范畴，表现出鲜明的中国特色。实践证明，中国70年来政治发展的巨大成就，也正是我们对于中国政治发展规律的认识不断深化的结果，相应的，我们对于新中国政治发展历史与现实、理论与实践的认识，也必须建立在对于政治发展相关问题的梳理与重构前提下。

1. 新中国政治发展的基本特征

政治发展的特征从根本上影响着国家政治生活变化的基本状况，体现出一个国家政治发展质的规定性。新中国政治发展历程中体现的鲜明中国特色，是由从整体上构筑起了中国政治发展的基本理念与制度架构所决定的，也是我们客观评判新中国政治发展成就与经验时必须掌握的内容。具体而言，这些基本特征主要包括：

其一，价值选择的自主性。

不同国家的政治发展，同一国家不同时期的政治变革，都承载着不同的价值选择。通过多维视角考察中国政治发展的历史选择，可以清晰地发现中国人民对于自己和国家前途命运选择的自主性。在经由1954年宪法确立的制度结构中，载入了社会主义和人民民主原则，规定了当代中国政治发展的性质和方向。实践证明，这一基本道路选择不仅确保了中国政治发展整体事业不断进步，而且从根本上符合最广大人民的主观意愿和客观利益。不仅完全符合马克思列宁主义人民根本利益至上的本质要求，而且最大限度地适应了中国现代化国家发展与人民幸福主题的需要。申言之，决定了当代中国政治发展基本走向的社会主义政治制度体系，是特定的自主价值选择的必然结果，也是历史规律和民心选择的必然结果。

其二，制度载体的稳定性。

政治制度是政治发展模式的本质体现。新中国成立以来，经过长期探索和实践，形成了一套独具特色的政治制度架构。这套政治制度架构具体表现为：一是形成了人民民主专政的国家制度；二是形成了人民代表大会的根本政治制度；三是形成了中国共产党领导的多党合作与政治协商制度、民族区域自治制度和基层群众自治制度等基本政治制度。这种政治制度模式为我国提供了保护权利和集中力量的双重功能。相对于西方国家普遍实行的普选制、议会制和多党制为主要特征的资本主义政治体制，这一政治制度体系的比较优势体现在既有利于形成代表中国人民的整体利益、长远利益和根本利益的方针政策，又减少了政治系统的内部运行损耗；有利于统筹兼顾各方利益；有利于政治稳定和社会和谐。

其三，政治发展事业的中轴联动性。

任何政治发展模式都有其现实展开的中轴原理，它是规定政治模式性质、主导政治模式走向、彰显政治模式特色的轴心。新中国成立以来，中国政治发展长期形成的中轴原理是：党的领导、人民当家作主和依法治国的有机统一，也可理解为中国共产党领导下的人民民主立法、依法行政、依法司法的"一党领导三权互动机制"模式。这个中轴原理的内在逻辑关系是：党的政治领导构成了这个中轴的核心，是政治发展的领导力量；人民当家作主体现了政治发展的人民民主性，是政治发展的价值目标，决定着政治发展的性质；依法治国是政治发展的基本方略，规范着政治发展的形式。三者形成轴心联动机制，共同促进中国特色社会主义政治发展。

其四，新中国政治发展的渐进性。

政治改革一般有两种战略可供选择，正如亨廷顿所说："前者是一种全面的、斩草除根的，或曰闪电战的战略；后者则是一种渐进的、'枝节'的、或费边式的战略。"从实践来看，中国政治发展模式的建构主要得益于渐进式的政治改革。早在1987年，邓小平指出："政治体制改革很复杂，每一个措施都涉及到千千万万人的利益。所以，政治体制改革要分步骤、有领导、有秩序地进行。"可以认为，渐进性逻辑是中国政治发展模式区别于许多后发现代化国家政治发展的重要特征之一，同时也是确保其以最小代价赢得最大成果的关键要素。

其五，中国政治发展的世界性与民族性。

中国政治发展道路是顺应世界现代化的发展方向，是与全球化时代的世界历史脉搏紧密相连的与时俱进的产物，具有鲜明的世界性色彩；从这个意义上讲，新中国政治发展的实践进程当中存在许多与世界各国政治发展经验相通或类似之处，同时，新中国政治发展又依据中国历史和国情，紧紧围绕中国本土化的政治历史演进，继承了中国传统的"和合"政治文化精神，因此具有鲜明的中国民族特色。当然，新中国政治发展民族性特征的另一个重要表现还在于以中国化马克思主义理论为指导，实现了马克思主义与中国政治发展理论与实践的统一、历史与逻辑的统一。

2. 新中国政治发展的目标策略

不同时期的改革领导层对政治发展模式从来就不缺乏明确的目的、具体的任务和实践的动力。改革的基本目的和具体任务主要由中央的改革领导层根据自身的政治理念和政治现实的需要来确定。改革的实践动力则主要来自中央和地方党政领导人为解决面临的迫切政治问题所采取的现实努力。在党和政府的大多数有关文献中，政治改革的议题常常是以政治体制改革的概念来阐述的。在改革的早期，政治发展一词的定义常常较为模糊，其具体内涵也时常有所变化。这种模糊性和变化性，体现了在当时的政治形势下党内对政治改革的性质和走向缺乏明确一致的理论认识。改革是在"实事求是"的思想指导下所采取的务实主义的行动，是在"摸着石头过河"的方法论指导下进行的不断探索，以满足化解危机、保持稳定的现实政治需求。政治体制改革概念的模糊性也体现了政治改革运作的实际需要。政治改革在十一届三中全会之后已经成为党内的基本共识，但改革过程中，在政治改革的具体内容和步骤等方面常常会存在分歧。因此，早期政治体制改革的概念模糊性为意识形态以及改革的具体方案、步骤和时机上客观存在的争论提供了必要的回旋余地。但是，改革开放以来，中国领导层都一致认为，政治稳定是中国改革顺利进行的基本前提。没有政治稳定，改革就不能继续，已有的改革成果也可能丧失。因此，能否保持政治稳定成为领导人选择改革方案、步骤和时机的重要考虑因素，保持政治稳定一直是中国领导人推动政治改革现实考虑的基础。

政治改革与政治发展具有明显的继承性，我们应当看到，在中国政治发展历程中，第一代政治改革领导人的指导思想和策略一直起着主导性的作用。他们所确定的基本方针和选择的基本策略被后来者发扬光大。这一继承性特征是由中国特有的政治结构所决定的。

其一，中国的政治改革是政治体制的改革，政治体制改革的最终目的是在维护基本政治制度的基础上，在政治上创造比资本主义国家的民主更高更切实的民主。改革不是以西方资本主义的民主制度为蓝本和参照系，而是根据中国的实际政治需要所进行的政治变革。也就是说，政治体制改革不是要建立西方意义上的普选、多党制和三权分立的权力制衡机制，而是要在不改变现有政治制度的基本性质并保持现有宪政制度框架的条件下，对政治运行体制进行不断的调整。通过改革现有的体制，使其逐步完善，最终能够充分发扬人民民主，保证全体人民真正享有通过各种有效形式管理国家，特别是管理基层地方事务和各项企事业的权利，享有各项公民权利。同时，充分发扬人民民主的目的，就是要在国家经济建设和社会发展进程中极大地调动人民的积极性和创造力，以更好地实现国家发展目标。至于建立什么样的民主政治，如何建立这样的民主政治，则要根据党对社会主义民主体系的理解来确定，要根据中国实际国情的变化和人民群众的意愿来确定。

其二，政治发展涉及政治体制改革与经济体制改革的关系，二者关系密切，但政治体制改革又不仅仅是经济体制改革的附属品。根据邓小平的政治改革理论，政治体制改革必须适应经济体制改革的发展，使之能保障经济体制改革的成果。但中国的政治改革不仅仅是为了满足经济发展的需要，还是国家政治制度、政治结构和政策巩固合法性的重要手段。一些学者（尤其是一些经济学家）强调邓小平思想中关于政治改革对经济改革的重要性的论述，但忽视了他关于政治改革与政治体制合法性的论述，认为政治改革的目的主要是解决政治体制滞后于经济体制的问题，以保障经济的高速度增长。这种单从经济发展需要来认识政治改革必要性的思路是片面的。其实，政治体制合法性一直是邓小平关注的问题，他在1987年明确指出，"评价一个国家的政治体制、政治结构和政策是否正确，关键看三条：第一看国家政局是否稳定；第二看能否增进人民团结，改善人民的生活；第三是看生产力能否得到持续发展。"在这里，邓小平实际上提出了政治改革所涉及的三个层面：政治体制（指在既定政治制度下的政治运行体制，1984年党的《关于经济体制改革的决议》对制度和体制作过理论区分）、政治结构和政策。而政治改革的实际目的就是要取得政治体制的合法性、政治结构的合理性和政策的正当性。检验政治体制的合法性、政治结构的合理性和政策的正当性不应该以某种浪漫主义的政治观或意识形态的价值标准为取向，而是应该以客观的、具体的实际结果（政治稳定、人民生活水平提高和生产力发展）为衡量标准。

其三，政治发展道路应该是针对所面临的具体问题，并且应该讲究策略和方法。20世纪80年代以来，党所确定的政治体制改革的具体任务包括五个基本的方面。这五个方面是：（1）加强和改善党的领导，理顺党政关系；（2）建立和完善社会主义民主和法制，巩固和发展人民代表大会制度；（3）建立法制化、规范化、程序化的政府管理体制（包括干部人事管理体制）；（4）精简机构，克服官僚主义，提高政府管理水平；（5）调整中央与地方的关系，调动地方和基层的积极性。邓小平政治体制改革的思想体现了他对中国政治发展和政府管理所面临问题的深刻认识。改革的具体内容是他认为解决这些问题所必须采取的具体措施。同时，邓小平对中国的政治改革所面临的困难也有着充分的认识。他首先认识到，改革会涉及许多人的利益，会涉及许多党政机构权力的再分配，由此会产生许多阻力。另外，政治发展策略的实施涉及许多十分复杂的事情，往往会牵一发而动全身，因此，任何改革方案都可能带来不确定的后果，要谨慎从事，也就是说，在改革的时机、步骤和范围的选择方面应该讲究策略。

其四，面对政治变革的种种不确定性，政治发展道路应该是渐进的。中国政治变革从一开始就不是由某种既定理论所指导的。由于以邓小平为首的领导层坚持务实的改革方针，改革是在对具体问题提出解决方案（政策）并允许在实践检验中不断调试既定政策的一种渐进模式中进行的。当然，我们还必须强调，渐进本身不是目的，而是以最高的效费比达至目标的必要方式，考虑到中国政治发展具体问题的高度复杂性，在中国政治发展的目标策略中采用渐进方式也是最大限度地确保中国政治发展航船平稳前进的题中应有之义。

3. 新中国政治发展的动力机制

政治发展表现的是政治由不发达走向发达的动态过程，在不同地域、不同历史阶段具有不同的内涵，它具有进步性、合目的性和多样性等特征。作为社会全面发展的重要组成部分，社会主义社会的政治发展是在国家现代化进程中的正向政治变迁。

人类社会大体可以分为经济、政治和文化三大领域，相应的，人类文明就包括物质文明、政治文明和精神文明三大部分。一般而言，自由、平等、民主、法治是人类社会政治文明中的核心部分。在已有的历史形态中，只有社会主义政治文明才在人类文明历史上第一次彻底否定了人剥削人、人压迫人的政治制度，实现了政治文明的质的飞跃。但是，社会主义政治文明作为一种新型的政治文明，其实践过程离不开人们对其的认识程度和实践能力，亦离不开具体国情对其的制约。因此，社会主义政治文明正在逐步完善之中。

党的十六大报告明确指出："发展社会主义民主，建设社会主义政治文明，是社会主义现代化建设的重要目标。"有中国特色的社会主义政治文明的基本内容，就是中国共产党的领导、人民当家作主和依法治国的有机统一。社会主义政治文明建设的提出，为当代中国的政治发展提出了新的认识标准。它标志着在当代社会主义现代化建设中，对于政治权力的运作，包括权力的分流、权利的分配、决策的制定、制度的设计、人力物力的配置、实施的手段和目的的确定等方面，向更科学和更合理的制度安排发展。社会主义政治文明建设，是实现当代中国政治发展价值目标的重要前提和保障。

其一，作为我国政治发展的核心内容，当代中国的政治民主建设走的是内生型发展道路。（1）在对"民主"的认识上，中国共产党认为"社会主义民主是社会的本质要求和内在属性"，社会主义民主在其经济基础、政治基础、思想基础和历史传承关系上显著区别于资本主义民主。这就决定了社会主义民主在建设过程中可以吸收和借鉴资本主义民主在形式上的某些优点，但主要还是要走自己的路。（2）当代中国的民主政治建设从不同的侧面体现了中国特色的政治发展之路。作为我国根本的政治制度，人民代表大会制度同我国的国体相适应，保证了人民当家作主、行使国家权力，集中地体现了人民的意志和利益，与西方"三权分立"制度完全不同。作为我国的政党制度，中国共产党领导的多党合作和政治协商制度是一个创举，其形成融入了中国革命的历史和现实特点，中国共产党与各民主党派之间的关系是执政党与参政党的关系，具有一致的根本利益，而不同于执政党和在野党的关系。我国的民族区域自治制度的形成和发展，也充分保证了各少数民族自主管理本民族内部事务。（3）适应新的发展战略，依法治国、建设社会主义法治国家和以德治国基本方略的逐步提出，反映了我国经济、社会、文化进一步全面发展的需要，是完全立足于中国的传统文化和现实国情的。

其二，作为我国政治发展的体现，我国政治改革走的是内生型发展道路。自改革开放以来，我国所推行的每一项政治改革基本都是源于内生型的动力。（1）在微观层次上，经济的发展必然带来公民权利意识的提高，于是诞生了村民自治和社区自治。（2）从宏观层面而言，历次政府机构改革的动因都是政府机构设置不合理、效率低下、人浮于事、政府能力不高，都是因为与社会主义市场经济的发展不相适应。社会主义经济体制的改革，直接带动了当代中国的政府机构改革。因此，从政治改革的角度而言，当代中国的政治发展动力是内生的。

其三，从现实动力来看，当代中国的政治发展走的是内生型发展道路。（1）经济基础决定上层建筑。作为政治发展的根本动力，经济改革的每一步都来自社会内部。从安徽小岗村农民的"包产到户"到农村家庭联产承包责任制的全面推行，从农村经验到城市的经济改革，从微观经济领域到宏观经济体制的改革，从生产、分配到流通体制的改革，改革的动力都是源于我国人民的创造，改革的动力都是内生的。（2）自上而下是我国政府机构改革的典型特征。我国历次政府机构改革都是中央政府主导的，对于政府机构而言，其改革动力来自政府机构内部。

4. 中国特色政治发展道路

现代化通常被概括为"现代社会变迁的过程"。它既是人类社会从传统的农业社会向现代工业社会转变的世界性发展过程，又是各个民族和国家不平衡的发展过程。这种世界性和民族性集中体现了现代化的本质特征。因此，中国的政治现代化也必须从世界性和民族性两个实际出发，来探索自己的现代化道路。

先以现代化的世界性视角纵观中国政治发展模式。全球性或世界性是对现代世界的新认识而形成的一种新发展观。它有助于我们从宏观上把握现代社会变迁在长时间过程中所呈现的总趋势和一般特征。世界性使任何民族和国家在进行现代化时，或适应它，或依附它，或利用它，都逃不了它的制约和影响，这是历史的必然。因此，只有从世界性这一宏观视角进行全景透视，才能把握现代化在各个民族和国家中的体现。中国的现代化离不开世界，中国的政治发展模式也必然带有一些世界性特征。纵观中国的现代化发展历程，我国属于后发外源型现代化国家。中国历史的内部要素与西方文明的示范效应叠加在一起，共同制约着中国现代化的反应类型与历史走向。中国现代化的启动比西方国家晚了几百年，这种后发性必然会使中国的现代化受到西方先发展现代化文明的影响，从而使得借鉴西方现代化模式和抵制西方资本主义侵略共同构成中国现代化的主要动力。中国现代化的这种外源性即是现代化的世界性在中国政治发展模式中的具体体现。

再从现代化的民族性视角纵观中国政治发展模式。民族国家是现代化的基础。"现代化是在民族国家范围内进行的,民族国家是现代化的载体。"引用现代化的世界性特征,只有通过各个民族国家的现代化发展实践予以实现,现代化的共性最终要通过各个国家现代化的个性表现出来。"社会物质生产方式、历史文化传统、地理生态环境,不同社会发展阶段所形成的结构模式和国家制度,造就了各民族不同的现代化起点和独特的社会发展面貌,给各民族的现代化打上深刻的民族性烙印。"引用现代化的民族性的存在,使民族国家的现代化模式的选择有了多种可能。当然,这些选择必然要受其本国的社会历史条件的制约。

中国政治发展模式具有鲜明的中国特色,这是由特殊的中国近现代历史和中国国情决定的。1840年鸦片战争后,中国人民为了实现民族独立和人民解放,开始了近现代以来中国政治发展道路的艰辛探索。为此。中国社会的一些阶级阶层首先从不同层面开始了借鉴国外政治发展经验的探索。洋务运动是封建地主官僚阶级以封建自救为目的,打着"自强""求富"的旗号,提出"中体西用"的政治总纲领。洋务运动试图在不触动封建专制统治、不摆脱西方列强侵略和控制的前提下,在封建制度的朽木上嫁接资本主义的新芽,其结果只能是以失败告终。戊戌维新运动是近代中国民族资产阶级改良派企图效仿日本,通过变法维新,在中国建立资本主义君主立宪制。这样一条西方式的资产阶级民主改良道路同样在中国行不通。在吸取改良派教训基础上进行的辛亥革命虽然开启了中国走向资产阶级民主政治道路的序幕,但终因不能提出彻底的反帝反封建的革命纲领,仍然无法实现救国方案。以此为标志,中国全面照搬西方资本主义政治发展模式走上强国之路的理想被无情的现实彻底粉碎了。近代以来中国政治发展历史告诉我们,在促进中国传统政治向现代民主政治转型的过程中,固守中体传统固不足取,但试图走全盘西化的捷径,既不符合中国的发展需要与长期遭受多重压迫的广大人民的根本利益,在西方列强环伺宰割中国的时代背景下也根本不具备实现的可能性。

纵观世界社会主义建设史,各社会主义国家都面临着选择什么样的社会主义建设道路的问题。在列宁时期,苏维埃政权首先面临的是走军事共产主义道路还是走新经济政策道路的艰难抉择。在经过充分的比较之后,列宁最终选择了新经济政策道路。列宁去世后,联共(布)党内对是否沿着列宁的新经济政策道路继续探索发生了激烈的斗争。当时比较成型的方案有三个,即托洛茨基方案、布哈林方案和斯大林方案。在党内各种政治力量的反复较量中，斯大林的建设方案最终成为苏联社会主义的建设道路，即斯大林模式或苏联模式。苏联模式在苏联后来的社会主义建设中，日益凝固僵化，这不仅给苏联社会主义自身的改革之路制造了许多障碍，也阻断了世界各国社会主义建设道路的多样化探索。20世纪50—80年代，多数社会主义国家都进行了改革传统模式，探索新的社会主义道路的尝试。苏联有赫鲁晓夫、柯西金的改革；东欧有南斯拉夫、波兰、匈牙利和捷克斯洛伐克的社会主义改革；中国也提出"以苏联为鉴"，探索一条符合自己国情的建设道路。在改革过程中，各社会主义国家逐渐形成了各具特色的"南斯拉夫模式""匈牙利模式"和"中国模式"。其中，被实践证明最为成功也最为系统的中国政治发展模式是对世界已有社会主义建设道路和发展模式进行反复比较选择的逻辑结果，也是对世界上包括资本主义在内的各种优秀政治文明模式进行认真比较，并大胆吸收和借鉴的历史选择结果。在世界社会主义运动视野里，"中国模式"无论在理论上还是实践上，都已跳出了传统社会主义模式的窠臼，同时还应当注意，它与民主社会主义和资本主义的现代化模式也有着本质的区别，并不意味着对发达国家政治发展模式的无条件肯定与接受。当然，目前的"中国模式"在现实中还有很多局限和不足，需要在动态发展中不断丰富和完善，但作为一种新型的社会主义政治发展模式，它毕竟是世界社会主义运动的新发展和新形态，而且是迄今最为成功的政治发展模式。在可预见的将来，它不仅将继续服务于中国各项社会主义建设事业的全面进步，而且还将从更大范围和更深远的意义上为全世界的社会主义发展提供宝贵的理论与实践经验。

（二）新中国政治发展的经验总结

在20世纪各国的政治现代化进程中，新中国政治发展无疑是最为引人注目的大国现代化实践之一，通过短短六十多年的努力，中国不仅彻底摆脱了近代化风潮所带来的国家衰弱、民生凋敝的困境，而且迅速完成了政治、经济、社会、文化等领域内全方位的系统革新，由此不仅适应了现代化的总体趋势，而且使新兴的民族国家共同体得以一举迈入有影响力的世界大国的行列，使占世界人口五分之一的中国人民充分享受到了现代化所带来的积极成果。从某种意义上说，新中国政治发展实践及其中国特色社会主义发展道路理论体系的建构，也极大地改变了人们对于政治发展普遍规律的传统认知，有力地挑战了将现代化等同于西方化或美国化的教条观念。特别是改革开放三十多年来，在世界经济政治格局经历了种种风云变幻冲击的条件下，中国经济始终保持一枝独秀的发展态势，与之相配套，中国政治、社会等领域的积极变化也在稳健改革的助推下不断取得举世瞩目的新成就。相比于许多后发现代化国家因为照搬西方政治发展推广模式而经历民主失败、社会断裂的打击，处于平稳进行中的中国政治发展事业的辉煌成就就更显弥足珍贵。正如前文所述，将对政治发展的理解仅仅局限于依据西方选举民主单一指标的民主化是相当狭隘的，而且也难以对当代中国长期稳定的全方位发展做出合理的解释。有鉴于此，广大政治发展问题研究者，特别是中国本土的理论工作者，就更有责任在审视新中国政治发展成就的基础上，理清新中国政治发展历程中的规律性内容，归纳出新中国政治发展的主要经验，这不仅是我们进一步完善中国特色社会主义政治发展理论体系的必然要求，而且通过这些经验的总结，也将为更多国家的人们客观地评估新中国政治发展道路相对于西方化道路的优越性创造条件，反过来促使我们更加坚定这条道路的正确性，从而沿此继续推动中国政治发展进入一个深化改革创新的新境界。在此，我们将确保新中国政治发展不断攻坚克难、取得成就的主要经验概括如下：

其一，坚持中国共产党的领导。众所周知，中国共产党的领导是中国人民打碎内外强敌所施加的多重政治锁链、完成民族独立与人民解放历史任务的关键因素。同样，在扫除中国政治发展道路上的主要制度障碍的基础上，中国共产党仍然是保障中国政治发展沿着正确轨道持续推进的坚强领导核心。任何不带意识形态偏见的人都必须承认，当代中国政治发展离开了中国共产党的领导将是完全不可想象的。相应的，中国政治发展独特的经验体系当中也就理所当然地为坚持党的领导、不断提升党治国理政能力预留了空间。

具体而言，中国共产党在当代中国政治发展中主要发挥着这样几种无可替代的政治功能：其一，政治整合功能。有效的政治整合往往是确保一个政治共同体内政治稳定的前提，而政治稳定指标的达成则构成了政治发展系统事业取得进展的保障性条件。近代以来，随着传统政治整合机制的彻底瓦解与失效，重建政治权威、重建政治整合机制就成为决定中国政治发展实践成败的关键因素之一。在极为严酷的政治斗争的考验中，只有中国共产党最终完成了将曾一度陷入一盘散沙状态的中国社会重新整合为一个具有核心政治价值共识的政治共同体的重任。而在革命后的社会主义建设当中，中国社会主义政治制度集中力量办大事优势的发挥也在相当程度上源自中国共产党强大的政治整合能力。当然，在改革转型的关键历史时期，中国共产党有效的政治整合依然是中国社会得以克服社会多元化带来的社会结构性风险，并且得以排除内外政治干扰，集中力量致力于发展经济、提高人民生活水平的有利因素。由此可见，中国共产党在当代中国政治格局中所发挥的政治整合功能是得到了历史和现实的双重验证的，在可预见的将来，中国政治发展整体事业的成功也仍将取决于这一整合功能所发挥的基础性支持作用。其二，政治动员与教育功能。新中国政治发展的一大特征就是充分调动人民群众的积极性与创造性，这是与现代政治大众参与性的趋势保持高度一致的，而中国大众的政治参与之所以没有像一些后发现代化国家的民众参与那样最终演化为民主失败的闹剧乃至悲剧，也没有像一些发达国家在进入后现代社会后出现明显的全民性政治冷漠现象，一个重要的原因就在于中国共产党始终站在把握中国政治发展全局的高度上，张弛有度地发挥着政治动员与政治教育的功能。一方面，在重大创制与改革举措的实施过程中，中国共产党始终本着相信群众、依靠群众的宗旨，放手发动群众，保证各个阶级阶层社会群体的成员都能够获得平等地参与社会政治生活的权利。因此，在决定中国政治发展命运的几次重大转折点上，人民也都对中国共产党回馈以高度的信任，从而避免了苏东国家执政党因为脱离群众而亡党亡国的悲剧。另一方面，在动员群众参与政治社会生活的过程中，中国共产党既始终坚持群众路线，又同时注意发挥无产阶级先锋队的指导性作用，而不是反过来被民粹主义倾向所绑架。特别是改革开放三十多年来，中国基层民主政治发展取得了举世瞩目的成就，其中一条十分重要的经验就在于通过发挥党中央基本方针政策以及基层党组织在规范基层民主建设中的关键作用，确保了基层民主创新既能够保持充分的活力，又与现代民主政治的基本价值原则和程序规范始终契合。其三，政治领导功能。一个政治共同体的兴衰成败，在很大程度上取决于掌握了这个共同体内基本政治资源的领导群体治国理政的能力水平。从历史上看，中国共产党的领导地位是在完成革命建国历史重任的过程中由人民选择的，而随着新中国成立后中国共产党自身建设的不断强化，党认识政治发展领域重大问题、重大规律的能力也在不断提高。无论是社会主义基本政治制度框架的建构、社会主义法治国家基本框架的形成，还是改革开放基本国策的制定实施，都离不开中国共产党的正确领导。尤其是进入 21 世纪以来，适应不断变化的新形势，党中央主动地通过一系列领导机制和体制的改革，调整自身与政府、社会、市场的关系，在推动政府职能与角色转变的过程中实现党领导资源的优化重组，在坚持党对深化改革全局有效掌控的前提下提升党在多元社会协同治理格局中胜任领导者角色的能力。众所周知，现代国家的治理是一项高度复杂的政治事务，尤其是对于中国这样一个发展中大国而言，坚强有力的政治领导的意义就显得格外重大。近年来，中国共产党应对各种现代化与后现代社会新挑战的能力有了显著提升，在克服转型社会矛盾过程中始终保持了社会整体稳定的局面，从而为中国共产党适应新时期领导人民管理政治事务的角色提供了新的注脚。

综上所述，不难看出，中国共产党在新中国政治发展事业的成功中扮演着不可替代的重要角色，时至今日，不存在也不可能出现任何一个拥有与中国共产党比肩的政治资源和政治能力的组织或群体能够肩负起领导掌控中国政治发展大局的重任。六十多年来，中国共产党在中国政治发展中所发挥的积极作用不仅得到了全体人民的高度认可，而且也开始越来越多地得到国际社会的公正评价。在近年来国内外理论界对于所谓"中国模式"问题的热议中，中国共产党的有效领导成为诸多学者和中国政治发展问题观察家们一致肯定的"中国模式"的基本成功经验。从某种意义上讲，新中国政治发展的演进历程，也正是中国共产党自身成长的过程，而新中国政治发展未来的走向与命运，也同中国共产党领导地位的保持、领导能力的提升有着密不可分的关联。因此，在探究新中国政治发展取得辉煌成就的原因时，任何人都不应该、也不可能回避坚持党的领导这一基本经验。

其二，始终坚持社会主义方向。在按照现代民族国家的原则重建政治共同体的过程中，经历了百年奋斗的中国人民在选择了中国共产党作为唯一可靠的坚强领导核心的同时，也明确了中国的政治发展道路将沿着社会主义方向不断前进。在新中国政治发展六十多年来的历程中，为了适应内外环境的变化，社会主义国家治理、社会建设、经济发展等领域的具体路线、方针出现了多次重大的调整，但这些调整与改革都是在不违背社会主义核心价值理念、不削弱社会主义政治制度基础的前提下进行的。换而言之，新中国政治发展之所以能够顺利渡过一道道激流险滩、迈上建设社会主义政治文明的康庄大道，与其始终保持了社会主义方向、始终维护社会主义政治制度整体框架的稳定性有着密不可分的关联。早在新中国各项制度的创设之初，党和人民就已经明确地将人民利益至上的社会主义政治原则贯穿其中。以基本的国家制度为例，新中国没有选择向许多后发现代化国家那样照搬西方的三权分立政体。这是因为：一方面，三权分立本身就是基于权力制衡观念的资产阶级统治艺术的产物，而且随着资本主义国家管理事务复杂化、集中化趋势的日益明显，三权分立也越来越成为一种纯粹的理想模型；另一方面，对于后发现代化国家而言，应对重建政治权威过程中的合法性、有效性、渗透性等危机的结果直接决定了政治发展创制活动的成败，而作为舶来品的三权分立体制，往往在其还没有完全解决本土化适应症之前，就已经更多地显现出瓦解政治共识、瘫痪公共权力的消极影响。实践证明，新中国政治发展选择符合社会主义基本政治原理的人民主权原则来建构的国家制度，不仅实现了与中国"大一统"和中央集权传统政治资源的对接，而且很好地适应了后发现代化大国有效管理、维护稳定和迅速踏上富强之路的需要。与之类似，在新中国民主与法治建设的过程中，社会主义民主与法治原则也始终得到了贯彻，特别是改革开放以来，中国国家层面的民主机制创新与基层民主实践创新在取得举世瞩目成就的同时，并没有以牺牲经济社会稳定发展大局为所谓"民主化"的代价，应该承认，中国在这一领域的成就是许多同样经历了民主参与激增风潮冲击的后发现代化国家所无法比拟的。同时，这也完全超出了传统西方政治发展理论对于后发现代化国家民主发展基本走向的判断，标志着新中国政治发展走出了一条与西方化道路迥异的社会主义政治发展道路。此外，在处理新时期政治体制改革领域的复杂问题时，我们也做到了明确改革的对象是政治体制、机制而不是政治制度本身，绝不在制度选择的问题上改弦更张、另起炉灶，而是立足于适应时代变迁、以开放的心态学习借鉴古今中外经验、积极调整带动制度正常运转的各项体制、机制，使得固有的制度优越性能够在新时期继续保持并转化为社会主义政治发展理论与实践体系的合法性资源。

当然，不容忽视的是，新中国政治发展始终坚持社会主义方向毫不动摇，也是在吸取了苏东国家在改革过程中改旗易帜的惨痛教训基础上做出的明智抉择。20世纪末期，一些社会主义国家的执政党由于在改革过程中没有很好地处理改革与稳定的关系，没有真正理解基本的社会主义政治原则，盲目追随西方化道路、比照西方标准"重塑国家"，其最终结果，非但没有真正克服以往僵化体制所造成的种种政治、经济、社会发展现实问题，反而导致了国家解体、社会断裂、经济衰颓、民生凋敝等无可挽回的恶果。时至今日，一些所谓的"转型国家"仍然没有从为西方国家所轻描淡写的"民主阵痛"中走出，相反却陷入了更加深刻的政治与社会危机当中，其中的教训无疑是相当深刻的。有鉴于此，中国在改革之初就将是否符合社会主义质的规定性作为衡量改革成败的基本准绳。正如邓小平所指出的那样："如果我们的政策导致了两极分化，我们的改革就失败了。"在中国面对改革发展中社会结构急剧变迁、矛盾冲突空前凸显的挑战时，如果没有社会主义政治制度、没有确保这些制度的具体体制机制运转中始终彰显的社会主义政治原则，要想走出困境、实现改革助推发展就将是完全不可想象的。在明确了改革永远处于进行时的当下，新中国的政治发展要真正做到不走回头路、更不走改旗易帜的邪路，有必要时时重温新中国政治发展六十多年来坚持社会主义方向的成功经验，比照社会主义基本政治原则时时衡量我们的改革举措是否有悖于社会主义质的规定性，惟其如此，我们才可能在实现经济持续稳定增长的同时始终保持政治的稳定有序运行，并使其有利于人民更多、更好地分享改革发展的红利。

其三，坚持渐进改革的原则。渐进改革是新中国政治发展、特别是改革开放以来中国政治发展取得成功的主要经验之一，这已经成为国内外诸多有识之士对于新中国政治发展评价中的基本共识。在后发现代化国家的政治发展历程中，政治改革与政治革命构成了两条主要的发展路径。但具体到新中国的政治发展，改革与革命的关系又不是完全分离和对立的。毋庸置疑，新中国政治发展的基础是建立在对旧社会政治统治秩序的彻底否定与荡涤之上的，对于政治发展具有至关重要意义的重塑政治共同体及其内部价值共识、政治制度建构都离不开政治革命所起到的除旧布新的历史作用。从这个意义上讲，仅仅用政治改革或是政治革命来概括新中国的政治发展都将是有失偏颇的。但是，我们还应该看到，在新中国政治发展的历史线索上，政治革命与政治改革之间又表现出较为明显的时空接续关系，在基本的政治架构得以确立的前提下，政治改革必然代替政治革命成为促进政治发展的基本动力，这并不意味着对于政治革命价值的否定，而是以一种更适应新形势需要的方式捍卫政治革命的果实。自改革开放之初，我们就明确了改革的目的是为了更好地发展社会主义、提高社会主义社会生产力水平，这就决定了中国的改革尽管始终保持着应有的力度，却不像苏东国家那样最终偏离了社会主义轨道。同时，坚持渐进有序的改革方针、采取稳健的改革步骤，也反映出新中国政治发展事业的领导者和参与者对于政治发展普遍规律与中国特性全面、深刻的理解。首先，作为一个底子薄、基础弱的后发现代化大国，中国的基本国情始终是决定改革方式和改革成效的前提条件，忽略了这一条件，改革就只能等同于空想和盲动。以民主政治发展为例，新中国民主建设是在一个历史上严重缺乏民主文化传统和民主机制资源的条件下起步的，同时，整个民族的基本民主素质也十分低下，民主意识相当贫乏，在这种情况下，如果贸然引入西方化的民主建设道路，单纯重视民主的选举指标，其结果不仅将丝毫无益于民主政治在中国土壤上扎根，反而可能使其堕落为极少数政治精英或利益集团用以实现自身利益最大化的工具，导致社会的分裂与对立，甚至最终引发全民对于民主政治本身的强烈反弹，带来民主失败的严重后果。因此，审视新中国民主与法治建设的历程，不难发现，我们始终将引导与扩大有序的民主参与以及有效的民主管理、民主监督、民主协商等真正体现民主政治人民性、有效性作用的内容作为社会主义民主政治发展的重心，而对是否有利于社会主义政治社会的稳定发展、是否有利于巩固社会主义政治制度的基础等原则的坚持，则起到了确保民主法治建设始终不偏离社会主义轨道的重要保障性元素。当然，强调民主发展的有序性、阶段性并不等于中国民主政治发展事业的滞后，恰恰相反，在前三十年奠定社会主义人民民主基本原则、初步实现人民民主参与国家社会事务管理权利法理及制度保障的基础上，改革开放四十多年来，中国国家制度、执政党内、基层社会等多个层面的民主政治实践都不断涌现出一系列新形式，积累着引人注目的新经验。其中相当一部分民主机制创新形式，在以往国内外既有的民主政治经验体系当中都是并无先例可循的，这充分表现出中国民主政治发展的动态与活性特征，而且，正如许多当代中国政治发展问题的研究者所注意到的那样，中国民主法治建设的渐进式改革并不等同于将苏东"转型改革"的压力缓释于一个较长的时间周期，也不同于一种"稳健"的西方化改革道路，而是具有自身独特的质的规定性和发展演进规律，尽管因为面临着诸多的现实挑战，这一经验体系还处于继续健全完善当中，但假以时日，中国特色社会主义民主政治发展道路一定足以匹敌甚至超越西方民主政治发展道路。

除了民主法治建设领域的渐进改革特征之外，新中国政治发展在其他诸多领域内的改革措施也始终遵循着同一原则。具体而言，这一原则不仅强调对中国基本国情和内外环境变幻保持高度关注的前提，而且注重追求顶层设计与基层实践创新相结合、制度稳定与机制创新相结合、全局性目标战略与阶段性改革目标策略相结合等。从某种意义上讲，渐进式发展道路本身也构成了一个相对完整的政治发展理论与实践经验体系，并且需要我们在今后继续对其加以更为准确、全面的认知概括。

其四，坚持本土化原则不迷信西方经验。与坚持政治发展的社会主义方向和渐进式改革道路密切相关，新中国政治发展历程中重要的经验之一还在于始终坚持以中国人通过中国化方法认识—解决中国问题的本土化原则，同时客观全面地看待政治发展的西方模式与西方经验。中国特色社会主义政治发展道路的成功充分证明，一个落后的人口大国是完全可以通过自身的改革创新和艰苦奋斗，充分利用资源，调动国内外积极因素，实现自身的发展目标。这就打破了西方传统政治发展理论将西方化模式与道路设定为实现政治发展目标唯一正确模式的教条。事实上，当今世界在出现一体化趋势的同时，也表现出明显的多元化趋势，而多元化和多样性也正是人类政治生活的基本样貌与特征。虽然现代化的一些具体目标，比如国家稳定富强、社会公平和谐、人民富裕幸福等是不同国家人们所追求的共同目标，但具体到实现这些目标的道路乃至于这些目标实现的具体样态，除了要受到一个国家自然资源环境禀赋、人力资源和人文传统条件等的影响之外，还取决于该国人民所面临的现实环境和该国政治发展实践的具体内外条件，因此，政治发展道路本身就是多样化、差异化的。这一特性是由世界历史的发展和人类社会的不断演变和进步所导致的，是客观存在的，是不以人的主观意志为转移的。不承认、不尊重世界的多样性，企图建立唯一的发展道路或发展模式的统治性地位既是不可能的，也不符合世界人民的根本利益。纵观新中国政治发展历程，始终注重强调政治发展本土化原则的重要性，对西方化道路保持高度警惕是中国政治发展领导群体与人民大众的基本共识之一。中国是第三世界中最大的国家，与广大发展中国家有着相似的背景，有着共同的历史遭遇，共同面临着消除贫困、发展经济的现代化课题。中国特色社会主义现代化道路的成功对广大发展中国家有着重大影响，至少说为其提供了一个有别于西方的发展模式，中国的发展经验在一定程度上对发展中国家具有借鉴意义。正如有学者所指出的：现在，随着"中国模式"的成功，很多第三世界国家似乎正在放弃美国民主模式而转向"中国模式"。比如，印度的专家学者、媒体、政要一直都在关注和积极探讨中国取得成功的原因，希望借鉴中国的成功经验，找到适合自己国情的发展道路。可以说，印度已将中国发展模式作为对比自己、认识自己的参照物。近年来，俄罗斯也开始深刻反思自己的发展模式。普京担任总统时在一些内部场合也透露，俄国要学"中国模式"。由此可见，中国道路和中国发展模式已经和正在为发展中国家提供一条可资借鉴的反对经典现代化理论和"华盛顿共识"的现代化新路。新中国政治发展的成功充分表明，一个国家要实现现代化就必须独立自主地探索具有本国特色的现代化发展道路和发展模式。"走自己的路"是中国发展道路的根本经验，也是对发展中国家提供的有益借鉴。中国并不主张世界有什么固定、统一的模式。中国始终认为任何社会发展模式都是针对本国自身的发展问题而提出的，不同的国家有不同的地域、民族、历史、经济和文化等方面的特殊国情，世界上没有放之四海而皆准的发展道路和发展模式，也没有一成不变的发展道路和发展模式。前进的道路总是不平坦的。中国共产党执政60年来特别是改革开放以来，一刻也没有放弃对共产党执政规律、社会主义建设规律、人类社会发展规律的探索。新中国成立以来特别是改革开放以来，我们党在执政理念、执政方式、执政能力、执政经验等方面都有许多独创之处。不仅如此，中国政治模式对世界政治文明也作出了相应的贡献。

相对的，政治发展的传统西方化道路不仅在许多后发现代化国家的政治发展实践中引发了一系列消极后果，而且在理论发展和西方自身实践过程中也日益暴露出诸多弊端。在理论层面，西方政治发展模式的不足在于西方主义立场比较明显。在政治发展指标的规定、政治发展目标的设定、政治发展手段的规划等方面，简单地以西方的某些特定标准作为模范。这也相应地导致了西方理论界对于后发现代化国家丰富多元的政治发展现实的观察仅仅立足于狭隘的西方教条经验，从而极大地影响到其提供的理论研究成果的科学性、客观性价值。同时，更为严重的是，西方世界目前具有的话语霸权也成为反思与修正这种西方中心主义倾向的巨大障碍，无论是西方国家对于其现代化"标准模式"的顽固坚持与"积极推广"，还是其对于以中国道路为代表的有异于西方模式的新探索的集体围剿，都暴露出西方政治发展模式自我完善动力源泉的枯竭。同时，在西方国家自身的政治发展实践中，由于自由民主实践形态的异化，政党政治越来越多地成为极少数政治精英表演政治的舞台，议会政治和选举政治的实效性也因为竞争性原则和权力制衡原则的泛滥而备受消极影响。此外，尽管战后西方国家也推动了应对现代多元社会治理的政府再造与社会建设运动，但受限于资本主义政治质的规定性，这些局部改革不可能真正挽救资本主义世界周期性的社会危机，事实上，随着西方国家经济发展步伐的整体放缓，西方政治制度的缺陷也开始日益引发社会分化对立、价值规范瓦解等诸多消极后果，而这些新危机在以往西方政治发展的理论与实践模式中都是找不到有效解决方案的。由此可见，在西方政治发展自身面临诸多瓶颈制约的情况下，中国就更没有理由沿着西方化的错误方向重蹈一些后发现代化国家以西方化代替本土化道路的覆辙。当然，也正如上文所指出的那样，中国政治发展理论与实践体系的建构完善，又是一个高度开放的过程，中国的发展离不开世界，并将最终回馈世界。新中国政治发展本土化成功经验的重要内容，也包含着对于包括西方经验在内的其他国家政治发展成功实践的广泛借鉴，而决定这些借鉴成功的关键则在于与之相配套的中国化改造。也正是因为这种中国化改革的成功，我们才得以最终走出一条具有中国特色，同时又符合人类政治发展普遍规律的创新发展道路。

总的来看，新中国政治发展作为世界历史进程中具有重大意义的事件，已经积累并且正在不断完善丰富其理论与实践经验体系。在当今复杂多变的国际背景下，"中国奇迹"愈发彰显出其深远的国际影响和思想价值。20年前，东西方阵营之间的冷战结束后，有着13亿人口的中华民族在中国共产党的正确领导下，没有重蹈苏共败亡的覆辙，避免了苏联式崩溃和俄罗斯衰退的悲惨命运。不仅实现了经济发展和民族复兴，而且始终保持着改革、发展、稳定的良好势头。特别是在世界性的金融危机爆发后，西方社会经济制度和社会治理模式或碰壁或搁浅，国际上不少国家面临着不稳定和不确定的未来，在此情况下，中国的应对和表现就更显得难能可贵。六十多年来，中国稳定的政局和政治发展形势影响着世界格局，丰富着世界政治面貌，中国发展的价值取向和经验原则丰富了人类发展的内涵和理念，必将为世界文明图画留下浓墨重彩。与西方国家一些学者继续局限于"民主—专制""西方—非西方"的两极对立思维模式和简单的二分法不同，中国采取科学的发展方式，沿着协调的发展轨道，秉承着包容的价值理念，为当今国际社会提供了非凡的答案。因此，回顾新中国政治发展六十多年的历程总结提炼出的成功经验，不仅将成为中国人民在新时期继续推动中国政治发展实践的信心与动力来源，而且将成为全世界人民通过多元化道路实现现代化发展目标的宝贵财富。

三　中国政治发展的理论与现实问题

（一）政治发展理论的中国化经验

回顾中国政治发展研究的发展历程，我们不难发现，从简单地引进套用西方理论模型分析中国政治，到逐步发现西方理论的中国适应症问题，再到进而唤醒理论批判与创新的高度自觉，在立足中国政治发展变迁历史与现实的基础上重构中国特色的政治发展问题研究框架，中国政治发展理论研究的成长就学术领域而言，是伴随着中国政治学学科发展的复兴历程的，而在一个更为广阔的政治实践领域内，它又可以被视为改革开放以来中国政治实践在一个新的历史高度继续迈进的集中反映。时至今日，中国政治发展的理论与实践研究已经进入一个完善理论体系，进而争取在国际舞台上的理论话语权的全新发展阶段。一方面，既有的理论积累在分析中国政治发展的成因、逻辑乃至于概括中国特色社会主义政治发展道路上为将来的拓展研究做好了必要的铺垫，而另一方面，由于研究开展时间较短以及客观存在的东西方话语权不对等的状况，中国政治发展理论研究在构建内外规范的研究交流平台等方面还需要广大理论工作者投入更多精力来尽快弥补历史欠账，提高理论整体的解释力与应用价值。有鉴于这一机遇与挑战并存的现状，我们要沿着中国化的道路继续推进中国政治发展问题的研究，就必须从中国政治发展研究历程中总结归纳出一些可资借鉴的经验，使我们更加全面准确地理解中国政治发展理论与实践的演进规律。具体而言，这些经验主要包括：

1. 坚定不移地走政治发展研究中国化的道路。

对于西方政治学界而言，政治发展理论的出现实际上代表了一种当代政治学研究关注焦点与研究方式的重大转变，正是经由政治发展问题研究的兴起，诸多西方学者开始发现，植根于传统政治哲学解释框架的经典自由主义政治分析模型，在政治现代化这一深刻影响人类政治发展走向的实践中，越来越表现出其解释力与应用价值匮乏的问题。同时，鉴于西方国家所极力推广的民主政治模式在后发现代化国家政治发展实践中普遍遭遇的困境乃至于失败的严峻现实，一些西方学者也不得不开始反思原先所持的乐观主义的普世民主观，重新认识民主实践的历史性、复杂性问题。在此基础上，一些进步的西方学者甚至也开始对西方中心主义的政治现代化观念体系产生怀疑，这直接推动了政治发展研究范畴的不断延伸。总之，政治发展理论与实践研究在西方理论界的发展经历了一个从医人育人到自查自医的演变轨迹，从而也使其理论与实践价值突破了最初解释框架的局限，而带来这一积极后果的直接动力显然就在于理论界不拘成见的创新意识。同样，在政治发展理论引入中国的三十多年来，中国理论界之所以能够将其成功转化为中国化的理论体系，首先就在于广大理论工作者很快实现了政治发展研究范式的中国化。换而言之，也就是相比于西方学界，中国理论界更加重视政治发展作为一个系统实践问题的特性，中国学者不仅仅关注政治发展中民主政治建设的内容，还注意到了政治现代化中国家与社会关系变迁、社会结构转型、国家治理体系构建以至于政治文化转变的内容，并且对其于民主与法治建设的反作用力给予了充分重视。也正因如此，尽管中国理论界的政治发展问题研究是在引进借鉴西方相关理论研究成果的基础上发展起来的，但在不长的中国化过程中，政治发展理论得以迅速地同中国日新月异的政治发展实践相结合，与马克思主义中国化和中国特色社会主义建设的整体事业相结合，逐渐祛除了原有的西方中心主义成分，实现了对西方原有理论的批判和超越，最终成长为彰显中国特色、服务中国实践、揭示中国特色社会主义政治发展规律性内容的理论体系。在此过程中，广大理论工作者不仅在中国化的前提下重新探讨了政治发展的内涵、属性、概念与应用范畴等基本理论问题，而且充分运用马克思主义政治学理论工具，将历史唯物主义和唯物辩证法的思想精髓有机地融入中国政治发展研究当中，以对中国政治发展实践，特别是改革开放以来政治社会变迁的全面深入观察为基点，实现了政治发展问题研究范式的中国化创新。这种理论观点与研究方法的双重中国化自觉，始终贯穿于中国政治发展研究的演进历程当中，最终结出了中国特色社会主义政治发展道路研究这一硕果，反过来为中国未来的政治发展实践指明了正确的发展方向。应该承认，离开了政治发展理论中国化的正确道路，这一积极影响的产生就将是完全不可想象的。

2. 始终强调政治发展研究自觉服务中国政治发展实践的价值。

毋庸置疑，政治发展首先是一个现实问题，特别是对于面临着实现现代化与后现代社会双重挑战的中国而言，政治发展的实践性特征就显得尤为突出。纵观改革开放三十多年来中国政治发展历程，在充分肯定政治发展整体方向的正确性以及民主法治建设、社会结构转型变迁、国家治理体系与治理能力不断提升等成绩的同时，我们也不应忽视，处于发展转型关键时期的中国政治，还存在着一系列亟待解决的现实问题，而这也就相应地对中国政治发展理论研究提出了新要求，比如，民主政治的中国特色与中国道路应该如何体现与概括，国家与社会在现代化进程中究竟处于怎样的一种关系状态，如何在不削弱党的执政权威的前提下实现执政方式科学化、民主化的转变，进而提升党的执政能力等等，都是目前政治发展研究迫切需要回答的理论问题。三十多年来，尽管在政治发展一些具体指标体系及其实现机制的研究中仍存在学理和认识上的分歧，但就整体而言，政治发展的中国本土化研究已经初步形成了对于中国道路的理论共识，以此为基础，对于中国政治发展不同实践领域内诸多问题的研究都已逐渐步入正轨。在沿着不同维度展开的具体问题研究中，中国学者的研究充分体现出理论与实践相结合、历史与现实相结合的特征，明确了中国政治发展的目标体系，突出了中国政治发展的根本政治属性，着重强调了政治稳定与政治改革的辩证关系，从而论证了中国特色社会主义政治发展道路的合理性与优越性。更重要的是，在解决转型时期中国政治发展所面临的种种困难和矛盾的过程中，中国的政治发展研究从多个角度展开了对于深化改革具体路径、措施的研究，其中，相当一部分研究成果都立足于对中国实际问题和国内外相关实践经验全面客观的总结，提出了具有针对性的具体政策建议与改革方案。而这也恰恰从一个侧面证明了，当前中国政治发展所亟待解决的主要现实问题并非西方传统理论模型所设定的所谓"制度变迁"的主题，而是更多地集中在保障制度充分运转起来的机制创新的领域。更进一步说，通过紧密结合实践的理论探讨，中国政治发展研究开始自觉超越西方话语既有的问题范畴，将政治发展的研究对象拓展到了国家治理与社会发展一般性规律的层次，这与后冷战时期国际政治学研究旨趣也是保持着内在契合的。事实上，对于中国当前在政治发展的诸多具体领域内所遭遇到的现实问题，以往国外的理论体系是无法给出任何现成有效的答案的，这就更需要中国理论工作者对于中国政治发展问题的研究早日达至成熟的境界，不仅能够在一些基础性问题上具备同西方学者展开平等对话的能力，更能够通过见微知著的研究，使其日益成为自觉服务于解释现实、服务现实、指导现实发展的理论工具。在可预见的将来，坚持基础理论研究与具体政策问题研究的紧密结合，仍将是中国政治发展问题研究的主要特色之一，在构建中国特色社会主义政治发展完整理论与实践体系的过程中，这一特色的彰显也必将产生一系列积极的影响。

3. 以开放创新的精神为政治发展研究注入活力。

中国的政治发展研究肇始于思想领域的改革开放，而政治发展的概念逐渐被社会大众接受乃至于最终进入官方话语体系的过程，实际上也是中国广大理论工作者本着开放创新的自觉意识，为政治发展问题研究不断注入新内涵的过程。其间，首先应该承认的是，国外理论界对于中国政治发展理论与实践问题研究的逐渐升温，为我们在经历了与国际同行长期隔绝后重新把握学术发展的前沿动态、熟练运用最新的理论与实证分析工具提供了不可或缺的借鉴。尤其是进入后冷战时代，随着国际形势的巨变，中国在经济社会政治文化等多领域内所保持的长期健康稳定的发展趋势，完全打破了一部分顽固抱有意识形态偏见的西方观察家的悲观唱衰预言，并且日益体现出中国特色发展道路相对于西方化模式无可比拟的优越性。在这一背景下，在西方学界对于中国政治发展的现实研究中，所谓"中国模式"的讨论成为一个引人注目的话题。而与以往政治发展理论演进中任何一个阶段的情况不同，中国理论界在对这一前沿问题的探讨中已经不满足于旁观者和学习者的角色，许多中国学者开始借助各种国际交流平台，运用诸多新媒体工具，在国际舞台上发出中国理论界的声音，与国际同行直面展开全方位的问题讨论。这一具有划时代意义的尝试本身也标志着中国本土的政治发展研究已经超越了完全依赖舶来工具的时代，也已经告别了以简单的封闭拒斥方式对抗西方话语霸权的时代，而是着眼于在理顺中国化政治发展研究路径的逻辑、打牢中国特色社会主义政治发展理论体系的学理根基的前提下，同西方学界展开对等的交流，从而争取相应的话语权。从整体来看，这一交流过程本身也起到了弥合政治发展理论中国化初期阶段东西方研究范畴、范式之间断层的积极作用。一方面，中国学者在对话中对于中国化研究道路坚定了信心，同时更加及时、准确地把握到国外相关研究的前沿动态；而另一方面，一些国外的有识之士也开始对中国学界的相关研究产生兴趣，并在对其给予肯定性评价的同时更加深刻地反思西方中心主义研究方式的弊端和缺陷，这不能不说是中国政治发展的实践进展及与之相配套的成熟理论对于国外相关问题研究发展的一种反哺与贡献。

当然，在充分肯定成绩、树立自信的同时，我们也不应该回避中国政治发展理论与实践研究在理论体系完善性、研究方法规范性等方面所存在的一些亟待弥补的缺陷。更重要的是，随着人们对于政治发展客观规律认识的日益深化和相关问题研究领域的迅速拓展，中国政治发展研究要进一步提升层次、扩大影响、更好地服务中国实践，就不能够停留在目前偏重宏观研究的发展层次上，而是要在宏观、中观、微观层次全面推进，打破学科间和学科内部不同分支间的藩篱，以一种更为开阔的学术视野，自觉地将研究中国的发展与研究世界的发展结合起来，将总结过往的经验与提供未来的规划结合起来，将宏观与微观、静态与动态、理论与实践研究结合起来，以期全方位地推进政治发展理论的发展，使中国特色政治发展理论能够在世界政治发展理论的舞台上占据一席之地，并切实地为中国新世纪政治发展建言献策，指明方向。

(二) 中国政治发展面临的内外挑战

新中国成立六十多年来，中国特色社会主义政治发展道路的科学性已经得到了政治实践的充分验证。进入深化改革的历史新时期，特别是新世纪近十年来，通过有意识地梳理新中国政治发展的历史轨迹与两方面经验，我们对于中国特色社会主义政治发展规律的理解达到了前所未有的高度，由此也带动当前中国的改革发展事业进入一个优化结构、提升质量的全新阶段。时至今日，任何不戴有色眼镜的中国政治发展问题研究者都应该承认，在初步渡过社会转型发展的风险期后，中国政治发展的整体形势已经进入一个历史上最好的时期。但与此同时，我们又应当意识到，随着冷战结束后国际形势的巨变，以及仍处于结构调整、优化升级阶段的改革开放事业所必须面对的历史遗留问题与多元社会新问题叠加的局面，在今后相当长的一段时期内，中国政治发展事业在迎来发展机遇的同时还面对着来自内外的多重挑战，能否有效应对这些挑战将直接关系到中国深化改革事业的顺利推进。

具体而言，中国政治发展事业所面临的内部挑战主要来自以下几个方面：

其一，制约政治发展全局的经济基础领域。众所周知，新中国政治发展，特别是改革开放以来中国政治发展事业的成功，与同一时期中国经济彻底摆脱了近代以来帝国主义原料产地和商品倾销市场的不利地位，转而获得强大内生动力，最终成长为世界经济格局中举足轻重的一极有着密不可分的关系。正如有学者所指出的那样，不应该把中国政治发展与经济社会发展事业人为地割裂开来，认为中国政治发展滞后于经济发展形势，而是要在中国经济腾飞的奇迹与相应的政治改革和政治发展的助力间建立起必然的逻辑联系。以家庭联产承包责任制为例，它固然表现为一种经济生产方式的变迁，但促使这种变迁出现的直接动因则是政治、社会领域原有结构弊端的显现，而保障这种经济生产方式变迁带来经济发展显著成效的则是中国基层社会管理体制的根本变革，后者显然属于政治发展的一项重要内容。反过来看，也正是中国经济保持数十年来长期持续稳定发展，才为中国社会赢得了充足的时间和空间，使其获得了改革稳定发展共识基本资源的支持而在一个相对平稳的环境下推动稳健的政治体制改革、调控社会结构多元化变迁。因此，建立起经济发展与政治发展之间的良性互动关系，正是中国政治发展事业规避改革风险，不断取得成功的关键所在。基于这样的认识，我们也不难发现，当前中国经济发展所面临的种种挑战，不仅与政治发展领域的相应问题存在着千丝万缕的内在逻辑关联，而且很可能对致力于解决这些问题的政治体制改革产生深远的影响。其中，最根本的问题主要来自社会主义市场经济体制方面。由于发展社会主义市场经济是一项前无古人的事业，我们在建立和完善市场经济体制、正确处理市场经济条件下不同主体的关系问题、确定其应然职能定位等方面还显得缺乏经验。因此，我们对于发挥市场经济决定性作用的理解在实践中存在着不同程度的偏差，在一段时期和局部领域内甚至出现了市场机制反过来主导政府行为和社会价值取向的非常态现象。而正如被近代以来西方资本主义国家和一系列后发现代化国家政治发展的历史所证明的那样，不受调控的市场机制一旦成为凌驾于一切权威之上的主人，它就有可能从根本上异化人们的价值观念世界，使得赤裸裸的交易原则成为政治社会生活的主题，并最终导致公共权力依附于资本，偏离其服务于人民利益的目标取向。改革开放以来，中国社会之所以出现了大量的权力寻租现象，之所以一度面临信仰缺失、价值迷茫的窘境，与市场交易原则和消费主义价值观的泛滥显然有着不可否认的关联。当然，随着近年来我们对于发展社会主义市场经济规律认识的深化，党和政府也开始有意识地用公共性、人民性的价值原则规范市场经济，同时运用法治的有力工具，将市场经济关进法律的笼子里，防止不够健全的市场机制破坏全民平等分享改革成果的局面，以及由此导致的政治权威的弱化等消极后果。但这一目标的达成还需要相当长的时间周期以及对于国家、社会、市场关系始终正确的处理，因此，在完成健全社会主义市场经济体制的任务之前，我们在看到经济增长对于政治发展产生的积极效果的同时，还应该更多地关注其可能给政治体制改革造成的消极影响，力争规避市场化国家、市场化社会取向所酝酿的改革风险。与此同时，经济长期持续稳定发展又是中国政治发展的基本保障条件之一，而目前中国经济领域内仍存在着产业结构有待优化升级、创新能力欠缺、市场内需动力不足、行政性垄断障碍有待消除、经济增长社会、环境效益代价过大，以及区域经济发展不平衡等一系列问题。如果不能很好地克服这些挑战，致使中国经济整体稳定增长的形势出现变数，那么就有可能导致长期以来积累的改革发展共识的丧失等一系列连锁型政治、社会发展领域的危机。由此可见，作为一项系统工程，中国的政治发展不仅需要在民主、法治、国家治理等领域内全面推进，而且还必须正确处理与其他领域发展事业的关系，惟其如此，中国的政治发展才可能化挑战为机遇，迎来又一个历史发展良机。

其二，关系政治发展持久动力来源的社会发展领域。现代政治发展的一个重要标志就是社会自身的成长及其建立起与国家间合作共赢的关系格局。中国的政治发展是在历史上缺乏相对独立社会成长空间的条件下起步的，而在新中国成立后，由于种种主客观原因的制约，我们在相当长时间内主要又是依靠国家包裹社会的总体型社会体制来管理国家社会相关事务的。因此，中国政治发展实践在得到社会发展领域的助力支持方面就显得相对薄弱。首先，由于我国建立均等化、高质量公共服务体系工作的长期滞后，许多社会成员难以在解决基本权益保障后顾之忧的情况下参与政治生活，从而影响到民主参与水平和质量的提高。同时，改革开放以来，由于对市场机制自发调节作用的过度信任，中国的社会结构变迁在某种程度上并没有向更加合理、稳定的方向进步，而是出现了目前中等收入群体所占人口比例偏低、社会阶层间流动不畅的所谓"葫芦形"结构，这一结构性缺陷与历史上形成的城乡二元结构问题的叠加，进一步加剧了中国社会发展未来面临的风险。事实上，进入新世纪后，中国社会发展历史遗留问题与改革发展中出现的各种新问题开始持续发酵，并且在一些领域内出现了集中凸显的倾向，而社会自我管理、自我调节能力的缺乏，又使得我们不得不动用大量的行政资源、经济资源和社会资源去被动地应对矛盾，结果导致了低水平维稳的困境问题，影响了改革发展的大局。考虑到目前我国政府已经越来越不可能独立地承担多元社会的管理任务，通过自上而下的松绑和自下而上的探索创新促进社会自我管理、自我服务、自我监督、自我教育等能力的不断提升就更显得尤为必要。近十年来，作为社会发展重要指标之一的社会组织的成长已经得到了党和政府越来越多的支持，在一些经济发达地区，各种致力于社会公益目标和分担政府社会管理职能的社会组织也以其实际行动支持着改革必需的稳定社会、活力社会的大局。但从整体上看，中国社会组织的未来发展除了需要克服自立性和官僚化倾向的侵蚀之外，还必须防范在许多后发现代化国家社会组织成长过程中出现的为国内外敌对颠覆势力所渗透、利用的风险，按照有利于支持中国特色社会主义建设的基本政治原则规范自身的行为、提升自身的素质。而这也从一个侧面反映出以中国社会发展事业的进步支持中国政治发展系统工程的艰巨性。总的看来，中国社会发展必须沿着一条首先建立优质公平的民生保障体系、公正的资源分配与调节体系，继而致力于培育理性成熟而富有活力的社会成长的基本发展逻辑，才可能最终为支持中国政治体制改革事业、支持中国特色社会主义民主法治建设的有序推进提供不竭的动力。

  其三，政治体制改革与民主法治建设领域。在注意到政治发展与其他领域发展建设事业的高度相关性的同时，我们也不应忽视政治建设领域自身的问题。概而言之，中国当前政治发展领域存在的种种体制、机制方面的问题主要是由两方面的原因所造成的，第一是历史原因，即新中国成立以后社会主义政治建设经验不足和国外经典社会主义政治发展模式的固有局限性，中国的社会主义政治制度的优越性过于集中的政治体制、过分强调阶级斗争主题的缺陷而无法得到充分体现。比如人民代表大会制度作为我国的根本政治制度，在相当长一段历史时期内却由于党政不分、以党代政严重问题的存在而处于事实上的制度虚置状态，而多党合作的政治协商制度更是在特定时期遭到了严重破坏。此外，一段时期内脱离社会主义国家基本民主制度与法律框架所进行的"大民主"的尝试，也给社会主义政治建设带来了诸多不利影响。归根到底，这些历史问题的出现，与我们缺乏社会主义政治建设经验，对于中国特色社会主义政治发展规律的认识不够深入有着直接关系，改革开放以来，通过恢复和完善各项政治制度，健全丰富确保其有效运行的各项体制、机制，积极调整不同政治主体的关系格局，这些历史遗留问题已经得到了初步解决。但我们也应该注意到，中国政治发展史缺乏民主机制与民主文化传统的问题时至今日也并没有得到彻底解决，一些新中国成立前后遗留的非民主、反民主的思维与行为惯性仍然在政治社会生活的各个领域中时有浮现，要使现代民主真正扎根于中国土壤，真正找到配套的中国化民主形式还是一项任重道远的事业。第二则是现有的政治体制、机制难以充分适应改革发展需要的现实问题。现代国家的治理是一项高度复杂的事务，尤其是在社会本身逐渐成长的条件下，如何做到既充分调动政府、社会、公民多方面的参与管理积极性，又有针对性地提高其中发挥主导性作用的政府处理政务的能力，更是世界各国所普遍面临的治理危机挑战。目前，中国政府由原先单纯的管理者身份向兼具管理者、服务者、协调者、仲裁者等多元角色的转变才刚刚起步，一些政府机构的官僚化作风惯性、自利性倾向仍然是现代政府再造系统工程所亟须克服的障碍。同时，在行政体制内部的调整变革中，早期改革中形成的不尽合理的中央与地方财权事权分配体制、不够公开透明的政策决策过程、不够完善的多方多重监督机制等，都在不同程度上影响到中国国家治理体系的整体现代化步伐。随着党将国家治理体系和治理能力现代化建设提上议事日程，在政治体制领域内推动更大范围、更深层次的变革的意义就更加突显。

其四，影响政治发展内外环境的文化建设领域。与政治发展事业直接相关的文化建设问题主要集中表现在这样两个方面：首先是对于中国政治发展问题理论与实践研究的中国化自觉与中国化探索。正如上文所指出的那样，尽管近年来中国特色社会主义政治发展道路研究已经得到国内外诸多研究者的高度重视，并且国内的许多学者已经初步形成了以中国视角分析中国问题、总结中国经验的理论共识，但受限于政治学学科整体建设的步伐，以及中国本土研究国际话语权的弱势地位，中国政治发展研究的理论总结的水平还与实践进展的成就存在着相当大的落差，这种落差反过来也可能导致一些中国人对坚持政治发展的中国道路产生某种程度上的迷茫，并限制中国政治发展成就在更大范围内推动全人类对于政治发展普遍规律的深入认知。其次是政治文化的现代转型。由于封建社会专制政治文化的残留，以及"大民主"失败实践的影响，当代中国政治文化的现代转型面临着非理性的泛政治化与政治冷漠两大不利倾向的挑战。一方面，社会多元化所带来的参与激增、特别是新兴交互式媒体平台参与激增，使得非理性的政治文化在局部领域出现了扩散的趋势，这不仅给政府及时有效地解决改革发展中出现的一般问题制造了麻烦，更对一部分社会成员的政治意识和思想行为方式产生了深远的消极影响，从而在潜移默化中积聚对于维系改革稳定大局的破坏性、颠覆性因素。另一方面，由于政治体制改革工作长期性、艰巨性的客观现实，部分社会成员在参与效能感不足的情况下，可能出现不同程度的政治冷漠倾向，而这与社会主义民主政治强调民主参与的实质性内容，重视民主建设的人民性特征无疑是不相适应的。要清除这样两种消极倾向的影响，显然不会是一项可以期许一蹴而就的工作，文化的现代转型既需要政治发展事业掌舵者的积极作为，也需要全民共同价值规范体系的重建，也就是党中央此前提出的建立中国人自己的精神家园的任务。也只有真正实现了政治文化的现代转型，使中国特色社会主义文化建设事业的步伐赶上经济社会发展和政治体制改革的步伐，我们才有可能最终构建起支撑中国特色社会主义政治发展事业长期健康发展的完整文化基础平台。

在面临着严峻内部挑战的同时，中国政治发展所面临的外部挑战主要表现为：激烈的国家间竞争态势与依然严峻的意识形态领域的斗争形势。相对于西方发达国家，后发现代化国家实现政治发展目标的一个重大劣势就在于其现代化进程始终处于强大的外部压力条件下。同样，新中国的政治发展事业自其起步之初，外部挑战就成为一个不可忽略的关键性影响因素。毋庸讳言，新中国政治发展根基首先就是建立在反对帝国主义侵略控制斗争胜利的基础之上的，而西方列强显然是不甘于轻易承认失败的，加之中国人民对社会主义政治发展道路的选择，更使得新中国政治发展在相当长的一段历史时期不得不在西方发达国家联合围堵和频繁进行敌对颠覆活动的情况下艰难展开。考虑到这一客观形势，我们也就不应该把新中国政治发展前30年中与西方发达国家政治发展理论和实践进程的隔绝看成是一种主动选择的闭关锁国行为，而是要从国家间利益博弈和东西方阵营对峙竞争的视角全面客观地理解造成新中国政治发展在特定历史时期显现出相对封闭特征的主因。当然，随着冷战中后期国际形势的变化，以及随后中国所推动的全面改革开放政策，中国政治发展研究与实践重新实现了与世界的接轨。一些西方政治发展理论的分析模型和重要观点开始被引入中国本土的研究中，并在经历了一段时间的中国化改造之后，为中国政治发展理论与实践体系的逐渐成形提供了必不可少的支持。然而，即使在这一中国与西方政治关系相对缓和融洽的时期，西方国家的统治阶级出于维护其根本利益的需要，也仍然没有放松对于中国进行渗透颠覆的努力。这一无声的较量在20世纪80年代末达到了一个高峰，也使得一些曾经对西方国家、西方道路抱有幻想的人们最终抛弃了对于西方化政治发展模式的盲信，转而寻求立足中国国情、满足中国国家发展与人民幸福利益需求的中国特色社会主义政治发展道路的建构。近年来，在国际政治经济版图不断发生新变化的整体形势下，中国与西方发达国家间的竞争关系更多地出现于经济领域的博弈当中，但这丝毫不意味着中国政治发展的外部压力环境已经得到了根本的改善。恰恰相反，随着中国经济腾飞对于西方发达国家优势地位的挑战，以及由此所引发的以西方为中心建立的不合理的国际政治经济秩序的松动，西方国家对于中国政治发展事业的理论期望反弹只会表现得更为强烈。正如西方政治发展理论发展至今的主流观点所展现的那样，社会主义政治发展模式始终都被视为政治发展实践中的一种"异端体系"，其对于西方化道路的挑战是西方国家的统治阶级所无法容忍的。有鉴于此，尽管也有一些西方国家的有识之士对新中国政治发展的成就与经验给予了高度关注与肯定性评价，但从近年来"中国模式"问题讨论的形势就可以看出，这些客观正面的声音始终都没有，也不可能占据西方政治发展话语的主流。这也就决定了中国人在注重发出国际舞台上的中国声音的同时，也不应对西方国家的所谓"善意"和"理解"抱有太高期望，不必过于介意国际社会对于中国政治发展事业的评价，因为归根到底，中国政治发展事业首先是服务于中国国家利益和中国人民根本利益需要的，它的各项发展目标必须通过中国人自己认识中国问题、解决中国问题才能得以最终实现，而它对全人类政治发展理论与实践的主要贡献形式就是以中国政治发展的不断进步打破西方国家"唱衰中国"的妄言，打破世界人民对于西方化政治发展道路的迷信和幻想。为了实现这一目标，我们除了需要排除种种外部压力的干扰，专心致力于深化改革、促进经济社会发展的大计，通过自身国家实力的提升在空前激烈的国际竞争中谋求生存和发展的空间，还必须在构建政治发展的中国理论与中国话语体系方面投入更多的精力与资源。以葛兰西等为代表的马克思主义者指出，无产阶级与资产阶级的斗争在经历了争夺国家政权的运动战之后，就开始全面进入意识形态领域的阵地战状态。而中国自改革开放以来的一段时期内，由于意识形态领域工作的相对松懈，导致全社会范围内不同程度地出现了价值迷失、道德失范的情况，这实际上也从一个侧面反映出无产阶级与资产阶级意识形态领域激烈斗争的形势仍在延续，同时，构建中国人自己的精神家园事业的成败又在某种意义上具有国家间文化软实力竞争的内涵。面对着这双重任务的挑战，党和国家提出建设社会主义政治文明的总目标实际上已经为我们应对政治发展的外部压力指明了方向，围绕实现这一目标的实践体系中的重要一环，就是加深对于新中国政治发展史及其两方面经验的研究，更为深刻、准确地把握政治发展系统工程的中国规律，更加自觉地构建中国特色社会主义政治发展的理论与实践经验体系。在此基础上，通过积极探索新形势下对外拓展交流、展开对话的新方式，我们就完全有可能在意识形态领域的斗争中赢得主动权，不仅弘扬中国政治发展造福世界人民福祉的正能量，而且反过来坚定全体人民改革发展的共识，巩固中国特色社会主义核心价值观的主导地位。

二 正确理解发展现状、明确未来发展方向

毋庸置疑，在经历了六十多年的艰难探索与实践之后，中国政治发展事业不仅已经全面步入正轨，而且正以积极主动的全方位深化改革为基本动力，与经济社会文化等更多领域的发展保持协调，迎来史上最好的发展

机遇。而这一机遇转化为政治发展实践的进步，并不是无为求治的自然结果，而是需要建立在中国政治发展主体对于中国政治发展现状正确理解、对中国特色社会主义政治发展规律深化认识、对中国未来政治发展方向把握明确的基础之上。为此，我们基于对新中国政治发展历史的全面回顾与总结，力图建构起一个中国特色社会主义政治发展理论与实践的解释框架。

虽然政治发展的基本概念与传统理论模型是首先由西方提出的，但对于广大后发现代化国家而言，只有那些正确把握了国外经验与本国实际关系的政治发展实践才可能获得真正的成功。因此，要推动中国政治发展事业在新形势下继续取得新进展，就必须对于中国政治发展的历史与现状形成一个客观全面的认识，以此作为我们制定深化改革、促进发展路线政策的基本依据。

首先，我们应当充分肯定新中国政治发展的成就与经验体系。在传统的西方话语中，政治发展意味着现代政治模式对于传统政治模式的一种全方位的替代。这一解释尽管存在着传统与现代截然两分法的偏颇之处，但用以概括新中国政治发展取得根本变革基础上的历史性进步仍然是十分贴切的。以新中国成立为界，近代以来无数中国人艰难求索的救国救民的政治变革与发展之路取得了阶段性的成果，无论是在政治共同体与现代政府再造、社会重新整合，还是在现代民主法治建设、现代政治文化转型等领域内，新中国的政治发展都在社会主义政治发展道路的基本规定性前提下，在每一个历史阶段都取得了举世瞩目的成就。由此，我们不难看出新中国政治发展所表现的总体性、全面性特征，而这种在政治建设的各个领域内按照顶层设计的总体要求同步推进、彼此协调配合的政治发展模式也正是新中国政治发展最为关键的成功经验之一。新中国政治发展事业在面临内外巨大压力的情况下仅用了数十年时间，就基本完成了西方社会在长达数百年的时间内通过不断的制度性、结构性调整、修正所实现的政治发展目标，其中蕴含的中国特色社会主义政治发展道路的优越性是不言而喻的。对此，我们中国人自己必须首先给予充分的肯定，由此树立起对于中国化改革发展事业的高度道路自信、理论自信、制度自信，在未来的发展历程中更好地总结中国经验，发出中国声音。此外，我们在看待新中国政治发展成就与经验时，还必须特别注意不应该人为地割裂新中国政治发展前三十年和后三十年的历史关联与逻辑延续性，而是要注意到两个历史阶段的政治发展都遵循了社会主义政治发展质的规定性，都是在中国共产党坚强有力的领导下不断攻坚克难、取得成功的。而前一个历史时期对于中国化政治发展道路的初步理论与实践探索，不仅奠定了改革开放后中国政治发展的基本制度框架，提供了相应的法律与现代国家社会治理体系的支持，而且通过总结在探索过程中出现的新问题进一步明确了实现后一个阶段政治发展目标的改革动力与发展共识。同样，我们也应该严格区分政治体制改革与政治发展理论所指的政治制度根本性变革，把改革开放后政治体制、机制的改革创新视为巩固、完善此前建立的社会主义政治制度整体框架的必然要求，从而凸显两个历史阶段成就与经验体系的内在逻辑联系。形成这种对于新中国政治发展成就与经验全面、客观、尊重历史的认识，不仅有助于回答我们对于中国政治发展一系列历史与现实问题成因、演变和未来趋势的疑问，而且作为政治发展理论本土化的重要内容，将直接关系到政治发展中国话语体系构建的成效。

其次，应该理性看待中国政治发展的障碍挑战。中国政治发展现状是由发展机遇和发展挑战两部分所组成的，其中，建立在历史发展成就与经验基础上的发展机遇主要表现为相对稳定的内外发展环境、明确的改革方向与配套的改革方略、继续健康稳定发展的经济社会形势等，对于这些机遇的把握将为中国未来的政治发展注入更多的活力。同时，对于中国政治发展所面临的历史遗留问题与现实矛盾问题的叠加，我们既应该始终保持直面问题的科学态度与清醒头脑，又要对构成中国政治发展障碍挑战的各种元素进行正确的分类，从而有针对性制定应对这些挑战的各种方针政策。比如，中国民主与法治建设事业所面临的民主意识、法治观念淡薄的问题主要是长期封建专制统治历史所造成的客观后果，而这一局面的扭转并非一蹴可就，甚至不是在一两代人的时间周期内所能完成的，相对于简单地引入民主选举和民主参与的机制，长时间的、广泛涵盖政治社会生活一般领域与日常过程中的民主法治实践与民主法治教育可能更有助于有效弥补中国民主法治建设历史资源严重匮乏的短板。同理，近年来中国政治发展进程中各种社会矛盾出现了集中凸显的趋势，我们在对此保持高度警惕的同时，也还是应该看到，这些矛盾中的绝大多数仍属于改革发展中正常出现的矛盾，属于不构成挑战社会主义政治制度本身的人民内部矛盾，也属于可以依靠体制内的沟通、协商与法治手段得到化解的权益保障性矛盾。对此，政府所要做的，主要应该集中于尽快有效地构建平等化、高质量的社会公共服务体系，保证政策过程和司法行为更加公开化、透明化、规范化，而不是陷入"为维稳而维稳"逻辑下"越维稳越不稳"的怪圈。

当然，正如我们在分析中国政治发展的内外挑战时所指出的那样，当前中国政治发展也仍然面临着内外敌对势力颠覆破坏的危险，尤其是近年来新媒体的兴起更是使得意识形态领域的斗争形势变得空前复杂严峻。如果不能适应这些新挑战，中国政治发展事业就可能陷入停滞乃至于倒退的境地，甚至像一些走西方化道路失败的后发现代化国家那样坠入"中等收入陷阱"，出现社会分裂、权威失效、价值失范的逆现代化过程。同时，在与西方理论界的交流中，我们也应该始终保持对于中国道路、中国理论、中国制度的高度自信，既广泛借鉴一切有利于提升现代国家治理水平、推动现代民主政治发展的经验、做法，又要看到西方化模式的种种弊端，立足于构建独立自主的中国特色社会主义政治发展理论体系。此外，在看待影响中国政治发展的相关领域的问题时，我们还需要特别排除"制度决定论""文化决定论"等教条思维的影响，理性分析目前中国经济、社会、政治、文化等领域内的不利因素，更多地着眼于依靠顶层设计与实践探索创新的合力，在体制、机制创新中化解矛盾。同时更加注重各领域问题的相互影响，以一种整体性、协调性的视角思考具有实效性的问题解决方案。

总而言之，基于对中国政治发展事业历史与现状的客观全面认识，我们既不应认为中国政治发展已经就此踏上坦途、别无风险，又要对中国特色社会主义政治发展道路的前景抱有充分的信心，理性看待中国政治发展目前所面临的种种障碍挑战，立足本土资源、立足修好内功，从根本上提升中国政治发展事业抵御风险、战胜困难的能力。

随着十八大和十八届三中全会确立了深化改革的总体方略，中国特色社会主义政治发展事业翻开了崭新的一页。回顾新中国成立以来中国政治发展的历程，不难发现，始终坚定不移地坚持中国共产党的领导地位、坚持社会主义发展道路是中国政治发展的巨轮驶过各种惊涛骇浪、穿过处处激流险滩的根本政治保障。经过改革开放，特别是近十年来深化改革的实践，全党全国上下对于中国特色社会主义的道路自信、理论自信和制度自信都已经达到了一个历史性的新高度。以此为基石，我们也更加明确了在继续坚持发展完善中国特色社会主义制度这一整体框架的前提下，还需要对国内外的各种老问题、新情况保持高度的关注，坚持解放思想，改革开放，凝聚力量，攻坚克难，有针对性地、更加具体地描绘设计中国特色社会主义政治发展事业未来的实践蓝图。可以预见，随着肩负着引导中国政治发展重任的中国共产党对于执政理论和实践认识的日益深化，未来中国的政治发展将沿着既定的正确方向，在业已取得的辉煌成就的基础上在各个领域内不断实现新的突破。具体而言，中国政治发展事业将继续在以下几个方面取得新进展：（1）深化行政体制改革。（2）加强党的建设与开展反腐斗争。（3）以保障民生和社会管理创新为核心推动社会建设与社会发展。（4）以建设社会主义文化强国为目标带动文化软实力提升。（5）以更好地保障与实现国家利益为轴心带动国防现代化和外交领域的进步。

总体而言，在中国政治发展的未来蓝图中，中国特色社会主义政治理论体系将得到不断丰富与完善，其中国特色与中国内涵将得到进一步的彰显，而包括行政体制改革、政府职能转变、执政党能力建设、社会主义民主与法治建设、社会建设与社会管理体制改革、国家治理体系建设与国家治理能力提升等具体政治发展问题领域也都将出现一系列积极变化，进入深化改革、提升质量的全新发展阶段。可以预见，随着作为中国政治发展事业坚强领导核心的中国共产党对于发展规律的认识不断深化、协调掌控发展全局能力不断强化，我们一定能够在保障民生、健全社会主义民主法治的同时建构社会主义核心政治价值体系，凝聚全社会依托改革谋求发展的高度共识，从而在和谐稳定的条件下将中国政治发展事业推进至一个理论与实践体系更臻成熟的发展境界。

后 记

习近平总书记明确指出：哲学社会科学是人们认识世界、改造世界的重要工具，是推动历史发展和社会进步的重要力量，其发展水平反映了一个民族的思维能力、精神品格、文明素质，体现了一个国家的综合国力和国际竞争力。这是新时代赋予中国政治学的新使命。

践行新使命，必须不忘初心。四十年前，中国政治学会在思想解放的大潮与改革开放的大势中应运而生，标志着当代中国政治学正式开始恢复重建。四十年来，我国政治学界的理论工作者和实际工作者，直面实践挑战、勇攀理论高峰，砥砺奋进，服务建设中国特色社会主义和社会主义政治文明的大局，从为社会主义民主建设、中国特色社会主义政治制度发挥显著性优势与为国家治理体系和治理能力现代化提供理论支持和理论服务的宗旨出发，坚持以马克思列宁主义、毛泽东思想、邓小平理论、"三个代表"重要思想、科学发展观、习近平新时代中国特色社会主义思想为指导，从理论和实践的结合上，对中国政治学的重大理论与现实问题进行了全方位、纵深化、创新性的系统研究，产生了一大批具有重大影响力的理论成果。本书就是对相关研究方向和领域中大量研究成果的历史回顾、总体把握与发展评析。

本书是集体智慧的结晶。全书紧紧围绕中国政治学的创新、繁荣与发展的辉煌历史，从不同学科方向、研究领域、重大论题入手，或宏大叙事、或专题阐释、或微观切近，对我国政治学的历史发展、主要成就、建设经验等进行了客观阐释。书中所有文章都坚持正确的指导思想和科研方向，文章提出的观点、表达的理论、形成的判断，既体现了改革开放以来我国政治学知识体系的客观面貌和基本状况，又具有一定的学术价值和理论色彩，为加快建设中国特色政治学学科体系、学术体系和话语体系提供了一定的前瞻性分析。

本书作者均是相关领域的中青年专家学者，既较为熟悉改革开放以来中国政治学的历史发展，又比较了解相关领域的学术史与前沿动态，具有较高的权威性。全书共十六个主题，几乎涵盖了改革开放以来我国政治学业已形成的主干学科方向和关键研究领域。书中部分成果已经发表，均已经作者授权后收入本书。

在本书出版之际，特别感谢我国政治学泰斗王邦佐先生为本书题写书名，衷心感谢为本书提供论文的所有作者，感谢中国社会科学出版社杨晓芳编辑付出的辛勤劳动。

杨海蛟　亓　光

2020 年 5 月 5 日